Die SMP-Konzeption

Europäische Hochschulschriften
Publications Universitaires Européennes
European University Studies

Reihe II
Rechtswissenschaft

Série II Series II
Droit
Law

Bd./Vol. 3729

PETER LANG
Frankfurt am Main · Berlin · Bern · Bruxelles · New York · Oxford · Wien

Christiane Huppertz

Die SMP-Konzeption

Europarechtliche Vorgaben für die asymmetrische Regulierung im Kommunikationssektor

PETER LANG
Europäischer Verlag der Wissenschaften

Bibliografische Information Der Deutschen Bibliothek
Die Deutsche Bibliothek verzeichnet diese Publikation in der Deutschen Nationalbibliografie; detaillierte bibliografische Daten sind im Internet über <http://dnb.ddb.de> abrufbar.

Zugl.: Berlin, Humboldt-Univ., Diss., 2003

ISSN 0531-7312
ISBN 3-631-51295-3

www.peterlang.de

Meinen lieben Eltern
und
Tobias

Vorwort

Die Juristische Fakultät der Humboldt-Universität zu Berlin hat die vorliegende Arbeit im Wintersemester 2002/2003 als Dissertation angenommen. Neuere Literatur und Rechtstexte wurden bis einschließlich April 2003 berücksichtigt.

Danken möchte ich an dieser Stelle zuvorderst meinem sehr verehrten Doktorvater, Herrn Prof. Dr. Hans-Peter Schwintowski, der mir bei der Themenwahl und während der Arbeit an der Dissertation mit großem Verständnis und hilfreichen Ratschlägen zur Seite stand. Er war für mich sowohl in dieser Zeit als auch in den Jahren meiner Tätigkeit an seinem Lehrstuhl durch seine Fähigkeit zur Menschenführung und seine persönliche Herangehensweise an juristische Fragestellungen stets ein besonderes Vorbild.

Herrn Prof. Dr. Dr. Christian Kirchner bin ich für die Erstellung des Zweitgutachtens sehr verbunden.

Der Studienstiftung des Deutschen Volkes danke ich für die großzügige Gewährung eines Promotionsstipendiums und für die sehr entgegenkommende Förderung meiner Forschungsaufenthalte in Brüssel.

Einen herzlichen Dank möchte ich des Weiteren an Herrn Christian Hocepied und Herrn Robert Klotz von der Europäischen Kommission in Brüssel, Generaldirektion Wettbewerb, richten: Ihren vielfältigen Hilfen während meines Forschungspraktikums bei der Europäischen Kommission im Herbst 2001 und danach verdanke ich nicht nur einen frühzeitigen Einblick in den neuen Rechtsrahmen für den Kommunikationssektor, sondern zugleich auch viele wertvolle Anregungen für die Gestaltung dieser Arbeit.

Meinen lieben Eltern danke ich von Herzen für all ihr Verständnis, das sie mir die ganze Phase der Dissertationserarbeitung über entgegengebracht haben. Ihre Liebe war und ist für mich mein wichtigstes Fundament.
Zuletzt gilt mein besonderer Dank Tobias: Er war mir während der gesamten Zeit mit seiner unerschütterlichen Geduld und seiner tatkräftigen, liebevollen Unterstützung ein unersetzlicher Weggefährte. Das „Projekt Dissertation" wäre für mich ohne ihn kaum denkbar gewesen.

Diesen drei zuletzt genannten wunderbaren Menschen ist dieses Buch gewidmet.

Hamburg, im April 2003 *Christiane Huppertz*

Inhaltsübersicht

Abkürzungsverzeichnis 31
Verzeichnis der abgekürzt zitierten EU-Rechtstexte 35
A. Alte Rechtslage 35
B. Neue Rechtslage 39
Teil 1: Einleitung 43
A. Einführung in die Thematik 43
B. Gegenstand und Ziel der Arbeit 45
C. Abgrenzung des Untersuchungsgegenstandes 45
D. Aufbau der Arbeit 46
Teil 2: Europapolitische und -rechtliche Rahmenbedingungen der alten und neuen SMP-Konzeption 49
A. Einleitung 49
B. Traditionelles Ordnungsmodell (Ordnungsmodell 1) 51
C. Modell des Grünbuchs 1987 (Ordnungsmodell 2) 54
D. Kommissionsmodell des Infrastrukturgrünbuchs Teil 1 (Ordnungsmodell 3) 62
E. Modell der Ratsentschließung 1995 (Ordnungsmodell 4) 65
F. Ordnungskonzepte für andere elektronische Kommunikationsinfrastrukturen und -dienste 73
G. Modell des Kommunikationsberichts 1999 (Ordnungsmodell 5) 78
H. Zusammenfassender Überblick über die fünf Ordnungsmodelle 86
Teil 3: Entstehung und Ausgestaltung der alten SMP-Konzeption 89
A. Entstehung des alten SMP-Kriteriums 89
B. Inhalt der alten SMP-Konzeption: Einleitung und Rechtsquellenüberblick 93
C. Ausgestaltung der alten SMP-Konzeption: das SMP-Kriterium als Regulierungsvoraussetzung 97
D. Ausgestaltung der alten SMP-Konzeption: das SMP-Pflichtenregime 111
E. Institutionelle und verfahrensrechtliche Vorgaben für die Ausführung der alten SMP-Regulierungsvorschriften 136

Teil 4: Analyse und Bewertung der alten SMP-Konzeption 151
A. Zentrale Ausgestaltungsprobleme der alten SMP-Konzeption 151
B. Vergleich: politische Zielsetzungen und rechtliche Ausgestaltung 170
C. Die alte SMP-Konzeption im Kontext technischer und wirtschaftlicher Veränderungen 178
D. Zusammenfassung und Reformbedarf 181
Teil 5: Entstehung und Ausgestaltung der neuen SMP-Konzeption 183
A. Reform des SMP-Kriteriums 183
B. Die neue SMP-Konzeption: Einleitung und Rechtsquellenüberblick 188
C. Die Regulierungsvoraussetzungen der neuen SMP-Konzeption: das neue SMP-Kriterium und die Verfahren zur Ermittlung der Regulierungsadressaten 190
D. Das Regulierungsinstrumentarium der neuen SMP-Konzeption: Verfahren und Instrumentarium zur Auferlegung von SMP-Pflichten 233
E. Institutionelle und verfahrensrechtliche Vorgaben für die Ausführung der neuen SMP-Regulierungsvorschriften 265
Teil 6: Ausgewählte europarechtliche Rechtsprobleme der neuen SMP-Konzeption 303
A. Einschränkbarkeit des Tool-Box-Ermessens durch die mitgliedstaatlichen Gesetzgeber 303
B. Nichteinhaltung der Verfahrensvorgaben in Art. 7 Abs. 3-5 Rahmenrichtlinie 316
Teil 7: Analyse und Bewertung der neuen SMP-Konzeption 359
A. Zentrale Ausgestaltungsprobleme der neuen SMP-Konzeption 359
B. Vergleich: politische Zielsetzungen und rechtliche Ausgestaltung 377
C. Gegenüberstellung: Reformbedarf i.R. der alten SMP-Konzeption und neue SMP-Konzeption 391
D. Zusammenfassung von Analyse und Bewertung 393
Teil 8: Schluss 395
A. Zusammenfassung 395
B. Ausblick auf die Umsetzungserfordernisse 401
Literaturverzeichnis 407
Verzeichnis der EU-Rechtstexte 419

Inhaltsverzeichnis

Abkürzungsverzeichnis 31

Verzeichnis der abgekürzt zitierten EU-Rechtstexte 35

A. Alte Rechtslage 35

B. Neue Rechtslage 39

Teil 1: Einleitung 43

A. Einführung in die Thematik 43

B. Gegenstand und Ziel der Arbeit 45

C. Abgrenzung des Untersuchungsgegenstandes 45

D. Aufbau der Arbeit 46

Teil 2: Europapolitische und -rechtliche Rahmenbedingungen der alten und neuen SMP-Konzeption 49

A. Einleitung 49

I. Verortung der SMP-Konzeptionen im Gesamtregelungskomplex für den (Tele-)Kommunikationssektor 49

II. Darstellungsmethode 50

B. Traditionelles Ordnungsmodell (Ordnungsmodell 1) 51

I. Technische, wirtschaftliche und rechtliche Situation des Sektors in den Mitgliedstaaten 51

II. Europäisches Ordnungsmodell bis 1983 ? 53

III. Einleitung der Sektoröffnung: Rudimentäres erstes europäisches Ordnungsmodell 53

C. Modell des Grünbuchs 1987 (Ordnungsmodell 2) 54

I. Politische Ordnungsvorgaben im Grünbuch 1987 und rechtliche Implementierungsinstrumente 55

II. Zusammenfassung der Struktur des Ordnungsmodells 2 60

III. Weiterentwicklung des Ordnungsmodells 2 61

D. Kommissionsmodell des Infrastrukturgrünbuchs Teil 1 (Ordnungsmodell 3) 62

I. Entstehung der Ordnungskonzeption für das Ordnungsmodell 3 62

II. Politische Ordnungsvorgaben und rechtliche Umsetzungsinstrumente 64

III. Zusammenfassung der Struktur des Ordnungsmodells 3 65

E. Modell der Ratsentschließung 1995 (Ordnungsmodell 4) 65
I. Politische Ordnungsvorgaben und rechtliche Implementierungsinstrumente 66
II. Zusammenfassung der Struktur des Ordnungsmodells 4 71
III. Ergänzung des Ordnungsmodells 4: Entbündelungsgebot für den Zugang zum Teilnehmeranschluss 71

F. Ordnungskonzepte für andere elektronische Kommunikationsinfrastrukturen und -dienste 73
I. Ordnungsrahmen für Medieninfrastrukturen und zugehörige Dienste (Ordnungsmodell 4 a - Medien) 73
1. Erste Gemeinschaftsaktivitäten 73
2. Politische Vorgaben für einen partiellen Medieninfrastrukturordnungsrahmen 74
3. Rechtliche Umsetzungsinstrumente für die politischen Harmonisierungsvorgaben 75
4. Vergleich des Ordnungsmodells 4 a mit dem Ordnungsmodell 4 76
II. Der Bereich der Informationstechnologie (Internet) 76

G. Modell des Kommunikationsberichts 1999 (Ordnungsmodell 5) 78
I. Ordnungspolitische Grundentscheidungen für den neuen Rechtsrahmen 79
II. Aufbau des neuen Rechtsrahmens 82
III. Umsetzung der ordnungspolitischen Grundentscheidungen in den neuen Rechtsakten 83
IV. Zusammenfassung der Struktur des Ordnungsmodells 5 86

H. Zusammenfassender Überblick über die fünf Ordnungs-modelle 86

Teil 3: Entstehung und Ausgestaltung der alten SMP-Konzeption 89

A. Entstehung des alten SMP-Kriteriums 89
I. Kontext: Anpassung der ONP-Konzeption i.w.S. an ein vollständig liberalisiertes Umfeld 89
1. Anfängliche ONP-Konzeption i.w.S. 89
a. Zielsetzungen der ONP-Konzeption i.w.S. im Ordnungsmodell 2 89
b. Der persönliche Anwendungsbereich der ONP-Konzeption i.w.S. im Ordnungsmodell 2 89
2. Anpassung der ONP-Konzeption i.w.S. 90
a. Entscheidung für die Anpassung der ONP-Konzeption i.w.S. für das Ordnungsmodell 4 90
b. Neuordnung des persönlichen Anwendungsbereichs der ONP-Konzeption i.w.S. für das Ordnungsmodell 4 91
II. Ausgestaltung des SMP-Kriteriums 91

B. Inhalt der alten SMP-Konzeption: Einleitung und Rechtsquellenüberblick 93
I. Legislativakte 93
1. Richtlinien 93
2. TAL-Verordnung 94
II. Implementierungsrechtsakte 95
1. Zusammenschaltungsempfehlungen 95
2. Mitteilungen 96
3. Auslegungsvermerke 96

C. Ausgestaltung der alten SMP-Konzeption: das SMP-Kriterium als Regulierungsvoraussetzung 97
I. Normenmaterial für die Feststellung beträchtlicher Marktmacht und die Bestimmung der entsprechenden Unternehmen 97
1. Definitionsnormen in den Richtlinien 97
2. SMP-Vermerk 99
II. Materielle Voraussetzungen für beträchtliche Marktmacht 99
1. Konstruktion der drei Definitionsnormen 99
a. Gemeinsame Struktur 99
b. Unterschiede zwischen den einzelnen Definitionsnormen 100
2. Vorgehensweise bei der Feststellung beträchtlicher Marktmacht 100
3. Vorabbestimmte relevante Märkte 100
a. Grundsätzliches zu den relevanten Märkten i.S. der drei Definitionsnormen 100
b. Relevanter Markt i.S. der ONP-Mietleitungsrichtlinie 101
aa. Sachlicher Markt 101
bb. Geographischer Markt 102
c. Relevante Märkte i.S. der ONP-Zusammenschaltungsrichtlinie 102
aa. Sachliche Märkte 102
(1) Erster sachlich relevanter Markt 103
(2) Zweiter sachlich relevanter Markt 103
(3) Dritter sachlich relevanter Markt 104
(4) Vierter sachlich relevanter Markt 104
bb. Geographischer Markt 105
d. Relevanter Markt i.S. der ONP-Sprachtelefonrichtlinie II 105
aa. Sachlicher Markt 105
bb. Geographischer Markt 105
e. Fazit 105
4. Feststellung beträchtlicher Marktmacht auf den relevanten Märkten i.S. der Definitionsnormen 106
a. Feststellung von SMP anhand der 25%-Regel 106
aa. Rechtsnatur der 25%-Regel 106
bb. Vorgaben zur Marktanteilsermittlung 106

cc. Rechtsgrundlagen für die Datenerhebung zur Ausfüllung der gewählten Parameter ... 108
b. Vorgaben zum Abweichen von der 25%-Regel ... 108
aa. Bedeutung der Kriterienliste und Gewichtung der Kriterien ... 108
bb. Kriterien für die Widerlegung der Vermutung ... 109
c. Fazit ... 109
III. Formelle Bestimmung der Unternehmen mit beträchtlicher Marktmacht ... 110
IV. Zusammenfassung zur Ausgestaltung des alten SMP-Kriteriums ... 111

D. Ausgestaltung der alten SMP-Konzeption: das SMP-Pflichtenregime ... 111
I. Normenmaterial für die SMP-Pflichten ... 111
1. Klarstellung des Untersuchungsgegenstands ... 111
2. Relevante Vorschriften ... 112
a. ONP-Richtlinien ... 112
aa. ONP-Mietleitungsrichtlinie ... 112
bb. ONP-Zusammenschaltungsrichtlinie ... 112
cc. ONP-Sprachtelefonrichtlinie II ... 112
b. TAL-Verordnung ... 113
c. Implementierungsmaßnahmen der Kommission ... 113
II. Grundsätzliches zum alten SMP-Pflichtenregime und zur Darstellung ... 113
1. Normadressaten der einzelnen SMP-Pflichten und Darstellungsweise ... 113
2. Geltungszeitpunkt der SMP-Pflichten und Alles-oder-Nichts-Prinzip ... 114
3. Grundprinzipien der SMP-Pflichtenkonzeption ... 115
4. Darstellungssystematik ... 115
III. Informationspflichten ... 115
1. Überblick und Zielsetzungen der Informationspflichten ... 115
2. ONP-Mietleitungsrichtlinie ... 116
3. ONP-Zusammenschaltungsrichtlinie ... 117
4. ONP-Sprachtelefonrichtlinie II ... 118
5. TAL-Verordnung ... 118
IV. Leistungspflichten ... 118
1. Zugangs- und Zusammenschaltungspflichten ... 119
a Grundsätzliches zu Zugang und Zusammenschaltung ... 119
aa. Zielsetzung des Zugangs- und Zusammenschaltungsregimes ... 119
bb. Definition von Zusammenschaltung und Zugang ... 119
cc. Überblick über die verschiedenen Zugangspflichten für SMP-Unternehmen ... 120
b. ONP-Mietleitungsrichtlinie ... 121

c. ONP-Zusammenschaltungsrichtlinie ... 121
aa. Vorgaben aus der ursprünglichen ONP-Zusammenschaltungsrichtlinie ... 121
bb. Vorgaben aus der ONP-Betreibervorwahlrichtlinie ... 122
d. TAL-Verordnung ... 122
e. ONP-Sprachtelefonrichtlinie II ... 123
2. Pflichtleistungen ... 123
a. ONP-Mietleitungsrichtlinie ... 123
b. ONP-Sprachtelefonrichtlinie II ... 124
3. Nichtdiskriminierung bei der Leistungsbereitstellung ... 124
a. Grundsätzliches zum Nichtdiskriminierungsgrundsatz ... 124
b. ONP-Mietleitungsrichtlinie ... 124
c. ONP-Zusammenschaltungsrichtlinie ... 125
d. ONP-Sprachtelefonrichtlinie II ... 125
e. TAL-Verordnung ... 126
4. Kontinuierliche Leistungserbringung ... 126
a. ONP-Mietleitungsrichtlinie ... 126
b. ONP-Sprachtelefonrichtlinie II ... 126
5. Entbündelte Leistungsbereitstellung ... 127
V. Tariffierungs- und Kostenrechnungspflichten ... 127
1. Tariffierungsgrundsätze ... 128
a. Überblick über die verschiedenen Tariffierungsgrundsätze und Zielsetzungen ... 128
aa. Kostenorientiertheit ... 128
bb. Transparente Tarifgestaltung ... 129
cc. Entbündelungsgebot ... 129
dd. Nichtdiskriminierungsgrundsatz/ Grundsatz der anwendungsunabhängigen Tarifgestaltung ... 129
b. ONP-Mietleitungsrichtlinie ... 130
c. ONP-Zusammenschaltungsrichtlinie ... 131
aa. Vorgaben aus der ursprünglichen ONP-Zusammenschaltungsrichtlinie ... 131
bb. Vorgaben der ONP-Betreibervorwahlrichtlinie ... 131
cc. Zusammenschaltungsempfehlung - Teil 1 ... 132
dd. Mietleitungsempfehlung ... 133
d. TAL-Verordnung ... 133
e. ONP-Sprachtelefonrichtlinie II ... 133
2. Kostenrechnungssysteme und Buchführung ... 134
a. Überblick und Zielsetzungen ... 134
b. ONP-Mietleitungsrichtlinie ... 134
c. ONP-Zusammenschaltungsrichtlinie ... 135
aa. Vorgaben aus der ONP-Zusammenschaltungsrichtlinie ... 135
bb. Zusammenschaltungsempfehlung - Teil 2 ... 135

d. ONP-Sprachtelefonrichtlinie II ... 136
VI. Zusammenfassung zur Ausgestaltung des alten SMP-Pflichtenregimes ... 136
E. Institutionelle und verfahrensrechtliche Vorgaben für die Ausführung der alten SMP-Regulierungsvorschriften ... 136
I. Grundsätzliche Kompetenzverteilung für die Umsetzung des europäischen Telekommunikationsrechts ... 137
1. Verbandskompetenzen: Kompetenzverteilung zwischen EU und den Mitgliedstaaten ... 137
2. Organkompetenzen: Kompetenzverteilung zwischen den in den Verbänden beteiligten Organen ... 138
a. Nationale Ebene ... 138
b. EU-Ebene ... 139
II. Aufgaben und Befugnisse der NRB bei der Ausführung der SMP-Regulierungsvorschriften ... 140
1. Aufgaben ... 140
2. Befugnisse zur Erfüllung der Aufgaben in den verschiedenen ONP-Maßnahmen ... 141
a. Entscheidung über das „Ob“ der Regulierung ... 141
b. Gestaltungsfunktion ... 141
aa. Befugnisse in der ONP-Mietleitungsrichtlinie ... 141
bb. Befugnisse in der ONP-Zusammenschaltungsrichtlinie ... 142
cc. Befugnisse in der ONP-Sprachtelefonrichtlinie II ... 142
dd. Befugnisse in der TAL-Verordnung ... 143
c. Daten- und Informationserhebungsbefugnisse zur Überwachung von SMP-Unternehmen ... 143
aa. Befugnisse in der ONP-Rahmenrichtlinie ... 143
bb. Befugnisse in der ONP-Zusammenschaltungsrichtlinie ... 143
cc. Befugnisse in der ONP-Sprachtelefonrichtlinie II ... 144
dd. TAL-Verordnung ... 144
d. Streitbeilegung ... 144
aa. ONP-Mietleitungsrichtlinie ... 144
bb. ONP-Zusammenschaltungsrichtlinie ... 145
cc. TAL-Verordnung ... 145
dd. ONP-Sprachtelefonrichtlinie II ... 145
e. Veröffentlichung bestimmter Informationen ... 146
aa. ONP-Mietleitungsrichtlinie ... 146
bb. ONP-Zusammenschaltungsrichtlinie ... 146
cc. ONP-Sprachtelefonrichtlinie II ... 146
III. Aufgaben und Befugnisse der Kommission bei der Ausführung der SMP-Regulierungsvorschriften ... 146
1. Aufgaben ... 146

2. Befugnisse zur Erfüllung der Aufgaben 147
a. Befugnisse zur Erarbeitung von Implementierungsrechtsakten 147
b. Einzelfallentscheidungen 147
aa. Entscheidungen über die Verweisung von Streitigkeiten an den Schlichtungsausschuss 147
bb. Aufschiebungsentscheidungen 147
c. Veröffentlichungspflichten 147
IV. Zusammenwirken der an der Ausführung beteiligten Organe 148
1. Mitteilungspflichten 148
a. Notifizierungspflichten in Bezug auf Regulierungsvoraussetzungen 148
b. Andere Mitteilungspflichten 148
2. Verfahrensregeln zur Streitschlichtung 149
a. Kooperationspflichten zwischen NRB 149
b. Streitschlichtungsarbeitsgruppe 149
V. Zusammenfassung zu den SMP-Ausführungsvorgaben 150

Teil 4: Analyse und Bewertung der alten SMP-Konzeption 151

A. Zentrale Ausgestaltungsprobleme der alten SMP-Konzeption 151
I. Wahl der beträchtlichen Markmacht als Anknüpfungskriterium 151
1. Problem 151
2. Erläuterung der Defizite des SMP-Kriteriums 152
a. Wettbewerbstheoretische und -rechtliche Beurteilung des unternehmerischen Wettbewerbsgefährdungspotentials 152
b. Fehlende Aussagekraft des SMP-Kriteriums in Bezug auf wirtschaftliche Marktmacht 152
c. Fehlende Erfassung gemeinsamer Marktmacht durch das SMP-Kriterium 154
3. Negative Auswirkungen 155
II. Unzureichende Harmonisierungswirkung des SMP-Kriteriums 156
1. Problem 156
2. Erläuterung des Harmonisierungsdefizits 156
a. Darlegung des Präzisionsdefizits 156
aa. Präzisionsdefizite in Bezug auf den relevanten Markt 156
bb. Feststellung beträchtlicher Marktmacht 157
b. Fehlende Ausgleichsinstrumente und -verfahren 157
3. Negative Auswirkungen 159
III. Inflexibilität der Regulierung 160
1. Problem 160
2. Darlegung der Ursachen für die Inflexibilität 160
a. „Ob“ der Regulierung 160
b. „Wie“ der Regulierung 161
3. Negative Auswirkungen 161

IV. Unzureichende Abbaumechanismen für wettbewerbsfördernde Regulierung ... 162
1. Problem ... 162
2. Erläuterung ... 162
3. Negative Auswirkungen ... 163
V. Unzureichende Harmonisierung des Pflichtenregimes ... 163
1. Problem ... 163
2. Erläuterung des Harmonisierungsdefizits ... 164
a. Regelungsdefizite ... 164
aa. Beispiele für Regelungsdefizite ... 164
bb. Ausgleichsmöglichkeiten für die Regelungsdefizite? ... 164
b. Unzureichende Präzision ... 165
aa. Präzisionsdefizite ... 165
bb. Instrumente und/ oder Verfahren zum Ausgleich unzureichender Präzision? ... 166
3. Negative Auswirkungen ... 167
VI. Inadäquate Ausgestaltung des Zugangsregimes ... 167
1. Problem ... 167
2. Erläuterung der Ausgestaltungsdefizite ... 167
a. Rückblick: Wesentliche Vorschriften des Zugangsregimes ... 167
b. Problembereiche ... 168
aa. Überschneidungen und Widersprüche ... 168
bb. Unklarheiten ... 168
cc. Fehlende Regelungen ... 169
3. Negative Auswirkungen ... 169
VII. Zusammenfassung ... 170

B. Vergleich: politische Zielsetzungen und rechtliche Ausgestaltung ... 170
I. Politische Zielsetzungen ... 171
1. Rechtssicherheit ... 171
2. Förderung und Sicherung funktionsfähigen Wettbewerbs ... 171
3. Binnenmarktsindizierte Regelungsintensität ... 172
II. Messung der rechtlichen Ausgestaltung an den Zielsetzungen ... 172
1. Rechtssicherheit ... 172
a. Kontinuität ... 172
b. Klarheit, Vorhersehbarkeit und Stabilität ... 172
c. Fazit ... 174
2. Förderung und Sicherung funktionsfähigen Wettbewerbs ... 175
a. Aktive Förderung der Entstehung von Wettbewerb ... 175
b. Beschränkung der Regulierung auf das geeignete und erforderliche Maß ... 176
c. Fazit ... 176

3. Binnenmarktsindizierte Regelungsintensität 177
a. Hinreichendes Harmonisierungsniveau 177
b. Fazit 178
4. Ergebnis der Bewertung 178
C. Die alte SMP-Konzeption im Kontext technischer und wirtschaftlicher Veränderungen 178
I. Technische und wirtschaftliche Veränderungen 178
1. Veränderte technische und wirtschaftliche Rahmenbedingungen 178
2. Veränderte wettbewerbliche Situation 179
II. Eignung der SMP-Konzeption zur Bewältigung der Veränderungen 179
1. Konvergenzsituation 179
2. Wettbewerbsentwicklung 180
3. Ergebnis 180
D. Zusammenfassung und Reformbedarf 181
I. Zusammenfassung von Analyse und Bewertung 181
II. Reformbedarf 181
Teil 5: Entstehung und Ausgestaltung der neuen SMP-Konzeption 183
A. Reform des SMP-Kriteriums 183
I. Vorschläge in der Reformdebatte 183
1. Zwei-Schwellen-Modell aus dem Kommunikationsbericht 1999 183
2. Ein-Schwellen-Konzept in der Mitteilung zur Kommunikationsberichtsanhörung 184
3. Version im ersten inoffiziellen Richtlinienentwurf 184
II. Ausgestaltungsschritte im Gesetzgebungsverfahren 185
1. Version des offiziellen Richtlinienvorschlags der Kommission 185
2. Abänderungen am Kommissionsvorschlag im Laufe des Rechtsetzungsprozesses 186
a. Änderungsvorschläge des Europäischen Parlaments 186
b. Letztlich vom Europäischen Parlament akzeptierte Änderungen durch den Rat 187
III. Endgültige Version 188
B. Die neue SMP-Konzeption: Einleitung und Rechtsquellenüberblick 188
I. Legislativakte 189
II. Implementierungsrechtsakte 189

C. Die Regulierungsvoraussetzungen der neuen SMP-Konzeption: das neue SMP-Kriterium und die Verfahren zur Ermittlung der Regulierungsadressaten 190
I. Normmaterial für Marktdefinitionsverfahren, Marktanalyseverfahren und Regulierungsadressatenbestimmung 191
1. Richtlinienvorgaben 191
a. Rahmenrichtlinie 191
b. Spezielle Richtlinien 192
2. Vorgaben in den SMP-Leitlinien und der Märkte-Empfehlung 192
II. Bestimmung der relevanten Märkte (Marktdefinitionsverfahren) 192
1. Verfahrensschritte des Marktdefinitionsverfahrens 193
2. Funktionen des Marktdefinitionsverfahrens 195
3. Materielle Vorgaben für die sachliche Marktabgrenzung 196
a. Richtlinienvorgaben 196
b. SMP-Leitlinien 197
4. Materielle Vorgaben für die Entscheidung über die potentielle Regulierungsbedürftigkeit von Märkten 200
a. Strukturelles Problem: Widerspruch zwischen „Märkten" i.S.v. Anhang I und potentiell regulierungsbedürftigen Märkten bzw. nach wettbewerbsrechtlichen Grundsätzen abgegrenzten Märkten 201
b. Kriterien für eine potentielle Regulierungsbedürftigkeit 203
aa. Anhaltspunkte für die Kriterienentwicklung in den Richtlinien 203
bb. Kriterienentwicklung durch die Kommission in ihrer Märkte-Empfehlung 204
cc. Geltungsreichweite der Kriterien 206
5. Materielle Vorgaben für die räumliche Marktabgrenzung 207
a. Richtlinienvorgaben 207
b. SMP-Leitlinien 207
III. Analyse der Wettbewerbsverhältnisse auf den relevanten Märkten (Marktanalyseverfahren) und Bestimmung der Regulierungsadressaten 208
1. Verfahren der Marktanalyse 208
a. Zeitpunkt der Analyse 209
b. Verfahrensschritte 210
c. Gemeinsame Marktanalyse 211
2. Materielles Untersuchungskriterium für die Marktanalyse: Wirksamer Wettbewerb oder SMP? 211
a. Gleichsetzende Auslegung 212
b. Kritik an der gleichsetzenden Auslegung 213
aa. Kritik der Monopolkommission 213
(1) Kritik 213
(2) Stellungnahme 213

bb. Kritik der IRG 215
(1) Kritik 215
(2) Stellungnahme 215
c. Alternative Auslegungsvorschläge 216
aa. Vorschlag der Monopolkommission 216
(1) Vorschlag 216
(2) Stellungnahme 216
bb. Vorschlag der IRG 217
(1) Vorschlag 217
(2) Stellungnahme 217
d. Vereinbarkeit der gleichsetzenden Auslegung mit Art. 16 Abs. 4 Rahmenrichtlinie 217
e. Ergebnis 219
3. Materielle Vorgaben zum SMP-Kriterium 219
a. Verhältnis zwischen SMP und beherrschender Stellung 219
b. Beträchtliche Marktmacht i.S.v. Art. 14 Abs. 2 UA 1 Rahmenrichtlinie 221
aa. Definitionsvorgaben 221
bb. Konkretisierung der für die Marktmachtfeststellung relevanten Kriterien 222
c. Gemeinsame beträchtliche Marktmacht 224
aa. Definitionsvorgaben in der Rahmenrichtlinie 224
bb. Rechtsprechung zur gemeinsamen beherrschenden Stellung 225
cc. Anhang II Rahmenrichtlinie 228
dd. Prüfungsschema in den SMP-Leitlinien 229
d. Übertragene Marktmacht 229
aa. Definitionsvorgaben 229
bb. Ergänzung in den SMP-Leitlinien 231
4. Bestimmung der Unternehmen mit beträchtlicher Marktmacht 232
IV. Zusammenfassung: Regulierungsvoraussetzungen der neuen SMP-Konzeption 232

D. Das Regulierungsinstrumentarium der neuen SMP-Konzeption: Verfahren und Instrumentarium zur Auferlegung von SMP-Pflichten 233
I. Normenmaterial für Regulierungsanordnungsverfahren und materielles Regulierungsinstrumentarium 234
1. Richtlinienvorgaben 234
a. Rahmenrichtlinie 234
b. Spezielle Richtlinien 234
aa. Zugangsrichtlinie 234
bb. Universaldienstrichtlinie 235
2. Vorgaben in den SMP-Leitlinien 235

II. Das Regulierungsanordnungsverfahren 235
1. Überblick über die möglichen Verfahrensverläufe 235
2. Verfahrensverläufe im Einzelnen 236
a. Aufhebung von Pflichten 236
b. Marktproblemanalyse und Auferlegung von Pflichten 237
aa. Verfahren 237
bb. Interventions- und Auswahlermessen der NRB 237
(1) Interventionsermessen der NRB 238
(2) Auswahlermessen und Tool-Box-Prinzip 239
cc. Verhältnismäßigkeitsgrundsatz 241
dd. Sonstiges 242
III. Materielles SMP-Regulierungsinstrumentarium für die Vorleistungsebene 243
1. Persönlicher und sachlicher Anwendungsbereich der SMP-Regulierung auf der Vorleistungsebene 243
2. Grundsätzliches 244
a. Abgrenzung zu anderen Regulierungsinstrumentarien und Pflichtenregimen der Zugangsrichtlinie 244
b. Sonderfall: Digitales Fernsehen und Rundfunk 245
c. Anwendungserweiterung des SMP-Regimes 246
3. Überleitungsregime 246
4. Neues SMP-Regulierungsinstrumentarium 246
a. Informationspflichten 247
aa. Überblick und Zielsetzungen 247
bb. Pflichten 248
(1) Informationsveröffentlichung 248
(2) Standardzusammenschaltungsangebot 248
b. Leistungs- und Leistungsmodalitätspflichten 248
aa. Überblick und Zielsetzungen 248
bb. Leistungsregime für Kommunikationsnetze und zugehörige Einrichtungen 249
(1) Leistungspflicht der Zugangs- bzw. Zusammenschaltungsgewähr 249
(2) Leistungsmodalitätspflichten 251
cc. Leistungsregime im Zusammenhang mit Zugangsberechtigungssystemen 253
(1) Leistungspflichten 253
(2) Leistungsmodalitätspflichten 253
c. Tariffierungs-, Kostenrechnungs- und Buchführungspflichten 253
aa. Überblick und Zielsetzungen 253
bb. Pflichten für Kommunikationsnetze und zugehörige Einrichtungen 254
(1) Tarifgrundsätze: 254

(2) Kostenrechnungssysteme 255
(3) Getrennte Buchführung und Buchführungsmethode 256
cc. Buchführungspflichten für Betreiber von Zugangsberechtigungssystemen 256
IV. Materielles SMP-Regulierungsinstrumentarium für die Endnutzerebene 256
1. Persönlicher und sachlicher Anwendungsbereich der SMP-Regulierung auf der Endnutzerebene 256
2. Grundsätzliches 257
a. Abgrenzung zu anderen Regulierungsinstrumentarien in der Universaldienstrichtlinie 257
b. Kategorien der Regulierungsgegenstände 257
3. Überleitungsregime 257
4. Neues SMP-Regulierungsinstrumentarium auf Endnutzerebene 258
a. Neues Pflichtenregime: Allgemeine Endnutzerregulierung 258
aa. Raison d'être und Struktur des Regulierungsregimes für Endnutzermärkte 258
bb. Pflichten 259
(1) Überblick und Zielsetzung des Regulierungsinstrumentariums 259
(2) Leistungsmodalitätspflichten 260
(3) Tariffierungspflichten und Kostenrechnungsgrundsätze 260
b. Neues Pflichtenregime: Pflichtleistungen 261
aa. Raison d'être und Struktur der Pflichtleistungsregime 261
bb. Mietleitungsregime 262
(1) Überblick und Zielsetzungen 262
(2) Informationspflichten 262
(3) Leistungspflichten und Leistungsmodalitätspflichten 263
(4) Tariffierungspflichten und Pflichten im Zusammenhang mit der Kostenrechnung 263
cc. Betreiberauswahl und Betreibervorauswahl 263
(1) Überblick und Zielsetzungen 263
(2) Leistungspflichten 264
(3) Tariffierungspflichten 264
V. Zusammenfassung 264

E. Institutionelle und verfahrensrechtliche Vorgaben für die Ausführung der neuen SMP-Regulierungsvorschriften 265
I. Grundsätzliche Kompetenzverteilung für die Umsetzung der gemeinschaftlichen Rechtsvorgaben: Wiederholung und Neuheiten im neuen Rechtsrahmen 266
1. Komprimierte aktualisierte Wiederholung der Kompetenzverteilung 266
a. Verbandskompetenzen von EU und Mitgliedstaaten 266
b. Organkompetenzen 267
2. Neuheiten im Kompetenzgefüge 268
II. Vorgaben für Aufgaben und Befugnisse der NRB i.R. der Ausführung der SMP-Regulierungsvorschriften 269
1. Aufgaben 269
2. Befugnisse zur Erfüllung der Aufgaben 270
a. Entscheidungsvorbereitung 270
aa. Daten- und Informationserhebungsbefugnisse 270
bb. Öffentliche Anhörung nach Art. 6 Rahmenrichtlinie 271
(1) Verfahrensvoraussetzungen 271
(a) Erste Voraussetzung: Maßnahme i.S.v. Art. 6 Rahmenrichtlinie 271
(b) Zweite Voraussetzung: Beträchtliche Auswirkungen auf den Markt 273
(2) Verfahrensdurchführung 273
cc. Weitere öffentliche Anhörung zur Maßnahmevorbereitung 274
b. (Mit-)Entscheidung über das „Ob“ der Regulierung 274
c. Entscheidung über das „Wie“ der Regulierung (Materielle Regulierungsgestaltung) 274
d. Durchsetzung der getroffenen Regulierungsentscheidungen 274
aa. Daten- und Informationserhebungsbefugnisse 275
bb. Befugnisse zur Durchsetzung von Regulierungsanordnungen 275
e. Streitentscheidung 276
f. Information der Öffentlichkeit 277
aa. Allgemeine Markt- und rechtliche Informationen 277
bb. Informationen über die Regulierung von SMP-Unternehmen 278
cc. Betriebsinformationen über einzelne SMP-Unternehmen 278
III. Vorgaben für Aufgaben und Befugnisse der Kommission i.R. der Ausführung der SMP-Regulierungsvorschriften 279
1. Aufgaben 279
2. Befugnisse zur Erfüllung der Aufgaben 279
a. Befugnisse zur Erarbeitung von Implementierungsrechtsakten 279
b. Informationsansprüche für Vollzugsüberwachung 280
c. Interventionsrechte im Rahmen der Aufsicht 281

IV. Zusammenwirken der an der Ausführung beteiligten Organe 282
1. Zusammenwirken zwischen Kommmission und NRB 282
a. Notifizierungs- und Mitteilungspflichten 282
b. Das Konsultationsverfahren nach Art. 7 Rahmenrichtlinie 283
aa. Allgemeines Konsultationsverfahren 283
(1) Erste Verfahrensvoraussetzung: Maßnahme i.S.v. Art. 7 Abs. 3 a) Rahmenrichtlinie 283
(2) Zweite Verfahrensvoraussetzung: Art. 7 Abs. 3 b) Rahmenrichtlinie 285
(a) Rechtsprechungspraxis von EuGH und EuGI zur Zwischenstaatlichkeitsklausel 286
(b) Übertragung der Auslegungspraxis auf Art. 7 Abs. 3 b) Rahmenrichtlinie 288
(3) Verfahrensdurchführung und Folgen 289
bb. Vetoverfahren 290
(1) Verfahrensvoraussetzungen für die Abwandlung 290
(a) Art. 7 Abs. 4 a) Rahmenrichtlinie 291
(b) Art. 7 Abs. 4 b) Rahmenrichtlinie 291
(c) Zwischenstaatlichkeitsklausel 292
(2) Verfahrensauslöser: Einspruch der Kommission 293
(3) Verfahrensdurchführung und Folgen 293
(a) Hemmnis für den Binnenmarkt 293
(b) Gemeinschaftsrechtswidrigkeit 294
(c) Vetobeschlussinhalt 295
cc. Eilverfahren 295
c. Sonstige Interaktionspflichten 296
2. Zusammenwirken zwischen NRB verschiedener Mitgliedstaaten 296
a. Gegenseitige Informationsübermittlung 297
b. Das Konsultationsverfahren nach Art. 7 Rahmenrichtlinie 297
c. Sonstige Kooperationspflichten 297
aa. Allgemeine Kooperationspflicht nach Art. 7 Abs. 2 Rahmenrichtlinie 297
bb. Spezielle Kooperationspflichten 298
cc. Länderübergreifende Streitentscheidung 298
3. Zusammenwirken zwischen NRB und nationaler Wettbewerbsbehörde des gleichen Mitgliedstaats 299
a. Informationsaustausch 299
b. Beteiligung 299
V. Zusammenfassung 300

Teil 6: Ausgewählte europarechtliche Rechtsprobleme der neuen SMP-Konzeption ... 303
A. Einschränkbarkeit des Tool-Box-Ermessens durch die mitgliedstaatlichen Gesetzgeber ... 303
I. Einleitung ... 303
1. Zusammenfassung des Tool-Box-Prinzips ... 303
2. Denkbare Formen der Ermessenseinschränkung ... 305
II. Abstrakter Überblick über gemeinschaftsrechtliche Grundsätze für die Umsetzung von Richtlinien ... 306
1. Grundsätze ... 306
2. Inhaltliche Anforderungen bei der Umsetzung von Richtlinien ... 307
3. Fazit ... 308
III. Anwendung der Grundsätze ... 308
1. Wortlautauslegung ... 309
a. Einschlägige Richtlinienbestimmungen ... 309
b. Fazit ... 309
2. Auslegungsindizien aus der Entstehungsgeschichte der Richtlinien ... 309
a. Kommunikationsbericht 1999 ... 309
b. SMP-Leitlinien ... 310
c. Fazit ... 311
3. Teleologische Auslegung ... 311
a. Telos des Tool-Box-Prinzips ... 312
b. Schlussfolgerung ... 313
4. Systematische Auslegung ... 313
a. Systematische Einbeziehung von Art. 7 Abs. 2 Rahmenrichtlinie ... 313
b. Schlussfolgerung ... 315
IV. Endergebnis ... 315
B. Nichteinhaltung der Verfahrensvorgaben in Art. 7 Abs. 3-5 Rahmenrichtlinie ... 316
I. Einleitung ... 316
II. Überblick über die einzelnen Konsultationsverfahrensvorschriften ... 316
III. Einleitung eines Vertragsverletzungsverfahrens durch die Kommission nach Art. 226 EG ... 318
1. Zulässigkeit eines Vertragsverletzungsverfahrens bei Verstößen gegen Art. 7 Abs. 3-5 Rahmenrichtlinie ... 318
2. Begründetheit eines Vertragsverletzungsverfahrens bei Verstößen gegen Art. 7 Abs. 3-5 Rahmenrichtlinie ... 320
a. Abstrakte Voraussetzungen für Vertragsverletzungsverstöße aufgrund von Verfahrensbestimmungen in Richtlinienbestimmungen ... 320
aa. „Unmissverständliche Verpflichtungen“ ... 320

bb. Zeitpunkt ... 322
cc. Zwischenergebnis ... 322
b. Anwendung auf Art. 7 Abs. 3-5 Rahmenrichtlinie ... 323
aa. Grundsätzliche Fragen, die die unmittelbare Anwendbarkeit aller sieben Pflichten betreffen ... 323
(1) Unbedingtheit trotz Art. 7 Abs. 6 Rahmenrichtlinie? ... 323
(2) Unbedingtheit trotz Ausgestaltungsbedarfs einzelner Pflichten? ... 324
(3) Unbedingtheit trotz Art. 3 Abs. 1 Rahmenrichtlinie? ... 324
bb. Unmittelbare Anwendbarkeit der Notifizierungspflicht ... 325
cc. Unmittelbare Anwendbarkeit der Begründungsmitteilungspflicht ... 326
dd. Unmittelbare Anwendbarkeit der Stillhaltepflicht ... 326
ee. Unmittelbare Anwendbarkeit der ergänzenden Stillhaltepflicht ... 326
ff. Unmittelbare Anwendbarkeit der Berücksichtigungspflicht ... 327
gg. Unmittelbare Anwendbarkeit der Ergebnismitteilungspflicht ... 327
hh. Unmittelbare Anwendbarkeit der Adaptationspflicht ... 327
3. Ergebnis ... 328
IV. Aufhebung der NRB-Maßnahme durch ein nationales Gericht ... 328
1. Einleitung und Untersuchungsgegenstand ... 328
2. Prüfungsaufbau ... 330
3. Grundsatzbildung anhand der EuGH-Rechtsprechung ... 331
a. Voraussetzungen für die Eignung als Prüfungsmaßstab ... 331
aa. Unmittelbar anwendbare Bestimmungen ... 331
bb. Umsetzungsdefizit und Umsetzungsfristablauf ... 332
cc. Verleihung subjektiver Rechte ? ... 334
dd. Nur bestimmte formelle Rechtsakte anhand von Gemeinschaftsrecht überprüfbar? ... 336
ee. Zwischenergebnis ... 337
b. Kriterien für die Rechtsfolgen eines Verstoßes gegen Kooperationsverfahrensbestimmungen ... 337
aa. Einleitung ... 337
(1) Erforderlichkeit der Erarbeitung von Kriterien für Rechtsfolgen von Verfahrensverstößen ... 337
(2) Vorgehensweise ... 338
bb. EuGH zur Wesentlichkeit von Kooperationsverfahrensverstößen ... 339
(1) Argumentationsaufbau des EuGH in den einschlägigen Urteilen ... 339
(2) Inhaltliche Stellungnahmen des EuGH zur Wesentlichkeit von Kooperationsverfahrensverstößen ... 340

(a) Verneinung der Wesentlichkeit 340
(b) Bejahung der Wesentlichkeit 342
(3) Fazit aus den dargestellten Urteilen 344
cc. Grundsatzbildung zur Wesentlichkeit von Kooperationsverfahrensverstößen 345
(1) Kriterium 1 346
(2) Kriterium 2 347
(3) Kriterium 3 349
c. Zusammenfassung 350
4. Anwendung auf Art. 7 Abs. 3-5 Rahmenrichtlinie 351
a. Prüfungspunkte, die alle Verfahrensbestimmungen betreffen 351
aa. Unmittelbare Anwendbarkeit 351
bb. Verfahrensziel und Verfahrenseigenschaften 351
(1) Ziel des Konsultationsverfahrens 351
(2) Eigenschaften des Konsultationsverfahrens 352
b. Zwischenergebnis und letzter Prüfungspunkt 353
c. Unabdingbarkeit bzw. Wesentlichkeit der einzelnen Verfahrensvorschriften 354
aa. Notifizierungspflicht 354
bb. Begründungsmitteilungspflicht 354
cc. Stillhaltepflicht 355
dd. Ergänzende Stillhaltepflicht 355
ee. Berücksichtigungspflicht 356
ff. Ergebnismitteilungspflicht 356
gg. Adaptationspflicht 356
5. Endergebnis 357

Teil 7: Analyse und Bewertung der neuen SMP-Konzeption 359

A. Zentrale Ausgestaltungsprobleme der neuen SMP-Konzeption 359
I. Ausgestaltung des neuen SMP-Kriteriums 359
1. Problem 359
2. Erläuterung der Hindernisse für das Gelingen der Gleichsetzung 359
a. Formale Beibehaltung des SMP-Kriteriums 359
b. Tatbestandliche Ausgestaltung 361
aa. Beträchtliche Marktmacht 361
bb. Gemeinsame beträchtliche Marktmacht 361
cc. Übertragene Marktmacht 362
dd. Fazit 364
3. Negative Auswirkungen 364
II. Gleichsetzung wirksamen Wettbewerbs und fehlender beträchtlicher Marktmacht 364
1. Problem 364

2. Darlegung der suboptimalen Ausgestaltung und der gegenläufigen Argumente ... 365
a. Suboptimale Ausgestaltung ... 365
b. Argumente gegen Gleichsetzung ... 365
3. Negative Auswirkungen ... 366
III. Kohärente Handhabung des Regulierungsinstrumentariums ... 366
1. Problem ... 366
2. Erläuterung der Unzulänglichkeit der materiell-rechtlichen Vorgaben und Koordinationsmechanismen ... 367
a. Nichtausreichen der materiell-rechtlichen Vorgaben ... 367
b. Nichtausreichen der Koordinationsvorkehrungen ... 369
c. Fazit ... 370
3. Negative Auswirkungen ... 370
IV. Unklarheit über Anhörungs- und Konsultationsverfahrens-anwendung ... 371
1. Problem ... 371
2. Erläuterung der Unklarheiten über den sachlichen Anwendungsbereich der neuen Verfahren ... 371
a. Zusammenfassung der Unklarheiten ... 371
b. Zusammenfassung des Lösungsweges in dieser Arbeit und Angreifbarkeit des Lösungsweges ... 372
c. Fazit ... 373
3. Negative Auswirkungen ... 373
V. Verfahrensbedingte Verzögerung von Regulierungsentscheidungen ... 374
1. Problem ... 374
2. Darlegung des Verzögerungspotentials ... 374
a. Normmaterial bzgl. einzuhaltender Fristen ... 374
b. Darlegung des Verzögerungspotentials ... 375
3. Negative Auswirkungen ... 376
VI. Zusammenfassung ... 376

B. Vergleich: politische Zielsetzungen und rechtliche Ausgestaltung ... 377
I. Politische Zielsetzungen ... 378
1. Optimales Maß an Regulierung ... 378
2. Effektive Ausgestaltung der Regulierung ... 378
3. Technologieneutraler Rechtsrahmen ... 379
4. Beitrag zur Binnenmarktskonsolidierung ... 379
II. Messung der rechtlichen Ausgestaltung an den Zielsetzungen ... 380
1. Optimales Maß an Regulierung ... 380
a. Ermöglichung der erforderlichen Regulierung ... 380
b. Abbau und Verhinderung überflüssiger Regulierung ... 380
c. Fazit ... 382

2. Effektive Ausgestaltung der Regulierung 382
a. Flexibilisierung 382
b. Marktnahe und zügige Regulierungsentscheidungen 383
c. Rechtssicherheit 384
d. Fazit 385
3. Technologieneutraler Rechtsrahmen 386
4. Beitrag zur Binnenmarktskonsolidierung 387
a. Materiell-rechtliche Harmonisierungsansätze 387
b. Harmonisierung durch Kontroll- und Kooperationsmechanismen 388
c. Fazit 389
5. Ergebnis der Bewertung 390
C. Gegenüberstellung: Reformbedarf i.R. der alten SMP-Konzeption und neue SMP-Konzeption 391
D. Zusammenfassung von Analyse und Bewertung 393
Teil 8: Schluss 395
A. Zusammenfassung 395
B. Ausblick auf die Umsetzungserfordernisse 401
I. Umsetzungserfordernisse allgemeiner Art mit Bezug zur SMP-Konzeption 402
II. Umsetzungserfordernisse in Bezug auf die Voraussetzungen der asymmetrischen Regulierung 404
III. Umsetzungserfordernisse in Bezug auf die Ausgestaltung der asymmetrischen Regulierung 405
Literaturverzeichnis 407
Verzeichnis der EU-Rechtstexte 419

Abkürzungsverzeichnis

a.A.	am Anfang
a.E.	am Ende
a.F.	alte Fassung
ABl.	Amtsblatt der Europäischen Gemeinschaften
Abs.	Absatz
AfP	Archiv für Presserecht
Art.	Artikel
BKartA	Bundeskartellamt
BMWi	Bundesministerium für Wirtschaft und Technologie
BR-Drs.	Drucksachen des Bundesrates
BT-Drs.	Drucksachen des Deutschen Bundestages
CEPT	Conférence européenne des administrations des postes et des télécommunications, Konferenz der europäischen Verwaltungen für Post- und Fernmeldewesen
CMLRev.	Common Market Law Review
COCOM	Communications Committee, Kommunikationsausschuss
CR	Computer und Recht
CRID	Centre de Recherche Informatique et Droit
CTLR	Computer and Telecommunications Law Review
DECT	Digital Enhanced Cordless Telecommunication
ders.	derselbe
dies.	dieselben
Diss.	Dissertation
DIT	Droit de l'Informatique et des Télécoms
DÖV	Die Öffentliche Verwaltung
DVBl.	Deutsches Verwaltungsblatt
ECLR	European Competition Law Review
EEA	Einheitliche Europäische Akte
EG	Europäische Gemeinschaft(en)
EG	Vertrag zur Gründung der Europäischen Gemeinschaft (Amsterdamer Fassung)
EGV	Vertrag zur Gründung der Europäischen Gemeinschaft (Maastrichter Fassung)
endg.	endgültig
ERG	European Regulators Group, Gruppe Europäischer Regulierungsstellen für elektronische Kommunikationsnetze und -dienste
ERMES	European Radio Message System

ETNO	European Public Telecommunications Network Operators' Association
ETO	European Telecommunications Office
ETSI	European Telecommunications Standards Institute, Europäisches Institut für Telekommunikationsnormen
EU	Europäische Union
EuR	Europarecht
EUV	Vertrag über die Europäische Union
EuGH	Gerichtshof der Europäischen Gemeinschaften
EuGI	Gericht erster Instanz der Europäischen Gemeinschaften
EuZW	Europäische Zeitschrift für Wirtschaftsrecht
EWG	Europäische Wirtschaftsgemeinschaft
EWGV	Vertrag zur Gründung der Europäischen Wirtschaftsgemeinschaft
EWiR	Entscheidungen zum Wirtschaftsrecht
EWS	Europäisches Wirtschafts- und Steuerrecht
FAZ	Frankfurter Allgemeine Zeitung
f., ff.	folgende, fortfolgende
FKVO	Fusionskontrollverordnung
Fn.	Fußnote
GA	Generalanwalt
GATS	General Agreement on Trade and Services
GD	Generaldirektion
GSM	Global System for Mobile Communication
GWB	Gesetz gegen Wettbewerbsbeschränkungen
Hrsg.	Herausgeber
i.e.S., i.w.S.	im engeren Sinne, im weiteren Sinne
i.S., i.S.v.	im Sinne, im Sinne von
ITU	Internationale Telekommunikations-Union
i.V.m.	in Verbindung mit
Info	Journal of policy, regulation and strategy for telecommunications, information and media
IRG	Independent Regulators Group, Gruppe der unabhängigen Regulierungsbehörden
ISDN	diensteintegrierte digitale Fernmeldenetze
JA	Juristische Arbeitsblätter
JBl.	Juristische Blätter
JTDE	Journal des tribunaux - droit européen
JuS	Juristische Schulung
K&R	Kommunikation und Recht
KOM	Dokument der Europäischen Kommission
MMR	MultiMedia und Recht
MR	Medien und Recht

n.F.	neue Fassung
NARA	National Administrations and Regulatory Authorities
NJW	Neue Juristische Wochenschrift
NRB	nationale Regulierungsbehörde
NuR	Natur und Recht
NVwZ	Neue Zeitschrift für Verwaltungsrecht
OFTEL	Office of Telecommunications (nationale Regulierungsbehörde des Vereinigten Königreichs)
ONP	Open Network Provision, offener Netzzugang
ONPCOM	Diskussionspapier des ONP-Ausschusses
PSDS	paketvermittelte Datendienste
PTT	Post-, Telefon- und Telegraphenbetriebe
RegTP	Regulierungsbehörde für Post und Telekommunikation
Rn.	Randnummer
Rs.	Rechtssache
RTD eur.	Revue trimesterielle de droit européen
S.	Seite
Slg.	Amtliche Sammlung der Entscheidungen des EuGH
SMP	significant market power, beträchtliche Marktmacht
sog.	so genannt, so genannten
SSNIP	small but significant non transitory increase in price
TAL	Teilnehmeranschlussleitung
TK	Telekommunikation
TKG	Telekommunikationsgesetz
TKMR	TeleKommunikations- & MedienRecht
TO	Telekommunikationsorganisation
u.a.	und andere/ unter anderem
UA	Unterabsatz
UMTS	Universal Mobile Telecommunications System
v.	vom
Verf.	Verfasserin
vgl.	vergleiche
VwGO	Verwaltungsgerichtsordnung
VwVfG	Verwaltungsverfahrensgesetz
WIK	Wissenschaftliches Institut für Kommunikationsdienste
WTO	World Trade Organization
WuW	Wirtschaft und Wettbewerb
ZGR	Zeitschrift für Unternehmens- und Gesellschaftsrecht
Ziff.	Ziffer
zit.	zitiert
z.T.	zum Teil
ZUR	Zeitschrift für Umweltrecht
z.Zt.	zur Zeit

Verzeichnis der abgekürzt zitierten EU-Rechtstexte

A. Alte Rechtslage

alte Genehmigungsrichtlinie:	Richtlinie 97/13/EG des Europäischen Parlaments und des Rates vom 10.4.1997 über einen gemeinsamen Rahmen für Allgemein- und Einzelgenehmigungen für Telekommunikationsdienste
alte Telekom-Datenschutzrichtlinie:	Richtlinie 97/66/EG des Europäischen Parlaments und des Rates v. 15.12.1997 über die Verarbeitung personenbezogener Daten und den Schutz der Privatsphäre im Bereich der Telekommunikation
Diensterichtlinie:	Richtlinie der Kommission vom 28.6.1990 über den Wettbewerb auf dem Markt für Telekommunikationsdienste (90/388/EWG)
Endgeräte-Ratsrichtlinie:	Richtlinie des Rates vom 29.4.1991 zur Angleichung der Rechtsvorschriften der Mitgliedstaaten über Telekommunikationsendeinrichtungen einschließlich der gegenseitigen Anerkennung ihrer Konformität (91/263/EWG)
Endgeräte-Wettbewerbsrichtlinie:	Richtlinie der Kommission vom 16.5.1988 über den Wettbewerb auf dem Markt für Telekommunikations-Endgeräte 88/301/EWG
Fernsehnormenrichtlinie I:	Richtlinie 95/47/EG des Europäischen Parlaments und des Rates vom 24.10.1995 über die Anwendung von Normen für die Übertragung von Fernsehsignalen
Fernsehnormenrichtlinie II:	Richtlinie 98/84/EG des Europäischen Parlaments und des Rates vom 20.11.1998 über den rechtlichen Schutz von zugangskontrollierten Diensten und von Zugangskontrolldiensten
Grünbuch 1987:	Mitteilung der Kommission: Auf dem Wege zu einer dynamischen Europäischen

	Volkswirtschaft. Grünbuch über die Entwicklung des Gemeinsamen Marktes für Telekommunikationsdienstleistungen und Telekommunikationsgeräte
Kabelfernsehrichtlinie I:	Richtlinie 95/51/EG der Kommission vom 18.10.1995 zur Änderung der Richtlinie 90/388/EWG hinsichtlich der Aufhebung der Einschränkungen bei der Nutzung von Kabelfernsehnetzen für die Erbringung bereits liberalisierter Telekommunikationsdienste
Kabelfernsehrichtlinie II:	Richtlinie 1999/64/EG der Kommission vom 23.6.1999 zur Änderung der Richtlinie 90/388/EWG im Hinblick auf die Organisation ein- und demselben Betreiber gehörender Telekommunikations- und Kabelfernsehnetze in rechtlich getrennten Einheiten
Mietleitungsempfehlung:	Empfehlung der Kommission, Zusammenschaltungsentgelte für Mietleitungen auf dem liberalisierten Telekommunikationsmarkt, C(1999)3863
Mobilfunkrichtlinie:	Richtlinie 96/2/EG der Kommission vom 16.1.1996 zur Änderung der Richtlinie 90/388/EWG betreffend die mobile Kommunikation und Personal Communications
ONP-Änderungsrichtlinie:	Richtlinie 97/51/EG des Europäischen Parlaments und des Rates vom 6.10.1997 zur Änderung der Richtlinien 90/387/EWG und 92/44/EWG des Rates zwecks Anpassung an ein wettbewerbsorientiertes Telekommunikationsumfeld
ONP-Betreibervorwahlrichtlinie:	Richtlinie 98/61/EG des Europäischen Parlaments und des Rates vom 24.9.1998 zur Änderung der Richtlinie 97/33/EG hinsichtlich der Übertragbarkeit von Nummern und der Betreibervorauswahl
ONP-Rahmenrichtlinie:	Richtlinie des Rates vom 28.6.1990 zur Verwirklichung des Binnenmarktes für Telekommunikationsdienste durch Einfüh-

	rung eines offenen Netzzugangs (Open Network Provision - ONP) (90/387/EWG)
ONP-Mietleitungsrichtlinie:	Richtlinie 92/44/EWG des Rates vom 5.6.1992 zur Einführung des offenen Netzzugangs bei Mietleitungen
ONP-Sprachtelefonrichtlinie I:	Richtlinie 95/62/EG des Europäischen Parlaments und des Rates vom 13.12.1995 zur Einführung des offenen Netzzugangs (ONP) beim Sprachtelefondienst
ONP-Sprachtelefonrichtlinie II:	Richtlinie 98/10/EG des EP und des Rates vom 26.02.1998 über die Anwendung des offenen Netzzugangs (ONP) beim Sprachtelefondienst und den Universaldienst im Telekommunikationsbereich in einem wettbewerbsorientierten Umfeld
ONP-Zusammenschaltungsrichtlinie:	Richtlinie 97/33/EG des Europäischen Parlamentes und des Rates vom 30.6.1997 über die Zusammenschaltung in der Telekommunikation im Hinblick auf die Sicherstellung eines Universaldienstes und der Interoperabilität durch Anwendung der Grundsätze für einen offenen Netzzugang (ONP)
RIO-Vermerk:	Kommission, GD IV und GD XIII, Indicative Reference Interconnection Offer
Satellitenrichtlinie:	Richtlinie 94/46/EG der Kommission vom 13.10.1994 zur Änderung der Richtlinie 88/301/EWG und 90/388/EWG, insbesondere betreffend die Satellitenkommunikation
SMP-Vermerk:	Kommission, GD XIII, Determination of Organisations with Significant Market Power (SMP) for implementation of ONP Directives
TAL-Mitteilung:	Mitteilung der Kommission: Entbündelter Zugang zum Teilnehmeranschluss: Wettbewerbsorientierte Bereitstellung einer vollständigen Palette von elektronischen Kommunikationsdiensten einschließlich

	multimedialer Breitband- und schneller Internetdienste (2000/C 272/10)
TAL-Verordnung:	Verordnung (EG) Nr. 2887/2000 des Europäischen Parlaments und des Rates vom 18.12.2000 über den entbündelten Zugang zum Teilnehmeranschluss
Tariffierungsvermerk:	Kommission, GD Informationsgesellschaft, Explanatory Note: Tariff principles for fixed to mobile calls originating from the fixed network of an operator notified as having significant market power
Wettbewerbsrichtlinie:	Richtlinie 96/19/EG der Kommission vom 13.5.1996 zur Änderung der Richtlinie 90/388/EWG hinsichtlich der Einführung des vollständigen Wettbewerbs auf den Telekommunikationsmärkten
Zugangsvermerk:	Kommission, GD Informationsgesellschaft, Explanatory Note: Access to fixed and mobile network infrastructures owned by operators designated as having significant market power
Zusammenschaltungsempfehlung - Teil 1:	Empfehlung der Kommission vom 8.1.1998 zur Zusammenschaltung in einem liberalisierten Telekommunikationsmarkt (Teil 1 - Zusammenschaltungsentgelte), (98/195/EG)
Zusammenschaltungsempfehlung - Teil 2:	Empfehlung der Kommission vom 8.4.1998 zur Zusammenschaltung in einem liberalisierten Telekommunikationsmarkt (Teil 2 - getrennte Buchführung und Kostenrechnung), (98/322/EG)
Zusammenschaltungsvereinbarungsvermerk:	Kommission, GD XIII, Interconnection Directive 97/33/EC, Availability of contents of interconnection agreements

B. Neue Rechtslage

Begründung zur Märkte-Empfehlung:	Begründung zur Empfehlung der Kommis--sion vom 11.2.2003 über relevante Produkt- und Dienstmärkte des elektronischen Kommunikationssektors, die aufgrund der Richtlinie 2002/21/EG des Europäischen Parlaments und des Rates über einen gemeinsamen Rechtsrahmen für elektronische Kommunikationsnetze und -dienste für eine Vorabregulierung in Betracht kommen
Datenschutzrichtlinie:	Richtlinie 2002/58/EG des Europäischen Parlaments und des Rates vom 12.7.2002 über die Verarbeitung personenbezogener Daten und den Schutz der Privatsphäre in der elektronischen Kommunikation
erste Fassung SMP-Leitlinien:	Arbeitsdokument der Kommission zu dem künftigen Rechtsrahmen für elektronische Kommunikationsnetze und -dienste - Entwurf von Leitlinien zur Marktanalyse und Ermittlung beträchtlicher Marktmacht nach Art. 14 des Vorschlags für eine Richtlinie über einen gemeinsamen Rechtsrahmen für elektronische Kommunikationsnetze und -dienste
Genehmigungsrichtlinie:	Richtlinie 2002/20/EG des Europäischen Parlaments und des Rates vom 7.3.2002 über die Genehmigung elektronischer Kommunikationsnetze und -dienste
Komitologie-Beschluss:	Beschluss des Rates v. 28.6.1999 zur Festlegung der Modalitäten für die Ausübung der der Kommission übertragenen Durchführungsbefugnisse (1999/468/EG)
Kommunikationsbericht 1999:	Mitteilung der Kommission an das Europäische Parlament, den Ministerrat, den Wirtschafts- und Sozialausschuss und den Ausschuss der Regionen: Entwicklung neuer Rahmenbedingungen für elektroni-

	sche Kommunikationsinfrastrukturen und zugehörige Dienste
Konvergenz-Grünbuch:	Kommission, Grünbuch zur Konvergenz der Branchen Telekommunikation, Medien und Informationstechnologie und ihren ordnungspolitischen Folgen - ein Schritt in Richtung Informationsgesellschaft
Märkte-Empfehlung:	Empfehlung der Kommission vom 11.2.2003 über relevante Produkt- und Dienstmärkte des elektronischen Kommunikationssektors, die aufgrund der Richtlinie 2002/21/EG des Europäischen Parlaments und des Rates über einen gemeinsamen Rechtsrahmen für elektronische Kommunikationsnetze und -dienste für eine Vorabregulierung in Betracht kommen
Mitteilung zur Anhörung zum Konvergenz-Grünbuch:	Mitteilung der Kommission an das Europäische Parlament, den Rat, den Wirtschafts- und Sozialausschuss und den Ausschuss der Regionen: Die Konvergenz der Branchen Telekommunikation, Medien und Informationstechnologie und ihre ordnungspolitischen Auswirkungen, Ergebnisse der öffentlichen Konsultation zum Grünbuch
Mitteilung zur Kommunikationsberichtsanhörung:	Mitteilung der Kommission: Die Ergebnisse der öffentlichen Anhörung zum Kommunikationsbericht 1999 und Leitlinien für den neuen Rechtsrahmen
Rahmenrichtlinie:	Richtlinie 2002/21/EG des Europäischen Parlaments und des Rates vom 7.3.2002 über einen gemeinsamen Rechtsrahmen für elektronische Kommunikationsnetze und -dienste
SMP-Leitlinien:	Leitlinien der Kommission zur Marktanalyse und Ermittlung beträchtlicher Markt-

macht nach dem gemeinsamen Rechtsrahmen für elektronische Kommunikationsnetze und -dienste

Universaldienstrichtlinie:	Richtlinie 2002/22/EG des Europäischen Parlaments und des Rates vom 7.3.2002 über den Universaldienst und Nutzerrechte bei elektronischen Kommunikationsnetzen und -diensten
Zugangsrichtlinie:	Richtlinie 2002/19/EG des Europäischen Parlaments und des Rates vom 7.3.2002 über den Zugang zu elektronischen Kommunikationsnetzen und zugehörigen Einrichtungen sowie deren Zusammenschaltung

Teil 1: Einleitung

A. Einführung in die Thematik

Knapp zweieinhalb Jahre nach dem Beginn der öffentlichen Debatte über eine Reform des europäischen Telekommunikationsrechts wurde am 24.4.2002 ein neues Richtlinienpaket im Amtsblatt der Europäischen Gemeinschaften veröffentlicht und trat am selben Tag in Kraft.[1] Den Mitgliedstaaten ist für die Umsetzung der neuen Vorgaben ein Zeitraum von 15 Monaten eingeräumt worden, der am 24.7.2003 endet. Bis dahin gelten die alten gemeinschaftlichen Rechtsakte fort.

Während der alte Rechtsrahmen geschaffen wurde, um den Übergang von staatlich verwalteten Fernmeldemonopolen zu einem wettbewerblich organisierten Telekommunikationssektor europarechtlich zu gestalten, bildet das neue Richtlinienpaket einen gemeinschaftlichen Ordnungsrahmen für einen zunehmend wettbewerblich funktionierenden Sektor. Wegen der Konvergenz von Telekommunikation, Medien und Informationstechnologie wurde dabei ein einheitlicher Rechtsrahmen für alle Übertragungsnetze und -dienste des Kommunikationssektors geschaffen.

Zentrale Teile sowohl des alten als auch des neuen gemeinschaftlichen Rechtsrahmens betreffen die asymmetrische Regulierung von Unternehmen mit beträchtlicher Marktmacht („significant market power", kurz SMP).

---

[1] Es handelt sich um vier Richtlinien: Richtlinie 2002/21/EG des Europäischen Parlaments und des Rates v. 7.3.2002 über einen gemeinsamen Rechtsrahmen für elektronische Kommunikationsnetze und -dienste (Rahmenrichtlinie), ABl. Nr. L 108/33 v. 24.4.2002; Richtlinie 2002/20/EG des Europäischen Parlaments und des Rates v. 7.3.2002 über die Genehmigung elektronischer Kommunikationsnetze und -dienste (Genehmigungsrichtlinie), ABl. Nr. L 108/21 v. 24.4.2002; Richtlinie 2002/19/EG des Europäischen Parlaments und des Rates v. 7.3.2002 über den Zugang zu elektronischen Kommunikationsnetzen und zugehörigen Einrichtungen sowie deren Zusammenschaltung (Zugangsrichtlinie), ABl. Nr. L 108/7 v. 24.4.2002; Richtlinie 2002/22/EG des Europäischen Parlaments und des Rates v. 7.3.2002 über den Universaldienst und Nutzerrechte bei elektronischen Kommunikationsnetzen und -diensten (Universaldienstrichtlinie), ABl. Nr. L 108/51 v. 24.4.2002. Gleichzeitig wurde eine Entscheidung veröffentlicht, und zwar die Entscheidung Nr. 676/2002/EG des Europäischen Parlaments und des Rates v. 7.3.2002 über einen Rechtsrahmen für die Funkfrequenzpolitik in der Europäischen Gemeinschaft (Frequenzentscheidung), ABl. Nr. L 108/1 v. 24.4.2002. Die fünfte Richtlinie, die eigentlich zu dem Richtlinienpaket gehört, konnte erst später verabschiedet und veröffentlicht werden, vgl. Richtlinie 2002/58/EG des Europäischen Parlaments und des Rates vom 12.7.2002 über die Verarbeitung personenbezogener Daten und den Schutz der Privatsphäre in der elektronischen Kommunikation (Datenschutzrichtlinie für elektronische Kommunikation, ABl. Nr. L 201/37 v. 31.7.2002.

Der Begriff der Regulierung bedeutet dabei die Steuerung des Verhaltens von Unternehmen durch sektorspezifische Vorabverpflichtungen.[2] Unter Vorabverpflichtungen - oft auch als ex ante Pflichten bezeichnet - sind dabei Rechtspflichten zu verstehen, die in abstrakter Form für einen bestimmten oder unbestimmten Zeitraum vorgegeben werden.
Asymmetrisch ist diese Regulierung deshalb, weil die entsprechenden Verhaltensvorschriften nicht gleichmäßig an alle, sondern nur an bestimmte Marktteilnehmer adressiert sind.[3] An welche Unternehmen sie sich richten, entscheidet sich im europäischen (Tele-) Kommunikationsrecht anhand des Kriteriums der beträchtlichen Marktmacht. Die europarechtlichen Vorgaben für die Voraussetzungen und für die Ausgestaltung der asymmetrischen Regulierung sowie die gemeinschaftsrechtlichen institutionellen und verfahrensrechtlichen Vorgaben für die Durchführung dieser Regulierung werden im Folgenden als - alte bzw. neue - SMP-Konzeption bezeichnet.

---

[2] Nicht gemeint ist in diesem Kontext die den normativen und positiven Regulierungstheorien zugrundeliegende klassische Form der Regulierung. Diese Form der „old-style economic regulation" dient grundsätzlich der langfristigen Einschränkung der wirtschaftlichen Entscheidungsfreiheit von Wirtschaftssubjekten in sogenannten „Ausnahmebereichen ", die dem Wettbewerb weitestgehend entzogen bleiben sollen, vgl. dazu *Möschel*, JZ 1988, 885, 890 sowie *Schmidt*, Wettbewerbspolitik und Kartellrecht, S. 35. Die hier anvisierte Form der Regulierung müsste eigentlich - um den Unterschied zur „old-style economic regulation" deutlich zu machen - als „Re-Regulierung" bezeichnet werden. Sie ist ein Folgeprodukt der politischen Entscheidung, ehemals verstaatlichte bzw. klassisch regulierte Bereiche zu privatisieren bzw. zu liberalisieren. Zumeist werden im Falle einer solchen Entscheidung nämlich nicht sämtliche staatlichen Regelungen für den Sektor einfach ersatzlos gestrichen. Der oftmals verwendete Begriff der „Deregulierung" ist deshalb unpräzise. Es geht zumeist eben nicht um den einfachen Abbau von staatlichen Regelungen, sondern um eine Optimierung der Rechtsordnung um die jeweils gesetzten Liberalisierungs- bzw. Privatisierungsziele zu verwirklichen, vgl. dazu *Koppensteiner*, Deregulierung und Regulierung im Privatwirtschaftsrecht, in: Regulierung und Deregulierung zur Herstellung eines offenen und funktionsfähigen Marktes, S. 5. Vorrangiges Ziel einer solchen „Re-Regulierung" ist dabei die Herbeiführung funktionstüchtigen Wettbewerbs, vgl. dazu ausführlich *Eisenblätter*, Regulierung in der Telekommunikation, S. 89 ff. Daneben können jedoch je nach Ausgestaltung der „Re-Regulierung" zugleich auch andere Ziele - z.B. sozialpolitische oder infrastrukturpolitische - mit den Regulierungsinstrumenten verfolgt werden. Im weiteren Verlauf wird der Einfachheit halber regelmäßig nicht der Begriff „Re-Regulierung" sondern einfach derjenige der „Regulierung" verwendet.
[3] Allgemein zur asymmetrischen Regulierung im Telekommunikationssektor - allerdings aus einer deutschen Perspektive - *Eisenblätter*, Regulierung in der Telekommunikation, S. 95 f.

B. Gegenstand und Ziel der Arbeit

Der Gegenstand der vorliegenden Arbeit sind die europarechtlichen Vorgaben für die neue SMP-Konzeption. Das Ziel der Arbeit ist es, die neue SMP-Konzeption aus einer europarechtlichen Perspektive zu erschließen.

Die Arbeit liefert zunächst den für das Verständnis der neuen SMP-Konzeption erforderlichen allgemeinen politischen und rechtlichen Hintergrund.
Da die neue SMP-Konzeption in weiten Teilen auf der alten SMP-Konzeption aufbaut bzw. auf der Basis der im Rahmen der alten SMP-Konzeption gesammelten Erfahrungen ausgestaltet wurde, widmet sich die Arbeit des Weiteren der - noch bis zum 24.7.2003 Geltung beanspruchenden - alten SMP-Konzeption.
Den Schwerpunkt der Arbeit bildet dann jedoch die neue SMP-Konzeption: Die europarechtlichen Vorgaben für die neue asymmetrische Regulierungskonzeption werden herausgearbeitet, analysiert und einer kritischen Bewertung unterzogen.

C. Abgrenzung des Untersuchungsgegenstandes

Die Arbeit befasst sich mit den *realen* europarechtlichen Vorgaben für die Auferlegung von Vorabverpflichtungen auf Unternehmen mit beträchtlicher Marktmacht. Allein diese werden herausgearbeitet, analysiert und bewertet. Nicht hingegen soll mit dieser Arbeit die ökonomische Rechtfertigbarkeit von sektorspezifischer Regulierung im Allgemeinen oder asymmetrischer Regulierung im Besonderen untersucht werden. Die Entscheidung *für* eine asymmetrische sektorspezifische Vorabregulierung durch den gemeinschaftlichen Gesetzgeber wird somit nicht hinterfragt. Für eine kritische Befassung mit derartigen ökonomischen Fragestellungen im Vorfeld der realen rechtlichen Ausgestaltung wird auf die vorhandene regulierungsökonomische und wettbewerbstheoretische Literatur verwiesen.[4]

Wie bereits angedeutet, wird in der Arbeit darüber hinaus eine rein europarechtliche Perspektive eingenommen: Die Arbeit befasst sich nur mit den *europarechtlichen* Vorgaben, die der Gemeinschaftsgesetzgeber an die Mitgliedstaaten adressiert hat und legt diese entsprechend der europarechtlichen Methodik aus. Es werden lediglich speziell europarechtliche Probleme der neuen Konzeption behandelt. Die Bewertung - sowohl der alten als auch der neuen - SMP-Kon-

---

[4] Siehe z.B. *Hart*, Europäische Telekommunikationspolitik: Entwürfe für ein zukunftsorientiertes Regulierungskonzept; *Larouche*, Competition Law and Regulation in European Telecommunications; *Blankart/ Knieps*, Regulierung von Netzen?, S. 1 ff; *Schankermann*, Information Economics and Policy 8 (1996) 3 ff; *Ypsilanti/ Xavier*, Telecommunications Policy (22) 1998, 643, 648 f.

zeption erfolgt allein anhand gemeinschaftlicher Zielsetzungen. Die Arbeit befasst sich hingegen nicht mit Detailfragen der rechtlichen Umsetzung der gemeinschaftlichen Vorgaben in Deutschland oder anderen Mitgliedstaaten. Zwar kommt der Art und Weise dieser Umsetzung im Laufe der nächsten Monate große Bedeutung für die konkrete Funktionsweise der asymmetrischen Regulierung in den einzelnen Mitgliedstaaten zu, insbesondere da es sich bei den umzusetzenden Rechtsakten um Richtlinien handelt, die den Mitgliedstaaten Umsetzungsspielräume belassen.
Der dieser Arbeit zugrundeliegende Gedanke ist es jedoch, dass die SMP-Konzeption zunächst einmal umfassend auf der Ebene des Gemeinschaftsrechts - quasi auf einer „Meta-Ebene“ - untersucht werden sollte. Die Herausarbeitung dessen, was in den umzusetzenden Richtlinien normiert ist, und die Analyse der den gemeinschaftsrechtlichen Vorgaben inhärenten Probleme sollen zu einer richtlinienkonformen, möglichst effektiven Umsetzung der SMP-Konzeption in allen Mitgliedstaaten beitragen.

D. Aufbau der Arbeit

Die Arbeit ist in sechs Hauptteile gegliedert: Auf einen allgemeinen Grundlagenteil folgen zwei Teile zur alten SMP-Konzeption und sodann drei Teile zur neuen SMP-Konzeption. Den Abschluss bildet eine Zusammenfassung mit einem kurzen Ausblick.

Im ersten Hauptteil - also im Teil 2 - werden die politischen und rechtlichen Rahmenbedingungen erläutert, die den Hintergrund für die Entstehung und Ausgestaltung der alten und der neuen SMP-Konzeption bilden. Die Darstellung erfolgt dabei anhand von fünf Ordnungsmodellen, angefangen vom Zustand staatlich verwalteter Fernmeldemonopole bis hin zum - dem neuen Richtlinienpaket zugrundeliegenden - Ordnungsmodell für einen zunehmend wettbewerblich funktionierenden Sektor.

Dem Inhalt der europarechtlichen Vorgaben für die alte SMP-Konzeption widmet sich Teil 3: Nach einem kurzen Blick auf die Entstehung des alten, auf einem Marktanteil von 25 % basierenden SMP-Kriteriums werden die rechtliche Ausgestaltung dieses Kriteriums, die Vorgaben für das alte SMP-Pflichtenregime und die Vorgaben für die institutionelle und verfahrensrechtliche Umsetzung der alten SMP-Konzeption dargestellt. Da es sich hierbei nur um einen - allerdings wichtigen - Grundlagenteil für die Befassung mit der neuen SMP-Konzeption handelt, unterbleibt eine detaillierte Auslegung einzelner Vorschriften.

In Teil 4 wird die Ausgestaltung der alten SMP-Konzeption analysiert und bewertet: Dafür werden zunächst die zentralen Ausgestaltungsprobleme herausgearbeitet, sodann die alte SMP-Konzeption an den ihr zugrundeliegenden politischen Zielsetzungen gemessen und des Weiteren der Frage nachgegangen, ob mit der alten SMP-Konzeption ein adäquater rechtlicher Rahmen für die im Geltungszeitraum zu bewältigenden technischen und wirtschaftlichen Entwicklungen bereitgestellt worden ist. Die Ergebnisse aus diesen drei Analyseschritten münden in eine Zusammenfassung dessen, was an der alte SMP-Konzeption reformbedürftig war. Diese Zusammenfassung dient als eine Grundlage für die Bewertung der neuen SMP-Konzeption in Teil 7.

Der Inhalt der neuen SMP-Konzeption ist Gegenstand von Teil 5. Zunächst wird ein kurzer Blick auf die Entstehung des neuen SMP-Kriteriums geworfen. Sodann werden die Vorgaben für die neue SMP-Konzeption en détail herausgearbeitet und die entsprechenden gemeinschaftsrechtlichen Vorschriften - soweit erforderlich - ausgelegt. Die Untersuchung erfolgt dabei in drei Schritten. Zunächst werden die Regulierungsvoraussetzungen - insbesondere das neue SMP-Kriterium -, sodann die Vorgaben für die Anordnung von SMP-Pflichten und zuletzt die institutionellen und verfahrensrechtlichen Vorgaben für die Ausführung der SMP-Regulierung herausgearbeitet.

In Teil 6 werden zwei ausgewählte europarechtliche Fragestellungen untersucht, die für die legislative und administrative Umsetzung der neuen SMP-Konzeption durch die Mitgliedstaaten von erheblicher Bedeutung sind. Zum einen geht es um die Frage, ob die nationalen Gesetzgeber bei der Umsetzung des Richtlinienpakets in nationales Recht das in den Richtlinien für die NRB vorgesehene Auswahl- und Ausgestaltungsermessen hinsichtlich der Anordnung von SMP-Pflichten einschränken dürfen. Die Beantwortung dieser Frage ist zentral für die zukünftige Machtverteilung zwischen nationalen Gesetzgebern und NRB in Bezug auf die asymmetrische Regulierung im elektronischen Kommunikationssektor. Zum anderen wird untersucht, welche rechtlichen Konsequenzen Verstöße der NRB gegen die Konsultationsverfahrensvorschriften in Art. 7 der neuen Rahmenrichtlinie haben können. Das Konsultationsverfahren ist als zentrales Ausgleichsinstrument zwischen einer verstärkt flexibilisierten Regulierung und dem Schutz des Binnenmarktes konzipiert. Das Vorhandensein ernstzunehmender Sanktionen im Falle von Verstößen gegen die Verfahrensvorschriften ist dabei von erheblicher Bedeutung für die Wirksamkeit des Instruments.

In Teil 7 wird die neue SMP-Konzeption analysiert und bewertet. Dafür werden wiederum die wichtigsten Ausgestaltungsprobleme herausgearbeitet. Sodann wird die neue SMP-Konzeption an den ihr zugrundeliegenden politischen Zielsetzungen gemessen. Zuletzt wird der Frage nachgegangen, ob der in Teil 4 für die alte SMP-Konzeption herausgearbeitete Reformbedarf mit der Ausgestaltung der neuen SMP-Konzeption behoben worden ist.

Der Schlussteil - Teil 8 - fasst die wichtigsten Untersuchungspunkte und Ergebnisse der sechs Hauptteile zusammen. Sodann folgt ein Ausblick auf die von den Mitgliedstaaten der EU zu unternehmenden Schritte zur Umsetzung der neuen SMP-Konzeption.

Teil 2: Europapolitische und -rechtliche Rahmenbedingungen der alten und neuen SMP-Konzeption

A. Einleitung

I. Verortung der SMP-Konzeptionen im Gesamtregelungskomplex für den (Tele-)Kommunikationssektor

Die an das alte SMP-Kriterium anknüpfende Regulierung wurde durch Gemeinschaftsrichtlinien der Jahre 1997 und 1998 eingeführt. Damit gehörte selbst die alte SMP-Konzeption bereits zur einer späten Etappe in der Entwicklung der europäischen Telekommunikationspolitik und gemeinschaftlichen Rechtsetzung für den Telekommunikationssektor.

Vorausgegangen waren über zehn Jahre der schrittweisen Marktöffnung in und zwischen den Mitgliedstaaten, die vor allem durch politische Entscheidungen und diese umsetzende rechtliche Vorgaben auf der europäischen Ebene herbeigeführt worden war. Bei der Neuschaffung rechtlicher Vorgaben verfolgte man auf europäischer Ebene dabei von Beginn an eine Doppelstrategie, die aus Liberalisierungs- und Harmonisierungsmaßnahmen bestand. Vereinfacht gesagt sollten mithilfe der Liberalisierungsmaßnahmen die staatlich verliehenen Monopolrechte im Telekommunikationssektor schrittweise aufgehoben werden, während die Harmonisierungsmaßnahmen auf die Schaffung eines angeglichenen ordnungspolitischen Rahmens für die Errichtung und Nutzung von Telekommunikationsnetzen und die Erbringung von Telekommunikationsdiensten zielten.[5] Daneben wurde das allgemeine Kartell- und Wettbewerbsrecht[6] zunehmend eingesetzt, um den entstehenden Wettbewerb in individuellen Fällen gegen private Wettbewerbsbeschränkungen abzusichern.[7]

---

[5] *Polster*, Das Telekommunikationsrecht der Europäischen Gemeinschaft, S. 47; *Sauter*, Competition Law and Industrial Policy in the EU, S. 186 ff; *Holznagel/ Enaux/ Nienhaus*, Grundzüge des Telekommunikationsrechts: Rahmenbedingungen - Regulierungsfragen - internationaler Vergleich, S. 215. Siehe vertiefend zum komplexen Zusammenspiel der Liberalisierungs- und Harmonisierungsmaßnahmen *Larouche*, Competition Law and Regulation in European Telecommunications, S. 37 ff.

[6] Rechtsgrundlagen waren dabei Art. 86 und 85 EGV sowie die Fusionskontrollverordnung. Hingegen diente Art. 90 EGV - i.V.m. Art. 86 EGV und den Grundfreiheiten im EG-Vertrag - als Maßstab und Rechtsgrundlage für die Liberalisierungsmaßnahmen.

[7] Zum Einsatz von wettbewerbsrechtlichen Einzelverfahren im Telekommunikationssektor, vgl. *Ungerer*, Use of EC Competition Rules in the Liberalisation of the European Union's Telecommunications Sector - Assessement of Past Experience and Conclusions for Use in other Utility Sectors, S. 11 ff.

Das europäische Telekommunikationsrecht blieb jedoch auch nach der Einführung der alten SMP-Konzeption nicht statisch, sondern wurde durch ergänzende Maßnahmen weiterentwickelt. Anfang 2002 wurde dann ein vollständig neuer Rechtsrahmen verabschiedet, der neben dem Phänomen der Konvergenz von Telekommunikation, Medien und Informationstechnologie den verstärkt wettbewerblichen Gegebenheiten auf den Kommunikationsmärkten Rechnung tragen soll.

Sowohl alte als auch neue SMP-Konzeption sind mithin eingebettet in einen politischen und rechtlichen Rahmen, der verschiedene Etappen durchlaufen hat. Die Ausgestaltung der alten und neuen SMP-Konzeption wird erst durch die Einbeziehung dieses Kontextes verständlich. Im Folgenden soll deshalb die Entwicklung der Rahmenbedingungen im Telekommunikations- bzw. Kommunikationssektor skizziert werden, um den für die weitere Arbeit erforderlichen europapolitischen und -rechtlichen Hintergrund zu liefern. Dabei wird das Hauptaugenmerk auf die Rahmenbedingungen für Kommunikationsinfrastrukturen und Übertragungsdienstleistungen gelegt, da die alte und neue SMP-Konzeption nur in diesen beiden Segmenten anwendbar sind. Die Rahmenbedingungen für Endgeräte und für übertragene Inhalte werden nur insoweit angesprochen, als sie auch für die Rahmenbedingungen für Infrastrukturen und zugehörige Dienste von Bedeutung sind.

II. Darstellungsmethode

Um die Übersichtlichkeit der Darstellung zu gewährleisten, erfolgt keine einfache chronologische bzw. nach Harmonisierungs- und Liberalisierungsmaßnahmen getrennte Darstellung. Vielmehr wird die Entwicklung der politischen und rechtlichen Rahmenbedingungen anhand von fünf Ordnungsmodellen[8] nachgezeichnet, die den unterschiedlichen Etappen der Marktöffnung und den zu den entsprechenden Zeitabschnitten geltenden europäischen Rechtsrahmen entsprechen.

Dabei geht es nicht darum, die Ausgestaltung eines jeden Ordnungsmodells in erschöpfender Weise darzustellen. Vielmehr sollen die für das Verständnis der alten SMP-Konzeption wesentlichen Neuerungen und Charakteristika jeder Etappe deutlich gemacht werden.

---

[8] Der Begriff des „Ordnungsmodells“ wird verwendet, um einen Zustand zu beschreiben, der aus den politischen Entscheidungen für die Ausgestaltung des Sektors für einen bestimmten Zeitraum und den rechtlichen Maßnahmen zur Umsetzung dieser Entscheidungen resultiert. Diese Art der Darstellung ist angelehnt an den Aufbau des ersten Kapitels von *Larouche*, Competition Law and Regulation in European Telecommunications, S. 1 ff.

Unterschieden werden für die Modellbildung folgende Etappen der Marktöffnung:

- Ursprüngliche Monopolsituation
  => traditionelles Ordnungsmodell (Ordnungsmodell 1)
- Für Dienste und Endgeräte vorgenommene Teilliberalisierung
  => Modell des Grünbuchs 1987 (Ordnungsmodell 2)
- Erweiterte Teilliberalisierung für alternative Infrastrukturen
  => Teil 1 des Kommmissionsinfrastrukturgrünbuchs (Ordnungsmodell 3)
- Vollständige Liberalisierung
  => Modell der Ratsentschließung 1995 (Ordnungsmodell 4)
- Zunehmend wettbewerblich funktionierende, konvergierende Märkte
  => Modell des Kommunikationsberichts 1999 (Ordnungsmodell 5)

Im Anschluss an das Modell der Ratsentschließung 1995 wird kurz auf zeitgleiche Ordnungskonzepte für andere elektronische Kommunikationsinfrastrukturen und -dienste eingegangen, da letztere ab dem Modell des Kommunikationsberichts 1999 mit den Telekommunikationsinfrastrukturen und -diensten gemeinsam geregelt werden.

B. Traditionelles Ordnungsmodell (Ordnungsmodell 1)

I. Technische, wirtschaftliche und rechtliche Situation des Sektors in den Mitgliedstaaten

Der Telekommunikationssektor war in den meisten EU-Mitgliedstaaten bis zum Beginn der 90er Jahre dadurch gekennzeichnet, dass die staatlichen Fernmeldeverwaltungen (PTT)[9] bzw. die unter staatlicher Kontrolle stehenden öffentlichen Telekommunikationsunternehmen, auch Telekommunikationsorganisationen (TO)[10] genannt, über weitreichende historisch gewachsene Monopolrechte für die Erbringung von Telekommunikationsdiensten und die Bereitstellung bzw. Genehmigung und Betreibung von Telekommunikationsgeräten und -infrastrukturen für das jeweilige nationale Territorium verfügten. Diese Monopole wurden von den Mitgliedstaaten zum einen aufrechterhalten, weil die Telekom-

[9] „PTT" steht für Post-, Telefon- und Telegraphenverwaltungen. Es handelte sich um Teile der staatlichen Verwaltung.

[10] Der Begriff der Telekommunikationsorganisation (TO) wird hier - in Übereinstimmung mit der offiziellen EU-Terminologie - für Unternehmen verwendet, denen die Mitgliedstaaten besondere oder ausschließliche Rechte eingeräumt hatten. Die TO unterschieden sich von den PTT dadurch, dass sie formal eigenständige Einheiten, also nicht wie die PTT unmittelbare staatliche Verwaltungseinheiten, waren und keine Verwaltungsfunktionen wahrnahmen.

munikation lange Zeit als Bestandteil der Daseinsvorsorge und damit als hoheitliche Aufgabe betrachtet wurde.[11] Aus der damaligen Perspektive hätte eine Liberalisierung des Marktes die Erfüllung des öffentlichen Versorgungsauftrages gefährden können.[12] Zum anderen ging man lange Zeit davon aus, dass Wettbewerb im Telekommunikationssektor unmöglich sei, weil die Telekommunikation aufgrund ihrer Netzgebundenheit ein natürliches Monopol darstelle.[13]

Den PTT bzw. TO lag verständlicherweise wenig daran, diese Betrachtungsweise zu verändern und sie setzten alles daran, die finanziell sehr lukrativen Monopolrechte gegen jede Beschneidung zu verteidigen und sogar auf durch technologische Innovationen neu entstehende Märkte auszudehnen.

Die Erbringung von grenzüberschreitenden Telekommunikationsdienstleistungen in der EU war - unabhängig von den dies ausschließenden Monopolrechten - auch deshalb unmöglich, weil den einzelnen nationalen Netzen und Endgeräten divergierende Technologien zugrunde lagen: Die technologische Ausgestaltung hing jeweils von den technischen Lösungen der nationalen Systemlieferanten und dem Startzeitpunkt größerer Investitionszyklen der nationalen Monopolunternehmen ab.[14] Infrastrukturen, Endgeräte und Telekommunikationsdienste waren somit grundsätzlich inkompatibel, so dass grenzüberschreitende Telekommunikationsdienstleistungen auch aus diesem Grund von einem Unternehmen allein nicht erbracht werden konnten.[15] Der grenzüberschreitende Sprachtelefondienst in der EU wurde durch - so wie das auch sonst international üblich war bzw. zum Teil weiterhin ist - die Kooperation der jeweiligen nationalen PTT bzw. TO ermöglicht und mittels eines Systems der bilateralen Verrechnung abgerechnet.[16] Die Mitgliedstaaten zeigten daneben wenig Interesse, für die Inkompatibilität von Infrastrukturen und Endgeräten Abhilfe zu schaffen: Vielmehr versuchten sie gezielt, mit ihrer jeweiligen nationalen Industriepolitik ihren heimischen „national champion“ für Telekommunikationsgeräte und -infrastrukturen zu protegieren.[17]

---

[11] *Holznagel/ Enaux/ Nienhaus*, Grundzüge des Telekommunikationsrechts: Rahmenbedingungen - Regulierungsfragen - internationaler Vergleich, S. 3.

[12] *Polster*, Das Telekommunikationsrecht der Europäischen Gemeinschaft, S. 6.

[13] *Holznagel/ Enaux/ Nienhaus*, Grundzüge des Telekommunikationsrechts: Rahmenbedingungen - Regulierungsfragen - internationaler Vergleich, S. 3.

[14] *Weinkopf*, Ökonomie des ONP-Konzeptes, S. 4.

[15] *Polster*, Das Telekommunikationsrecht der Europäischen Gemeinschaft, S. 7.

[16] Es handelt sich dabei um das sog. Accounting-Rate-System, das von der Internationalen Telekommunikations-Union (ITU) entwickelt worden ist, vgl. dazu *Larouche*, Competition Law and Regulation in European Telecommunications, S. 2 f. Vertiefend zur ITU, *Tegge*, Die Internationale Telekommunikations-Union, sowie *Huppertz*, K&R 2001, 402, 403 f.

[17] *Bruhn*, Die Sicherstellung öffentlicher Aufgaben im Bereich der deutschen Telekommunikation unter dem Einfluss der europäischen Marktöffnung: Vom Monopol zum Universaldienst, S. 2.

II. Europäisches Ordnungsmodell bis 1983 ?

Ein europäisches Ordnungsmodell gab es in den Jahren der - technisch und rechtlich bedingten - nationalen Abschottung der Telekommunikationsmärkte nicht. Ein Binnenmarkt für Telekommunikationsinfrastrukturen, -geräte und -dienste war aufgrund der dargestellten Situation nicht vorhanden[18] und die europäischen Institutionen unternahmen lange Zeit nichts, um nach Möglichkeiten der Abhilfe für diesen Zustand zu sorgen.

III. Einleitung der Sektoröffnung: Rudimentäres erstes europäisches Ordnungsmodell

Die Europäische Kommission unter ihrem damaligen Präsidenten *Delors* erkannte Anfang der 80er Jahre die entscheidende Bedeutung der Telekommunikation für die gesamte Wirtschaft der Gemeinschaft und unternahm erste Schritte, um einen europäischen Ordnungsrahmen für den Telekommunikationssektor auf den Weg zu bringen. In November 1983 wurde die „Gruppe Hoher Beamter Telekommunikation“ (SOG-T) auf den Vorschlag der Kommission hin durch den Rat eingesetzt, die in Kooperation mit der Kommission erste Vorschläge für ein Aktionsprogramm erarbeitete und im Mai 1984 als Mitteilung dem Rat vorlegte.[19] In dieser Mitteilung schlug die Kommission insbesondere die Förderung der Kooperation zwischen den einzelnen nationalen Netzbetreibern mit dem Ziel der Entwicklung neuer europaweiter Netze und Dienstleistungen sowie die Förderung eines gemeinsamen offenen Marktes für Endgeräte und Netzausrüstung vor. Der Rat stimmte dem Programm zu und erließ noch Ende des Jahres 1984 eine Empfehlung für dessen Umsetzung.[20] Im Laufe der Jahre 1985 bis 1987 erfolgten erste Schritte zur Sektoröffnung durch den Rat, wobei es sich in erster Linie um Maßnahmen zur Öffnung der Endgerätemärkte durch die gegenseitige Anerkennung der Allgemeinzulassungen von Telekommunikations-Endgeräten[21] und um die technische Normung im Telekommunikationssektor[22] handelte.

---

[18] *Polster*, Das Telekommunikationsrecht der Europäischen Gemeinschaft, S. 6.

[19] Mitteilung der Kommission an den Rat über die Telekommunikation - Stand der Überlegungen und der Arbeiten auf diesem Gebiet sowie erste Vorschläge für ein Aktionsprogramm, KOM (84) 277 endg. v. 18.5.1984.

[20] Empfehlung des Rates vom 12.11.1984 betreffend die erste Phase der Öffnung der öffentlichen Fernmeldmärkte (84/550/EWG), ABl. Nr. L 298/51 v. 16.11.1984; Empfehlung des Rates vom 12.11.1984 betreffend die Durchführung der Harmonisierung auf dem Gebiet des Fernmeldewesens (84/549/EWG), ABl. Nr. L 298/49 v. 16.11.1984.

[21] Vgl. Richtlinie des Rates vom 24.7.1986 über die erste Phase der gegenseitigen Anerkennung der Allgemeinzulassungen von Telekommunikations-Endgeräten (86/361/EWG), ABl. Nr. L 217/21 v. 5.8.1986.

[22] Vgl. Beschluss des Rates vom 22.12.1986 über die Normung auf dem Gebiet der Informationstechnik und der Telekommunikation (87/95/EWG), ABl. Nr. L 36/31 v. 7.2.1987.

Unterstützt wurden diese ersten Bemühungen der Kommission und des Rates, um im Telekommunikationssektor ein erstes europäisches Ordnungsmodell zu errichten, durch die Entscheidung des EuGH im Fall *British Telecommunications* aus dem Jahr 1982, in der der EuGH die Anwendbarkeit des allgemeinen europäischen Kartell- und Wettbewerbsrechts auf den Telekommunikationssektor feststellte.[23] Diese Entscheidung bereitete den Weg für spätere Handlungsschritte der Kommission auf der Grundlage des Art. 90 sowie der Art. 85, 86 EGV[24] und der Fusionskontrollverordnung.

Das „erste europäische Ordnungsmodell" von 1983 bis 1987 kann mithin charakterisiert werden als eine vorsichtige Einbeziehung des Telekommunikationssektors in den aktiven Politikbereich der EU inklusive der Schaffung erster Maßnahmen zur Beseitigung technischer Inkompatibilitäten.

C. Modell des Grünbuchs 1987 (Ordnungsmodell 2)

Im Zuge der neuen gemeinschaftlichen Integrationsdynamik, die zur Verabschiedung der Einheitlichen Europäischen Akte[25] geführt hatte, nahm sich die Kommission mit dem wegweisenden Grünbuch über die Entwicklung des Gemeinsamen Marktes für Telekommunikationsdienstleistungen und Telekommunikationsgeräte (Grünbuch 1987)[26] des Telekommunikationssektors an, um auch dort das - in der Einheitlichen Europäischen Akte für Ende 1992 anvisierte[27] - europäische Binnenmarktziel zu verfolgen. Eine solche Initiative war auch deshalb dringend erforderlich, weil die technische und rechtliche Situation der Abschottung nationaler monopolisierter Telekommikonsmärkte der dynamischen Wirtschaftsentwicklung und der Innovationskraft des Sektors im Wege stand

---

[23] EuGH, Urteil v. 20.3.1985 - *Italien/ Kommission (British Telecommunications)*, Rs. 41/83, Slg. 1985, 873.

[24] Die Zitierweise in dieser Arbeit entspricht grundsätzlich der Nummerierung in der Fassung des Vertrages von Amsterdam (Vertrag zur Änderung des Vertrags über die Europäische Union, die Verträge zur Gründung der Europäischen Gemeinschaften sowie einiger damit zusammenhängender Rechtsakte, unterzeichnet in Amsterdam am 2. Oktober 1997, ABl. Nr. C 340/1 v. 10.11.1997). Andernfalls wird dies wie hier durch die Verwendung der Abkürzung „EGV" anstelle von „EG" kenntlich gemacht.

[25] Einheitliche Europäische Akte (EEA), ABl. Nr. L 169/1 v. 29.6.1987.

[26] Mitteilung der Kommission: Auf dem Wege zu einer dynamischen Europäischen Volkswirtschaft. Grünbuch über die Entwicklung des Gemeinsamen Marktes für Telekommunikationsdienstleistungen und Telekommunikationsgeräte, KOM(87) 290 endg. v. 30.6.1987.

[27] Vgl. Art. 13-15 der Einheitliche Europäische Akte (EEA), ABl. Nr. L 169/1 v. 29.6.1987, die in Art. 8a-8c EWGV und später Art. 7a-7c EGV übernommen wurden.

und die europäische Wirtschaft den Anschluss an internationale Entwicklungen zu verpassen drohte.[28]

In ihrem Grünbuch 1987 legte die Kommission Vorschläge für eine erste zusammenhängende europäische Ordnungskonzeption für den Telekommunikationssektor vor. Im Anschluss an eine öffentliche Konsultation zu den Vorschlägen erstellte sie für die Zeit bis 1992 ein Aktionsprogramm[29] zur schrittweisen Verwirklichung der Ordnungskonzeption. Das Programm wurde vom Rat in allen wesentlichen Punkten gebilligt.[30] Das somit aus dem Grünbuch 1987 hervorgegangene Ordnungsmodell 2 bildete bis 1992 die politische Grundlage der rechtssetzenden Maßnahmen der Gemeinschaft im Telekommunikationssektor.[31]

I. Politische Ordnungsvorgaben im Grünbuch 1987 und rechtliche Implementierungsinstrumente

Das Ordnungsmodell 2 wird im Folgenden anhand der für das Verständnis der alten SMP-Konzeption wichtigsten politischen Programmsätze aus dem Grünbuch 1987 nachgezeichnet,[32] wobei parallel dazu die jeweiligen später zur Umsetzung ergangenen rechtlichen Instrumente vorgestellt werden.

---

[28] Vgl. Grünbuch 1987, S. 1 ff. Während beispielsweise in den USA AT&T's Quasimonopol im Infrastruktur- und Dienstebereich ab 1983 schrittweise abgebaut und durch die 1984 vorgenommene Abspaltung der sieben Regional Bell Holding Companies („babybells") von AT&T zudem eine Entflechtung des Telekommunikationsdienstemarktes vorgenommen wurde, drohte Europa durch das Verharren in überkommenen Monopolstrukturen und das Fehlen einer EU-weiten kompatiblen Infrastruktur an Wettbewerbsfähigkeit einzubüßen und den Anschluss an die internationale Entwicklung hin zur Informationsgesellschaft zu verlieren. Neben den USA hatten im Übrigen auch Japan, Australien und Neuseeland eine schrittweise Liberalisierung bereits ab Beginn der 80er Jahre eingeleitet.

[29] Mitteilung der Kommission: Auf dem Weg zu einem wettbewerbsfähigen EG-weiten Telekommunikationsmarkt im Jahre 1992 - Zur Verwirklichung des Grünbuchs über die Entwicklung des Gemeinsamen Marktes für Telekommunikationsdienstleistungen und Telekommunikationsgeräte - Stand der Diskussion und Vorschläge der Kommission, KOM(88) 48 endg. v. 9.2.1988.

[30] Entschließung des Rates vom 30.6.1988 über die Entwicklung des gemeinsamen Marktes für Telekommunikationsdienste und -geräte bis 1992, ABl. Nr. C 257/1 v. 4.10.1988.

[31] *Polster*, Das Telekommunikationsrecht der Europäischen Gemeinschaft, S. 10.

[32] Die Programmsätze entsprechen den Kommissionspositionen gemäß Tafel 2, Grünbuch 1987, S. 25 f.

- Weiterhin Zulässigkeit von Monopolrechten für die Netzinfrastruktur
- Vorübergehende Zulässigkeit von Monopolrechten für eine begrenzte Zahl von Basisdiensten - in erster Linie für den Sprachtelefondienst - zur Aufrechterhaltung der finanziellen Lebensfähigkeit der TO[33]
- Liberalisierung aller anderen Telekommunikationsdienste, jedoch ohne Betätigungsverbot für die TO in diesen liberalisierten Bereichen

Diese drei ersten politischen Vorgaben wurden gemeinschaftsrechtlich durch die von der Kommission erlassene Diensterichtlinie[34] umgesetzt.[35] Die Aufhebung der Monopolrechte hatte bis zum 31.12.1990 zu erfolgen. Vom Anwendungsbereich der Richtlinie ausgenommen blieben zunächst die terrestrische Mobilfunk- und die Satellitenkommunikation.[36]

- Schaffung gemeinschaftsweiter harmonisierter Standards

Die Zielsetzung der gemeinschaftlichen Standardisierungspolitik wurde zum einen mit der Endgeräte-Ratsrichtlinie[37] verfolgt.[38] Für Dienste und Infrastrukturen erließ der Rat vier Empfehlungen zur koordinierten Einführung der Techniken ISDN[39], GSM[40], ERMES[41] und DECT[42] sowie zwei Entscheidungen[43] zur

---

33 Wegen der - sogleich anzusprechenden - im Ordnungsmodell 2 verlangten Trennung zwischen betrieblichen Funktionen und Verwaltungsfunktionen wurde im Ordnungsmodell 2 nicht mehr der Begriff der Fernmeldeverwaltung (PTT) verwendet, sondern derjenigen der Fernmeldeorganisation bzw. später derjenige der Telekommunikationsorganisation (TO).

34 Richtlinie der Kommission v. 28.6.1990 über den Wettbewerb auf dem Markt für Telekommunikationsdienste (90/388/EWG), ABl. Nr. L 192/10 v. 24.7.1990.

35 Diese und alle weiteren von der Kommission eigenständig erlassenen Richtlinien ergingen auf der Grundlage der Art. 90 Abs. 3. EGV bzw. später Art. 86 Abs. 3 EG.

36 Sowohl Satellitenkommunikation als auch Mobilfunkkommunikation waren bereits aus dem Grünbuch und dem Aktionsprogramm ausgeklammert worden, weil zu diesem Zeitpunkt noch kein Konsens hinsichtlich deren ordnungspolitischer Behandlung erzielt werden konnte. Die Kommission nahm sich dieser Bereiche später jeweils mit einem eigenen Grünbuch an.

37 Richtlinie des Rates vom 29.4.1991 zur Angleichung der Rechtsvorschriften der Mitgliedstaaten über Telekommunikationsendeinrichtungen einschließlich der gegenseitigen Anerkennung ihrer Konformität (91/263/EWG), ABl. Nr. L 128/1 v. 23.5.1991. Diese Richtlinie ersetzte die Richtlinie des Rates vom 24.7.1986 über die erste Phase der gegenseitigen Anerkennung der Allgemeinzulassungen von Telekommunikations-Endgeräten (86/361/EWG), ABl. Nr. L 217/21 v. 5.8.1986. Sie selbst wurde später durch die Richtlinie 98/13/EG des Europäischen Parlaments und des Rates vom 12.02.1998 über Telekommunikationsendeinrichtungen und Satellitenfunkanlagen einschließlich der gegenseitigen Anerkennung ihrer Konformität, ABl. Nr. L 74/41 v. 12.3.1998 konsolidiert.

38 Die Richtlinien des Rates bzw. die späteren gemeinsamen Richtlinien von Rat und Europäischem Parlament sind im Regelfall auf der Grundlage von Art. 100a EGV bzw. später Art. 95 EG erlassen worden.

39 Empfehlung des Rates vom 22. Dezember 1986 über die koordinierte Einführung des diensteintegrierenden digitalen Fernmeldenetzes (ISDN) in der Europäischen Gemeinschaft

Einführung von einheitlichen Notruf- bzw. gemeinsamen Vorwahlnummern. Um den Frequenzzuweisungen der pan-europäischen Organisation CEPT in den Mitgliedstaaten der EU verbindlichen Charakter zu verleihen, wurden vom Rat Richtlinien für GSM[44], ERMES[45] und DECT[46] erlassen.

- Schaffung eines harmonisierten Rechtsrahmens für den offenen Netzzugang (ONP), inklusive der Ermöglichung des grenzüberschreitenden Netzzugangs bzw. Netzzusammenschlusses

Im Grünbuch 1987 war nur eine Teilliberalisierung des Telekommunikationssektors vorgesehen worden. Für den Infrastrukturbetrieb und die Erbringung des Sprachtelefondienstes konnten die Mitgliedstaaten auch weiterhin Monopolrechte beibehalten. Da die Netzinfrastrukturen und der Sprachtelefondienst jedoch für die Erbringung der nun liberalisierten Dienste gebraucht wurden, musste ein harmonisierter[47] Rechtsrahmen geschaffen werden, der Rechte und

---

(86/659/EWG), ABl. Nr. L 382/36 v. 31.12.1986; Entschließung des Rates vom 5. Juni 1992 zur Entwicklung des ISDN in der Gemeinschaft als europaweite Telekommunikationsinfrastruktur für 1993 und darüber hinaus, ABl. Nr. C 158/1 v. 25.6.1992.

[40] Empfehlung des Rates vom 25.06.1987 für die koordinierte Einführung eines europaweiten öffentlichen zellularen digitalen terrestrischen Mobilfunkdienstes (GSM) in der Gemeinschaft (87/371/EWG),ABl. Nr. L 196/81 v. 17.7.1987.

[41] Empfehlung des Rates vom 9.10.1990 zur koordinierten Einführung eines europaweiten terrestrischen Funkrufsystems (ERMES) in der Gemeinschaft (90/543/EWG), ABl. Nr. L 310/23 v. 9.11.1990.

[42] Empfehlung des Rates vom 3.06.1991 zur koordinierten Einführung europäischer schnurloser Digitalkommunikation (DECT) in der Gemeinschaft (91/288/EWG), ABl. Nr. L 144/47 v. 8.6.1991.

[43] Entscheidung des Rates v. 11.5.1992 zur Einführung einer gemeinsamen Vorwahlnummer für den internationalen Fernsprechverkehr in der Gemeinschaft (92/264/EWG), ABl. Nr. L 137/21 v. 20.5.1992;
Entscheidung des Rates v. 29.7.1991 zur Einführung einer einheitlichen europäischen Notrufnummer (91/396/EWG), ABl. Nr. L 217/31 v. 6.8.1991.

[44] Richtlinie 87/372/EWG des Rates v. 25.6.1987 über die Frequenzbänder, die für die koordinierte Einführung eines europaweiten öffentlichen zellularen digitalen terrestrischen Mobilfunkdienstes in der Gemeinschaft bereitzustellen ist, ABl. Nr. L 196/85 v. 17.7.1987.

[45] Richtlinie 90/544/EWG des Rates v. 9.10.1990 über die Frequenzbänder für die koordinierte Einführung eines europaweiten terrestrischen öffentlichen Funkrufsystems in der Gemeinschaft (ERMES), ABl. Nr. L 310/28 v. 9.11.1990.

[46] Richtlinie 91/287/EWG des Rates v. 3.6.1991 über das Frequenzband, das für die koordinierte Einführung europäischer schnurloser Digital-Kommunikation (DECT) in der Gemeinschaft vorzusehen ist, ABl. Nr. L 144/45 v. 8.6.1991.

[47] In Art. 95 EG - bzw. Art. 100 a EGV - wird der Begriff der „Angleichung" für den hier als Harmonisierung bezeichneten Vorgang verwendet. „Angleichung" bedeutet jedoch nach Sinn und Zweck der Rechtsgrundlage nicht, dass bereits in allen Mitgliedstaaten entsprechende Rechtsregeln existieren müssen. Zur Binnenmarktsverwirklichung kann es nämlich gerade

Pflichten der neuen Marktteilnehmer und der Monopolanbieter im Bereich der Infrastruktur und der vorbehaltenen Dienste festschrieb. Dieser Rechtsrahmen - die ONP-Konzeption i.w.S.[48] - sollte zum einen das Mindestangebot an Diensten und Infrastruktur, das die jeweiligen nationalen Inhaber von Monopolrechten[49] - also die TO - bereitzustellen hatten, festlegen. Daneben sollten Regeln über die Voraussetzungen des Zugangs für neue Anbieter zu den weiterhin den Monopolanbietern vorbehaltenen Infrastrukturen und Diensten aufgestellt werden.[50]

---

erforderlich sein, Harmonisierungsmaßnahmen zu erlassen, mit denen die Mitgliedstaaten zur erstmaligen Rechtsetzung aufgefordert werden, so auch *Bruhn*, Die Sicherstellung öffentlicher Aufgaben im Bereich der deutschen Telekommunikation unter dem Einfluss der europäischen Marktöffnung: Vom Monopol zum Universaldienst, S. 66.

[48] Der Begriff der ONP-Konzeption i.w.S. wird verwendet, um eine Unterscheidung zum eigentlichen ONP-Prinzip (ONP-Konzeption i.e.S.) vorzunehmen. Bei letzterem geht es nur um die den offenen, gleichberechtigten und transparenten Zugang zu bzw. die Zusammenschaltung mit der Infrastruktur des jeweils Verpflichteten Unternehmens, vgl. dazu *Hatzopoulos,* Revue trimesterielle de droit européen 1994, 63, 66 f. Hingegen wird mit dem Begriff der ONP-Konzeption i.w.S. die Gesamtheit der ONP-Maßnahmen bezeichnet, die nach Art. 100 a EGV bzw. Art. 95 EG im Telekommunikationssektor erlassen wurden, vgl. dazu *Higham,* Telecommunications Policy 17 (1993) 242 ff. *Sauter* in: Scott/ Audéoud, The future of EC telecommunications law, S. 105, 109, definiert beispielsweise die ONP-Konzeption i.w.S. als „internal market legislation, dealing with harmonisation and standardisation in general". Grund für diese doppelte Begrifflichkeit ist, dass ein großer Teil der gemeinschaftlichen Harmonisierungsmaßnahmen, pauschal als „ONP-Maßnahmen" bezeichnet worden sind, obwohl Zugangs- und Zusammenschaltungsfragen nur einen Teil davon ausmachen. Zugleich wurden Regeln zur Binnenmarktförderung (z.B. die Verfahren zur Förderung der gemeinschaftsweiten Standardsetzung bzw. gemeinschaftsrechtlichen Verfahren zur Verbindlichkeitserklärung von Standards, vgl. dazu *Lando*, 62 Fordham Law Review 2159, 2180 (1994)) sowie zur Infrastrukturoptimierung (z.B. das Mindestangebot von Mietleitungen) getroffen, so dass nur der Begriff ONP-Konzeption i.w.S. unmissverständlich den vollständigen Umfang der Maßnahmen wiedergibt. Der Inhalt der ONP-Konzeption i.w.S. ist dabei nicht statisch zu verstehen; vielmehr verbirgt sich dahinter ein im Verlauf der verschiedenen Ordnungsmodelle weiterentwickeltes und am Ende der Liberalisierungsperiode stark modifiziertes Regulierungskonzept, vgl. *de Cockborne*, JTDE 1997, 217, 219.

[49] Angeknüpft wurde für die Auferlegung dieser Pflichten an die Innehabung „besonderer oder ausschließlicher Rechte", die den TO von den Mitgliedstaaten eingeräumt worden waren.

[50] In den ONP-Maßnahmen des Ordnungsmodells 2 war dabei zunächst lediglich ein Recht auf Netzzugang vorgesehen. Nur die TO anderer Mitgliedstaaten sowie nationale Mobilfunkanbieter erhielten das Recht auf Zusammenschaltung mit der Infrastruktur des Monopolanbieters. Allgemeiner Netzzugang wird an Netzabschlusspunkten eines Netzes gewährt und ermöglicht dem jeweiligen Benutzer, auf die Funktionen des Netzes wie ein Endkunde zuzugreifen. Zusammenschaltung bedeutet hingegen die Verbindung von Telekommunikationsnetzen, und zwar regelmäßig auf einer höheren Netzebene als auf derjenigen, auf der Netzzugang gewährt wird (z.B. an Vermittlungsknotenpunkten, „switching nodes"). Die Unterscheidung zwischen Netzzugang und Zusammenschaltung wurde jedoch durch die Einführung des Rechts auf besonderen Netzzugang nach Art. 10 Abs. 1 ONP-Sprachtelefonrichtlinie I relati-

Zuletzt sollte klargestellt werden, welche technischen Auflagen bzw. sonstigen Bedingungen den neuen Anbietern liberalisierter Dienste beim Zugang zu und der Nutzung von Diensten und Infrastrukturen der Monopolanbieter auferlegt werden durften und wie die Tariffierung für diese Dienste und Infrastrukturen ausgestaltet zu sein hatte.

Als erste Maßnahme zur Umsetzung dieser ONP-Konzeption i.w.S. erließ der Rat die ONP-Rahmenrichtlinie[51], mit der zunächst jedoch nur der Rahmen für den Erlass künftiger ONP-Maßnahmen in speziellen Bereichen des Telekommunikationssektors vorgegeben wurde.
Ausgefüllt wurde dieser Rahmen im Laufe der nächsten Jahre zunächst durch die ONP-Mietleitungsrichtlinie[52], in der sowohl die Natur der gemeinschaftsweit als Mindestangebot bereitzustellenden Mietleitungen als auch die zulässigen Bedingungen für einen offenen und effizienten Zugang zu und die Nutzung von diesen Mietleitungen geregelt wurden.
Des Weiteren sprach der Rat zwei ONP-Empfehlungen[53] an die Mitgliedstaaten aus, die zum einen die Bereitstellung eines an der Marktnachfrage ausgerichteten Mindestangebots an paketvermittelten Datendiensten mit harmonisierten technischen Merkmalen, zum anderen die Bereitstellung eines Mindestangebots an ISDN-Leitungen unter Zugrundelegung von harmonisierten Zugangsregelungen betrafen.
Rat und Europäisches Parlament erließen später die ONP-Sprachtelefonrichtlinie I.[54] Ähnlich wie zuvor die ONP-Mietleitungsrichtlinie hatte auch die ONP-

---

viert, da diese Form des Zugangs an anderen, von Netzabschlusspunkten verschiedenen Stellen des Netzes gewährt werden musste.

[51] Richtlinie des Rates vom 28.6.1990 zur Verwirklichung des Binnenmarktes für Telekommunikationsdienste durch Einführung eines offenen Netzzugangs (Open Network Provision - ONP) (90/387/EWG), ABl. Nr. L 192/1 v. 24.7.1990.

[52] Richtlinie 92/44/EWG des Rates vom 5.6.1992 zur Einführung des offenen Netzzugangs bei Mietleitungen, ABl. Nr. L 165/27 v. 19.6.1992.

[53] Empfehlung des Rates 92/382/EWG vom 5.6.1992 zur harmonisierten Bereitstellung eines Mindestangebotes an paketvermittelten Datendiensten nach ONP-Grundsätzen, ABl. Nr. L 200/1 v. 18.7.1992 und Empfehlung des Rates 92/383/EWG vom 5.6.1992 zur Einführung harmonisierter ISDN-Zugangsregelungen und eines ISDN-Mindestangebots nach ONP-Grundsätzen, ABl. Nr. L 200/10 v. 18.7.1992.

[54] Richtlinie 95/62/EG des Europäischen Parlaments und des Rates vom 13.12.1995 zur Einführung des offenen Netzzugangs (ONP) beim Sprachtelefondienst, ABl. Nr. L 321/6 v. 30.12.1995. Der späte Erlass dieser Richtlinie erklärt sich dadurch, dass die Richtlinie aus politischen und zum Teil auch inhaltlichen Gründen im Europäischen Parlament, welches im Zuge des Maastricht-Vertrages erweiterte Einflussnahmemöglichkeiten im Mitentscheidungsverfahren nach Art. 189 b EGVerhalten hatte, scheiterte. Die Kommission brachte daraufhin einen leicht veränderten Vorschlag für eine ONP-Sprachtelefonrichtlinie I ein, der dann Ende des Jahres 1995 vom Europäischen Parlament und vom Rat angenommen wurde. Die Richt-

Sprachtelefonrichtlinie I ein doppeltes Ziel: Zum einen sollte die gemeinschaftsweite Existenz fester öffentlicher Telefonnetze und des öffentlichen Sprachtelefondienstes sichergestellt werden. Zum anderen wurden die Bedingungen für einen offenen und effizienten Zugang zu und die Nutzung von festen öffentlichen Telefonnetzen und öffentlichen Telefondiensten harmonisiert.

- Trennung der hoheitlichen und betrieblichen Tätigkeitsbereiche der TO (bzw. früher PTT)

Die Trennung wurde durch Art. 6 Endgeräte-Wettbewerbsrichtlinie[55] und Art. 7 Diensterichtlinie vorgeschrieben.

- Strikte Anwendung des allgemeinen Wettbewerbs- und Kartellrechts auf TO - insbesondere um Quersubventionierungen zu verhindern
- Ferner Anwendung der Kartell- und Wettbewerbsregeln auf alle privaten Anbieter

Im Jahre 1991 veröffentlichte die Kommission ihre Leitlinien für die Anwendung der EG-Wettbewerbsregeln im Telekommunikationsbereich.[56] Damit sollte den Marktteilnehmern ein Überblick über die rechtlichen und wirtschaftlichen Grundsätze, die die Kommission bei der Anwendung der die Unternehmen betreffenden Wettbewerbsregeln - also der damaligen Art. 85 und 86 EGV und der Fusionskontrollverordnung - zukünftig zugrunde legen wollte, gegebenen werden. Daneben ergingen eine ganze Reihe von Einzelentscheidungen der Kommission bzw. Urteile des EuGI/EuGH, die eine zentrale Rolle für die Ordnung des Telekommunikationssektors gespielt haben.[57]

II. Zusammenfassung der Struktur des Ordnungsmodells 2

Die Ordnungskonzeption aus dem Grünbuch 1987 wurde rechtlich in erster Linie durch die ONP-Rahmenrichtlinie und die Diensterichtlinie umgesetzt. Sie implizierte eine Teilliberalisierung des Telekommunikationssektors: Liberali-

---

linie ONP-Sprachtelefonrichtlinie I wurde später ersetzt durch die ONP-Sprachtelefonrichtlinie II.

[55] Richtlinie der Kommission v. 16.5.1988 über den Wettbewerb auf dem Markt für Telekommunikations-Endgeräte 88/301/EWG, ABl. Nr. L 131/73 v. 27.5.1988.

[56] Leitlinien für die Anwendung der EG-Wettbewerbsregeln im Telekommunikationsbereich (91/C 233/02), ABl. Nr. C 233/2 v. 6.9.1991.

[57] Vgl. dazu die ausführliche Auflistung aller Entscheidungen und Urteile bis Ende 1999 bei *Garzaniti,* Telecommunications, Broadcasting and the Internet: E.U. Competition Law and Regulation, Appendix 1 (zu Art. 81, 82 und 86 EG) und Appendix 2 (zur FKVO). Für eine ausführliche Analyse der Entscheidungspraxis der Kommission im Telekommunikationssektor, vgl. *Larouche,* Competition Law and Regulation in European Telecommunications, S. 112 ff.

siert wurden zunächst nur der Endgerätemarkt und die Telekommunikationsdienste mit Ausnahme des Sprachtelefondienstes. Die Beibehaltung nicht-liberalisierter Bereiche wurde dabei durch Mindestangebotsvorgaben und harmonisierte Regeln über den diskriminierungsfreien offenen Zugang zu weiterhin im Monopolregime geführten Infrastrukturen und Diensten kompensiert. Gerichtet waren diese Pflichten an die TO, die weiterhin über von den Mitgliedstaaten verliehene besondere oder ausschließliche Rechte zur Errichtung und Bereitstellung von Infrastruktur und zur Erbringung von Sprachtelefondiensten verfügten.

III. Weiterentwicklung des Ordnungsmodells 2

Wie bereits erwähnt, waren Satelliten- und Mobilfunkkommunikation zunächst nicht in die Konzeption des Ordnungsmodells 2 miteinbezogen worden.

Die Kommission schlug in ihrem Grünbuch über ein gemeinsames Vorgehen im Bereich der Satellitenkommunikation in der Europäischen Gemeinschaft[58] alsbald nach dem Erlass der Diensterichtlinie die Liberalisierung für Satellitenfunkdienste- und -geräte vor. Sie wurde vom Rat in ihrer Position unterstützt.[59] Die Kommission unternahm daraufhin einen ersten Schritt zur Ausweitung der durch die Diensterichtlinie liberalisierten Sektorbereiche und erließ die Satellitenrichtlinie[60], durch die die Satellitenkommunikation in den Anwendungsbereich der Endgeräte-Wettbewerbsrichtlinie und der Diensterichtlinie einbezogen und das bis dahin bestehende Monopol für Satellitendienste und -ausrüstung zum 1.8.1995 beseitigt wurde. Es blieb jedoch - da die Diensterichtlinie insoweit nicht verändert wurde - dabei, dass auch die nun liberalisierte Satelliten-Infrastruktur nicht zur Erbringung des reservierten Sprachtelefondienstes verwendet werden durfte.

Ähnlich verfuhr die Kommission mit den Mobilfunkdiensten. Sie veröffentlichte ein Grünbuch über ein gemeinsames Konzept für Mobilkommunikation und Personal Communications in der Europäischen Union.[61] Nach einer Konsultation zu dem Grünbuch schlug die Kommission die Aufhebung der Monopolrechte im

---

[58] Grünbuch über ein gemeinsames Vorgehen im Bereich der Satellitenkommunikation in der Europäischen Gemeinschaft, KOM(90)490 endg. V. 18.11.1990.

[59] Entschließung des Rates vom 19.12.1991 über die Entwicklung eines Gemeinsamen Marktes für Satellitenkommunikationsdienste und -gerät, ABl. Nr. C 8/1 v. 14.1.1992.

[60] Richtlinie 94/46/EG der Kommission vom 13.10.1994 zur Änderung der Richtlinie 88/301/EWG und 90/388/EWG, insbesondere betreffend die Satellitenkommunikation, ABl. Nr. L 268/15 v. 19.10.1994.

[61] Auf dem Weg zu Personal Communications: Grünbuch über ein gemeinsames Konzept für Mobilkommunikation und Personal Communications in der Europäischen Union, KOM(94)145 endg. v. 27.4.1994.

Mobilfunkbereich vor[62] und wurde darin vom Rat unterstützt.[63] Sie erweiterte daraufhin durch den Erlass der Mobilfunkrichtlinie[64] erneut den Anwendungsbereich der Diensterichtlinie. Die Mitgliedstaaten wurden verpflichtet, alle Beschränkungen hinsichtlich des Aufbaus eigener Infrastruktur, der Nutzung von durch Dritte bereitgestellter Infrastruktur und der gemeinsamen Nutzung von Infrastruktur für Betreiber von Mobilkommunikations- und Personal-Communications-Systemen aufzuheben. Daneben musste die Zulässigkeit der direkten Zusammenschaltung zwischen Mobilkommunikationssystemen sowie zwischen Mobilkommunikationssystemen und festen Telekommunikationsnetzen sichergestellt werden.[65]

D. Kommissionsmodell des Infrastrukturgrünbuchs Teil 1 (Ordnungsmodell 3)

I. Entstehung der Ordnungskonzeption für das Ordnungsmodell 3

Die Kommission schlug im Rahmen eines Berichts an den Rat Ende 1992 vor, den - wegen der im Ordnungsmodell 2 vorgesehenen Ausnahme - bis dato weiterhin gemeinschaftsweit im Monopolregime betriebenen Sprachtelefondienst mittelfristig ebenfalls zu liberalisieren.[66] Die sich anschließende öffentliche Konsultation ergab nicht nur eine breite Zustimmung zur Liberalisierung des Sprachtelefondienstes bis Ende der 90er Jahre.[67] Vielmehr forderte die Mehrzahl der Konsultationsteilnehmer - wegen des unzureichenden Angebots an Mietleitungen hoher Kapazität zu angemessenen Preisen durch die TO[68] - zudem die Liberalisierung der Telekommunikationsinfrastruktur, wobei sich die Forde-

[62] Mitteilung der Kommission über die Konsultation zum Grünbuch über Mobilkommunikation und Personal Communications, KOM(94) 492 endg. v. 23.11.1994. S. 30 ff.

[63] Entschließung des Rates vom 29.6.1995 über die weitere Entwicklung von Mobilkommunikation und Personal Communications in der Europäischen Union, ABl. Nr. C 188/3 v. 22.7.1995.

[64] Richtlinie 96/2/EG der Kommission vom 16.1.1996 zur Änderung der Richtlinie 90/388/EWG betreffend die mobile Kommunikation und Personal Communications, ABl. Nr. L 20/59 v. 26.1.1996.

[65] Die Richtlinie wurde kurz vor der Wettbewerbsrichtlinie der Kommission erlassen und griff dem Ordnungsmodell 3 z.T. schon vorweg. Insbesondere die Verwendung von durch Dritte bereitgestellter Infrastruktur stellte einen Vorweggriff auf den für das Ordnungsmodell 3 zentralen Schlüsselbegriff der „alternativen Infrastruktur" dar.

[66] Vgl. Prüfung der Lage im Bereich der Telekommunikationsdienste, Mitteilung der Kommission, SEK (92)1048 endg. v. 21.10.1992.

[67] Vgl. Mitteilung an den Rat und das Europäische Parlament über die Konsultation zur Lage im Bereich der Telekommunikationsdienste, KOM(93) 159 endg. v. 28.4.1993, Punkt 35.

[68] Mitteilung an den Rat und das Europäische Parlament über die Konsultation zur Lage im Bereich der Telekommunikationsdienste, KOM(93) 159 endg. v. 28.4.1993, Punkte 1-6, 19.

rung sowohl auf das Recht zur Bereitstellung eigener als auch auf Nutzung der Infrastruktur Dritter bezog.

Die Kommission unterbreitete dem Rat daraufhin einen zweistufigen Zeitplan mit folgenden Zielsetzungen:[69]

Erste Phase (bis 1996)

- Liberalisierung alternativer Infrastrukturen[70] für eigene Anwendungen und zur Erbringung bereits liberalisierter Telekommunikationsdienstleistungen (insbesondere der Erbringung nicht öffentlicher Telekommunikationsdienste i.R.v. Unternehmensnetzwerken („corporate networks") und geschlossenen Benutzergruppen („closed user groups")
- Liberalisierung der Kabelfernsehinfrastruktur zur Erbringung bereits liberalisierter Telekommunikationsdienstleistungen
- Veröffentlichung eines Grünbuchs über die künftige Ordnungskonzeption im Infrastrukturbereich vor dem 1.1.1996[71]

Zweite Phase (bis 1998)

- Vollständige Liberalisierung der öffentlichen Sprachtelefondienste bis zum 1.1.1998
- Ausarbeitung eines künftigen Rahmens für die Regulierung der Infrastruktur der öffentlichen Netze auf der Grundlage der Ergebnisse der Konsultation zum Grünbuch über Infrastruktur

Der Rat billigte diese Zielsetzungen und den Zeitplan nur zum Teil: Zunächst stimmte er lediglich dem Vorschlag zu, die Liberalisierung des öffentlichen Sprachtelefondienstes bis zum 1.1.1998 abzuschließen. Zu Fragen der Infrastrukturliberalisierung positionierte er sich nicht, sondern verlangte, dass der zukünftige gemeinschaftliche Ordnungsrahmen für die Telekommunikationsinfrastruktur auf einer politischen Einigung im Rat beruhen müsse, wobei das angekündigte Infrastrukturgrünbuch die Diskussionsbasis für eine solche Einigung liefern sollte.[72]

---

[69] Vgl. Mitteilung an den Rat und das Europäische Parlament über die Konsultation zur Lage im Bereich der Telekommunikationsdienste, KOM(93) 159 endg. v. 28.4.1993, Seite 37 f.

[70] Mit dem Begriff der „alternativen Infrastrukturen" waren beispielsweise die Telekommunikationsnetze der Energieversorger und der Bahnbetriebe gemeint.

[71] Das von der Kommission vorgeschlagene Datum des 1.1.1996 wurde vom Rat in seiner Entschließung vom 22.7.1993 zur Prüfung der Lage im Bereich Telekommunikation und zu den notwendigen künftigen Entwicklungen in diesem Bereich (93/C 213/1), ABl. Nr. C 213/1 v. 6.8.1993 auf den 1.1.1995 vorgezogen.

[72] Entschließung des Rates vom 22.7.1993 zur Prüfung der Lage im Bereich Telekommunikation und zu den notwendigen künftigen Entwicklungen in diesem Bereich (93/C 213/1), ABl. Nr. C 213/1 v. 6.8.1993.

II. Politische Ordnungsvorgaben und rechtliche Umsetzungsinstrumente

Das von der Kommission daraufhin erarbeitete Infrastrukturgrünbuch[73] griff den zuvor dem Rat unterbreiteten Zeitplan - trotz der fehlenden Billigung durch den Rat - wieder auf. Bis 1995 sollten die Beschränkungen für die Nutzung alternativer eigener Infrastruktur und alternativer Infrastruktur von Dritten[74] - inklusive der Kabelfernsehnetze - für die schon liberalisierten Dienstbereiche[75] aufgehoben werden. In einer zweiten Phase - parallel zur Liberalisierung des öffentlichen Sprachtelefondienstes bis zum 1.1.1998 - sollten alle verbleibenden Infrastrukturbeschränkungen aufgehoben werden.[76]

Der Rat akzeptierte die vollständige Liberalisierung der Telekommunikationsinfrastrukturen zum 1.1.1998[77], womit die definitive ordnungspolitische Entscheidung zur vollständigen Öffnung des Telekommunikationssektors für den Wettbewerb gefallen war.[78] Dem Vorschlag der Kommission hinsichtlich der vorgezogenen Liberalisierung alternativer Infrastrukturen billigte der Rat hingegen nicht.

---

[73] Das Infrastrukturgrünbuch bestand aus zwei Teilen. Teil 1 enthielt zunächst nur die Grundprinzipien und den Zeitplan für die Liberalisierung der Telekommunikationsinfrastruktur, vgl. Mitteilung der Kommission: Grünbuch über die Liberalisierung der Telekommunikationsinfrastruktur und der Kabelfernsehnetze: Teil 1, Grundsätze und Zeitrahmen, KOM(94) 440 endg. v. 25.10.1994. Teil 2 des Grünbuchs lieferte die Grundlage für eine vertiefte Diskussion der Hauptthemen im Zusammenhang mit der zukünftigen Regulierung der Infrastruktur, vgl. Grünbuch über die Liberalisierung der Telekommunikationsinfrastruktur und der Kabelfernsehnetze: Teil 2, ein gemeinsames Konzept zur Bereitstellung einer Infrastruktur für Telekommunikation in der Europäischen Union, KOM(94) 682 endg. v. 25.1.1995.

[74] Unklar war zunächst, ob sich die vorgezogene Liberalisierung nur auf bereits vorhandene Infrastruktur oder auch auf neuerrichtete Infrastruktur beziehen sollte. Die Kommission hat dann in der Wettbewerbsrichtlinie die vorgezogene Liberalisierung klar auch auf neue Infrastruktur erstreckt, vgl. Erwägungsgrund 26 und Art. 2 Abs. 2.

[75] Es handelte sich dabei zum einen um die bereits liberalisierten terrestrischen Festnetz-Telekommunikationsdienste - also die nicht-sprachlichen Dienste und die Datendienste für die Allgemeinheit, sowie die Sprachtelefon- und Datendienste für Unternehmensnetzwerke und geschlossene Benutzergruppen - und um Satellitenfunk- und Mobilfunkdienste.

[76] Mitteilung der Kommission: Grünbuch über die Liberalisierung der Telekommunikationsinfrastruktur und der Kabelfernsehnetze: Teil 1, Grundsätze und Zeitrahmen, KOM(94) 440 endg. v. 25.10.1994, S. 28 ff.

[77] Vgl. Entschließung des Rates vom 22.12.1994 über die Grundsätze und den Zeitplan für die Liberalisierung der Telekommunikationsinfrastrukturen (94/C 379/3), ABl. Nr. C 379/4 v. 31.12.1994.

[78] *Bruhn*, Die Sicherstellung öffentlicher Aufgaben im Bereich der deutschen Telekommunikation unter dem Einfluss der europäischen Marktöffnung: Vom Monopol zum Universaldienst, S. 92.

Nichtsdestotrotz verabschiedete die Kommission in der Folge mehrere Richtlinien, mit denen sie ihre Vorschläge zur vorgezogenen Liberalisierung alternativer Infrastrukturen in die Tat umsetzte. In den entsprechenden Vorschriften der bereits erwähnten Mobilfunkrichtlinie, der Wettbewerbsrichtlinie[79] und der Kabelfernsehrichtlinie I[80] wurden die Mitgliedstaaten verpflichtet, alternative Infrastrukturen bis spätestens 1.6.1996 zu liberalisieren.

III. Zusammenfassung der Struktur des Ordnungsmodells 3

Durch die vorgezogene Liberalisierung der Errichtung und Bereitstellung alternativer Infrastruktur für bereits liberalisierte Dienste entstand ein transitorisches, allein von der Kommission entworfenes und rechtlich umgesetztes Ordnungsmodell. Auch dieses Ordnungsmodell 3 führte lediglich zu einer Teilliberalisierung, denn wegen der Beibehaltung des Sprachtelefondienst-Ausnahme konnte auch die nun liberalisierte Infrastruktur nur eingeschränkt von neuen Anbietern eingesetzt werden. Letztlich kam dem Ordnungsmodell 3 wegen der kurzen Zeitspanne zwischen der Liberalisierung der alternativen Infrastruktur zum 1.6.1996 und der vollständigen Liberalisierung zum 1.1.1998 keine große Bedeutung zu, da den Mitgliedstaaten kaum Zeit blieb, separate Umsetzungsmaßnahmen zur Verwirklichung der Liberalisierungsrichtlinien der Kommission zu ergreifen.[81]

E. Modell der Ratsentschließung 1995 (Ordnungsmodell 4)

Wie aufgezeigt hatte der Rat in seinen Entschließungen aus den Jahren 1993 und 1994 zunächst die Liberalisierung des Sprachtelefondienstes und sodann die Liberalisierung sämtlicher Telekommunikationsinfrastrukturen zum 1.1.1998 gebilligt. In einer weiteren Entschließung[82] gab er - auf der Basis der von ihm gebilligten Ziel- und Zeitvorgaben aus dem Infrastrukturgrünbuch der Kommission - Kernpunkte für einen neuen Ordnungsrahmen für den Telekommunikationssektor der Union vor und trug der Kommission auf, die dafür erforderlichen Rechtsvorschriften bis zum 1.1.1996 vorzuschlagen.

---

[79] Richtlinie 96/19/EG der Kommission vom 13.5.1996 zur Änderung der Richtlinie 90/388/EWG hinsichtlich der Einführung des vollständigen Wettbewerbs auf den Telekommunikationsmärkten, ABl. Nr. L 74/13 v. 22.3.1996, Art. 1 Abs. 2.

[80] Richtlinie 95/51/EG der Kommission vom 18.10.1995 zur Änderung der Richtlinie 90/388/EWG hinsichtlich der Aufhebung der Einschränkungen bei der Nutzung von Kabelfernsehnetzen für die Erbringung bereits liberalisierter Telekommunikationsdienste, ABl. Nr. L 256/49 v. 26.10.1995, Art. 1 Abs. 2.

[81] *Larouche*, Competition Law and Regulation in European Telecommunications, S. 21.

[82] Entschließung des Rates vom 18.9.1995zur Entwicklung des künftigen ordnungspolitischen Rahmens für die Telekommunikation (95/C 258/1), ABl. Nr. C 258/1 v. 3.10.1995.

I. Politische Ordnungsvorgaben und rechtliche Implementierungs-instrumente

Das Ordnungsmodell 4 wird anhand der für die alte SMP-Konzeption relevanten Kernpunkte unter Einbeziehung der später zu ihrer Verwirklichung erlassenen Rechtsakte vorgestellt.

- Liberalisierung aller Telekommunikationsdienste und -infrastrukturen zum 1.1.1998

Die Pflicht zur vollständigen Liberalisierung des Telekommunikationssektors zum 1.1.1998 wurde den Mitgliedstaaten durch die bereits erwähnte Wettbewerbsrichtlinie der Kommission auferlegt. Neben der - von der Kommission initiierten - vorgezogenen Liberalisierung alternativer Infrastrukturen setzte die Kommission mit dieser Richtlinie folglich auch den Liberalisierungsflügel des Ordnungsmodells 4 um.
Als Ergänzung zu ihrer Kabelfernsehrichtlinie I erließ die Kommission darüber hinaus drei Jahre später die Kabelfernsehrichtlinie II[83], um Interessenkonflikten bei der Betreibung von Kabelfernseh- und Telekommunikationsnetzen durch dasselbe Unternehmen entgegenzuwirken.[84]

- Anpassung der ONP-Maßnahmen an das künftige Wettbewerbsumfeld

Die ONP-Maßnahmen des Ordnungsmodells 2 waren mit der Zielsetzung eingeführt worden, das Nebeneinander liberalisierter und nicht-liberalisierter Bereiche im Telekommunikationssektor funktionsfähig auszugestalten. Sie betrafen in erster Linie den Zugang zu Mietleitungen und zum öffentlichen Sprachtelefondienst, also zu den weiterhin im Monopolregime geführten Infrastrukturen und Diensten. Darüber hinaus legen sie das von den Monopolanbietern bereitzustellende Mindestangebot an Mietleitungen und Sprachtelefondienst fest. Das damit verbundene Pflichtenregime war naturgemäß auf die TO abgestimmt, die weiterhin die Monopolrechte für Infrastrukturen und öffentlichen Sprachtelefondienst innehatten. Rechtstechnisch war dabei an die besonderen oder ausschließlichen Rechte der TO angeknüpft worden.

---

[83] Richtlinie 1999/64/EG der Kommission vom 23.6.1999 zur Änderung der Richtlinie 90/388/EWG im Hinblick auf die Organisation ein- und demselben Betreiber gehörender Telekommunikations- und Kabelfernsehnetze in rechtlich getrennten Einheiten, ABl. Nr. L 175/39 v. 10.7.1999. Die Richtlinie fügte einen neuen Art. 9 in die Diensterichtlinie ein.

[84] Die Richtlinie verpflichtete die Mitgliedstaaten sicherzustellen, dass Unternehmen, die weiterhin marktbeherrschend im Bereich der öffentlichen Fernmeldenetze und Sprachtelefondienste waren und zugleich in demselben geographischen Raum ein Kabelfernsehnetz auf der Grundlage besonderer oder ausschließlicher Rechte betrieben, die beiden Netze zumindest in rechtlich getrennten Einheiten führen.

Mit der Entscheidung für die vollständige Liberalisierung des gesamten Sektors entfiel die ursprüngliche Rechtfertigung der ONP-Konzeption und auch die Möglichkeit, für das Pflichtenregime an die Innehabung von besonderen oder ausschließlichen Rechten anzuknüpfen. Es bestand jedoch Einigkeit darüber, dass auch ein vollständig liberalisierter Telekommunikationssektor eines die Liberalisierung flankierenden Rechtsrahmens bedurfte.[85] Aus diesem Grund fiel die Entscheidung für die Beibehaltung einer ONP-Konzeption i.w.S. auch für die Zeit nach dem 1.1.1998. Ersichtlicherweise mussten jedoch sowohl die Zielsetzungen als auch die mittelbaren Normadressanten[86] der Konzeption dem veränderten wettbewerblichen Umfeld angepasst werden.

Die Anpassung erfolgte mittels zweier neuer ONP-Richtlinien. Die ONP-Änderungsrichtlinie[87] adaptierte die ONP-Rahmenrichtlinie und die ONP-Mietleitungsrichtlinie. Insbesondere wurden in der ONP-Rahmenrichtlinie die Zielsetzungen für die ONP-Konzeption i.w.S. modifiziert.[88] Zur Anpassung wurde des Weiteren die ONP-Sprachtelefonrichtlinie II[89] erlassen, die die ONP-Sprachtelefonrichtlinie I ersetzte. Sowohl in der ONP-Mietleitungsrichtlinie als auch in der ONP-Sprachtelefonrichtlinie II wird dabei zur Bestimmung der mittelbaren Normadressaten des Pflichtenregimes nicht mehr an besondere oder ausschließliche Rechte, sondern - jedenfalls für eine Reihe von Pflichten[90] - an

[85] So der Rat in seiner Entschließung vom 22.7.1993 zur Prüfung der Lage im Bereich Telekommunikation und zu den notwendigen künftigen Entwicklungen in diesem Bereich (93/C 213/1), ABl. Nr. C 213/1 v. 6.8.1993 sowie die Kommission in ihrer Mitteilung an den Rat und das Europäische Parlament: Derzeitiger Stand und künftiges Konzept des offenen Netzzugangs bei Telekommunikationsnetzen und -diensten, KOM(94) 513 endg. v. 29.11.1994.

[86] Der Begriff des „mittelbaren Normadressaten“ wird hier verwendet, weil die Richtlinien selbst nach Art. 249 EG an die Mitgliedstaaten gerichtet sind. In den ONP-Richtlinien werden den Mitgliedstaaten jedoch Vorgaben gemacht, welchen Rechtssubjekten sie Pflichten auferlegen müssen. Diese Pflichtadressaten werden deshalb im weiteren Verlauf der Arbeit als mittelbare Normadressaten bezeichnet.

[87] Richtlinie 97/51/EG des Europäischen Parlaments und des Rates vom 6.10.1997 zur Änderung der Richtlinien 90/387/EWG und 92/44/EWG des Rates zwecks Anpassung an ein wettbewerbsorientiertes Telekommunikationsumfeld, ABl. Nr. L 295/23 v. 29.10.1997.

[88] Für die neue ONP-Konzeption i.w.S. wurden folgende Zielsetzungen aufgenommen: Sicherstellung eines gemeinschaftsweiten Mindestangebots an Diensten, Sicherstellung des Zugangs zu und der Zusammenschaltung mit öffentlichen Telekommunikationsnetzen und -diensten, Festlegung und Förderung harmonisierter technischer Schnittstellen für den offenen effizienten Zugang und die effiziente Zusammenschaltung sowie entsprechender Normen und Spezifikationen und Gewährleistung des Universaldienstes je nach zukünftigen Entwicklungen und Bedürfnissen.

[89] Richtlinie 98/10/EG des Europäischen Parlaments und des Rates v. 26.2.1998 über die Anwendung des offenen Netzzugangs (ONP) beim Sprachtelefondienst und den Universaldienst im Telekommunikationsbereich in einem wettbewerbsorientierten Umfeld, ABl. Nr. L 101/24 v. 1.4.1998.

[90] Daneben wurden auch noch weitere Anknüpfungskriterien eingeführt, vgl. Teil 3, A.I.2.b.

das Kriterium der beträchtlichen Marktmacht („significant market power", SMP) angeknüpft.

- Ergänzung der ONP-Konzeption i.w.S.: Festlegung eines gemeinsamen Rahmens für Zugang und Zusammenschaltung

Neben der Anpassung der bestehenden Regeln bedurfte es auch einer Weiterentwickelung der ONP-Konzeption i.w.S. zur harmonisierten Ausgestaltung des rechtlichen Rahmens für die nun vollständig liberalisierte Infrastruktur. Um in dem vollständig liberalisierten Telekommunikationssektor Wettbewerb entstehen zu lassen, wurde eine harmonisierte Re-Regulierung zur Sicherstellung der Zusammenschaltung zwischen Telekommunikationsnetzen und des Netzzugangs für erforderlich erachtet, da sich zumindest kurz nach der vollständigen Liberalisierung alle neu in den Markt eintretenden Unternehmen auf die vorhandene Infrastruktur stützen mussten, um ihre Telekommunikationsdienste den Endkunden anbieten zu können.
Deshalb erließen Rat und Europäisches Parlament die ONP-Zusammenschaltungsrichtlinie.[91] Sie lieferte einen ordnungspolitischen Rahmen für die Zusammenschaltung von und den Zugang zu Telekommunikationsnetzen, die für die Bereitstellung von öffentlich zugänglichen Telekommunikationsdiensten genutzt werden sollten.
Der ONP-Zusammenschaltungsrichtlinie liegt als Grundprinzip die freiwillige, kommerzielle Aushandlung von Zusammenschaltungen zugrunde.[92] Unternehmen, die öffentliche Telekommunikationsnetze betreiben und/ oder öffentliche Telekommunikationsdienste erbringen und den Zugang zu Endkunden kontrollierten,[93] haben darüber hinaus nicht nur das Recht, sondern auch die Pflicht, mit Unternehmen der gleichen Kategorie die Zusammenschaltung auszuhandeln.[94]
Ein asymmetrisches Zugangs- und Zusammenschaltungsregime ist für Unternehmen mit beträchtlicher Marktmacht vorgesehen: Diese müssen allen begründeten Anträgen auf Netzzugang stattgeben.[95] Mithin wird auch in der ONP-Zusammenschaltungsrichtlinie zur Bestimmung der mittelbaren Normadressaten vieler Pflichten an das Kriterium der beträchtlichen Marktmacht angeknüpft.

---

[91] Richtlinie 97/33/EG des Europäischen Parlaments und des Rates vom 30.6.1997 über die Zusammenschaltung in der Telekommunikation im Hinblick auf die Sicherstellung eines Universaldienstes und der Interoperabilität durch Anwendung der Grundsätze für den offenen Netzzugang (ONP), ABl. Nr. L 199/32 v. 26.7.1997.
[92] *Garzaniti*, Telecommunications, Broadcasting and the Internet: E.U. Competition Law and Regulation, S. 41.
[93] Es handelt sich um Unternehmen i.S.v. Anhang II der ONP-Zusammenschaltungsrichtlinie.
[94] Vgl. ONP-Zusammenschaltungsrichtlinie, Art. 4 Abs.1.
[95] Art. 4 Abs. 2 ONP-Zusammenschaltungsrichtlinie.

Später wurde die ONP-Zusammenschaltungsrichtlinie durch die ONP-Betreibervorwahlrichtlinie[96] ergänzt: Die Mitgliedstaaten wurden darin zur Förderung der frühestmöglichen Einführung der Übertragbarkeit von Nummern im Falle des Anbieterwechsels durch den Kunden verpflichtet. Zum anderen musste die Möglichkeit zur Betreiber(vor)auswahl (Preselection und Call-by-Call) zumindest für Kunden von Unternehmen mit beträchtlicher Marktmacht eingeführt werden.

- Ergänzung der ONP-Konzeption i.w.S.: Aufrechterhaltung und Entwicklung eines Mindestangebots an Diensten in der gesamten Union und Festlegung gemeinsamer Grundsätze für die Finanzierung des Universaldienstes

Im Laufe der politischen Debatte um die vollständige Liberalisierung des Telekommunikationssektors war Konsens darüber erzielt worden, dass der zukünftige ordnungspolitische Rahmen das Prinzip des Universaldienstes als ergänzendes Strukturmerkmal aufweisen sollte. Damit sollte zum einen verhindert werden, dass sich die Liberalisierung zulasten bestimmter Bevölkerungsgruppen auswirkte, zum anderen, dass divergierende nationale Vorschriften mit entsprechender Zielsetzung zu neuen Wettbewerbshindernissen führten.[97] Unter dem Begriff des Universaldienstes wurde dabei die „flächendeckende Bereitstellung eines Mindestdienstes von bestimmter Qualität für alle Benutzer unabhängig von ihrer geographischen Lage zu einem erschwinglichen Preis" verstanden.[98] Kernstück des Universaldienstprinzips waren mithin die Grundsätze der Universalität, der Erschwinglichkeit und der Kontinuität.
Integriert werden sollten die Bestimmungen über den Universaldienst in die ONP-Konzeption i.w.S.:[99] So wurden Vorschriften über den Umfang des Universaldienstes in die ONP-Sprachtelefonrichtlinie II integriert, [100] während

---

[96] Richtlinie 98/61/EG des Europäischen Parlaments und des Rates vom 24.9.1998 zur Änderung der Richtlinie 97/33/EG hinsichtlich der Übertragbarkeit von Nummern und der Betreibervorauswahl, ABl. Nr. L 268/37 v. 3.10.1998.
[97] Vgl. zu dieser Begründung später die Kommission in ihrer Mitteilung an den Rat, das Europäische Parlament, den Wirtschafts- und Sozialausschuss und den Ausschuss der Regionen: Der Universaldienst in der Telekommunikation im Hinblick auf ein vollständig liberalisiertes Umfeld, KOM(96) 73 endg. v. 13.3.1996, S. 4 ff.
[98] So bereits die Kommission in ihrer Mitteilung an den Rat und das Europäische Parlament über die Konsultation zur Lage im Bereich der Telekommunikationsdienste, KOM(93) 159 endg. v. 28.4.1993, Punkt 16.
[99] Vgl. die Entschließung des Rates vom 7.2.1994 über die Grundsätze für den Universaldienst im Bereich der Telekommunikation (94/C 48/1), ABl. Nr. C 48/1 v. 16.2.1994.
[100] ONP-Sprachtelefonrichtlinie II, Art. 3-8.

zulässige Mechanismen zur Finanzierung des Universaldienstes im Rahmen der ONP-Zusammenschaltungsrichtlinie geregelt wurden.[101]

- Angleichung der Regelungen der Mitgliedstaaten für allgemeine Genehmigungen und Einzellizenzen

Trotz der vollständigen Liberalisierung des Telekommunikationssektors sollten die Mitgliedstaaten nicht an einer gewissen Kontrolle des Marktzugangs in Form von Zulassungsverfahren gehindert werden. Genehmigungsverfahren und die damit verbundene Möglichkeit, den Marktzugang an bestimmte Auflagen zu knüpfen, wurden sogar als notwendiges Mittel verstanden, um ordnungspolitische Zielsetzungen wie die Sicherstellung des Universaldienstes und die Durchsetzung besonderer Verpflichtungen zur Förderung bzw. Sicherung des Wettbewerbs im Sektor - also vor allem der SMP-Pflichten - zu erreichen.[102] Zugleich stand aber fest, dass nur mittels einer gewissen Harmonisierung der Lizenzerteilungsverfahren und der zulässigen Bedingungen für die Genehmigungserteilung ein gemeinsamer Markt für Telekommunikation und die Entwicklung gemeinschaftsweiter Telekommunikationsnetze und -dienste zu erreichen sein würden. Die alte Genehmigungsrichtlinie[103] enthält deshalb grundlegende Regeln für die Verfahren zur Erteilung von Genehmigungen für die Erbringung von Telekommunikationsdiensten und die Errichtung und/ oder den Betrieb von Telekommunikationsnetzen, sowie die an die Genehmigung anknüpfbaren Auflagen.
Neben der allgemein für alle Telekommunikationsdienste und -netze geltenden Richtlinie wurden für einzelne Kommunikationsdienste gesonderte Maßnahmen erlassen, um die Genehmigungs- und z.T. Frequenzvergabeverfahren zu koordinieren. Damit sollte verhindert werden, dass bei der Einführung neuer Übertragungstechniken bzw. Dienste binnenmarktverzerrende Divergenzen hinsichtlich der Genehmigungsverfahren und der Frequenzzuteilung entstanden. Solche koordinierten Genehmigungskonzepte wurden für satellitengestützte persönliche Kommunikationsdienste[104] und für UMTS[105] erstellt.

---

[101] ONP-Zusammenschaltungsrichtlinie, Art. 5.

[102] *Polster*, Das Telekommunikationsrecht der Europäischen Gemeinschaft, S. 71.

[103] Richtlinie 97/13/EG des Europäischen Parlaments und des Rates vom 10.4.1997 über einen gemeinsamen Rahmen für Allgemein- und Einzelgenehmigungen für Telekommunikationsdienste, ABl. Nr. L 117/15 v. 7.5.1997.

[104] Entscheidung Nr. 710/97/EG des Europäischen Parlaments und des Rates vom 24.3.1997 über ein koordiniertes Genehmigungskonzept für satellitengestützte persönliche Kommunikationsdienste in der Gemeinschaft, ABl. Nr. L 105/4 v. 23.4.1997.

[105] Entscheidung des Europäischen Parlaments und des Rates Nr. 128/1999/EG v. 14.12.1998 über die koordinierte Einführung eines Drahtlos- und Mobilkommunikationssystems (UMTS) der dritten Generation in der Gemeinschaft, ABl. Nr. L 17/1 v. 22.1.1999.

II. Zusammenfassung der Struktur des Ordnungsmodells 4

Das Ordnungsmodell 4 war der erste Ordnungsrahmen für einen vollständig liberalisierten Telekommunikationssektor. Die vollständige Liberalisierung wurde in erster Linie durch die Wettbewerbsrichtlinie herbeigeführt. Daneben wurde durch die Anpassung und Weiterentwicklung der ONP-Konzeption i.w.S. ein harmonisierter Rechtsrahmen geschaffen, der den Übergang von einem durch Monopolrechte gekennzeichneten zu einem wettbewerblich funktionierenden Sektor erleichtern und absichern sollte. Die zentralen Instrumente für die Umgestaltung der ONP-Konzeption i.w.S. waren dabei die ONP-Änderungsrichtlinie, die ONP-Sprachtelefonrichtlinie II und die ONP-Zusammenschaltungsrichtlinie. Diese Rechtsinstrumente dienten neben der Förderung und Sicherung von Wettbewerb auch anderen nicht bzw. nicht nur wettbewerblich motivierten Zielsetzungen wie beispielsweise der Sicherstellung des Universaldienstes und der Förderung der Binnenmarktskonsolidierung.

Innerhalb der reformierten ONP-Konzeption i.w.S. wurde das Kriterium der besonderen oder ausschließlichen Rechte in weiten Teilen durch dasjenige der beträchtlichen Marktmacht ersetzt, um die mittelbaren Normadressaten für das asymmetrische Pflichtenregime im Rahmen der ONP-Konzeption i.w.S. zu bestimmen.

Hingewiesen werden soll an dieser Stelle noch darauf, dass selbstverständlich auch das Ordnungsmodell 4 durch die Anwendung des allgemeinen Kartell- und Wettbewerbsrechts flankiert wurde. Neben Einzelentscheidungen auf der Grundlage der Art. 82 und 81 EG - damals 86 und 85 EGV - sowie der FKVO erließ die Kommission in dem dem Ordnungsmodell 4 entsprechenden Zeitraum insbesondere eine spezielle Mitteilung zur Anwendung des Wettbewerbsrechts auf Zugangsvereinbarungen.[106]

III. Ergänzung des Ordnungsmodells 4: Entbündelungsgebot für den Zugang zum Teilnehmeranschluss

Der Rechtsrahmen des Ordnungsmodells 4 wurde später noch einmal ergänzt: Die Vorarbeiten für das Ordnungsmodell 5 hatten gezeigt, dass auch zwei Jahre nach der vollständigen Liberalisierung des Telekommunikationssektors und

---

[106] Mitteilung über die Anwendung der Wettbewerbsregeln auf Zugangsvereinbarungen im Telekommunikationsbereich - Rahmen, relevante Märkte und Grundsätze, ABl. Nr. C 265/2 v. 22.8.1998. Mit der Mitteilung wurden dabei drei Hauptziele verfolgt, und zwar die Klarstellung des Verhältnisses zwischen Wettbewerbsrecht und sektoralen Rechtsakten, insbesondere den ONP-Maßnahmen, die Darlegung und Interpretation der wettbewerbsrechtlichen Regeln, die für Zugangsvereinbarungen relevant sind und die Sicherstellung der konsistenten Anwendung der Wettbewerbsregeln in allen Multimediadienst-Bereichen.

trotz der Schaffung des harmonisierten, zu großen Teilen der Wettbewerbsförderung dienenden Rechtsrahmens kaum Wettbewerb auf der Ebene der lokalen Zugangsnetze entstanden war. Der fehlende Wettbewerb auf dem lokalen Netzzugangsmarkt war dabei auf fehlende flächendeckende Alternativen zur Kupferdoppelader, der klassischen Teilnehmeranschlussleitung der ehemaligen Monopolisten, zurückzuführen. Alternative Infrastrukturen wie TV-Kabelnetze, Satellitenverbindungen, drahtlose Teilnehmeranschlüsse oder Glasfasernetze waren entweder noch nicht hinreichend ausgebaut oder technisch noch nicht ausgereift, um eine wirkliche Alternative zur Kupferdoppelader bieten zu können.[107]
Da die Teilnehmeranschlussleitung die Schlüsselvoraussetzung für das Angebot von Netzzugang, lokalem Sprachtelefondienst sowie multimedialen Breitband- und schellen Internetdiensten an die privaten Endkunden darstellt, wurde befürchtet, dass die ehemaligen Monopolisten die Entwicklungen in diesen Dienstsegmenten weiterhin kontrollieren könnten. Zur Lösung des Problems sollte Wettbewerbern der entbündelte Zugang zur Teilnehmeranschlussleitung eröffnet werden. Nachdem die Kommission zunächst versucht hatte, die Mitgliedstaaten durch nichtverbindliche Rechtsakte zur Förderung des entbündelten Zugangs zur Teilnehmeranschlussleitung anzuhalten,[108] schlug sie angesichts der schleppenden Fortschritte den Erlass einer Verordnung vor, um durch die unmittelbare zwingende Wirkung der Vorschriften für die Marktteilnehmer schnell und in gemeinschaftsweit einheitlicher Form eine Wettbewerbsverstärkung im lokalen Netzzugangsmarkt herbeizuführen.[109] Die von Rat und Europäischem Parlament wenig später erlassene TAL-Verordnung[110] schreibt vor, dass Betreiber mit beträchtlicher Marktmacht auf dem Markt für feste öffentliche Telekommunikationsnetze und -dienste ab dem 31.12.2000 Zugang zur vollständig entbündelten Teilnehmeranschlussleitung sowie gemeinsamen Zugang („shared access") gewähren müssen.

---

[107] *Potelle*, Revue Ubiquité N° 9 (Juin 2001), 87, 94; *Nikolinakos*, ECLR 2001, 266.

[108] Vgl. Empfehlung der Kommission v. 25.5.2000 betreffend den entbündelten Zugang zum Teilnehmeranschluss: Wettbewerbsorientierte Bereitstellung einer vollständigen Palette elektronischer Kommunikationsdienste einschließlich multimedialer Breitband- und schneller Internetdienste (2000/417/EG), ABl. Nr. L 156/44 v. 29.6.2000 und Mitteilung der Kommission: Entbündelter Zugang zum Teilnehmeranschluss: Wettbewerbsorientierte Bereitstellung einer vollständigen Palette von elektronischen Kommunikationsdiensten einschließlich multimedialer Breitband- und schneller Internetdienste (2000/C 272/10), ABl. Nr. C 272/55 v. 23.9.2000.

[109] *Potelle*, Revue Ubiquité N° 9 (Juin 2001), 87, 91 f; *Nikolinakos*, ECLR 2001, 266, 277 f.

[110] Verordnung (EG) Nr. 2887/2000 des Europäischen Parlaments und des Rates vom 18.12.2000 über den entbündelten Zugang zum Teilnehmeranschluss, ABl. Nr. L 336/4 v. 30.12.2000.

F. Ordnungskonzepte für andere elektronische Kommunikationsinfrastrukturen und -dienste

Wegen der zunehmenden Verschmelzung von Telekommunikation, Medien und Informationstechnologie wurde das Ordnungsmodell 5 auf alle elektronischen Kommunikationsinfrastrukturen und -dienste ausgedehnt. Bevor im nächsten Abschnitt dieses neueste Ordnungsmodell behandelt wird, soll zunächst ein Überblick über die - parallel zu den früheren Ordnungsmodellen für den Telekommunikationssektor entwickelten - Ordnungskonzepte für die nicht zur Telekommunikation gehörenden elektronischen Kommunikationsinfrastrukturen und -dienste gegeben werden. Nicht eingegangen wird auf den Bereich der Inhalte, die über diese Infrastrukturen und mittels der entsprechenden Übertragungsdienste übermittelt werden, da auch im zukünftigen Ordnungsmodell 5 die Inhalte getrennt von den Kommunikationsinfrastrukturen und zugehörigen Diensten geregelt werden.[111]

I. Ordnungsrahmen für Medieninfrastrukturen und zugehörige Dienste (Ordnungsmodell 4 a - Medien)

Zu den für das Ordnungsmodell 4 a relevanten Infrastrukturen gehören die für die Übertragung von Rundfunk und Fernsehen errichteten Kabelnetze sowie terrestrische bzw. satellitengestützte Funknetze.

1. Erste Gemeinschaftsaktivitäten

Die Gemeinschaftsaktivitäten im Bereich von Fernseh- und Rundfunkinfrastruktur und den zugehörigen Diensten beschränkten sich bis weit in die 90er Jahre darauf, im Wege der Normung - bzw. der Unterstützung der Normungsaktivitäten von Standardisierungsorganisationen wie der ETSI - sowie der finanziellen Unterstützung von Forschung und Entwicklung dafür zu sorgen, dass neue Technologien, wie z.B. das hochauflösende Fernsehen, sich innerhalb der Gemeinschaft in kompatibler Form entwickelten und dass die europäischen Standards sich möglichst weltweit durchsetzten.[112]

---

[111] Siehe zu den Gemeinschaftsaktivitäten in Bezug auf die über Medieninfrastrukturen übertragenen Inhalte *Garzaniti*, Telecommunications, Broadcasting and the Internet: E.U. Competition Law and Regulation, S. 75 ff und S. 91 ff. Zu den Gemeinschaftsaktivitäten in Bezug auf die mittels des Internet übertragenen Inhalte, vgl. *Garzaniti*, Telecommunications, Broadcasting and the Internet: E.U. Competition Law and Regulation, S. 119 ff, S. 133 f und vor allem S. 134 ff.

[112] Siehe als Beispiele derartiger Gemeinschaftsaktivitäten den Beschluss 89/337/EWG des Rates vom 27.4.1989 über das hochauflösende Fernsehen, ABl. Nr. L 142/1 v. 25.5.1989, den Beschluss 89/630/EWG des Rates vom 7.12.1989 über ein gemeinsames Vorgehen der Mitgliedstaaten bei der Annahme einer einzigen weltweiten Produktionsnorm für das hochauflösende Fernsehen durch die Vollversammlung des CCIR im Jahre 1990, ABl. Nr. L 363/30 v.

Ein besonderer Stellenwert wurde der Einführung und Verbreitung fortgeschrittener, hochauflösender - analoger sowie digitaler - Fernsehdienste beigemessen.[113]

2. Politische Vorgaben für einen partiellen Medieninfrastrukturordnungsrahmen

Mitte 1993 setzen auf europäischer Ebene Bestrebungen ein, für Medieninfrastrukturen zumindest in bestimmten Bereichen einen Ordnungsrahmen zu entwickeln. Der Rat war der Ansicht, dass die bis dahin unternommenen Standardisierungsaktivitäten allein für die Entwicklung und gemeinschaftsweite Verbreitung des digitalen Fernsehens nicht ausreichten.[114]

Anders als im Telekommunikationssektor wurden allerdings keine Schritte zur Liberalisierung der Infrastrukturen, die zur Erbringung von Fernseh- und Rundfunkdiensten genutzt werden, angestrebt. Indes hatten die Liberalisierungsaktivitäten im Telekommunikationssektor insoweit Auswirkungen auf die Fernseh- und Rundfunkinfrastruktur, als Kabelfernsehnetze und Satellitenübertragungskapazität als sog. „alternative Infrastruktur" für die Erbringung von Telekommunikationsdiensten liberalisiert werden mussten.[115]

13.12.1989 oder die Richtlinie 92/38/EWG des Rates vom 11.5.1992 über die Annahme von Normen für die Satellitenausstrahlung von Fernsehsignalen, ABl. Nr. L 137/17 v. 20.5.1992.

[113] Vgl. die beiden soeben genannten Ratsbeschlüsse 89/337/EWG und 89/630/EWG.

[114] Vgl. der Beschluss des Rates 93/424/EWG vom 22.7.1993 über einen Aktionsplan zur Einführung fortgeschrittener Fernsehdienste in Europa, ABl. Nr. L 196/48 v. 5.8.1993.

[115] So wurden die Mitgliedstaaten durch die Kabelfernsehrichtlinie 95/51/EG zur Aufhebung aller Bereitstellungs- und Nutzungsbeschränkungen von TV-Kabelnetzen für Telekommunikationsdienste zum 1.1.1996 verpflichtet. Eine Ausnahme bildete bis zum 1.1.1998 die Nutzung von TV-Kabelnetzen für die Erbringung von Sprachtelefondiensten, die bis zu diesem Zeitpunkt noch den TO vorbehalten bleiben durften. Gleiches geschah in Bezug auf Satellitenübertragungskapazität durch die Satellitenkommunikations-Richtlinie 94/46/EG. Diese Liberalisierung war aber nur einseitig ausgestaltet: Während die entsprechenden Fernseh- und Rundfunkinfrastrukturen für die Erbringung von Telekommunikationsdiensten freigegeben werden mussten, erließ die Gemeinschaft keine speziellen Liberalisierungsmaßnahmen hinsichtlich der Nutzung von Telekommunikationsnetzen für die Erbringung von Rundfunk- oder Fernsehdiensten. Es bestanden deshalb in mehreren Mitgliedstaaten - trotz berechtigter Zweifel an deren Vereinbarkeit mit Art. 86 i.V.m. Art. 49 EG - Beschränkungen für die Bereitstellung und Nutzung von Telekommunikationsnetzkapazität für die Erbringung von Fernseh- und Rundfunkdiensten fort, vgl. dazu *Garzaniti*, Telecommunications, Broadcasting and the Internet: E.U. Competition Law and Regulation, S. 30. Eine weitere, die Fernseh- und Rundfunkinfrastruktur tangierende Liberalisierungsmaßnahme stellte die Kabelfernsehrichtlinie II dar: Mit ihr wurde - wie bereits erwähnt unter bestimmten Voraussetzungen - die Pflicht zur strukturellen Separierung von TV-Kabelnetzen und Telekommunikationsnetzen eingeführt.

Gemeinschaftsaktivitäten im Medieninfrastrukturbereich wurden lediglich in Form einer - noch dazu sehr beschränkten - Harmonisierung angedacht. Anders als im Telekommunikationssektor sollte die Errichtung und Nutzung der Medieninfrastrukturen und die Erbringung von Fernseh- und Rundfunkübertragungsdiensten nicht harmonisiert werden,[116] so dass z.B. die Genehmigungserteilung für die Errichtung von Kabelfernsehnetzen und für die Erbringung von Rundfunk- und Fernsehübertragungsdiensten rein national geregelt blieb.[117]
Die Harmonisierungsbestrebungen beschränkten sich in erster Linie auf Fragen des Zugangs zur Infrastruktur bzw. zu einzelnen essentiellen Teilen dieser Infrastruktur. Der Grund für eine Forderung nach einem harmonisierten gemeinschaftlichen Rechtsrahmen für diesen Bereich war, dass nur einige wenige Infrastrukturbetreiber die neuen digitalen Medientechnologien errichtet hatten. Es wurde befürchtet, dass es ohne regulierende Eingriffe in Bezug auf den Zugang zu dieser Technologie zur Entstehung und zum Missbrauch von marktbeherrschenden Stellungen und mithin zu einer Verzögerung der Verbreitung der neuen Technologien käme. Somit wurden - neben weiteren Standardisierungsbemühungen - verhaltenssteuernde Vorschriften gefordert, die als sektorspezifische Regulierung für das digitale Fernsehen die gemeinschaftlichen und nationalen Wettbewerbsregeln ergänzen sollten.[118]

3. Rechtliche Umsetzungsinstrumente für die politischen Harmonisierungsvorgaben

Umgesetzt wurden die politischen Vorgaben durch die Fernsehnormenrichtlinie I[119] sowie die Fernsehnormenrichtlinie II[120].

---

[116] *Garzaniti*, Telecommunications, Broadcasting and the Internet: E.U. Competition Law and Regulation, S. 75.
[117] Allerdings mussten die nationalen Gesetze und ihre Handhabung natürlich in Einklang mit dem allgemeinen Gemeinschaftsrecht, insbesondere den Regeln über die Grundfreiheiten und den Wettbewerbsregeln, stehen. Auf die sich daraus ergebenden Einschränkungen für die Gestaltungsfreiheit der Mitgliedstaaten im Rundfunk- und Fernsehbereich kann im Rahmen dieser Arbeit nicht näher eingegangen werden, vgl. dafür *Garzaniti*, Telecommunications, Broadcasting and the Internet: E.U. Competition Law and Regulation, S. 94 ff. Von großer Bedeutung für den Medienbereich war deshalb die Rechtsprechung des EuGH bzw. EuGI, vgl. eine Auflistung der zentralen Urteile bei *Scheuer* in Lenz, EGV-Kommentar, Anhang zu Art. 43-55, Rn. 17.
[118] Vgl. hierzu *Garzaniti*, Telecommunications, Broadcasting and the Internet: E.U. Competition Law and Regulation, S. 89.
[119] Richtlinie 95/47/EG des Europäischen Parlaments und des Rates vom 24.10.1995 über die Anwendung von Normen für die Übertragung von Fernsehsignalen, ABl. Nr. L 281/51 v. 23.11.1995.

Ein wesentlicher Teil der Fernsehnormenrichtlinie I betrifft die Standardisierung fortgeschrittener analoger und digitaler Fernsehinfrastrukturen und -dienste. Daneben wurden aber eben auch Zugangspflichten für Anbieter digitaler Fernsehinfrastrukturen, -dienste und -geräte eingeführt: Die zentrale Vorgabe besteht darin, dass alle Anbieter von Diensten mit Zugangsberechtigung, die digitale Fernsehdecoder bereitstellen, allen Fernseh- und Rundfunkveranstaltern den Zugang zu den Decodern bzw. zu den darüber erbrachten Zugangsdiensten zu chancengleichen, angemessenen und nichtdiskriminierenden Bedingungen gewähren müssen, so dass die Zuschauer die Programme der anderen Fernseh- und Rundfunkveranstalter über ihr Gerät decodieren können.[121]

4. Vergleich des Ordnungsmodells 4 a mit dem Ordnungsmodell 4

Sowohl im Ordnungsmodell 4 als auch im Ordnungsmodell 4 a existieren sektorspezifische Zugangsvorschriften. Jedoch unterscheiden sie sich fundamental hinsichtlich des Umfangs der Zugangspflichten. Während sich die Zugangspflichten im Telekommunikationssektor auf die gesamten, für den öffentlichen Sprachtelefondienst genutzten Netze beziehen, sind die Zugangspflichten im Bereich von Fernseh- und Rundfunkinfrastrukturen wesentlich beschränkter. Es existieren beispielsweise keine gemeinschaftsrechtlichen Zugangsvorschriften für den Zugang zu Kabelfernsehnetzen, und zwar weder für Telekommunikations- noch für Fernsehdienste. Zugangsregeln existieren lediglich - wie soeben dargestellt - hinsichtlich des spezifischen Elements der digitalen Zugangsberechtigungssysteme.[122] Zudem ist die Zugangsregulierung nicht asymmetrisch, sondern i.S. einer Bottleneck-Regulierung ausgestaltet, knüpft also nicht an ein bestimmtes Marktmachtkriterium, sondern an die Innehabung einer technischen Schlüsseleinrichtung an.

II. Der Bereich der Informationstechnologie (Internet)

Wenn im regulatorischen Bereich von Informationstechnologie die Rede ist, so ist dabei in erster Linie das Internet gemeint. Das Internet ist ein globales Netzwerk, das Computer mittels eines offenen Protokolls („Internet Protocol“, IP)

---

[120] Richtlinie 98/84/EG des Europäischen Parlaments und des Rates vom 20.11.1998 über den rechtlichen Schutz von zugangskontrollierten Diensten und von Zugangskontrolldiensten, ABl. Nr. L 320/54 v. 28.11.1998.

[121] Vgl. im Einzelnen Art. 4 c F Fernsehnormenrichtlinie I.

[122] Diese Vorschriften sind mithin nicht auf andere - analoge - Zugangsberechtigungssysteme oder andere Elemente des digitalen Fernsehens wie z.B. Navigationssysteme (wie z.B. elektronische Programmführer (EPG), Browser oder Suchmachinen) und Betriebssysteme (wie z.B. Application Programming Interfaces, API) anwendbar. Siehe für einen vertieften Vergleich der telekommunikationsspezifischen ONP-Regeln und der Zugangsregeln im Fernseh- und Rundfunkbereich *Garzaniti*, Telecommunications, Broadcasting and the Internet: E.U. Competition Law and Regulation, S. 108 ff.

miteinander verbindet. Die Verwendung eines solchen offenen Protokolls ermöglicht, dass verschiedenste Arten von Infrastrukturen in das Netzwerk einbezogen und dass verschiedenste Arten von Diensten über das Netzwerk übertragen werden können. Für das Funktionieren des Internet sind letztlich drei Beteiligte erforderlich: Die Inhalteanbieter („content providers"), die Zugangsanbieter („internet access providers") und die Infrastrukturanbieter („backbone providers").[123]

Es existiert keine spezifische gemeinschaftsrechtliche Ordnungskonzeption für die Internetinfrastrukturen und die zugehörigen Zugangs- und Übertragungsdienste.

Zum Teil fallen jedoch Internetzugangsdienste und auch die Errichtung und Bereitstellung der Internetinfrastruktur in den Regelungsbereich für Telekommunikationsinfrastrukturen.
Die Erbringung von Internetzugangsdiensten beispielsweise stellt einen Telekommunikationsdienst dar, weil es sich - i.S. der ONP-Rahmenrichtlinie[124] - um einen Dienst handelt, der „ganz oder teilweise aus der Übertragung und Weiterleitung von Signalen auf dem Telekommunikationsnetz .., mit Ausnahme von Rundfunk und Fernsehen" besteht.
Auch die für das Internet errichteten bzw. genutzten Infrastrukturen fallen jedenfalls insoweit in den gemeinschaftsrechtlichen Regelungsbereich, als sie unter den Begriff des „Telekommunikationsnetzes" i.S. der ONP-Rahmenrichtlinie[125] subsumiert werden können, es sich also um „Übertragungssysteme ... sowie sonstige Betriebsmittel [handelt], mit denen Signale zwischen definierten Abschlusspunkten über Draht, über Funk, auf optischem oder anderem elektromagnetischem Wege übertragen werden."[126]
Wenn die jeweiligen Tatbestandsvoraussetzungen erfüllt sind,[127] finden die für den Telekommunikationssektor erlassenen gemeinschaftsrechtlichen Vorschrif-

[123] Vgl. zur Funktionsweise des und zu den Beteiligten beim Internet, *Garzaniti*, Telecommunications, Broadcasting and the Internet: E.U. Competition Law and Regulation, S. 113 ff.
[124] Vgl. Art. 2 Nr. 3 ONP-Rahmenrichtlinie in der Fassung der ONP-Änderungsrichtlinie.
[125] Vgl. Art. 2 Nr. 2 ONP-Rahmenrichtlinie in der Fassung der ONP-Änderungsrichtlinie.
[126] Allerdings ist der Anwendungsbereich der meisten gemeinschaftsrechtlichen Vorschriften auf öffentliche Telekommunikationsnetze beschränkt, also Netze, über die öffentlich zugängliche Telekommunikationsdienste erbracht werden. Da jedenfalls über die „backbone networks" lediglich „carrier services" erbracht werden, sind die entprechenden gemeinschaftlichen Regeln dann nicht auf sie anwendbar, vgl. dazu *Garzaniti*, Telecommunications, Broadcasting and the Internet: E.U. Competition Law and Regulation, S. 115 Fn. 13.
[127] Dies ist insbesondere in Bezug auf Sprachtelefondienste, die über das Internet erbracht werden, problematisch, vgl. Mitteilung der Kommission - Der Status der Sprachübermittlung im Internet nach Maßgabe des Gemeinschaftsrechts und insbesondere der Richtlinie

ten auf die entsprechende Internetinfrastruktur und die Internetzugangsdienste Anwendung.

G. Modell des Kommunikationsberichts 1999 (Ordnungsmodell 5)

Bereits ab Dezember 1997 - also noch vor dem Termin für die vollständige Liberalisierung des Telekommunikationssektors - setzte die Kommission mit ihrem Konvergenz-Grünbuch[128] angesichts des Phänomens der technischen Konvergenz[129] die Diskussion über den nächsten Ordnungsrahmen in Gang. Aufgrund der Ergebnisse einer zum Grünbuch durchgeführten öffentlichen Konsultation zog sie in ihrer Mitteilung zur Anhörung zum Konvergenz-Grünbuch das Fazit, dass der nächste Rechtsrahmen technologieneutral ausgestaltet werden müsse.[130]

Diese erste Grundentscheidung floss dann in den im November 1999 veröffentlichten umfassenden Kommunikationsbericht 1999[131] ein, in dem die Kommission die Funktionstauglichkeit des Ordnungsmodells 4 evaluierte und politische Vorschläge für die Ausgestaltung eines neuen Rechtsrahmens unterbreitete. Im Anschluss an eine breitangelegte öffentliche Anhörung präsentierte die Kommission in ihrer Mitteilung zur Kommunikationsberichtsanhörung[132] eine konsolidierte Fassung ihrer Konzeption für einen neuen Rechtsrahmen.

90/388/EWG, ABl. Nr. C 6/4 v. 10.1.1998 sowie die Ergänzung zu dieser Mitteilung, ABl. Nr. C 369/3 v. 22.12.2000.

[128] Grünbuch zur Konvergenz der Branchen Telekommunikation, Medien und Informationstechnologie und ihren ordnungspolitischen Folgen, KOM(97) 623 v. 3.12.1997.

[129] Mit dem Stichwort der „technischen Konvergenz“ wird das Phänomen umschrieben, dass aufgrund der Digitalisierung der Übertragungsform Kommunikationsdienste - sei es in Form von Daten, Tönen oder Bildern - nicht mehr nur noch über eine Kommunikationsinfrastruktur, sondern über verschiedene technische Plattformen angeboten werden können, die mithin untereinander austauschbar werden, vgl. Konvergenz-Grünbuch, S. 1.

[130] Mitteilung der Kommission an das Europäische Parlament, den Rat, den Wirtschafts- und Sozialausschuss und den Ausschuss der Regionen: Die Konvergenz der Branchen Telekommunikation, Medien und Informationstechnologie und ihre ordnungspolitischen Auswirkungen, Ergebnisse der öffentlichen Konsultation zum Grünbuch [KOM(97) 623], KOM(1999)108 endg. v. 10.3.1999, S. 14.

[131] Mitteilung der Kommission an das Europäische Parlament, den Ministerrat, den Wirtschafts- und Sozialausschuss und den Ausschuss der Regionen: Entwicklung neuer Rahmenbedingungen für elektronische Kommunikationsinfrastrukturen und zugehörige Dienste, Kommunikationsbericht 1999, KOM(1999) 539 v. 9.11.1999.

[132] Mitteilung der Kommission: Die Ergebnisse der öffentlichen Anhörung zum Kommunikationsbericht 1999 und Leitlinien für den neuen Rechtsrahmen, KOM(2000)239 end. v. 26.4.2000, S. 4 ff.

Flankiert wurde dieser Prozess durch eine Evaluation der Fernsehnormenrichtlinie I[133] sowie durch ein Grünbuch mit anschließender Konsultation zur Frequenzpolitik der Gemeinschaft.[134]

I. Ordnungspolitische Grundentscheidungen für den neuen Rechtsrahmen

Die Kommission hat im Rahmen des Kommunikationsberichts 1999 und der Mitteilung zur Kommunikationsberichtsanhörung sieben für das Verständnis der neuen SMP-Konzeption relevante Grundentscheidungen für den neuen Rechtsrahmen getroffen:

- Einheitlicher Rechtsrahmen für alle Kommunikationsinfrastrukturen und -dienste

Um der technischen Konvergenz Rechnung zu tragen, sollte der neue Rechtsrahmen auf alle Kommunikationsinfrastrukturen[135] und zugehörigen Dienste[136] ausgedehnt werden.[137] Nicht umfasst sein sollten jedoch weiterhin die

---

[133] Die Entwicklung des Marktes für digitales Fernsehen in der EU - Bericht im Zusammenhang mit der Richtlinie 95/47/EG des Europäischen Parlaments und des Rates v. 24.10.1995 über die Anwendung von Normen für die Übertragung von Fernsehsignalen - Mitteilung der Kommission an das Europäische Parlament, den Ministerrat, den Wirtschafts- und Sozialausschuss und den Ausschuss der Regionen, KOM(1999) 540 v. 9.11.1999.

[134] Grünbuch zur Frequenzpolitik in Verbindung mit Maßnahmen der Europäischen Gemeinschaft für Bereiche wie Telekommunikation, Rundfunk, Verkehr und FuE, KOM(1998) 596 endg. v. 9.12.1998; Frequenzpolitik: die nächsten Schritte - Ergebnisse der öffentlichen Anhörung zum Grünbuch - Mitteilung der Kommission an das Europäische Parlament, den Rat, den Wirtschafts- und Sozialausschuss und den Ausschuss der Regionen, KOM(1999) 538 v. 10.11.1999.

[135] Kommunikationsinfrastrukturen sind Kommunikationsnetze und zugehörige Einrichtungen, von denen die Bereitstellung von Übertragungsdiensten abhängt. Kommunikationsnetze sind Übertragungssysteme und sofern anwendbar Vermittlungseinrichtungen und andere Ressourcen, die die Übertragung von Signalen zwischen definierten Endpunkten über Kabel, Funk, optische oder andere elektromagnetische Einrichtungen ermöglichen, vgl. Kommunikationsbericht 1999, S. 4.

[136] Zugehörige Dienste sind Kommunikationsdienste und Zugangsdienste im Zusammenhang mit der Gewährung eines Zugangs zu einem speziellen Dienst für befugte Benutzer (z.B. bedingte Zugangsdienste, elektronische Programmführer). Kommunikationsdienste sind Dienste, die normalerweise gegen Entgelt angeboten werden, deren Bereitstellung zur Gänze oder hauptsächlich in der Übertragung und im Routing von Signalen in Kommunikationsnetzen besteht, vgl. Kommunikationsbericht 1999, S. 4 f.

[137] Mitteilung zur Kommunikationsberichtsanhörung, S. 4 und S. 23 f; Kommunikationsbericht 1999, S. 15 und S. III unter Bezugnahme auf die Konsultation zur Konvergenz, vgl. Mitteilung zur Anhörung zum Konvergenz-Grünbuch.

übertragenen Inhalte - wobei etwaige Verbindungen zwischen Übertragung und Inhalten berücksichtigt werden sollten[138] - sowie Endnutzergeräte.

- Explizite Bindung der NRB an drei politische Regulierungsziele

Den NRB sollten im zukünftigen Rechtsrahmen drei klare politische Ziele zur Ausrichtung ihrer Regulierungstätigkeit vorgegeben werden, und zwar die Förderung offener und wettbewerbsorientierter Märkte, die Binnenmarktskonsolidierung und der Nutzer- und Verbraucherschutz.[139]

- Beibehaltung des für alle Marktteilnehmer geltenden Zugangs- und Zusammenschaltungsregimes

Für Zugangs- und Zusammenschaltungsvereinbarungen sollte auch künftig die privatautonome Aushandlung das Grundprinzip bilden.[140] Um die gemeinschaftsweite Bereitstellung von Kommunikationsdiensten und deren Interoperabilität sicherzustellen, sollten jedoch zwei Ausnahmen zu diesem Prinzip aus dem alten Rechtsrahmen übernommen werden. Zum einen sollten Betreiber öffentlicher Kommunikationsnetze untereinander weiterhin zur Zusammenschaltung ihrer Netze berechtigt und verpflichtet sein und die NRB für den Fall nicht zu erzielender Einigung eine Streitbeilegungskompetenz innehaben.[141] Zum anderen sollten Anbieter von digitalen Zugangsberechtigungssystemen weiterhin allen Fernseh- und Rundfunkanbietern zu den Systemen Zugang zu fairen, angemessenen und nichtdiskriminierenden Bedingungen einräumen müssen.[142]

- Aufrechterhaltung der wettbewerbsfördernden asymmetrischen Regulierung, jedoch nur dann und nur soweit wie erforderlich

Die sektorspezifische, wettbewerbsfördernde - aus Zugangs- und Zusammenschaltungsverpflichtungen, daneben aus Endnutzerschutzregeln - bestehende ex ante Regulierung sollte auch weiterhin - parallel zum allgemeinen Kartell- und Wettbewerbsrecht - aufrechterhalten werden. Jedoch unterstrich die Kommis-

---

[138] Vgl. Mitteilung zur Kommunikationsberichtsanhörung, S. 23 f.

[139] Mitteilung zur Kommunikationsberichtsanhörung, S. 4; Kommunikationsbericht 1999, S. 12 ff. Die Kommission unterstrich, dass diese Ziele zwar auch in den früheren Ordnungskonzeptionen verfolgt werden sollten, jedoch nicht explizit den NRB als Handlungsmaßstab vorgegeben worden seien.

[140] Kommunikationsbericht 1999, S. 33.

[141] Mitteilung zur Kommunikationsberichtsanhörung, S. 28; Kommunikationsbericht 1999, S. 33.

[142] Mitteilung zur Kommunikationsberichtsanhörung, S. 28.

sion, dass diese Art der Regulierung[143] nur vorübergehend beibehalten werden könne und abgebaut werden müsse, wenn und soweit die mit ihr verfolgten Ziele erreicht worden seien.[144]

- Beibehaltung des Rechtsrahmens für die Normung

Der - im Interesse der Binnenmarktsförderung errichtete - Rechtsrahmen für die gemeinschaftsweite Standardisierung sollte beibehalten werden. Grundlage sollte mithin weiterhin die industriegesteuerte freiwillige Normung bleiben, mit der gemeinschaftsrechtlich geschaffenen Möglichkeit, bestimmte Normen im öffentlichen Interesse verpflichtend vorzuschreiben.[145]

- Grundsätzlicher Übergang zu einem Allgemeingenehmigungssystem

Im Rahmen des Ordnungsmodells 4 war die Pflicht zur Beantragung von Einzellizenzen für das Betreiben von Telekommunikationsinfrastrukturen und die Erbringung öffentlicher Telekommunikationsdienste zur Regel geworden. Dies hatte sich als Markteintrittsbarriere erwiesen und sich zudem hemmend auf die Entstehung eines Binnenmarktes für Telekommunikationsnetze und -dienste ausgewirkt. Deshalb sollte für die Zukunft zu einem Genehmigungssystem auf der Grundlage von Allgemeingenehmigungen für alle Kommunikationsinfrastrukturen und -dienste übergegangen werden. Ausnahmen sollten - so und soweit erforderlich - in Zukunft nur für die Verwaltung von Frequenzen und Nummern zulässig sein.[146]

- Beibehaltung und entwicklungsoffene Gestaltung des Universaldienstes

Der Universaldienst sollte - im bisherigen Umfang und mit den vorhandenen Finanzierungsinstrumenten - beibehalten, zugleich jedoch eine Pflicht zur periodischen Überprüfung des Umfangs eingeführt werden, um eine dynamische An-

---

143 Regulierung mit anderen Zielsetzungen, wie z.B. die technische Regulierung - also z.B. die Standardisierung, die Sicherstellung der Netzsicherheit, die Frequenzvergabe oder die Nummernverwaltung - oder sozialpolitisch motivierte Regulierung - wie z.B. der Verbraucherschutz - sollten jedoch - so und soweit erforderlich - dauerhaft bestehen bleiben können.

144 Mitteilung zur Kommunikationsberichtsanhörung, S. 24. Vgl. dazu auch *Koenig/ Kühling*, MMR 2001, 80, 81 und *Scherer*, CR 2000, 35, 40.

145 Mitteilung zur Kommunikationsberichtsanhörung, S. 3; Kommunikationsbericht 1999, S. 37.

146 Mitteilung zur Kommunikationsberichtsanhörung, S. 4 und S. 25; Kommunikationsbericht 1999, S. 23 ff.

passung des Dienstumfanges sicherzustellen.[147] Daneben sollten die vorhandenen allgemeinen Verbraucherschutzvorschriften aufrechterhalten bzw. noch endnutzerfreundlicher ausgestaltet werden.

II. Aufbau des neuen Rechtsrahmens

Der neue Rechtsrahmen besteht aus fünf gemeinsam von Rat und Europäischem Parlament erlassen Richtlinien. Es handelt sich um die Rahmenrichtlinie[148], die eine Art Allgemeiner Teil des neuen Rechtsrahmens ist, sowie um vier Spezialrichtlinien, und zwar die Genehmigungsrichtlinie[149], die Zugangsrichtlinie[150], die Universaldienstrichtlinie[151] und die Datenschutzrichtlinie[152]. Mit Ablauf der Umsetzungsfrist - also ab dem 24.7.2003 - wird dieses Richtlinienpaket die ONP-Richtlinien, die alte Genehmigungsrichtlinie, die Fernsehnormenrichtlinie I und die alte Telekom-Datenschutzrichtlinie sowie sieben weitere technische Entscheidungen und Richtlinien ersetzen.[153] Zudem hat die Kommission ihre Liberalisierungsrichtlinien in einer konsolidierten Wettbewerbsrichtlinie[154] vereinigt und es wurde eine bereichsübergreifende Entscheidung für die Frequenzpolitik[155] erlassen.

---

[147] Mitteilung zur Kommunikationsberichtsanhörung, S.28 ff; Kommunikationsbericht 1999, S.44 ff.

[148] Richtlinie 2002/21/EG des Europäischen Parlaments und des Rates v. 7.3.2002 über einen gemeinsamen Rechtsrahmen für elektronische Kommunikationsnetze und -dienste (Rahmenrichtlinie), ABl. Nr. L 108/33 v. 24.4.2002.

[149] Richtlinie 2002/20/EG des Europäischen Parlaments und des Rates v. 7.3.2002 über die Genehmigung elektronischer Kommunikationsnetze und -dienste (Genehmigungsrichtlinie), ABl. Nr. L 108/21 v. 24.4.2002.

[150] Richtlinie 2002/19/EG des Europäischen Parlaments und des Rates v. 7.3.2002 über den Zugang zu elektronischen Kommunikationsnetzen und zugehörigen Einrichtungen sowie deren Zusammenschaltung (Zugangsrichtlinie), ABl. Nr. L 108/7 v. 24.4.2002.

[151] Richtlinie 2002/22/EG des Europäischen Parlaments und des Rates v. 7.3.2002 über den Universaldienst und Nutzerrechte bei elektronischen Kommunikationsnetzen und -diensten (Universaldienstrichtlinie), ABl. Nr. L 108/51 v. 24.4.2002.

[152] Richtlinie 2002/58/EG des Europäischen Parlaments und des Rates vom 12.7.2002 über die Verarbeitung personenbezogener Daten und den Schutz der Privatsphäre in der elektronischen Kommunikation (Datenschutzrichtlinie für elektronische Kommunikation, ABl. Nr. L 201/37 v. 31.7.2002.

[153] Vgl. Übersicht im Kommunikationsbericht 1999, S. 20 sowie bei *Holznagel/ Enaux/ Nienhaus*, Grundzüge des Telekommunikationsrechts: Rahmenbedingungen - Regulierungsfragen - internationaler Vergleich, S. 236.

[154] Richtlinie 2002/77/EG der Kommission vom 16.9.2002 über den Wettbewerb auf den Märkten für elektronische Kommunikationsnetze und -dienste, ABl. Nr. L 249/21 v. 17.9.2002.

[155] Entscheidung Nr. 676/2002/EG des Europäischen Parlaments und des Rates v. 7.3.2002 über einen Rechtsrahmen für die Funkfrequenzpolitik in der Europäischen Gemeinschaft (Frequenzentscheidung), ABl. Nr. L 108/1 v. 24.4.2002.

III. Umsetzung der ordnungspolitischen Grundentscheidungen in den neuen Rechtsakten

Die aufgezeigten ordnungspolitischen Grundentscheidungen wurden folgendermaßen umgesetzt:

- Einheitlicher Rechtsrahmen für alle Kommunikationsinfrastrukturen und -dienste

Der Schaffung eines einheitlichen Rechtsrahmens für alle Kommunikationsinfrastrukturen und zugehörigen Dienste dient die Ausdehnung des sachlichen Geltungsbereich des neuen Rechtsrahmens auf alle elektronischen Kommunikationsnetze und -dienste sowie zugehörige Einrichtungen, Art. 1 Abs. 1 Rahmenrichtlinie. Die Reichweite dieser Begriffe ergibt sich aus den Begriffsbestimmungen in Art. 2 a)[156], c)[157] und e)[158] Rahmenrichtlinie. Die Ausklammerung von übertragenen Inhalten und Endnutzergeräten aus dem Geltungsbereich folgt aus den Begriffsbestimmungen in Art. 2 a), c) und e) Rahmenrichtlinie und ergänzend aus Art. 1 Abs. 2 und 4 Rahmenrichtlinie.

- Explizite Bindung der NRB an drei politische Regulierungsziele

Die explizite Bindung der NRB an die Ziele der Wettbewerbsförderung, Binnenmarktskonsolidierung und des Nutzer- und Verbraucherschutzes ist in Art. 7 Abs. 1 und Art. 8 Abs. 1 i.V.m. Art. 8 Abs. 2 bis 4 Rahmenrichtlinie niederge-

---

[156] Art. 2 a) Rahmenrichtlinie definiert „elektronisches Kommunikationsnetz" als „Übertragungssysteme und gegebenenfalls Vermittlungs- und Leitwegeinrichtungen sowie anderweitige Ressourcen, die die Übertragung von Signalen über Kabel, Funk, optische oder andere elektromagnetische Einrichtungen ermöglichen, einschließlich Satellitennetze, feste (leitungs- und paketvermittelte, einschließlich Internet) und mobile terrestrische Netze, Stromleitungssysteme, soweit sie zur Signalübertragung genutzt werden, Netze für Hör- und Fernsehfunk sowie Kabelfernsehnetze, unabhängig von der Art der übertragenen Informationen."

[157] Art. 2 c) Rahmenrichtlinie definiert „elektronische Kommunikationsdienste" als „gewöhnlich gegen Entgelt erbrachte Dienste, die ganz oder überwiegend in der Übertragung von Signalen über elektronische Kommunikationsnetze bestehen, einschließlich Telekommunikations- und Übertragungsdienste in Rundfunknetzen, jedoch ausgenommen Dienste, die Inhalte über elektronische Kommunikationsnetze und -dienste anbieten oder eine redaktionelle Kontrolle über sie ausüben; nicht dazu gehören die Dienste der Informationsgesellschaft im Sinne von Artikel 1 der Richtlinie 98/34/EG, die nicht ganz oder überwiegend in der Übertragung von Signalen über elektronische Kommunikationsnetze bestehen."

[158] Art. 2 e) Rahmenrichtlinie definiert „zugehörige Einrichtungen" als „diejenigen mit einem elektronischen Kommunikationsnetz und/oder einem elektronischen Kommunikationsdienst verbundenen Einrichtungen, welche die Bereitstellung von Diensten über dieser Netz und/oder diesen Dienst ermöglichen und/oder unterstützen. Dieser Begriff schließt auch Zugangsberechtigungssysteme und elektronische Programmführer ein."

legt. Die drei Ziele werden dort jeweils durch eine Reihe von Unterzielen konkretisiert.

- Beibehaltung des für alle Marktteilnehmer geltenden Zugangs- und Zusammenschaltungsregimes

Die Grundkonzeption der freien Aushandlung von Zugangs[159]- und Zusammenschaltungsvereinbarungen[160] wird durch Art. 3 Abs. 1 Satz 1 Zugangsrichtlinie unterstrichen, der es den Mitgliedstaaten untersagt, den Abschluss derartiger Vereinbarungen - so sie mit dem allgemeinen Kartell- und Wettbewerbsrecht in Einklang stehen - Beschränkungen zu unterwerfen.
Für Betreiber öffentlicher Kommunikationsnetze besteht weiterhin das Recht, aber im Falle eines Antrags auch die Pflicht, ihre Netze untereinander zusammenzuschalten, Art. 4 Abs. 1 Zugangsrichtlinie. Art. 5 Abs. 2 a) und Abs. 4 stellt sicher, dass die NRB in Fällen fehlender Einigung die Zusammenschaltung erzwingen können.
Die im alten Rechtsrahmen vorhandenen Zugangsverpflichtungen in Bezug auf digitale Zugangsberechtigungssysteme werden in - zumindest zu Beginn - uneingeschränkter Weise durch Art. 6 Abs. 1 Zugangsrichtlinie übernommen, können jedoch in ihrer Reichweite nach Art. 6 Abs. 3 Zugangsrichtlinie eingeschränkt bzw. nach Art. 5 Abs. 2 b) Zugangsrichtlinie auch auf elektronische Programmführer bzw. Anwendungsprogramm-Schnittstellen ausgedehnt werden.

- Aufrechterhaltung der wettbewerbsfördernden asymmetrischen Regulierung so und soweit erforderlich

Die asymmetrische, wettbewerbsfördernde Regulierung wurde in Form einer komplexen neuen SMP-Konzeption aufrechterhalten: Sie ergibt sich aus einem Zusammenspiel von mehreren Normen aus der Rahmenrichtlinie einerseits und

---

[159] Art. 2 a) Zugangsrichtlinie definiert „Zugang“ als „die ausschließliche oder nicht ausschließliche Bereitstellung von Einrichtungen und/ oder Diensten für ein anderes Unternehmen unter bestimmten Bedingungen zur Erbringung elektronischer Kommunikationsdienste.“

[160] Art. 2 b) Zugangsrichtlinie definiert „Zusammenschaltung“ als „die physische oder logische Verbindung öffentlicher Kommunikationsnetze, die von demselben oder einem anderen Unternehmen genutzt werden, um Nutzern eines Unternehmens die Kommunikation mit Nutzern desselben oder eines anderen Unternehmens oder den Zugang zu den von einem anderen Unternehmen angebotenen Diensten zu ermöglichen. Dienste können von den beteiligten Parteien erbracht werden oder von anderen Parteien, die Zugang zum Netz haben. Zusammenschaltung ist ein Sonderfall des Zugangs und wird zwischen Betreibern öffentlicher Netze hergestellt.“

der Zugangs- bzw. Universaldienstrichtlinie andererseits.[161] Die Konzeption sieht zunächst eine - vorübergehende - Beibehaltung aller im alten Rechtsrahmen auferlegten asymmetrischen Pflichten vor. Zum Zwecke der Überprüfung, ob die entsprechenden asymmetrischen Pflichten weiterhin erforderlich sind oder abgebaut werden können, wurden eine Reihe komplexer Verfahren und neue Begrifflichkeiten eingeführt.[162]

- Beibehaltung des Rechtsrahmens für die Normung

Die Beibehaltung des Rechtsrahmens für die Normung ergibt sich aus Art. 17 und 18 Rahmenrichtlinie.

- Grundsätzlicher Übergang zu einem Allgemeingenehmigungssystem

Der Übergang zu einem Allgemeingenehmigungsregime wird durch Art. 3 Abs. 2 Satz 1 Genehmigungsrichtlinie, der für den Marktzugang die Allgemeingenehmigung[163] zur Regel erklärt, vollzogen. Ausnahmen von dieser Regel sind nur für die Nutzung von Funkfrequenzen und Nummern mit wirtschaftlichem Wert zulässig, Art. 3 Abs. 2 Satz 1 i.V.m. Art. 5 Genehmigungsrichtlinie. Um beispielsweise schädliche Interferenzen bei der Frequenznutzung bzw. Interessenkonflikte bei der Nummernutzung zu vermeiden, können die Mitgliedstaaten die getrennte Verleihung spezifischer Rechte für die Nutzung von Frequenz- oder Nummernressourcen vorsehen. Eine Beschränkung der Anzahl der Nutzungsrechte ist nur für Funkfrequenzen und nur im Einklang mit dem Verfahren nach Art. 7 Genehmigungsrichtlinie zulässig.

- Beibehaltung und entwicklungsoffene Gestaltung des Universaldienstes

Mit den Art. 3-14 Universaldienstdienstrichtlinie wurde die Universaldienstkonzeption - insbesondere der Umfang des Universaldienstes[164] - aus dem Ord-

---

161 Vgl. dazu die gesamten Teile 5, 6 und 7.

162 Vgl. dazu im Einzelnen unten Teil 5, C. und D.

163 Art. 2 Abs. 2 a Genehmigungsrichtlinie definiert „Allgemeingenehmigung" als „ der in einem Mitgliedstaat errichtete rechtliche Rahmen, mit dem gemäß dieser Richtlinie Rechte für die Bereitstellung elektronischer Kommunikationsnetze oder -dienste gewährleistet werden, die für alle oder für bestimmte Arten von elektronischen Kommunikationsnetzen und -diensten gelten können." Aus Art. 3 Abs. 2 Genehmigungsrichtlinie ergibt sich, dass das Allgemeingenehmigungsregime eine Notifizierungspflicht umfassen kann, dass die Ausübung der Tätigkeit jedoch nicht von einer ausdrücklichen Entscheidung im Einzelfall abhängig gemacht werden darf.

164 In Art. 4 Abs. 1 und 2 Universaldienstrichtlinie ist nun explizit festgelegt, dass zum Universaldienst sowohl der Anschluss an das öffentliche Telefonnetz als auch der Zugang zu

nungsmodell 4 weitestgehend unverändert in den neuen Rechtsrahmen überführt. Art. 15 schreibt vor, dass die Kommission periodisch überprüfen muss, ob soziale, ökonomische oder technische Entwicklungen eine Anpassung des gesetzlich definierten Umfangs des Universaldienstes erforderlich erscheinen lassen. Die Interessen und Rechte der Endnutzer werden mit den Vorschriften der Art. 20-31 Universaldienstdienstrichtlinie geschützt.[165]

IV. Zusammenfassung der Struktur des Ordnungsmodells 5

Das Ordnungsmodell 5 ist die zweite Ordnungskonzeption für einen vollständig liberalisierten Sektor. Der im Ordnungsmodell 4 vorhandene Rechtsrahmen wurde konsolidiert und - den neuen technischen und wirtschaftlichen Bedingungen in den Märkten folgend - weiterentwickelt. Kennzeichnend ist zum einen die Ausweitung des Geltungsbereichs auf alle elektronischen Kommunikationsinfrastrukturen und -dienste. Ein weiteres Charakteristikum ist die Erleichterung und gemeinschaftsweite Harmonisierung des Marktzugangs durch den Übergang zum Allgemeingenehmigungsregime. Wesentlich für das Ordnungsmodell 5 ist darüber hinaus, dass im neuen Rechtsrahmen Mechanismen eingeführt wurden, um die sektorspezifische, wettbewerbsfördernde asymmetrische Regulierung - in Abhängigkeit von der Entwicklung des Wettbewerbs auf einzelnen Märkten - abzubauen.

H. Zusammenfassender Überblick über die fünf Ordnungsmodelle

Nachdem im Ordnungsmodell 1 der Telekommunikationssektor behutsam in den Gemeinschaftsrechtsrahmen einbezogen worden war, wurde im Rahmen des Ordnungsmodells 2 eine Teilliberalisierung eingeleitet, und zwar des Endgerätemarktes und der Telekommunikationsdienste mit Ausnahme des Sprachtelefondienstes. Dem für die Praxis eher unbedeutsamen Ordnungsmodell 3 folgte der erste Ordnungsrahmen für einen vollständig liberalisierten Telekommunikationssektor: Ziel des Ordnungsmodells 4 war es dabei vor allem, nach der Liberalisierung aller Infrastrukturen und Dienste die tatsächliche Entstehung von Wettbewerb mit Hilfe eines harmonisierten Regulierungsrechtsrahmens - der

---

öffentlichen Telefondiensten an einem festen Standort gehören, wobei der Anschluss neben dem Sprachtelefondienst auch den Zugang zu Telefax und einen funktionstüchtigen Internetzugang ermöglichen muss.

[165] Die Art. 20-31 Universaldienstdienstrichtlinie enthalten Regeln für den Kundenschutz, insbesondere in Hinblick auf die Ausgestaltung von Verbraucherverträgen, die Nummerportabilität, die Dienstqualität, die Tarif- und Konditionentransparenz sowie für Übertragungsverpflichtungen hinsichtlich öffentlicher meinungsbildender Fernseh- und Rundfunkdienste.

ONP-Konzeption i.w.S. - zu fördern und zu sichern. In Reaktion auf die technischen und wettbewerblichen Entwicklungen seit der vollständigen Liberalisierung wurde nun das Ordnungsmodell 5 entwickelt: Neben einer Ausweitung des Geltungsbereichs des neuen Rechtsrahmens auf alle elektronischen Kommunikationsinfrastrukturen und -dienste soll es dem Abbau der sektorspezifischen wettbewerbsfördernden Regulierung dienen.

Teil 3: Entstehung und Ausgestaltung der alten SMP-Konzeption

A. Entstehung des alten SMP-Kriteriums

Die Ausgestaltung der alten SMP-Konzeption ist eng mit der legislativen Anpassung der ONP-Konzeption i.w.S. aus dem Ordnungsmodell 2 an das vollständig liberalisierte Umfeld des Ordnungsmodells 4 verbunden. Bevor in den nächsten drei Kapiteln auf die Ausgestaltung der alten SMP-Konzeption eingegangen wird, wird in einem ersten Abschnitt diese legislative Anpassung und die damit einhergegangene Entstehung des alten SMP-Kriteriums skizziert.

I. Kontext: Anpassung der ONP-Konzeption i.w.S. an ein vollständig liberalisiertes Umfeld

1. Anfängliche ONP-Konzeption i.w.S.

a. Zielsetzungen der ONP-Konzeption i.w.S. im Ordnungsmodell 2

In den Rechtsmaßnahmen der anfänglichen ONP-Konzeption aus dem Ordnungsmodell 2, die ein Nebeneinander von liberalisierten und nicht-liberalisierten Bereichen im Telekommunikationssektor ermöglichen sollte, wurde in erster Linie der Zugang der neuen Marktteilnehmer zu den weiterhin im Monopolregime geführten Infrastrukturen und Diensten geregelt. Dafür wurden harmonisierte Regeln darüber aufgestellt, welche technischen Auflagen und Nutzungsbedingungen den Anbietern liberalisierter Dienste beim Zugang zu und der Nutzung von diesen Diensten und Infrastrukturen auferlegt werden durften und wie die Tariffierung für diese Dienste und Infrastrukturen ausgestaltet zu sein hatte.[166] Daneben wurden in den ONP-Maßnahmen die von den Monopolanbietern bereitzustellenden Mindestangebote an Mietleitungen und Sprachtelefondiensten festgelegt und gemeinschaftliche Verfahren zur Standardisierung geregelt.

b. Der persönliche Anwendungsbereich der ONP-Konzeption i.w.S. im Ordnungsmodell 2

Das in der anfänglichen ONP-Konzeption i.w.S. vorgesehene Pflichtenregime war naturgemäß auf die TO[167] abgestimmt, da diese ja weiterhin die Monopol-

[166] Vgl. dazu *Higham*, Telecommunications Policy 17 (1993) 242 ff.

[167] In den ONP-Richtlinien wurde - wegen der im Ordnungsmodell 2 verlangten Trennung zwischen betrieblichen und Verwaltungsfunktionen - nicht mehr der Begriff der Fernmelde-

rechte für Infrastrukturen und öffentlichen Sprachtelefondienst innehatten. Rechtstechnisch knüpfte der Gemeinschaftsgesetzgeber zur Bestimmung der mittelbaren Normadressaten[168] an - von den Mitgliedstaaten verliehene - besondere oder ausschließliche Rechte an.[169]

2. *Anpassung der ONP-Konzeption i.w.S.*

a. *Entscheidung für die Anpassung der ONP-Konzeption i.w.S. für das Ordnungsmodell 4*

Trotz der Entscheidung für die vollständige Liberalisierung des Telekommunikationssektors wurde zur Förderung und Sicherung des Wettbewerbs,[170] zur Binnenmarktsförderung und aus Gründen des Verbraucherschutzes ein die Liberalisierung flankierender gemeinschaftlicher Rechtsrahmen für erforderlich erachtet.[171] Um die Schaffung eines völlig neuen Rechtsrahmens zu vermeiden, sollte die ONP-Konzeption i.w.S. aus dem Ordnungsmodell 2 in einen Rechtsrahmen für den vollständig liberalisierten Sektor umgewandelt werden.[172]

---

verwaltung (PTT) verwendet, sondern derjenigen der Fernmeldeorganisation, vgl. Art. 3 Abs. 3 ONP-Rahmenrichtlinie, wobei dieser später - zur besseren Übersetzung der englischen und französischen Begriffe - durch den Begriff der Telekommunikationsorganisation (TO) ersetzt wurde, vgl. Art. 10 ONP-Mietleitungsrichtlinie.

[168] Zum Begriff des mittelbaren Normadressaten, vgl. oben Fußnote 86.

[169] Vgl. Art. 2 Nr. 1 i.V.m. Nr. 2 ONP-Rahmenrichtlinie.

[170] Die Rechtfertigung für die Beibehaltung der Zielsetzung der Wettbewerbsförderung war, dass die aus der Monopolzeit ererbten Marktstrukturen faktisch zunächst einmal fortbestanden und Wettbewerber kurz- bzw. teilweise auch mittel- und langfristig auf Infrastrukturen und bestimmte Dienste der ehemaligen Monopolisten angewiesen waren. Die Marktkräfte allein reichten nicht aus, um zu verhindern, dass die ehemaligen Monopolisten ihre Doppelrolle als Vorleistungserbringer und Anbieter von Endleistungen missbrauchten. Das Ziel sollte deshalb sein, die Entstehung von Wettbewerb bis zu dessen Funktionsfähigkeit aktiv zu fördern und abzusichern, und zwar in erster Linie durch Regeln über den Zugang zu und die Zusammenschaltung mit öffentlichen Telekommunikationsnetzen sowie über den Zugang zu bestimmten öffentlichen Telekommunikationsdiensten zu transparenten, nichtdiskriminierenden Bedingungen und Tarifen.

[171] So der Rat in seiner Entschließung vom 22.7.1993 zur Prüfung der Lage im Bereich Telekommunikation und zu den notwendigen künftigen Entwicklungen in diesem Bereich (93/C 213/1), ABl. Nr. C 213/1 v. 6.8.1993 sowie die Kommission in ihrer Mitteilung an den Rat und das Europäische Parlament: Derzeitiger Stand und künftiges Konzept des offenen Netzzugangs bei Telekommunikationsnetzen und -diensten, KOM(94) 513 endg. v. 29.11.1994. Aus der Wirtschaft ETNO, Reflection Document on The Future of ONP and Interconnection RD 16 (09/94), S. 3 sowie aus der Literatur *de Cockborne*, JTDE 1997, 217, 219.

[172] *Larouche*, Competition Law and Regulation in European Telecommunications, S. 62.

b. Neuordnung des persönlichen Anwendungsbereichs der ONP-Konzeption i.w.S. für das Ordnungsmodell 4

Wegen des liberalisierungsbedingten Wegfalls besonderer und ausschließlicher Rechte musste der persönliche Anwendungsbereich der modifizierten ONP-Konzeption i.w.S. vollständig neu gestaltet, also entschieden werden, welchen Unternehmen in Zukunft durch die ONP-Maßnahmen Pflichten auferlegt werden sollten.[173]

Im Ergebnis[174] wurde zur Auswahl der Pflichtenadressaten kein einheitliches Kriterium gewählt, sondern die Pflichten wurden unterschiedlichen Kategorien von Unternehmen auferlegt. So finden sich in der ONP-Konzeption i.w.S. des Ordnungsmodells 4 Pflichten für Unternehmen mit beträchtlicher Marktmacht, Pflichten für Unternehmen, die von den Mitgliedstaaten als Universaldienstverpflichtete bestimmt worden sind, Pflichten für alle Anbieter von öffentlichen Telekommunikationsdiensten und Pflichten für Unternehmen mit Verfügungsgewalt über Engpasseinrichtungen.[175]

II. Ausgestaltung des SMP-Kriteriums

Die Kommission wollte für die in erster Linie wettbewerbsförderungs- und sicherungsmotivierten Pflichten weder - wie von einigen Teilnehmern einer öffentlichen Konsultation gefordert[176] - das Kriterium der marktbeherrschenden Stellung aus dem allgemeinen Kartell- und Wettbewerbsrecht übernehmen noch - wie von anderen gefordert[177] - einen symmetrischen „Bottleneck-Ansatz" zugrunde legen. Es sollte vielmehr ein innovatives Kriterium eingeführt werden.

---

[173] *Queck/ Defraigne*, Cahiers du CRID N° 16, S. 335, 348. Auf das Problem des zukünftigen persönlichen Anwendungsbereichs der ONP-Konzeption i.w.S. hatte der Deutsche Bundesrat schon frühzeitig hingewiesen, vgl. Beschluss des Bundesrates v. 2.6.1995, BR-Drs. 228/95, Nr. 2.

[174] Die Kommission führte zu dieser Frage frühzeitig eine öffentliche Konsultation durch, vgl. Mitteilung an den Rat und das Europäische Parlament: Derzeitiger Stand und künftiges Konzept des offenen Netzzugangs bei Telekommunikationsnetzen und -diensten, KOM(94) 513 endg. v. 29.11.1994, S. 11 ff.

[175] Für eine präzisere Beschreibung dieses neuen „flexiblen Ansatzes" zur Bestimmung der mittelbaren Normadressaten, vgl. die Ausführungen zu den „betroffenen Organisationen" unter Punkt 6.1.der Begründung des Kommissionsvorschlags, Vorschlag für eine Richtlinie des Europäischen Parlaments und des Rates zur Anpassung der Richtlinien 90/387/EWG und 92/44/EWG des Rates an ein wettbewerbsorientiertes Telekommunikationsumfeld, KOM(95) 543 endg. v. 14.11.1995, S. 9.

[176] Dieser Vorschlag wird wiedergegeben in dem Dokument des ONP-Ausschusses, Memorandum on future approach to Open Network Provision, ONPCOM 94-29 bis, Brüssel, 4.7.1994, S. 5, sowie von *Queck/ Defraigne*, Cahiers du CRID N° 16, S. 335, 350.

[177] Die Vertreter dieses Ansatzes führten an, dass es die Besonderheit im Telekommunikationssektor sei, dass die „any-to-any-connectivity" sichergestellt werden müsse. Für diese Zielsetzung seien aber weder die Größe eines Unternehmens noch seine

Bei der Ausgestaltung des SMP-Kriteriums ließ sich die Kommission von folgenden Überlegungen leiten.[178] Es sollte sich zunächst um ein auf leicht zu verifizierenden Tatsachen beruhendes und damit einfach zu handhabendes Kriterium handeln. Deshalb sollte ein Kriterium gewählt werden, das auf einem festen Marktanteils-Schwellenwert basiert (Regulierung ab N % des relevanten Marktes).

Durch die Wahl der Schwellenwertshöhe sollte dabei sichergestellt werden, dass alle an das Kriterium anzuknüpfenden Pflichten[179] so sicher und so lange wie möglich erfüllt werden. Deshalb sollte der Marktanteil niedrig genug sein, um all diejenigen Unternehmen, die einen hinreichenden Marktanteil erzielt haben, dem Pflichtenregime zu unterwerfen. Zugleich sollte er hoch genug sein, um zu verhindern, dass neue Marktteilnehmer durch eine zu frühe Einbeziehung am Zutritt zum Markt gehindert werden.

Als Schwelle wurde deshalb der Wert von 25% Marktanteil vorgeschlagen. Als Argument wurde vorgebracht, dass es sich dabei um einen international für verschiedene Zielsetzungen anerkannten „Reifegrad" von Märkten handele.[180] Die Kommission stellte dabei klar, dass sie davon ausging, dass bei einer solchen Schwelle gerade nicht nur marktbeherrschende Unternehmen in den persönli-

Marktanteile von Bedeutung, sondern nur, ob das Unternehmen bestimmte Engpasseinrichtungen kontrolliere. Reguliert werden sollten deshalb nur sog. „Bottlenecks", wobei darunter solche Infrastrukturen zu verstehen sein sollen, die wesentlich für die Erbringung von anderen Diensten sind und nicht mittels anderer technischer Wege umgangen bzw. ersetzt werden können. Über solche „Bottlenecks" könne letztlich jedes Unternehmen im Telekommunikationssektor verfügen, so dass die ONP-Regeln für die Zurverfügungstellung dieser Einrichtungen symmetrisch jedes Unternehmen treffen müssten. Als hauptsächlicher Verfechter dieses Ansatzes trat dabei ETNO (European Public Telecommunications Network Operators' Association) auf, vgl. ETNO, Reflection Document on The Future of ONP, RD 01 (09/93), S. 2 ff. In dieser Organisation sind vor allem viele der ehemaligen TO vertreten. Als Vertreter dieses Ansatzes aus der Literatur vgl. beispielsweise *Blankart/ Knieps*, Regulierung von Netzen?, S. 3 ff.

[178] Diskussionspapier für den ONP-Ausschuss, The adaptation, in the light of further liberalisation, of Open Network Provision in respect of the entities covered, ONPCOM 94-44, Brüssel, 3.10.1994, S.8 f.

[179] Neben Zugangs- und Zusammenschaltungspflichten sind dies auch Pflichten zur Bereitstellung bestimmter Endkundendienstleistungsmerkmale und zur Bereitstellung eines Mietleitungsmindestangebots.

[180] Vgl. ONP-Ausschuss, The adaptation, in the light of further liberalisation, of Open Network Provision in respect of the entities covered, ONPCOM 94-44, Brüssel, 3.10.1994, S.8 Fn. 6.

chen Anwendungsbereich der neuen asymmetrischen Regulierungskonzeption fallen würden.[181]

Die Kommission hat ihre Vorüberlegungen zum SMP-Kriterium in Form von Definitionsnormen i.R. ihrer Vorschläge für drei ONP-Richtlinien eingebracht. Diese wurden von Rat und Europäischem Parlament in die neuen ONP-Richtlinien aufgenommen.[182]

B. Inhalt der alten SMP-Konzeption: Einleitung und Rechtsquellenüberblick

Die gemeinschaftsrechtlichen Vorgaben für die alte SMP-Konzeption sind Gegenstand der folgenden vier Kapitel. Diese Vorgaben bleiben bis zum Ende der Umsetzungsfrist für den neuen Rechtsrahmen, also bis zum 24.7.2003, in Kraft. Die Mitgliedstaaten müssen die zur Umsetzung der alten SMP-Vorgaben ergangenen nationalen Rechtsakte bis dahin weiter anwenden.[183]
Nach einem Überblick über die die alte SMP-Konzeption bildenden Rechtsquellen in diesem Kapitel (Kapitel B) ist das folgende Kapitel (Kapitel C) dem Anknüpfungskriterium für die SMP-Konzeption, also dem Kriterium der beträchtlichen Marktmacht, gewidmet. Das darauffolgende Kapitel (Kapitel D) behandelt das SMP-Pflichtenregime. Im letzten Kapitel (Kapitel E) werden die institutionellen und verfahrensrechtlichen Vorschriften dargestellt, die die Ausführung der SMP-Regulierung sicherstellen sollen. Wie bereits in der Einleitung klargestellt, unterbleibt in den Kapiteln C bis E eine detaillierte Auslegung einzelner Vorschriften der alten SMP-Konzeption, weil die Befassung mit der alten SMP-Konzeption lediglich als Grundlage für die Erschließung der neuen SMP-Konzeption dienen soll.

I. Legislativakte

1. Richtlinien

Die wichtigsten Rechtsquellen für die alte SMP-Konzeption sind die drei speziellen, von Rat und Europäischem Parlament erlassenen ONP-Richtlinien des

[181] ONP-Ausschuss, The adaptation, in the light of further liberalisation, of Open Network Provision in respect of the entities covered, ONPCOM 94-44, Brüssel, 3.10.1994, S.8.
[182] Vgl. Art. 4 Abs. 3 ONP-Zusammenschaltungsrichtlinie, Art. 2 Abs. 2 i) ONP-Sprachtelefonrichtlinie II und Art. 2 Abs. 3 ONP-Mietleitungsrichtlinie in der Fassung der ONP-Änderungsrichtlinie.
[183] *Hocepied*, The new EU regulatory Framework for Electronic communications, S. 1, 2, Fn. 12.

Ordnungsmodells 4, also die ONP-Mietleitungsrichtlinie[184] in der Fassung der ONP-Änderungsrichtlinie[185], die ONP-Zusammenschaltungsrichtlinie[186] - ergänzt durch die ONP-Betreibervorwahlrichtlinie[187] - und die ONP-Sprachtelefonrichtlinie II[188].

Weniger zentral sind hingegen die ONP-Rahmenrichtlinie[189] in der Fassung der ONP-Änderungsrichtlinie und die alte Genehmigungsrichtlinie[190]. Die ONP-Rahmenrichtlinie beschränkt sich darauf, allgemeine Vorgaben für die ONP-Konzeption i.w.S. als ganze aufzustellen. Sie enthält lediglich Grundsätze, die - da die SMP-Konzeption Bestandteil der ONP-Konzeption i.w.S. ist - zwar auch für diese gelten, jedoch die alte SMP-Konzeption nicht speziell ausgestalten. Die alte Genehmigungsrichtlinie enthält einige verfahrensrechtliche Elemente, die für die Durchführung der SMP-Konzeption relevant sind.

2. TAL-Verordnung

Eine weitere zentrale Rechtsquelle jüngeren Datums ist die TAL-Verordnung[191] die die SMP-Konzeption um Vorschriften zum entbündelten Zugang zur Teilnehmeranschlussleitung ergänzt hat. Formal existiert daneben weiterhin die

---

[184] Richtlinie 92/44/EWG des Rates vom 5.6.1992 zur Einführung des offenen Netzzugangs bei Mietleitungen, ABl. Nr. L 165/27 v. 19.6.1992.

[185] Richtlinie 97/51/EG des Europäischen Parlaments und des Rates vom 6.10.1997 zur Änderung der Richtlinien 90/387/ EWG und 92/44/EWG des Rates zwecks Anpassung an ein wettbewerbsorientiertes Telekommunikationsumfeld, ABl. Nr. L 295/23 v. 29.10.1997.

[186] Richtlinie 97/33/EG des Europäischen Parlamentes und des Rates vom 30.6.1997 über die Zusammenschaltung in der Telekommunikation im Hinblick auf die Sicherstellung eines Universaldienstes und der Interoperabilität durch Anwendung der Grundsätze für einen offenen Netzzugang (ONP), ABl. Nr. L 199/32 v. 26.7.1997.

[187] Richtlinie 98/61/EG des Europäischen Parlaments und des Rates vom 24.9.1998 zur Änderung der Richtlinie 97/33/EG hinsichtlich der Übertragbarkeit von Nummern und der Betreibervorauswahl, ABl. Nr. L 268/37 v. 3.10.1998.

[188] Richtlinie 98/10/EG des EP und des Rates vom 26.02.1998 über die Anwendung des offenen Netzzugangs (ONP) beim Sprachtelefondienst und den Universaldienst im Telekommunikationsbereich in einem wettbewerbsorientierten Umfeld, ABl. Nr. L 101/24 v. 1.4.1998.

[189] Richtlinie des Rates vom 28.6.1990 zur Verwirklichung des Binnenmarktes für Telekommunikationsdienste durch Einführung eines offnen Netzzugangs (Open Network Provision - ONP) (90/387/EWG), ABl. Nr. L 192/1 v. 24.7.1990.

[190] Richtlinie 97/13/EG des Europäischen Parlaments und des Rates vom 10.4.1997 über einen gemeinsamen Rahmen für Allgemein- und Einzelgenehmigungen für Telekommunikationsdienste, ABl. Nr. L 117/15 v. 7.5.1997.

[191] Verordnung (EG) Nr. 2887/2000 des Europäischen Parlaments und des Rates vom 18.12.2000 über den entbündelten Zugang zum Teilnehmeranschluss, ABl. Nr. L 336/4 v. 30.12.2000.

TAL-Empfehlung.[192] Der Inhalt dieser Empfehlung wurde jedoch Ende des Jahres 2000 in rechtsverbindlicher Form in die soeben erwähnte TAL-Verordnung integriert. Ihr kommt deshalb keine selbstständige Bedeutung mehr zu.

II. Implementierungsrechtsakte

Neben den genannten, von der europäischen Legislative erlassenen ONP-Maßnahmen existieren einige Implementierungsrechtsakte der Kommission, die für die SMP-Konzeption von Bedeutung sind.

1. Zusammenschaltungsempfehlungen

Die wichtigsten Implementierungsrechtsakte sind die Empfehlungen der Kommission zu Zusammenschaltungsentgelten sowie zu den damit zusammenhängenden Kostenrechnungsmethoden und Buchführungsgrundsätzen. In Wahrnehmung des ihr von Rat und Europäischem Parlament in Art. 7 Abs. 5 ONP-Zusammenschaltungsrichtlinie erteilten Auftrags hat die Kommission drei solcher Empfehlungen zur Konkretisierung der entsprechenden Grundsätze aus der ONP-Zusammenschaltungsrichtlinie erarbeitet.
Zum einen handelt es sich um die zweiteilige Empfehlung der Kommission zur Zusammenschaltung in einem liberalisierten Telekommunikationsmarkt, und zwar die Zusammenschaltungsempfehlung - Teil 1[193] zu Zusammenschaltungsentgelten in modifizierter Fassung[194] und um die Zusammenschaltungsempfehlung - Teil 2[195] zur getrennten Buchführung und Kostenrechnung, zum anderen um die Mietleitungsempfehlung[196] zu den Zusammenschaltungsentgelten für Mietleitungen.

---

192 Empfehlung der Kommission v. 25.5.2000 betreffend den entbündelten Zugang zum Teilnehmeranschluss: Wettbewerbsorientierte Bereitstellung einer vollständigen Palette elektronischer Kommunikationsdienste einschließlich multimedialer Breitband- und schneller Internetdienste (2000/417/EG), ABl. Nr. L 156/44 v. 29.6.2000.

193 Empfehlung der Kommission vom 8.1.1998 zur Zusammenschaltung in einem liberalisierten Telekommunikationsmarkt (Teil 1 - Zusammenschaltungsentgelte), (98/195/EG), ABl. Nr. L 73/42 v. 12.3.1998.

194 Empfehlung der Kommission vom 29.7.1998 zur Änderung der Empfehlung 98/195/EG zur Zusammenschaltung in einem liberalisierten Telekommunikationsmarkt (Teil 1 - Zusammenschaltungsentgelte), (98/511/EG), ABl. Nr. L 228/30 v. 15.8.1998.

195 Empfehlung der Kommission vom 8.4.1998 zur Zusammenschaltung in einem liberalisierten Telekommunikationsmarkt (Teil 2 - getrennte Buchführung und Kostenrechnung), (98/322/EG), ABl. Nr. L 141/6 v. 13.5.1998.

196 Empfehlung der Kommission, Zusammenschaltungsentgelte für Mietleitungen auf dem liberalisierten Telekommunikationsmarkt, C(1999)3863, v. 24.11.1999. Diese Empfehlung wurde nicht amtlich im Amtsblatt der Europäischen Gemeinschaften, sondern nur im Internet veröffentlicht.

2. Mitteilungen

Des Weiteren existieren zwei Mitteilungen der Kommission, und zwar die Mitteilung über Zusammenschaltungsentgelte[197] sowie die TAL-Mitteilung.[198] In diesen Mitteilungen hat die Kommission jeweils die Hintergründe und die Begründung für die Empfehlungen zu Zusammenschaltungsentgelten bzw. zum entbündelten Zugang zur Teilnehmeranschlussleitung dargelegt.

3. Auslegungsvermerke

Zuletzt gibt es eine Reihe von Auslegungsvermerken („explanatory notes"), die von den zuständigen Dienststellen der Kommission - als informelle Stellungnahmen[199] zur Auslegung bestimmter Vorschriften der SMP-Konzeption - zur Unterstützung der Mitgliedstaaten bei der Implementierung der SMP-Konzeption erarbeitet wurden.

Der für die alte SMP-Konzeption wichtigste Vermerk betrifft die Bestimmung von Unternehmen mit beträchtlicher Marktmacht (SMP-Vermerk)[200]. Daneben existiert ein Vermerk mit Vorschlägen zu den Minimalanforderungen für ein Standardzusammenschaltungsangebot (RIO-Vermerk)[201], ein Vermerk zur Pflicht von SMP-Unternehmen zur Zurverfügungstellung von Zusammenschal-

---

[197] Mitteilung der Kommission über Zusammenschaltungsentgelte in einem liberalisierten Telekommunikationsmarkt, ABl. Nr. C 84/3 v. 19.3.1998.

[198] Mitteilung der Kommission: Entbündelter Zugang zum Teilnehmeranschluss: Wettbewerbsorientierte Bereitstellung einer vollständigen Palette von elektronischen Kommunikationsdiensten einschließlich multimedialer Breitband- und schneller Internetdienste (2000/C 272/10), ABl. Nr. C 272/55 v. 23.9.2000.

[199] Diese Vermerke wurden nicht im Namen der Kommission als Ganzer erlassen und auch nicht im Amtsblatt der Europäischen Gemeinschaften, sondern nur im Internet veröffentlicht. Zudem existieren sie nicht - wie alle offiziellen Dokumente der Gemeinschaften - in den elf Amtssprachen, sondern sind lediglich auf Englisch verfügbar. Soweit ersichtlich ist nicht geklärt, welche Rechtsnatur den Vermerken zukommt. In jedem Fall entfalten sie gegenüber den Mitgliedstaaten jedoch keine verbindliche Wirkung, und zwar schon deshalb, weil keine Rechtsgrundlage existiert, aufgrund derer einzelne Dienststellen der Kommission verbindliche Rechtakte erlassen könnten. Es würde den Rahmen der Arbeit sprengen, die Rechtsnatur dieser Vermerke hier näher zu untersuchen. Die *Verf.* beschränkt sich deshalb darauf, ihren Inhalt - so er von Relevanz für das Verständnis der alten SMP-Konzeption ist - wiederzugeben. Obwohl die Vermerke wie gesagt nur im Namen einer oder mehrerer Dienststellen der Kommission ergingen, wird zur Vereinfachung im weiteren Verlauf von Vermerken der Kommission gesprochen.

[200] Kommission, GD XIII, Determination of Organisations with Significant Market Power (SMP) for implementation of ONP Directives, Internetdokument vom 1.3.1999.

[201] Kommission, GD IV und GD XIII, Indicative Reference Interconnection Offer, Internetdokument vom 22.6.1998.

tungsvereinbarungen (Zusammenschaltungsvereinbarungsvermerk)[202], ein Vermerk zur Tariffierung von Anrufen aus dem Festnetz eines SMP-Unternehmens in ein Mobilfunknetz (Tariffierungsvermerk)[203] sowie ein Vermerk zum Zugang zu festen und mobilen Telekommunikationsnetzen von SMP-Unternehmen (Zugangsvermerk)[204].

C. Ausgestaltung der alten SMP-Konzeption: das SMP-Kriterium als Regulierungsvoraussetzung

Die Feststellung der Normadressaten anhand des SMP-Kriteriums umfasst zwei Schritte: Zum einen die Prüfung der materiellen Voraussetzungen für beträchtliche Marktmacht (Abschnitt II), zum anderen die formelle Bestimmung der Unternehmen mit beträchtlicher Marktmacht durch die NRB (Abschnitt III).

I. Normenmaterial für die Feststellung beträchtlicher Marktmacht und die Bestimmung der entsprechenden Unternehmen

1. Definitionsnormen in den Richtlinien

Der Gemeinschaftsgesetzgeber hat das alte Kriterium der beträchtlichen Marktmacht nicht einheitlich für die gesamte ONP-Konzeption i.w.S. definiert,[205] sondern Definitionen in den drei zentralen ONP-Maßnahmen des Ordnungsmodells 4 - also der ONP-Mietleitungsrichtlinie[206], der ONP-Zusammenschaltungsricht-

---

[202] Kommission, GD XIII, Interconnection Directive 97/33/EC, Availability of contents of interconnection agreements, Internetdokument vom 1.3.1999.

[203] Kommission, GD Informationsgesellschaft, Explanatory Note: Tariff principles for fixed to mobile calls originating from the fixed network of an operator notified as having significant market power, Internetdokument vom 10.9.1999.

[204] Kommission, GD Informationsgesellschaft, Explanatory Note: Access to fixed and mobile network infrastructures owned by operators designated as having significant market power, Internetdokument vom 17.9.1999.

[205] Insbesondere ist davon abgesehen worden, eine einheitliche Definition der beträchtlichen Marktmacht in der ONP-Rahmenrichtlinie (im Rahmen der Modifikationen durch die ONP-Änderungsrichtlinie) zu verankern, weil in der ONP-Rahmenrichtlinie keine Vorgaben für den Anwendungsbereich einzelner ONP-Maßnahmen gemacht werden, sondern dort nur das Verfahren und die materiellen Grundsätze für den Erlass von speziellen ONP-Maßnahmen vorgegeben sind.

[206] Im gesamten Teil 3, C. ist die ONP-Mietleitungsrichtlinie in der Fassung der ONP-Änderungsrichtlinie gemeint. Vgl. Art. 2 Abs. 3 ONP-Mietleitungsrichtlinie in der Fassung der ONP-Änderungsrichtlinie: „Begriffsbestimmungen: Für die Zwecke dieser Richtlinie gilt die beträchtliche Marktmacht einer Organisation als gegeben, wenn sie einen Anteil von über 25 % an dem betreffenden Mietleitungsmarkt in einem Mitgliedstaat besitzt. Die Beurteilung dieses Marktes erfolgt anhand des bzw. der Mietleitungstypen, die in einem bestimmten geographischen Gebiet angeboten werden. Das geographische Gebiet kann das gesamte Gebiet

linie[207] und der ONP-Sprachtelefonrichtlinie II[208] - normiert. Diese Definitionsnormen sind zwar weitestgehend parallel konstruiert, unterscheiden sich jedoch in ihrer genauen Ausgestaltung in Abhängigkeit von der Regelungsmaterie der jeweiligen ONP-Maßnahme.

Keine eigenständige Definitionsnorm enthält die alte Genehmigungsrichtlinie. Zwar wird auch in ihr der Begriff der beträchtlichen Marktmacht verwendet, hinsichtlich der Definition jedoch auf die ONP-Zusammenschaltungsrichtlinie

---

eines Mitgliedstaats oder einen Teil davon umfassen. Die nationalen Regulierungsbehörden können festlegen, dass eine Organisation mit einem Anteil von weniger als 25 % an dem betreffenden Mietleitungsmarkt über beträchtliche Marktmacht verfügt. Sie können ferner festlegen, dass eine Organisation mit einem Anteil von mehr als 25 % an dem betreffenden Markt nicht über beträchtliche Marktmacht verfügt. In beiden Fällen sind bei der Festlegung folgende Faktoren zu berücksichtigen: die Möglichkeit der Organisation, die auf dem Mietleitungsmarkt herrschenden Bedingungen zu beeinflussen, ihr Umsatz im Verhältnis zur Größe des Marktes, ihr Zugang zu Finanzmitteln sowie ihre Erfahrung bei der Bereitstellung von Produkten und Diensten auf dem Markt."

[207] Vgl. Art. 4 Abs. 3 ONP-Zusammenschaltungsrichtlinie: „Die beträchtliche Marktmacht einer Organisation gilt als gegeben, wenn sie einen Anteil von über 25 v. H. an einem bestimmten Telekommunikationsmarkt in dem geographischen Gebiet in einem Mitgliedstaat, in dem sie zugelassen ist, besitzt. Die nationalen Regulierungsbehörden können jedoch festlegen, dass eine Organisation mit einem Anteil von weniger als 25 v. H. an dem betreffenden Markt über beträchtliche Marktmacht verfügt. Sie können ferner festlegen, dass eine Organisation mit einem Anteil von mehr als 25 v. H. an dem betreffenden Markt nicht über beträchtliche Marktmacht verfügt. In beiden Fällen sind bei der Festlegung folgende Faktoren zu berücksichtigen: die Möglichkeit der Organisation, Marktbedingungen zu beeinflussen, ihr Umsatz im Verhältnis zur Größe des Marktes, ihre Kontrolle über den Zugang zu Endbenutzern, ihr Zugang zu Finanzmitteln sowie ihre Erfahrung bei der Bereitstellung von Produkten und Diensten auf dem Markt."

[208] Vgl. Art. 2 Abs. 2 i) ONP-Sprachtelefonrichtlinie II: „Begriffsbestimmungen: Im Sinne dieser Richtlinie bezeichnet der Ausdruck .... "Organisation mit beträchtlicher Marktmacht" eine Organisation, der gestattet wurde, feste öffentliche Telefonnetze und/oder Sprachtelefondienste in einem Mitgliedstaat bereitzustellen, und die für die Zwecke dieser Richtlinie von der nationalen Regulierungsbehörde des betreffenden Mitgliedstaates als eine Organisation mit beträchtlicher Marktmacht benannt und der Kommission gemeldet worden ist. Eine Organisation wird als Organisation mit beträchtlicher Marktmacht angesehen, wenn ihr Anteil an dem betreffenden Markt in dem geographischen Bereich innerhalb eines Mitgliedstaats, für den ihre Zulassung gilt, mindestens 25 v. H. ausmacht. Die nationalen Regulierungsbehörden können jedoch festlegen, dass eine Organisation mit einem Marktanteil von weniger als 25 v. H. auf dem betreffenden Markt über eine beträchtliche Marktmacht verfügt. Sie können ferner festlegen, dass eine Organisation mit einem Anteil von mehr als 25 v. H. am betreffenden Markt nicht über beträchtliche Marktmacht verfügt. In beiden Fällen sind bei der Festlegung folgende Faktoren zu berücksichtigen: die Möglichkeit der Organisation, Marktbedingungen zu beeinflussen, ihr Umsatz im Verhältnis zur Größe des Marktes, ihre Kontrolle über den Zugang zu Endnutzern, ihr Zugang zu Finanzmitteln sowie ihre Erfahrung bei der Bereitstellung von Produkten und Diensten auf dem Markt."

verwiesen.[209] Auch die ONP-Betreibervorwahlrichtlinie enthält keine gesonderte Definitionsnorm für das Kriterium der beträchtlichen Marktmacht, obwohl auch in ihr an das SMP-Kriterium anknüpft wird.[210] Die ONP-Betreibervorwahlrichtlinie wurde jedoch als Änderungsrichtlinie zur ONP-Zusammenschaltungsrichtlinie erlassen, in der das SMP-Kriterium bereits definiert ist, so dass sich eine erneute Definition erübrigte. Ähnliches gilt für die TAL-Verordnung: Dort wird auf die Normadressaten i.S.v. Anhang I Abschnitt 1 der ONP-Zusammenschaltungsrichtlinie bzw. der ONP-Sprachtelefonrichtlinie II verwiesen.[211]

2. SMP-Vermerk

Zu den drei Definitionsnormen hat die Kommission - unter Einbeziehung des ONP-Ausschusses[212] - den SMP-Vermerk herausgegeben, in dem sie ihre Positionen zu den materiellen Voraussetzungen für die Bestimmung von Unternehmen mit beträchtlicher Marktmacht darlegt hat. Die Kommission wollte mit diesem Vermerk zur Entstehung einer einheitlichen Methodik bei der Feststellung beträchtlicher Marktmacht beitragen und damit eine gewisse Kohärenz der Ergebnisse zwischen den Mitgliedstaaten herbeiführen.[213]
Der SMP-Vermerk enthält Auslegungshilfen für die Bestimmung der relevanten Märkte, Vorschläge für die Berechnungsmethode des Marktanteils, Hinweise für die Befugnisse zur Sammlung der relevanten Daten sowie Anwendungsvorschläge für die Vorgehensweise beim Abweichen von der 25%-Regel in den Definitionsnormen.

II. Materielle Voraussetzungen für beträchtliche Marktmacht

1. Konstruktion der drei Definitionsnormen

Die drei Definitionsnormen sind grundsätzlich gleich aufgebaut, weichen jedoch im Wortlaut und in der Struktur in einigen Teilen voneinander ab.

a. Gemeinsame Struktur

Gemeinsam ist den drei Normen folgende viergliedrige Struktur:

- Jede Norm knüpft an einen oder mehrere relevante Märkte an.

---

209 Vgl. Art. 7 Abs. 1 d) und Erwägungsgrund 14 der alten Genehmigungsrichtlinie.
210 Vgl. Art. 1 Nr. 3 ONP-Betreibervorwahlrichtlinie.
211 Vgl. Art. 2 a) TAL-Verordnung 2887/2000/EG.
212 Bzgl. der Rechtsnatur und der Aufgaben des ONP-Ausschusses, vgl. *Huppertz*, K&R 2001, 402, 405 f.
213 SMP-Vermerk, S. 1.

- Die Ausgangsbasis jeder Norm ist eine Regel, wonach davon auszugehen ist, dass eine Organisation über beträchtliche Marktmacht auf dem jeweils relevanten Markt verfügt, wenn sie 25 % der Marktanteile des relevanten Marktes innehat.
- Jede Norm sieht eine Abweichregel vor, die es den NRB erlaubt, abweichend von dem auf den Marktanteil gestützten Ergebnis beträchtliche Marktmacht zu bejahen bzw. zu verneinen.
- In jeder Norm findet sich ein Kriterienkatalog, den die NRB im Falle einer abweichenden Entscheidung zu berücksichtigen haben.

b. Unterschiede zwischen den einzelnen Definitionsnormen

Unterschiede zwischen den einzelnen Definitionsnormen ergeben sich in erster Linie aus den verschiedenen Vorgaben zu den relevanten Märkten. Daneben ist der - eine abweichende Entscheidung der NRB rechtfertigende - Kriterienkatalog nicht in allen Richtlinien vollständig identisch: Die Definitionsnorm der ONP-Mietleitungsrichtlinie weicht geringfügig von den beiden anderen Normen ab, da sie nicht fünf, sondern lediglich vier Kriterien enthält; es fehlt das Kriterium der „Kontrolle über den Zugang zu Endbenutzern".

2. Vorgehensweise bei der Feststellung beträchtlicher Marktmacht

Die Definitionsnormen in den Richtlinien implizieren zwei Prüfungspunkte:[214] Zunächst hat der relevante Markt ermittelt und sodann die Bewertung vorgenommen zu werden, ob Unternehmen auf dem relevanten Markt über beträchtliche Marktmacht verfügen. Diese Bewertung erfolgt entweder in einem oder in zwei Schritten: Sie ist einschrittig, wenn eine NRB es bei dem aufgrund der Anwendung der 25%-Regel gefundenen Ergebnis belässt und zweischrittig, wenn eine NRB unter Berücksichtigung des gemeinschaftsrechtlich vorgegebenen Kriterienkatalogs - von der 25%-Regel abweichen will.

3. Vorabbestimmte relevante Märkte

a. Grundsätzliches zu den relevanten Märkten i.S. der drei Definitionsnormen

Die Ermittlung der relevanten Märkte i.S. der drei Definitionsnormen divergiert von der Marktabgrenzung i.S. des allgemeinen Kartell- und Wettbewerbsrechts: Die Märkte werden nicht nach ökonomischen Kriterien abgegrenzt, sondern sind

[214] Diese zweigliedrige Vorgehensweise entspricht derjenigen, die auch für die Feststellung einer marktherrschenden Stellung im allgemeinen Wettbewerbsrecht erforderlich ist.

in den Definitionsnormen sachlich vorabbestimmt und geographisch vorderterminiert.[215]

Um anhand der Richtlinienbestimmungen die relevanten Märkte zu ermitteln, müssen zwei gedankliche Schritte durchlaufen werden:

- Zunächst müssen für jede Richtlinie die vorabdefinierten sachlichen Märkte herauskristallisiert werden.
- Sodann muss die jeweilige geographische Dimension des Marktes bestimmt werden, für den das Vorliegen beträchtlicher Marktmacht geprüft wird. Anders als im allgemeinen Kartell- und Wettbewerbsrecht erfolgt dies nicht in abstrakter Weise, sondern bereits unter Bezugnahme auf den Anbieter, der im nächsten Prüfungspunkt auf beträchtliche Marktmacht hin überprüft wird. Grundsätzlich[216] handelt es sich bei dem relevanten geographischen Markt um das Gebiet, auf dem der Anbieter laut seiner nationalen Lizenz agieren darf.[217]

b. Relevanter Markt i.S. der ONP-Mietleitungsrichtlinie

aa. Sachlicher Markt

Der sachliche Markt i.S. der ONP-Mietleitungsrichtlinie ergibt sich aus Art. 2 Abs. 3 Satz 2: Es handelt sich um die Mietleitungstypen[218], die in einem

---

[215] Der Zweck einer solchen Vorabbestimmung von Märkten unmittelbar in den Richtlinien sollte es sein, zu einem Maximum an Rechtsicherheit beizutragen, vgl. *Queck/ Defraigne*, Cahiers du CRID N° 16, S. 335, 354.

[216] Ausnahmefälle hat die Kommission in ihrem SMP-Vermerk, S. 11, aufgezeigt.

[217] Der geographisch relevante Markt kann somit maximal das nationale Territorium des Mitgliedstaates umfassen. Dies ist zwar häufig der Fall, es gibt jedoch auch durchaus abweichende Konstellationen wie z.B. im Vereinigten Königreich, wo - im Jahr 1998 - Kingston Communication eine auf die Hull-Area begrenzte Lizenz und British Telecommunications eine Lizenz für das gesamte Vereinigte Königreich mit Ausnahme der Hull-Area hatten, vgl. OFTEL, Identification of operators with Significant Market power for the Application of Detailed Rules under Purposes of the EC Voice Telephony and Universal Service Directive, consultative document, Internetdokument April 1998, Punkte 23 und 24. Nach dem deutschen Telekommunikationsrecht ist sowohl die Vergabe bundesweiter Lizenzen als auch regional begrenzter Lizenzen möglich, wie sich im Rückschluss aus § 8 Abs. 1 TKG ergibt. In letzterem Fall wird das Lizenzgebiet in den Hauptregelungen der Lizenz festgelegt, vgl. *Schütz* in BeckTKG-Kommentar, § 8 TKG Rn. 26 f.

[218] Mietleitungen sind „Telekommunikationseinrichtungen, die transparente Übertragungskapazität zwischen Netzabschlusspunkten bereitstellen und dabei keine Vermittlung auf Anforderung (Vermittlungsfunktionen, die der Benutzer selbst als Bestandteil des Mietleitungsangebots steuern kann) einschließen.", vgl. Anhang I Abschnitt 2 ONP-Zusammenschaltungsrichtlinie, der klarer ist als die Definition in Art. 2 Abs. 2 ONP-Mietleitungsrichtlinie.

bestimmten geographischen Gebiet öffentlich angeboten werden. Mietleitungen, deren einer Netzabschlusspunkt außerhalb der Gemeinschaft liegt, also internationale Leitungen in Nicht-EU-Länder, gehören nicht mit zum sachlichen Markt, da die Richtlinie nur für die Infrastruktur innerhalb und zwischen den Mitgliedstaaten gilt.[219] Klar aus dem Wortlaut geht hervor, dass zum sachlich relevanten Markt alle in einem Gebiet öffentlich angebotenen Mietleitungstypen gehören und dass sich der relevante Markt nicht etwa nur auf diejenigen Mietleitungen beschränkt, die zum Mindestangebot i.S. des Anhangs II der ONP-Mietleitungsrichtlinie gehören.[220]

bb. Geographischer Markt

In geographischer Hinsicht kann der relevante Markt nach Art. 2 Abs. 3 Satz 3 ONP-Mietleitungsrichtlinie das gesamte Gebiet oder einen Teil eines Mitgliedstaates umfassen. Wonach sich dies letzten Endes entscheiden soll, geht aus der ONP-Mietleitungsrichtlinie nicht hervor. Da jedoch nach der ONP-Zusammenschaltungsrichtlinie ebenfalls beträchtliche Marktmacht im Mietleitungsbereich festzustellen ist und dort an den räumlichen Geltungsbereich der Lizenz des jeweils geprüften Unternehmens angeknüpft wird, liegt es nahe, aus Kohärenzgründen bei Art. 2 Abs. 3 Satz 3 ONP-Mietleitungsrichtlinie ebenfalls vom Geltungsbereich der Lizenz auszugehen.

c. Relevante Märkte i.S. der ONP-Zusammenschaltungsrichtlinie

aa. Sachliche Märkte

Die Definitionsnorm der ONP-Zusammenschaltungsrichtlinie spricht lediglich von einem „bestimmten Telekommunikationsmarkt“, legt mithin die sachlich relevanten Märkte nicht selbst fest.[221] Dies erklärt sich dadurch, dass in der ONP-Zusammenschaltungsrichtlinie - anders als in der ONP-Mietleitungsrichtlinie - für einzelne Pflichten der SMP-Konzeption innerhalb der gleichen Richtlinie unterschiedliche relevante Märkte bestimmt werden müssen.[222] Die NRB müssen Unternehmen mit beträchtlicher Marktmacht auf vier verschiedenen

---

[219] Vgl. die Erwägungsgründe 3 und 12 der ONP-Mietleitungsrichtlinie. So auch OFTEL, Identification of Significant Market Power for the purposes of the EU Leased Lines Directive (as amended), a Statement issued by the Director General of Telecommunications, Internetdokument März 1998, Punkt 28.

[220] So auch die Kommission in ihrem SMP-Vermerk, S. 4.

[221] *Bondroit/ Laurent*, Revue Ubiquité N° 3 (Novembre 1999), S. 29, 32.

[222] *Bondroit/ Laurent*, Revue Ubiquité N° 3 (Novembre 1999), S. 29, 32.

sachlich relevanten Märkten ermitteln, deren sachliche Reichweite sich aus den verschiedenen Pflichtennormen in Zusammenschau mit dem Anhang I ergibt.[223]

(1) Erster sachlich relevanter Markt

Der erste sachliche Markt, der für die Art.4 Abs. 2, Art. 6, Art. 7 und Art. 8 Abs. 2 ONP-Zusammenschaltungsrichtlinie relevant ist, umfasst die in Anhang I Abschnitt 1 aufgeführten Telekommunikationsdienste, also die Bereitstellung eines festen öffentlichen Telefonnetzes[224] und/oder fester öffentlicher Telefondienste[225]. Da es sich bei den Pflichten in Art. 4 Abs. 2, Art. 6 und Art. 7 um Pflichten im Kontext mit dem Zugang zu bzw. der Zusammenschaltung mit dem Netz des SMP-Anbieters handelt, macht die sachliche Marktbestimmung nur dann Sinn, wenn die Unternehmen, die als SMP-Unternehmen bestimmt werden, Netzbetreiber sind. Der sachlich relevante Markt i.S.v. Anhang I Abschnitt 1 ONP-Zusammenschaltungsrichtlinie ist mithin der Markt für öffentliche Sprachtelefondienste mittels selbst betriebener[226] fester Telefonnetze.[227]

(2) Zweiter sachlich relevanter Markt

Der zweite Markt, ebenfalls für die Art. 4 Abs. 2, Art. 6, Art. 7 und Art. 8 Abs. 2 relevante sachliche Markt umfasst nach Anhang I Abschnitt 2 das Angebot von

---

[223] Vgl. SMP-Vermerk, S. 6. So spricht z.B. Art. 4 Abs. 2 der ONP-Zusammenschaltungsrichtlinie von den „zur Bereitstellung der in Anhang I aufgeführten öffentlichen Telekommunikationsnetze und für die Öffentlichkeit zugänglichen Telekommunikationsdienste befugten Organisationen mit beträchtlicher Marktmacht" oder Art. 7 Abs. 1 von Organisationen, „die die in Anhang I Abschnitte 1 und 2 aufgeführten öffentlichen Telekommunikationsnetze und/oder für die Öffentlichkeit zugänglichen Telekommunikationsdienste betreiben ".

[224] Anhang I Abschnitt 1 der ONP-Zusammenschaltungsrichtlinie definiert „festes öffentliches Telefonnetz" wie folgt: „Das feste öffentliche Telefonnetz ist das öffentliche vermittelte Telekommunikationsnetz, das die Übermittlung von Sprache und Ton mit einer Bandbreite von 3,1 kHz zwischen Netzabschlusspunkten an festen Standorten unterstützt."

[225] Nach Anhang I Abschnitt 1 der ONP-Zusammenschaltungsrichtlinie - unter Verweis auf die ONP-Sprachtelefonrichtlinie I, also die Richtlinie 95/62/EG - bietet „fester öffentlicher Telefondienst ... Endbenutzern an festen Standorten die Möglichkeit, Inlands- und Auslandsgespräche zu tätigen und zu empfangen; er kann Zugang zu Notrufdiensten (112), Bereitstellung von Unterstützung durch die Vermittlungskräfte, Teilnehmerverzeichnisdienste, öffentliche Telefone, Bereitstellung von Diensten unter Sonderbedingungen und/oder die Bereitstellung von Sondereinrichtungen für Behinderte oder Benutzer mit besonderen sozialen Bedürfnissen einschließen."

[226] Selbst betriebene Netze können sowohl im Eigentum des Betreibers stehen, als auch Mietleitungen sein.

[227] Ähnlich die Kommission in ihrem SMP-Vermerk, S. 7 sowie *Queck/ Defraigne*, Cahiers du CRID N° 16, S. 335, 355. Zum gleichen Ergebnis kommen - ohne nähere Begründung - auch *Rothmüller/ Ruhle*, MR 2001, 333, 334 und *Freund*, The proposed SMP-concept of the European Commission and its implications on regulation in the Member States, S. 5.

Mietleitungen und entspricht dem sachlich relevanten Markt i.S. der ONP-Mietleitungsrichtlinie.

(3) Dritter sachlich relevanter Markt

Den dritten sachlichen Markt, der nur für die Art. 4 Abs. 2 und 6 relevant ist, bilden die öffentlichen mobilen Telefonnetze[228] und öffentlichen mobilen Telefondienste[229] i.S.v. Anhang I Abschnitt 3. Aus den für den ersten sachlichen Markt genannten Gründen muss der sachlich relevante Markt i.S.v. Anhang I Abschnitt 3 ONP-Zusammenschaltungsrichtlinie die Bereitstellung von Infrastruktur umfassen. Es handelt sich mithin um den Markt für öffentliche mobile Sprachtelefondienste mittels selbst betriebener Mobilkommunikationsnetze.

(4) Vierter sachlich relevanter Markt

Nur für eine einzige Vorschrift, nämlich für Art. 7 Abs. 2 Satz 4, ist der dort vorgegebene, nicht näher definierte nationale Zusammenschaltungsmarkt[230] relevant. Die Kommission hat in ihrem SMP-Vermerk vorgeschlagen, den nationalen Zusammenschaltungsmarkt auf der Grundlage aller Anrufe, die in einem Netz eines Mitgliedstaats terminiert werden, aber von einem jeweils anderen Netz - auch außerhalb des Mitgliedstaates - zugeleitet worden sind, zu bestimmen, und zwar unabhängig davon, ob es sich bei den zuführenden Netzen um feste oder mobile Netze handelt und unter Einbeziehung von unternehmensinternen Zusammenschaltungsaktivitäten.[231]

---

[228] Nach Anhang I Abschnitt 3 ist ein öffentliches mobiles Telefonnetz „ein öffentliches Telefonnetz, dessen Netzabschlusspunkte sich nicht an festen Standorten befinden."

[229] Nach Anhang I Abschnitt 3 ist ein öffentlicher mobiler Telefondienst „ein Telefondienst, dessen Bereitstellung ganz oder teilweise im Aufbau einer Funkverbindung zu einem mobilen Benutzer besteht und der sich dazu ganz oder teilweise eines öffentlichen mobilen Telefonnetzes bedient."

[230] Definiert ist lediglich in Art. 2 Abs. 1 a ONP-Zusammenschaltungsrichtlinie der Begriff der Zusammenschaltung, und zwar als „die physische und logische Verbindung von Telekommunikationsnetzen, die von derselben oder einer anderen Organisation genutzt werden, um Benutzern einer Organisation die Kommunikation mit Benutzern derselben oder einer anderen Organisation oder den Zugang zu den von einer anderen Organisation angebotenen Diensten zu ermöglichen."

[231] SMP-Vermerk, S. 9. Einzubeziehen sind mithin beispielsweise die Terminierung im Festnetz des Unternehmens von den aus dem mobilen Netz des gleichen Unternehmens bzw. der Unternehmensgruppe stammenden Anrufen. Hingegen ist eine bloße Transitleistung, also z.B. die Weiterführung eines Anrufs über eine Fernstrecke ohne eigene Terminierung durch den Anbieter, nicht in den nationalen Zusammenschaltungsmarkt mit einzubeziehen.

bb. Geographischer Markt

Für die ONP-Zusammenschaltungsrichtlinie ist der geographisch relevante Markt nach Art. 4 Abs. 3 Satz 1 gemäß der geographischen Reichweite der Lizenzen des geprüften Unternehmens zu bestimmen.

d. Relevanter Markt i.S. der ONP-Sprachtelefonrichtlinie II

aa. Sachlicher Markt

Hinsichtlich des sachlichen Marktes gibt die Definitionsnorm der ONP-Sprachtelefonrichtlinie II ohne weitere Unterteilung den Markt für die „Bereitstellung fester öffentlicher Telefonnetze und/ oder die Erbringung des Sprachtelefondienstes" vor, Art. 2 Abs. 2 i Satz 1. Der vorabbestimmte Markt entspricht dem ersten Markt aus der ONP-Zusammenschaltungsrichtlinie, also dem Markt für öffentliche Sprachtelefondienste mittels selbst betriebener fester Telekommunikationsnetze. Es sind insbesondere keine Teilmärkte für Orts-, Fern- oder Auslandsgespräche vorgesehen.[232]

bb. Geographischer Markt

Auch die ONP-Sprachtelefonrichtlinie II schreibt den geographischen Markt als den geographischen Bereich innerhalb eines Mitgliedstaates vor, für den ein Unternehmen seine Zulassung hat, Art. 2 Abs. 2 i Satz 2.

e. Fazit

Für die ONP-Mietleitungsrichtlinie und die ONP-Zusammenschaltungsrichtlinie muss beträchtliche Marktmacht in Bezug auf den sachlichen Markt der innerstaatlichen bzw. innergemeinschaftlichen öffentlich angebotenen Mietleitungen ermittelt werden. Für die ONP-Zusammenschaltungsrichtlinie und die ONP-Sprachtelefonrichtlinie II ist beträchtliche Marktmacht bzgl. des Markes für die Bereitstellung fester öffentlicher Sprachtelefondienste mittels selbst betriebener fester Telekommunikationsnetze zu bestimmen. Lediglich für die ONP-Zusammenschaltungsrichtlinie muss beträchtliche Marktmacht auf den zwei weiteren Märkten für öffentliche mobile Sprachtelefondienste mittels selbst betriebener

---

[232] So auch OFTEL, Identification of operators with Significant Market power for the Application of Detailed Rules under Purposes of the EC Voice Telephony and Universal Service Directive, consultative document, Internetdokument April 1998, Punkt 4. Aus diesem Grund ist beispielsweise die europarechtliche Zulässigkeit der Entscheidung über die Beendigung der Entgeltregulierung für den Markt der Türkei-Verbindungen der RegTP (vgl. Beschluss v. 20.2.2001, Beschlusskammer 2, Az: BK 2c 00/18), in der von einem separaten Markt für Gespräche zwischen Deutschland und der Türkei ausgegangen wurde, höchst fragwürdig.

Mobilkommunikationsnetze und für Zusammenschaltungsdienstleistungen festgestellt werden. Geprüft wird die beträchtlicher Marktmacht dabei jeweils in Bezug auf das Gebiet, für das der jeweilige Anbieter lizenziert ist.

4. Feststellung beträchtlicher Marktmacht auf den relevanten Märkten i.S. der Definitionsnormen

Auf den durch die Richtlinien vorgegebenen Märkten müssen diejenigen Unternehmen identifiziert werden, die dort über beträchtliche Marktmacht verfügen.

a. Feststellung von SMP anhand der 25%-Regel

Wie bereits erläutert, geben die Definitionsnormen mit ihrer zweigliedrigen Struktur vor, dass bei der Identifizierung der Unternehmen mit beträchtlicher Marktmacht die NRB stets in einem ersten Schritt das Vorliegen beträchtlicher Marktmacht anhand der 25%-Regel prüfen müssen. Für diesen Zweck muss der Marktanteil eines in Betracht kommenden Unternehmens prozentual im Verhältnis zum Gesamtmarkt berechnet werden. Erst in einem zweiten Schritt können die NRB dann entscheiden, ob sie eine abweichende Entscheidung treffen wollen.

aa. Rechtsnatur der 25%-Regel

Nach der ONP-Zusammenschaltungsrichtlinie und der ONP-Mietleitungsrichtlinie „gilt" die beträchtliche Marktmacht eines Unternehmens ab einem 25%igen Anteil am relevanten Markt als gegeben bzw. nach dem Wortlaut der ONP-Sprachtelefonrichtlinie II „wird" ein Unternehmen als eines mit SMP „angesehen", wenn es einen solchen Marktanteil innehat. Es handelt sich bei der 25%-Regel um eine Vermutungsregel, die bei der Feststellung beträchtlicher Marktmacht in einem ersten Schritt stets Geltung beansprucht, jedoch in einem zweiten Schritt von den NRB - unter Einbeziehung der in den Richtlinien aufgelisteten Kriterien - entkräftet werden kann, mithin um eine widerlegbare Vermutungsregel, die die Beweislast im Falle des Abweichens von der Regel den NRB auferlegt.[233]

bb. Vorgaben zur Marktanteilsermittlung

Denklogisch setzt die Marktanteilsberechnung zwei Schritte voraus: Zunächst muss entschieden werden, welche Parameter der Berechnung des jeweiligen Ge-

[233] Erwähnt werden sollte an dieser Stelle, dass nach Art. 18 Abs. 2 a.E. ONP-Zusammenschaltungsrichtlinie und Art. 25 Abs. 2 a.E. ONP-Sprachtelefonrichtlinie II die Kommission die NRB zur Darlegung ihrer Entscheidungsgründe auffordern kann, wenn die NRB bei der Feststellung beträchtlicher Marktmacht von dem durch die Vermutungsregel indizierten Ergebnis abgewichen ist.

samtmarktes und des individuellen Marktanteils des „getesteten" Unternehmens zugrunde gelegt werden sollen. Der Gesamtmarkt errechnet sich dabei bezogen auf die Summe aller Anbieter, die auf dem sachlich und geographisch relevanten Markt agieren. Nach der Festlegung der Parameter müssen die zur Ausfüllung der Parameter erforderlichen Daten erhoben und ausgewertet werden.
Zur Wahl der Parameter finden sich in den Richtlinien selbst keine Anhaltspunkte. Die Kommission hat in ihrem SMP-Vermerk aus ihrer Sicht geeignete Berechnungsmethoden und -maßstäbe vorgeschlagen.[234] Ganz grundsätzlich empfiehlt sie den NRB, bei der Parameterwahl zu berücksichtigen, welche Zielsetzungen in den einzelnen Richtlinien jeweils verfolgt werden und welche Belastung die Erhebung der zur Ausfüllung der Parameter erforderlichen Daten für die betroffenen Unternehmen mit sich bringt. Daneben empfiehlt sie - obwohl die Bestimmung des sachlich und geographisch relevanten Marktes für die Feststellung beträchtlicher Marktmacht sich von der Marktabgrenzung für das allgemeine Kartell- und Wettbewerbsrecht unterscheidet -, die für das allgemeine Wettbewerbsrecht erarbeiteten Grundsätze zur Berechnung der Gesamtmarktgröße und der Marktanteile einzelner Anbieter auch im Rahmen der SMP-Konzeption heranzuziehen. Dabei verweist sie zum einen auf die Grundsätze, die sich in Teil IV der Bekanntmachung der Kommission über die Definition des relevanten Marktes finden,[235] zum anderen auf die Parameter, die die Kommission in ihrer Mitteilung über die Anwendung der Wettbewerbsregeln auf Zugangsvereinbarungen im Telekommunikationssektor erwähnt hat.[236] Die Kommission unterstreicht aber, dass es letztlich die NRB sind, die unter Beachtung etwaiger - richtlinienkonformer - Vorgaben in nationalen Gesetzen und unter Einhaltung der allgemeinen ONP-Grundsätzen der Transparenz, Objektivität und Nichtdiskriminierung[237] entscheiden müssen, welche Parameter für ihre Märkte jeweils am geeignetsten sind.[238]

---

[234] Für Details hinsichtlich der empfohlenen Parameter für jede einzelne Richtlinie, vgl. SMP-Vermerk, S. 4 ff. Eine die empfohlenen Maßstäbe zusammenfassende Tabelle findet sich bei *Squire, Sanders & Dempsey/ Analysys*, Fixed/ Mobile Convergence and the 1999 Review, S. 88.

[235] Bekanntmachung der Kommission über die Definition des relevanten Marktes im Sinne des Wettbewerbsrechts der Gemeinschaft, ABl. Nr. C 372/3 v. 9.12.1997, Ziff. 53-55.

[236] Mitteilung der Kommission über die Anwendung der Wettbewerbsregeln auf Zugangsvereinbarungen im Telekommunikationsbereich - Rahmen, relevante Märkte und Grundsätze, ABl. Nr. C 265/2 v. 22.8.1998, Ziff. 70.

[237] Vgl. Art. 3 Abs. 1 ONP-Rahmenrichtlinie in der Fassung der ONP-Änderungsrichtlinie.

[238] SMP-Vermerk, S. 3.

cc. Rechtsgrundlagen für die Datenerhebung zur Ausfüllung der gewählten Parameter

Im Rechtsrahmen des Ordnungsmodells 4 sind keine spezifischen Befugnisse für die NRB zur Datenerhebung für die Berechnung des Gesamtmarktes und der Marktanteile einzelner Unternehmen vorgesehen. Jedoch sehen die verschieden Richtlinien an unterschiedlichen Stellen die allgemeine Befugnis für die NRB vor, die für sie relevanten Daten von den Telekommunikationsunternehmen anzufordern.[239]

b. Vorgaben zum Abweichen von der 25%-Regel

Hat die NRB den Marktanteil eines Unternehmens errechnet, so ist daran - je nachdem ob die 25%-Schwelle überschritten ist - die Vermutung für oder gegen das Vorliegen beträchtlicher Marktmacht geknüpft. Nach der Konstruktion der Definitionsnormen können die NRB die alleine an Marktanteile anknüpfende Vermutung beträchtlicher Marktmacht jedoch widerlegen und im Ergebnis entweder beträchtliche Marktmacht für ein Unternehmen, das mehr als 25 % Marktanteil an einem relevanten Markt innehat, verneinen oder einem Unternehmen mit weniger als 25 % Marktanteil beträchtliche Marktmacht zusprechen.

aa. Bedeutung der Kriterienliste und Gewichtung der Kriterien

Die drei Richtlinien sehen für den Fall, dass abweichend von der Vermutungsregel entschieden werden soll, eine Reihe von Kriterien vor. Die genannten Faktoren müssen von den NRB in jedem Fall eines potentiellen Abweichens berücksichtigt werden, sind jedoch nicht abschließend, denn die Möglichkeit für die NRB, von der 25%-Vermutungsregel abzuweichen, soll es ihnen ermöglichen, die besonderen Gegebenheiten auf den nationalen Märkten zu berück-

---

[239] In Art. 5 a Abs. 4 ONP-Rahmenrichtlinie in der Fassung der ONP-Änderungsrichtlinie findet sich die generell gehaltene Anweisung an die Mitgliedstaaten, ihren NRB Wege zur Erlangung aller Informationen von Unternehmen, die Telekommunikationsnetze und/ oder Dienste bereitstellen, zu eröffnen. Die alte Genehmigungsrichtlinie sieht im Annex 2.2. die Einbeziehung von Auflagen vor, die sicherstellen, dass die NRB die nötigen Informationen erhalten, die sie zur Überwachung der Einhaltung anderer Auflagen (so z.B. derjenigen im Zusammenhang mit besonderen Pflichten für Unternehmen mit beträchtlicher Marktmacht) benötigen. Die ONP-Zusammenschaltungsrichtlinie verpflichtet in Art. 8 Abs. 3 Unternehmen, die öffentliche Telekommunikationsnetze und/ oder für die Öffentlichkeit zugängliche Telekommunikationsdienste bereitstellen, ihren nationalen NRB auf Anforderung unverzüglich finanzielle Informationen mit dem erforderlichen Detaillierungsgrad liefern. Die ONP-Sprachtelefonrichtlinie II sieht in Art. 18 Abs. 4 Satz 2 vor, dass den NRB auf Anforderung detaillierte Kostenrechnungsinformationen mitgeteilt werden, die für die Befolgung der Richtlinienvorschriften erforderlich sind. Art. 4 Abs. 2 b) TAL-Verordnung schließlich enthält ein Informationsanforderungsrecht für die NRB zum Zwecke der Durchführung der Verordnung.

sichtigen, so dass es kontraproduktiv wäre, es ihnen zu verwehren, andere, geeignetere Kriterien zu verwenden.[240]
Nicht vorgegeben ist in den Definitionsnormen, wie die NRB die explizit genannten Kriterien zu gewichten haben. Auch die Kommission hat in ihrem SMP-Vermerk hierzu nicht Stellung genommen.

bb. Kriterien für die Widerlegung der Vermutung

Als Kriterien für Widerlegung der Vermutung für oder gegen beträchtliche Marktmacht sehen die Definitionsnormen die Möglichkeit des Unternehmens, Marktbedingungen zu beeinflussen, seinen Umsatz im Verhältnis zur Größe des Marktes, seine Erfahrung bei der Bereitstellung von Produkten und Diensten auf dem Markt, seinen Zugang zu Finanzmitteln und - allerdings nicht im Rahmen der ONP-Mietleitungsrichtlinie - seine Kontrolle über den Zugang zu Endnutzern, vor. Das Kriterium der internationalen Verflechtungen, das z.B. das Europäische Parlament gern in die Definitionsnorm der ONP-Zusammenschaltungsrichtlinie aufgenommen hätte[241], findet sich in keiner der drei Definitionsnormen, wird jedoch in Erwägungsgrund 6 der ONP-Zusammenschaltungsrichtlinie genannt und kann von den NRB - angesichts des nicht abschließenden Charakters des Kriterienkatalogs - ebenfalls für die Widerlegung der Vermutungsregel herangezogen werden.

c. Fazit

Auf den sachlich und geographisch relevanten Märkten müssen die NRB anhand der 25%-Vermutungsregel untersuchen, ob Unternehmen beträchtliche Marktmacht innehaben. Es handelt sich jedoch um eine widerlegbare Vermutungsregel. Die NRB können von dem Ergebnis abweichen, wobei sie die in den Definitionsnormen genannten Kriterien berücksichtigen müssen und andere Kriterien einbeziehen können.

---

[240] Vgl. auch die Formulierung in Erwägungsgrund 6 der ONP-Zusammenschaltungsrichtlinie: "Die Marktmacht hängt von einer Reihe von Faktoren ab, *darunter* von ..." und in Erwägungsgrund 12 der ONP-Änderungsrichtinie: „Die Marktmacht einer Organisation hängt von einer Reihe von Faktoren ab. *Dazu* gehören ..." (Hervorhebungen durch *Verf.*). Für nicht abschließend halten auch *Queck/ Defraigne*, Cahiers du CRID N° 16, S. 335, 356 die Kriterienliste.

[241] Vgl. Änderungsvorschlag 4 in der Legislativen Entschließung mit der Stellungnahme des Europäischen Parlaments zu dem Vorschlag für eine Richtlinie des Europäischen Parlaments und des Rates über die Zusammenschaltung in der Telekommunikation zur Gewährleistung des Universaldienstes und der Interoperabilität durch Anwendung der Grundsätze für einen offenen Netzzugang, ABl. Nr. C 65/87 v. 4.3.1996.

III. Formelle Bestimmung der Unternehmen mit beträchtlicher Marktmacht

Zu den unter Abschnitt II behandelten materiellen Voraussetzungen für die beträchtliche Marktmacht eines Unternehmens auf einem der vorabbestimmten relevanten Märkte muss noch ein formeller Akt der Bestimmung des jeweiligen Unternehmens durch die NRB treten, der konstitutiv für die Bezeichnung als „Organisation mit beträchtlicher Marktmacht" i.S. der Richtlinien ist. Ein expliziter Hinweis auf das Erfordernis einer zusätzlichen Bestimmung der Unternehmen mit beträchtlicher Marktmacht durch die NRB findet sich zwar nur in Art. 2 Abs. 2 i ONP-Sprachtelefonrichtlinie II. Dort ist geregelt, dass i.S. der Richtlinie „Organisation mit beträchtlicher Marktmacht eine Organisation [ist], ... die für die Zwecke dieser Richtlinie *von der nationalen Regulierungsbehörde* des betreffenden Mitgliedstaats als eine Organisation mit beträchtlicher Marktmacht *benannt ... ist.*" (Hervorhebungen durch *Verf.*) Ein solcher formeller Bestimmungsakt ist jedoch auch für alle anderen Richtlinien erforderlich, weil die Bejahung beträchtlicher Marktmacht angesichts der - soeben aufgezeigten - Widerlegbarkeit der 25%-Vermutungsregel - eine von den NRB zu beantwortende Wertungsfrage ist, die eine formelle Bestimmung des Unternehmens durch die NRB erforderlich macht. Erst ab diesem Moment gelten für ein Unternehmen die - legislativ vorgegebenen - SMP-Pflichten.[242]

Zu unterscheiden ist dieser formelle Bestimmungsakt von der Notifizierungspflicht der NRB gegenüber der Kommission. In allen drei Richtlinien ist vorgesehenen, dass die NRB der Kommission die Namen der Unternehmen mitteilen müssen, die sie als „Organisationen mit beträchtlicher Marktmacht" i.S. der jeweiligen Richtlinie bestimmt haben.[243] Diese Notifizierungspflicht liegt jedoch zeitlich nach dem formellen Bestimmungsakt[244] und ist selbst nicht konstitutiv für die Geltung der SMP-Pflichten.[245]

---

[242] So auch *Queck/ Defraigne*, Cahiers du CRID N° 16, S. 335, 356.

[243] Vgl. Art. 25 Abs. 2 ONP-Sprachtelefonrichtlinie II, Art. 18 Abs. 2 ONP-Zusammenschaltungsrichtlinie und Art. 11 Abs. 1 b ONP-Mietleitungsrichtlinie in der Fassung der ONP-Änderungsrichtlinie.

[244] Dies ergibt sich schon allein aus der Formulierung in den jeweiligen Notifizierungsvorschriften, denn danach sind die Unternehmen zu melden, die „den Bestimmungen der Richtlinie über Organisationen mit beträchtlicher Marktmacht unterliegen." Die Verwendung der Vergangenheitsform zeigt, dass die fraglichen Unternehmen bereits vor der Notifizierung „Organisationen mit beträchtlicher Marktmacht" sind und die Notifizierung nicht konstitutiv für das SMP-Pflichtenregime ist.

[245] Auch der EuGH hat - wenn auch in einem anderen Zusammenhang - festgestellt, dass die Anwendung der Vorschriften einer ins nationale Recht umgesetzten Richtlinie auf ein Unternehmen nicht von der Erklärung des jeweiligen Mitgliedstaates an die Kommission abhängen kann, vgl. EuGH, Urteil v. 12.12.1996 - *The Queen v. Secretary of State for Trade and Industry ex parte British Telecommunications plc.*, Rs. C-302/94, Slg. 1996, I-1617, Rn. 37.

Die europarechtlichen Vorschriften enthalten keine Vorgaben darüber, wie die konstitutive Bestimmung der „Organisationen mit beträchtlicher Marktmacht" durch die NRB verwaltungsrechtlich auszugestalten ist. Diese Frage ist auf nationaler Ebene durch den Gesetzgeber bzw. die NRB zu entscheiden.

IV. Zusammenfassung zur Ausgestaltung des alten SMP-Kriteriums

Als Ergebnis dieses Kapitels ist festzuhalten, dass die Normadressaten der SMP-Konzeption materiell auf der Grundlage von den vier - in den ONP-Richtlinien vorabbestimmten - relevanten Märkten und - grundsätzlich - auf der Basis einer 25%-Marktanteils-Vermutungsregel ermittelt werden. Da es sich um eine widerlegbare Vermutungsregel handelt, können die NRB jedoch davon abweichen. Zu den materiellen Voraussetzungen tritt das Erfordernis einer konstitutiven Bestimmung der Unternehmen, die „Organisationen mit beträchtlicher Marktmacht" i.S. einer der drei Richtlinien sein sollen, durch die NRB.

D. Ausgestaltung der alten SMP-Konzeption: das SMP-Pflichtenregime

Die asymmetrischen Pflichten, die die als SMP-Unternehmen bestimmten Unternehmen im Ordnungsmodell 4 treffen, werden im Folgenden - nach den drei Pflichtenkategorien der Informationspflichten (Abschnitt III), Leistungspflichten (Abschnitt IV) und Tariffierungs- und Kostenrechnungspflichten (Abschnitt V) systematisiert - dargestellt. Vorab wird ein Überblick über das relevante Normmaterial (Abschnitt I) gegeben, und es wird auf einige grundsätzliche Aspekte zur Funktionsweise des alten SMP-Pflichtenregimes eingegangen (Abschnitt II).

I. Normenmaterial für die SMP-Pflichten

1. Klarstellung des Untersuchungsgegenstands

Gegenstand der folgenden Abschnitte sind allein die asymmetrischen Sonderpflichten, die SMP-Unternehmen in Anknüpfung an das Kriterium der beträchtlichen Marktmacht auferlegt werden. Die anderen Pflichtenregime im Rahmen der der ONP-Konzeption i.w.S., wie z.B. das Universaldienstregime oder das allgemeine Pflichtenregime für Unternehmen, die öffentliche Telekommunikationsnetze und -dienste bereitstellen, werden nicht dargestellt, auch wenn die Pflichten aus diesen anderen Regimen selbstverständlich auch SMP-Unternehmen treffen können, jedoch dann eben nicht in dieser Eigenschaft, sondern aufgrund anderer Anknüpfungskriterien.

2. Relevante Vorschriften

a. ONP-Richtlinien

aa. ONP-Mietleitungsrichtlinie

Die für das asymmetrische SMP-Pflichtenregime relevanten Normen in der ONP-Mietleitungsrichtlinie[246] sind die Art. 3 und 4 (Informations- und Veröffentlichungspflichten im Rahmen eines Referenzmietleitungsangebots, Art. 5 (Verfahren zur Aufhebung von Mietleitungsangeboten), Art. 6 (Voraussetzungen und Verfahren zur Beschränkungsauferlegung für Zugang zu und Nutzung von Mietleitungen), Art. 7 (Sicherstellung eines harmonisierten Minimalmietleitungsangebots), Art. 8 (Gleichbehandlungspflichten), Art. 10 Abs. 1 (einzuhaltende Grundsätze für Mietleitungsentgelte, insbesondere Grundsatz der Kostenorientierung) und Art. 10 Abs. 2 (Einführung geeigneter Kostenrechnungssysteme).

bb. ONP-Zusammenschaltungsrichtlinie

In der ONP-Zusammenschaltungsrichtlinie sind die asymmetrischen Pflichten für SMP-Unternehmen in den Art. 4 Abs. 2 (Pflicht zur Gewähr von Netzzugang), Art. 6 a (Gleichbehandlungspflichten), Art. 6 b-c (Informations- und Veröffentlichungspflichten), Art. 7 Abs. 2-4 (Grundsätze für Zusammenschaltungsentgelte, insbesondere Transparenz-, Kostenorientierungs-, Nichtdiskriminierungs- und Entbündelungspflicht), Art. 7 Abs. 3 (Pflicht zur Veröffentlichung eines Standardzusammenschaltungsangebots), Art. 7 Abs. 5 (Einführung geeigneter Kostenrechungssysteme), Art. 8 Abs. 2 und Abs. 4 (getrennte Buchführung für Zusammenschaltungs- und sonstige Aktivitäten, inklusive unabhängiger Rechnungsprüfung) sowie in dem durch die ONP-Betreibervorwahlrichtlinie 98/61/EG eingeführten Art. 12 Abs. 7 (Ermöglichung von Preselection und Call-by-Call) normiert.

cc. ONP-Sprachtelefonrichtlinie II

Die ONP-Sprachtelefonrichtlinie II sieht SMP-Pflichten in den Art. 12 (Festlegung und Überwachung von Leistungskennwerten), Art. 13 (Genehmigungserfordernis für Sperrung, Beendigung, erheblichen Änderung oder Einschränkung der Verfügbarkeit von Diensten), Art. 15 (Pflicht zur Bereitstellung zusätzlicher Dienstmerkmale), Art. 16 Abs. 1 (Pflicht zur Befassung mit Anträgen auf besonderer Netzzugang), Art. 16 Abs. 7 (Pflicht zur Gleichbehandlung, ins-

[246] Wie in Teil 3, C. ist im gesamten Teil 3, D. die ONP-Mietleitungsrichtlinie in der Fassung der ONP-Änderungsrichtlinie gemeint.

besondere bzgl. des besonderen Netzzugangs), Art. 17 (Grundsätze für Tarifgestaltung für die Nutzung des festen öffentliches Telefonnetzes und fester öffentlicher Telefondienste, insbesondere Grundsätze der Kostenorientierung und Entbündelung), Art. 18 (Einführung geeigneter Kostenrechnungssysteme) und Art. 19 (transparente Ausgestaltung und diskriminierungsfreie Anwendung von Rabattsystemen) vor.

b. TAL-Verordnung

Die SMP-Pflichten der TAL-Verordnung finden sich in den Art. 3 Abs. 1 (Veröffentlichung eines Standardangebots), Art. 3 Abs. 2 (Pflicht zur Gewähr entbündelten Zugangs zur Teilnehmeranschlussleitung, Einhaltung von Transparenz- und Gleichbehandlungspflichten) sowie Art. 3 Abs. 3 (Einhaltung des Grundsatzes kostenorientierter Tariffierung).

c. Implementierungsmaßnahmen der Kommission

Für die Ausgestaltung der SMP-Pflichten sind des Weiteren die Zusammenschaltungsempfehlung - Teil 1 und Teil 2 - sowie die Mietleitungsempfehlung von Bedeutung: Sie enthalten Empfehlungen für die Ausgestaltung der Tariffierungs- und Kostenrechnungsgrundsätze aus der ONP-Zusammenschaltungsrichtlinie durch die NRB. Ferner sind vier der Auslegungsvermerke der Kommission für das SMP-Pflichtenregime von Belang, und zwar der RIO-Vermerk, der Zusammenschaltungsvereinbarungs-, der Tariffierungs- und der Zugangsvermerk sowie die TAL-Mitteilung und die Zusammenschaltungsmitteilung.

II. Grundsätzliches zum alten SMP-Pflichtenregime und zur Darstellung

1. Normadressaten der einzelnen SMP-Pflichten und Darstellungsweise

In Teil 3, C. wurde dargelegt, dass für die drei ONP-Richtlinien SMP-Unternehmen auf unterschiedlichen, jeweils in den Richtlinien vorgegebenen Märkten bestimmt und der Kommission notifiziert werden müssen. Während die ONP-Mietleitungsrichtlinie und die ONP-Sprachtelefonrichtlinie II lediglich einen relevanten Markt vorgeben, enthält die ONP-Zusammenschaltungsrichtlinie derer vier. Welche SMP-Pflichten aus der ONP-Zusammenschaltungsrichtlinie welche Kategorien von SMP-Unternehmen treffen, kann nicht pauschal festgestellt werden, sondern muss für jede einzelne Pflicht präzisiert werden.[247] Dies geschieht im Folgenden jeweils für die Pflichten aus der ONP-Zusammenschaltungsrichtlinie.

---

[247] Vgl. so auch *Bondroit/ Laurent*, Revue Ubiquité N° 3 (Novembre 1999), 29, 34.

In der ONP-Mietleitungsrichtlinie existiert eine Besonderheit hinsichtlich der Zuweisung von Pflichten an SMP-Unternehmen: Nach Art. 1 UA 3 müssen die Mitgliedstaaten sicherstellen, „dass Verpflichtungen aus dieser Richtlinie Organisationen ohne beträchtliche Marktmacht auf dem betreffenden Mietleitungsmarkt nicht auferlegt werden, es sei denn, in einem Mitgliedstaat sind auf diesem Markt keine Organisationen mit beträchtlicher Marktmacht vorhanden." Diese Formulierung besagt, dass alle Pflichten der ONP-Mietleitungsrichtlinie grundsätzlich SMP-Pflichten sind. Da jedoch als vorrangiges Ziel die mitgliedstaatsweite Erfüllung der in der Richtlinie vorgesehenen Pflichten angesehen wurde, müssen in dem Fall, dass eine NRB kein Unternehmen mit SMP ermitteln kann, die Pflichten einem anderen Unternehmen auferlegt werden. Für die Bezeichnung der Adressaten wird in der ONP-Mietleitungsrichtlinie deshalb die Formel der „gemäß Art. 11 Abs. 1 a gemeldeten Organisationen" verwendet. Aus Vereinfachungsgründen wird im Folgenden aber wie für die anderen Richtlinien von SMP-Unternehmen gesprochen.

Eine weitere Besonderheit hinsichtlich der Bestimmung der mittelbaren Normadressaten für das asymmetrische Pflichtenregime findet sich in der ONP-Sprachtelefonrichtlinie II: In einzelnen Vorschriften[248] wurde die Formulierung „...Organisationen...die entweder über beträchtliche Marktmacht verfügen oder nach Art. 5 benannt wurden und über beträchtliche Marktmacht verfügen..." gewählt. Art. 5 betrifft die Möglichkeit für Mitgliedstaaten, erforderlichenfalls einen oder mehrere Betreiber zur Erbringung von Universaldienstleistungen zu verpflichten. Da die Entscheidung, welche der beiden Varianten eine Frage der mitgliedstaatlichen legislativen Ausgestaltung ist, wird diese zusätzliche Differenzierung im weiteren Verlauf außer Betracht gelassen und ebenfalls pauschal von SMP-Unternehmen gesprochen.

2. Geltungszeitpunkt der SMP-Pflichten und Alles-oder-Nichts-Prinzip

Wie im vorigen Kapitel dargelegt, hat die Bestimmung eines Unternehmens durch die NRB als SMP-Unternehmen konstitutive Wirkung. Nach dieser europarechtlich ohne Umsetzungsspielraum vorgegebenen Konzeption treffen die speziellen Pflichten für SMP-Unternehmen - in ihrer durch die nationalen Umsetzungsrechtsakte vorgegebenen Ausgestaltung - ein Unternehmen erst dann, wenn es von der NRB bestimmt worden ist.[249] Wenn es jedoch als solches be-

---

[248] Vgl. z.B. Art. 15 Abs. 1 und Art. 17 Abs. 1 der ONP-Sprachtelefonrichtlinie II.

[249] Es handelt sich somit um ex nunc wirkende Verpflichtungen und nicht um latent vorhandene, ex tunc geltende Verpflichtungen wie diejenigen, die im Rahmen der Missbrauchsaufsicht nach Art. 82 EG festgelegt werden, vgl. *Queck/ Defraigne,* Cahiers du CRID N° 16, S. 335, 360.

stimmt wurde, muss es grundsätzlich alle der für SMP-Unternehmen vorgeschriebenen Pflichten erfüllen (Alles-oder-Nichts-Prinzip).[250]

3. Grundprinzipien der SMP-Pflichtenkonzeption

Als eine Art roter Faden zieht sich durch die gesamte SMP-Pflichtenkonzeption, dass die SMP-Unternehmen die allgemeinen ONP-Grundsätze der Objektivität, Nichtdiskriminierung und Transparenz einhalten müssen.[251] Die meisten der speziellen SMP-Pflichten, die im weiteren Verlauf herausgearbeitet werden, können auf diese Grundsätze zurückgeführt werden bzw. sind spezielle Ausprägungen davon.

4. Darstellungssystematik

Die SMP-Pflichten werden im Folgen anhand von drei großen Pflichtenkategorien - Informationspflichten, Leistungs- und Leistungsnebenpflichten, sowie Pflichten zur Beachtung von Tariffierungs- und Kostenrechnungsgrundsätzen - dargelegt. Einleitend werden für jede Pflichtenkategorie deren Zielsetzungen herausgearbeitet.

III. Informationspflichten

1. Überblick und Zielsetzungen der Informationspflichten

Die speziellen ONP-Richtlinien sehen eine Vielzahl von Mitteilungs- und Veröffentlichungspflichten für SMP-Unternehmen vor. Damit soll erreicht werden, dass bestimmte Informationen, über die nur diese Unternehmen verfügen, den NRB und anderen Marktteilnehmern zugänglich gemacht werden. Den NRB soll damit eine effektive Überwachung der Einhaltung der SMP-Pflichten - wie z.B. des Gleichbehandlungsgrundsatzes - ermöglicht werden. Mit Blick auf andere Marktteilnehmer zielen die Pflichten darauf, eine asymmetrische Informationsverteilung auszugleichen und das für das Entstehen von Wettbewerb erforderliche Maß an Transparenz herzustellen.[252] Die regulatorische Vorgabe solcher Transparenzpflichten wurde gerade für das Ordnungsmodell 4 für zentral erachtet, weil häufig die Verfügbarkeit von bestimmten Informationen über die Möglichkeit des Marktzutritts neuer Wettbewerber entscheidet. So muss ein

---

[250] Vgl. dazu *Doherty*, CTLR 2001, 225, 231.

[251] Diese fundamtenalen ONP-Grundsätze sind in Art. 3 Abs. 1 ONP-Rahmenrichtlinie normiert. Sie werden von *Bondroit/ Laurent*, Revue Ubiquité N° 3 (Novembre 1999), 29, 35 als „axes de conduite" - also als Verhaltensleitlinien - für das Verhalten von SMP-Unternehmen bezeichnet.

[252] *Queck*, Info 2 (2000) 251, 264; *Bondroit/ Laurent*, Revue Ubiquité N° 3 (Novembre 1999) 29, 36.

neuer Netzbetreiber, der seine neu errichteten Netzelemente mithilfe derjenigen des etablierten Netzbetreibers ergänzen will, im Vorhinein wissen, welchen technischen Anforderungen seine Netzbestandteile genügen müssen, um mit dem etablierten Netz zusammengeschaltet werden zu können. Da die etablierten Netzbetreiber zumeist kein eigenes Interesse an der Preisgabe dieser Informationen haben, bedarf es einer entsprechenden hoheitlichen Sicherstellung des Informationsflusses durch gesetzliche Vorgaben.[253]

2. ONP-Mietleitungsrichtlinie

SMP-Unternehmen müssen im Rahmen eines Referenzmietleitungsangebots die technischen Merkmale, Tarife, Liefer- und Nutzungsbedingungen, Lizenzierungs- und Registrierungsanforderungen und die Bedingungen für die Anschließung von Endeinrichtungen für die von ihnen angebotenen Mietleitungstypen in geeigneter, benutzerfreundlicher Weise veröffentlichen, Art. 3 Abs. 1 ONP-Mietleitungsrichtlinie.[254]

Änderungen bestehender Angebote und Informationen über neue Angebote müssen baldmöglichst - so vorhanden innerhalb der von den NRB vorgeschriebenen Fristen - veröffentlicht werden, Art. 3 Abs. 1 Satz 2. SMP-Unternehmen müssen die NRB und ihre Kunden über den Beginn und das Ende einer Notsituation[255], die die Einschränkung der Bereitstellung von Mietleitungen zur Folge hat, unverzüglich informieren, Art. 6 Abs. 3 a Satz 4. Bei der Aussetzung der Bereitstellung einer Mietleitung wegen der Nichtkonformität einer Endeinrichtung mit den Zugangsbedingungen muss der Kunde - unter Angabe von Gründen - unverzüglich darüber informiert werden, Art. 6 Abs. 4 Satz 3.

---

[253] *Bondroit/ Laurent*, Revue Ubiquité N° 3 (Novembre 1999) 29, 36.

[254] Details zu den zu veröffentlichenden Informationen finden sich hinsichtlich der Lieferbedingungen in Art. 4 (z.B. Informationen über das Auftragsverfahren, die typische Lieferfrist, die Vertragslaufzeit, die typische Reparaturzeit und Rückerstattungsmodalitäten), hinsichtlich der anderen zu veröffentlichenden Elemente in Anhang II (so müssen angegeben werden für (1) technische Merkmale: physikalische und elektrische Eigenschaften, die am Netzabschlusspunkt geltenden technischen und Leistungsspezifikationen, ein Verweis auf zugrundezulegende Normen; für (2) Tarife: einmalige Anschlussgebühr, regelmäßige Miete und sonstige Gebühren, evtl. Hinweise auf abgestufte Tarifgestaltung; für (3) Lizenzanforderungen: grundlegende Anforderungen und Bedingungen, wenn Mietleitungen für Dienste an Dritte genutzt werden; für (4) Bedingungen für den Anschluss von Endeinrichtungen: Anforderungen i.S.v. RL 91/236/EWG oder 93/97/EWG).

[255] Der Begriff der „Notsituation" wird in Art. 6 Abs. 3 a der ONP-Mietleitungsrichtlinie folgendermaßen definiert: „Unter Notsituation ist hier der Ausnahmefall höherer Gewalt zu verstehen, z.B. außergewöhnliche Wetterverhältnisse, Erdbeben, Überschwemmungen, Blitzschlag oder Feuer."

3. ONP-Zusammenschaltungsrichtlinie

Unternehmen mit beträchtlicher Marktmacht auf den Märkten für feste öffentliche Telefonnetze und -dienste sowie für Mietleitungen müssen ein Standardzusammenschaltungsangebot erstellen, Art. 7 Abs. 3 UA 1 ONP-Zusammenschaltungsrichtlinie, und veröffentlichen, Art. 14 Abs. 1. Dieses muss eine Beschreibung der Zusammenschaltungsangebote - entsprechend den Markterfordernissen aufgegliedert in Einzelelemente - sowie die entsprechenden Geschäftsbedingungen und Tarife enthalten. Die Kommission hat in ihrem RIO-Vermerk aufgelistet, welche technischen und finanziellen Bedingungen für die Zusammenschaltung in einem ordnungsgemäßen Standardzusammenschaltungsangebot ihrer Ansicht nach als Minimum aufgeführt sein sollten. Die Mitgliedstaaten müssen die NRB ermächtigen, in gerechtfertigten Fällen Änderungen des Standardzusammenschaltungsangebot anzuordnen, im Falle der Veränderung des Standardangebots durch das SMP-Unternehmen auch rückwirkend für den Geltungsbeginn der Veränderung, Art. 7 Abs. 3 UA 3 und 4.

Ferner müssen Unternehmen, die eine Zusammenschaltung mit den Netzen eines SMP-Unternehmens in Erwägung ziehen, auf Antrag alle notwendigen Informationen und Spezifikationen zur Verfügung gestellt werden, um den Abschluss einer Zusammenschaltungsvereinbarung zu erleichtern, Art. 6 b.[256] Diese Informationen sollen auch die für die nächsten sechs Monate vorgesehenen Änderungen umfassen. Diese Verpflichtungen betreffen SMP-Unternehmen auf den drei Märkten für feste und mobile öffentliche Telefonnetze und -dienste sowie für die Mietleitungsbereitstellung.

Die gleichen drei Kategorien von SMP-Unternehmen[257] müssen nach Art. 6 c die von ihnen abgeschlossenen Zusammenschaltungsvereinbarungen[258] an die NRB übermitteln. Eine Einschränkung gilt lediglich für die Teile der Vereinbarungen, die die Geschäftsstrategie betreffen, Art. 6 c. Ob auf Kundenseite ebenfalls ein SMP-Unternehmen steht oder nicht, ist irrelevant.[259]

---

[256] Die Mitgliedstaaten haben dabei nach Art. 6 d sicherzustellen, dass die auf diesem Wege erlangten Informationen nur zweckentsprechend verwendet werden und nicht zur Erlangung von Wettbewerbsvorteilen unternehmensintern oder extern weitergeleitet werden.

[257] Unrichtig insoweit *Garzaniti*, Telecommunications, Broadcasting and the Internet, E.U. Competition Law and Regulation, S. 42, der Unternehmen mit SMP auf dem Markt für Mobilkommunikationsnetze und -dienste nicht erwähnt.

[258] Zusammenschaltungsvereinbarungen sind die kompletten Verträge, die die Rechtsbeziehungen zwischen Anbieter und Nachfrager von Zusammenschaltungsleistungen regeln und die inhaltlich über die im Standardzusammenschaltungsangebot aufgelisteten Zusammenschaltungsleistungen und -bedingungen hinausgehen, vgl. RIO-Vermerk, S. 1.

[259] Zusammenschaltungsvereinbarungsvermerk, S. 1.

4. ONP-Sprachtelefonrichtlinie II

SMP-Unternehmen müssen aktuelle Informationen über die Qualität ihrer Dienstleistungen bereithalten, Art. 12 Abs. 2 ONP-Sprachtelefonrichtlinie II. Zugrundezulegen sind dabei die in Anhang III angegebenen, auf ETSI-Parametern basierenden Leistungsanalysekriterien, Definitionen und Meßmethoden.[260] Diese Informationen müssen den NRB auf Antrag zur Verfügung gestellt werden. Die NRB können eine unabhängige Prüfung der Leistungsdaten durchführen lassen, um die Richtigkeit und Vergleichbarkeit der bereitgestellten Informationen zu gewährleisten, Art. 12 Abs. 4.

5. TAL-Verordnung

Eine dem Standardzusammenschaltungsangebot i.S. der ONP-Zusammenschaltungsrichtlinie sowie dem Referenzmietleitungsangebot i.S. der ONP-Mietleitungsrichtlinie vergleichbare Pflicht normiert Art. 3 Abs. 1 TAL-Verordnung: Unternehmen mit beträchtlicher Marktmacht auf dem Markt für feste öffentliche Telefonnetze und -dienste müssen - spätestens seit dem 1.1.2001 - ein Standardangebot sowohl für den vollständigen entbündelten Zugang zur Teilnehmeranschlussleitung und zu den zugehörigen Einrichtungen als auch für den gemeinsamen Zugang zum Teilnehmeranschluss veröffentlichen und auf dem aktuellen Stand halten. Das Angebot muss eine Beschreibung der Angebotsbestandteile und der zugehörigen Geschäftsbedingungen, einschließlich der Tarife, umfassen und dabei mindestens die im Anhang aufgelisteten Informationen enthalten.

IV. Leistungspflichten

Die SMP-Regulierungskonzeption besteht zu einem großen Teil aus Leistungspflichten, und zwar hinsichtlich der Gewähr von Zugang- und Zusammenschaltung und der Erbringung von Pflichtleistungen. Ergänzt werden letztere durch drei Leistungsnebenpflichten, nämlich die Pflicht zur nichtdiskriminierenden, kontinuierlichen und entbündelten Leistungsbereitstellung.

---

[260] Es handelt sich dabei z.B. um Bereitstellungs- und Reparaturzeiten, Verbindungsaufbauzeit und die Häufigkeit des erfolglosen Verbindungsaufbaus sowie um die Abrechnungsgenauigkeit, vgl. Anhang III ONP-Sprachtelefonrichtlinie II.

1. Zugangs- und Zusammenschaltungspflichten

a Grundsätzliches zu Zugang und Zusammenschaltung

aa. Zielsetzung des Zugangs- und Zusammenschaltungsregimes

Der Netzzugang und die Zusammenschaltung von Telekommunikationsnetzen wurden auf gemeinschaftlicher Ebene als Schlüsselvoraussetzungen sowohl für wettbewerblich funktionierende Telekommunikationsmärkte als auch für die Errichtung eines europäischen Binnenmarkts für Telekommunikationsdienste erachtet.[261] Einem gemeinschaftlichen Zugangs- und Zusammenschaltungsrechtsrahmen wurde große Bedeutung beigemessen, da - zumindest zu Beginn der Liberalisierung - sowohl die neu in den Markt eintretenden Infrastrukturbetreiber als auch die Diensteanbieter auf die Netzinfrastruktur und bestimmte Dienste der etablierten Betreiber angewiesen waren, um den Kommunikationsverkehr von und zu ihren Kunden abzuwickeln bzw. um als Diensteanbieter Kunden netzübergreifende Dienste anbieten zu können.[262] Auch wenn im Laufe der Zeit durch den Netzausbau neuer Anbieter sowie durch neue Technologien alternative Netze entstanden sind, bleiben jedenfalls Teile der Infrastruktur der etablierten Betreiber von unveränderter Bedeutung, weil die neuen Netze nicht flächendeckend entstanden sind bzw. entstehen konnten und insbesondere die Teilnehmeranschlüsse (noch) nicht vollständig dupliziert wurden. Somit ist der rechtliche Rahmen für faire und transparente Bedingungen für Zugang und Zusammenschaltung auch weiterhin von eminenter Bedeutung.[263]

bb. Definition von Zusammenschaltung und Zugang

Der gemeinschaftsrechtliche Begriff der Zusammenschaltung umfasst die physische und logische Verknüpfung von Telekommunikationsnetzen mit dem Ziel, die Kommunikation zwischen beliebigen Benutzern gleicher oder verschiedener Netze zu gewährleisten und es ihnen zu ermöglichen, Dienste in Anspruch zu nehmen, die über das Netz eines zusammengeschalteten Anbieters angeboten werden.[264]

---

261 *Scherer*, Telecommunication Laws in Europe, S. 25.

262 Vgl. Arbeitsdokument der Kommissionsdienststellen, Europas liberalisierter Telekommunikationsmarkt - Ein Leitfaden zu den Spielregeln, Internetdokument vom 18.10.2000, S. 24.

263 *Polster*, Das Telekommunikationsrecht der Europäischen Gemeinschaft, S. 59.

264 Vgl. die Definition im Arbeitsdokument der Kommissionsdienststellen, Europas liberalisierter Telekommunikationsmarkt - Ein Leitfaden zu den Spielregeln, Internetdokument vom 18.10.2000, S. 24; eine etwas detaillierte, auf das gleiche Ergebnis hinauslaufende Definition findet sich in der ONP-Zusammenschaltungsrichtlinie, Art. 2 Abs. 1 a.

Der Begriff des Netzzugangs ist im Gemeinschaftsrecht nicht definiert worden, weil eine entwicklungsoffene Interpretation ermöglicht und die Entstehung innovativer neuer Dienste nicht behindert werden sollte.[265] Es werden lediglich der allgemeine und der besondere Netzzugang unterschieden. Der allgemeine Netzzugang - dessen Hauptadressat der Endverbraucher ist - wird an Netzabschlusspunkten gewährt, die für die Mehrzahl der Endbenutzer vorgesehen sind. Der besondere Netzzugang - dessen Adressaten Netzbetreiber und Telekommunikationsdienstanbieter sind und dem aus wettbewerbspolitischer Sicht die eigentliche Bedeutung zukommt - wird an davon abweichenden Netzpunkten[266] gewährt. Zusammenschaltung ist eine Unterart des besonderen Netzzugangs.[267]
Als Folge der fehlenden gemeinschaftsrechtlichen Definition des Begriffs des Netzzugangs besteht erhebliche Rechtsunsicherheit darüber, wie Inhalt und Reichweite des Netzzugangsanspruchs zu bestimmen sind.[268]

cc. Überblick über die verschiedenen Zugangspflichten für SMP-Unternehmen

In den drei ONP-Richtlinien und in der TAL-Verordnung werden jeweils der Zugang zu und die Nutzung von bestimmten Typen von Netzen und Diensten geregelt.
Vereinfacht kann gesagt werden, dass sich die ONP-Mietleitungsrichtlinie mit dem Zugang zu und der Nutzung von bestimmten Mietleitungstypen befasst, während die ONP-Sprachtelefonrichtlinie II den Zugang zu und die Nutzung der festen öffentlichen Telefonnetze und -dienste regelt und die ONP-Zusammenschaltungsrichtlinie die Zusammenschaltung von und den Zugang zu öffentlichen Telekommunikationsnetzen und -diensten im Allgemeinen zum Gegenstand hat.[269] Die TAL-Verordnung betrifft schließlich den Zugang zu und die Nutzung von einem ganz bestimmten Teil des öffentlichen festen Telefonnetzes, und zwar die Kupferdoppelader, die den Netzabschlusspunkt am Standort des Teilnehmers mit dem Hauptverteiler verbindet.

---

[265] Arbeitsdokument der Kommissionsdienststellen, Europas liberalisierter Telekommunikationsmarkt - Ein Leitfaden zu den Spielregeln, Internetdokument vom 18.10.2000, S. 27.

[266] Vgl. die Definition des Sondernetzzugangs in Art. 4 Abs. 2 ONP-Zusammenschaltungsrichtlinie. Diese Netzpunkte sind auf einer höheren Ebene der Netzstruktur angesiedelt.

[267] Vgl. *Holznagel/ Enaux/ Nienhaus*, Grundzüge des Telekommunikationsrechts: Rahmenbedingungen - Regulierungsfragen - internationaler Vergleich, S. 95, allerdings für das deutsche Telekommunikationsrecht. Im europäischen Telekommunikationsrecht und der zugehörigen Literatur wurde häufig das Verhältnis von Zugang zu Zusammenschaltung offen gelassen oder jedenfalls nicht deutlich formuliert. *Scherer* wertet beispielsweise Zusammenschaltung als Voraussetzung für Zugang, vgl. *Scherer*, Telecommunication Laws in Europe, S. 29.

[268] Problematisch ist zum Beispiel, ob auch die mietweise Überlassung von Infrastruktur oder die Unterbreitung von Resale-Angeboten unter den gemeinschaftsrechtlichen Zugangsbegriff subsumiert werden können, vgl. zu diesem Problem Teil 4, A.VI.2.b.bb.

[269] Zugangsvermerk, S. 2.

b. ONP-Mietleitungsrichtlinie

Eine explizit normierte Pflicht zur Bereitstellung von Mietleitungen besteht nur in Bezug auf das Mietleitungsmindestangebot i.S.v. Art .7 Abs. 1 der ONP-Mietleitungsrichtlinie.[270]

Art. 6 Abs. 1 hingegen harmonisiert lediglich die Zugangs- und Nutzungsbedingungen für Mietleitungen, die Kunden von SMP-Unternehmen bereitgestellt werden, gewährt aber selbst keinen Zugangsanspruch.[271] Indes folgt ein mittelbarer Zugangsanspruch für am Markt angebotene bzw. intern genutzte Mietleitungstypen aus dem in Art. 8 Abs. 2 normierten Nichtdiskriminierungsgrundsatz, der weiter unten behandelt wird.[272]

c. ONP-Zusammenschaltungsrichtlinie

aa. Vorgaben aus der ursprünglichen ONP-Zusammenschaltungsrichtlinie

Die deutlichsten Ausprägungen von Zugangs- und Zusammenschaltungspflichten für SMP-Unternehmen finden sich naturgemäß in der ONP-Zusammenschaltungsrichtlinie. Nach Art. 4 Abs. 2 müssen Unternehmen mit beträchtlicher Marktmacht auf den Märkten für feste oder mobile öffentliche Telefonnetze und -dienste oder für Mietleitungen allen begründeten Anträgen auf Netzzugang - einschließlich des bereits erwähnten besonderen Netzzugangs - stattgeben. Als nicht begründet können solche Anträge nur abgelehnt werden, wenn ein gemeinschaftsrechtlich anerkannter Zugangsverweigerungsgrund vorliegt.[273] In Frage kommen dafür unverhältnismäßige technische Schwierigkeiten,[274] fehlende Netzkapazität sowie der Schutz der Netzintegrität[275].

---

[270] So auch die Kommission in ihrer TAL-Mitteilung, S. 60.

[271] Anders wohl - wenn auch sehr vage bleibend - *Bondroit/ Laurent*, Revue Ubiquité N°3 (Novembre 1999), 29, 36 und *Lust*, Die Essential-Facilities-Doktrin im Telekommunikationsrecht, S. 102.

[272] Der hier dargelegte Pflichtenumfang ist wegen der unpräzisen Ausgestaltung der ONP-Mietleitungsrichtlinie durchaus nicht zwingend. Insgesamt ist die Frage der Zugangsgewährpflichten zu Mietleitungen durch SMP-Unternehmen in der ONP-Mietleitungsrichtlinie extrem unklar ausgestaltet, vgl. dazu die Analyse in Teil 4, A.VI.2.b.aa. und bb.

[273] Unrichtig insoweit die Kommission in ihrem Zugangsvermerk, S. 6 f, die die Begründetheit eines Antrags auch dann verneinen will, wenn technisch und kommerziell zumutbare Alternativen zu den Netzelementen, zu denen Zugang gefordert wird, existieren. Diese - in Anlehnung an die Essentiel-Facilities-Doktrin konstruierte - Einschränkung ist jedoch in der ONP-Zusammenschaltungsrichtlinie nicht angelegt. Art. 4 Abs. 2 normiert vielmehr eine Pflicht zur einschränkungslosen Erfüllung technisch realisierbarer Zugangsnachfragen solange ein Unternehmen über beträchtliche Marktmacht auf dem relevanten Markt verfügt.

[274] Vgl. *Garzaniti*, Telecommunications, Broadcasting and the Internet, E.U. Competition Law and Regulation, S. 41. Diesen Grund hat auch die Kommission - allerdings im Rahmen von ihren Ausführungen zur Ableitung von Zugangspflichten aus Art. 82 EG - anerkannt, vgl.

bb. Vorgaben aus der ONP-Betreibervorwahlrichtlinie

Durch die ONP-Betreibervorwahlrichtlinie wurde in die ONP-Zusammenschaltungsrichtlinie die Pflicht für Unternehmen mit beträchtlicher Marktmacht auf dem Markt für feste öffentliche Telefonnetze und -dienste eingefügt, ab spätestens 1.1.2000 allen ihren Kunden die Möglichkeit des Zugangs zu vermittelten Diensten jedes zusammengeschalteten Anbieters öffentlich zugänglicher Telekommunikationsdienste im Wege der Vorauswahl (Preselection) und Vorwahl (Call-by-Call) zu bieten, Art. 12 Abs. 6 und 7.[276]

d. TAL-Verordnung

Unternehmen mit beträchtlicher Marktmacht auf dem Markt für feste öffentliche Telefonnetze und -dienste müssen seit dem 31.12.2000 allen angemessenen Anträgen auf Zugang zur entbündelten Teilnehmeranschlussleitung und zu zugehörigen Einrichtungen[277] stattgeben, die von Unternehmen gestellt werden, die zur Erbringung von Kommunikationsdiensten berechtigt sind, Art. 3 Abs. 2 TAL-Verordnung. Der Zugang zur entbündelten Teilnehmeranschlussleitung kann sowohl in Form von vollständigem Zugang, der letztlich der Miete der Kupferdoppelader entspricht, als auch von gemeinsamem Zugang, bei dem das SMP-Unternehmen nur die Nutzung des nicht für sprachgebundene Dienste genutzten Frequenzspektrums ermöglicht, während es selbst weiterhin den Sprachtelefondienst erbringt, verlangt werden. Der Zugang kann wie in Art. 4 Abs. 2 ONP-Zusammenschaltungsrichtlinie nur aus Gründen der technischen Machbarkeit, fehlender Netzkapazität sowie zur Aufrechterhaltung der Netzintegrität verweigert werden, Art. 3 Abs. 2. [278]

Mitteilung über die Anwendung der Wettbewerbsregeln auf Zugangsvereinbarungen im Telekommunikationsbereich, Mitteilung der Kommission über die Anwendung der Wettbewerbsregeln auf Zugangsvereinbarungen im Telekommunikationsbereich - Rahmen, relevante Märkte und Grundsätze, ABl. Nr. C 265/2 v. 22.8.1998, Ziff. 91.

[275] Bei diesem zweiten Grund handelt es sich um eine „grundlegende Anforderungen" i.S.v. Art. 2 Nr. 6 ONP-Rahmenrichtlinie in der Fassung der ONP-Änderungsrichtlinie, die im Allgemeininteresse Zugangsbeschränkungen rechtfertigen kann..

[276] Da die Pflicht sich auf *jeden* zusammengeschalteten Anbieter bezieht, muss auch Call-by-Call im Ortsnetz ermöglicht werden. Diese Lesart des Art. 12 Abs. 7 wurde lange Zeit insbesondere von Deutschland abgelehnt. Erst nachdem die Kommission ein Vertragsverletzungsverfahren gegen Deutschland eingeleitet hatte, kam es schließlich zu einer entsprechenden Änderung des TKG, vgl. BGBl. I S. 4186.

[277] Nach Art. 2 i der TAL-Verordnung kann es sich bei „zugehörigen Einrichtungen" um Kollokationsressourcen, Anschlusskabel und andere relevante informationstechnische Systeme handeln.

[278] Der Verweigerungsgrund der fehlenden Netzkapazität ergibt sich aus Erwägungsgrund 9 TAL-Verordnung. Dort wird auch ergänzend klargestellt, dass SMP-Unternehmen nicht verpflichtet sind, Zugangsarten bereitzustellen, deren Bereitstellung sich - z.B. aufgrund gesetzlicher Rechte Dritter - ihrer Verfügungsbefugnis entzieht.

e. ONP-Sprachtelefonrichtlinie II

Auch nach Art. 16 Abs. 1 ONP-Sprachtelefonrichtlinie II müssen SMP-Unternehmen besonderen Netzzugang gewähren. Im Unterschied zu Art. 4 Abs. 2 ONP-Zusammenschaltungsrichtlinie geht es jedoch - schon wegen des für die Feststellung beträchtlicher Marktmacht relevanten Marktes - nur um den Zugang zum festen öffentlichen Telefonnetz. Eine - nach Art. 16 Abs. 2 umgehend gegenüber den Antragsteller zu begründende - Verweigerung ist nur dann gerechtfertigt, wenn technisch und kommerziell gangbare Alternativen zu dem beantragten Sondernetzzugang bestehen und der beantragte Zugang im Verhältnis zu den für die Annahme des Antrags verfügbaren Mitteln unangemessen ist, Art. 16 Abs. 1 Satz 2.[279]

2. Pflichtleistungen

Neben dem - nicht zum SMP-Pflichtenregime gehörenden - Universaldienst existieren zwei Kategorien von Pflichtleistungen, die von SMP-Unternehmen erbracht werden müssen.

Es handelt sich dabei zum einen um ein Mindestangebot an Mietleitungen, zum anderen um einige Dienstmerkmale im Bereich des Sprachtelefondienstes, die über den Universaldienst hinausgehen. Der Unterschied zu den zuvor behandelten Zugangs- und Zusammenschaltungspflichten besteht darin, dass letztere sich nur auf schon vorhandene Netzkapazitäten bzw. Dienste beziehen, während die Pflichtleistungen neben dem Zugang zu vorhandenen auch die Schaffung der geforderten Netz- und Dienstelemente für den Fall verlangt, dass das SMP-Unternehmen noch nicht über sie verfügt.

a. ONP-Mietleitungsrichtlinie

SMP-Unternehmen müssen die fünf in Anhang II aufgelisteten Mietleitungstypen[280] als Mindestangebot flächendeckend im jeweiligen Mitgliedstaat bereitstellen. Die Bereitstellung anderer als der nach Anhang II geforderten Mietleitungstypen ist SMP-Unternehmen natürlich gestattet, jedoch müssen sie nach Art. 7 Abs. 4 dafür sorgen, dass die Bereitstellung des Mindestangebots dadurch nicht beeinträchtigt wird.

---

[279] Eine Zugangsverweigerung ist mithin aus Gründen zulässig, die i.R.v. Art. 4 Abs. 2 ONP-Zusammenschaltungsrichtlinie nicht ausreichen. Insoweit besteht eine Inkohärenz zwischen den Vorschriften.

[280] Es handelt sich dabei um die Mietleitungen mit Sprachbandbreite, normaler bzw. spezieller Qualität (analog), 64 kbits/s (digital) und 2048 kbit/s unstrukturiert bzw. strukturiert (digital).

b. ONP-Sprachtelefonrichtlinie II

Vorbehaltlich der technischen Durchführbarkeit müssen SMP-Unternehmen die besonderen Dienstmerkmale nach Anhang I Teil 2 ONP-Sprachtelefonrichtlinie II, also die Anzeige der Anrufernummer vor Gesprächsbeginn, die direkte Durchwahl zu Nutzern einer Nebenstellanlage ohne Intervention der Vermittlungseinrichtung und die Möglichkeit, eingehende Anrufe an einen anderen Anschluss im gleichen oder in einem anderen Mitgliedstaat weiterleiten zu lassen, für ein erschwingliches Entgelt bereitstellen, Art. 15 Abs. 1 und 4. Darüber hinaus können für SMP-Unternehmen Qualitätsvorgaben aufgestellt werden, an die sich die Unternehmen bei der Leistungserbringung halten müssen, Art. 12 Abs. 3.

3. Nichtdiskriminierung bei der Leistungsbereitstellung

a. Grundsätzliches zum Nichtdiskriminierungsgrundsatz

Für die Leistungsbereitstellung durch SMP-Unternehmen gilt der fundamentale ONP-Grundsatz der Nichtdiskriminierung. Er bedeutet einerseits, dass zwei externe Kunden unter vergleichbaren Umständen gleich behandelt werden müssen (gleiche externe Behandlung). Andererseits müssen die SMP-Unternehmen externen Kunden Leistungen in der gleichen Qualität und unter den gleichen Bedingungen anbieten, wie sie sie sich intern erbringen bzw. ihren Tochter- und Partnerunternehmen einräumen (interne Behandlung gleich externe Behandlung).[281] Dieser zweiten Komponente des Nichtdiskriminierungsgrundsatzes kommt eine besondere Bedeutung zu, weil sie über die bloße Ausgestaltung bestimmter Leistungsmodalitäten hinaus anspruchsbegründend wirken kann: Stellt sich ein SMP-Unternehmen nämlich intern bzw. einem Tochter- bzw. Partnerunternehmen eine bestimmte Leistung zur Verfügung, so entsteht ein Anspruch externer Unternehmen, die gleiche Leistung zu den gleichen Bedingungen erbracht zu bekommen.[282]

b. ONP-Mietleitungsrichtlinie

Für die Bereitstellung von Mietleitungen ergibt sich die Pflicht zur Nichtdiskriminierung aus Art. 8 Abs. 2 ONP-Mietleitungsrichtlinie. Nicht diskriminiert werden darf z.B. in Bezug auf den Zugang zu und Informationen über Mietleitungen sowie in Bezug auf Tarife, Dienstqualität und Bereitstellungs- bzw. Re-

---

[281] Näher zum Nichtdiskriminierungsgrundsatz i.S. der ONP-Konzeption i.w.S. vgl. *Nihoul*, Droit européen des télécommunications - l'organisation des marchés, S. 206 f.

[282] So - in Bezug auf eine Pflicht zur Bereitstellung von gemeinsamem Zugang zur Teilnehmeranschlussleitung sowie Hochgeschwindigkeits-Bitstream-Zugang aus Art. 16 Abs. 7 ONP-Sprachtelefonrichtlinie II - die Kommission in ihrer TAL-Mitteilung, S. 60.

paraturzeiten.[283] Wie soeben aufgezeigt, kann die Pflicht zum diskriminierungsfreien Zugang zu einer Bereitstellungspflicht - über das Mietleitungsmindestangebot hinaus[284] - führen, und zwar dann, wenn SMP-Unternehmen den entsprechenden Mietleitungstyp sich selbst oder ihren Tochter- oder Partnerunternehmen bereitstellen.

c. ONP-Zusammenschaltungsrichtlinie

Unternehmen mit beträchtlicher Marktmacht auf den Märkten für feste oder mobile öffentliche Telefonnetze und -dienste oder für Mietleitungen müssen bei der Zusammenschaltung den Nichtdiskriminierungsgrundsatz einzuhalten, Art. 6 a ONP-Zusammenschaltungsrichtlinie. Im Widerspruch dazu steht Art. 7 Abs. 3 UA 2, wonach unterschiedliche Zusammenschaltungstarife und -bedingungen für unterschiedliche Kategorien von Unternehmen festgelegt werden können, sofern sich dies aufgrund der Art der Zusammenschaltung und/ oder der für die jeweiligen Unternehmen geltenden nationalen Lizenzierungsbedingungen objektiv rechtfertigen lässt. Während eine Ungleichbehandlung im Falle unterschiedlicher Zusammenschaltungsarten noch mit dem Nichtdiskriminierungsgrundsatz in Einklang zu bringen ist, weil ggf. eben keine vergleichbaren Situationen vorliegen, kann aus unterschiedlichen nationalen Lizenzbedingungen für sich allein gesehen kein objektiver Grund für eine Ungleichbehandlung abgeleitet werden. Art. 7 Abs. 3 UA 2 muss mithin jedenfalls insoweit als Ausnahme vom Nichtdiskriminierungsgrundsatz verstanden werden.

d. ONP-Sprachtelefonrichtlinie II

Unternehmen mit beträchtlicher Marktmacht auf dem Markt für die Bereitstellung fester öffentlicher Telefonnetze müssen eine diskriminierungsfreie Nutzung dieser Netze - insbesondere hinsichtlich jeglicher Art der Gewähr von Sondernetzzugang - gewährleisten, Art. 16 Abs. 7 ONP-Sprachtelefonrichtlinie II. Wichtig ist in diesem Zusammenhang, dass sich aus der Pflicht, externen Unternehmen den Sonderzugang zum Netz zu den gleichen Bedingungen und mit der gleichen Qualität bereitstellen müssen, wie er intern bereitgestellt wird, eine Leistungspflicht ergeben kann, die auch dann greift, wenn die oben genannte Leistungspflicht i.S.v. Art. 16 Abs. 1 Satz 1 aufgrund des Rechtfertigungsgrundes aus Satz 2 verweigert werden dürfte.

---

[283] Vgl. Erwägungsgrund 5 ONP-Mietleitungsrichtlinie.

[284] Dass der Nichtdiskriminierungsgrundsatz nicht nur auf das Mietleitungsmindestangebot anwendbar ist, ergibt sich aus Erwägungsgrund 11 der ONP-Änderungsrichtlinie, der besagt, dass "innerhalb eines bestimmten geographischen Gebiets .. die allgemeinen Bestimmungen dieser Richtlinie für alle Arten von Mietleitungen, die von einer mitgeteilten Organisation bereitgestellt werden [gelten]."

e. TAL-Verordnung

Der Zugang zur entbündelten Teilnehmeranschlussleitung sowie zu zugehörigen Einrichtungen muss unter nichtdiskriminierenden Bedingungen gewährt werden, Art. 3 Abs. 2 TAL-Verordnung.[285]

4. Kontinuierliche Leistungserbringung

Das Gemeinschaftsrecht beschränkt sich nicht darauf, von SMP-Unternehmen die Erbringung bestimmter Leistungen überhaupt zu fordern, sondern verlangt regelmäßig auch die dauerhafte und ununterbrochene Leistungserbringung, weil Leistungsunterbrechungen Verbraucher und Nutzer mindestens ebenso stark schädigen können wie eine grundsätzliche Leistungsverweigerung.[286]

a. ONP-Mietleitungsrichtlinie

Besonders viele Kontinuitätspflichten enthält die ONP-Mietleitungsrichtlinie: SMP-Unternehmen müssen ihre Mietleitungsangebote für einen angemessenen Zeitraum aufrechterhalten, und die Aufhebung eines bestehenden Angebots muss in Abstimmung mit den betroffenen Kunden erfolgen, Art. 5 Satz 2. Im Falle einer Notsituation[287] müssen sie alles daran setzen, den Dienst für alle Kunden aufrechtzuerhalten, Art. 6 Abs. 3 a UA 3. Wenn die Bereitstellung einer Mietleitung wegen der Nichtkonformität eines Endgerätes mit den Zugangsbedingungen ausgesetzt wurde, muss die Mietleitung nach der Trennung des vorschriftswidrigen Endgerätes vom Netzabschlusspunkt wieder bereitgestellt werden, Art. 6 Abs. 4 UA 3 Satz 2. Schließlich müssen SMP-Unternehmen für eine Reihe von Maßnahmen - wie z.B. die Bereitstellungseinschränkung wegen eines Verstoßes gegen Nutzungsbedingungen - im Einzelfall die Genehmigung der NRB einholen, Art. 8 Abs. 1.

b. ONP-Sprachtelefonrichtlinie II

SMP-Unternehmen dürfen Tarifänderungen für den Sprachtelefondienst erst vornehmen, wenn die von der NRB festgelegte angemessene öffentliche Ankündigungsfrist eingehalten worden ist, Art. 17 Abs. 5 ONP-Sprachtelefonrichtlinie

[285] Dort wird explizit - i.S. des Grundsatzes „externe gleich interne Behandlung" - klargestellt, dass den Antragstellern Einrichtungen zur Verfügung gestellt werden müssen, die denen gleichwertig sind, die die SMP-Unternehmen für ihre eigenen Dienste oder für ihre verbundenen Unternehmen bereitstellen. Die Gleichwertigkeit muss sich dabei sowohl auf die Bedingungen als auch die Bereitstellungszeit erstrecken.

[286] *Bondroit/ Laurent*, Revue Ubiquité N° 3 (Novembre 1999), 29, 39.

[287] Vgl. zur Definition der „Notsituation" oben Fußnote 255.

II.[288] Eine mit Art. 8 Abs. 1 ONP-Mietleitungsrichtlinie vergleichbare Pflicht zur Genehmigungseinholung für bestimmte Maßnahmen wie der Sperrung, Beendigung, erheblichen Änderung oder Einschränkung der Verfügbarkeit von durch SMP-Unternehmen erbrachte Dienste enthält Art. 13 Abs. 1 ONP-Sprachtelefonrichtlinie II, jedenfalls insoweit als diese Maßnahmen gegenüber Unternehmen, die selbst Telekommunikationsdienste oder -netze bereitstellen, ergriffen werden sollen.[289]

5. Entbündelte Leistungsbereitstellung

Einen weiteren Grundsatz, den SMP-Unternehmen bei der Leistungsbereitstellung zu beachten haben, ist das Entbündelungsgebot. Dieses Gebot soll sicherstellen, dass ein Kunde nur solche Leistungen abnehmen und bezahlen muss, die er tatsächlich nachfragt. Er soll somit davor geschützt werden, dass ein SMP-Unternehmen sein Verhandlungsübergewicht dazu missbraucht, ihn zur Abnahme zusätzlicher, nicht nachgefragter Leistungen zu zwingen. Das Gebot impliziert zwar, dass die entsprechenden Leistungen in entbündelter Form angeboten werden müssen.[290] In erster Linie geht es jedoch darum, dass die verschiedenen Leistungen separat bepreist werden müssen. Deshalb wird das Entbündelungsgebot i.R. der Tariffierungspflichten behandelt.[291]

V. Tariffierungs- und Kostenrechnungspflichten

Ein wesentlicher Pfeiler der asymmetrischen Regulierung von SMP-Unternehmen betrifft deren Preisgestaltung und Kostenrechnungssysteme. Der Preisgestaltung durch SMP-Unternehmen kam gerade zu Beginn der vollständigen Liberalisierung eine Schlüsselfunktion für die Struktur und die Intensität des Wettbewerbs zu.[292] Die einschlägigen Tariffierungsgrundsätze wurden erstmals in der ONP-Rahmenrichtlinie eingeführt[293] und in den speziellen ONP-Maßnahmen sachmaterienspezifisch ausgestaltet. Die für die Durchsetzung der materiellen Tariffierungsgrundsätze notwendigen Regeln bezüglich der Kostenrech-

---

[288] Zu beachten ist in diesem Zusammenhang Art. 17 Abs. 6, wonach es den Mitgliedstaaten gestattet ist, den NRB eine Nichtanwendung u.a. von Art. 17 Abs. 5 für solche Regionen zu gestatten, in denen sie den Wettbewerb auf dem Markt für feste öffentliche Telefondienste für zufriedenstellend erachten

[289] Zu den Anforderungen an das NRB-Genehmigungsverfahren, vgl. Art. 13 Abs. 1 UA 2-4.

[290] Dies wird explizit in Art. 7 Abs. 3 UA 1 ONP-Zusammenschaltungsrichtlinie verlangt: Danach müssen Zusammenschaltungsangebote im Rahmen des Standardzusammenschaltungsangebots entsprechend den Markterfordernissen in einzelne Elemente aufgegliedert sein. Vergleichbar ist Art. 3 Abs. 1 TAL-Verordnung.

[291] Vgl. unten Teil 3, D.V.1.a.cc und Teil 3, D.V.1.c., d., und e.

[292] Erwägungsgrund 10 der ONP-Zusammenschaltungsrichtlinie.

[293] Vgl. Anhang II/3 i.V.m. Art. 3 Abs. 1 ONP-Rahmenrichtlinie in der Fassung der ONP-Änderungsrichtlinie.

nung und der Buchführung von SMP-Unternehmen finden sich ebenfalls jeweils in den speziellen ONP-Maßnahmen.[294]

1. Tariffierungsgrundsätze

a. Überblick über die verschiedenen Tariffierungsgrundsätze und Zielsetzungen

Im Gemeinschaftsrecht existieren vier Tariffierungsgrundsätze: die Grundsätze der Kostenorientierung, Transparenz und Nichtdiskriminierung sowie das Entbündelungsgebot.

aa. Kostenorientiertheit

Angesichts der aus Monopolzeiten verzerrten nationalen Tarife kam dem Grundsatz der Kostenorientiertheit von Beginn der Liberalisierung an eine wichtige Rolle zu und fand sich deshalb auch bereits in der ursprünglichen ONP-Rahmenrichtlinie: Dort war vorgesehen, dass Tarife auf objektiven Kriterien beruhen und insbesondere bei den ausschließlichen oder besonderen Rechten unterliegenden Diensten grundsätzlich an den Kosten orientiert sein mussten.[295] In der Folge wurde dieser Grundsatz dem liberalisierten Umfeld angepasst: In der modifizierten Version der ONP-Rahmenrichtlinie wurde der Passus betreffend der ausschließlichen oder besonderen Rechte gestrichen und statt dessen eingefügt, dass objektiv ausgestaltete Tarife solange mittels des Grundsatzes der Kostenorientiertheit sichergestellt werden sollten, wie der Wettbewerb sich noch nicht in dauerhaft niedrigen Benutzerpreisen auswirke.[296]
Materiell bedeutet der Grundsatz der Kostenorientiertheit, dass die für eine Dienstleistung in Rechnung gestellten Entgelte den tatsächlich angefallenen Kosten, inklusive der Gesamtkosten für die genutzten Ressourcen sowie einer angemessenen Investitionsrendite entsprechen müssen.[297]
Mit der Verpflichtung der SMP-Unternehmen, ihre Preise kostenorientiert auszugestalten, soll sichergestellt werden, dass weder überhöhte Preise von Konkurrenten auf nachgelagerten Märkten bzw. von Kunden im Allgemeinen verlangt noch Verdrängungspreise zur Eliminierung von Wettbewerbern, mög-

---

[294] *Scherer*, Telecommunication Laws in Europe, S. 30.
[295] Anhang II/4 der ONP-Rahmenrichtlinie.
[296] Anhang II Nr. 3 der ONP-Rahmenrichtlinie in der Fassung der ONP-Änderungsrichtlinie.
[297] Vgl. Anhang II/3 UA 3 der ONP-Rahmenrichtlinie. Vgl. dazu auch die Kommission in ihrer Zusammenschaltungsempfehlung, S. 4 und aus der Literatur *Garzaniti*, Telecommunications, Broadcasting and the Internet, E.U. Competition Law and Regulation, S. 45.

licherweise im Wege der Quersubventionierung aus anderen, weniger wettbewerbsintensiven Märkten, eingesetzt werden.[298]

bb. Transparente Tarifgestaltung

Tarife müssen darüber hinaus transparent gestaltet sein. Dieser Grundsatz wird zum einen durch den sogleich anzusprechenden Grundsatz der Entbündelung verwirklicht, zum anderen durch die Sicherstellung der ordnungsgemäßen Veröffentlichung von Tarifen.[299]

cc. Entbündelungsgebot

Das Entbündelungsgebot bedeutet, dass die jeweiligen Dienstleistungsangebote - im Rahmen der technischen Möglichkeiten - in verschiedene Dienstkomponenten aufgegliedert und entsprechend bepreist werden müssen.[300]
Die Forderung nach hinreichend entbündelter Entgeltfestsetzung stellt dabei zum einen eine gewisse Transparenz für den Kunden sicher: Der Kunde soll wissen, welches Entgelt er für die jeweilige einzelne Leistung entrichtet. Zum anderen findet sich hier ein sektorspezifisches Koppelungsverbot: Die Vertragspartner marktmächtiger Anbieter sollen davor geschützt werden, entgegen ihrem Willen nicht von ihnen nachgefragte Leistungen abnehmen zu müssen. Das Entbündelungsgebot schützt mithin die Handlungsfreiheit der Vertragspartner. Daneben stellt es sicher, dass der marktmächtige Anbieter seine Marktmacht nicht dazu ausnutzen kann, andere Anbieter daran zu hindern, die Dienste, die eben unabhängig von den bei ihm nachgefragten Dienstkomponenten erbracht werden können, absetzen zu können; es schützt also zugleich die Konkurrenten der markmächtigen Anbieter.[301]

dd. Nichtdiskriminierungsgrundsatz/ Grundsatz der anwendungsunabhängigen Tarifgestaltung

Tarife müssen zuletzt nichtdiskriminierend ausgestaltet sein. Hier findet sich der bereits erörterte Nichtdiskriminierungsgrundsatz für die Leistungserbringung wieder. Gemäß der ONP-Rahmenrichtlinie darf die Tarifgestaltung zu keiner Diskriminierung führen und muss - so keine mit dem Gemeinschaftsrecht zu

---

[298] *Bondroit/ Laurent*, Revue Ubiquité N° 3 (Novembre 1999) 29, 41; *Garzaniti*, Telecommunications, Broadcasting and the Internet, E.U. Competition Law and Regulation, S. 45.
[299] Vgl. insoweit die Ausführungen zu den Informationspflichten, oben Teil 3, D.III.
[300] Gemäß der ONP-Rahmenrichtlinie, Anhang II Nr. 3, bedeutet Entbündelung, dass zusätzliche Merkmale, die bestimmte Sonderdienste ermöglichen, grundsätzlich unabhängig von inklusiven Merkmalen und dem eigentlichen Transport in Rechnung zu stellen sind.
[301] *Bondroit/ Laurent*, Revue Ubiquité N° 3 (Novembre 1999) 29, 41.

vereinbarende Ausnahme greift - Gleichbehandlung gewährleisten.[302] Zum Nichtdiskriminierungsgrundsatz gehört auch der Grundsatz der anwendungsunabhängigen Tarifgestaltung, wonach die Entgeltfestsetzung für Telekommunikationsdienstleistungen grundsätzlich unabhängig von der jeweiligen Verwendung durch den Kunden erfolgen muss, es sei denn, dass unterschiedliche Dienste oder Einrichtungen zur Erbringung der Telekommunikationsdienstleistung erforderlich sind.

b. ONP-Mietleitungsrichtlinie

Die Tarife für die von SMP-Unternehmen bereitgestellten Mietleitungen müssen kostenorientiert und transparent gestaltet sein, Art. 10 Abs. 1 ONP-Mietleitungsrichtlinie. Zur Konkretisierung des Transparenzgebots werden dort die Merkmale aufgelistet, die zur Bereitstellung von Mietleitungen gehören,[303] und die bereitzustellende Leistung wird definiert.[304] Die NRB dürfen von einem SMP-Unternehmen, das in Bezug auf einen bestimmten Mietleitungstyp in einem bestimmten geographischen Gebiet keine beträchtliche Marktmacht mehr hat, nicht mehr verlangen, dass es die Tarife für diesen Mietleitungstyp kostenorientiert und transparent gestaltet, Art. 10 Abs. 4 UA 1.[305] Darüber hinaus können die NRB - in Abweichung zum Alles-oder-Nichts-Prinzip - auf die Forderung nach kostenorientierten und transparenten Tarifen für ein ganzes geographisches Gebiet verzichten, wenn auf dem dortigen Mietleitungsmarkt hinreichender Wettbewerb herrscht, Art. 10 Abs. 4 UA 2. Dafür muss nachgewiesen werden, dass der Wettbewerb eine hinreichende Steuerungsfunktion in Hinblick auf angemessene Mietleitungstarife wahrnehmen kann [306]
SMP-Unternehmen müssen darüber hinaus die Entgelte für ihre Mietleitungen unabhängig von der jeweiligen Verwendung der Mietleitung durch den Kunden, also in anwendungsunabhängiger Form gestalten, Art. 10 Abs. 1 a.

---

[302] Anhang II Nr. 3 UA 2 ONP-Rahmenrichtlinie. UA 4 präzisiert, dass zur Förderung der gleichmäßigeren Auslastung unterschiedliche Tarife für Haupt- und Nebenzeiten zugrunde gelegt werden können, sofern die Tarifunterschiede wirtschaftlich zu rechtfertigen sind..

[303] Danach gehören sowohl die einmalige Anschlussgebühr als auch die Miete - und zwar in Pauschalsatzform („flat-rate“) - zur Bereitstellung von Mietleitungen.

[304] Nach Art. 10 Abs. 1 c müssen die Einrichtungen zwischen den Netzabschlusspunkten, an denen der Benutzer Zugang zu den Mietleitungen hat, bereitgestellt werden.

[305] Für die Anwendung des Art. 10 Abs. 4 UA 1 ist somit die gesonderte Ermittlung beträchtlicher Marktmacht bezogen auf das jeweilige spezielle Mietleitungsangebot erforderlich.

[306] Erwägungsgrund 15 ONP-Änderungrichtlinie.

c. *ONP-Zusammenschaltungsrichtlinie*

aa. Vorgaben aus der ursprünglichen ONP-Zusammenschaltungsrichtlinie

Die tarifbezogenen Pflichten aus der ONP-Zusammenschaltungsrichtlinie gelten grundsätzlich nur für Unternehmen mit beträchtlicher Markmacht auf den Märkten für feste öffentliche Telefonnetze und -dienste oder für Mietleitungen, Art. 7 Abs. 1. Eine Ausnahme besteht für die Grundsätze der Kostenorientierung und Transparenz, die auch für Anbieter öffentlicher Mobiltelefonnetze und -dienste, so solche Unternehmen über beträchtliche Marktmacht auf dem nationalen Zusammenschaltungsmarkt verfügen, gilt, Art. 7 Abs. 2.[307]
Für alle nach Art. 7 Abs. 2 Verpflichteten gilt, dass die von ihnen verlangten Zusammenschaltungsentgelte kostenorientiert und transparent sein müssen. Die SMP-Unternehmen tragen die Beweislast für die Kostenorientiertheit ihrer Tarife. Die NRB können eine vollständige Begründung der Zusammenschaltungsentgelte und im Falle nicht kostenorientierter Entgelte deren Anpassung verlangen, Art. 7 Abs. 2.
Zum Zwecke einer transparenter Tarifgestaltung sind Entgelte im Zusammenhang mit Universaldienstverpflichtungen gesondert von Zusammenschaltungsentgelten auszuweisen, Art. 7 Abs. 6. Darüber hinaus sichern die Pflicht zur Tarifveröffentlichung im Rahmen des Standardzusammenschaltungsangebots, Art. 7 Abs. 3, sowie das Entbündelungsgebot für Zusammenschaltungsentgelte, Art. 7 Abs. 4, die Tariftransparenz.
Wie oben bereits aufgezeigt, sind - in Abweichung vom Nichtdiskriminierungsgrundsatz - unterschiedliche Zusammenschaltungstarife allein aufgrund unterschiedlicher nationaler Lizenzbedingungen zulässig, Art. 7 Abs. 3 UA 2 Satz 1.[308]

bb. Vorgaben der ONP-Betreibervorwahlrichtlinie

Durch die ONP-Betreibervorwahlrichtlinie wurde in die ONP-Zusammenschaltungsrichtlinie eingefügt, dass die Gebühr, die für die Zusammenschaltungsleistungen im Rahmen der Betreiber(vor)auswahl von SMP-Unternehmen auf dem Markt für feste öffentliche Telefonnetze und -dienste erhoben wird, den

[307] Es geht hier um das sog. „Mobilanbieterprivileg“: Dies besteht zum einen darin, dass alle Absätze bis auf Abs. 3 auf Mobiltelefondienstanbieter nicht anwendbar sind. Zum anderen wird die beträchtliche Marktmacht für Art. 7 Abs. 2 nicht in Bezug auf den eigenen Angebotsmarkt, also demjenigen für Mobiltelefonnetze- und dienste, sondern in Bezug auf den gesamten mitgliedstaatlichen Zusammenschaltungsmarkt ermittelt. Dieses Privileg sollte nach *Scherer*, Telecommunication Laws in Europe, S. 30, es den Mobiltelefonnetz- und -dienstanbietern ermöglichen, ihre Marktposition als Wettbewerber gegenüber den etablierten Festnetzbetreibern zu verbessern.
[308] Vgl. oben Teil 3, D.IV.3.c.

tatsächlichen Kosten entsprechen muss. Darüber hinaus dürfen die direkten Gebühren, die von den Verbrauchern für die Betreibervorauswahl erhoben werden, nicht so ausgestaltet werden, dass sie eine prohibitive Wirkung entfalten, Art. 12 Abs. 7 UA 3.

cc. Zusammenschaltungsempfehlung - Teil 1

Die Zusammenschaltungsempfehlung - Teil 1 der Kommission ist der Berechnung kostenorientierter Zusammenschaltungsentgelte, insbesondere jedoch der Preisbildung für die Anrufzustellung gewidmet.[309] Den Mitgliedstaaten wird nahegelegt, den Grundsatz der Kostenorientiertheit im Bereich der Zusammenschaltung so anzuwenden, dass zum einen dem tatsächlichen Anfall der Kosten bei der Zusammenschaltung Rechnung getragen wird und zum anderen die SMP-Unternehmen in der Lage versetzt werden, die einmaligen zusätzlichen Kosten für den Anschluss der Netze sowie die zusätzlichen Kapazitätskosten, die vom Zusammenschaltungsverkehr verursacht werden, zu decken. Die Entgelte für die Zusammenschaltung sollen auf der Grundlage der zukunftsrelevanten langfristigen durchschnittlichen zusätzlichen Kosten[310] ermittelt werden.[311] Nach Ansicht der Kommission kommen diese Kosten denen eines effizienten Betreibers, der moderne Technologien einsetzt, sehr nahe und sind somit mit einem wettbewerbsorientierten Markt am besten vereinbar.[312]

---

[309] Nach der Empfehlungsbegründung hat sich die Kommission auf eine Behandlung der Preisbildung für die Anrufzustellung beschränkt, da die Kosten der Anrufzustellung, d.h. die abschließende Verbindung eines Anrufs aus einem Netz mit einem Ziel in einem anderen Netz, den bedeutendsten Teil der gesamten Zusammenschaltungsentgelte der neuen Marktteilnehmer darstellten.

[310] Näher zum Konzept der zukunftsrelevanten langfristigen durchschnittlichen zusätzlichen Kosten („forward looking - long run average incremental costs", FL-LRAIC), vgl. *Bondroit/ Laurent*, Revue Ubiquité N° 3 (Novembre 1999) 29, 43 f.

[311] Bis zu dem Zeitpunkt, zu dem auf der empfohlenen Grundlage errechnete Kosten für die Zusammenschaltungsleistung „Anrufzustellung" vorhanden sind, empfiehlt die Kommission, sich auf die von ihr zur Verfügung gestellten Leitlinien der „besten gegenwärtigen Praxis" zu stützen. Diese „beste gegenwärtige Praxis" wurde von der Kommission auf der Grundlage der Entgelte für die Anrufzustellung in den drei Mitgliedstaaten mit den niedrigsten Entgelten zum 1.9.1997 berechnet, vgl. Zusammenschaltungsempfehlung - Teil 1, S. 43 (Ziff. 4) und Anhang II, und anhand neuerer Daten aus dem Jahr 1998 aktualisiert, vgl. Änderung der Zusammenschaltungsempfehlung - Teil 1, ABl. Nr. L 228/30 v. 15.8.1998.

[312] Dieser Ansatz soll jedoch nach Ansicht der Kommission die Erhebung berechtigter Zuschläge zur Deckung der zukunftsrelevanten Gemeinkosten eines effizienten Betreibers, die unter Wettbewerbsbedingungen anfallen, nicht ausschließen, vgl. Zusammenschaltungsempfehlung - Teil 1, S. 42.

dd. Mietleitungsempfehlung

Die Mietleitungsempfehlung enthält Leitlinien zur Preisbildung für Teilmietleitungen. Die Kommission schlägt den NRB Preisobergrenzen[313] für die monatliche Miete von drei Typen von Kurzstrecken-Teilmietleitungen von bis zu 5 km vor, bei denen es sich in der Regel um Leitungen vom Kunden zum ersten Zusammenschaltungspunkt handelt.[314] Die Empfehlung soll es den NRB ermöglichen, festzustellen, ob die von den SMP-Unternehmen veranschlagten Preise kostenorientiert sind. Die Kommission empfiehlt den NRB, wenn die verlangten Entgelte die Obergrenze übersteigen, von den Unternehmen eine vollständige Begründung und gegebenenfalls eine Anpassung zu verlangen.

d. TAL-Verordnung

Die Preise für den entbündelten Teilnehmeranschluss und die zugehörigen Einrichtungen müssen grundsätzlich kostenorientiert sein, Art. 3 Abs. 4 der TAL-Verordnung. Die NRB können jedoch SMP-Unternehmen von der Pflicht zur Einhaltung kostenorientierter Preise entbinden, wenn sie meinen, dass auf dem Markt für den Zugang zum Teilnehmeranschluss hinreichender Wettbewerb besteht, Art. 4 Abs. 4.

e. ONP-Sprachtelefonrichtlinie II

SMP-Unternehmen müssen ihre Tarife für die Nutzung des festen öffentlichen Telefonnetzes und fester öffentlicher Telefondienste kostenorientiert ausgestalten, Art. 17 Abs. 2 ONP-Sprachtelefonrichtlinie II. Dies gilt insbesondere für die Entgelte für den besonderen Netzzugang, Art. 16 Abs. 3 UA 2. Rabattsysteme von Unternehmen, die dem Grundsatz der Kostenorientiertheit nach Art. 17 unterliegen, müssen vollkommen transparent sein und veröffentlicht werden, Art. 19. Entgelte für Dienstmerkmale, die zusätzlich zum Anschluss an das feste öffentliche Telefonnetz und feste öffentliche Telefondienste bereitgestellt werden, müssen hinreichend aufgegliedert, also entbündelt sein, Art. 17 Abs. 4. SMP-Unternehmen müssen für die Gewähr des Zugangs zu und der Nutzung des festen öffentlichen Telefonnetzes verwendungsunabhängige Tarife vorsehen, es sei denn, dass das SMP-Unternehmen selbst im Vorfeld unterschiedliche Dienste oder Dienstmerkmale einbringen muss, um die Leistung an den Kunden zu erbringen, Art. 17 Abs. 3.

---

[313] Die Kommission wendet wiederum die „Benchmarking-Methode“ aus der Zusammenschaltungsempfehlung - Teil 1 an, errechnet also die empfohlenen Preise auf der Grundlage der drei Mitgliedstaaten mit den kostengünstigsten Zusammenschaltungstarifen.

[314] Wie die Kommission in Punkt 10 ihrer Empfehlungsbegründung ausführt, hat sie sich speziell mit den Preisen für die entsprechenden Kurzstrecken-Mietleitungen befasst, weil diese dem Engpass beim Ortsanschlussnetz des etablierten Betreibers entsprächen und in diesem Mietleitungsbereich weiterhin nur geringer Wettbewerb herrsche.

Durch nationales Recht kann es den NRB gestattet werden, die gesamten oder einzelne Tariffierungsbestimmungen aus Art. 17 nicht anzuwenden. wenn sie den Wettbewerb auf dem Markt für feste öffentliche Telefondienste für zufriedenstellend erachtet, Art. 17 Abs. 6. Die NRB können mithin auf die Forderung nach kostenorientierten, aufgegliederten und transparent ausgestalteten Tarifen verzichten.

2. Kostenrechnungssysteme und Buchführung

a. Überblick und Zielsetzungen

Die Tariffierungsgrundsätze für SMP-Unternehmen bedürfen zu ihrer Durchsetzung adäquater Kostenrechnungssysteme. Dementsprechend findet sich in den speziellen ONP-Richtlinien die Forderung, dass diejenigen Unternehmen, die bestimmte Pflichten im Bereich der Preisbildung haben, geeignete Kostenrechnungssysteme einrichten müssen. Geeignet bedeutet dabei, dass mithilfe der Kostenrechnungssysteme die verschiedenen Vorgaben zur Preisbildung eingehalten werden können und die Einhaltung auch nachgewiesen werden kann. Insbesondere kann der Grundsatz der Kostenorientiertheit nur dann eingehalten und überwacht werden, wenn verlässliche Kostenrechnungsdaten vorhanden sind.

Darüber hinaus ist für SMP-Unternehmen die Pflicht zur getrennten Buchführung für Zusammenschaltungsaktivitäten und andere Dienstleistungen eingeführt worden. Die Pflicht zur getrennten Buchführung soll es den Behörden erleichtern, zu überwachen, dass keine den Tariffierungsprinzipien oder dem Wettbewerbsrecht zuwiderlaufende Quersubventionierung zwischen solchen Aktivitäten stattfindet, die in einem voll funktionsfähigen wettbewerblichen Umfeld erbracht werden, und solchen, bei denen der Anbieter durch seine Marktstellung einen unkontrollierten Verhaltensspielraum für die Tarifgestaltung hat.[315]

b. ONP-Mietleitungsrichtlinie

SMP-Unternehmen müssen ein zur Umsetzung der Tariffierungsgrundsätze geeignetes analytisches Kostenrechnungssystem[316] ausarbeiten und umsetzen, Art. 10 Abs. 2 ONP-Mietleitungsrichtlinie.[317]

---

[315] *Garzaniti*, Telecommunications, Broadcasting and the Internet, E.U. Competition Law and Regulation, S. 42.

[316] Siehe dazu *Queck/ Defraigne*, Cahiers du CRID N°16, S. 335, 370.

[317] Art. 10 Abs. 2 a und b präzisiert in Bezug auf den Aufbau des Kostenrechnungssystems, dass in jedem Fall direkte Kosten der Bereitstellung von Mietleitungen zugerechnet werden sollen. Gemeinsame Kosten sollen der Mietleitungsbereitstellung zugerechnet werden, soweit sie aufgrund einer direkten Analyse des Kostenursprungs oder durch eine indirekte Verknüp-

c. ONP-Zusammenschaltungsrichtlinie

aa. Vorgaben aus der ONP-Zusammenschaltungsrichtlinie

SMP-Unternehmen auf den zwei Märkten für feste öffentliche Telefonnetze und -dienste oder für Mietleitungen müssen Kostenrechnungssysteme zugrunde legen, die zur Umsetzung der Tariffierungsgrundsätze aus Art. 7 ONP-Zusammenschaltungsrichtlinie geeignet sind und diese Systeme entsprechend Anhang V dokumentieren, Art. 7 Abs. 5. Auf Anforderung muss eine Beschreibung der Kostenrechnungssysteme zur Verfügung gestellt werden. Die Einhaltung des Systems wird durch die NRB oder eine unabhängige Stelle überprüft und einmal jährlich veröffentlicht.
Des Weiteren haben diese Unternehmen, wenn sie zugleich öffentliche Telekommunikationsnetze und -dienste bereitstellen und anderen Unternehmen Zusammenschaltungsleistungen anbieten, also vertikal integriert sind, die Pflicht, über Tätigkeiten im Rahmen der Zusammenschaltung - inklusive intern und extern bereitgestellter Zusammenschaltungsdienstleistungen - und ihrer übrigen Tätigkeiten getrennt Buch zu führen, Art. 8 Abs. 2. Jedoch kann von der Verpflichtung abgesehen werden, wenn die Umsatzschwelle in Anhang VI Nr. 2 unterschritten wird. Die Buchführung muss einer unabhängigen Rechnungsprüfung unterzogen und veröffentlicht werden, Art. 8 Abs. 4 UA 2.

bb. Zusammenschaltungsempfehlung - Teil 2

In der Zusammenschaltungsempfehlung - Teil 2 hat die Kommission Leitlinien für die Einführung von Kostenrechnungssystemen und getrennter Buchführung erstellt. Da in den ONP-Richtlinien kein bestimmtes Kostenrechnungssystem vorgeschrieben ist, beschränkt sich die Kommission darauf, den NRB zu empfehlen, die Einführung von Kostenrechnungssystemen zu verlangen, die auf Wiederbeschaffungskosten statt auf Anschaffungs- bzw. Herstellungskosten beruhen, da die Ermittlung von Zusammenschaltungskosten auf der Grundlage der zukunftsrelevanten langfristigen durchschnittlichen zusätzlichen Kosten - so wie die Kommission es im Teil 1 ihrer Zusammenschaltungsempfehlung nahegelegt hatte - ein solches Kostenrechnungssystem voraussetze.[318]
In Bezug auf die Pflicht zur getrennten Buchführung wird den NRB empfohlen, zu verlangen, dass SMP-Unternehmen ihre Betriebskosten, ihr eingesetztes Ka-

---

fung zuordenbar sind oder aufgrund eines allgemeinen Verteilungsschlüssels der Bereitstellung zugerechnet werden müssen.

[318] Die Kommission empfiehlt darüber hinaus, die Zurechnung von Kosten, eingesetztem Kapital und Erträgen gemäß dem Grundsatz der Kostenverursachung vorzunehmen, Zusammenschaltungsempfehlung - Teil 2, Ziff. 3.

pital und ihre Erträge zumindest nach den Geschäftstätigkeiten Kernnetz, Ortsanschlussnetz, Einzelkundengeschäft und sonstige Tätigkeiten aufgliedern.[319]

d. ONP-Sprachtelefonrichtlinie II

Unternehmen, die zur Einhaltung des Grundsatzes der Kostenorientiertheit verpflichtet sind, müssen geeignete Kostenrechnungssysteme einführen, Art. 18 Abs. 1 der ONP-Sprachtelefonrichtlinie II. Die korrekte Anwendung der Systeme wird dadurch sichergestellt, dass sie von einer unabhängigen Stelle überprüft werden und einmal jährlich eine Erklärung über die Prüfungsergebnisse veröffentlicht wird. Auf Anfrage der NRB muss eine Beschreibung der Kostenrechnungssysteme mit einer Beschreibung der Hauptkategorien und der Vorschriften für die Umlage der Kosten auf den Sprachtelefondienst zur Verfügung gestellt werden, Art. 18 Abs. 2.

VI. Zusammenfassung zur Ausgestaltung des alten SMP-Pflichtenregimes

Festzuhalten bleibt, dass das alte SMP-Pflichtenregime sich aus einer Vielzahl von Pflichten zusammensetzt, die in den drei - z.T. nachträglich modifizierten - speziellen ONP-Richtlinien und der TAL-Verordnung normiert sind. Zugeordnet werden können die Pflichten den drei großen Kategorien der Informationspflichten, Leistungs- und Leistungsnebenpflichten und den Tariffierungs- und Kostenrechnungspflichten. Darüber hinaus hat die Darstellung gezeigt, dass das Pflichtenregime hochgradig komplex und schwer überschaubar ist und durchaus nicht immer kohärent ausgestaltet wurde.

E. Institutionelle und verfahrensrechtliche Vorgaben für die Ausführung der alten SMP-Regulierungsvorschriften

Das Gemeinschaftsrecht beschränkt sich nicht auf Vorgaben zu den Regulierungsvoraussetzungen und zum SMP-Pflichtenregime, sondern enthält daneben institutionelle und verfahrensrechtliche Vorgaben.
In diesem Kapitel werden die Vorgaben bzgl. der Kompetenzen[320], Befugnisse und des Zusammenwirkens zwischen den beteiligten Organen für die Ausfüh-

---

319 Zusammenschaltungsempfehlung - Teil 2, Ziff. 1 und 2. Für eine Veranschaulichung dieser Kriterien vgl. *Garzaniti*, Telecommunications, Broadcasting and the Internet, E.U. Competition Law and Regulation, S. 43.

320 „Kompetenz" wird hier i.S. der Berechtigung und Verpflichtung zur Wahrnehmung einer Aufgabe verstanden, vgl. *Köbler*, Juristisches Wörterbuch, Stichwörter „Kompetenz" und „Zuständigkeit".

rung[321] der alten SMP-Regulierungsvorschriften herausgearbeitet. Nach einer Darlegung der grundsätzlichen Kompetenzverteilung für die Umsetzung und Ausführung der gemeinschaftsrechtlichen Vorgaben im Telekommunikationsrecht (Abschnitt I) werden jeweils die - für die Ausführung der alten SMP-Konzeption relevanten - Aufgaben und Befugnisse der NRB (Abschnitt II) und der Kommission (Abschnitt III) aufgezeigt. Der letzte Abschnitt ist dem Zusammenwirken der an der Ausführung beteiligten Organe gewidmet (Abschnitt IV).

Dabei ist es unumgänglich, einige für die Ausführung der SMP-Regulierungsvorschriften relevanten Vorgaben anzusprechen, die nicht spezifisch für die SMP-Konzeption sind.[322]

I. Grundsätzliche Kompetenzverteilung für die Umsetzung des europäischen Telekommunikationsrechts

1. Verbandskompetenzen: Kompetenzverteilung zwischen EU und den Mitgliedstaaten

Die Kompetenz für die Verwirklichung der gemeinschaftlichen Richtlinien- bzw. Verordnungsvorgaben, die den Kern des gemeinschaftlichen Telekommunikationsrechts bilden, liegt bei den Mitgliedstaaten. Erforderlich ist dabei ein Tätigwerden auf drei Stufen:
Auf einer ersten Stufe muss der nationale Gesetzgeber die Richtlinienvorgaben in nationales Recht umsetzen und dabei das nationale Recht insoweit ausgestalten, wie er es für erforderlich hält und das Gemeinschaftsrecht es zulässt. Bei Verordnungen entfällt das Umsetzungserfordernis, wobei die Mitgliedstaaten allerdings auch nicht gehindert sind, eine Verordnung - z.B. aus Rechtsklarheitsgründen - explizit in nationale Rechtsvorschriften zu übernehmen.
Auf der zweiten Stufe erfolgt die administrative Ausführung des in nationales Recht umgesetzten bzw. des direkt anwendbaren Gemeinschaftsrechts. Es handelt sich hierbei um den Regelfall des mittelbaren - bzw. im Falle von Verordnungen - unmittelbaren mitgliedstaatlichen Vollzugs durch die zuständigen nationalen Verwaltungsbehörden nach den einschlägigen nationalen Verwaltungsverfahrensvorschriften.[323] Die Behörden müssen bei der Anwendung nationalen

---

[321] Der Begriff der „Ausführung“ wird hier i.S. der Wahrnehmung aller Aufgaben im Zusammenhang mit dem Normvollzug verstanden.
[322] In Anbetracht der Vielzahl der für dieses Kapitel relevanten Normen, die über alle ONP-Maßnahmen des Ordnungsmodells 4 verstreut sind, wird auf einen vorangestellten Überblick über das relevante Normmaterial in diesem Kapitel verzichtet.
[323] Der mitgliedstaatliche Vollzug wird oft auch als indirekter Vollzug bezeichnet, vgl. dazu allgemein *Schweitzer/ Hummer*, Europarecht, Rn. 424 ff.

Rechts die diesem Recht zugrundeliegenden gemeinschaftsrechtlichen Vorschriften bei der Auslegung berücksichtigen.
Auf einer dritten Ebene entscheiden nationale Gerichte i.R.v. Rechtsstreitigkeiten konkrete Fragen in Bezug auf das nationale, in Transposition des Gemeinschaftsrechts erlassene Recht, wobei auch der nationale Richter die gemeinschaftsrechtlichen Vorgaben bei der Auslegung berücksichtigen muss.

Den Organen der EU kommen in Bezug auf die Verwirklichung der Richtlinien- und Verordnungsvorgaben grundsätzlich nur Hilfs- und Kontrollfunktionen zu.
Die Hilfsfunktion besteht darin, ergänzende Implementierungsrechtsakte zu erlassen und die Umsetzung erleichternde Informationen für die nationalen Gesetzgeber, Behörden und Gerichte bereitzustellen.
Die Kontrollfunktion impliziert die Überwachung des „Ob" und „Wie" der Umsetzung und Ausführung im Wege der Kontrolle der Gesetzgebungs- und Verwaltungsaktivitäten sowie gegebenenfalls die Einleitung und Durchführung von Vertragsverletzungsverfahren nach Art. 226 ff EG zur Sicherstellung der ordnungsgemäßen Umsetzung und Ausführung.

2. Organkompetenzen: Kompetenzverteilung zwischen den in den Verbänden beteiligten Organen

a. Nationale Ebene

Auf nationaler Ebene kommen - da die drei Verwirklichungsstufen unterschiedliche Formen der Staatstätigkeit betreffen - jeweils verschiedenen Organen Kompetenzen zu.
Die Aufgaben der Umsetzungsstufe werden jeweils von den nach nationalem Verfassungsrecht zuständigen Legislativorganen wahrgenommen.
Auf der zweiten Stufe handelt es sich um administrative Ausführungstätigkeiten. Diese werden im Telekommunikationsrecht in allen Mitgliedstaaten in erster Linie von den nationalen Regulierungsbehörden (NRB) wahrgenommen.[324] Diese einheitliche institutionelle Ausgestaltung beruht darauf, dass das europäische Recht den Mitgliedstaaten sowohl die Einsetzung solcher unabhängigen Behörden vorschreibt[325] als auch in vielen Normen explizit die Anwendung der materiell-rechtlichen Vorgaben den NRB zuweist. Dabei lässt das Gemeinschaftsrecht den Mitgliedstaaten eine weitreichende Autonomie hinsichtlich der Einrichtung der und Verfahrensvorgaben für die NRB. Insbesondere können die Aufgaben in einem Mitgliedstaat verschiedenen Behörden übertragen werden, die dann jeweils „NRB" i.S. des Gemeinschaftsrechts sind. Das Gemeinschafts-

---

[324] *Thatcher*, Journal of European Public Policy 8 (2001), 558, 572; *Queck*, Info 2 (2000) 251, 252.
[325] Art. 7 Diensterichtlinie 90/388/EG.

recht enthält aber auch eine Reihe von strukturellen Mindestanforderungen für die Ausgestaltung der NRB, insbesondere hinsichtlich des sie charakterisierenden Merkmals der Unabhängigkeit[326] und der von den NRB zu beachtenden Verfahrensprinzipien zur Sicherstellung von Rechtssicherheit und Transparenz und der Absicherung der grundlegenden Verfahrensrechte der Beteiligten.[327]
Für länderübergreifende Fragen, die NRB aus mehr als einem Mitgliedstaat betreffen, wurden zwischenstaatliche Gruppen eingerichtet, die der mulilateralen Kooperation und Koordination dienen.[328] Es handelt sich dabei nicht um Organe, sondern um informelle Foren.
Auf der dritten Stufe agieren die nationalen Gerichte. Ob die Zivil- oder Verwaltungsgerichtsbarkeit zuständig sein soll, bleibt dem nationalen Gesetzgeber überlassen.
Das Gemeinschaftsrecht macht nur die Vorgabe, dass die Mitgliedstaaten eine von den an einem Verfahren Beteiligten unabhängigen Stelle einrichten müssen, bei der Einsprüche gegen die Entscheidungen der NRB eingelegt werden können.[329] Nationale Gerichte können den EuGH im Wege des Vorabentscheidungsverfahrens nach Art. 234 mit der Auslegung des von ihnen zu beachtenden einschlägigen gemeinschaftlichen Telekommunikationsrechts befassen.

b. EU-Ebene

Für die Hilfestellung bei der Umsetzung ist auf gemeinschaftlicher Ebene in erster Linie die Kommission zuständig. Dies ergibt sich daraus, dass sie nach Art. 211 - 1. Spiegelstrich EG die Anwendung der von den gemeinschaftlichen Organen getroffenen Bestimmungen sicherzustellen hat, was sowohl die präventive Unterstützung nationaler Organe bei der Umsetzung und dem Vollzug[330] als auch die Aufsicht über die ordnungsgemäße Umsetzung und den Vollzug des Gemeinschaftsrechts durch die nationalen Organe impliziert. Darüber hinaus folgt ihre Kompetenz zum Erlass von zusätzlichen, die Implementierung erleichternden Maßnahmen zum einen aus Art. 211 - 4. Spiegelstrich EG, wonach

---

[326] Vgl. Art. 5 a Abs. 2 ONP-Rahmenrichtlinie in der Fassung der ONP-Änderungsrichtlinie. Näher zum Merkmal der Unabhängigkeit der NRB vgl. *Garzaniti*, Telecommunications, Broadcasting and the Internet, E.U. Competition Law and Regulation, S. 33 und *Huppertz*, K&R 2001, 402, 407.

[327] Siehe dazu *Nihoul*, Droit européen des télécommunications - l'organisation des marchés, S. 245 ff und *Huppertz*, K&R 2001, 402, 407. Beispiele solcher gemeinschaftsrechtlicher Vorgaben finden sich z.B. in Art. 8 Abs. 1 ONP-Mietleitungsrichtlinie und Art. 13 Abs. 1 UA 2 ONP-Sprachtelefonrichtlinie II.

[328] Für den Telekommunikationssektor wichtige Foren dieser Art sind das Hochrangige Komitee der nationalen Verwaltungen und Regulierungsbehörden (NARA) - zuvor Hochrangige Gruppe der Regulierer - und die Gruppe der unabhängigen Regulierungsbehörden (IRG), vgl. dazu *Huppertz*, K&R 2001, 402, 406.

[329] Art. 5 a Abs. 3 ONP-Rahmenrichtlinie in der Fassung der ONP-Änderungsrichtlinie.

[330] *Schmitt v. Sydow* in GTE, EUV und EGV Kommentar, Art. 155 Rn. 12.

sie die Befugnisse ausübt, die ihr der Rat zur Durchführung der von ihm erlassenen Vorschriften überträgt. Zum anderen kann sie ohne eine solche Ermächtigung von sich aus nach Art. 211 - 2. Spiegelstrich EG Empfehlungen und Stellungnahmen abgeben.
Bei ihren Implementierungstätigkeiten wird die Kommission vom ONP-Ausschuss unterstützt und nach den Regeln des Komitologie-Beschlusses[331] kontrolliert. Der ONP-Ausschuss besteht aus Regierungsvertretern der Mitgliedstaaten, Vorsitzender ist ein Mitglied der Kommission. Der ONP-Ausschuss ist beim Erlass von Implementierungsmaßnahmen der Kommission entsprechend den Verfahrensregeln aus dem Komitologie-Beschluss zu beteiligen. Am Erlass nicht bindender Implementierungsmaßnahmen für den Telekommunikationssektor wirkt er in beratender Funktion mit, Art. 9 Abs. 2 ONP-Rahmenrichtlinie.[332]

Die Kontrollfunktion nimmt auf gemeinschaftlicher Ebene ebenfalls in erster Linie die Kommission wahr. Dies entspricht dem zweiten Flügel des Art. 211 - 1. Spiegelstrich EG, also der Aufsicht über die ordnungsgemäße Umsetzung und den Vollzug des Gemeinschaftsrechts durch die nationalen Organe. Als Mittel zur Berichtigung kann die Kommission nach Art. 226 EG gegen säumige Mitgliedstaaten ein Vertragsverletzungsverfahren einleiten. Durchgeführt und entschieden wird dies dann allerdings nach Art. 226, 228 EG durch den EuGH.

II. Aufgaben und Befugnisse der NRB bei der Ausführung der SMP-Regulierungsvorschriften

1. Aufgaben

Die NRB nehmen i.R. der Ausführung der transponierten SMP-Regulierungsvorschriften folgende fünf Aufgaben wahr:

- Entscheidung über das „Ob“ der Regulierung
- Gestaltungsentscheidungen
- Informations- und Datenerhebung zur Überwachung der Einhaltung der SMP-Pflichten
- Streitbeilegung
- Zugänglichmachung bestimmter Informationen und Daten

[331] Beschluss des Rates v. 28.6.1999 zur Festlegung der Modalitäten für die Ausübung der der Kommission übertragenen Durchführungsbefugnisse (1999/468/EG), ABl. Nr. L 184/23 v. 17.7.1999, der den Beschluss des Rates v. 13.7.1987 zur Festlegung der Modalitäten für die Ausübung der der Kommission übertragenen Durchführungsbefugnisse, ABl. Nr. L 197/33 v. 18.7.1987, ersetzt hat.
[332] Dies ist z.B. relevant für den Erlass von Empfehlungen nach Art. 7 Abs. 5 ONP-Zusammenschaltungsrichtlinie.

2. Befugnisse zur Erfüllung der Aufgaben in den verschiedenen ONP-Maßnahmen

a. Entscheidung über das „Ob" der Regulierung

Den NRB obliegt es zu prüfen, ob auf einem der in den ONP-Richtlinien vorabbestimmten Märkten Unternehmen über beträchtliche Marktmacht verfügen und diese Unternehmen als SMP-Unternehmen zu bestimmen. Insbesondere wenn eine NRB von dem durch die 25%-Vermutungsregel indizierten Ergebnis abweichen will, kommt der NRB mithin eine zentrale Rolle bei der Entscheidung über das „Ob" der asymmetrischen Regulierung zu.
Eine weitere Befugnis besteht in diesem Kontext in der Entscheidung darüber, ob die grundsätzlich für die Richtlinie als SMP-Organisationen bestimmten Unternehmen auf einzelnen Märkten keine Marktmacht innehaben, sie dort also keinen SMP-Pflichten erfüllen müssen[333], oder ob auf einem Markt so viel Wettbewerb besteht,[334] dass in Abweichung vom Alles-oder-Nichts-Prinzip davon abgesehen werden kann, die eigentlich vorgeschriebenen SMP-Pflichten den SMP-Unternehmen aufzuerlegen.[335]

b. Gestaltungsfunktion

Eine zentrale Aufgabe der NRB besteht darin, in Bezug auf SMP-Unternehmen konkrete und abstrakte rechtsgestaltendende Entscheidungen zu treffen.[336]

aa. Befugnisse in der ONP-Mietleitungsrichtlinie

Die NRB müssen darüber entscheiden, ob SMP-Unternehmen Maßnahmen wie die Ablehnung oder die Einschränkung der Bereitstellung von Mietleitungen wegen einer angeblichen Nichteinhaltung der Nutzungsbedingungen ergreifen dürfen. Diese Entscheidungen können im Einzelfall oder in abstrakter Form im Vorhinein getroffen werden. Für die Genehmigungsverfahren müssen allgemeine Regeln aufgestellt werden, Art. 8 Abs. 1 ONP-Mietleitungsrichtlinie[337]. Des Weiteren bestimmten die NRB, welche Art von Beschränkungen SMP-Unternehmen ihren Mietleitungskunden hinsichtlich des Zugangs zu und der Nut-

---

[333] Vgl. Art. 10 Abs. 4 Satz 1 ONP-Mietleitungsrichtlinie.

[334] In den Richtlinien werden zur Qualifizierung des erforderlichen Wettbewerbs die Begriffe effektiver, zufriedenstellender bzw. hinreichender Wettbewerb verwendet.

[335] Zumeist handelt es sich um die Nichtanwendung des Grundsatzes der Kostenorientierung, vgl. Art. 10 Abs. 4 Satz 2 ONP-Mietleitungsrichtlinie, Art. 17 Abs. 6 ONP-Sprachtelefonrichtlinie II und Art. 4 Abs. 4 TAL-Verordnung.

[336] Vgl. *Queck*, Info 2 (2000) 251, 253.

[337] Wie in Teil 3, C. und D. ist auch in diesem Kapitel regelmäßig die ONP-Mietleitungsrichtlinie in der Fassung der ONP-Änderungsrichtlinie gemeint.

zung von Mietleitungen zur Sicherstellung grundlegender Anforderungen auferlegen dürfen, Art. 6 Abs. 1 und 2. Sie müssen des Weiteren darüber entscheiden, ob ein SMP-Unternehmen im Einzelfall von seinem Referenzmietleitungsangebot abweichen darf, Art. 8 Abs. 3.

bb. Befugnisse in der ONP-Zusammenschaltungsrichtlinie

Die NRB müssen entscheiden, welche Teile von Zusammenschaltungsvereinbarungen die Geschäftstrategien der Parteien betreffen und deshalb nicht öffentlich zugänglich gemacht werden müssen, Art. 6 c ONP-Zusammenschaltungsrichtlinie. Die NRB können von SMP-Unternehmen die Anpassung von Zusammenschaltungsentgelten verlangen, wenn diese nicht kostenorientiert sind, Art. 7 Abs. 2 Satz 2. Ferner können sie in gerechtfertigten Fällen die Änderung des Standardzusammenschaltungsangebots verlangen, Art. 7 Abs. 3 UA 3.
Art. 9 spricht den NRB die Befugnis zu, allgemeine Regeln für den Inhalt von Zusammenschaltungsvereinbarungen aufzustellen (Art. 9 Abs. 2), im Einzelfall von Amts wegen oder auf Antrag einer Partei vorzugeben, welche Punkte in einer Zusammenschaltungsvereinbarung abgedeckt sein müssen und bis wann sie abzuschließen ist (Art. 9 Abs. 3) und im Falle der Nichteinigung die Zusammenschaltung inklusive der Zusammenschaltungsbedingungen anordnen zu können (Art. 9 Abs. 6). Er knüpft nicht an das SMP-Kriterium an, sondern gilt ganz allgemein für die Zusammenschaltung von Unternehmen, die öffentliche Telekommunikationsnetze und -dienste bereitstellen. Die entsprechenden Befugnisse können jedoch auch zur Durchsetzung der SMP-Pflichten eingesetzt werden.

cc. Befugnisse in der ONP-Sprachtelefonrichtlinie II

NRB können für SMP-Unternehmen Leistungsvorgaben festlegen, deren Einhaltung überwachen und im Falle anhaltender Nichteinhaltung der Leistungsvorgaben Zwangsmaßnahmen gegenüber den SMP-Unternehmen ergreifen, Art. 12 Abs. 3 ONP-Sprachtelefonrichtlinie II. In Parallele zu Art. 8 Abs. 1 ONP-Mietleitungsrichtlinie müssen die NRB nach Art. 13 Abs. 1 Genehmigungsverfahren für Fälle einrichten, in denen SMP-Unternehmen in Bezug auf den Sprachtelefondienst Leistungsveränderungen wie die Sperrung, Beendigung, erhebliche Änderung oder Einschränkung der Verfügbarkeit von Diensten vornehmen wollen und über die Zulässigkeit dieser Maßnahmen dann im Einzelfall entscheiden.[338] Wird ein besonderer Netzzugang beantragt, jedoch vom SMP-

---

[338] Das Gemeinschaftsrecht stellt für diese Genehmigungsverfahren einen prozeduralen Mindeststandard auf: Die NRB müssen das Verfahren unter Wahrung der Rechte beider Parteien durchführen, sie müssen ihre Entscheidung begründen und sie den Parteien innerhalb einer Woche mitteilen. Eine Zusammenfassung der Verfahren muss so veröffentlicht werden, dass sie für Interessierte leicht zugänglich ist. Art und Weise der Veröffentlichung muss im Veröffentlichungsblatt des Mitgliedstaats angegeben werden.

Unternehmen verweigert bzw. nur eingeschränkt gewährt, so kann die NRB von Amts wegen oder auf Antrag einer Partei intervenieren, um den Sondernetzzugang sicherzustellen bzw. nichtdiskriminierende, für beide Parteien gerechte und annehmbare Bedingungen festzulegen, Art. 16 Abs. 4 und 5. NRB können angemessene Ankündigungsfristen festzulegen, die SMP-Unternehmen vor Tarifänderungen einhalten müssen, Art. 17 Abs. 5. Zuletzt können NRB - wenn SMP-Unternehmen, die der Tarifkontrolle unterliegen, Rabattsysteme einführen wollen - die Rücknahme oder Abänderung dieser Rabattsysteme verlangen, Art. 19 UA 2.

dd. Befugnisse in der TAL-Verordnung

Auch nach der TAL-Verordnung können NRB in gerechtfertigten Fällen die Änderung des Standardangebots für entbündelten Zugang zur Teilnehmeranschlussleitung und zu zugehörigen Einrichtungen - einschließlich der Preise - verlangen, Art. 4 Abs. 2 a).

c. Daten- und Informationserhebungsbefugnisse zur Überwachung von SMP-Unternehmen

Den NRB obliegt es, sicherzustellen, dass die SMP-Unternehmen ihre asymmetrischen Pflichten erfüllen.[339] Um diese Überwachungsfunktion adäquat wahrnehmen zu können, müssen die NRB in der Lage sein, die zur Überprüfung erforderlichen Informationen und Daten zu erheben. Entsprechende Befugnisse existieren sowohl speziell für die Ausführung der SMP-Vorschriften als auch in allgemeiner Form.

aa. Befugnisse in der ONP-Rahmenrichtlinie

Die Mitgliedstaaten müssen ganz allgemein sicherstellen, dass die NRB von Telekommunikationsnetz- und -dienstbetreibern alle zur Wahrnehmung der ihnen gemeinschaftsrechtlich übertragenen Aufgaben erforderlichen Informationen erhalten können, Art. 5 a Abs. 4 ONP-Rahmenrichtlinie.

bb. Befugnisse in der ONP-Zusammenschaltungsrichtlinie

Art. 6 c ONP-Zusammenschaltungsrichtlinie schreibt vor, dass den NRB alle von SMP-Unternehmen abgeschlossenen Zusammenschaltungsvereinbarungen übermittelt werden müssen. Des Weiteren können sie von SMP-Unternehmen verlangen, Zusammenschaltungsentgelte vollständig zu begründen, Art. 7 Abs. 2 Satz 2.

---

[339] Vgl. z.B. Art. 10 Abs. 1 und 2 ONP-Mietleitungsrichtlinie, Art. 6 ONP-Zusammenschaltungsrichtlinie und Art. 16 und 17 ONP-Sprachtelefonrichtlinie II.

Wiederum allgemeiner Natur - jedoch für die SMP-Konzeption von erheblicher Bedeutung - ist das Recht der NRB, von allen Unternehmen, die öffentliche Telekommunikationsnetze oder -dienste bereitstellen, verlangen zu können, ihnen Unternehmensfinanzdaten mit dem für die Arbeit der NRB erforderlichen Detailgrad zur Verfügung zu stellen, Art. 8 Abs. 3.

cc. Befugnisse in der ONP-Sprachtelefonrichtlinie II

Zur Erleichterung der Qualitätskontrolle können NRB von SMP-Unternehmen verlangen, dass diese ihnen Leistungsdaten i.S.v. Anhang III ONP-Sprachtelefonrichtlinie II zur Verfügung stellen, Art. 12 Abs. 2 UA 2. Sie können zudem verlangen, dass SMP-Unternehmen ihnen Einzelheiten bzgl. der von ihnen abgeschlossenen Vereinbarungen über Sondernetzzugänge mitteilen, Art. 16 Abs. 9. NRB können des Weiteren von SMP-Unternehmen eine Beschreibung der Kostenrechnungssysteme, Art. 18 Abs. 2, und detaillierte Kostenrechnungsinformationen anfordern, Art. 18 Abs. 4.

dd. TAL-Verordnung

Art. 4 Abs. 2 b TAL-Verordnung verleiht den NRB das Recht, von SMP-Unternehmen alle Informationen anzufordern, die für die Durchführung der Verordnung von Belang sind.

d. Streitbeilegung

Eine zentrale Aufgabe der NRB ist die Beilegung von Streitigkeiten in Bezug auf die Erfüllung von SMP-Pflichten. Die Streitbeilegungsbefugnisse, die den NRB in den Richtlinien zugewiesen sind, gelten regelmäßig für den gesamten Anwendungsbereich der Richtlinien, sind aber eben auch für Streitigkeiten über SMP-Pflichten einschlägig.

aa. ONP-Mietleitungsrichtlinie

Wenn ein Benutzer den Verstoß gegen Richtlinienbestimmungen[340] rügt, haben die NRB ein Verfahren zur Streitbeilegung durchzuführen, Art. 12 Abs. 1 ONP-Mietleitungsrichtlinie. Die NRB muss im Falle einer auf nationaler Ebene nicht lösbaren Streitigkeit aufgrund eines schriftlichen Antrags einer Partei diese

[340] Entgegen dem Wortlaut ist diese Bestimmung so zu verstehen, dass es sich um Streitigkeiten über den Verstoß gegen in Umsetzung der Richtlinie ergangene nationale Vorschriften handeln muss, da die eigentlichen Richtlinienbestimmungen nach Art. 249 EG ja nur an die Mitgliedstaaten gerichtet sind.

Streitigkeit dem Streitschlichtungsverfahren[341] nach Art. 12 Abs. 4 und 5 zuführen, Art. 12 Abs. 2 und 3.

bb. ONP-Zusammenschaltungsrichtlinie

NRB müssen bei Zusammenschaltungsstreitigkeiten zwischen Unternehmen in einem Mitgliedstaat auf Ersuchen einer Partei innerhalb von sechs Monaten unter Berücksichtigung der in Art. 9 Abs. 5 aufgelisteten Regulierungsziele und Interessen den Streit beilegen, Art. 9 Abs. 5. Handelt es sich um Streitigkeiten zwischen Unternehmen, die im Rahmen von Genehmigungen unterschiedlicher Mitgliedstaaten tätig sind, so greift das Verfahren nach Art. 17 Abs. 2. Danach kann jede Partei, die eine zusammenschaltungsbezogene Beschwerde gegen ein anderes Unternehmen vorbringen will, diejenige NRB damit befassen, die dem anderen Unternehmen die Genehmigung erteilt hat. Hinsichtlich der Verfahren und Fristen wird in Art. 17 Abs. 2 auf Art. 9 Abs. 5 verwiesen.

cc. TAL-Verordnung

Für Streitigkeiten zwischen Unternehmen über Fragen des entbündelten Zugangs zur Teilnehmeranschlussleitung kommen nach Art. 4 Abs. 5 TAL-Verordnung die Streitbeilegungsverfahren i.S. der ONP-Zusammenschaltungsrichtlinie zum Einsatz, also die Verfahren nach Art. 9 Abs. 5 bzw. Art. 17 Abs. 2 ONP-Zusammenschaltungsrichtlinie.

dd. ONP-Sprachtelefonrichtlinie II

Regelmäßig[342] obliegt es den NRB, über behauptete Verstöße gegen Bestimmungen aus der ONP-Sprachtelefonrichtlinie II zu entscheiden, Art. 26 Abs. 1. Im Falle einer auf nationaler Ebene nicht lösbaren Streitigkeit, an der Unternehmen aus mehr als einem Mitgliedstaat beteiligt sind, kann die NRB aufgrund eines schriftlichen Antrags einer Partei oder aufgrund eigener Initiative diese Streitigkeit dem Streitschlichtungsverfahren[343] i.S.v. Art. 26 Abs. 4 und 5 zuführen, Art. 26 Abs. 2 und 3.

---

[341] Vgl. zu diesem Streitschlichtungsverfahren - an dem die NRB partizipiert - unten Teil 3, E.IV.2.b.

[342] Alternativ können die Mitgliedstaaten jedoch für die Zwecke der Richtlinie auch eine andere unabhängige Stelle mit der Streitbeilegung betrauen, vgl. Art. 26 Abs. 1 ONP-Sprachtelefonrichtlinie II.

[343] Vgl. zu diesem Streitschlichtungsverfahren - an dem die NRB partizipiert - unten Teil 3, E.IV.2.b.

e. Veröffentlichung bestimmter Informationen

Zuletzt haben die NRB die Aufgabe, bestimmte Informationen bzw. Daten zu veröffentlichen.

aa. ONP-Mietleitungsrichtlinie

Im nationalen Amtsblatt ist ein Hinweis auf den Veröffentlichungsort von Mietleitungsangeboten zu veröffentlichen, Art. 3 Abs. 2 ONP-Mietleitungsrichtlinie. Mindestens einmal jährlich muss die NRB einen statistischen Bericht veröffentlichen, der die Bereitstellungsqualität für Mietleitungen anhand der Leistungsparameter aus Art. 3 Abs. 1 - insbesondere mit Blick auf Bereitstellungs- und Reparaturzeiten - bewertet, Art. 11 Abs. 2.

bb. ONP-Zusammenschaltungsrichtlinie

Einmal jährlich muss die NRB eine Erklärung über die Einhaltung des von SMP-Unternehmen einzurichtenden Kostenrechnungssystem veröffentlichen, Art. 7 Abs. 5 ONP-Zusammenschaltungsrichtlinie. Daneben ist im nationalen Amtsblatt bekannt zu geben, wo das Standardzusammenschaltungsangebot veröffentlicht ist, Art. 14 Abs. 1.

cc. ONP-Sprachtelefonrichtlinie II

Auch nach Art. 18 Abs. 1 ONP-Sprachtelefonrichtlinie II muss die NRB einmal jährlich eine Erklärung über die Einhaltung des einzurichtenden Kostenrechnungssystem veröffentlichen.

III. Aufgaben und Befugnisse der Kommission bei der Ausführung der SMP-Regulierungsvorschriften

1. Aufgaben

Da die Kompetenz für den Vollzug des transponierten gemeinschaftlichen Telekommunikationsrechts bei den Mitgliedstaaten liegt, hat die Kommission so gut wie keine unmittelbaren Ausführungsaufgaben in Bezug auf die Regulierung von SMP-Unternehmen. Sie nimmt vielmehr lediglich Beratungs- und Aufsichtsaufgaben gegenüber den zuständigen nationalen Behörden wahr. Dafür sieht der Rechtsrahmen des Ordnungsmodells 4 kaum spezielle Befugnisse vor, die Kommission nimmt regelmäßig lediglich ihre allgemeinen, im ersten Abschnitt skizzierten Befugnisse aus dem EG wahr.[344]

[344] Vgl. dazu oben Teil 3, E.I.2.b.

Für folgende drei Aufgaben sind jedoch spezielle Befugnisse normiert:

- Erarbeitung von Implementierungsrechtsakten
- Einzelfallentscheidungen im Zusammenhang mit der Regulierung von SMP-Unternehmen
- Veröffentlichungspflichten

2. *Befugnisse zur Erfüllung der Aufgaben*

a. *Befugnisse zur Erarbeitung von Implementierungsrechtsakten*

Nach Art. 7 Abs. 5 ONP-Zusammenschaltungsrichtlinie hat die Kommission - unter Einbeziehung des ONP-Ausschusses - Empfehlungen für Kostenrechnungssysteme und die Transparenz der Kostenrechnung im Bereich der Zusammenschaltung zu erlassen.[345]

b. *Einzelfallentscheidungen*

aa. Entscheidungen über die Verweisung von Streitigkeiten an den Schlichtungsausschuss

Der Kommission obliegt es, auf Ersuchen einer Streitpartei oder der mit der Schlichtung eines Streits befassten NRB einen auf nationaler Ebene nicht zu schlichtenden Streit der Schlichtungsarbeitsgruppe[346] zuführen, Art. 12 Abs. 2 und 3 ONP-Mietleitungsrichtlinie und Art. 26 Abs. 2 und 3 ONP-Sprachtelefonrichtlinie II.

bb. Aufschiebungsentscheidungen

Eine kurz nach dem Erlass der Richtlinien wichtige, inzwischen aber irrelevante Befugnis der Kommission bestand darin, darüber zu entscheiden, ob und für welchen Zeitraum eine von einem Mitgliedstaat beantragte Aufschiebung von SMP-Pflichten gerechtfertigt war, Art. 13 Abs. 5 ONP-Mietleitungsrichtlinie und Art. 20 Abs. 2 ONP-Zusammenschaltungsrichtlinie.

c. *Veröffentlichungspflichten*

Die Kommission muss bestimmte, von den NRB mitgeteilte Informationen im Zusammenhang mit der Ausführung der SMP-Pflichten im Amtsblatt der Euro-

---

[345] Die Kommission hat nach Art. 7 Abs. 5 die Zusammenschaltungsempfehlung - Teil 1 und 2 - und die Mietleitungsempfehlung erlassen.

[346] Vgl. zu dem Streitschlichtungsverfahren und dem dafür zuständigen Streitschlichtungsausschuss, Teil 3, E.IV.2.b.

päischen Gemeinschaften veröffentlichen. Zum einen sind dies die von den NRB mitgeteilten Namen der SMP-Unternehmen, Art. 18 Abs. 3 ONP-Zusammenschaltungsrichtlinie. Zum anderen muss ein Hinweis veröffentlicht werden, in welcher Form in den einzelnen Mitgliedstaaten das Standardzusammenschaltungsangebot veröffentlicht wird und wo die abgeschlossenen Zusammenschaltungsvereinbarungen zugänglich sind, Art. 18 Abs. 3 ONP-Zusammenschaltungsrichtlinie.

IV. Zusammenwirken der an der Ausführung beteiligten Organe

In den ONP-Maßnahmen des Ordnungsmodells 4 finden sich kaum Regeln über das Zusammenwirken der beteiligten Organe. Die vorhandenen Vorschriften beschränken sich zumeist darauf, die NRB zur Übermittlung bestimmter Informationen bzw. Daten zu verpflichten. Darüber hinaus finden sich lediglich behördenübergreifende Verfahrenregeln im Zusammenhang mit Streitschlichtungsmechanismen.

1. Mitteilungspflichten

a. Notifizierungspflichten in Bezug auf Regulierungsvoraussetzungen

Die NRB müssen der Kommission die von ihnen bestimmten SMP-Unternehmen - ggf. auch etwaige diesbezügliche Veränderungen - notifizieren, Art. 11 Abs. 1a ONP-Mietleitungsrichtlinie, Art. 18 Abs. 2 ONP-Zusammenschaltungsrichtlinie und Art. 25 Abs. 2 ONP-Sprachtelefonrichtlinie II.[347] Mitzuteilen ist darüber hinaus, wenn SMP-Unternehmen wegen der in einem Markt erreichten Wettbewerbsqualität bestimmte Pflichten nicht mehr auferlegt werden, Art. 25 Abs. 2 Nr. 2 ONP-Sprachtelefonrichtlinie II und Art. 11 Abs. 1 a ONP-Mietleitungsrichtlinie.

b. Andere Mitteilungspflichten

NRB müssen der Kommission die Art und Weise der Veröffentlichung von bestimmten Informationen in ihrem Mitgliedstaat mitteilen, damit die Kommission dies wiederum in gemeinschaftsweit zugänglicher Weise im Amtsblatt der Europäischen Gemeinschaften veröffentlichen kann. Dies betrifft die Veröffentlichung des Referenzmietleitungsangebots, Art. 3 Abs. 3 ONP-Mietleitungsrichtlinie, sowie des Standardzusammenschaltungsangebots und die Form der

[347] Die Kommission kann die NRB auffordern, ihr die Gründe für die Einstufung oder Nichteinstufung eines Unternehmens als SMP-Unternehmen mitzuteilen, Art. 18 Abs. 2 UA 2 ONP-Zusammenschaltungsrichtlinie und Art. 25 Abs. 2 UA 2 der ONP-Sprachtelefonrichtlinie II.

Zugänglichmachung von Zusammenschaltungsvereinbarungen, Art. 14 Abs. 3 ONP-Zusammenschaltungsrichtlinie.
Auf Anforderung müssen die NRB die Kommission über die von den SMP-Unternehmen eingeführten Kostenrechnungssysteme informieren, Art. 10 Abs. 3 ONP-Mietleitungsrichtlinie und 18 Abs. 2 ONP-Sprachtelefonrichtlinie II. Ebenfalls auf Anforderung muss sie über Zugangs- bzw. Nutzungsbeschränkungen bei Mietleitungen informiert werden, Art. 11 Abs. 2 UA 2 ONP-Mietleitungsrichtlinie.
Zuletzt müssen der Kommission die von der NRB zu erstellenden statistischen Berichte über erbrachte Mietleitungsleistungen innerhalb von fünf Monaten nach Ablauf des jährlichen Berichtzeitraums übersandt werden, Art. 11 Abs. 2 UA 2 ONP-Mietleitungsrichtlinie.

2. Verfahrensregeln zur Streitschlichtung

a. Kooperationspflichten zwischen NRB

Im Falle grenzüberschreitender Zusammenschaltungsstreitigkeiten müssen die jeweiligen NRB kooperieren, Art. 17 Abs. 3 ONP-Zusammenschaltungsrichtlinie.

b. Streitschlichtungsarbeitsgruppe

Im Falle einer auf nationaler Ebene nicht lösbaren Streitigkeit kann die Kommission oder die mit dem Streit befasste NRB - auf Antrag einer Partei - die Streitigkeit an den Vorsitzenden des ONP-Ausschusses weiterleiten. Sofern der Vorsitzende der Ansicht ist, dass auf nationaler Ebene alle zumutbaren Schritte getätigt wurden, leitet er das Schlichtungsverfahren nach Art. 12 Abs. 4 und 5 ONP-Mietleitungsrichtlinie bzw. Art. 26 Abs. 4 und 5 ONP-Sprachtelefonrichtlinie II ein. Für die Durchführung des Verfahrens beruft er eine Streitschlichtungsarbeitsgruppe ein.[348] Die Arbeitsgruppe bemüht sich - nachdem sie den betroffenen Unternehmen und den NRB die Möglichkeit der Stellungsnahme gegeben hat - eine Einigung zwischen den Parteien herbeizuführen und informiert den ONP-Ausschuss über die Ergebnisse des Verfahrens.

[348] Diese Arbeitsgruppe besteht neben dem ONP-Ausschussvorsitzenden - bzw. einem von ihm benannten anderen Kommissionsbeamten - aus mindestens zwei weiteren Mitgliedern des ONP-Ausschusses, einem Vertreter der zunächst mit der Angelegenheit befassten NRB und fakultativ aus - höchstens zwei - Sachverständigen, vgl. Art. 26 Abs. 4 ONP-Sprachtelefonrichtlinie II und Art. 12 Abs. 4 ONP-Mietleitungsrichtlinie.

V. Zusammenfassung zu den SMP-Ausführungsvorgaben

Da die SMP-Regulierungsvorschriften mitgliedstaatlich vollzogen werden, obliegt deren Ausführung in erster Linie den NRB. Im Rechtsrahmen des Ordnungsmodells 4 wurden ihnen dafür eine Vielzahl spezieller Befugnisse zugewiesen, die folgenden fünf Aufgabenbereichen zugeordnet werden können: Entscheidung über das „Ob" der Regulierung, Gestaltungsentscheidungen, Informations- und Datenerhebung zur Überwachung der Einhaltung der SMP-Pflichten, Streitbeilegung und Zugänglichmachung bestimmter Informationen und Daten.

Den europäischen Organen kommen bei der Ausführung der SMP-Konzeption lediglich Hilfs- und Kontrollfunktionen zu. Diese werden grundsätzlich von der Kommission - im Rahmen der allgemeinen Befugnisse aus dem EG - wahrgenommen.

Der Telekommunikationsrechtsrahmen aus dem Ordnungsmodell 4 ergänzt diese Befugnisse lediglich in rudimentärer Weise. Desgleichen enthält er auch nur einige wenige, nicht sehr bedeutsame Vorgaben für das Zusammenwirken der an der Ausführung beteiligten Organe.

Teil 4: Analyse und Bewertung der alten SMP-Konzeption

Die alte SMP-Konzeption wird nachfolgend analysiert und bewertet: Dafür werden zunächst die zentralen Ausgestaltungsprobleme herausgearbeitet (Kapitel A), sodann wird die alte SMP-Konzeption an den ihr zugrundeliegenden politischen Zielsetzungen gemessen (Kapitel B) und des Weiteren der Frage nachgegangen, ob mit der alten SMP-Konzeption ein adäquater rechtlicher Rahmen für die im Geltungszeitraum zu bewältigenden technischen und wirtschaftlichen Veränderungen bereitgestellt worden ist (Kapitel C). Die Zusammenfassung der Ergebnisse aus diesen drei Analyseschritten mündet in ein Resümee des Reformbedarfs der alte SMP-Konzeption (Kapitel D). Dieses Resümee dient als eine der Grundlagen für die Bewertung der neuen SMP-Konzeption in Teil 7.

A. Zentrale Ausgestaltungsprobleme der alten SMP-Konzeption

Die Analyse der sechs wichtigsten Ausgestaltungsprobleme der alten SMP-Konzeption erfolgt jeweils in einem Abschnitt: Darin wird das jeweilige Problem zunächst umrissen, sodann im Einzelnen erläutert und zuletzt aufgezeigt, inwiefern es sich auf die Funktionstauglichkeit der alten SMP-Konzeption nachteilig auswirkt.

I. Wahl der beträchtlichen Markmacht als Anknüpfungskriterium

1. Problem

Das zentrale Ziel der alten SMP-Konzeption ist es, durch asymmetrische ex ante Regulierung funktionsfähigen Wettbewerb im Telekommunikationssektor zu fördern und zu sichern. In einer marktwirtschaftlichen, auf dem Wettbewerbsprinzip beruhenden Wirtschaftsordnung lässt sich eine solche asymmetrische Regulierung von einzelnen Unternehmen jedoch nur dann und nur solange rechtfertigen, wie von diesen Unternehmen für die Entstehung und/ oder die Sicherung des Wettbewerbs auch tatsächlich Gefahren ausgehen. Andernfalls ist eine asymmetrische sektorspezifische Regulierung im besten Fall für die Sicherstellung der Funktionsfähigkeit des Wettbewerbs nicht mehr erforderlich, im schlechteren Fall sogar selbst wettbewerbsverzerrend bzw. wettbewerbsschädigend.[349]

Gefahren für die Entstehung und/ oder die Sicherung von Wettbewerb können von Unternehmen nur dann ausgehen, wenn sie die wettbewerblichen Prozesse signifikant beeinflussen können. Das SMP-Kriterium, das als Auslösekriterium für die SMP-Regulierungskonzeption die Entscheidungsgrundlage dafür ist,

[349] Ähnlich *Tarrant*, ECLR 2000, 320, 323.

welche Unternehmen im Telekommunikationssektor asymmetrisch reguliert werden, ist jedoch strukturell so konzipiert, dass es nicht geeignet ist, diejenigen - aber auch wirklich nur diejenigen - im Telekommunikationssektor agierenden Unternehmen herauszufiltern, die über ein entsprechendes Potential zur Beeinflussung der wettbewerblichen Prozesse auf den relevanten Märkten verfügen.

2. Erläuterung der Defizite des SMP-Kriteriums

a. Wettbewerbstheoretische und -rechtliche Beurteilung des unternehmerischen Wettbewerbsgefährdungspotentials

In der Wettbewerbstheorie wird einem Unternehmen nur dann das Potential zur signifikanten Beeinflussung wettbewerblicher Prozesse attestiert, wenn es über wirtschaftliche Marktmacht verfügt. Solche Marktmacht wird dann bejaht, wenn „die Handlungsfreiheit eines Wirtschaftssubjektes im Verhältnis zu den Freiheitsbereichen der anderen Marktteilnehmer ungebührlich groß ist.“[350] In der Wettbewerbstheorie ist darüber hinaus heute anerkannt, dass Marktmacht nicht nur in Form von Einzel-, sondern auch von Gruppenmacht existieren kann.[351]
In Anlehnung an diese wettbewerbstheoretischen Grundsätze definiert der EuGH die marktbeherrschende Stellung i.S.v. Art. 82 EG und Art. 2 Abs. 3 FKVO in ständiger Rechtsprechung als „die wirtschaftliche Machtstellung eines Unternehmens .., die dieses in die Lage versetzt, die Aufrechterhaltung eines wirksamen Wettbewerbs auf dem relevanten Markt zu verhindern, indem sie ihm die Möglichkeit verschafft, sich seinen Wettbewerbern, seinen Abnehmern und schließlich den Verbrauchern gegenüber in einem nennenswerten Umfang unabhängig zu verhalten.“[352] Nach dem expliziten Wortlaut des Art. 82 EG und in Bezug auf Art. 2 Abs. 3 FKVO nach der Rechtsprechung[353] kann eine solche wirtschaftliche Machtstellung nach dem geltenden Gemeinschaftsrecht sowohl von einem einzelnen Unternehmen allein als auch von mehreren Unternehmen gemeinsam innegehabt werden.

b. Fehlende Aussagekraft des SMP-Kriteriums in Bezug auf wirtschaftliche Marktmacht

Anders als das Kriterium der beherrschenden Stellung ist das gemeinschaftsrechtliche SMP-Kriterium so ausgestaltet, dass auf seiner Grundlage einem Unternehmen beträchtliche Marktmacht attestiert werden kann, ohne dass es eine

---

[350] *Schmidt*, Wettbewerbspolitik und Kartellrecht, S. 79.
[351] Vgl. *Schmidt*, Wettbewerbspolitik und Kartellrecht, S. 78.
[352] EuGH, Urteil v. 14.2.1978 - *United Brands*, Rs. 27/76, Slg. 1978, 207, Rn. 63/66.
[353] EuGI, Urteil v. 25.3.1999 - *Gencor/ Kommission*, Rs. T-102/96, Slg. 1999 II-753, Rn. 151-155.

wirtschaftliche Machtstellung im eben skizzierten Sinne innehat.[354] Dies hat folgende Gründe:
Zunächst wird beträchtliche Marktmacht nicht auf nach wettbewerbsökonomischen Grundsätzen abgegrenzten sachlich und geographisch relevanten Märkten festgestellt.[355] Um Märkte zu bestimmen, die für die Beurteilung von Wettbewerbsprozessen aussagekräftig sind, müssten - wie für die Prüfung der marktbeherrschenden Stellung im allgemeinen Kartell- und Wettbewerbsrecht - Angebots- und Nachfrageverhältnisse im Einzelfall analysiert werden.[356] Hingegen hat der Gemeinschaftsgesetzgeber in den ONP-Richtlinien für die sachliche Prüfung beträchtlicher Marktmacht vier sehr weit gefasste Märkte vordefiniert.[357] Diese Ausschnitte aus dem Telekommunikationsdienstleistungsspektrum greifen einfach das Angebot, das zu Beginn des Ordnungsmodells 4 existierte, auf, besagen jedoch nichts über die tatsächlichen Angebots- und Nachfragestrukturen im Telekommunikationssektor. Es handelt sich um rein rechtliche Konstrukte zur Erreichung der europäischen Regulierungsziele.[358]
Eine aussagekräftige räumliche Abgrenzung von Märkten würde voraussetzen, dass das Gebiet bestimmt wird, in dem hinreichend homogene Wettbewerbsbedingungen herrschen.[359] Die geographische Dimension der vorabbestimmten Märkte bestimmt sich nach den ONP-Richtlinien jedoch anhand des räumlichen Geltungsbereichs der Lizenz des jeweiligen - unter SMP-Gesichtspunkten geprüften - Unternehmens. Der Geltungsbereich der Lizenz sagt jedoch nichts über die räumliche Ausdehnung effektiven Wettbewerbsdrucks auf das Unternehmen aus; es handelt sich ebenfalls um ein rein rechtliches Konstrukt.

---

[354] So auch *Tarrant*, ECLR 2000, 320, 321 und *Ungerer*, International Journal of Communications Law and Policy, Issue 5, Summer 2000,1, 19. Einen Vergleich der zwei Kriterien liefert *Doherty*, CTLR 2001, 225, 226 f.

[355] Siehe dazu ausführlich oben Teil 3, C.II.2. und 3.

[356] In der europäischen Rechtspraxis wird heute das Konzept der Austauschbarkeit auf der Nachfragerseite, ergänzt um den Aspekt der kurzfristigen Angebotsumstellungsflexibilität herangezogen. In Deutschland findet das weitestgehend vergleichbare Bedarfsmarktkonzept Anwendung.

[357] Vgl. dazu ausführlich oben Teil 3, C.II.3. Ob eine weitere Untergliederung durch den nationalen Gesetzgeber bzw. durch die NRB zulässig ist, ist nach der alten Rechtslage nicht ganz klar, nach Ansicht der *Verf.* aber zu verneinen. Dieses Problem soll hier nicht vertieft werden. *Rothmüller/ Ruhle*, MR 2001, 333, 342 und *Tarrant*, ECLR 2000, 320 heben jedoch hervor, dass sich alle Mitgliedstaaten außer Großbritannien und Deutschland bei der Regulierung strikt an die vordefinierten, pauschalen Märkte gehalten und demzufolge den jeweiligen gesamten Markt reguliert haben.

[358] *Tarrant*, ECLR 2000, 320; *Blandin-Obernesser*, Droit de l'Informatique & des Télécoms 1999/3, 78, 80. Ähnlich *Klaue/ Schwintowski*, Marktabgrenzung und Marktbeherrschung im Telekommunikationssektor, S. 90.

[359] In der europäischen Praxis wird hier das Konzept der hinreichenden Homogenität der Wettbewerbsbedingungen verwendet, für das deutsche Kartellrecht werden die Möglichkeiten räumlicher Austauschbarkeit untersucht.

Des Weiteren wird beträchtliche Marktmacht grds. nicht anhand der gängigen Kriterien für die Feststellung von wirtschaftlicher Marktmacht geprüft. Vielmehr greift die - wenn auch widerlegbare - Vermutungsregel, wonach beträchtliche Marktmacht ab einem Marktanteil von 25 % vorliegt. Werden diese 25 % Marktanteile bejaht, so kann beträchtliche Marktmacht angenommen werden, ohne dass weiterer Begründungsaufwand erforderlich ist. Insbesondere muss in diesem Fall nicht nachgewiesen werden, dass das Unternehmen tatsächlich einen vom Wettbewerb unkontrollierten Verhaltensspielraum innehat und die Wettbewerbsbedingungen deshalb beeinflussen kann. Die Kriterien, die in den Definitionsnormen der ONP-Richtlinien vorgesehen sind, müssen erst dann herangezogen werden, wenn von der Vermutungsregel abgewichen werden soll, also beträchtliche Marktmacht unter 25 % Marktanteil bejaht oder über 25 % verneint werden soll. Zwar findet sich unter diesen Kriterien u.a. „die Möglichkeit der Organisation, Marktbedingungen zu beeinflussen." Jedoch ist selbst dann, wenn eine NRB von der Vermutungsregel abweichen will, nicht sichergestellt, dass wirklich geprüft wird, ob dem Unternehmen ein vom Wettbewerb unkontrollierter Verhaltensspielraum zukommt. Denn das Kriterium ist nur eines unter mehreren, die keineswegs kumulativ vorliegen müssen.

Im Ergebnis führen fehlende ökonomische Marktabgrenzung, das Anknüpfen an den absoluten Marktanteil von 25 % und die freie Handhabbarkeit der Kriterienliste dazu, dass der Feststellung, ein Unternehmen habe beträchtliche Marktmacht, keine Aussagkraft über die wirtschaftliche Machtstellung des jeweiligen Unternehmens zukommt. Ein SMP-Unternehmen kann, muss aber nicht in der Lage sein, die wettbewerblichen Prozesse auf den Märkten für Telekommunikation signifikant zu beeinflussen.

c. Fehlende Erfassung gemeinsamer Marktmacht durch das SMP-Kriterium

Andererseits umfasst das SMP-Kriterium nicht alle denkbaren Konstellationen wirtschaftlicher Machtstellungen. Nicht umfasst ist Marktmacht in Form von Gruppenmacht, also diejenige, die im allgemeinen Kartell- und Wettbewerbsrecht als gemeinsame bzw. kollektive Marktbeherrschung bezeichnet wird. Das SMP-Kriterium ist so ausgestaltet, dass nur beträchtliche Marktmacht für ein einzelnes Unternehmen, nicht jedoch gemeinsam für zwei oder mehrere Unternehmen festgestellt werden kann.[360]

---

360 Auf dieses Problem weist auch *Hocepied*, The new EU regulatory Framework for Electronic communications, S. 1, 8 hin.

3. Negative Auswirkungen

Die Art und Weise der Ausgestaltung des SMP-Kriteriums im Ordnungsmodell 4 hat zum einen zur Folge, dass Unternehmen auch dann als SMP-Unternehmen eingestuft werden können, wenn sie über keine wirtschaftliche Machtstellung verfügen, also die wettbewerblichen Prozesse nicht (mehr) in signifikant wettbewerbsgefährdender Weise beeinflussen können. Da eine Einstufung als SMP-Unternehmen entsprechend dem Alles-oder-Nichts-Prinzip der alten SMP-Konzeption impliziert, dass dem entsprechenden Unternehmen grundsätzlich alle SMP-Pflichten aufzuerlegen sind, kann es dazu kommen, dass auf einzelnen Märkten für Telekommunikationsnetze und -dienste asymmetrisch reguliert wird, obwohl diese Regulierung zur Förderung und/ oder Sicherung der Funktionsfähigkeit des Wettbewerbs nicht oder nicht mehr erforderlich ist.
Zu dieser Situation kommt es zwar solange nicht, wie asymmetrisch regulierte Unternehmen im Zuge des Übergangs vom Monopolregime zum wettbewerblichen Regime tatsächlich noch über wirtschaftliche Marktmacht im oben genannten Sinne verfügen. Sobald jedoch die Voraussetzungen für wirtschaftliche Marktmacht - i.S. der Definition im Gemeinschaftsrecht für eine marktbeherrschende Stellung - für ein bestimmtes Unternehmen nicht mehr, hingegen die Voraussetzungen für beträchtliche Marktmacht weiterhin gegeben sind, droht es durch die Weiterregulierung dieses Unternehmens zu einer Situation der Über- bzw. Falschregulierung zu kommen.

Zum anderen ist auch die Situation denkbar, dass zwar nicht ein Unternehmen allein, hingegen zwei oder mehrere Unternehmen gemeinsam über ein solches wettbewerbsgefährdendes Potential verfügen. Solche Unternehmen können wegen der Ausgestaltung des SMP-Kriteriums im Rahmen der alten SMP-Konzeption nicht asymmetrisch reguliert werden, obwohl dies ggf. zur Förderung und/ oder Sicherung des Wettbewerbs im Telekommunikationssektor erforderlich wäre. Es kann mithin wegen der Ausgestaltung des SMP-Kriteriums auch zu einer Situation der Unterregulierung kommen.

Mithin ermöglicht das SMP-Kriterium zum einen nicht die asymmetrische Regulierung all derjenigen Unternehmen, die tatsächlich das Potential zur Gefährdung der Funktionsfähigkeit des Wettbewerbs haben. Zum anderen und vor allem stellt es jedoch wegen der fehlenden Ankoppelung an wettbewerbstheoretische Methoden zur Ermittlung wirtschaftlicher Marktmacht nicht sicher, dass die asymmetrische Regulierung auf das zur Förderung und/ oder Sicherung des Wettbewerbs erforderliche Maß beschränkt bleibt.

Im Ergebnis mag es zwar so sein, dass sich das SMP-Kriterium wegen des faktischen Vorhandenseins wirtschaftlicher Marktmacht der Ex-Monopolisten zu Beginn der vollständigen Liberalisierung auf die Funktionstauglichkeit der wettbewerbsfördernden und -sichernden Regulierung nicht nachteilig ausgewirkt hat. Wegen der aufgezeigten Defizite ist es jedoch als Anknüpfungskriterium für die asymmetrische Regulierung deshalb strukturell ungeeignet, weil es in Bezug auf die Konstellation der gemeinsamen Marktmacht von Anfang an ungeeignet war, Unterregulierung zu vermeiden, und in Bezug auf die Situation von Einzelmarktmacht jedenfalls ab dem Fortfall der aus Monopolzeiten ererbten Marktmacht nicht geeignet war, Über- bzw. Falschregulierung zu verhindern.

II. Unzureichende Harmonisierungswirkung des SMP-Kriteriums

Ein ganz grundsätzliches Problem des alten Rechtsrahmens liegt darin, dass die gemeinschaftsrechtlichen Vorgaben in vielen Bereichen keine hinreichend harmonisierende Wirkung entfaltet haben. Innerhalb der SMP-Konzeption gilt dies insbesondere für die Vorgaben im Zusammenhang mit dem SMP-Kriterium.[361]

1. Problem

Als Auslösekriterium für die asymmetrische sektorspezifische Regulierung kommt dem SMP-Kriterium zentrale Bedeutung für die Kohärenz der asymmetrischen Telekommunikationsregulierung in der EU zu: Nur wenn das Kriterium in kohärenter Weise von allen NRB in der EU gehandhabt wird, können Unternehmen damit rechnen, in verschiedenen Mitgliedstaaten vergleichbare Regulierungsbedingungen anzutreffen. Das SMP-Kriterium wurde jedoch weder so ausgestaltet, dass es diese Harmonisierungswirkung hätte entfalten können, noch sind taugliche Ausgleichsinstrumente geschaffen worden.

2. Erläuterung des Harmonisierungsdefizits

a. Darlegung des Präzisionsdefizits

aa. Präzisionsdefizite in Bezug auf den relevanten Markt

Zwar sind die relevanten Märkte in den ONP-Richtlinien in Form von vier Märkten eigentlich vorgegeben, so dass den NRB dort theoretisch kein Spielraum hätte verbleiben sollen. Jedoch ist die Formulierung der vier Märkte so vage gehalten, dass die NRB doch entscheiden können und müssen, welche Produkte bzw. Dienste sie jeweils dem Markt zurechnen. Dieser Spielraum reicht zwar nicht aus, um eine wettbewerbstheoretisch fundierte Marktabgrenzung - wie oben eingefordert - vorzunehmen. Er ist jedoch groß genug, um binnenmarktschädliche Harmonisierungsdefizite hervorzurufen. So wird z.B. in der

---

[361] Daneben existiert das Problem auch für die Ausgestaltung des SMP-Pflichtenregimes, vgl. unten Teil 4, A.V.

ONP-Zusammenschaltungsrichtlinie einer der vier Märkte in Annex 1 Nr. 3 als Markt für „öffentliche mobile Telefonnetze und öffentliche mobile Telefondienste" definiert. Damit ist aber keinerlei Aussage darüber getroffen, ob diesem beispielsweise die Anmeldegebühr, die Grundgebühr, nationale und internationale Roamingdienste oder sogar der Kauf des Gerätes zuzurechnen sind.[362] Desgleichen lässt die ONP-Zusammenschaltungsrichtlinie vollständig offen, was unter dem „nationalen Zusammenschaltungsmarkt" i.S.v. Art. 7 Abs. 2 Satz 4 der ONP-Zusammenschaltungsrichtlinie zu verstehen sein soll.[363]

bb. Feststellung beträchtlicher Marktmacht

Eine weitere Ungenauigkeit in der Ausgestaltung betrifft die Art und Weise der Berechnung der Gesamtmarktanteile, die als Grundlage für die den 25%-Marktanteilstest durchgeführt werden muss. Insbesondere lässt die Richtlinie offen, ob die Berechnung anhand von Wert oder Volumen durchzuführen ist.[364] Auch ist der Kriterienkatalog, der die Grundlage für eine Abweichung von der 25%-Vermutungsregel bildet, nicht hinreichend harmonisiert. Die Kriterien selbst sind sehr vage gehalten[365] und nicht gewichtet. Zudem ist die Aufzählung nicht abschließend, sondern nur beispielhaft. Die NRB haben somit einen quasi unbegrenzten Spielraum, wenn sie von der 25%-Vermutungsregel abweichen wollen.[366]

b. Fehlende Ausgleichsinstrumente und -verfahren

Fehlende Präzision in Richtlinien bzw. ein weiter Entscheidungsspielraum für die nationalen Entscheidungsträger muss jedoch nicht zwangsläufig zu einem Harmonisierungsdefizit führen. Vielmehr kann dies durch adäquate Ausle-

---

362 Vgl. zu diesem Beispiel *Squire, Sanders & Dempsey/ Analysys*, Fixed/ Mobile Convergence and the 1999 Review, S. 89.

363 Da von der Auslegung dieses Marktes die Pflicht für Mobilfunkbetreiber zur Kostenorientierung ihrer Zusammenschaltungsentgelte abhängt, ist die Ungenauigkeit in der Richtlinie für die Zielsetzung, ein harmonisiertes Telekommunikationsumfeld zu schaffen, besonders misslich. Sie hat sich denn auch in Form gravierender Asymmetrien bei der Regulierung von Mobilfunkunternehmen zwischen den einzelnen Mitgliedstaaten niedergeschlagen. Für einen Überblick über die jeweils für Art. 7 Abs. 2 ONP-Zusammenschaltungsrichtlinie gemeldeten Mobilfunkbetreiber, siehe das Internetdokument der Generaldirektion Informationsgesellschaft, Interconnection Directive 97/33/EC, Notification of organisations with significant market power (summary of the information received from the Member States) vom 1.1.2000.

364 *Squire, Sanders & Dempsey/ Analysys*, Fixed/ Mobile Convergence and the 1999 Review, S. 89.

365 *Tarrant*, ECLR 2000, 320, 321.

366 *Hocepied*, The new EU regulatory Framework for Electronic communications, S. 1, 7. Ähnlich *Kirchner* in *Immenga/ Kirchner/ Knieps/ Kruse*, Telekommunikation im Wettbewerb, S. 137.

gungshilfsinstrumente und/ oder Koordinations- und Kooperationsverfahren ausgeglichen werden.

Die Kommission hat zu diesem Zweck ihren SMP-Vermerk herausgegeben, der eine harmonisierte Handhabung des Kriteriums durch die NRB sicherstellen sollte. Dieser - rechtlich nicht verbindliche - Vermerk hat aber aus zweierlei Gründen das Präzisionsdefizit nicht ausgeglichen. Zum einen kam er für eine harmonisierte Handhabung einfach zu spät. Er wurde erst veröffentlicht, als in allen Mitgliedstaaten der Rechtsrahmen schon umgesetzt und auch schon einige Zeit angewendet worden war, so dass eine Übernahme der Kommissionsvorschläge für einige Mitgliedstaaten eine legislative Veränderung und/ oder eine erhebliche Modifikation der Regulierungspraxis bedeutet hätte. Dazu waren die Mitgliedstaaten bzw. NRB oftmals nicht bereit. Zum anderen wurde der Vermerk nicht in einem transparenten Prozess unter Einbeziehung der NRB erarbeitet, sondern von der Kommission unter Beteiligung des ONP-Ausschusses, in dem jedoch regelmäßig nur Regierungsvertreter und nicht die NRB vertreten sind. Mangels Akzeptanz durch die NRB wurde der Vermerk nur sehr eingeschränkt rezipiert.

Institutionalisierte Koordinations- oder Kooperationsmechanismen, die dafür hätten sorgen können, dass trotz der unpräzisen und vagen Vorgaben das SMP-Kriterium in vergleichbarer Weise von allen NRB gehandhabt wird, sind im alten ONP-Rechtsrahmen nicht in hinreichendem Umfang vorgesehen. Der alte Rechtsrahmen beschränkt sich im Wesentlichen auf materiell-rechtliche Vorgaben. Die Zusammenarbeit im ONP-Ausschuss bildet eine Ausnahme, involviert jedoch wie gesagt nicht die NRB, so dass dort eine harmonisierte Handhabung des Kriteriums nicht erreicht werden konnte.[367]
Zwar wurden darüber hinaus im Laufe der Geltungszeit des Ordnungsmodells 4 einige informelle Foren zur gegenseitigen Abstimmung der NRB und der Kommission ins Leben gerufen. In erster Linie handelt es sich dabei um das Hochrangige Komitee der nationalen Verwaltungen und Regulierungsbehörden (NARA) sowie die Gruppe unabhängiger Regulierungsbehörden (IRG).[368] Jedoch hat auch die Arbeit in diesen informellen Foren nicht zu einer kohärenten Handhabung des SMP-Kriteriums geführt. Der Grund dafür liegt wiederum darin, dass die Foren mit ihrer Arbeit auf der Basis stark divergierender nationaler Rechtslagen beginnen mussten, mithin die Koordinationstätigkeit zu spät angesetzt hat.

---

[367] Wäre der ONP-Ausschuss im Rahmen der legislatorischen Umsetzung eingeschaltet worden, so hätte er möglicherweise eine harmonisierte Umsetzung der Richtlinienvorgaben herbeiführen können, was jedoch versäumt wurde.
[368] Siehe dazu im Einzelnen *Huppertz*, K&R 2001, 402, 406.

3. Negative Auswirkungen

Die dargelegten Harmonisierungsdefizite haben dazu geführt, dass das SMP-Kriterium in den Mitgliedstaaten der EU in sehr unterschiedlicher Weise umgesetzt wurde und angewendet wird.[369] Daraus resultierte jedenfalls zu Beginn der Umsetzungsperiode eine große Rechtsunsicherheit für die Marktteilnehmer. Hinzu tritt, dass - da es von der Art und Weise der Handhabung des SMP-Kriteriums abhängt, wann und wie im Telekommunikationssektor asymmetrisch reguliert wird - durch die divergierende Anwendung des Kriteriums eine Art „regulatorischer Flickenteppich" in der EU entstanden ist, mit einer sehr unterschiedlichen Regulierungsintensität in den verschiedenen Mitgliedstaaten.[370] Daraus resultieren schwerwiegende Wettbewerbsverzerrungen, da konkurrierende Unternehmen in verschiedenen Ländern unter unterschiedlich strengen Regulierungsrahmenbedingungen agieren müssen. Die unterschiedliche rechtliche Situation hat die Bereitstellung europaweiter Dienste und grenzüberschreitender Investitionen, somit die Entstehung bzw. Weiterentwicklung eines Binnenmarktes für Telekommunikationsdienste und -netze behindert.[371] Trotz der vollständigen Liberalisierung des Telekommunikationssektors ist das Angebot der Unternehmen deshalb größtenteils weiterhin entlang der Nationalstaatsgrenzen fragmentiert.[372] Diejenigen Unternehmen, die trotzdem paneuropäisch agieren, müssen eine große Rechtsunsicherheit[373] und das Risiko divergierender Entscheidungen der NRB aus verschiedenen Mitgliedstaaten in Kauf nehmen, inklusive der damit verbundenen Kosten.[374]

---

369 Kommunikationsbericht 1999, S. 11; *Rothmüller/ Ruhle*, MR 2001, 333, 334 ff. Vgl. auch die frühen Analysen von *Pontiggia* (ETO), Final Report on Regulating Operators with Significant Market Power, S. 11 ff und ETNO, Reflection Document on the ETO work order on Regulating Operators with Significant Market Power, RD 61 (10/97), S. 2.

370 *Squire, Sanders & Dempsey/ Analysys*, Fixed/ Mobile Convergence and the 1999 Review, S. 86.

371 *Cave/ Larouche*, European Communications at the Crossroads, 2001, S. 3; *Huber/ v. Mayenhofen*, MMR 1999, 593, 596; *Kiessling/ Blondeel*, Telecommunications Policy 22 (1998), 571, 580 f; Kommunikationsbericht 1999, S. 5.

372 *Kiessling/ Blondeel*, Telecommunications Policy 22 (1998), 571, 580 f.

373 *Ungerer*, International Journal of Communications Law and Policy, Issue 5, Summer 2000, 1, 14. Ähnlich *Tarrant*, ECLR 2000, 320; *Bondroit/ Cheffert/ de la Vallée/ Lecocq, Léonard/ Louveaux/ Potelle/ Queck*, Revue Ubiquité No. 9 (Juin 2001), 41, 44 und *Squire, Sanders & Dempsey/ Analysys*, Fixed/ Mobile Convergence and the 1999 Review, S. 86, Fn. 111.

374 *Cave/ Larouche*, European Communications at the Crossroads, 2001, S. 18.

III. Inflexibilität der Regulierung

1. Problem

Die alte SMP-Konzeption ist äußerst unflexibel ausgestaltet. Dies gilt sowohl für die Frage des „Ob“ als auch für das „Wie“ der Regulierung. Die wettbewerbsfördernde und -sichernde asymmetrische Regulierung kann deshalb nicht adäquat den tatsächlichen Wettbewerbsverhältnissen im Telekommunikationssektor angepasst werden.

2. Darlegung der Ursachen für die Inflexibilität

a. „Ob" der Regulierung

Ein erster Grund für die unflexible Gestaltung des „Ob“ der Regulierung liegt in der Vorgabe der relevanten Märkte direkt in den Richtlinien.[375] Um Richtlinien zu modifizieren, muss jeweils ein Legislativverfahren durchgeführt werden. Gerade das für die ONP-Richtlinien nach Art. 95 EG einschlägige Verfahren der Mitentscheidung i.S.v. Art. 251 EG ist wegen der gleichberechtigten Stellung des Europäischen Parlaments und des Rates jedoch sehr langwierig. In den ONP-Richtlinien ist auch keine vereinfachte Möglichkeit für eine Modifikation der Märkte - beispielsweise im Wege der Durchführungsdelegation an die Kommission - vorgesehen. Mithin wäre sowohl für die Streichung von Märkten - im Falle des Entstehens funktionsfähigen Wettbewerbs - als auch für die Hinzufügung von Märkten - im Falle des Entstehens neuer Engpässe[376] - ein aufwendiges Legislativverfahren erforderlich geworden. Angesichts der politischen Sensibilität der Materie war dies für die Geltungsdauer des Ordnungsmodells 4 so gut wie ausgeschlossen. Die für die Regulierung in Frage kommenden Märkte wurden letztlich durch die Einfügung direkt in die Richtlinien für diesen Zeitraum zementiert.

Ein zweiter Grund für Inflexibilität hängt damit unmittelbar zusammen: Wegen der starren Vorgabe der Märkte in den Richtlinien können diese von den NRB nicht in einzelne Marktsegmente unterteilt werden.[377] Sobald auf einem Markt

---

[375] Auf die zu große Starrheit der Definition von Märkten direkt in den Richtlinien weist z.B. die Kommission in ihrem Kommunikationsbericht 1999, S. 21 hin. Vgl. dazu auch *Scott*, Info 2 (2000), 229, 233.

[376] Nähere Ausführungen dazu, wann ein solcher Bedarf auftreten kann, finden sich bei *Defraigne*, Info 2 (2000), 223, 225 und *Queck/ Defraigne*, Cahiers du CRID N° 16, S. 335, 366.

[377] Den Bedarf nach einer solchen Segmentierung heben z.B. *Squire, Sanders & Dempsey/ Analysys*, Fixed/ Mobile Convergence and the 1999 Review, S. 53; *Scott*, Info 2 (2000), 229,

ein Unternehmen mit SMP ermittelt und bestimmt worden ist, unterfallen alle dazugehörigen Produkte und Dienste des SMP-Unternehmens der Regulierung.[378] Einzelne, evtl. nicht mehr regulierungsbedürftige sachliche - wie z.B. der Transit bei Zusammenschaltungsdiensten - oder räumliche - z.B. Teilnehmeranschlussangebote in einzelnen Städten - Marktsegmente können nicht isoliert aus der Regulierung entlassen werden.[379]

b. *„Wie" der Regulierung*

In Bezug auf das „Wie" der Regulierung führt das Alles-oder-Nichts-Prinzip, das für die Auferlegung von SMP-Pflichten gilt,[380] zu Inflexibilität. Sobald beträchtliche Marktmacht auf einem Markt bejaht ist, müssen dem jeweiligen Unternehmen grundsätzlich[381] alle in den Richtlinien für diesen Sektor vorgesehenen asymmetrischen Pflichten auferlegt werden.[382]
Es ist mithin nicht möglich, die Regulierungsintensität graduell zu reduzieren. Einzelne Pflichten können weder aufgehoben noch weniger eingriffsintensiv ausgestaltet werden.

3. Negative Auswirkungen

Ohne legislatorische Modifikationen kann die asymmetrische Regulierung mithin weder abgebaut noch eingriffsärmer ausgestaltet werden. Darüber hinaus besteht auch keine Möglichkeit, neu entstehendem Regulierungsbedarf Rechnung zu tragen. Diese Inflexibilität hat zur Folge, dass die wettbewerbsfördernde und -sichernde Regulierung nicht den tatsächlichen wettbewerblichen Verhältnissen im Telekommunikationssektor angepasst werden kann. Zwar hat dies den

---

232; *Defraigne*, Info 2 (2000), 223, 225; *Queck/ Defraigne*, Cahiers du CRID N° 16, S. 335, 365 und *Lewin/ Rogerson*, A review of the Interconnection Directive, S. 10 f und 35 hervor. Wie bereits erwähnt, geht aus den Richtlinien nicht mit letzter Klarheit hervor, ob eine Segmentierung der Märkte - wie sie z.B. in Deutschland vorgenommen wurde - zulässig ist. Deutschland hat jedoch ohnehin das gesamte SMP-Kriterium - unter Verstoß gegen die Richtlinienvorgaben, vgl. dazu *Bartosch*, EuZW 2000, 389, 391, Fn. 32 - nicht umgesetzt, sondern einfach das Kriterium der beherrschenden Stellung aus dem allgemeinen Kartell- und Wettbewerbsrecht übernommen, so dass daraus keine Rückschlüsse gezogen werden können.

[378] Diese Starrheit der Umfangsvorgabe für den zu regulierenden Markt wird allerdings dadurch etwas relativiert, dass den Mitgliedstaaten bzw. den NRB bei der Bestimmung der Produkte und Dienste, die zu einem Markt gehören, wie oben gezeigt mangels hinreichender Harmonisierung in diesem Bereich ein gewisser Spielraum verbleibt.

[379] *Squire, Sanders & Dempsey/ Analysys*, Fixed/ Mobile Convergence and the 1999 Review, S. 52; *Queck/ Defraigne*, Cahiers du CRID N° 16, S. 335, 367.

[380] Vgl. dazu oben Teil 3, D.II.2.

[381] Zu diesem Alles-oder-Nichts-Prinzip existieren nur einige wenige Ausnahmen, vgl. Art. 10 Abs. 4 Satz 2 ONP-Mietleitungsrichtlinie und Art. 17 Abs. 6 ONP-Sprachtelefonrichtlinie II.

[382] *Bondroit/ Cheffert/ de la Vallée/ Lecocq, Léonard/ Louveaux/ Potelle/ Queck*, Revue Ubiquité No. 9 (Juin 2001), 41, 44.

Vorteil einer gewissen Voraussehbarkeit und führt damit zu Rechtssicherheit für den Sektor. Problematisch ist daran jedoch, dass Gefahren für eine Über-, Unter- oder Falschregulierung entstehen.

IV. Unzureichende Abbaumechanismen für wettbewerbsfördernde Regulierung

1. Problem

In engem Zusammenhang mit der soeben aufgezeigten Inflexibilität und der an erster Stelle erörterten Auswahl des SMP-Kriteriums als Anknüpfungskonzept steht ein weiteres Defizit der alten SMP-Konzeption: Es fehlt an einem adäquaten konzeptionsimmanenten Abbaumechanismus für die wettbewerbsfördernde und -sichernde Regulierung. Ein solcher Mechanismus ist jedoch erforderlich, wenn Regulierung in dem Maße abgebaut werden soll, wie selbsttragender funktionsfähiger Wettbewerb entsteht.

2. Erläuterung

Im Rechtrahmen finden sich lediglich einzelne, dem Regulierungsabbau dienende Elemente, und zwar die Regulierungsverzichtsklauseln in Art. 10 Abs. 4 Satz 2 ONP-Mietleitungsrichtlinie und Art. 17 Abs. 6 ONP-Sprachtelefonrichtlinie II, die bei 25% angesiedelte Marktanteilsschwelle der Vermutungsregel[383] sowie die - in mehreren ONP-Richtlinien vorgesehene[384] - Überprüfung des gesamten ONP-Rechtsrahmens im Jahr 1999.
Diese drei Elemente stellen jedoch - selbst zusammengenommen - keinen hinreichenden, der SMP-Konzeption immanenten Abbaumechanismus dar. So gestatten die genannten Regulierungsverzichtsklauseln nur einen sachlich begrenzten - und noch dazu eben freiwilligen - Regulierungsverzicht durch die NRB in Bezug auf die Tariffierung von Mietleitungen bzw. des Festnetz-Sprachtelefondienstes. Die 25%-Schwelle ist - wie oben näher ausgeführt - nicht geeignet, Regulierung auf wettbewerblich funktionierenden Märkten auszuschließen. Sie ist zum einen zu niedrig angesetzt[385] und bezieht sich zum anderen auf Märkte, die es nicht ermöglichen, den wettbewerblichen Verhältnissen tatsächlich Rechnung zu tragen. Der letzte Mechanismus, nämlich die Pflicht zur Überprüfung der ONP-Richtlinien und damit u.a. eben auch der SMP-Pflichten, ermöglicht

---

[383] Auf die Eigenschaft der 25%-Schwelle als Regulierungsabbaumechanismus weist *Garzaniti*, Telecommunications, Broadcasting and the Internet: E.U. Competition Law and Regulation, S. 283, Fn. 43, hin.
[384] Vgl. z.B. Art. 22 Abs. 2 ONP-Zusammenschaltungsrichtlinie und Art. 31 ONP-Sprachtelefonrichtlinie II.
[385] So auch *Kirchner* in *Immenga/ Kirchner/ Knieps/ Kruse*, Telekommunikation im Wettbewerb, S. 137.

keinen Abbau während der Geltungsdauer des Ordnungsmodells 4, sondern hat lediglich als Grundlage für eine Überarbeitung des Rechtsrahmens zur Vorbereitung des nächsten Ordnungsmodells gedient.

Im Ergebnis hat der gemeinschaftliche Gesetzgeber mithin in die SMP-Konzeption keinen Mechanismus eingebaut, der umfassend dafür Sorge tragen könnte, wettbewerbsfördernde und -sichernde Regulierung in Funktion von entstehendem selbsttragenden Wettbewerb abzubauen. Es fehlt insbesondere in der europäischen SMP-Konzeption ein dem US-Telekommunikationsrecht vergleichbares Prinzip regulatorischer „Forbearance", wonach eine Regulierungsbehörde in jedem Einzelfall anhand von bestimmten Kriterien zu prüfen hat, ob ein Regulierungseingriff angesichts der Marktsituation (noch) gerechtfertigt werden kann.[386]

3. Negative Auswirkungen

Das Fehlen ausreichender Regulierungsabbaumechanismen hat zur Folge, dass die asymmetrische Regulierung während der Geltungsdauer des Ordnungsmodells 4 aus rechtlichen Gründen nicht entsprechend der Entstehung von funktionsfähigem Wettbewerb auf bestimmten Märkten zurückgeschraubt werden kann.

V. Unzureichende Harmonisierung des Pflichtenregimes

Wie bereits erwähnt, haben die gemeinschaftsrechtlichen SMP-Vorgaben keine befriedigende Harmonisierungswirkung hinsichtlich der Bestimmung von Unternehmen mit SMP entfaltet.[387] Dies gilt auch in Hinblick auf das SMP-Pflichtenregime.

1. Problem

Für Unternehmen ist eine EU-weite Kohärenz der Regulierung im Telekommunikationssektor wichtig. Dies setzt voraus, dass neben dem Auslösekriterium auch das asymmetrische Pflichtenregime bis zu einem bestimmten Grad harmonisiert ist. Eine dem genügende Gestaltung der Vorgaben für das SMP-Pflichtenregime ist dem gemeinschaftlichen Gesetzgeber jedoch nicht gelungen, da einige zentrale Aspekte gar nicht geregelt, andere nicht präzise genug ausgestaltet worden sind und kein funktionstauglicher Ausgleichsmechanismus existiert.

---

386 Für nähere Erläuterungen zum Prinzip der „Forbearance" - gemäß Section 401 des Telecommunications Act 1996 - vgl. *Defraigne*, Info 2 (2000), 223, 224 f und *Huber/ v. Mayenhofen*, MMR 1999, 593, 595.
387 Vgl. oben Teil 4, A.II.

2. Erläuterung des Harmonisierungsdefizits

a. Regelungsdefizite

aa. Beispiele für Regelungsdefizite

Während der Implementierung der alten SMP-Konzeption hat sich gezeigt, dass die gemeinschaftlichen Vorgaben für das asymmetrische Pflichtenregime erhebliche Regelungslücken aufweisen: So fehlt beispielsweise im Rahmen der Bereitstellung von Mietleitungen durch SMP-Unternehmen die Pflicht, eine Dienstqualitätsvereinbarung („service level agreement") zu veröffentlichen: In dieser müssten bindende adäquate Lieferzeiten aufgestellt und mittels Berichtspflichten kontrolliert werden und die SMP-Unternehmen müssten sich effektiven Sanktionen für den Fall der Spät- oder Schlechtleistung unterwerfen.[388] Des Weiteren fehlt eine an die Mitgliedstaaten adressierte Verpflichtung, den NRB wirksame Instrumente an die Hand zu geben, um Unternehmen, die ihren Pflichten nicht oder verspätet nachkommen, Sanktionen androhen bzw. auferlegen zu können.

bb. Ausgleichsmöglichkeiten für die Regelungsdefizite?

Die beispielhaft genannten Regelungsdefizite sind zwar schwerwiegend, aber natürlich auch sehr speziell. Es wird hier auch keineswegs die Position vertreten, dass die genannten Regelungen unmittelbar in den ONP-Richtlinien hätten getroffen werden müssen. Eine Regelung in einem Durchführungsrechtsakt hätte selbstverständlich ausgereicht. Die genannten Regelungslücken hätten auch - möglichst in abgestimmter Weise - durch die nationalen Gesetzgeber ausgefüllt werden können.[389] Jedoch ist dies nur in manchen Mitgliedstaaten geschehen.

---

[388] Ein diesbezügliches Defizit belegen die Umsetzungsberichte der Kommission, vgl. z.B. Mitteilung der Kommission an den Rat, das Europäische Parlament, den Wirtschafts- und Sozialausschuss und den Ausschuss der Regionen - Sechster Bericht über die Umsetzung des Reformpakets für den Telekommunikationssektor, KOM(2000) 814 v. 7.12.2000, S. 36 und Mitteilung der Kommission an den Rat, das Europäische Parlament, den Wirtschafts- und Sozialausschuss und den Ausschuss der Regionen - Siebenter Bericht über die Umsetzung des Reformpakets für den Telekommunikationssektor, KOM(2001) 706 v. 26.11.2001, S. 24. Die ONP-Mietleitungsrichtlinie schreibt nur vor, dass über technische Merkmale, Tarife, Liefer- und Nutzungsbedingungen, Lizensierungs- und Registrierungsanforderungen *informiert* werden muss, Art. 3 f.

[389] Der EuGH hat in einem Urteil jüngeren Datums klargestellt, dass mit den ONP-Richtlinien des Ordnungsmodells 4 lediglich allgemeine harmonisierte Rahmenbedingungen geschaffen werden sollen, nicht hingegen eine in jedem Punkt abschließende Harmonisierung bezweckt ist, vgl. EuGH, Urteil v. 13.12.2001 - *Telefónica de Espana/ Administracion General del*

Mithin bleibt es dabei, dass der Gemeinschaftsgesetzgeber entsprechende Regelungen hätte treffen oder wenigstens in den Richtlinien Ermächtigungen für gemeinschaftsrechtliche Durchführungsrechtsakte vorsehen müssen, um ein hinreichendes Harmonisierungsniveau sicherzustellen.

b. Unzureichende Präzision

aa. Präzisionsdefizite

Die *vorhandenen* Regelungen reichen z.T. jedoch auch nicht für eine harmonisierte Rechtsumsetzung und -anwendung aus. Das liegt vor allem daran, dass in die SMP- Konzeption neue bzw. besonders interpretationsbedürftige Begriffe und Prinzipien aufgenommen worden sind, ohne diese hinreichend genau zu definieren: Die drei wichtigsten Beispiele dafür sind das Konzept des Standardzusammenschaltungsangebots i.S. der ONP-Zusammenschaltungsrichtlinie, der Grundsatz der Kostenorientiertheit und das Konzept des geeigneten Kostenrechnungssystems.[390] Hinsichtlich des Standardzusammenschaltungsangebots fehlt jeder Hinweis darauf, was in diesem Angebot enthalten sein soll.[391] Die Umsetzung und Anwendung dieser Vorgabe divergiert deshalb stark zwischen den Mitgliedstaaten.[392] Die Vorgaben für den Grundsatz der Kostenorientierung sind so vage gefasst, dass wegen der ungleichen Ausgestaltung signifikante Unterschiede hinsichtlich der Zusammenschaltungsentgelte innerhalb der EU entstanden sind.[393] Gleiches gilt für das Konzept des geeigneten Kostenrechnungssystems: Auch dieses ist in den Richtlinien so vage gehalten, dass es - zudem oft-

---

Estado, Rs. C-79/00, Slg. 2001, I-10075, Rn. 29. Das Urteil betraf die ONP-Zusammenschaltungsrichtlinie, Rn. 29 ist aber auf alle ONP-Richtlinien übertragbar.

[390] Zu ähnlichen Ergebnissen hinsichtlich besonders harmonisierungsergänzungsbedürftiger Begriffe und Prinzipien kommen *Pontiggia*, Final Report on Regulating Operators with Significant Market Power, ETO Report, S. 40 ff; *Kiessling/ Blondeel*, Telecommunications Policy 22 (1998), 571, 590 und *Lewin/ Rogerson*, A review of the Interconnection Directive, S. 9 f.

[391] In die TAL-Verordnung hat der Gemeinschaftsgesetzgeber einem solchen Regelungsdefizit vorgebeugt, indem für Art. 3 Abs. 1, der ebenfalls die Veröffentlichung eines Standardangebots vorschreibt, im Anhang eine detaillierte Auflistung der Mindestbestandteile für das Standardangebot aufgenommen worden ist.

[392] In der Praxis wurden Standardzusammenschaltungsangebote wegen der unklaren Rechtslage entweder nicht, verspätet, unvollständig oder mit unannehmbaren Bedingungen bzw. Tarifen veröffentlicht, vgl. Mitteilung der Kommission an den Rat, das Europäische Parlament, den Wirtschafts- und Sozialausschuss und den Ausschuss der Regionen - Sechster Bericht über die Umsetzung des Reformpakets für den Telekommunikationssektor, KOM(2000) 814 v. 7.12.2000, S. 22.

[393] *Cave/ Larouche*, European Communications at the Crossroads, 2001, S. 4.

mals mit erheblicher Verspätung - in sehr unterschiedlicher Form implementiert wurde.[394]

bb. Instrumente und/ oder Verfahren zum Ausgleich unzureichender Präzision?

Wie im Zusammenhang mit dem SMP-Kriterium bereits ausgeführt, müssen fehlende Präzision bzw. ein großer Ausgestaltungsspielraum für die nationalen Entscheidungsträger nicht zwangsläufig zu einem Harmonisierungsdefizit führen. Erforderlich sind dann aber adäquate Auslegungsleitlinien und/ oder Koordinationsmechanismen.

Die Kommission hat Auslegungshilfen zu den genannten Problemen erlassen: So wurden im RIO-Vermerk erläuternde Hinweise für die Erstellung eines Standardzusammenschaltungsangebot und in drei Empfehlungen[395] Ratschläge zu Zusammenschaltungsentgelten und Kostenrechnungsgrundsätzen gegeben. Gerade die zuletzt genannten Empfehlungen wurden sogar weitgehend von den NRB beachtet.[396] Es stellte sich jedoch das Problem, dass die Kommission wegen der stark divergierenden Regulierungsergebnisse sog. „Benchmarks" erarbeitet und den NRB nahegelegt hat, sich bei ihren Regulierungsentscheidungen daran zu halten. Diese „Benchmarks", führten aber z.T. dazu, dass nur einzelne Regulierungsergebnisse - wie z.B. Zusammenschaltungsentgelte für die Anrufzustellung oder für Kurzstreckenmietleitungen - übernommen wurden, ohne dass jedoch die zugrundeliegenden Kostenrechnungssysteme und Kostengrundsätze in harmonisierter Weise angewendet werden, so dass die ständige Gefahr divergierender Regulierungsentscheidungen mangels Lösung der Grundproblematik bestehen bleibt.[397]
Für den erstgenannten Vermerk trifft das in Bezug auf den SMP-Vermerk Ausgeführte zu: Er ist zu spät erlassen worden, um eine wirksame harmonisierende Wirkung zu entfalten.
Im Ergebnis kann festgehalten werden, dass die - verspäteten bzw. materiell unzureichenden - Auslegungshilfen nicht vermocht haben, das Harmonisierungsdefizit auszugleichen.

---

394 Vgl. die Kommission in ihrer Mitteilung an das Europäische Parlament, den Rat, den Wirtschafts- und Sozialausschuss und den Ausschuss der Regionen - Fünfter Bericht über die Umsetzung des Reformpakets für den Telekommunikationssektor , KOM(1999) 537 v. 11.11.1999, S. 22.

395 Zusammenschaltungsempfehlung - Teil 1 und Teil 2 - und Mietleitungsempfehlung.

396 *Huber/ v. Mayerhofen*, MMR 1999, 593, 596, Fn. 28..

397 Vgl. dazu die Mitteilung der Kommission an den Rat, das Europäische Parlament, den Wirtschafts- und Sozialausschuss und den Ausschuss der Regionen - Siebenter Bericht über die Umsetzung des Reformpakets für den Telekommunikationssektor, KOM(2001) 706 v. 26.11.2001 und *Kiessling/ Blondeel*, Telecommunications Policy 22 (1998), 571, 582.

Harmonisierungsdefizite hätten durch im Konsens erarbeitete gemeinsame Auslegungspositionen der NRB wesentlich effektiver ausgeglichen werden können.[398] Wie bereits aufgezeigt, sind im Ordnungsmodell 4 entsprechende Koordinations- und Kooperationsverfahren jedoch nicht vorgesehen und die inzwischen entstandenen informellen Foren dafür nicht ausreichend, so dass die Defizite nicht ausgeglichen werden konnten.

3. Negative Auswirkungen

Die negativen Auswirkungen entsprechen denjenigen im Zusammenhang mit den Harmonisierungsdefiziten des SMP-Kriteriums: Aus der stark divergierenden Implementierung der gemeinschaftsrechtlichen Vorgaben für das asymmetrische Pflichtenregime haben sich innerstaatliche Rechtsunsicherheiten und schwerwiegende Wettbewerbsverzerrungen zwischen den Mitgliedstaaten ergeben, so dass die Entwicklung des Binnenmarktes für Telekommunikationsdienste gehemmt bzw. verzögert wurde.

VI. Inadäquate Ausgestaltung des Zugangsregimes

1. Problem

Die Ausgestaltung des - für die SMP-Konzeption zentralen - Zugangs- und Zusammenschaltungsregime ist in mehrfacher Hinsicht unbefriedigend. Zum einen sind die vorhandenen Regeln unklar und zum Teil widersprüchlich ausgestaltet. Zum anderen hat sich inzwischen herausgestellt, dass das Zugangsregime zu eng gefasst wurde: Eine ganze Reihe bedeutsamer Zugangsfragen sind im alten Rechtsrahmen nicht geregelt.

2. Erläuterung der Ausgestaltungsdefizite

a. Rückblick: Wesentliche Vorschriften des Zugangsregimes

Der Kern des Zugangs- und Zusammenschaltungsregimes nach der alten SMP-Konzeption ist die Pflicht von SMP-Unternehmen, allen begründeten Anträgen auf Netzzugang stattzugeben, Art. 4 Abs. 2 ONP-Zusammenschaltungsrichtlinie. Daneben existieren weitere Zugangsgewährpflichten für Unternehmen mit beträchtlicher Marktmacht, z.B. hinsichtlich des Sondernetzzugangs, Art. 16 Abs. 1 ONP-Sprachtelefonrichtlinie II, der Bereitstellung des Mietleitungsmindestangebots, Art. 7 Abs. 1 ONP-Mietleitungsrichtlinie, und des entbündelten Zugangs zur Teilnehmeranschlussleitung, Art. 3 Abs. 3 TAL-Verordnung.

---

[398] Ähnlich *Prosperetti/ Cave* Info 2 (2000), 235, 238.

b. Problembereiche

aa. Überschneidungen und Widersprüche

Zunächst gibt es Überschneidungen und - was problematischer ist - zum Teil auch Widersprüche zwischen den explizit geregelten Zugangsgewährpflichten für SMP-Unternehmen. Regelungsüberschneidungen existieren z.B. hinsichtlich des besonderen Netzzugangs, der sowohl in Art. 4 Abs. 2 ONP-Zusammenschaltungsrichtlinie als auch Art. 16 Abs. 1 ONP-Sprachtelefonrichtlinie II normiert ist, in Bezug auf den gemeinsamen Zugang zur Teilnehmeranschlussleitung, der sich sowohl aus Art. 3 Abs. 3 TAL-Verordnung als auch Art. 4 Abs. 2 ONP-Zusammenschaltungsrichtlinie bzw. Art. 16 Abs. 1 ONP-Sprachtelefonrichtlinie II ergibt, und zwischen dem Anspruch auf Zugang zu Mietleitungen aus dem Mindestangebot, Art. 7 Abs. 1 ONP-Mietleitungsrichtlinie, und dem allgemeinen Netzzugangsanspruch nach Art. 4 Abs. 2 ONP-Zusammenschaltungsrichtlinie.

Daneben bestehen weitere Überschneidungen und z.T. Widersprüche zwischen den letztgenannten expliziten Pflichten und indirekten, aus dem Diskriminierungsverbot ableitbaren Zugangsansprüchen.[399] Ein Beispiel ist Art. 8 Abs. 2 ONP-Mietleitungsrichtlinie, der ein Diskriminierungsverbot in Bezug auf die Bereitstellung aller Mietleitungstypen durch SMP-Unternehmen enthält, und sich mit Art. 7 Abs. 1 ONP-Mietleitungsrichtlinie, der die Bereitstellungspflicht in Bezug auf die zum Mindestangebot gehörenden Mietleitungstypen normiert, überschneidet. Daneben überschneiden sich Art. 16 Abs. 7 und Abs. 1 ONP-Sprachtelefonrichtlinie II, die einmal zur nichtdiskriminierenden Nutzung des festen Telefonnetzes und einmal zur Gewähr besonderen Netzzugangs verpflichten.

bb. Unklarheiten

Ferner existieren Unklarheiten hinsichtlich der Art und Reichweite der Zugangspflichten aus dem alten Rechtsrahmen:[400] So ist unklar, ob und inwiefern Zugang auch zu einzelnen Netzkomponenten bzw. Netzfunktionen zu gewähren ist. Die Frage stellt sich z.B. hinsichtlich des Zugangs zu intelligenten Netzfunktionen von Fest- und Mobilfunknetzen und in Hinblick auf den Zugang zur Funkinfrastruktur der Mobilfunknetzbetreiber für Betreiber virtueller Mobil-

---

[399] Zu den sich indirekt aus dem Grundsatz der „externen gleich internen Behandlung“ ergebenden Zugangsansprüchen, vgl. oben, Teil 3, D.IV.3.a.

[400] Ein wesentlicher Grund hierfür ist, dass der Begriff des Zugangs im alten Rechtsrahmen nicht definiert wurde, um den Rechtsrahmen „entwicklungsoffen“ zu halten, vgl. Arbeitsdokument der Kommissionsdienststellen, Europas liberalisierter Telekommunikationsmarkt - Ein Leitfaden zu den Spielregeln, Internetdokument v. 18.10.2000, S. 27.

funknetze (MVNOs). Unsicher ist des Weiteren, ob und inwiefern unter den Zugangsbegriff auch die mietweise Bereitstellung von Netzkomponenten gefasst werden kann.[401] Jedenfalls unzureichend geregelt ist darüber hinaus, inwieweit die Pflicht zur Zugangsgewähr auch den Zugang zu sonstigen Einrichtungen, wie z.B. hinsichtlich der Kollokation bei der Bereitstellung entbündelter Teilnehmeranschlussleitungen, umfasst. Unklar ist schließlich, ob und inwiefern unter den Zugangsbegriff auch die Bereitstellung von Endkundendiensten zu Großhandelsbedingungen an Wettbewerber („Resale“) fällt.

cc. Fehlende Regelungen

Zuletzt sind bestimmte - angesichts des Konvergenzphänomens virulent gewordene - Zugangsfragen gar nicht von den Zugangsregeln der alten SMP-Konzeption erfasst.[402] Wegen der Beschränkung des Rechtsrahmens auf Telekommunikationsnetze und -dienste regeln die ONP-Zugangsvorschriften zum einen nicht den Zugang zu anderen Kommunikationsinfrastrukturen, wie beispielsweise zu funkbasierten Rundfunk- und Fernsehnetzen, Kabelfernsehnetzen und Fernsehsatellitensystemen sowie zu bestimmten technischen „Bottlenecks“ im Zusammenhang mit dem digitalen Fernsehen.[403] Zum anderen ist auch der Zugang zu öffentlichen Telekommunikationsinfrastrukturen, die nicht der Erbringung von Sprachtelefondienst dienen, wie z.B. Breitbandnetze für die Datenübertragung, von den Vorschriften des alten Rechtsrahmens nicht umfasst.[404]

3. Negative Auswirkungen

Die Überschneidungen und Widersprüche zwischen den einzelnen Zugangspflichten sowie die Unklarheiten über Umfang und Reichweite der Pflichten haben dazu geführt, dass das Zugangs- und Zusammenschaltungsregime unüber-

---

[401] Da z.B. nicht klar war, ob der vollständig entbündelte Zugang zum Teilnehmeranschluss, der einer Vermietung des Anschlusses entspricht, aus Art. 4 Abs. 2 ONP-Zusammenschaltungsrichtlinie oder Art. 16 Abs. 1 ONP-Sprachtelefonrichtlinie II ableitbar ist, wurde hierfür die TAL-Verordnung erlassen.

[402] Auf die Lückenhaftigkeit des Zugangsregimes weisen z.B. *Ungerer*, International Journal of Communications Law and Policy, Issue 5, Summer 2000,1, 19; *Defraigne*, Info 2 (2000), 223, 226; *Scott*, Info 2 (2000), 229, 232 ff und *Scherer*, Info 2 (2000), 313, 325 hin. Nicht geregelte Zugangsfragen nennen auch *Cave/ Prosperetti*, Communications & Strategies 38 (2nd quarter 2000), 73, 83.

[403] Z.B. Zugangsberechtigungssysteme, elektronische Programmführer und Anwendungsprogrammschnittstellen.

[404] Die Verpflichtung aus Art. 4 Abs. 2 ONP-Zusammenschaltungsrichtlinie ist auf den Zugang zu öffentlichen Telekommunikationsnetzen i.S. des Anhangs I der ONP-Zusammenschaltungsrichtlinie beschränkt und betrifft somit nur feste und mobile öffentliche Telefonnetze und öffentliche Mietleitungsinfrastrukturen.

schaubar und schwer zu durchdringen ist. Dies hat zunächst zu erheblichen Schwierigkeiten bei der Umsetzung der Richtlinien in nationales Recht geführt.[405] Ferner ergaben sich auch bei der Anwendung des umgesetzten Rechtsrahmens erhebliche Probleme. [406] Das gänzliche Fehlen von Regeln für bestimmte Zugangsfragen hat zur Folge, dass diese nicht in harmonisierter Weise für die ganze EU gelöst werden können, was insbesondere in Bezug auf neue Zugangsfragen, die sich im Zuge der technischen Konvergenz von Kommunikationsinfrastrukturen ergeben haben und ergeben werden, problematisch ist. Allenfalls können nationale Sonderregeln eingeführt werden,[407] was jedoch wiederum zu einer Fragmentierung des Binnenmarktes führt.

VII. Zusammenfassung

Die zentralen aufgezeigten Ausgestaltungsprobleme bestehen mithin in:

- der Wahl eines Regulierungsanknüpfungskriteriums, dem strukturell die Gefahr der Verursachung von Unter-, Falsch- oder Überregulierung innewohnt,
- der Inflexibilität des Regulierungsrahmens sowie dem Fehlen adäquater Abbaumechanismen für die wettbewerbsfördernde und -sichernde Regulierung,
- der unzureichenden Harmonisierungswirkung der Vorgaben für das SMP-Kriterium und das SMP-Pflichtenregime sowie
- der inadäquaten Ausgestaltung des Zugangs- und Zusammenschaltungsregimes.

B. Vergleich: politische Zielsetzungen und rechtliche Ausgestaltung

Für die Bewertung, ob die alte SMP-Konzeption im Einklang mit den europapolitischen Zielsetzungen für die asymmetrische Regulierungskonzeption ausgestaltet worden ist, müssen zunächst die einschlägigen Zielsetzungen herausgearbeitet werden (Abschnitt I). Sodann kann unter Berücksichtigung der in Kapi-

---

[405] *Huber/ v. Mayenhofen*, MMR 1999, 593, 595 f weisen darauf hin, dass die Umsetzungsverweigerung bzw. -verzögerung durch die Mitgliedstaaten z.T. auf der Unklarheit der EU-Vorgaben beruhte.

[406] *Defraigne*, Info 2 (2000), 223, 226 hat dazu ausgeführt: „the issue of access has not been adequately addressed by EU telecommunications regulation. Regulators confronted with requests ...do not find any guidance in the EU telecommunications law beyond a couple of rather vague provisions in ONP Directives."

[407] Die Zulässigkeit nationaler Regelungen in den nicht explizit in den Richtlinien geregelten Fragen hat der EuGH bestätigt, vgl. EuGH, Urteil v. 13.12.2001 - *Telefónica de Espana/ Administracion General del Estado*, Rs. C-79/00, Slg. Slg. 2001, I-10075, Rn. 29 ff.

tel A aufgezeigten Ausgestaltungsprobleme geprüft werden, ob es gelungen ist, mit der rechtlichen Ausgestaltung der alten SMP-Konzeption diese Zielsetzungen zu verwirklichen (Abschnitt II).

I. Politische Zielsetzungen

Der Rat hatte zunächst nur allgemein für die Erarbeitung des Rechtsrahmens des Ordnungsmodells 4 vorgegeben, dass ein klarer und stabiler ordnungspolitischer Rahmen geschaffen werden sollte, und zwar auf der Grundlage der überarbeiteten ONP-Konzeption i.w.S.. Diese sollte sowohl Basis für das zukünftige Zugangs- und Zusammenschaltungsregime als auch für ein Mindestangebots an Diensten sein.[408] Später gab er als einen Kernpunkt für den neuen ordnungspolitischen Rahmen vor, dass bestimmte Betreiber - in Abhängigkeit von ihrer Größe, Machtstellung und der Wettbewerbssituation - einer asymmetrischen Zugangs- und Zusammenschaltungsregulierung unterworfen werden sollten.[409] Die präzisen Zielsetzungen für die Ausgestaltung der SMP-Regulierungskonzeption, die sogleich in synthetisierter Form wiedergegeben werden, wurden in Diskussionspapieren der Kommission und den dazu durchgeführten Sitzungen des ONP-Ausschusses erarbeitet.[410]

1. Rechtssicherheit

Um den Marktteilnehmern klare, stabile und vorhersehbare rechtliche Rahmenbedingungen zu bieten, sollte mithilfe der SMP-Konzeption zunächst ein hohes Maß an Rechtssicherheit herbeigeführt werden. Dies sollte zum einen durch möglichst weitgehende Kontinuität im Verhältnis zu den Ordnungsmodellen 2 und 3, zum anderen durch eine von den Prinzipien der Klarheit und Stabilität geleitete Ausgestaltung der SMP-Konzeption gewährleistet werden.

2. Förderung und Sicherung funktionsfähigen Wettbewerbs

Die Ausgestaltung der SMP-Konzeption sollte des Weiteren die Mitgliedstaaten befähigen, die Entstehung funktionsfähigen Wettbewerbs auf den Telekommunikationsmärkten aktiv regulatorisch zu fördern. Eine solche aktive Förderung wurde für nötig erachtet, um die Ausgangssituation, in der nur je ein nationaler

---

408 Entschließung des Rates vom 22.7.1993 zur Prüfung der Lage im Bereich Telekommunikation und zu den notwendigen künftigen Entwicklungen in diesem Bereich (93/C 213/1), ABl. Nr. C 213/1 v. 6.8.1993.

409 Entschließung des Rates vom 18.9.1995 zur Entwicklung des künftigen ordnungspolitischen Rahmens für die Telekommunikation (95/C 258/1), ABl. Nr. C 258/1 v. 3.10.1995.

410 Vgl. dazu Memorandum on future approach to Open Network Provision, ONPCOM 94-29 bis, Brüssel v. 4.7.1994 und
The adaptation, in the light of further liberalisation, of Open Network Provision in respect of the entities covered, ONPCOM 94-44, Brüssel v. 3.10.1994.

Ex-Monopolist auf jedem nationalen Markt agierte und auch weiter agieren sollte, in einen tatsächlich wettbewerblichen Zustand zu überführen. In Verwirklichung des Verhältnismäßigkeitsprinzips sollten wettbewerbsfördernde regulatorische Eingriffe jedoch nur in dem zur Förderung und Sicherung des Wettbewerbs erforderlichen Umfang ermöglicht werden.

3. Binnenmarktsindizierte Regelungsintensität

Zuletzt sollte sich die Regelungsintensität auf Gemeinschaftsebene auf ein für die Binnenmarktsverwirklichung erforderliches Maß beschränken. Geregelt werden sollte mithin das, aber auch nur das, was erforderlich war, um in den Mitgliedstaaten hinreichend harmonisierte asymmetrische Regulierungskonzeptionen entstehen zu lassen.

II. Messung der rechtlichen Ausgestaltung an den Zielsetzungen

1. Rechtssicherheit

a. Kontinuität

Um für den Sektor Rechtssicherheit und eine gewisse Vorhersehbarkeit der rechtlichen Rahmenbedingungen zu schaffen, sollte der Übergang zum Ordnungsmodell 4 von möglichst großer Kontinuität zu den Ordnungsmodellen 2 und 3 gekennzeichnet sein.

Die Einfügung der SMP-Konzeption in die - angepasste - ONP-Konzeption i.w.S. hat auch tatsächlich weitgehende Kontinuität ermöglicht: Die Entscheidung, die ONP-Konzeption i.w.S. in überarbeiteter Form als Grundlage für den zukünftigen Rechtrahmen für Zugang- und Zusammenschaltung sowie für die Sicherstellung eines gemeinschaftsweiten Mindestangebots an Diensten zu verwenden, hat sichergestellt, dass nicht eine vollständig neue Ordnungskonzeption entwickelt und ausgestaltet werden musste, sondern dass ein - an die liberalisierungsbedingten Veränderungen angepasstes - vertrautes Regime weitergeführt werden konnte. Ferner ist die SMP-Konzeption soweit wie möglich in die bestehenden Regulierungsvorgaben eingefügt worden. So sind grundsätzlich in den schon vorhandenen ONP-Maßnahmen weder die Pflichten verändert noch die Regulierungskompetenzen der NRB modifiziert, sondern nur die mittelbaren Normadressaten ausgewechselt worden.

b. Klarheit, Vorhersehbarkeit und Stabilität

Ferner sollte bei der Ausgestaltung der SMP-Konzeption sichergestellt werden, dass die Regulierungsaktivität der NRB klar, vorhersehbar und stabil ist. Unter theoretischen Gesichtspunkten schien die Konzeption des Gemeinschaftsgesetzgebers auch durchaus geeignet, diesen Grundsätzen Rechnung zu tragen. Die verbindlich in den Richtlinien vorgegebenen Märkte und die starr vorgegebene 25%-Marktanteilsvermutungsregel schienen Unsicherheiten bei der Marktabgrenzung und der Beurteilung von Marktmacht vorzubeugen. Der Ansatz, die asymmetrische Regulierung nicht im Sinne einer Missbrauchsaufsicht in latenter Form mit ex tunc Wirkung, sondern in Form von Vorabverpflichtungen mit ex nunc Wirkung und nach der konstitutiven Bestimmung durch die zuständige NRB anzuwenden, verhieß ebenfalls Klarheit und Vorhersehbarkeit. Zuletzt versprach auch das Alles-oder-Nichts-Prinzip bei der SMP-Pflichtenauferlegung, zu Rechtssicherheit im Sektor zu führen.

So wie die einzelnen Komponenten der SMP-Konzeption im Detail ausgestaltet worden sind, werden sie den Grundsätzen der Klarheit und Vorhersehbarkeit jedoch nicht gerecht.
Die theoretisch einleuchtende Idee, dass mittels in den Richtlinien vorgegebener Märkte die Bestimmung der asymmetrisch zu regulierenden Unternehmen vorhersehbar sein werde, wurde durch die oben aufgezeigte Vagheit der dabei gebrauchten Terminologie zu großen Teilen konterkariert.[411] Weder die Umsetzung durch den nationalen Gesetzgeber noch die spätere Auslegung durch die NRB waren für den Sektor vorhersehbar. Auch der Gedanke, die Einstufung eines Unternehmens als Unternehmen mit beträchtlicher Marktmacht von einer grundsätzlich ausschlaggebenden 25%igen Marktanteilsvermutungsregel abhängig zu machen, hat letztlich nicht zu der angestrebten Rechtssicherheit geführt. Die NRB verfügen über ein weitreichendes Ermessen hinsichtlich der Parameterwahl für die Marktanteilsberechnung und der SMP-Vermerk der Kommission hat keine harmonisierte und damit vorhersehbare Wahl sicherstellen können.[412]
Unvorhersehbarkeit resultiert auch aus der vage formulierten, zudem unverbindlich und nicht abschließend gestalteten Kriterienliste für das Abweichen von der 25%-Vermutungsregel.[413]
Ein hinzutretender wesentlicher Grund für die Rechtsunsicherheit ist, dass - wie aufgezeigt[414] - mit dem SMP-Kriterium ein wettbewerbstheoretisch nicht fundiertes Anknüpfungskriterium, dem strukturell die Gefahr der Verursachung von Unter-, Falsch- oder Überregulierung innewohnt, gewählt wurde. Da die Handhabung der Kriterienliste zur Abweichung von der 25%-Vermutungsregel nach den gemeinschaftsrechtlichen Vorgaben der ONP-Richtlinien nicht vorhersehbar ist und - anders als z.B. für das Kriterium der marktbeherrschenden Stellung aus dem allgemeinen Wettbewerbs- und Kartellrecht - auch keine

---

[411] *Prosperetti/ Cave*, Info 2 (2000), 235, 236 f.
[412] Vgl. oben Teil 4, A.II.
[413] *Queck/ Defraigne*, Cahiers du CRID N°16, S. 335, 361.
[414] Vgl. Teil 4, A.I.

Rechtsprechungs- oder Verwaltungspraxis dazu existiert, war mit der Auswahl des Kriteriums Rechtsunsicherheit quasi vorprogrammiert.
Die konstitutive Bestimmung von Unternehmen, bevor die SMP-Pflichten mit Wirkung ex nunc zum Tragen kommen, trägt zwar zu einem gewissen Maß an Vorhersehbarkeit und Stabilität im Sektor bei, da sich alle Unternehmen jedenfalls bis zum Moment einer neuerlichen Evaluation durch die NRB frei von asymmetrischen SMP-Pflichten wissen können. Jedoch hat der Gemeinschaftsgesetzgeber in den Richtlinien keine periodische und damit kalkulierbare Neuevaluation vorgesehen. Somit ist die Frage, wann und wie die Überprüfung von beträchtlicher Marktmacht stattfindet, von den Mitgliedstaaten geregelt oder dem Ermessen der NRB anheim gestellt worden. Dies schmälert die mit der konstitutiven Bestimmung und der ex nunc Wirkung eigentlich bezweckte Vorhersehbarkeit für die Marktteilnehmer erheblich. Verstärkt wird dieser Effekt durch die - soeben erläuterte - Unvorhersehbarkeit der materiellen Handhabung des SMP-Kriteriums durch die NRB.

Zuletzt führt auch das Alles-oder-Nichts-Prinzip nicht zu berechenbarer Regulierung. Angesichts der unzureichenden harmonisierenden Wirkung der Vorgaben für das SMP-Pflichtenregime war weder die Umsetzung des Pflichtenregimes durch die nationalen Gesetzgeber noch die Anwendung durch die NRB für die Marktteilnehmer vorhersehbar.

Regulatorische Stabilität ist hingegen durch die Ausgestaltung der alten SMP-Konzeption erreicht worden: Sie folgt aus den fehlenden konzeptionsimmanenten Abbaumechanismen für die wettbewerbsfördernde und -sichernde Regulierung und aus der unflexiblen Ausgestaltung der SMP-Konzeption. Die negativen Implikationen wurden allerdings bereits im Rahmen der Problemanalyse aufgezeigt: Gerade die stabilitätssichernden Elemente der SMP-Konzeption drohen mittelfristig zu Falsch- bzw. Überregulierung und einer regulierungsbedingten Fehlallokation von Investitionen zu führen.

c. Fazit

Es bleibt festzuhalten, dass die Ausgestaltung der SMP-Konzeption zwar ein hohes Maß an rechtlicher Kontinuität und regulatorischer Stabilität mit sich gebracht hat. Den zwei - für die Herstellung von Rechtssicherheit zentralen - Kriterien der regulatorischen Klarheit und Vorhersehbarkeit genügt sie jedoch nicht.

2. Förderung und Sicherung funktionsfähigen Wettbewerbs

a. Aktive Förderung der Entstehung von Wettbewerb

Die SMP-Konzeption sollte eine aktiv wettbewerbsfördernde Regulierung ermöglichen.
Als Weg dafür hat der gemeinschaftliche Gesetzgeber darauf gesetzt, den Markteintritt neuer Marktteilnehmer bzw. der Anbieter aus anderen Mitgliedstaaten aktiv zu fördern. Da der jeweilige nationale Ex-Monopolist auch weiterhin über die zu Monopolzeiten errichteten Netze verfügt, auf die die Neueinsteiger zunächst vollständig und mittelfristig jedenfalls teilweise angewiesen waren und sind, hat der Gemeinschaftsgesetzgeber es für nötig erachtet, rechtlich abgesicherten Zugang und/oder Zusammenschaltung zu und mit den öffentlichen Telekommunikationsnetzen der Ex-Monopolisten sowie die Kontrolle der entsprechenden Zusammenschaltungsentgelte sicherzustellen.[415]

Die SMP-Konzeption stellt ein - wenn auch wie oben gezeigt suboptimal ausgestaltetes - Zugangs- und Zusammenschaltungsregime und eine Entgeltkontrolle sicher. Sie ist für die Zielsetzung der aktiven Förderung von Wettbewerb mithin durchaus geeignet.
Die Anknüpfung an die 25%ige „Marktanteilsschwelle" hat dabei diese Eignung jedenfalls zunächst nicht in Frage gestellt. Es handelt sich zwar um ein in Bezug auf die tatsächlichen Wettbewerbsverhältnisse nicht aussagekräftiges Auslösekriterium. Die Zielsetzung der aktiven Markteinstiegshilfe konnte damit aber jedenfalls zunächst in zweckmäßiger Weise verfolgt werden. Angesichts der weit über der 25%-Schwelle und auch über den Anforderungen für wirtschaftliche Marktmacht liegenden Marktanteile der Ex-Monopolisten hatte dies zu Beginn der Phase vollständiger Liberalisierung keine schädlichen Auswirkungen auf den Wettbewerb.[416]

Festzuhalten bleibt, dass die alte SMP-Konzeption der Rolle, Wettbewerb durch aktive regulatorische Förderung zunächst überhaupt entstehen zu lassen, durchaus gerecht wurde.

---

[415] *Pitt*, ECLR 1999, 245; *Cave/ Larouche*, European Communications at the Crossroads, 2001, S. 4.

[416] Auf die Unschädlichkeit des SMP-Kriteriums für den Beginn der vollständigen Liberalisierung weisen auch *Prosperetti/ Cave*, Info 2 (2000), 235, 236 f hin.

b. Beschränkung der Regulierung auf das geeignete und erforderliche Maß

Wettbewerbsfördernde regulatorische Eingriffe sollten nach den politischen Zielvorgaben jedoch nur solange und soweit ermöglicht werden, wie dies für die Förderung und Sicherung von funktionsfähigem Wettbewerb geeignet und erforderlich ist.
Unter diesem Gesichtspunkt wird die Ausgestaltung der SMP-Konzeption den politischen Vorgaben nicht gerecht. Dies liegt an dreien der oben aufgezeigten Ausgestaltungsmängel, nämlich der Wahl des SMP-Kriteriums als Anknüpfungskriterium, der Inflexibilität der SMP-Konzeption als Ganzer und dem Fehlen eines adäquaten Regulierungsabbaumechanismus.

Zunächst ist aufgrund der Verwendung des nicht wettbewerbstheoretisch fundierten SMP-Kriteriums Regulierung auch auf solchen Märkten möglich, die (bereits) funktionsfähigen Wettbewerb aufweisen. Es besteht mithin die Gefahr, dass - wenn einem Unternehmen keine wirtschaftliche Marktmacht (mehr) zukommt, es aber die 25%-Vermutungsschwelle überschreitet - es weiter reguliert wird. Eine solche Regulierung ist jedoch unter dem Gesichtspunkt geeigneter und erforderlicher Regulierung nicht zu rechtfertigen. Es besteht die Gefahr, dass sich die Regulierung selbst wettbewerbsverzerrend bzw. -schädigend auswirkt. Aufgrund des SMP-Kriteriums fehlt es mithin an einer Beschränkung der Regulierung auf das zur Förderung und Sicherung von Wettbewerb geeignete und erforderliche Maß.
Auch die inflexible Ausgestaltung der SMP-Konzeption hindert eine Beschränkung der Regulierung auf ein geeignetes und erforderliches Maß. Die Inflexibilität ergibt sich daraus, dass die Möglichkeit fehlt, Märkte während der Geltungsdauer des Ordnungsmodells 4 aus der SMP-Konzeption zu streichen - oder auch hinzuzufügen - und Märkte wettbewerbsgerecht zu segmentieren. Auch aus dem Alles-oder-Nichts-Prinzip, wonach selbst dann grundsätzlich alle Pflichten aufzuerlegen sind, wenn damit im Einzelfall eine zu hohe Regulierungsintensität einhergeht, resultiert Inflexibilität.
Zuletzt wurde in die SMP-Konzeption kein inhärenter Abbaumechanismus für nicht mehr geeignete bzw. erforderliche wettbewerbsfördernde und -sichernde Regulierung eingebaut. Die Ausgestaltung der SMP-Konzeption entspricht mithin nicht der politischen Zielvorgabe, wettbewerbsfördernde und -sichernde Regulierung in zeitlicher und umfangsbezogener Hinsicht auf das geeignete und erforderliche Maß zu beschränken.

c. Fazit

Im Ergebnis bleibt festzuhalten, dass die SMP-Konzeption zwar der Zielvorgabe gerecht wird, aktiv wettbewerbsfördernde und -sichernde Regulierung zu ermöglichen, jedoch nicht sicherstellt, diese auf das geeignete und erforderliche Maß zu beschränken.

3. Binnenmarktsindizierte Regelungsintensität

a. Hinreichendes Harmonisierungsniveau

Entsprechend der Zielsetzung der binnenmarktindizierten Regelungsintensität sollten einerseits Binnenmarktshindernisse vermieden werden, die durch die Schaffung zu unterschiedlicher Gesetzeslagen für den liberalisierten Bereich oder zu divergierender Regulierungspraktiken der Behörden zu erwarten waren. Andererseits sollte nur das für dieses Ziel erforderliche Maß an gemeinschaftlichen Regeln geschaffen werden.

Um dieser Vorgabe gerecht zu werden, hat sich der Gemeinschaftsgesetzgeber bei der Ausgestaltung der SMP-Konzeption dafür entschieden, grundsätzlich nur zentrale Konzepte und Grundprinzipien vorzugeben und die nähere Ausgestaltung der asymmetrischen Regulierungskonzeption den nationalen Gesetzgebern im Rahmen der Umsetzung der gemeinschaftlichen Rechtsvorgaben sowie den NRB bei der Ausführung der nationalen Rechtsvorschriften zu überlassen. Die Art und Weise der Ausgestaltung sollte es insbesondere ermöglichen, alle Mitgliedstaaten trotz sehr unterschiedlicher Wettbewerbsentwicklungen in ein gemeinsames, die nationalen Rechtslagen angleichendes und trotzdem genügend Spielraum für die jeweiligen nationalen Besonderheiten bietendes Regelwerk einzubinden.[417]

Jedoch dürfte die Aufzeigung der Harmonisierungsdefizite in Bezug auf das SMP-Kriterium und das SMP-Pflichtenregime im Rahmen der Problemanalyse deutlich gemacht haben, dass der auf Grundkonzepte und -prinzipien beschränkte Ansatz dazu geführt hat, das für die Binnenmarktsverwirklichung erforderliche Harmonisierungsmaß zu unterschreiten. Die gemeinschaftsrechtlichen Vorgaben sind an Stellen, die einen gewissen Grad an Detailgenauigkeit erfordert hätten, nicht präzise genug und zudem sind einige zentrale Fragen gänzlich ungeregelt geblieben. Diese Defizite sind auch weder durch Auslegungshilfen kompensiert noch im Rahmen adäquater Koordinationsverfahren ausgeglichen worden.[418]

[417] *Cave/ Larouche*, European Communications at the Crossroads, 2001, S. 4.

[418] Das hin und wieder vorgebrachte Argument, dass eine fehlende Koordination zwischen den NRB zu Beginn eines neuen Ordnungsmodells begrüßenswert sei, weil so konkurrierende Regulierungspraxen entstehen könnten, die es ermöglichten, im Wege des Vergleichs festzustellen, welches Regulierungsregime der Entstehung von Wettbewerb am zuträglichsten ist, mag unter dem Blickwinkel eines Erkenntniszuwachses durch „regulatory competition" zwar

b. Fazit

Im Ergebnis bleibt festzuhalten, dass die SMP-Konzeption das für die Binnenmarktsverwirklichung erforderliche Maß an Harmonisierung nicht herbeigeführt hat.

4. Ergebnis der Bewertung

Dem Gemeinschaftsgesetzgeber ist es nur partiell gelungen, mit der Ausgestaltung der SMP-Konzeption Rechtssicherheit für den Sektor herbeizuführen. Des Weiteren wurde es zwar ermöglicht, die Entstehung von Wettbewerb aktiv durch Regulierung zu fördern, jedoch wurde nicht sichergestellt, dass diese Regulierung auf das für die Wettbewerbsförderung und -sicherung geeignete und erforderliche Maß beschränkt bleibt. Das Ziel der binnenmarktindizierten Regelungsintensität wurde verfehlt. Quintessenz ist mithin, dass es dem gemeinschaftlichen Gesetzgeber überwiegend nicht gelungen ist, die politischen Zielsetzungen für die asymmetrische Regulierungskonzeption rechtlich umzusetzen.

C. Die alte SMP-Konzeption im Kontext technischer und wirtschaftlicher Veränderungen

Um festzustellen, ob mit der alten SMP-Konzeption ein adäquater rechtlicher Rahmen für die im Geltungszeitraum zu bewältigenden Entwicklungen bereitgestellt worden ist, werden erst die relevanten technischen und wirtschaftlichen Veränderungen aufgezeigt (Abschnitt I) und dann die Eignung der alten SMP-Konzeption zu deren Bewältigung geprüft (Abschnitt II).

I. Technische und wirtschaftliche Veränderungen

Veränderungen waren seit 1998 sowohl auf technischer und allgemein wirtschaftlicher als auch auf wettbewerblicher Ebene zu verzeichnen.

1. Veränderte technische und wirtschaftliche Rahmenbedingungen

Die zentralen Veränderungen im technischen und allgemein wirtschaftlichen Bereich folgten aus der technischen Konvergenz: Die Digitalisierung von Kommunikationssignalen in den - traditionell rechtlich getrennt behandelten -

---

interessant sein. Jedoch ging es bei der Ausgestaltung der gemeinschaftlichen Rechtslage nicht darum, abgeschottete nationale Wettbewerbsmärkte hervorzubringen, sondern gemeinschaftsweiten Wettbewerb ohne nationale Grenzen entstehen zu lassen, also mit anderen Worten um die Schaffung eines Binnenmarktes für Telekommunikationsnetze- und dienste. Für diese Zielsetzung waren divergierende Regulierungspraxen und damit Regulierungsergebnisse definitiv kontraproduktiv.

Sektoren der Telekommunikation, des Rundfunks und der Informationstechnologie hat zu einer stetig steigenden Austauschbarkeit der technischen Plattformen geführt. Es sind zudem neue Dienstangebote entstanden, die nicht mehr einfach einem der traditionellen Sektoren zugeordnet werden können, wie beispielsweise der Sprachtelefondienst über das Internet oder „Video on Demand". Darüber hinaus werden immer mehr und immer diversifizierte Dienstleistungen angeboten, die nur noch wenig mit den Regulierungskategorien des Ordnungsmodells 4, also Festnetz- und Mobiltelefondiensten sowie Mietleitungsbereitstellung gemein haben.

2. Veränderte wettbewerbliche Situation

Die wettbewerbliche Situation im Telekommunikationssektor hat sich seit der vollständigen Liberalisierung in vielen Bereichen grundlegend verändert. Auch wenn nicht auf allen Märkten - das gilt insbesondere für einige zentrale Vorleistungsmärkte wie die Vermietung der Teilnehmeranschlussleitung bzw. lokaler Mietleitungsendstücke - funktionsfähiger selbsttragender Wettbewerb entstanden ist, so gilt dies doch für eine ganze Reihe von Märkten, auf denen Marktneueinsteiger Fuß fassen konnten bzw. die Ex-Monopolisten aus anderen Mitgliedstaaten in Konkurrenz zum jeweiligen nationalen Ex-Monopolisten getreten sind. Im Vergleich zur Ausgangssituation des Ordnungsmodells 4, in der in den zentralen Leistungsbereichen keinerlei alternative Anbieter neben dem Ex-Monopolisten existierten, sind bis Ende 2001 in vielen Bereichen wettbewerbliche Marktstrukturen entstanden.

II. Eignung der SMP-Konzeption zur Bewältigung der Veränderungen

1. Konvergenzsituation

Angesichts der technischen Konvergenz und der zunehmenden Austauschbarkeit der technischen Kommunikationsplattformen muss Regulierung technologieneutral ausgestaltet sein, um nicht wettbewerbsverzerrend zu wirken. Unterschiedliche rechtliche Rahmenbedingungen für austauschbare Technologien können zu Investitionshindernissen und Fehlallokationen führen.[419]
Die SMP-Konzeption gilt jedoch weder in technologieneutraler Weise für alle Kommunikationsinfrastrukturen und -dienste noch ist sie in sich technologieneutral ausgestaltet. Ersteres liegt daran, dass sie - so wie der gesamte Rechtsrahmen des Ordnungsmodells 4 - allein für den Telekommunikationssektor konzipiert worden ist. Aus der Ausrichtung auf Netze und Dienste der Telekommunikation folgt, dass die Konzeption nur die damit verbundenen Technologien

[419] *Ypsilanti/Xavier*, Telecommunications Policy (22) 1998, 643, 653.

regelt und andere Infrastrukturen und Dienste nicht vom Regelungsbereich umfasst sind. Nicht einbezogen sind damit zum einen die breitbandigen Netze für die Informationstechnologie und zum anderen Netze und Dienste aus dem Bereich von Rundfunk und Fernsehen, obwohl gerade die Fernseh- und Rundfunkinfrastruktur sich in immer stärkerem Maße zu einem Substitut für die Telekommunikationsinfrastruktur entwickelt. Zweites, also die fehlende interne Technologieneutralität der SMP-Konzeption manifestiert sich im Teilsektor der Mobiltelefonie, weil dieser im Vergleich zum Festnetzsegment einer geringeren Regulierungsintensität ausgesetzt ist: Dies folgt daraus, dass die ONP-Sprachtelefonrichtlinie II auf den Mobiltelefondienst grds. gar nicht anwendbar ist und bestimmte Pflichten aus der ONP-Zusammenschaltungsrichtlinie nicht oder nur unter erschwerten Bedingungen Mobiltelefondienstunternehmen auferlegt werden können.

2. Wettbewerbsentwicklung

Für vermehrt wettbewerblich funktionierende Märkte ist ein Regulierungskonzept erforderlich, das flexibel und zeitnah auf die wettbewerbliche Veränderungen eingehen kann. Wie jedoch ausführlich im Rahmen der Ausgestaltungsprobleme herausgearbeitet, führt die Anknüpfung an das SMP-Kriterium dazu, dass die Regulierung gar nicht an die tatsächlichen Wettbewerbsverhältnisse in den Märkten angekoppelt ist, sondern Regulierung auch in Märkten mit bereits funktionsfähigem Wettbewerb zulässt. Des Weiteren ist die Regulierungskonzeption aufgrund der vorgegebenen Marktsektoren, der fehlenden Segmentierbarkeit der Marktsektoren sowie des Alles-oder-Nichts-Prinzips nicht geeignet, hinreichend flexibel auf verstärkt wettbewerblich ausgerichtete Märkte einzugehen. Insbesondere fehlt es an einem systemimmanenten Regulierungsabbaumechanismus.

3. Ergebnis

Die SMP-Konzeption hat für die zentralen technischen und wirtschaftlichen Veränderungen seit 1998 keinen adäquaten Rechtsrahmen geboten. Die Konzeption ist nicht technologieneutral ausgestaltet, so dass dem Konvergenzphänomen nicht begegnet werden kann. Ferner führt das von den realen wettbewerblichen Gegebenheiten abgekoppelte Regulierungsauslösekriterium und die unflexible Ausgestaltung der Regulierungskonzeption dazu, dass auf das Phänomen zunehmend wettbewerblich organisierter Märkte nicht adäquat reagiert werden kann.

D. Zusammenfassung und Reformbedarf

I. Zusammenfassung von Analyse und Bewertung

Die alte SMP-Konzeption weist eine Reihe von Ausgestaltungsproblemen auf, und zwar die Wahl des wettbewerbstheoretisch nicht fundierten SMP-Kriteriums - dem strukturell die Gefahr der Verursachung von Unter-, Falsch- oder Überregulierung innewohnt -, die Inflexibilität des Regulierungsrahmens sowie das Fehlen adäquater Abbaumechanismen für die wettbewerbsfördernde und -sichernde Regulierung, die unzureichende Harmonisierungswirkung der Vorgaben für das SMP-Kriterium und das SMP-Pflichtenregime sowie das inadäquate Zugangs- und Zusammenschaltungsregime.
Die Gegenüberstellung von politischen Zielsetzungen und tatsächlicher Ausgestaltung der SMP-Konzeption hat gezeigt, dass der Gemeinschaftsgesetzgeber den Zielsetzungen größtenteils nicht gerecht geworden ist. Rechtssicherheit wurde zwar durch die Kontinuität der rechtlichen Rahmenbedingungen und die Stabilität der Regulierung verwirklicht. Die zentralen Ziele, klare und vorhersehbare Regulierungsentscheidungen sicherzustellen, wurden jedoch verfehlt. Das zweite Ziel, aktive Wettbewerbsförderung durch Regulierung zu ermöglichen, wurde erreicht. Hingegen gelang es nicht, die wettbewerbsfördernde und -sichernde Regulierung auf ein geeignetes und erforderliches Maß zu beschränken. Das dritte Ziel, eine für die Binnenmarktsverwirklichung hinreichende Harmonisierung der rechtlichen und regulatorischen Rahmenbedingungen herbeizuführen, ist ebenfalls verfehlt worden.

Den zwei großen Herausforderungen seit 1998, der technischen Konvergenz zwischen den Kommunikationsinfrastrukturen und -diensten sowie der verstärkten Entstehung von Wettbewerb auf einzelnen Marktsegmenten, ist die SMP-Konzeption nicht gewachsen. Sie ist nicht technologieneutral und zu unflexibel ausgestaltet.

II. Reformbedarf

Aus den Ergebnissen der Analyse lässt sich ableiten, welche Reformerfordernisse im Rahmen der Ausgestaltung der neuen SMP-Konzeption für das Ordnungsmodell 5 angegangen werden mussten:[420]
Angesichts der Phänomene der technischen und wirtschaftlichen Konvergenz und neuer technologieübergreifender Dienstangebote bedurfte es der Schaffung kohärenter rechtlicher Bedingungen für die konvergierenden Bereiche. In erster

[420] Der nachfolgend aufgeführte Reformbedarf wird im Teil 7, C. die Grundlage für die Bewertung der neuen SMP-Konzeption sein, die in den Jahren 2000 und 2001 von den gemeinschaftlichen Institutionen erarbeitet worden ist.

Linie galt es, die asymmetrische Regulierungskonzeption technologieneutral auszugestalten, um eine regulierungsbedingte Fehlallokationen von Ressourcen zu verhindern.
Zentraler Reformbedarf bestand des Weiteren in Bezug auf das SMP-Kriterium: Angesichts des auf vielen Märkten entstandenen bzw. in Zukunft zu erwartenden Wettbewerbs wurde es erforderlich, ein wettbewerbstheoretisch fundiertes Anknüpfungskriterium einzuführen. Nur so wird es zu verhindern sein, dass sich die asymmetrische Regulierung in Zukunft selbst wettbewerbsverzerrend auswirkt.[421] Dieses Kriterium musste so ausgestaltet werden, dass sichergestellt ist, dass in Zukunft in flexibler Weise den tatsächlichen wettbewerblichen Gegebenheiten Rechung getragen wird, um Regulierung dort, aber auch nur dort zu ermöglichen, wo die Marktkräfte (noch) nicht ausreichen, um funktionsfähigen Wettbewerb sicherzustellen.
Das SMP-Pflichtenregime musste in mehrfacher Hinsicht überarbeitet werden. Es war ein Zugangs- und Zusammenschaltungsregime zu schaffen, das es erlaubt, die Zugangsfragen der Zukunft, die insbesondere aufgrund der technischen Konvergenz zunehmend auftreten werden, adäquat zu beantworten. Zum anderen musste beim SMP-Pflichtenregime eine Abkehr vom Alles-oder-Nichts-Prinzip stattfinden, um unter Berücksichtigung der Wettbewerbsentwicklungen eine angemessene Regulierungsintensität sicherstellen zu können. Zuletzt war sicherzustellen, dass das Pflichtenregime in hinreichend harmonisierter Weise in den Mitgliedstaaten gehandhabt wird.
Schließlich musste den im Ordnungsmodell 4 zutage getretenen institutionellen Defiziten der SMP-Konzeption entgegen getreten werden. Die Schaffung funktionstüchtiger Kooperations- und Koordinationsmechanismen wurde zum einen erforderlich, um die Harmonisierungsdefizite der Vergangenheit für die Zukunft zu vermeiden. Darüber hinaus werden solche Mechanismen angesichts der geforderten Flexibilisierung der SMP-Konzeption in Zukunft von noch zentralerer Bedeutung sein.

---

[421] Vgl. *Tarrant*, ECLR 2000, 320, 323; *Lewin/ Rogerson*, A review of the Interconnection Directive, S. 24; *Cave/ Prosperetti*, Communications & Strategies 38 (2nd quarter 2000), 73, 81.

Teil 5: Entstehung und Ausgestaltung der neuen SMP-Konzeption

A. Reform des SMP-Kriteriums

Die neue SMP-Konzeption wird in hohem Maße durch das neue SMP-Kriterium und die Verfahren, in die es eingebettet ist, determiniert, denn Kriterium und Verfahren entscheiden über die zukünftige Reichweite der asymmetrischen sektorspezifischen Regulierung. Ausgestaltung und verfahrenstechnische Einbindung des neuen SMP-Kriteriums wurden vor und während des Gesetzgebungsverfahrens kontrovers diskutiert. Die Form der endgültigen legislativen Ausgestaltung ist leichter nachzuvollziehen, wenn die wesentlichen Diskussionsetappen bekannt sind. Aus diesem Grund sollen - bevor die Ausgestaltung der neuen SMP-Konzeption en détail untersucht wird - in diesem ersten Kapitel die Reformschritte auf dem Weg zum neuen SMP-Kriterium kurz skizziert werden. Dafür werden zunächst die Standpunkte im Vorfeld (Abschnitt I) und sodann die Ausgestaltungsschritte während des Gesetzgebungsverfahrens skizziert (Abschnitt II).

I. Vorschläge in der Reformdebatte

Auf der Gemeinschaftsebene wurde die Debatte über das zukünftige Regulierungsanknüpfungskriterium mit dem Kommunikationsbericht 1999 angestoßen.

1. Zwei-Schwellen-Modell aus dem Kommunikationsbericht 1999

Die Kommission schlug in diesem Bericht zunächst die Einführung eines Zwei-Schwellen-Modells mit zwei Anknüpfungskriterien vor.[422] So sollten schwerwiegendere ex ante Verpflichtungen[423] an das Kriterium der beherrschenden Stellung aus dem allgemeinen Kartell- und Wettbewerbsrecht anknüpfen, weniger schwerwiegende[424] an das Kriterium der beträchtlichen Marktmacht, wobei der relevante Markt sowohl für die Feststellung einer beherrschenden Stellung als auch von beträchtlicher Marktmacht nicht mehr in den Richtlinien gemeinschaftsrechtlich vordeterminiert sein sollte.

---

[422] Kommunikationsbericht 1999, S. 58 f. Vertiefend zu diesem ersten zweistufigen Modell *Scott*, Info 2 (2000), 233; *Scherer*, Info 2 (2000), 313, 322 f und *Cave/ Prosperetti*, Communications & Strategies 38 (2nd quarter 2000), 73, 81; *Ladeur*, K&R 2002, 110, 112.

[423] Insbesondere ging es hier um die Verpflichtung, allen Anträgen auf Zugang zu Netzen und zugehörigen Einrichtungen zu kostenorientierten Preisen auf nichtdiskriminierender Basis nachkommen zu müssen.

[424] So z.B. die Pflicht über Zugangsanfragen zu verhandeln sowie gewisse Transparenzvorschriften.

2. *Ein-Schwellen-Konzept in der Mitteilung zur Kommunikationsberichtsanhörung*

Im Rahmen der öffentlichen Anhörung zum Kommunikationsbericht 1999 wurde das Zwei-Schwellen-Modell der Kommission stark kritisiert. Sowohl die Wirtschaft als auch die Mitgliedstaaten und nationalen Behörden lehnten es als verwirrend und ökonomisch nicht zu rechtfertigen ab. Statt dessen wurde eine Entscheidung entweder für das Kriterium der beherrschenden Stellung oder der beträchtliche Marktmacht gefordert.[425] Die Kommission ging auf diese Forderungen ein und kündigte für die von ihr zu erarbeitenden Entwürfe für neue Richtlinien ein einheitliches Auslösekriterium für die Regulierung an. Als Kriterium sollte die beträchtliche Markmacht beibehalten, jedoch in Zukunft in Anlehnung an die Rechtsprechung zur beherrschenden Stellung i.S.v. Art. 82 EG definiert werden.[426]

3. *Version im ersten inoffiziellen Richtlinienentwurf*

In ihrem ersten inoffiziellen Richtlinienentwurf für die zukünftige Rahmenrichtlinie[427] behielt die Kommission das SMP-Kriterium auch tatsächlich bei, bettete es jedoch in eine Reihe von neuen Verfahren ein. Kriterium und Verfahren zusammen sollten den neuen Auslösemechanismus für die asymmetrische Regulierung bilden. Danach sollte sektorspezifische, wettbewerbsfördernde Regulierung grundsätzlich[428] nur noch auf von der Kommission in einer jährlichen Mitteilung aufzulistenden sachlichen Märkten, deren Eigenschaften sektorspezifische ex ante Regulierung rechtfertigen, zulässig sein. Die NRB sollten jedoch auch diese Märkte nur dann regulieren dürfen, wenn eine Marktanalyse des jeweiligen Marktes speziell für ihr Hoheitsgebiet fehlenden wirksamen Wettbewerb zutage gebracht hat. Dann sollte die Auferlegung von Vorabverpflichtungen auf Unternehmen mit beträchtlicher Marktmacht zulässig sein. Das Kriterium der beträchtlichen Marktmacht selbst sollte auf der Grundlage des Kriteriums der marktbeherrschenden Stellung gemäß Art. 82 EG neu definiert werden, wobei drei Varianten der Marktbeherrschung explizit erwähnt werden sollten, und zwar die Einzelbeherrschung, die kollektive Marktbeherrschung und die Marktmachtübertragung auf verwandte Märkte. Nach der ursprünglichen Kommissionskon-

---

[425] Mitteilung zur Kommunikationsberichtsanhörung, S. 11 f. Die erste Alternative wurde dabei vor allem von den etablierten Betreibern, also den Ex-Monopolisten, vertreten. Zum Teil schlossen sich ihnen aber auch die neuen Fest- und Mobilnetzbetreiber an. Die zweite Alternative wurde von den meisten Regulierungsbehörden und den alternativen Dienstleistungserbringern präferiert.

[426] Mitteilung zur Kommunikationsberichtsanhörung, S. 25 ff.

[427] Kommission, DG Information Society Working Document, Subject: A common regulatory framework for electronic communications networks and services, v. 27.4.2000.

[428] Ausnahmen sollten jedoch nach vorheriger Zustimmung der Kommission möglich sein.

zeption sollte beträchtliche Marktmacht eines Unternehmens jedoch nur dann bejaht werden können, wenn es neben den Voraussetzungen für eine marktbeherrschende Stellung i.S. des allgemeinen Kartell- und Wettbewerbsrechts noch eine von zwei weiteren Tatbestandsvoraussetzungen erfüllt. Es sollte entweder über ererbte, aufgrund besonderer oder ausschließlicher Rechte errichtete und nicht oder nicht vertretbar duplizierbare Infrastruktur verfügen oder vertikal integriert sein und Kontrolle über für Wettbewerber essentielle Einrichtungen ausüben müssen.[429]

Diese zusätzliche Tatbestandsvoraussetzung wurde im Verlauf der Anhörung zu den Arbeitsdokumenten heftig kritisiert.[430] Es wurde befürchtet, dass die Aufstellung der kumulativen Voraussetzungen von beherrschender Stellung i.S. des allgemeinen Wettbewerbs- und Kartellrechts und der ererbten Infrastrukturen bzw. der vertikalen Integration zu einer Art „Supermarktmachttest" („super-dominance test") führen und eine Regulierungsintervention wegen der extrem eng gefassten Voraussetzungen quasi unmöglich machen könne.[431]

II. Ausgestaltungsschritte im Gesetzgebungsverfahren

1. Version des offiziellen Richtlinienvorschlags der Kommission

Angesichts der vehementen öffentlichen Kritik verzichtete die Kommission in ihrem offiziellen Vorschlag für eine Rahmenrichtlinie[432] auf eine Bezugnahme auf ererbte Infrastrukturen bzw. vertikale Integration unmittelbar in den Artikeln der Richtlinie. Jedoch blieb die ursprünglich anvisierte Einschränkung des Kriteriums in einem Erwägungsgrund[433] zunächst erhalten. Die Beibehaltung dieser

---

[429] Vgl. Art. 13 Abs. 2 Rahmenrichtlinie in der Fassung des Working Document, Subject: A common regulatory framework for electronic communications networks and services v. 27.4.2000.

[430] *Nikolinakos*, ECLR 2001, 93, 96 mit Verweisen auf die Stellungnahmen zu den Arbeitsdokumenten der Kommission aus der Wirtschaft und von nationalen Behörden.

[431] IRG, Common Position on Commission Working Documents dated 27 April 2000, Problem 9, Ziff. 56-66.

[432] Vorschlag für eine Richtlinie des Europäischen Parlaments und des Rates über einen gemeinsamen Rechtsrahmen für elektronische Kommunikationsnetze und -dienste, ABl. Nr. C 365 E/ 198 v. 19.12.2000.

[433] Erwägungsgrund 20 des Vorschlags für eine Richtlinie des Europäischen Parlaments und des Rates über einen gemeinsamen Rechtsrahmen für elektronische Kommunikationsnetze und -dienste, ABl. Nr. C 365 E/ 198 v. 19.12.2000. Die Passage darin lautete: „Die in der vorliegenden Richtlinie verwendete Definition [der beträchtlichen Marktmacht] beruht auf dem Konzept der beherrschenden Stellung nach der einschlägigen Rechtsprechung des EuGH und des EuGI. Ausgenommen in Fällen, die durch die internationalen Verpflichtungen der Gemeinschaft und ihrer Mitgliedstaaten bestimmt werden, sind Vorabverpflichtungen zur Gewährleistung des effizienten Wettbewerbs nur bei Unternehmen gerechtfertigt, die ihre Infrastruktur aufgrund besonderer oder ausschließlicher Rechte in Bereichen finanziert haben,

Einschränkung in den Erwägungsgründen - die zumindest bei der Auslegung des SMP-Kriteriums hätte virulent werden können - wurde jedoch weiter kritisiert.[434] Insbesondere wegen der Unvereinbarkeit der Formulierung mit der vom Rat im weiteren Verlauf des Gesetzgebungsverfahrens geforderten expliziten Gleichsetzung von beträchtlicher Marktmacht und beherrschender Stellung in Art. 14 Rahmenrichtlinie wurde die entsprechende Passage später gelöscht.
Im Übrigen behielt die Kommission die Konstruktion aus ihrem inoffiziellen Richtlinienvorschlag bei, wobei sie nun jedoch als Maßnahmeform für die Auflistung der potentiell für die Regulierung in Frage kommenden Märkte nicht mehr eine bloße Mitteilung, sondern eine Entscheidung i.S.v. Art. 249 EG forderte.

2. Abänderungen am Kommissionsvorschlag im Laufe des Rechtsetzungsprozesses

a. Änderungsvorschläge des Europäischen Parlaments

Das Europäische Parlament forderte in seiner Entschließung am Ende der ersten Lesung,[435] das SMP-Kriterium wesentlich detaillierter zu definieren und die Kriterien für die gemeinsame beherrschende Stellung zu konkretisieren.[436] Mit

---

in denen rechtliche, technische oder wirtschaftliche Hindernisse für den Marktzugang bestehen, insbesondere für den Aufbau von Netzinfrastruktur, oder die als vertikal integrierte Unternehmen Netzinfrastrukturen zur Erbringung von Diensten besitzen oder betreiben und gleichzeitig Dienste über diese Infrastrukturen anbieten, zu denen ihre Mitbewerber zwangsläufig Zugang benötigen."

[434] *Kirchner* in *Immenga/ Kirchner/ Knieps/ Kruse*, Telekommunikation im Wettbewerb, S. 141 ff; *Bondroit/ Cheffert/ de la Vallée/ Lecocq, Léonard/ Louveaux/ Potelle/ Queck*, Revue Ubiquité No. 9 (Juin 2001), 41, 54 f.

[435] Zunächst war im Europäischen Parlament während der ersten Lesung eine Gleichsetzung des Kriteriums der beträchtlichen Marktmacht mit dem Kriterium des „major supplier" aus dem WTO Reference Paper in der Diskussion. (Das sog. „Reference Paper" ist eine Ergänzung zum „Fourth Protocol to the GATS on basic telecommunications services", das von 49 Mitgliedern der WHO unterzeichnet wurde und gemeinsame Regulierungsgrundsätze im Bereich Zusammenschaltung, Genehmigungen, Universaldienst und Unabhängigkeit der Regulierungsbehörden aufstellt, vgl. dazu Kommission, Opening World Markets for Services - A Guide to GATS, Services Sectors, S. 2.) Das Kriterium des „major supplier" wird in der Ergänzung zum „Fourth Protocol" folgendermaßen definiert: „A major supplier is a supplier which has the ability to materially affect the terms of participation (having regard to price and supply) in the relevant market for basic telecommunications services as a result of (a) control over essential facilities; or (b) use of its position in the market."). Dieser Vorschlag fand jedoch im Plenum keine Mehrheit.

[436] Vgl. die Änderungsanträge 56 und 57 des Europäischen Parlaments in der Legislativen Entschließung des Europäischen Parlaments zu dem Vorschlag für eine Richtlinie des Europäischen Parlaments und des Rates über einen gemeinsamen Rechtsrahmen für elektronische Kommunikationsnetze und -dienste, ABl. Nr. C 277/91 v. 1.10.2001.

der ersten Forderung konnte sich das Europäische Parlament nicht durchsetzen, die zweite wurde vom Rat aufgegriffen.

b. Letztlich vom Europäischen Parlament akzeptierte Änderungen durch den Rat

Der Rat fügte in seinem Gemeinsamen Standpunkt einige Veränderungen am SMP-Kriterium und an den damit verbundenen Verfahren ein, die vom Europäischen Parlament in der zweiten Lesung alle letztendlich gebilligt wurden.
Er ergänzte die Definition der beträchtlichen Marktmacht um den Zusatz, dass es sich um eine „der Beherrschung gleichkommende Stellung" handeln muss, um eine einheitliche Auslegung von beträchtlicher Marktmacht und beherrschender Stellung zu erreichen.
Die Forderung des Europäischen Parlaments aus der ersten Lesung nach einer Konkretisierung des Konzeptes der gemeinsamen beherrschenden Stellung griff der Rat auf, weil die Mitgliedstaaten das Konzept für noch nicht hinreichend höchstrichterlich gefestigt erachteten.[437] Insbesondere im Falle fehlender struktureller oder sonstiger Beziehungen („no economic links") zwischen den Unternehmen wurde andernfalls Rechtsunsicherheit befürchtet. Nachdem die Kommission auf Verlangen des Rates einen ersten Entwurf der Leitlinien zur Marktanalyse und Ermittlung beträchtlicher Marktmacht[438] vorgestellt und damit glaubhaft gemacht hatte, dass das Kriterium der gemeinsamen marktbeherrschenden Stellung in der Praxis hinreichend gefestigt ist, wurde als Kompromiss zwischen Kommission[439] und Rat eine Formulierung in Art. 13 Abs. 2 UA[440] eingefügt, wonach die NRB die Beurteilung gemeinsamer Marktbeherrschung im Einklang mit dem Gemeinschaftsrecht und unter weitestgehender Berücksichtigung der Leitlinien der Kommission vornehmen müssen. Zudem wurde ein Anhang II mit - bei der Prüfung von gemeinsamer beträchtlicher Marktmacht - zu berücksichtigenden Kriterien sowie ein Erwägungsgrund als Auslegungsanleitung eingefügt.[441]

---

[437] Vgl. zu diesen Bedenken ausführlich *Feiel*, MR 2001, 199, 200.

[438] Arbeitsdokument der Kommission zu dem künftigen Rechtsrahmen für elektronische Kommunikationsnetze und -dienste - Entwurf von Leitlinien zur Marktanalyse und Ermittlung beträchtlicher Marktmacht nach Art. 14 des Vorschlags für eine Richtlinie über einen gemeinsamen Rechtsrahmen für elektronische Kommunikationsnetze und -dienste, KOM(2001)175 v. 28.3.2001.

[439] Die Kommission vertrat die Ansicht, dass jede Einführung „sektorspezifischer Terminologie" zu vermeiden sei und deshalb die aus Art. 82 EG und der Rechtsprechung des EuGH bekannten Formulierungen ohne Einschränkungen und Ergänzungen zu übernehmen seien.

[440] Art. 14 Abs. 2 UA 2 der endgültigen - Rahmenrichtlinie - 2002/21/EG.

[441] Vgl. Art. 13, Erwägungsgrund 26 und Anhang II des Gemeinsamen Standpunkts (EG) Nr. 38/2001 vom Rat festgelegt am 17.9.2001 im Hinblick auf den Erlass der Richtlinie 2001/.../EG des Europäischen Parlaments und des Rates vom ... über einen gemeinsamen

Ferner setzte der Rat durch, dass die eine Vorabregulierung potentiell rechtfertigenden Märkte in Form einer Empfehlung und nicht als Entscheidung aufgelistet werden.[442]

III. Endgültige Version

In der endgültigen Version der Rahmenrichtlinie ist beträchtliche Marktmacht als eine „der Beherrschung gleichkommende Stellung" definiert, Art. 14 Abs. 2 UA 1. Art. 14 Abs. 2 UA 2 verpflichtet die NRB bei der Beurteilung gemeinsamer Beherrschung im Einklang mit dem Gemeinschaftsrecht zu handeln und die Leitlinien der Kommission weitestgehend zu berücksichtigen. In Anhang II sind die bei der Beurteilung heranzuziehenden Kriterien vorgegeben. Art. 15 enthält Vorgaben für die Festlegung des relevanten Marktes - inklusive der Ermächtigungsgrundlage für den Erlass der Märkte-Empfehlung durch die Kommission - (Marktdefinitionsverfahren) und Art. 16 normiert Vorgaben für die Wettbewerbsanalyse durch die NRB (Marktanalyseverfahren).

B. Die neue SMP-Konzeption: Einleitung und Rechtsquellenüberblick

In den folgenden Kapiteln werden die Vorgaben für die neue SMP-Konzeption detailliert herausgearbeitet und die entsprechenden gemeinschaftsrechtlichen Vorschriften - soweit erforderlich - ausgelegt. Nach einem kurzen Überblick über die Rechtsquellen (Kapitel B) erfolgt eine Untersuchung in drei Schritten. Zunächst werden die Regulierungsvoraussetzungen herausgearbeitet (Kapitel C). Das SMP-Kriterium steht dabei zwar weiterhin im Zentrum, muss jedoch in Zusammenschau mit den komplexen Verfahren zur Marktbestimmung und Marktanalyse behandelt werden. Sodann wird das SMP-Pflichtenregime, also die Rechtsfolgenseite der SMP-Konzeption, behandelt (Kapitel D). Das letzte Kapitel widmet sich den institutionellen und verfahrensrechtlichen Vorgaben für die Ausführung der SMP-Regulierung (Kapitel E).[443]

Rechtsrahmen für elektronische Kommunikationsnetze und -dienste (Rahmenrichtlinie), ABl. Nr. C 337/34 v. 30.11.2001. Dazu ausführlich *Feiel*, MR 2001, 199, 200.

[442] Als Ausnahme akzeptierte der Rat die Vorgabe länderübergreifender Märkte. Hier sollte es bei der Befugnis der Kommission zum Erlass einer Entscheidung bleiben, jedoch unter Einbeziehung des Kommunikationsausschusses im sog. „beratenden Verfahren" nach Art. 3 des Komitologie-Beschlusses.

[443] Da der Anwendungsbereich des gesamten neuen Rechtsrahmens für das Ordnungsmodell 5 von der Telekommunikation auf elektronische Kommunikationsnetze und -dienste ausgedehnt wurde (vgl. Art. 1 Abs. 1 Rahmenrichtlinie), ist die SMP-Konzeption in Zukunft eine asymmetrische Regulierungskonzeption für alle elektronischen Kommunikationsnetze und -dienste.

I. Legislativakte

Die wichtigsten Rechtsquellen für die neue SMP-Konzeption sind die vier von Rat und Europäischem Parlament erlassenen Richtlinien für den elektronischen Kommunikationssektor.

Zentral ist dabei zunächst die Rahmenrichtlinie.[444] In ihr finden sich Vorgaben für das neue SMP-Kriterium, die Verfahren zur Feststellung der Regulierungsvoraussetzungen sowie das Verfahren für die Auferlegung der SMP-Pflichten. Darüber hinaus sind in der Rahmenrichtlinie auch weitere institutionelle Vorgaben für die Ausführung der materiellen SMP-Vorschriften normiert.
Neben der Rahmenrichtlinie existiert eine weitere allgemeine Richtlinie, die Genehmigungsrichtlinie.[445] Diese enthält Vorgaben für die Durchsetzung des SMP-Pflichtenregimes.

Neben diesen zwei allgemeinen Richtlinien existieren zwei Spezialrichtlinien mit SMP-Vorgaben, und zwar zum einen die Zugangsrichtlinie,[446] zum anderen die Universaldienstrichtlinie.[447] Während in der Zugangsrichtlinie materiellrechtliche und verfahrensrechtliche Vorgaben für das SMP-Pflichtenregime auf Vorleistungsmärkten niedergelegt sind, enthält die Universaldienstrichtlinie entsprechende Vorgaben für Endnutzermärkte.

II. Implementierungsrechtsakte

Neben den gemeinschaftlichen Richtlinien sind einige Implementierungsrechtsakte, die die Kommission aufgrund der Vorgaben der Rahmenrichtlinie im Anschluss an das Inkrafttreten des neuen Richtlinienpakets erlassen musste bzw. muss, für die neue SMP-Konzeption von Bedeutung.

---

[444] Richtlinie 2002/21/EG des Europäischen Parlaments und des Rates vom 7.3.2002 über einen gemeinsamen Rechtsrahmen für elektronische Kommunikationsnetze und -dienste (Rahmenrichtlinie), ABl. Nr. L 108/33 v. 24.4.2002.
[445] Richtlinie 2002/20/EG des Europäischen Parlaments und des Rates vom 7.3.2002 über die Genehmigung elektronischer Kommunikationsnetze und -dienste (Genehmigungsrichtlinie), ABl. Nr. L 108/21 v. 24.4.2002.
[446] Richtlinie 2002/19/EG des Europäischen Parlaments und des Rates vom 7.3.2002 über den Zugang zu elektronischen Kommunikationsnetzen und zugehörigen Einrichtungen sowie deren Zusammenschaltung (Zugangsrichtlinie), ABl. Nr. L 108/7 v. 24.4.2002.
[447] Richtlinie 2002/22/EG des Europäischen Parlaments und des Rates vom 7.3.2002 über den Universaldienst und Nutzerrechte bei elektronischen Kommunikationsnetzen und -diensten (Universaldienstrichtlinie), ABl. Nr. L 108/51 v. 24.4.2002.

Es handelt sich dabei zum einen um die - jeweilige - Märkte-Empfehlung[448] mit der Liste der potentiell regulierungsbedürftigen Produkt- und Dienstmärkte gemäß Art. 15 Abs. 1 Rahmenrichtlinie. Die Kommission hätte des Weiteren eine Entscheidung zur Feststellung länderübergreifender Märkte nach Art. 15 Abs. 4 Rahmenrichtlinie erlassen können. Jedoch hat sie für den Zeitpunkt des Erlasses ihrer ersten Märkte-Empfehlung keine potentiell regulierungsbedürftigen länderübergreifenden Märkte ermitteln können, so dass bis zum jetzigen Zeitpunkt keine Entscheidung i.S.v. Art. 15 Abs. 4 Rahmenrichtlinie ergangen ist.

Nach Inkrafttreten des neuen Richtlinienpakets hat die Kommission ihre SMP-Leitlinien[449] zur Marktanalyse und zur Bewertung beträchtlicher Marktmacht gemäß Art. 15 Abs. 2 Rahmenrichtlinie herausgegeben. Diese Leitlinien enthalten Auslegungshilfen und Konkretisierungen in Bezug auf das Marktdefinitionsverfahren nach Art. 15 Rahmenrichtlinie, das Marktanalyseverfahren nach Art. 16 Rahmenrichtlinie, das Regulierungsanordnungsverfahren nach Art. 16 Rahmenrichtlinie und weitere damit zusammenhängende institutionelle Vorgaben.

Das von der Kommission im Gesetzgebungsverfahren angekündigte Forum für die Kooperation der NRB ist von ihr inzwischen durch einen Beschluss als Gruppe Europäischer Regulierungsstellen für elektronische Kommunikationsnetze und -dienste (ERG) eingesetzt worden.[450]

C. Die Regulierungsvoraussetzungen der neuen SMP-Konzeption: das neue SMP-Kriterium und die Verfahren zur Ermittlung der Regulierungsadressaten

Wie in Teil 5, A.3. aufgezeigt, wurde für den neuen Rechtsrahmen das SMP-Kriterium als zentrale Regulierungsvoraussetzung beibehalten. Das Kriterium ist jedoch in komplexe, gemeinschaftsrechtlich vorgegebene Verfahren zur Bestimmung der relevanten Märkte und zur wettbewerblichen Analyse dieser

---

[448] Die erste Märkte-Empfehlung wurde bereits erlassen, vgl. Empfehlung der Kommission vom 11.2.2003 über relevante Produkt- und Dienstmärkte des elektronischen Kommunikationssektors, die aufgrund der Richtlinie 2002/21/EG des Europäischen Parlaments und des Rates über einen gemeinsamen Rechtsrahmen für elektronische Kommunikationsnetze und -dienste für eine Vorabregulierung in Betracht kommen, Internetdokument vom 11.2.2203.

[449] Leitlinien der Kommission zur Marktanalyse und Ermittlung beträchtlicher Marktmacht nach dem gemeinsamen Rechtsrahmen für elektronische Kommunikationsnetze und -dienste, ABl. Nr. C 165/6 v. 11.7.2002.

[450] Beschluss der Kommission vom 29.7.2002 zur Einrichtung der Gruppe Europäischer Regulierungsstellen für elektronische Kommunikationsnetze und -dienste (2002/627/EG), ABl. Nr. L 200/38 v. 30.7.2002.

Märkte eingebettet worden.[451] Das SMP-Kriterium und die neuen Verfahren bilden zusammen die gemeinschaftsrechtlichen Vorgaben für die Regulierungsvoraussetzungen. Im Folgenden wird deshalb das SMP-Kriterium zusammen mit diesen Verfahren behandelt. In einem ersten Schritt (Abschnitt II) werden die materiell-rechtlichen und verfahrensrechtlichen Vorgaben für die Bestimmung der regulierungsrelevanten Märkte herausgearbeitet (Marktdefinitionsverfahren). In einem zweiten Schritt (Abschnitt III) wird auf die materiell-rechtlichen und verfahrensrechtlichen Vorgaben für die Analyse der Wettbewerbsbedingungen - inklusive der Bestimmung der Regulierungsadressaten - (Marktanalyseverfahren) eingegangen.

I. Normmaterial für Marktdefinitionsverfahren, Marktanalyseverfahren und Regulierungsadressatenbestimmung

1. Richtlinienvorgaben

a. Rahmenrichtlinie

Die relevanten Normen für das folgende Kapitel finden sich vor allem in der Rahmenrichtlinie. Dies erklärt sich daraus, dass diese Richtlinie wie ein Allgemeiner Teil des neuen Rechtsrahmens konzipiert ist und darin die Regulierungsvoraussetzungen, die allgemein für die SMP-Konzeption gelten, quasi vor die Klammer gezogen wurden.

Art. 15 Rahmenrichtlinie normiert das Marktdefinitionsverfahren, das dazu dient, die potentiell regulierungsbedürftigen Märkte für elektronische Kommunikationsnetze und -dienste zu bestimmen. Für das erste durchzuführende Marktdefinitionsverfahren enthält der Anhang I der Rahmenrichtlinie ergänzende Vorgaben.

Art. 16 stellt gemeinschaftsrechtliche Vorgaben für das Marktanalyseverfahren auf. Ziel dieses Verfahrens ist es festzustellen, welche der zuvor bestimmten Märkte aufgrund der dort herrschenden wettbewerblichen Verhältnisse im Wege der Auferlegung von Vorabverpflichtungen reguliert werden sollen. Innerhalb dieses Marktanalyseverfahrens ist das Kriterium der beträchtlichen Marktmacht von zentraler Bedeutung. Dieses ist in Art. 14 Abs. 2 und 3 in für den gesamten neuen Rechtsrahmen allgemeingültiger Weise neu definiert worden. Speziell für die mehreren Unternehmen gemeinsam zukommende beträchtliche Marktmacht wurden in Anhang II Bewertungskriterien vorgeben.

Nicht spezifisch für die SMP-Konzeption, aber für die zwei genannten Verfahren von zentraler Bedeutung, sind Art. 6 und Art. 7 Abs. 3 bis 6. Die dort nor-

[451] *Ladeur* bezeichnet dies als eine prozedurale Vorstrukturierung der Feststellung von beträchtlicher Marktmacht durch die NRB, vgl. *Ladeur,* K&R 2002, 110, 112.

mierten Konsultations- und Koordinationsverfahren ergänzen die Art. 15 und Art. 16.

b. Spezielle Richtlinien

Da Marktdefinitions- und Marktanalyseverfahren wie erwähnt in der Rahmenrichtlinie vor die Klammer gezogen worden sind, enthalten die speziellen Richtlinien nur einzelne ergänzende Regulierungsvoraussetzungen.
So sind in Art. 6 Abs. 3 Zugangsrichtlinie und Art. 18 Abs. 1 und Art. 19 Abs. 1 Universaldienstrichtlinie spezielle Märkte aufgeführt, die unabhängig vom Ausgang des Marktdefinitionsverfahrens regulierungsrelevant sind.
Art. 7 Abs. 2 Zugangsrichtlinie und Art. 16 Abs. 2 Universaldienstrichtlinie enthalten Verhaltensanweisungen für die Kommission im Rahmen des ersten Marktdefinitionsverfahrens nach Inkrafttreten des neuen Rechtsrahmens. Art. 7 Abs. 3 Zugangsrichtlinie und Art. 16 Abs. 3 Universaldienstrichtlinie stellen Verweisnormen auf das in Art. 16 der Rahmenrichtlinie normierte Marktanalyseverfahren dar.

2. Vorgaben in den SMP-Leitlinien und der Märkte-Empfehlung

Erläuterungen und Konkretisierungen zu den Marktdefinitions- und Marktanalyseverfahren enthalten die SMP-Leitlinien und die erste Märkte-Empfehlung der Kommission.
Die SMP-Leitlinien konkretisieren in den Teilen 1, 2 und 3 die in den Richtlinien normierten Bestimmungen zu den Marktdefinitions- und Marktanalyseverfahren. In den Teilen 4 bis 6 finden sich Erläuterungen zu den Verfahren nach Art. 6 und 7 Rahmenrichtlinie.
In der ersten Märkte-Empfehlung benennt die Kommission die Kriterien für die Auswahl regulierungsrelevanter sachlicher Märkte und listet die aus ihrer Sicht zu Beginn des Ordnungsmodells 5 regulierungsrelevanten sachlichen Märkte auf.

II. Bestimmung der relevanten Märkte (Marktdefinitionsverfahren)

Nach Art. 16 Abs. 1 Rahmenrichtlinie haben die NRB eine Analyse der relevanten Märkte durchzuführen und - wenn sie bei der Analyse auf einem relevanten Markt keinen wirksamen Wettbewerb feststellen konnten - nach Art. 16 Abs. 4 Rahmenrichtlinie auf diesem Markt Unternehmen mit beträchtlicher Marktmacht zu ermitteln und ihnen geeignete Vorabverpflichtungen aufzuerlegen.
Für diese Marktanalyse ist die Bestimmung der relevanten Märkte von fundamentaler Bedeutung. Im Unterschied zur alten Rechtslage sind diese Märkte jedoch grundsätzlich nicht in den einzelnen Richtlinien vorabbestimmt, sondern im Rahmen eines komplexen, in Art. 15 Rahmenrichtlinie normierten Marktde-

finitionsverfahrens nach den entsprechenden Grundsätzen aus dem allgemeinen Kartell- und Wettbewerbsrecht abzugrenzen.[452]

1. Verfahrensschritte des Marktdefinitionsverfahrens

Den ersten Schritt des Marktdefinitionsverfahrens nimmt jeweils die Kommission vor: Sie erlässt - nach Anhörung der Öffentlichkeit und der NRB - eine Empfehlung über die relevanten Produkt- und Dienstmärkte im Kommunikationssektor. Es muss sich um Märkte für elektronische Kommunikationsprodukte und -dienste handeln, deren Merkmale die Auferlegung der in den Einzelrichtlinien dargelegten Verpflichtungen rechtfertigen können, Art. 15 Abs. 1 Rahmenrichtlinie. Die Kommission war in Bezug auf den Erlass der ersten Empfehlung, also im Rahmen des ersten Marktdefinitionsverfahrens, insoweit gebunden, als in Anhang I der Rahmenrichtlinie eine Reihe von in die erste Empfehlung aufzunehmende Märkte bereits vorgegeben sind. Weitere sachliche Märkte, die stets - unabhängig vom Ausgang des Marktdefinitionsverfahrens - einer Marktanalyse i.S.v. Art. 16 Rahmenrichtlinie zu unterziehen sind, sind unmittelbar in zwei speziellen Richtlinien vorgegeben, und zwar in Art. 6 Abs. 3 Zugangsrichtlinie und in Art. 18 und 19 Universaldienstrichtlinie.[453]

Nach Art. 15 Abs. 3 Rahmenrichtlinie obliegt es im zweiten Schritt den NRB, im Anschluss an den Erlass der Kommissionsempfehlung bzw. einer Aktualisierung derselben die relevanten Märkte entsprechend den nationalen Gegebenheiten im Einklang mit den Grundsätzen des Wettbewerbsrechts festzulegen. Die Festlegung muss unter weitestgehender Berücksichtigung der Märkte-Empfehlung der Kommission und der von der Kommission erarbeiteten SMP-Leitlinien erfolgen.
Da die sachliche Marktabgrenzung bereits durch die Kommission bei der Erstellung ihrer Märkte-Empfehlung vorgenommen wird, soll sich die Aktivität der NRB im Regelfall auf die geographische Marktabgrenzung beschränken.[454] Allerdings ist die Vorgabe der Märkte aus der Märkte-Empfehlung angesichts der Rechtsnatur der Empfehlung rechtlich für die NRB nicht verbindlich. Zudem können nationale Gegebenheiten auch tatsächlich eine ergänzende Aufnahme von Märkten oder eine Segmentierung bzw. Zusammenziehung von Märkten erforderlich machen. Art. 15 Abs. 3 Satz 2 Rahmenrichtlinie weist folgerichtig

---

[452] Vgl. SMP-Leitlinien, Rn. 4 f und 24 sowie Märkte-Empfehlung, Erwägungsgrund 5.

[453] Weder bei den Märkten im Anhang I der Rahmenrichtlinie noch bei den drei Märkten aus den speziellen Richtlinien handelt es sich jedoch um nach wettbewerbsrechtlichen Grundsätzen abgegrenzte Märkte. Es sind vielmehr Marktsegmente, die aus rechtstechnischen bzw. regulierungszielindizierten Gründen aufgenommen wurden, vgl. dazu sogleich Teil 5, C.II.4.a.

[454] Vgl. den entsprechenden Hinweis in Art. 15 Abs. 3 Satz 1 Rahmenrichtlinie sowie SMP-Leitlinien, Rn. 36.

auf die Zulässigkeit einer von der Empfehlung abweichenden sachlichen Marktbestimmung durch die NRB hin, unterwirft diese jedoch den Verfahren nach Art. 6 und 7 Rahmenrichtlinie. Da der Kommission im Falle divergierender Marktabgrenzungen nach Art. 7 Abs. 4 a) Rahmenrichtlinie ein Vetorecht zusteht,[455] kann sie mithin eine solche verhindern, wenn sie der Ansicht ist, dass die geplante abweichende Marktabgrenzung ein Hemmnis für den Binnenmarkt schaffen würde oder sie ernsthafte Zweifel an der Vereinbarkeit mit dem Gemeinschaftsrecht, insbesondere den Regulierungszielen in Art. 8 Rahmenrichtlinie hat.[456] Der Märktevorgabe kommt mithin letztlich eine faktische Verbindlichkeit zu.[457]

Ausnahmsweise kann die Kommission auch eine geographische Marktabgrenzung vornehmen, und zwar dann, wenn es sich um länderübergreifende Märkte handelt, d.h. gemäß Art. 2 b Rahmenrichtlinie um Märkte, die die Gemeinschaft oder einen wesentlichen Teil davon umfassen, Art. 15 Abs. 4 Rahmenrichtlinie. Die Kommission muss in einem solchen Fall den relevanten sachlichen und räumlichen Markt in Form einer Entscheidung festlegen. Zuvor sind die NRB anzuhören und der Kommunikationsausschuss ist im Rahmen eines Regelungsverfahrens nach Art. 22 Abs. 3 Rahmenrichtlinie i.V.m. Art. 5 und 7 des Komitologie-Beschlusses[458] zu beteiligen.[459]

Die verschiedenen Schritte des Marktdefinitionsverfahrens sind unterschiedlich häufig durchzuführen. Die Kommission muss ihre Märkte-Empfehlung regelmäßig überprüfen, Art. 15 Abs. 2 UA 2 Rahmenrichtlinie. Diese Pflicht wurde in der Rahmenrichtlinie nicht näher konkretisiert, da der Überarbeitungsbedarf von der Geschwindigkeit der Marktentwicklungen und der Dauer der Regulie-

---

[455] Die grundsätzliche Voraussetzung für das Konsultationsverfahren nach Art. 7 Rahmenrichtlinie ist, dass die Maßnahme „Auswirkungen auf den Handel zwischen Mitgliedstaaten" haben wird, Art. 7 Abs. 3. Die Kommission hat jedoch bereits angekündigt, dass sie davon ausgeht, dass jegliche Bestimmung von Märkten, die von denjenigen in der Empfehlung divergiert, diese Voraussetzung erfülle, da die damit verbundene Möglichkeit der Auferlegung von Vorabverpflichtungen Auswirkungen auf den Handel habe, vgl. Märkte-Empfehlung, Erwägungsgrund 19. In gleicher Weise argumentieren *Bartosch,* EuZW 2002, 389, 393 und *Schütz/ Attendorn*, Beilage MMR 4/2002, 1, 14.

[456] Die Voraussetzungen des Konsultationsverfahrens nach Art. 7 und speziell die Ausübungsmodalitäten des Vetorechts der Kommission werden ausführlich unter Teil 5, E.IV.1.b. behandelt.

[457] So auch *Immenga*, EuZW 2002, 673 und *Immenga/ Kirchner*, TKMR 2002, 340, 347.

[458] Beschluss des Rates v. 28.6.1999 zur Festlegung der Modalitäten für die Ausübung der der Kommission übertragenen Durchführungsbefugnisse (1999/468/EG), ABl. Nr. L 184/23 v. 17.7.1999.

[459] Wie bereits erwähnt, hat die Kommission im Zuge des ersten Marktdefinitionsverfahrens keine solchen Märkte ermittelt, mithin auch keine Entscheidung i.S.v. Art. 15 Abs. 4 Rahmenrichtlinie erlassen.

rungsverfahren abhängig ist. Die Kommission hat in ihrer ersten Märkte-Empfehlung darauf hingewiesen, dass sie die Kriterien für die Auswahl der Märkte[460] so gewählt habe, dass diese nicht zu häufig revidiert werden müsse und somit ein gewissses Maß an Kontinuität sichergestellt sei.[461] Als spätesten Termin für eine Überprüfung der ersten Märkte-Empfehlung hat sie den 31.12.2004 festgelegt.[462]
Die geographische bzw. ggf. auch sachliche Marktabgrenzung durch die NRB muss zu Beginn eines jeden Marktanalyseverfahrens, also dem Verfahren vor Auferlegung jedweder asymmetrischer SMP-Pflicht, erfolgen. Jedoch können natürlich die NRB auf die Ergebnisse aus vorangegangenen Marktdefinitionsverfahren zurückgreifen, wenn die Marktgegebenheiten unverändert geblieben sind.

2. Funktionen des Marktdefinitionsverfahrens

Die korrekte Abgrenzung der relevanten Märkte im Rahmen des Marktdefinitionsverfahrens ist zunächst deshalb wichtig, weil das SMP-Kriterium, also das Kriterium zur Bestimmung der Regulierungsadressaten, nach Art. 14 Abs. 2 UA 1 Rahmenrichtlinie mit dem wettbewerbsrechtlichen Kriterium der marktbeherrschenden Stellung gleichgesetzt worden ist. In Zukunft muss für die Bejahung von SMP Marktmacht im wettbewerbsökonomischen Sinne festgestellt werden. Da diese nur in Bezug auf einen ökonomisch abgegrenzten Markt feststellbar ist, kommt der Marktabgrenzung für die neue SMP-Konzeption eine wichtige Rolle zu.

Die darüber hinausgehende, zentralere Bedeutung des Marktdefinitionsverfahrens erschließt sich erst, wenn man sich die Rechtsfolgen der Aufnahme oder Nichtaufnahme eines Marktes in die Empfehlung der Kommission vor Augen führt: Nach Art. 15 Abs. 1 Rahmenrichtlinie nimmt die Kommission all die Märkte für elektronische Kommunikationsnetze und -dienste in ihre Empfehlung auf, deren Merkmale die Auferlegung von Vorabverpflichtungen rechtfertigen können. Der Konzeption des Marktdefinitionsverfahrens liegt somit der Gedanke zugrunde, dass innerhalb einer „Empfehlungsperiode“ grundsätzlich[463]

---

[460] Vgl. dazu sogleich unten Teil 5, C.II.4.b.

[461] Begründung zur Märkte-Empfehlung, S. 4.

[462] Vgl. Märkte-Empfehlung, Erwägungsgrund 21 und Begründung zur Märkte-Empfehlung, S. 42.

[463] Wie bereits aufgezeigt, können die NRB unter Einhaltung des Konsultationsverfahrens nach Art. 7 Rahmenrichtlinie auch weitere bzw. abweichende sachliche Märkte bestimmen und - im Falle von fehlendem wirksamen Wettbewerb - regulieren. Jedoch hat die Kommission in Bezug auf die Bestimmung divergierender sachlicher Märkte ein Veto-Recht, mit dem sie die NRB hindern kann, andere als die von ihr in der Märkte-Empfehlung aufgelisteten Märkte zu regulieren.

nur auf den von der Kommission als potentiell regulierungsbedürftig eingestuften Märkten asymmetrisch reguliert werden soll.[464] Somit beschränkt sich der Marktdefinitionsprozess i.S.v. Art. 15 Rahmenrichtlinie nicht auf die Abgrenzung bestimmter Märkte anhand wettbewerbsrechtlicher Grundsätze, sondern impliziert die Entscheidung darüber, welche Kommunikationsmärkte grundsätzlich nur reguliert werden sollen.

Das Marktdefinitionsverfahren i.S.v. Art. 15 Rahmenrichtlinie setzt sich mithin aus zwei Komponenten zusammen, nämlich der akkuraten sachlichen und räumlichen Abgrenzung von Kommunikationsmärkten und der Entscheidung darüber, auf welchen Märkten Regulierung potentiell gerechtfertigt ist. Ersteres erfolgt nach der neuen Rechtslage anhand von aus dem Kartell- und Wettbewerbsrecht übernommenen Grundsätzen, zweiteres setzt die Festlegung von Kriterien für die Regulierungsbedürftigkeit von Kommunikationsmärkten voraus.

Zwar sind die sachliche Marktabgrenzung und die Entscheidung über die potentielle Regulierungsbedürftigkeit von Märkten nach der Konzeption des Marktdefinitionsverfahrens eng verknüpft. Trotzdem soll bei der folgenden Untersuchung der materiellen Vorgaben beides der Übersichtlichkeit halber getrennt werden. Zunächst wird deshalb auf die sachliche Marktabgrenzung eingegangen (3.), sodann auf die Auswahl der potentiell regulierungsbedürftigen Märkte (4.) und zuletzt auf die räumliche Marktabgrenzung (5.).

3. Materielle Vorgaben für die sachliche Marktabgrenzung

a. Richtlinienvorgaben

Die sachliche Marktabgrenzung hat - unabhängig davon, ob sie von der Kommission für die Erarbeitung ihrer Empfehlung oder in Fällen nationaler Besonderheiten von den NRB unter Einhaltung des Verfahrens nach Art. 7 Abs. 4 a Rahmenrichtlinie vorgenommen wird - nach den aus dem allgemeinen Kartell- und Wettbewerbsrecht bekannten Grundsätzen für die Marktabgrenzung zu erfolgen.[465] Dies ergibt sich für die Kommission aus Art. 15 Abs. 1 Satz 2 und für die NRB aus Art. 15 Abs. 3 i.V.m. Abs. 2.
Stets muss es sich für die Zwecke des Art. 15 Rahmenrichtlinie um Märkte für elektronische Kommunikationsprodukte und -dienste, also um elektronische

[464] Vgl. SMP-Leitlinien, Rn. 18.
[465] Die Anwendung wettbewerbsrechtlicher Grundsätze hat dabei - wie in Art. 15 Abs. 1 Rahmenrichtlinie explizit unterstrichen wird - keine präjudizierende Wirkung hinsichtlich der für wettbewerbsrechtliche Fälle abzugrenzenden Märkte, vgl. auch SMP-Leitlinien, Rn. 25 und Märkte-Empfehlung, Erwägungsgrund 18.

Kommunikationsnetze, elektronische Kommunikationsdienste oder zugehöriger Einrichtungen i.S.v. Art. 2 a), c) und e) Rahmenrichtlinie handeln.[466]

b. *SMP-Leitlinien*

In den SMP-Leitlinien wird die sachliche Marktabgrenzung ausführlich behandelt.[467]

Die Leitlinien sind an die NRB gerichtet, wobei davon ausgegangen werden kann, dass die Kommission die dort von ihr aufgeführten Grundsätze auch selbst bei der Abgrenzung der sachlichen Märkte für ihre Märkte-Empfehlung zugrundelegen wird.[468]

Nach Art. 15 Abs. 3 Satz 1 Rahmenrichtlinie müssen die NRB bei der Festlegung der relevanten Märkte die Leitlinien „weitestgehend berücksichtigen". Diese Formulierung trägt dabei dem Umstand Rechnung, dass die Leitlinien

---

[466] Art. 2 Rahmenrichtlinie liefert folgende Begriffsbestimmungen: Art. 2 a): „elektronisches Kommunikationsnetz: Übertragungssysteme und gegebenenfalls Vermittlungs- und Leitwegeinrichtungen sowie anderweitige Ressourcen, die die Übertragung von Signalen über Kabel, Funk, optische oder andere elektromagnetische Einrichtungen ermöglichen, einschließlich Satellitennetze, feste (leitungs- und paketvermittelte, einschließlich Internet) und mobile terrestrische Netze, Stromleitungssysteme, soweit sie zur Signalübertragung genutzt werden, Netze für Hör- und Fernsehfunk sowie Kabelfernsehnetze, unabhängig von der Art der übertragenen Informationen."; Art. 2 c): „elektronische Kommunikationsdienste: gewöhnlich gegen Entgelt erbrachte Dienste, die ganz oder überwiegend in der Übertragung von Signalen über elektronische Kommunikationsnetze bestehen, einschließlich Telekommunikations- und Übertragungsdienste in Rundfunknetzen, jedoch ausgenommen Dienste, die Inhalte über elektronische Kommunikationsnetze und -dienste anbieten oder eine redaktionelle Kontrolle über sie ausüben; nicht dazu gehören die Dienste der Informationsgesellschaft im Sinne von Artikel 1 der Richtlinie 98/34/EG, die nicht ganz oder überwiegend in der Übertragung von Signalen über elektronische Kommunikationsnetze bestehen."; Art. 2 e): „zugehörige Einrichtungen: diejenigen mit einem elektronischen Kommunikationsnetz und/oder einem elektronischen Kommunikationsdienst verbundenen Einrichtungen, welche die Bereitstellung von Diensten über dieses Netz und/oder diesen Dienst ermöglichen und/oder unterstützen. Dieser Begriff schließt auch Zugangsberechtigungssysteme und elektronische Programmführer ein."

[467] Vgl. SMP-Leitlinien, allgemein Rn. 33 ff und speziell zur sachlichen Marktabgrenzung Rn. 44 ff.

[468] So auch *Taylor*, CTLR 2001, 129, 131. Der Frage, ob die Kommission an die dort aufgestellten Grundsätze für die sachliche Marktabgrenzung im Kommunikationssektor im Wege der Selbstbindung für ihre Marktabgrenzungen i.R. der Märkte-Empfehlung möglicherweise sogar gebunden ist, kann hier nicht nachgegangen werden, weil damit der Untersuchungsrahmen gesprengt würde. Vgl. zu dieser Problematik im Allgemeinen *Adam*, Die Mitteilungen der Kommission: Verwaltungsvorschriften des Europäischen Gemeinschaftsrechts? S. 118 ff sowie *Klösters*, Kompetenzen der EG-Kommission im innerstaatlichen Vollzug von Gemeinschaftsrecht, S. 138.

rechtstechnisch keine verbindliche Wirkung entfalten.[469] Jedoch muss zum einen nach der Rechtsprechung des EuGH auch rechtlich nicht verbindlichen Maßnahmen der Gemeinschaftsorgane bei der Anwendung von Gemeinschaftsrecht Rechnung getragen werden.[470] Zum anderen entfalten die SMP-Leitlinien - so wie auch die Märkte-Empfehlung - im Bereich der sachlichen Marktabgrenzung deshalb eine faktische Bindungswirkung, weil von der Märkte-Empfehlung abweichende sachliche Marktabgrenzungen durch die NRB im Regelfall dem Vetorecht der Kommission nach Art. 7 Abs. 4 a) Rahmenrichtlinie unterliegen und diese bereits angekündigt hat, dass sie bei ihrer Bewertung die SMP-Leitlinien als einen wesentlichen Kontrollmaßstab heranziehen wird.[471]

Die SMP-Leitlinien der Kommission basieren - um die Kohärenz zum allgemeinen Wettbewerbsrecht sicherzustellen - auf der Rechtsprechung des EuGH bzw. EuGI zu Art. 82 EG und Art. 2 der FKVO. Zudem hat sich die Kommission auf eigene Vorarbeiten gestützt,[472] und zwar auf die Leitlinien für die Anwendung der EG-Wettbewerbsregeln im Telekommunikationsbereich,[473] die Bekanntmachung über die Definition des relevanten Marktes im Sinne des Wettbewerbs-

---

469 Die Kommission hatte in ihrem ersten Vorschlag für die Rahmenrichtlinie noch die Formulierung gewählt „erstellen die NRB den Leitlinien entsprechend eine Analyse...", vgl. Vorschlag für eine Richtlinie des Europäischen Parlaments und des Rates über einen gemeinsamen Rechtsrahmen für elektronische Kommunikationsnetze und -dienste, ABl. Nr. C 365 E/198 v. 19.12.2000, Art. 14 Abs. 2. Der Rat hat dann in seinem Gemeinsamen Standpunkt u.a. diese Formulierung in diejenige der „weitestgehenden Berücksichtigung" umgewandelt, um die fehlenden Rechtsverbindlichkeit der Leitlinien klarzustellen. Jedoch spiegelt sich die ursprüngliche Formulierung der Kommission weiterhin in Erwägungsgrund 27 Rahmenrichtlinie wider, wonach „...die Kommission ...Leitlinien auf Gemeinschaftsebene festlegt, die von den NRB ...eingehalten werden müssen." Diese Formulierung im Erwägungsgrund entspricht der ursprünglichen Kommissionsfassung.

470 Vgl. das - allerdings zu Empfehlungen ergangene, insoweit vom Gedanken her jedoch übertragbare - Urteil *Grimaldi* des EuGH. Der EuGH hatte in diesem Urteil auf der Grundlage des Art. 10 EG nationale Gerichte verpflichtet, Empfehlungen der Kommission bei der Entscheidung der bei ihnen anhängigen Rechtsstreitigkeiten zu berücksichtigen, und zwar insbesondere dann, wenn sie verbindliche gemeinschaftliche Vorschriften ergänzen sollen und/oder wenn sie geeignet sind, Aufschluss über die Auslegung gemeinschaftlicher Bestimmungen zu geben, vgl. EuGH, Urteil v. 13.12.1989 - *Salvatore Grimaldi/Fonds des maladies professionelles*, Rs. C-322/88, Slg. 1989 I-4407, Rn. 18 f.

471 SMP-Leitlinien, Rn. 7. Eine ähnliche Aussage enthält die Märkte-Empfehlung, Erwägungsgrund 19.

472 SMP-Leitlinien, Rn. 24

473 Leitlinien für die Anwendung der EG-Wettbewerbsregeln im Telekommunikationsbereich (91/C 233/02), ABl. Nr. C 233/2 v. 6.9.1991.

rechts der EG[474] und die Mitteilung über die Anwendung der Wettbewerbsregeln auf Zugangsvereinbarungen im Telekommunikationsbereich[475].

Die Kernaussage der Kommission in ihren SMP-Leitlinien besteht darin zu unterstreichen, dass die Marktabgrenzung für die Bestimmung der sachlich potentiell regulierungsbedürftigen Märkte grundsätzlich dynamisch und zukunftsgerichtet zu erfolgen hat.[476] Darüber hinaus entsprechen ihre Ausführungen zur Marktabgrenzung im Allgemeinen und zur sachlichen Marktabgrenzung im Besonderen in methodischer Hinsicht den bereits aus der Bekanntmachung über die Definition des relevanten Marktes im Sinne des Wettbewerbsrechts der Gemeinschaft bekannten Grundsätzen. Entscheidend für die Abgrenzung des relevanten Marktes sind danach die Wettbewerbskräfte, die das Preisverhalten von Unternehmen beeinflussen können.[477] Die zwei entscheidenden wettbewerblichen Druckparameter sind dabei die Austauschbarkeit auf der Nachfrageseite und die Angebotsumstellungsflexibilität. Potentieller Wettbewerb ist grundsätzlich erst bei der Marktanalyse zu berücksichtigen.[478]

Den sachlich relevanten Markt definiert die Kommission unter Hinweis auf die ständige Rechtsprechung des EuGH. Danach gehören zu dem relevanten Produkt- bzw. Dienstmarkt sämtliche Produkte oder Dienste, die hinreichend austausch- bzw. substituierbar sind, und zwar nicht nur aufgrund ihrer objektiven Merkmale, derentwegen sie bestimmten Konsumbedürfnissen gerecht werden, sondern auch wegen der Wettbewerbsbedingungen und/ oder der Struktur von Angebot und Nachfrage auf dem betreffenden Markt.[479] Die Austauschbarkeit auf der Nachfrageseite und die Angebotsumstellungsflexibilität werden unter Bezugnahme auf konkrete Beispiele aus dem elektronischen Kommunikationssektor erläutert.[480] Die Kommission liefert sodann eine Zusammenfassung der von ihr im Rahmen ihrer eigenen Fälle im elektronischen Kommunikationssek-

---

[474] Bekanntmachung der Kommission über die Definition des relevanten Marktes im Sinne des Wettbewerbsrechts der Gemeinschaft, ABl. Nr. C 372/3 v. 9.12.1997.

[475] Mitteilung über die Anwendung der Wettbewerbsregeln auf Zugangsvereinbarungen im Telekommunikationsbereich - Rahmen, relevante Märkte und Grundsätze ,ABl. Nr. C 265/2 v. 22.8.1998.

[476] SMP-Leitlinien, Rn. 20 und 35.

[477] SMP-Leitlinien, Rn. 38.

[478] SMP-Leitlinien, Rn. 38.

[479] SMP-Leitlinien, Rn. 44 unter Verweis auf die ständige Rechtsprechung des EuGH ab dem grundlegenden Urteil v.21.2.1973 - *Europemballage and Continental Can/ Kommission*, Rs. 6/72, Slg. 1973, 215, Rn. 32 und Urteil v. 13.2.1979 - *Hoffmann-La Roche/ Kommission*, Rs. 85/76, Slg. 1979, 461, Rn. 23.

[480]Vgl. SMP-Leitlinien, Rn. 49 ff und 52 ff.

tor vorgenommenen Marktabgrenzungspraxis,[481] wobei daraus besonders deutlich hervorgeht, dass z.T. stark segmentierte Märkte abgegrenzt wurden, die auch nicht ansatzweise mit den pauschalen vorabbestimmten Märkten der alten SMP-Konzeption zu vergleichen sind.[482]

Als ein - von der Kommission im Wettbewerbsrecht immer stärker eingesetztes - konzeptuelles Hilfsmittel zur Ermittlung der Austauschbarkeit auf der Nachfrageseite und der Angebotsumstellungsflexibilität nennt sie in den SMP-Leitlinien den hypothetischen Monopolistentest (SSNIP-Test).[483] Für diesen Test, dem in den Leitlinien ein längerer Abschnitt gewidmet ist, ist zu fragen, wie die Nachfrager und andere Anbieter auf eine kleine, aber signifikante und anhaltende Preiserhöhung bei einem bestimmten Produkt oder Dienst durch einen hypothetischen Monopolisten für dieses Produkt bzw. diesen Dienst reagieren würden, wenn zugleich die Preise anderer Produkte und Dienste konstant blieben.[484] Wechseln Nachfrager zu anderen Produkten oder Diensten oder stellen andere Anbieter ihr Angebot auf substitutionsgeeignete Produkte oder Dienste um, so gehören die jeweiligen Produkte oder Dienste mit zum relevanten Markt.[485] Geschieht dies nicht oder jedenfalls nicht in einem solchen Ausmaß, dass die Preiserhöhung unprofitabel würde, so handelt es sich um den relevanten Markt.

4. Materielle Vorgaben für die Entscheidung über die potentielle Regulierungsbedürftigkeit von Märkten

Die Richtlinien besagen wenig in Bezug auf die Auswahl der Märkte für die Märkte-Empfehlung und so gut wie nichts hinsichtlich der Kriterien für die Regulierungsbedürftigkeit von Märkten.
Art. 15 Abs. 1 Satz 1 der Rahmenrichtlinie sieht lediglich vor, dass die Kommission „gemäß Anhang I" in ihrer Empfehlung über die relevanten Produkt- und Dienstmärkte diejenigen Märkte für elektronische Kommunikationsprodukte und -dienste aufführen soll, „deren Merkmale die Auferlegung der in den Ein-

---

481 Auf eine Wiedergabe dieser Ausführungen wird hier verzichtet. Vgl. dafür SMP-Leitlinien, Rn. 63 ff sowie zusammenfassend *Polster/ Brandl*, CTLR 2001, 216, 217 f; *Schmittmann*, AfP 2001, 197 f; *Taylor*, CTLR 2001, 129, 131 ff.

482 *Polster/ Brandl*, CTLR 2001, 216, 217.

483 SMP-Leitlinien, Rn. 40 ff. Zu diesem Test vertiefend *Taylor*, CTLR 2001, 129, 131 f.

484 Zur Fragwürdigkeit des SSNIP-Tests in oligopolistischen Märkten, vgl. *Harbord/ von Graevenitz*, ECLR 2000, 151, 152 ff. Zur sog. „cellophane fallacy" des SSNIP-Tests, bei der wegen bereits erhöhter Preise aufgrund von ausgeübter Marktmacht oder aufgrund von Regulierungsvorgaben Märkte zu weit abgegrenzt werden, vgl. Bekanntmachung der Kommission über die Definition des relevanten Marktes im Sinne des Wettbewerbsrechts der Gemeinschaft, ABl. Nr. C 372/3 v. 9.12.1997, Ziff. 19 sowie die Ausführungen in den SMP-Leitlinien selbst, Rn. 42 und Fn. 29.

485 SMP-Leitlinien, Rn. 40 ff.

zelrichtlinien dargelegten Verpflichtungen rechtfertigen können." Anhang I ist dabei übertitelt: „Verzeichnis der Märkte, die gemäß Art. 15 in die erste Empfehlung der Kommmission über die relevanten Produkt- und Dienstmärkte aufzunehmen sind."
Daraus ergibt sich also lediglich die Pflicht zur Aufnahme der in Anhang I genannten Märkte in die erste Märkte-Empfehlung sowie die Aufgabe für die Kommission, Kriterien zu entwickeln, anhand derer über die potentielle Regulierungsbedürftigkeit von Märkten entschieden werden kann.

a. Strukturelles Problem: Widerspruch zwischen „Märkten" i.S.v. Anhang I und potentiell regulierungsbedürftigen Märkten bzw. nach wettbewerbsrechtlichen Grundsätzen abgegrenzten Märkten

Art. 15 Abs. 1 Satz 1 weist damit zwei Komponenten auf, die zunächst widersprüchlich anmuten. Zum einen *mussten* in die erste Empfehlung bestimmte Märkte aufgenommen werden, die nie sauber nach wettbewerbsrechtlichen Grundsätzen abgegrenzt worden sind und über deren Regulierungsbedürftigkeit keine fundierte Untersuchung durchgeführt worden ist.[486] Zum anderen sollen grundsätzlich Märkte in die Märkte-Empfehlungen nur dann aufgenommen werden, wenn es sich wirklich um nach wettbewerbsrechtlichen Grundsätzen abgegrenzte Märkte handelt und diese nach - von der Kommission zu entwickelnden - Kriterien potentiell regulierungsbedürftig sind.
Dieser Widerspruch lässt sich unter Heranziehung der Gesamtkonzeption der neuen SMP-Konzeption erklären. Nach Art. 7 Abs. 1 Zugangsrichtlinie und Art. 16 Abs. 1 Universaldienstrichtlinie sollen die Mitgliedstaaten die - unter dem alten Rechtsrahmen auferlegten - alten SMP-Vorabverpflichtungen auch nach Inkrafttreten des neuen Rechtrahmens zunächst aufrechterhalten. Sodann sollen die NRB jedoch sobald wie möglich im Rahmen einer Marktanalyse darüber entscheiden, ob diese Verpflichtungen aufrechterhalten bzw. verändert oder aufgehoben werden sollen. Nach der neuen SMP-Gesamtkonzeption ist eine Marktanalyse grundsätzlich jedoch nur auf solchen Märkten möglich, die von der Kommission in ihre Märkte-Empfehlung aufgenommen worden sind, da andernfalls erst das Konsultationsverfahren nach Art. 7 Rahmenrichtlinie durchlaufen werden müsste. Somit war es erforderlich, der Kommission vorzuschreiben, diejenigen Märkte, auf denen bei Inkrafttreten des neuen Rechtsrahmens Vorabverpflichtungen vorhanden waren, in ihrer ersten Empfehlung aufzulisten, um einen solchen unnötigen Verfahrensschritt zu vermeiden.[487]

Aus dieser Konstruktion resultierten jedoch zwei Probleme:

---

486 Dieses Problem unterstreicht auch *Nikolinakos*, ECLR 2001, 93, 106.
487 Vgl. zu diesem Problem auch die Märkte-Empfehlung, Erwägungsgrund 8 und die Begründung zur Märkte-Empfehlung, S. 39.

Zum einen waren die alten SMP-Verpflichtungen nicht auf nach wettbewerbsrechtlichen Grundsätzen abgegrenzten Märkten auferlegt, sondern beträchtliche Marktmacht und das daran anknüpfende Pflichtenregime bezogen sich auf regulierungsdeterminierte Marktsektoren. Für die Auflistung in Anhang I hat der Gesetzgeber zwar schon eine gewisse Segmentierung der ursprünglichen vier Marktsegmente, jedoch trotzdem keine wirkliche Marktabgrenzung im wettbewerbsrechtlichen Sinne vorgenommen.[488] Somit war ein Widerspruch vorprogrammiert, weil die Kommission gemäß Art. 15 Abs. 1 Satz 2 für die Marktabgrenzung für ihre Empfehlung wettbewerbliche Grundsätze heranziehen muss. Es bieten sich zwei Auslegungsmöglichkeiten für die Richtlinienvorschriften: Entweder könnte man verlangen, dass die Kommission wirklich die Märkte - so wie sie in Anhang I aufgelistet sind - übernimmt, wobei sie dann aber gegen Art. 15 Abs. 1 Satz 2 verstoßen würde. Oder aber man könnte im Zuge einer wettbewerbsrechtlichen Marktabgrenzung eine andere Abgrenzung bzw. Segmentierung der Märkte aus dem Anhang I zulassen, wobei dann entgegen dem Wortlaut der Überschrift von Anhang I die Märkte aber nicht exakt aufgenommen würden.
Im Ergebnis vermag allein die zweite Auslegung zu überzeugen. Zum einen ist es das erklärte Ziel des neuen Rechtsrahmens, die Regulierungsvoraussetzungen mit wettbewerbsrechtlichen Kriterien in Einklang zu bringen, was eine korrekte Marktabgrenzung voraussetzt. Zum anderen spricht für diese Auslegung auch, dass Art. 7 Abs. 2 Zugangsrichtlinie und Art. 16 Abs. 2 Universaldienstrichtlinie es der Kommission übertragen, die relevanten Märkte für die aus dem alten Rechtsrahmen übernommenen Verpflichtungen anzugeben. Anhang I ist danach als quasi erinnernde Auflistung von Marktsegmenten zu verstehen, die die Kommission ihrer wettbewerblichen Marktabgrenzung zugrunde zu legen hat.[489]

Das zweite Problem ergibt sich daraus, dass Art. 15 Abs. 1 und Anhang I der Rahmenrichtlinie nicht nach lediglich aus Übergangsgründen aufzunehmenden Märkten und solchen, die die Kommission - nach den von ihr zu entwickelnden Kriterien - wirklich als potentiell regulierungsbedürftig einstuft, differenziert.

---

[488] Insbesondere ist dort nicht nach Vorleistungs- und Endnutzermärkten differenziert worden. Dass eine solche Differenzierung in Kommunikationsmärkten erforderlicht ist, ist jedoch generell anerkannt, dazu SMP-Leitlinien, Rn. 64 und Märkte-Empfehlung, Erwägungsgrund 6.

[489] Diese Auffassung hat auch die Kommission bei der Erarbeitung ihrer ersten Märkte-Empfehlung zugrundegelegt, vgl. Begründung zur Märkte-Empfehlung, S. 7, Fn. 21. Sie hat deshalb die in Anhang I der Rahmenrichtlinie vorgegebenen Märkte neu definiert bzw. weiter segmentiert. Vgl. die Gegenüberstellung in der Tabelle 2 der Begründung zur Märkte-Empfehlung, S. 40 sowie die Erläuterungen im Anhang der Märkte-Empfehlung selbst. Auch *Hocepied* bezeichnet es als Aufgabe der Kommission, die in der Rahmenrichtlinie vorgegebenen Märkte neu zu formulieren und entsprechend den wettbewerbsrechtlichen Grundsätzen weiter zu segmentieren, vgl. *Hocepied*, The new EU regulatory Framework for Electronic communications, S. 6.

Nähme die Kommission nun - nach wettbewerbsrechtlich akkurater Neudefinition und Segmentierung - die Märkte aus dem Anhang I in ihre Empfehlung auf, so implizierte das nach dem Wortlaut des Art. 15 Abs. 1 Satz 1, dass sie diese als Märkte einstufte, „deren Merkmale die Auferlegung der in den Einzelrichtlinien dargelegten Verpflichtungen rechtfertigen können.“ Die Kommission soll jedoch wie oben gezeigt gerade selbst über letzteres anhand der von ihr zu entwickelnden Kriterien darüber entscheiden, ob ein Markt potentiell regulierungsbedürftig ist oder nicht. Aus teleologischen Gründen ist eine undifferenzierte Aufnahme von Märkten aus Übergangsgründen abzulehnen. Die Empfehlung der Kommission mit der Vorauswahl der potentiell regulierungsbedürftigen Märkte soll dem zentralen Ziel der neuen Regulierungskonzeption dienen, sicherzustellen, dass Regulierung immer da und dann zurückgefahren wird, wenn sie ungeeignet bzw. nicht mehr erforderlich ist. In ergänzender systematischer Auslegung wäre der Kommission somit eine differenzierte Aufnahme von zwei Sorten von Märkten in ihre erste Empfehlung gestattet gewesen: Zum einen solche Märkte, die sie eigenständig oder aufgrund des Anhangs I ausgewählt hat, und die nach den von ihr entwickelten Kriterien potentiell regulierungsbedürftig sind, zum anderen solche, die sie entsprechend dem Anhang I aufnimmt, jedoch nur, um es den NRB im Zuge ihrer ersten Marktanalyse zu ermöglichen, bestehende Vorabverpflichtungen aufzuheben. Die Kommission ist diesen aus teleologischen Gründen vorzugswürdigen Weg jedoch nicht gegangen, sondern hat alle in Anhang I der Rahmenrichtlinie vorgegebenen Märkte - wenn auch in neudefinierter und segmentierter Weise - undifferenziert in ihre Märkte-Empfehlung aufgenommen.[490]

b. Kriterien für eine potentielle Regulierungsbedürftigkeit

aa. Anhaltspunkte für die Kriterienentwicklung in den Richtlinien

Für die von der Kommission zu entwickelnden Kriterien zur Auswahl potentiell regulierungsbedürftiger Märkte enthalten die Richtlinien wie bereits erwähnt so gut wie keine Vorgaben. Lediglich in Erwägungsgrund 27 der Rahmenrichtlinie wird klargestellt, dass Vorabverpflichtungen nur auferlegt werden sollten, wenn kein wirksamer Wettbewerb besteht und die Instrumente des nationalen und gemeinschaftlichen Wettbewerbsrechts nicht ausreichen, um das Problem zu lösen. Erwägungsgrund 13 der Zugangsrichtlinie besagt darüber hinaus, dass das Marktanalyseverfahren auch Übergangsproblemen z.B. im Zusammenhang mit dem internationalen Roaming oder auch der Möglichkeit Rechnung tragen soll, dass beispielsweise im Bereich der Breitbandnetze infolge technischer Entwicklungen neue Engpässe entstehen können, die gegebenenfalls Vorabregulierungsmaßnahmen erfordern. Die Gesamtkonzeption der neuen Richtlinien geht

---

[490] Vgl. den Anhang der ersten Märkte-Empfehlung.

also davon aus, dass auch nicht ehemals unter Monopolrechten stehende Märkte vorabreguliert werden können, also mithin von der Kommission als potentiell regulierungsbedürftig eingestuft werden dürfen.

bb. Kriterienentwicklung durch die Kommission in ihrer Märkte-Empfehlung

Die Kommission hat in ihrer ersten Märkte-Empfehlung die drei Kriterien vorgestellt, die sie für die Auswahl der potentiell regulierungsbedürftigen Märkte in dieser ersten Empfehlung zugrundegelegt hat und auch bei zukünftigen Überarbeitungen dieser Empfehlung zugrundelegen will.[491]
Das zentrale Kriterium der Kommission für die Auswahl potentiell regulierungsbedürftiger Märkte sind beträchtliche, nicht lediglich vorübergehende Marktzugangshindernisse.[492] Nur auf Märkten, die durch solche Zugangshindernisse gekennzeichnet sind, kann das Wettbewerbsrecht nach Meinung der Kommission unzureichend sein, um Marktversagen zu beheben und wirksamen, selbstragenden Wettbewerb innerhalb eines überschaubaren Zeitrahmens sicherzustellen. Für die Zwecke der Empfehlung geht die Kommission von zwei Arten von Markteintrittsbarrieren aus, und zwar strukturellen und rechtlich bedingten. Nach Ansicht der Kommission resultieren strukturelle Barrieren aus asymmetrischen anfänglichen Kostenstrukturen bzw. Nachfragebedingungen. So könnten mengen- und größenbedingte Vorteile verbunden mit gebundenen Ressourcen („sunk costs“) zu Marktasymmetrien führen. Daneben können nach Meinung der Kommission nicht ökonomisch duplizierbare Infrastrukturkomponenten strukturelle Markteintrittsbarrieren darstellen. Als Beispiel für eine strukturelle Marktbarriere wird der Aufbau und die Bereitstellung von Ortsanschlussnetzen an festen Standorten genannt.[493] Rechtlich bedingte Zugangshindernisse resultieren der Kommission zufolge aus legislativen, administrativen oder sonstigen staatlichen Maßnahmen, die sich unmittelbar auf die Zugangsbedingungen und/ oder die Stellung von Betreibern auf dem relevanten Markt auswirken. Als Beispiele werden der limitierte Zugang zu einem bestimmten Frequenzspektrum sowie die Entgeltregulierung genannt.[494]

Wiewohl die Kommission das erste Kriterium als notwendige Voraussetzung für die Einstufung als potentiell regulierungsbedürftigen Markt einstuft, will sie als

---

[491] Vgl. Märkte-Empfehlung, Erwägungsgrund 16 und Begründung zur Märkte-Empfehlung, S. 12. Siehe zu den Kriterien ferner *Klotz*, WIK-Proceedings Nr. 9, S. 247, 251.

[492] Vgl. Märkte-Empfehlung, Erwägungsgrund 9 ff. Die englische Formulierung „non-transitory entry barriers“ wurde in der deutschen Fassung mit „anhaltende Zugangshindernisse“ übersetzt. Diese Formulierung gibt m.E. den von der Kommission intendierten Sinn nicht exakt genug wieder, weshalb hier die Formel „nicht lediglich vorübergehend“ gewählt wurde.

[493] Märkte-Empfehlung, Erwägungsgrund 11.

[494] Märkte-Empfehlung, Erwägungsgrund 12.

zweites Kriterium stets berücksichtigten, ob andere strukturelle Faktoren innerhalb des für die Regulierung relevanten Zeitraumes zur Überwindung der jeweiligen Zugangshindernisse führen können. Märkte, die aufgrund ihrer Struktur von selbst zur Entstehung von funktionsfähigem Wettbewerb tendieren, sollen trotz etwaiger Zugangshindernisse allein mithilfe des allgemeinen Kartell- und Wettbewerbsrechts überwacht werden. Als Beispiel führt die Kommission Märkte mit Zugangshindernissen an, in denen eine begrenzte, aber hinreichende Zahl von Unternehmen mit abweichenden Kostenstrukturen sich mit einer preiselastischen Nachfrage konfrontiert sehen. Als weiteren relevanten strukturellen Faktor nennt die Kommission Kapazitätsüberschüsse, die eine schnelle Reaktion der Konkurrenten auf Preiserhöhungen ermöglichen.[495] Zugangshindernisse könnten darüber hinaus bei von Innovation und technischem Fortschritt gekennzeichneten Märkten an Bedeutung verlieren. Hier führe potentieller Wettbewerb zur Relativierung der aktuellen Zugangshindernisse, weil auf längere Sicht mit einem dynamischen Wettbewerbsprozess zu rechnen sei. Grundsätzlich sollen Märkte nicht als potentiell regulierungsbedürftig eingestuft werden, wenn absehbar ist, dass die Zugangshindernisse im Rahmen eines überschaubaren Zeitraums entfallen werden.[496] In Anlehnung an Erwägungsgrund 27 der Rahmenrichtlinie unterstreicht die Kommission, dass sie neu entstehende Märkte grundsätzlich nicht als potentiell regulierungsbedürftig erachtet.[497]

Das dritte Kriterium besteht - wiederum in Anlehnung an Erwägungsgrund 27 Rahmenrichtlinie - darin, zu prüfen, ob die Instrumente des Wettbewerbsrechts nicht ausreichen, um das wettbewerbliche Problem zu lösen. Nur in den Fällen, in denen das Wettbewerbsrecht allein nach dem aktuellen Stand des Erfahrungswissens[498] nicht ausreicht, um das zuvor anhand der ersten zwei Kriterien

---

[495] Märkte-Empfehlung, Erwägungsgrund 14.

[496] Märkte-Empfehlung, Erwägungsgrund 13.

[497] Märkte-Empfehlung, Erwägungsgrund 15. Dem liegt das heutige Verständnis vom Wettbewerb als einem dynamischen Prozess zugrunde: Auf neu entstehenden Märkten hat der Marktführer einen „first mover advantage" und kann dadurch - jedoch grundsätzlich nur vorrübergehend - Monopolgewinne abschöpfen. Da es sich dabei um einen wettbewerbskonformen Prozess handelt, der notwendig für die Förderung von Innovationen und Investitionen ist, besteht - wenn nicht hohe strukturelle oder rechtliche Zugangshindernisse hinzutreten - im Regelfall kein Bedarf für Regulierung, vgl. dazu *Kirchner* in *Immenga/ Kirchner/ Knieps/ Kruse*, Telekommunikation im Wettbewerb, S. 145 f.

[498] *Hocepied* weist in diesem Zusammenhang auf das Problem hin, dass die Bewertung, ob das wettbewerbsrechtliche Instrumentarium ausreiche oder nicht, vom jeweiligen Stand der Rechtsprechung von EuGH und EuGI und der Verwaltungspraxis von Kommission und nationalen Kartellämtern abhänge und wenig vorhersehbar sei, vgl. *Hocepied*, The new EU regulatory Framework for Electronic communications, S. 14.

diagnostizierte Marktversagen zu beseitigen, hält die Kommission Vorabregulierung für gerechtfertigt.[499]

cc. Geltungsreichweite der Kriterien

Nach der Konzeption des neuen Rechtsrahmens dienen die von der Kommission in ihrer Empfehlung aufgestellten Kriterien in erster Linie ihr selbst, nämlich bei der Auswahl der potentiell regulierungsbedürftigen Märkte für ihre erste Märkte-Empfehlung und jedwede zukünftige Aktualisierung derselben.
Jedoch schreibt Art. 15 Abs. 3 Satz 1 Rahmenrichtlinie vor, dass die NRB die relevanten Märkte unter weitestgehender Berücksichtigung der Empfehlung festzulegen haben. Da in der Märkte-Empfehlung die potentiell regulierungsbedürftigen Märkte nur in sachlicher Hinsicht vorgeben werden, hat Art. 15 Abs. 3 Satz 1 nur in Bezug auf die Abgrenzung und Auswahl von sachlichen Märkten durch die NRB Bedeutung.
Hinsichtlich dessen, was rechtlich unter „weitestgehender Berücksichtigung" zu verstehen ist, gilt das oben bereits zu den SMP-Leitlinien Ausgeführte: Zwar kommt Empfehlungen unmittelbar keine Rechtsverbindlichkeit zu, Art. 249 EG. Neben der vom EuGH herausgearbeiteten Pflicht nationaler Stellen zur Beachtung auch nicht rechtlich verbindlicher Rechtsinstrumente bei der Anwendung von Gemeinschaftsrecht[500] kommt jedoch auch und gerade der Märkte-Empfehlung angesichts des Konsultationsverfahrens wegen der Existenz von Art. 7 Abs. 4 Rahmenrichtlinie eine spezifische faktische Verbindlichkeit zu: Die Kommission kann die Abgrenzung und Auswahl sachlicher Märkte, die von denen in der Märkte-Empfehlung abweichen, mittels ihres Vetorechts nach Art. 7 Abs. 4 a) Rahmenrichtlinie verhindern. Des Weiteren hat sie auch bereits die Erwartung geäußert, dass die NRB bei der Auswahl abweichender Märkte die von ihr in der Märkte-Empfehlung offengelegten Kriterien für die potentielle Regulierungsbedürftigkeit von Märkten berücksichtigen.[501] Mithin sind die NRB insoweit faktisch bei der Auswahl anderer als der in der Empfehlung genannten Märkte an die Kriterien gebunden, als sie damit rechnen müssen, dass die Kommission ihre Entscheidungen andernfalls nach Art. 7 Abs. 4 a) Rahmenrichtlinie blockiert.[502]
Die Kommission hält darüber hinaus auch die bloße weitergehende Segmentierung von Märkten, die in der Märkte-Empfehlung aufgelistet sind, für eine abweichende sachliche Marktabgrenzung und -auswahl, welche mithin den Ver-

---

[499] Märkte-Empfehlung, Erwägungsgründe 9 und 15 sowie die Begründung zur Märkte-Empfehlung, S. 11.
[500] EuGH, Urteil v. 13.12.1989 - *Salvatore Grimaldi/Fonds des maladies professionelles*, Rs. C-322/88, Slg. 1989 I-4407, Rn. 18 f.
[501] Begründung zur Märkte-Empfehlung, S. 11 f.
[502] Zu dieser „faktischen" rechtlichen Bindungswirkung, vgl. *Klotz*, WIK-Proceedings Nr. 9, S. 247, 251; *Bartosch*, EuZW 2002, 389, 392 und *Scherer*, K & R 2002, 273, 285.

fahren nach Art. 6 und 7 Rahmenrichtlinie unterworfen ist und dem Vetorecht nach Art. 7 Abs. 4 a) Rahmenrichtlinie unterfällt.[503] Allerdings hat die Kommission bereits erklärt, dass zusätzliche Marktsegmentierungen auch aus ihrer Sicht erforderlich werden könnten. Sie konnte diese jedoch nicht pauschal für die ganze EU in ihrer Märkte-Empfehlung vorgeben, weil die entsprechenden Unterteilungen nicht für jeden Mitgliedstaat den ökonomischen Gegebenheiten entsprechen. Nach Meinung der Kommission sind für Segmentierungen trotzdem grundsätzlich die Verfahren nach Art. 6 und 7 Rahmenrichtlinie zu durchlaufen. Jedoch hat sie vorgeschlagen, dass gemeinschaftliche Konzepte zur detaillierteren Marktabgrenzung im Rahmen von Art. 7 Abs. 2 oder Art. 19 Rahmenrichtlinie erarbeitet werden könnten.[504]

5. Materielle Vorgaben für die räumliche Marktabgrenzung

a. Richtlinienvorgaben

Die räumliche Marktabgrenzung hat - unabhängig davon, ob sie im Regelfall von den NRB nach Art. 15 Abs. 3 Satz 1 Rahmenrichtlinie oder im Falle länderübergreifender Märkte ausnahmsweise nach Art. 15 Abs. 4 von der Kommission durchzuführen ist - nach den aus dem Wettbewerbsrecht bekannten Grundsätzen für die räumliche Marktabgrenzung zu erfolgen, wie sich für die NRB aus Art. 15 Abs. 3 i.V.m. Abs. 2 und für die Kommission aus Art. 15 Abs. 4 i.V.m. Abs. 1 Satz 2 ergibt.

Die Rahmenrichtlinie enthält selbst keine weiteren Vorgaben für die räumliche Marktabgrenzung. Nur Erwägungsgrund 27 stellt - was sich aus den ausschlaggebenden wettbewerblichen Grundsätzen von selbst ergibt - fest, dass sich das relevante geographische Gebiet auf die Gesamtheit oder einen Teil des Hoheitsgebiets eines Mitgliedstaats oder - im Falle länderübergreifender, von der Kommission festzulegender Märkte - um benachbarte Gebiete mehrere Mitgliedstaaten erstrecken kann.

b. SMP-Leitlinien

Der räumlichen Marktabgrenzung ist in den SMP-Leitlinien wiederum ein eigener Abschnitt gewidmet. Unter Bezugnahme auf die ständige Rechtsprechung des EuGH definiert die Kommission den räumlich relevanten Markt als ein Gebiet, in dem die Unternehmen bei den relevanten Produkten oder Diensten an Angebot und Nachfrage beteiligt sind und die Wettbewerbsbedingungen einander gleichen oder hinreichend homogen sind und von Nachbargebieten unter-

---

[503] Vgl. Märkte-Empfehlung, Erwägungsgrund 19 und Begründung zur Märkte-Empfehlung, S. 12 f.

[504] Begründung zur Märkte-Empfehlung, S. 12 f.

schieden werden können, in denen erheblich andere Wettbewerbsbedingungen bestehen.[505]
Die Kommission stellt klar, dass auch die räumliche Marktabgrenzung anhand der Wettbewerbskräfte, die das Preisverhalten von Unternehmen beeinflussen können, vorzunehmen ist, wobei zu deren Bewertung wieder Austauschbarkeit auf der Nachfrageseite und die Angebotsumstellungsflexibilität heranzuziehen sind.[506] Im Telekommunikationssektor seien insbesondere sprachliche Barrieren Grund für fehlende Austauschbarkeit bzw. die fehlende Möglichkeit der Angebotsumstellung für Unternehmen. Zudem sei die Ausdehnung von Infrastrukturnetzwerken und bestehende, die Substituierbarkeit beschränkende rechtliche und regulatorische Barrieren zentrale Kriterien für die räumliche Marktabgrenzung.[507] Unter einem separaten Punkt geht die Kommission auf die Möglichkeit ein, Zwei-Länder-Paare für bestimmte grenzüberschreitende Kommunikationsdienste als relevanten Markt abzugrenzen.[508]

III. Analyse der Wettbewerbsverhältnisse auf den relevanten Märkten (Marktanalyseverfahren) und Bestimmung der Regulierungsadressaten

Die im Marktdefinitionsverfahren bestimmten potentiell regulierungsbedürftigen Märkte sind von den NRB im Rahmen des Marktanalyseverfahrens zu analysieren, Art. 16 Rahmenrichtlinie. Das Ziel dieses Verfahrens ist es, diejenigen Märkte zu bestimmen, die nach den nationalen wettbewerblichen Gegebenheiten tatsächlich der Regulierung durch die Auferlegung von asymmetrischen Vorabverpflichtungen bedürfen sowie auf diesen Märkten den bzw. die Regulierungsadressaten zu bestimmen.

1. Verfahren der Marktanalyse

Die NRB müssen das Marktanalyseverfahren vor jeder Entscheidung über die Neuauferlegung, Abänderung, Beibehaltung oder Aufhebung von asymmetrischen Vorabverpflichtungen i.S.v. Art. 7 Abs. 3 Zugangsrichtlinie bzw. Art. 16 Abs. 3 Universaldienstrichtlinie durchführen.[509]

---

505 SMP-Leitlinien, Rn. 56 unter Bezugnahme auf die ständige Rechtsprechung des EuGH in Anknüpfung an das grundlegende Urteil v. 14.2.1978 - *United Brands/ Kommission*, Rs. 27/76, Slg. 1978, 207, Rn. 44 und Urteil v. 9.11.1983 - *Michelin/ Kommission*, Rs. 322/81, Slg. 1983, 3461, Rn. 26.
506 SMP-Leitlinien, Rn. 57.
507 SMP-Leitlinien, Rn. 59 f.
508 SMP-Leitlinien, Rn. 61.
509 So auch *Schütz/ Attendorn*, Beilage MMR 4/2002, 1, 4. Anders jedoch *dies.*, Beilage MMR 4/2002, 1, 15.

a. Zeitpunkt der Analyse

Nach Art. 16 Abs. 1 Rahmenrichtlinie sollen die NRB die Analyse sobald wie möglich nach dem Erlass der ersten Märkte-Empfehlung sowie jeweils nach einer etwaigen Aktualisierung der Empfehlung durchführen. Indes schreiben Art. 7 Abs. 3 Zugangsrichtlinie und Art. 16 Abs. 3 Universaldienstrichtlinie den NRB vor, die Marktanalyse möglichst bald nach Inkrafttreten der jeweiligen Richtlinie und danach in regelmäßigen Abständen vorzunehmen.

Die Inkohärenz dieser Vorgaben lässt sich mit Blick auf den Zeitpunkt für die erste Marktanalyse im Wege der systematischen Auslegung auflösen. Wie im letzten Abschnitt erläutert, sollen nach der neuen SMP-Konzeption grundsätzlich nur die Märkte reguliert werden, die von der Kommission in ihre Märkte-Empfehlung aufgenommen worden sind.[510] Mithin ist der Erlass der Empfehlung eine notwendige Voraussetzung für die Durchführbarkeit des Marktanalyseverfahrens, so dass die Zeitangabe in Art. 16 Abs. 1 Satz 1 Rahmenrichtlinie entscheidend ist.[511]

Problematischer ist hingegen, ob - wie die Rahmenrichtlinie nahe zu legen scheint - spätere Marktanalysen nur im Falle einer Aktualisierung der Empfehlung durch die Kommission oder vielmehr - entsprechend den Spezialrichtlinien - in regelmäßigen Abständen stattfinden sollen. Ausschlaggebend für die Beantwortung dieser Frage ist, dass nach einer zentralen Zielsetzung des neuen Rechtsrahmens wettbewerbsfördernde asymmetrische Vorabregulierung nur soweit und solange beibehalten werden soll, wie kein wirksamer Wettbewerb entstanden ist.[512] Der Wettbewerb wird sich in den verschiedenen, in der Märkte-Empfehlung aufgelisteten Märkten bzw. in den einzelnen Mitgliedstaaten mit unterschiedlicher Geschwindigkeit entwickeln. Mithin macht es keinen Sinn, eine Marktanalyse und die daran anknüpfende Möglichkeit für die NRB, bestehende SMP-Pflichten aufzuheben oder zu ändern, nur im Falle einer Aktualisierung der Märkte-Empfehlung zuzulassen. Die NRB müssen vielmehr in der Lage sein, Regulierungsauflagen dort aufzuheben, wo der Wettbewerb zu den gewünschten Ergebnissen geführt hat. Das setzt jedoch voraus, dass die NRB -

---

[510] Die Befugnis der NRB, abweichende Märkte zu bestimmten, stellt diese Regel in grundsätzlicher Hinsicht nicht in Frage.

[511] Die Kommission hat in ihrer Begründung zur Märkte-Empfehlung, S. 4, den NRB nahegelegt, das erste Marktanalyseverfahren vor Ablauf der Umsetzungsfrist für die Richtlinien durchzuführen, um dem neuen Rechtsrahmen möglichst bald tatsächliche Geltung zu verschaffen. Problematisch ist jedoch, dass in vielen Mitgliedstaaten die NRB vor Umsetzung der neuen Richtlinienvorgaben nicht über die erforderlichen Befugnisse zur Datenerhebung verfügen, vgl. *Müther*, tc - telecommunication, März 2002, 6 ff.

[512] Vgl. z.B. Erwägungsgrund 27 Rahmenrichtlinie, wonach Vorabverpflichtungen nur auf Märkten ohne wirksamen Wettbewerb gerechtfertigt sind.

je nach Ausgestaltung durch die nationalen Gesetzgeber - entweder in regelmäßigen Abständen oder aufgrund bestimmter gesetzlicher Auslösekriterien - Marktanalysen auf einem oder mehreren der potentiell regulierungsbedürftigen Märkte durchführen können, um die nationalen Märkte auf veränderte Wettbewerbsverhältnisse und veränderten Regulierungsbedarf hin zu untersuchen. Art. 16 Abs. 1 Rahmenrichtlinie ist mithin so zu deuten, dass zwar im Falle einer Aktualisierung der Märkte-Empfehlung in jedem Fall eine Analyse in Bezug auf die veränderten Märkte durchzuführen ist, daneben jedoch auch unabhängig von einer solchen Aktualisierung regelmäßig Marktanalysen durchzuführen sind.

b. Verfahrensschritte

Die eigentliche Marktanalyse besteht darin, dass die NRB prüfen muss, ob auf den relevanten potentiell regulierungsbedürftigen Märkten wirksamer Wettbewerb besteht, Art. 16 Abs. 2 Rahmenrichtlinie. Dabei haben die NRB nach Art. 16 Abs. 1 Satz 1 die SMP-Leitlinien der Kommission weitestgehend zu berücksichtigen.[513] Die Analyse ist gegebenenfalls unter Beteiligung der nationalen Wettbewerbsbehörden durchzuführen, Art. 16 Abs. 1 Satz 2.[514]

Das Marktanalyseverfahren endet mit der Feststellung der NRB, ob auf einem Markt wirksamer Wettbewerb besteht oder nicht. Die weiteren Verfahrensschritte, die in Art. 16 Abs. 2 bis 4 aufgelistet sind, betreffen nicht mehr die eigentliche Marktanalyse, sondern das Verfahren zur Beibehaltung, Auferlegung, Aufhebung oder Veränderung von Regulierungsmaßnahmen.[515] Dieses wird im nächsten Kapitel behandelt.

Zum Marktanalyseverfahren gehört des Weiteren die Bestimmung der Regulierungsadressaten durch die NRB i.S.v. Art. 16 Abs. 4, also der Unternehmen mit beträchtlicher Marktmacht, da - wie im nächsten Abschnitt zu zeigen sein wird - im neuen Rechtsrahmen der Begriff des wirksamen Wettbewerbs gleichgesetzt worden ist mit dem Fehlen von Unternehmen mit beträchtlicher Marktmacht auf dem relevanten Markt.

---

[513] Zur Bedeutung dieses Begriffs, vgl. oben Teil 5, C.II.3.b. Die dortigen Ausführungen greifen auch hier, da die Kommission nach Art. 7 Abs. 4 b) Rahmenrichtlinie auch im Rahmen der Marktanalyse ein Vetorecht hat.

[514] Die Kooperation mit den nationalen Wettbewerbsbehörden wird in Teil 5, E.IV.3. behandelt. Die Formel „gegebenenfalls" ist eine unglückliche Übersetzung des englischen Terminus „as appropriate" und soll besagen, dass die Beteiligung bei den Fragen erfolgen soll, bei denen die Intervention der Kartellbehörden sachdienlich ist, also in den Bereichen, in denen die Kartellbehörden über einschlägiges Fachwissen verfügen.

[515] Im neuen Rechtsrahmen wird terminologisch nicht sauber zwischen der Marktanalyse und dem anschließenden Regulierungsanordnungsverfahren differenziert. Es wird pauschal „Marktanalyseverfahren" verwendet.

Maßnahmen, die nach Art. 16 Abs. 3 bis 5 getroffen werden, unterliegen den Verfahren nach Art. 6 und 7, vgl. Art. 16 Abs. 6. Die dort normierten Anhörungs- und Konsultationsverfahren bilden - wie in Bezug auf das Marktdefinitionsverfahren - einen integralen Bestandteil des Marktanalyseverfahrens.[516] Wie auch dort ist dabei das Vetorecht der Kommission, das ihr nach Art. 7 Abs. 4 b) hinsichtlich der Ermittlung von beträchtlicher Marktmacht zusteht, von besonderer Bedeutung.[517]

c. Gemeinsame Marktanalyse

Wenn die Kommission im Wege einer Entscheidung gemäß Art. 15 Abs. 4 Rahmenrichtlinie länderübergreifenden Märkte als potentiell regulierungsbedürftig einstuft,[518] haben die NRB der betroffenen Mitgliedstaaten die Marktanalyse dort gemeinsam durchzuführen, Art. 16 Abs. 5 Rahmenrichtlinie. Die Rahmenrichtlinie enthält keine weiteren Vorgaben für eine solche gemeinsame Marktanalyse.

Die Kommission hat die von ihr eingesetzte ERG als Forum zur Organisation gemeinsamer Marktanalysen vorgeschlagen.[519] Die ERG soll es übernehmen, über die allgemein geltenden Regeln hinaus speziell für die gemeinsam durchzuführenden Marktanalysen Verfahrensvorschriften zu erarbeiten, und zwar insbesondere zur Beseitigung von Meinungsverschiedenheiten, wenn die beteiligten NRB keine Einigung über die Wettbewerbsbeurteilung erzielen können..

2. Materielles Untersuchungskriterium für die Marktanalyse: Wirksamer Wettbewerb oder SMP?

Das Ergebnis des Marktanalyseverfahrens nach Art. 16 Rahmenrichtlinie, auf das Art. 7 Abs. 3 Zugangsrichtlinie und Art. 16 Abs. 3 Universaldienstrichtlinie verweisen, ist materiell an das Tatbestandsmerkmal des wirksamen Wettbewerbs geknüpft. Die Auslegung dieses Merkmals ist zentral für die gesamte SMP-Konzeption, denn nur auf potentiell regulierungsbedürftigen Märkten, auf denen kein wirksamer Wettbewerb festgestellt werden konnte, dürfen die NRB nach Art. 16 Abs. 3 und 4 Rahmenrichtlinie asymmetrische Vorabverpflichtungen auferlegen.

---

516 Die Verfahren nach Art. 6 und 7 Rahmenrichtlinie werden ausführlich unter Teil 5, E.II.2.a.bb. und Teil 5, E.IV.1.b behandelt.

517 Die Voraussetzung für das Vetorecht ist wiederum, dass die Voraussetzungen des Art. 7 Abs. 3 und 4 erfüllt sind. Voraussetzungen und Ausübungsmodalitäten des Art. 7 werden ausführlich in Teil 5, E.IV.1.b behandelt.

518 Wie bereits erwähnt, hat die Kommission bei Erlass der ersten Märkte-Empfehlung keine solchen Märkte ermittelt.

519 SMP-Leitlinien, Rn. 122.

a. Gleichsetzende Auslegung

Eine Definition dessen, was unter wirksamem Wettbewerb zu verstehen ist, findet sich in den Artikeln der Richtlinien selbst nicht. Die Kommission hat in den SMP-Leitlinien fehlenden wirksamen Wettbewerb mit dem Vorhandensein von einem oder mehreren Unternehmen mit beträchtlicher Marktmacht auf dem jeweiligen relevanten Markt gleichgesetzt.[520] Diese Auslegung wird durch den Erwägungsgrund 27 der Rahmenrichtlinie unterstützt, wonach auf solchen Märkten kein wirksamer Wettbewerb besteht, auf denen es ein oder mehrere Unternehmen mit beträchtlicher Marktmacht gibt.

Da - wie im nächsten Unterabschnitt gezeigt wird - beträchtliche Marktmacht mit einer beherrschenden Stellung auf dem relevanten Markt gleichgesetzt wurde, hat die Auslegung zur Folge, dass wirksamer Wettbewerb nur bejaht werden kann, wenn auf dem relevanten Markt kein Unternehmen eine beherrschende Stellung innehat und wirksamer Wettbewerb verneint werden muss, wenn ein oder mehrere Unternehmen dort marktbeherrschend sind.
Diese gleichsetzende Auslegung ist unter Heranziehung verschiedener Argumente kritisiert worden.[521] Zum Teil wurden alternative Auslegungsvorschläge unterbreitet. Aus gemeinschaftsrechtlicher Perspektive scheint sie im Widerspruch zum Wortlaut des Art. 16 Abs. 4 zu stehen, der besagt: „Stellt eine NRB fest, dass auf einem relevanten Markt kein wirksamer Wettbewerb herrscht, *so* ermittelt sie Unternehmen mit beträchtlicher Markmacht ... i.S.v. Art. 14 ....“. Aus Art. 16 Abs. 4 scheint hervorzugehen, dass es sich bei der Beurteilung der Wettbewerbswirksamkeit und der Ermittlung von Unternehmen mit SMP um zwei verschiedene, sukzessiv durchzuführende Schritte handelt.

Im Folgenden wird zunächst auf die an der gleichsetzenden Auslegung geäußerte Kritik eingegangen. Sodann werden die alternativen Auslegungsvorschläge geprüft. Zuletzt wird der Frage nachgegangen, ob die gleichsetzende Auslegung mit der genannten Passage in Art. 16 Abs. 4 Rahmenrichtlinie rechtlich in Einklang gebracht werden kann.

---

[520] Vgl. SMP-Leitlinien, Rn. 5, 19 und 112. In Ziff 19 der SMP-Leitlinien heißt es: „Aus diesem Grund wird für die Anwendung des neuen Rechtsrahmens wirksamer Wettbewerb dahingehend definiert, dass es auf dem relevanten Markt kein Unternehmen gibt, das allein oder zusammen mit anderen eine individuelle oder gemeinsame beherrschende Stellung einnimmt.“ Die dabei zusätzlich bedeutsame Gleichsetzung von beherrschender Stellung und beträchtlicher Marktmacht wird sogleich näher erläutert, vgl. Teil 5, C.III.3.a.

[521] Zumeist wird in der Literatur allerdings die Gleichsetzung von wirksamem Wettbewerb und fehlender beträchtlicher Marktmacht gar nicht kommentiert - so die Kritik von *Bartosch*, EuZW 2002, 389, 393, Fn. 41 an *Ladeur*, K&R 2002, 110 ff und an *Schütz/Attendorn*, Beilage MMR 4/2002, 1 ff.

b. Kritik an der gleichsetzenden Auslegung

aa. Kritik der Monopolkommission

(1) Kritik

Von der deutschen Monopolkommission wurde gegen die gleichsetzende Auslegung vorgebracht, dass die Abwesenheit von Marktbeherrschung weder notwendig noch hinreichend für funktionsfähigen Wettbewerb sei.[522] So zeigten viele Wirtschaftsbereiche, in denen trotz Vorhandenseins marktbeherrschender Stellungen keine sektorspezifische Regulierung existiere, dass dort von der Funktionsfähigkeit des Wettbewerbs ausgegangen werde. Auch aus dem Fehlen von Unternehmen mit marktbeherrschender Stellung auf einem bestimmten Markt dürfe nicht automatisch der Schluss auf die Funktionsfähigkeit des Wettbewerbs auf diesem Markt gezogen werden. Es müsse zum einen bedacht werden, dass es sich um eine vorübergehende Situation handeln und im Rahmen von Konsolidierungsprozessen eine Umkehrung der Wettbewerbsverhältnisse eintreten könne. Zum anderen könne es sich um eine lediglich regulierungsbedingte Schwächung vorhandener Marktmacht handeln.

(2) Stellungnahme

Zu der von der Monopolkommission vorgebrachten Kritik ist zunächst einmal anzumerken, dass die Monopolkommission sich gar nicht auf den gemeinschaftsrechtlichen Begriff des wirksamen Wettbewerbs im Kontext des neuen Kommunikationsrechtsrahmens bezieht, sondern ihre Kritik lediglich auf ihr Verständnis zum deutschen Rechtsbegriff des „funktionsfähigen Wettbewerbs" i.S.v. § 81 Abs. 3 TKG stützt. Die unbesehene Übertragung von Auslegungsergebnissen aus einer nationalen Rechtsordnung ist jedoch aus europarechtlicher Sicht noch nicht einmal dann statthaft, wenn die Begriffswahl identisch ist. Gemeinschaftsrechtliche Begriffe sind Bestandteil einer eigenen Rechtsordnung und müssen deshalb originär im jeweiligen gemeinschaftsrechtlichen Kontext nach den dort geltenden Auslegungsgrundsätzen ausgelegt werden.[523]

Daneben sind aus verschiedenen Gründen die Argumente der Monopolkommission für die Auslegung des gemeinschaftsrechtlichen Begriffs des wirksamen Wettbewerbs aus Art. 16 Rahmenrichtlinie nicht stichhaltig.

Die Existenz von Märkten aus anderen Wirtschaftsbereichen, auf denen Unternehmen über marktbeherrschende Stellungen verfügen, ohne dass dort die Möglichkeit für eine sektorspezifische Regulierung eröffnet wurde, ist zunächst ein-

---

[522] Monopolkommission, Sondergutachten 2001, Ziff. 174 i.V.m. Ziff. 11.

[523] Vgl. dazu ausführlich *Bleckmann*, NJW 1982, 1177, 1180; *ders.*, ZGR 1992, 364, 367; *Huber*, Recht der Europäischen Integration, S. 130; *Geiger*, EGV-Kommentar, Art. 220 Rn. 12; *Borchardt* in Lenz, EGV-Kommentar, Art. 220, Rn. 14.

mal ganz generell kein zwingendes Argument gegen die Gleichsetzung von fehlendem wirksamem Wettbewerb und beträchtlicher Marktmacht. Denn über die wettbewerbliche Funktionsfähigkeit dieser Märkte ist regelmäßig nie eine positive Entscheidung getroffen worden. Der Wettbewerb mag auch dort eigentlich nicht funktionsfähig sein, nur existieren im Regelfall in marktwirtschaftlichen Wirtschaftsordnungen keine sektorspezifischen Regulierungsinstrumente. Des Weiteren muss das Konzept des wirksamen Wettbewerbs i.S.v. Art. 16 Rahmenrichtlinie im Kontext des gesamten neuen Kommunikationsrechtsrahmens gesehen werden. Der von der Monopolkommission anvisierten Situation, dass auf einem Markt Unternehmen marktbeherrschend sind, diese Märkte aber trotzdem wettbewerblich funktionieren, soll nach der neuen SMP-Konzeption durch das Marktdefinitionsverfahrens vorgebeugt werden. Solche Märkte werden im Regelfall nicht die drei Kriterien[524] für regulierungsbedürftiges strukturelles Marktversagen erfüllen, die die Kommission in ihrer Märkte-Empfehlung aufgestellt hat und für die Auswahl der potentiell regulierungsbedürftigen Märkte verwendet.[525]

Auch die umgekehrte Argumentation der Monopolkommission, wonach aus dem Fehlen marktbeherrschender Stellungen nicht auf funktionsfähigen Wettbewerb geschlossen werden dürfe, weil es sich um eine nur vorübergehende Situation bzw. um eine lediglich regulierungsbedingte Schwächung der Marktmacht handeln könne, passt für den gemeinschaftlichen Rechtsrahmen nicht: Anders als im Rahmen von § 81 Abs. 3 TKG führt eine Verneinung von beträchtlicher Marktmacht und damit die Bejahung wirksamen Wettbewerbs nicht zu einem unumkehrbaren Regulierungsverzicht, sondern der jeweilige Markt kann nach der Konzeption der Art. 15 und 16 Rahmenrichtlinie jederzeit wieder in die Regulierung aufgenommen werden, solange er in der Märkte-Empfehlung aufgelistet wird.[526] Des Weiteren kann auf eine lediglich regulierungsabhängige Schwächung der Marktmacht innerhalb der Beurteilung, ob auf einem Markt beträchtliche Marktmacht vorliegt, eingegangen werden: Da eine prospektive und strukturelle Perspektive für die Marktmachtbewertung einzunehmen ist, kann der Einfluss der Regulierung in der Vergangenheit und die zu erwartende

---

[524] Wie bereits ausgeführt sind diese Kriterien hohe, nicht lediglich vorübergehende Markteintrittsbarrieren, Marktstrukturen, die nicht von selbst zu funktionsfähigem Wettbewerb führen, und das Nichtausreichen des allgemeinen Wettbewerbs- und Kartellrechtsinstrumentariums, vgl. dazu oben Teil 5, C.II.4.b.bb.

[525] Zu pauschal ist hier *Bartosch*, EuZW 2002, 389, 393, da er nicht auf den doppelten Mechanismus der Auswahl potentiell regulierungsbedürftiger Märkte und der Feststellung von Marktbeherrschung rekurriert.

[526] Zu Recht weist *Bartosch*, EuZW 2002, 389, 393, darauf hin, dass diese Konstellation für den neuen Rechtsrahmen ohnehin nur eine theoretische Frage ist, da - wenn kein Unternehmen mit SMP existiert - ohnehin niemandem in diesem Markt SMP-Pflichten auferlegt werden können, selbst wenn wirksamer Wettbewerb verneint würde.

Auswirkung der Wegnahme von Regulierung bei der Entscheidung über Marktmacht einbezogen werden.[527]

Festzuhalten bleibt, dass die Kritik der Monopolkommission wegen der unbesehenen Übertragung von nationalen Auslegungsergebnissen wenig aussagekräftig ist und ihr keine stichhaltigen Argumente gegen eine gemeinschaftsrechtliche gleichsetzende Auslegung entnommen werden können.

bb. Kritik der IRG

(1) Kritik

Die Gruppe der unabhängigen Regulierungsbehörden (IRG)[528] hat die gleichsetzende Auslegung mit dem Argument kritisiert, dass in methodischer Hinsicht zwischen der Entscheidung über die Wirksamkeit des Wettbewerbs und der Feststellung der Marktmacht eines Unternehmens unterschieden werden müsse: Während für die Entscheidung über die Wirksamkeit des Wettbewerbs auf den Markt als Ganzes zu schauen sei, müssten für die Feststellung von Marktmacht in erster Linie die Verhaltensweisen einzelner Unternehmen untersucht werden.[529]

(2) Stellungnahme

Diese Unterscheidung ist jedoch gerade für die Feststellung von beträchtlicher Marktmacht nicht stichhaltig. Angesichts der vorausschauenden und strukturellen Perspektive, die bei der Prüfung der Voraussetzungen für die ex ante Regulierung einzunehmen ist[530] und der nur beschränkt vorhandenen Nachweise über vergangenes Verhalten von Unternehmen auf Kommunikationsmärkten,[531] muss für die Feststellung von beträchtlicher Marktmacht eine strukturelle, den Gesamtmarkt einbeziehende und zukunftsorientierte Marktmachtanalyse stattfinden, und nicht eine vergangenheitsorientierte, auf das einzelne Unternehmen ausgerichtete Verhaltensanalyse. Die von der IRG angeführten methodischen Unterschiede sind jedenfalls im ex ante Regulierungskontext irrelevant und stehen einer gleichsetzenden Auslegung mithin nicht entgegen.

---

[527] Vgl. dazu Rn. 72 i.V.m. Fn. 74 der SMP-Leitlinien.
[528] Vgl. zur IRG: *Huppertz*, K&R 2001, 402, 406.
[529] IRG, Input Document to the European Commission's Working Document on the Draft SMP-Guidelines, S. 3.
[530] SMP-Leitlinien, Rn. 20.
[531] SMP-Leitlinien, Rn. 70.

c. Alternative Auslegungsvorschläge

aa. Vorschlag der Monopolkommission

(1) Vorschlag

Die Monopolkommission hat ihre Kritik an der gleichsetzenden Auslegung auf die Definition gestützt, die sie selbst für den Begriff des funktionsfähigen Wettbewerbs i.S.v. § 81 Abs. 3 TKG entwickelt hat: Funktionsfähiger Wettbewerb ist danach strukturell gesicherter, selbsttragender Wettbewerb, dessen Fortbestand auch nach Rückführung etwaiger Regulierung wahrscheinlich ist.[532] Die Monopolkommission gibt jedoch zu, dass sie keine allgemeingültigen Kriterien für solchen gesicherten selbsttragenden Wettbewerb liefern könne, sondern sich stets nur auf Empfehlungen an den Gesetzgeber in Bezug auf einzelne Märkte beschränke.[533]

(2) Stellungnahme

Hinsichtlich der unbesehenen Übertragung des Auslegungsergebnisses aus dem deutschen Recht gilt oben Gesagtes. Eine der Gefahren, die einer solchen Auslegungsübertragung innewohnt, nämlich die dem Kontext nicht angepasste Auslegung, realisiert sich hier: Der Begriff des funktionsfähigen Wettbewerbs in § 81 Abs. 3 TKG dient als Grundlage für eine wettbewerbspolitische Stellungnahme der Monopolkommission gegenüber der Bundesregierung bzw. dem deutschen Gesetzgeber zur Fortentwicklung des deutschen Ordnungsrahmens im Telekommunikationssektor de lege ferenda. Eine solche Stellungnahme muss nicht auf einer juristisch genauen Subsumtion der Lebenswirklichkeit unter den fraglichen Begriff beruhen, sondern kann - wie die Monopolkommission selbst feststellt - auf der Grundlage einer wirtschaftswissenschaftlichen Begriffsbildung i.S. einer bewusst vage gehaltenen Beschreibung eines wettbewerbspolitischen Zieles stattfinden. Hingegen müssen die NRB auf der Grundlage des Begriffs des wirksamen Wettbewerbs in Art. 16 der Rahmenrichtlinie im konkreten Fall darüber entscheiden, ob auf einzelnen Märkten asymmetrische Regulierungsvorgaben zulässig sind oder nicht. Die NRB müssen mithin die Situation auf einzelnen Märkten unter ein juristisches Tatbestandsmerkmal subsumieren. Somit muss für die Rechtspraxis eine subsumtionsfähige Auslegung des Begriffs des wirksamen Wettbewerbs gefunden werden, inklusive handhabbarer Kriterien für die Bewertung. Eine einfache Übertragung der Gedankengänge der Monopolkommission zu funktionsfähigem Wettbewerb ist dafür un-

---

[532] Monopolkommission, Sondergutachten 2001, Ziff. 9.
[533] Monopolkommission, Sondergutachten 2001, Ziff. 14.

geeignet. Mithin ist der Auslegungsvorschlag der Monopolkommission keine sachgerechte Alternative zur gleichsetzenden Auslegung.

bb. Vorschlag der IRG

(1) Vorschlag

Die IRG hat als alternativen Auslegungsvorschlag ihre Auslegung des Begriffs des wirksamen Wettbewerbs nach dem alten gemeinschaftlichen Telekommunikationsrechtsrahmen eingebracht.[534] Dort hatte sie gefordert, dass für die Beurteilung der Wirksamkeit von Wettbewerb neben der Analyse von Marktstruktur und Unternehmensverhaltenskriterien ergänzend das Marktergebnis zu untersuchen sei, und zwar in Bezug auf das Ergebnis für die Verbraucher und die tatsächliche Wahrnehmung von Wahlmöglichkeiten durch die Verbraucher.[535]

(2) Stellungnahme

Zu dem Auslegungsvorschlag der IRG ist zunächst anzumerken, dass die von ihr eingeforderte Berücksichtigung von Marktergebnissen natürlich auch in die Bewertung von beträchtlicher Marktmacht einbezogen werden können, so dass der Vorschlag in die gleichsetzende Auslegung integriert werden kann. Gegen die - von der IRG favorisierte - Unterscheidung zwischen der Prüfung von wirksamem Wettbewerb und beträchtlicher Marktmacht spricht hingegen, dass es sich bei dem Kriterium des wirksamen Wettbewerbs um keinen gemeinschaftsrechtlich bekannten Rechtsbegriff handelt. Anders als für das Kriterium der marktbeherrschenden Stellung existiert weder einschlägige Rechtsprechung noch herrscht wettbewerbstheoretischer Konsens über die heranzuziehenden Kriterien.[536] Schon das Argument der Rechtssicherheit spricht somit für die gleichsetzende Auslegung. Der Auslegungsvorschlag der IRG überzeugt somit ebenfalls nicht.

d. Vereinbarkeit der gleichsetzenden Auslegung mit Art. 16 Abs. 4 Rahmenrichtlinie

Aus gemeinschaftsrechtlicher Sicht scheint zuletzt ein systematisches Argument gegen die gleichsetzende Auslegung zu sprechen, nämlich die Unvereinbarkeit

---

[534] IRG, Input Document to the European Commission's Working Document on the Draft SMP-Guidelines, S. 3 Fn. 3.

[535] IRG, Principles of implementation and best practice on effective competition in electronic communications markets, S. 4 ff und 9.

[536] Zum Vorteil eines aufgrund gewachsener Rechtspraxis verlässlichen und vorhersehbaren Marktmachtbegriffs vgl. *Lust*, Die Essential-Facilities-Doktrin im Telekommunikationsrecht, S. 141.

mit dem oben zitierten Wortlaut des Art. 16 Rahmenrichtlinie. Dieser legt eine zweischrittige Prüfung von wirksamem Wettbewerb und Feststellung von beträchtlicher Marktmacht nahe. Für eine Vereinbarkeit spricht hingegen wiederum der - die gleichsetzende Auslegung bestätigende - Erwägungsgrund 27 Rahmenrichtlinie.

Dieses „systematische Dilemma" kann nur unter Berücksichtigung der Entstehung der Richtlinien und der SMP-Leitlinien bzw. Märkte-Empfehlung erklärt und aufgelöst werden.
Die Kommission[537] hat zu Beginn des Rechtssetzungsverfahrens, als sie ihre ursprünglichen Richtlinienentwürfe erarbeitete, selbst eine zweischrittige Prüfung intendiert. Dies zeigt die erste Version des Art. 16 Abs. 4 (damals Art. 14 Abs. 4).[538] Dieser ursprüngliche Kommissionsansatz ist nie modifiziert, sondern inhaltlich unverändert in die endgültigen Richtlinientexte von Europäischem Parlament und Rat übernommen worden.
Der Kommission[539] wurde jedoch spätestens während der Erarbeitung der SMP-Leitlinien klar, dass die Schaffung eines neuen Kriteriums der im neuen Rechtsrahmen verfolgten Zielsetzung der Annäherung zwischen den Eingriffsvoraussetzungen für die sektorspezifische Regulierung und für das allgemeine Wettbewerbsrecht zuwider laufen würde. Man suchte deshalb nach einem Weg, um die Entstehung eines neuen, dem Wettbewerbsrecht unbekannten Kriteriums zu verhindern und entschied sich deshalb, bei der Ausarbeitung der SMP-Leitlinien das Fehlen wirksamen Wettbewerbs mit die Existenz von Unternehmen mit SMP gleichzusetzen.
Auf Bestreben der Kommission wurde nachträglich die entsprechende Passage in den Erwägungsgrund 27 aufgenommen, ohne jedoch den eigentlichen Richtlinientext zu verändern.
Wird mithin lediglich auf Art. 16 Abs. 4 Rahmenrichtlinie geschaut, so wird die im Laufe des Gesetzgebungsverfahrens vom Gemeinschaftsgesetzgeber akzeptierte und in Erwägungsgrund 27 normierte Gleichsetzungsentscheidung ignoriert. Zudem ist die gleichsetzende Auslegung angesichts der Zielsetzung der Annäherung der Eingriffsvoraussetzungen für die Regulierung und das allgemeine Wettbewerbs- und Kartellrecht auch aus teleologischer Sicht zielführend. Mithin ist das systematische Dilemma zwischen Art. 16 Abs. 4 und Erwägungsgrund 27 dahingehen aufzulösen, dass trotz der nicht veränderten Formulierung

---

[537] Hier war die GD Informationsgesellschaft federführend.
[538] Kommission, GD Informationsgesellschaft, Working Document: A common regulatory framework for electronic communications networks and services.
[539] Da die SMP-Leitlinien im Einklang mit den Grundsätzen des Wettbewerbsrechts stehen sollten, wurde die - an der Kohärenz zwischen wettbewerbsrechtlicher und regulierungsrechtlicher Terminologie interessierte - GD Wettbewerb von der GD Informationsgesellschaft in die Erarbeitung einbezogen.

in Art. 16 Abs. 4 eine gleichsetzende Auslegung gemeinschaftsrechtlich den nationalen Gesetzgebern bzw. NRB vorgegeben worden ist.

e. Ergebnis

Weder ist die gegen die gleichsetzende Auslegung vorgebrachte Kritik stichhaltig noch überzeugen die alternativen Auslegungsvorschläge. Da der Widerspruch zwischen gleichsetzender Auslegung und Richtlinientext aufgelöst werden konnte, ist die gleichsetzende Auslegung zulässig und zudem aus historischen und teleologischen Gründen als durch den Gemeinschaftsgesetzgeber vordeterminierte Auslegung zu klassifizieren.[540]

3. Materielle Vorgaben zum SMP-Kriterium

Die von den NRB durchzuführende Marktanalyse besteht entsprechend der gleichsetzenden Auslegung darin, alle nach dem Marktdefinitionsverfahren potentiell regulierungsbedürftigen Märkte daraufhin zu überprüfen, ob dort ein oder mehrere Unternehmen über beträchtliche Marktmacht verfügen. Beträchtliche Marktmacht ist somit das zentrale materielle Prüfungskriterium für die Marktanalyse gemäß Art. 16 Rahmenrichtlinie. Für die Feststellung, ob Unternehmen über beträchtliche Marktmacht verfügen, ist Art. 14 Abs. 2 und 3 Rahmenrichtlinie heranzuziehen.

a. Verhältnis zwischen SMP und beherrschender Stellung

Nach Art. 14 Abs. 2 UA gilt ein Unternehmen als Unternehmen mit beträchtlicher Marktmacht, „wenn es allein oder gemeinsam mit anderen eine der Beherrschung gleichkommende Stellung einnimmt, d.h. eine wirtschaftlich starke Stellung, die es ihm gestattet, sich in beträchtlichem Umfang unabhängig von Wettbewerbern, Kunden und letztlich Verbrauchern zu verhalten."
Wie in Teil 5, A. näher ausgeführt,[541] hat der Gemeinschaftsgesetzgeber im Laufe des Gesetzgebungsverfahrens die Entscheidung getroffen, das Kriterium der beträchtlichen Marktmacht mit demjenigen der beherrschenden Stellung i.S. des allgemeinen Kartell- und Wettbewerbsrechts gleichzusetzen.[542] Diese Gleichschaltung der beiden Kriterien wird in der deutschen Fassung der Rahmenrichtlinie nicht ganz deutlich: Dort ist lediglich von „einer der Beherrschung *gleichkommenden* Stellung" die Rede. Auch Erwägungsgrund 25

---

[540] So im Ergebnis - allerdings ohne eigene Auseinandersetzung mit dem Verhältnis von SMP und wirksamem Wettbewerb - auch *Sinclair*, CTLR 2001, 156, 158 und *Schmittmann*, AfP 2001, 197, 199.

[541] Vgl. dazu Teil 5, A.II.2.b.

[542] Zu der Gleichschaltung der Kriterien siehe SMP-Leitlinien, Rn. 70 sowie aus der Literatur z.B. *Bartosch*, EuZW 2002, 389, 391; *Durie/ Romer*, CTLR 2002, 91, 93; *Ladeur*, K&R 2002, 110, 112; *Sinclair/ Hughes*, CTLR 2002, 97, 99.

Rahmenrichtlinie besagt nur, dass die in der Richtlinie verwendete Definition auf dem Konzept der beherrschenden Stellung nach der einschlägigen Rechtsprechung des EuGH und EuGI „*beruhe*". Wesentlich eindeutiger ist die englische Fassung: In Art. 14 Abs. 2 UA 1 findet sich die Formel„a position *equivalent to* dominance" und im Erwägungsgrund 25 „the definition used in this Directive *is equivalent to* the concept of dominance."

In der Literatur ist die Befürchtung geäußert worden, dass trotz der expliziten Erwähnung doch keine wirkliche Gleichsetzung der beiden Konzepte herbeigeführt worden sei.[543] Gestützt wird diese Befürchtung darauf, dass der EuGH die beherrschende Stellung seit dem grundlegenden Urteil *United Brands* als: „die wirtschaftliche Machtstellung eines Unternehmens, die dieses in die Lage versetzt, die Aufrechterhaltung eines wirksamen Wettbewerbs auf dem relevanten Markt zu verhindern, indem sie ihm die Möglichkeit verschafft, sich seinen Wettbewerbern, seinen Abnehmern und schließlich den Verbrauchern gegenüber in einem nennenswerten Umfang unabhängig zu verhalten" [544] definiere. Hingegen sei in der Definition in Art. 14 Abs. 2 UA 1 die Passage „*die Aufrechterhaltung eines wirksamen Wettbewerbs auf dem relevanten Markt zu verhindern*" weggelassen worden.
Die Weglassung der Passage aus der Definition des EuGH lässt sich jedoch erklären: Die asymmetrische sektorspezifische SMP-Regulierung wurde eingeführt, um wirksamen Wettbewerb überhaupt erst einmal herbeizuführen und sodann zu sichern. Die Passage aus der EuGH-Definition, in der von der „*Aufrechterhaltung eines wirksamen Wettbewerbs auf dem relevanten Markt*" die Rede ist, passt insoweit nur für die zweite Phase der SMP-Regulierung und wurde deshalb aus Gründen der Kohärenz weggelassen. Aus rechtlicher Sicht sind mithin die beiden Kriterien tatsächlich gleichgeschaltet worden.[545]

Für die Auslegung des Kriteriums der beträchtlichen Marktmacht muss in Zukunft grundsätzlich auf die Rechtsprechung von EuGH und EuGI zur beherrschenden Stellung i.S.v. Art. 82 EG und Art. 2 FKVO zurückgegriffen werden.[546] Jedoch sind angesichts der Verwendung des SMP-Kriteriums für ein ex ante Umfeld bestimmte methodische Anpassungen bei der Feststellung von be-

---

[543] *Kirchner* in *Immenga/ Kirchner/ Knieps/ Kruse*, Telekommunikation im Wettbewerb, S. 144 ff.

[544] Urteil v. 14.2.1978 - *United Brands/ Kommission*, Rs. 27/76, Slg. 1978, 207, Rn. 63 ff.

[545] Die formale Beibehaltung des Kriteriums der beträchtlichen Marktmacht birgt jedoch die Gefahr einer - objektiv nicht zu rechtfertigenden - divergierenden Rechtsanwendung, vgl. dazu unten Teil 7, A. I.2.a.

[546] Vgl. Erwägungsgrund 28 der Rahmenrichtlinie. Ähnlich *Immenga*, EuZW 2002, 673 und *Immenga/Kirchner*, TKMR 2002, 340, 349.

trächtlicher Marktmacht erforderlich.[547] Das ex ante Umfeld unterscheidet sich insoweit von Art. 82 EG, als hier die Feststellung von SMP die Grundlage für eine zukunftsorientierte Regulierungsentscheidung bildet, und zwar für einen kurz- bis mittelfristigen Zeitraum, und nicht wie für Art. 82 EG in erster Linie als Grundlage für die Beurteilung vergangener Verhaltensweisen dient. Auch von der Analyse für Art. 2 FKVO unterscheidet sich die Feststellung von SMP: Zwar handelt es sich bei beiden um eine zukunftsorientierte Beurteilung. Jedoch wird die Feststellung von beträchtlicher Marktmacht - anders als die Feststellung einer beherrschenden Stellung für die Fusionskontrolle - in regelmäßigen Abständen durchgeführt und muss somit nur den Zeitraum bis zur nächsten Marktanalyse berücksichtigen.[548]
Die Feststellung von beträchtlicher Marktmacht muss mithin auf einer zukunftsorientierten, kurz- bis mittelfristigen Analyse basieren, die insbesondere die bestehenden und zu erwartenden Unternehmens- und Marktstrukturen untersucht. Verhaltens- und Strukturdaten aus der Vergangenheit sind nur insoweit relevant, als daraus Rückschlüsse für künftig zu erwartendes Verhalten bzw. auf künftige Strukturentwicklungen möglich sind.[549]
Konkrete Analyseergebnisse aus der Prüfung der marktbeherrschenden Stellung für die wettbewerbsrechtliche Missbrauchsaufsicht und die Fusionskontrolle können zwar - da ja die Prüfungsgrundsätze nach der Gleichschaltung der zwei Konzepte die gleichen sind - hilfreich sein, müssen jedoch jeweils auf ihre Übertragbarkeit auf ein zukunftsorientiertes, kurz- bis mittelfristiges ex ante Regulierungsumfeld hin überprüft werden.[550]

b. Beträchtliche Marktmacht i.S.v. Art. 14 Abs. 2 UA 1 Rahmenrichtlinie

aa. Definitionsvorgaben

Ein Unternehmen gilt als Unternehmen mit beträchtlicher Marktmacht, wenn es eine wirtschaftlich starke Stellung innehat, die es ihm gestattet, sich *in beträchtlichem Umfang* von Wettbewerbern, Kunden und letztlich Verbrauchern *unabhängig zu verhalten*, Art. 14 Abs. 2 UA 1 Rahmenrichtlinie.
Diese der Rechtsprechung des EuGH entlehnte Definition hat zwei Komponenten. Zum einen muss die wirtschaftlich starke Stellung das Unternehmen nur befähigen, sich zu einem *beträchtlichem Umfang* unabhängig zu verhalten. Die

---

547 Vgl. SMP-Leitlinien Rn. 20, 27 f und 70 und ähnlich *Immenga/Kirchner*, TKMR 2002, 340, 350.
548 SMP-Leitlinien, Rn. 26 ff.
549 SMP-Leitlinien, Rn. 20.
550 SMP-Leitlinien, Rn. 70.

Möglichkeit zu einem völligen Wettbewerbsausschluss ist nicht erforderlich.[551] Zum anderen muss die wirtschaftlich starke Stellung dem Unternehmen ein *wirtschaftlich unabhängiges Verhalten* ermöglichen. Ein dementsprechender Handlungsspielraum kann nach der Rechtsprechung des EuGH bejaht werden, wenn das Unternehmen die Wettbewerbsentwicklungen auf dem relevanten Markt bestimmen oder zumindest weitgehend beeinflussen[552] und in jedem Fall seine eigenen Angebotsparameter ohne Berücksichtigung der Verhaltensweisen anderer Unternehmen festsetzen kann.[553] Von besonderer Bedeutung ist - wie Erwägungsgrund 27 der Rahmenrichtlinie unterstreicht - die Berücksichtigung von potentiellem Wettbewerb: Auch aktuell nicht auf dem relevanten Markt aktive Unternehmen, die zumindest mittelfristig in den Markt eintreten könnten, können den Verhaltensspielraum von Unternehmen beschränken. Die Möglichkeit solcher potentieller Markteintritte relativiert das Vorhandensein scheinbarer gegenwärtiger Verhaltensspielräume und muss im Regelfall zur Verneinung von Marktmacht führen.[554]

bb. Konkretisierung der für die Marktmachtfeststellung relevanten Kriterien

EuGH, EuGI und Kommission entscheiden in ständiger Rechtspraxis über das Vorliegen einer beherrschenden Stellung auf der Grundlage einer Gesamtschau verschiedener Faktoren, die sich unter die drei Kategorien Marktstruktur, Unternehmensstruktur und Marktverhalten zusammenfassen lassen.[555] Je nach Konstellation im Einzelfall werden die jeweils aussagekräftigsten Faktoren herangezogen.

---

[551] EuGH, Urteil v. 13.2.1979 - *Hoffmann-La Roche/ Kommission*, Rs. 85/76, Slg. 1979, 461, Rn. 39.

[552] SMP-Leitlinien, Rn. 72 unter Verweis auf EuGH, Urteil v. 13.2.1979 - *Hoffmann-La Roche/ Kommission*, Rs. 85/76, Slg. 1979, 461, Rn. 39.

[553] Die Kommission führt in ihren SMP-Leitlinien, Rn. 73 aus, dass zwar für die Feststellung beherrschender Stellungen im ex post Umfeld eine Reihe von Verhaltensweisen als Anzeichen für unkontrollierte wettbewerbliche Verhaltensspielräume herangezogen werden könnten. Bei der Feststellung von Marktmacht im ex ante Umfeld seien häufig jedoch die Verhaltensspielräume für die Preis- und Outputfestsetzung ausschlaggebend. Dies dürfte eine zu enge Sicht sein: Auch prognostizierbare Handlungsspielräume in Bezug auf Qualität und Service können unkontrollierte wettbewerbliche Verhaltensspielräume indizieren.

[554] SMP-Leitlinien, Rn. 74. Auch die Rechtsprechung unterstreicht, dass eine beherrschende Stellung im Falle zu bejahenden potentiellen Wettbewerbs ausgeschlossen sein kann, vgl. nur EuGH, Urteil v. 13.2.1979 - *Hoffmann-La Roche/ Kommission*, Rs. 85/76, Slg. 1979, 461, Rn. 33 f, 48, 51; Urteil v. 21.2.1973 - *Continental Can/ Kommission*, Rs. 6/72, Slg. 1973, 215, Rn. 36; zusammengefasste Urteile v. 6.3.1974 - *Commercial Solvents/ Kommission*, Rs. 6 und 7/73, Slg. 1974, 223, Rn. 15; EuGI, Urteil v. 7.10.1999 - *Irish Sugar/ Kommission*, Rs. T-228/97, Slg. 1999 II-2969, Rn. 80-92.

[555] *Jung* in Grabitz/Hilf EGV Art. 82 Rdnr. 78.

In ihren SMP-Leitlinien konkretisiert die Kommission einige dieser Kriterien für die Zwecke der ex ante Regulierung im Kommunikationssektor. Bedeutsam bleibt für die Bewertung beträchtlicher Marktmacht der prozentuale absolute Marktanteil eines Unternehmens.[556] Dieser ist - wie auch im Rahmen von Art. 82 EG - jedenfalls ein wichtiges Indiz für oder gegen Marktmacht. So schließt ein sehr geringer Marktanteil - z.B. unter 25 % - Marktbeherrschung nach der Kommissionspraxis regelmäßig aus.[557] Obwohl ein hoher Marktanteil allein grundsätzlich nicht zur Bejahung von Marktbeherrschung führen darf, kann nach der Praxis der Gerichte und der Kommission das Vorliegen einer beherrschenden Stellung ab einem Marktanteil von 40 % jedenfalls in Erwägung gezogen werden. Bei Marktanteilen über 50 % spricht - wenn nicht außergewöhnliche Umstände vorliegen - sogar eine Vermutung für das Vorliegen einer beherrschende Stellung.[558] Mithin wird in Zukunft eine deutlich höhere Marktanteilsschwelle gelten als nach dem alten Rechtrahmen.[559] Jedoch kann aus solchen Marktanteilen nur dann ein Rückschluss auf beträchtliche Marktmacht gezogen werden, wenn die entsprechenden Marktanteile über einen gewissen Zeitraum stabil geblieben sind.[560]

Beträchtliche Marktmacht darf regelmäßig nicht allein auf der Grundlage des Marktanteilkriteriums beurteilt werden. Hohe Marktanteile dürfen grundsätzlich nur als Indiz gewertet werden. Für ein abschließendes Urteil ist stets eine ökonomische Gesamtbewertung des relevanten Marktes erforderlich. Die Kommission listet - in Anknüpfung an die Rechtsprechung von EuGH und EuGI sowie ihrer eigenen Entscheidungspraxis - eine Reihe von Kriterien auf, die bei der Analyse herangezogen werden können, u.a. die Gesamtgröße des Unternehmens, die Kontrolle über nicht leicht zu duplizierende Infrastruktur, technologische Vorteile bzw. Überlegenheit, das Fehlen einer ausgleichenden Nachfragemacht, leichter oder privilegierter Zugang zu Kapitalmärkten und finanziellen Ressourcen, die Diversifikation von Produkten und Dienstleistungen, Größen- und Verbundvorteile, vertikale Integration, ein hochentwickeltes Vertriebs- und Ver-

---

[556] Anders als nach der alten Rechtslage bezieht sich der Marktanteil nun aber auf ökonomisch abgegrenzte Märkte, so dass auch der Marktanteil jedenfalls eine gewisse wettbewerbliche Aussagekraft zukommt. Hinsichtlich der Berechnungsmethode von Marktanteilen verweist die Kommission in ihren SMP-Leitlinien, Rn. 77 auf ihre Bekanntmachung über die Definition des relevanten Marktes und ihren alten SMP-Vermerk.

[557] SMP-Leitlinien, Rn. 75.

[558] SMP-Leitlinien, Rn. 75 unter Verweis auf EuGH, Urteil v. 3.7.1991 - *AKZO/ Kommission*, Rs. C-62/86, Slg. 1991 I-3359, Rn. 59-61.

[559] *Bartosch*, EuZW 2002, 389, 391; *Klotz*, WIK-Proceedings Nr. 9, S. 247, 250.

[560] SMP-Leitlinien, Rn. 75. So auch die Rechtsprechung zur beherrschenden Stellung, EuGH, Urteil v. 13.2.1979 - *Hoffmann-La Roche/ Kommission*, Rs. 85/76, Slg. 1979, 461, Rn. 41 und 44; Urteil v. 14.2.1978 - *United Brands/ Kommission*, Rs. 27/76, Slg. 1978, 207, Rn. 114-120; Urteil v. 3.7.1991 - *AKZO/ Kommission*, Rs. C-62/86, Slg. 1991 I-3359, Rn. 59.

kaufsnetz, das Fehlen potentiellen Wettbewerbs und Expansionshemmnisse.[561] Die Kommission unterstreicht - in Anknüpfung an die Rechsprechung des EuGH[562] - dass einzelne Kriterien dabei nicht ausschlaggebend sind, sondern dass beträchtliche Marktmacht nur im Falle des Zusammentreffens mehrerer Kriterien bejaht werden kann.
Gesondert wird in den SMP-Leitlinien auf die Bedeutung der sog. „Essential-Facilities-Doktrin" für die Feststellung beträchtlicher Marktmacht eingegangen. Über die Relevanz dieser Doktrin für die Begründung beträchtlicher Marktmacht war während der Diskussionsphase über die SMP-Leitlinien Verwirrung entstanden, weil Grundlage und Bedeutung der Doktrin von vielen Kommentatoren verkannt wurden. Diese Doktrin, hinter der im Gemeinschaftsrecht lediglich eine Auslegung des Missbrauchstatbestands in Art. 82 EG steht, wird von der Kommission zurecht als im Grunde irrelevant für die Feststellung von SMP bezeichnet. Die Tatbestandsvoraussetzungen für das Innehaben einer Essential Facility wurden von der Rechtsprechung[563] sehr viel enger gefasst als diejenigen für die Bejahung einer beherrschenden Stellung, da die Rechtsfolge im Falle der Bejahung im Regelfall die Pflicht zur Verschaffung von Zugang zu der Facility auf der Grundlage von Art. 82 EG ist. Wie die Kommission betont, kann zwar dann, wenn es sich nach den Kriterien des EuGH um eine Essential Facility handelt, stets auch eine beherrschende Stellung bejaht werden. Jedoch kann letztere durchaus auch für Fälle zu bejahen sein, in denen die Voraussetzungen einer solchen Facility nicht erfüllt sind.[564] Mithin ist der Weg über die Prüfung der Vorraussetzungen für eine Essential Facility keine Erleichterung, sondern eine Erschwerung, um beträchtliche Marktmacht bejahen zu können. Das Konzept der Essential Facility ist somit für die Prüfung des SMP-Kriteriums letztlich ohne Bedeutung.

c. Gemeinsame beträchtliche Marktmacht

aa. Definitionsvorgaben in der Rahmenrichtlinie

Ein Unternehmen kann auch dann beträchtliche Marktmacht innehaben, wenn es „*gemeinsam mit anderen* eine der Beherrschung gleichkommende Stellung einnimmt, ...", Art. 14 Abs. 2 UA 1 Rahmenrichtlinie. Die Variante der gemeinsamen beherrschenden Stellung ist explizit in Art. 82 EG normiert und nach der

---

[561] SMP-Leitlinien, Rn. 78.
[562] SMP-Leitlinien, Rn. 79 unter Verweis auf EuGH, Urteil v. 14.2.1978 - *United Brands/ Kommission,* Rs. 27/76, Slg. 1978, 207, Rn. 63-66.
[563] Die Rechtsprechung des EuGH besteht aus folgenden Urteilen: Urteil v. 26.11.1998 - *Oscar Bronner*, Rs. C-7/97, Slg. 1998 I-7791; Urteil v. 15.9.1998 - *European Night Services/ Kommission*, verbundene Rs. T-374/94, T-375/94, T-384/94 und T-388/94, Slg. 1998 II-3141.
[564] SMP-Leitlinien, Rn. 81. Vgl. dazu *Schmittmann,* AfP 2001, 197, 198.

Rechtsprechung[565] auch in Art. 2 Abs. 3 FKVO hineinzulesen. Bei der Beurteilung, wann ein Unternehmen gemeinsam mit anderen über beträchtliche Marktmacht verfügt, ist mithin auf die Rechtsprechung von EuGH und EuGI zur gemeinsamen beherrschenden Stellung zurückzugreifen.[566] Im Anhang II der Rahmenrichtlinie sind darüber hinaus Kriterien aufgeführt, die die NRB bei der Beurteilung heranzuziehen haben, Art. 14 Abs. 2 UA 2 Satz 2 Rahmenrichtlinie.[567]

bb. Rechtsprechung zur gemeinsamen beherrschenden Stellung

Nach der Rechtsprechung der Gerichtshöfe ist das Vorliegen einer gemeinsamen beherrschenden Stellung in zwei Schritten zu prüfen. Zunächst muss festgestellt werden, ob zwei oder mehr rechtlich und ökonomisch unabhängige Unternehmen zusammen gegenüber ihren Konkurrenten, ihren Geschäftspartnern und den Verbrauchern auf einem bestimmten Markt eine kollektive Einheit darstellen, d.h. die Macht zu einem einheitlichen Vorgehen besitzen.[568] Sodann ist zu prüfen, ob sie gemeinsam eine beherrschende Stellung - entsprechend der Einzelmarktherrschaft - innehaben.[569]

Das Merkmal der „kollektiven Einheit" ist dabei der zentrale Problempunkt, denn es muss entschieden werden, welche Art von Verbindungen zwischen Unternehmen bestehen müssen, um von einer solchen Einheit ausgehen zu können.[570]
Die Rechtsprechung hat sich vorsichtig an die Qualifikation der erforderlichen Verbindungen herangetastet. Ausgangspunkt war dabei das zu Art. 82 EG (nach der damals geltenden Fassung Art. 86 EGV) erlassene Urteil *Italian Flat Glass*.[571] Der EuGI erläuterte dort, dass wirtschaftliche Verbindungen wie bei-

---

565 EuGI, Urteil v. 25.3.1999 - *Gencor/ Kommission*, Rs. T-102/96, Slg. 1999 II-753, Rn. 151-155.

566 Dies zeigt Art. 14 Abs. 2 UA 2 Rahmenrichtlinie, wonach die NRB „bei der Beurteilung der Frage, ob zwei oder mehr Unternehmen auf einem Markt gemeinsam eine beherrschende Stellung einnehmen, ... insbesondere im Einklang mit dem Gemeinschaftsrecht [handeln]." Wie hier *Immenga/Kirchner*, TKMR 2002, 340, 351.

567 Wie in Teil 5, A.II.2.a. und b. darlegt, sind die ausführlichen Erläuterungen zur gemeinsamen beherrschenden Stellung in Art. 14 Abs. 2 UA 2 und Anhang II Rahmenrichtlinie Resultat eines Kompromisses im Gesetzgebungsverfahren.

568 EuGH, Urteil v. 31.3.1998 - *Frankreich u. a./Kommission (Kali & Salz)*, verbundene Rechtssachen C-68/94 und C-30/95, Slg. 1998, I-1375, Rn. 221; EuGI, Urteil v. 25.3.1999 - *Gencor/ Kommission*, Rs. T-102/96, Slg. 1999 II-753, Rn. 165.

569 EuGH, Urteil v. 16.3.2000 - *Compagnie Maritime Belge u.a./ Kommission*, verbundene Rs. C-395/96 P und C-396/96 P, Slg. 2000 I-1365, Rn. 36 und 39.

570 *Withers/ Jephcott*, ECLR 2001, 295.

571 EuGI, Urteil v. 10.3.1992 - *Societa Italiana Vetro/ Kommission (Italian Flat Glass)*, verbundene Rs. T-68/89, T-77/89 und T-78/89, Slg. 1992 II-1403, Rn. 358.

spielsweise Absprachen i.S.v. Art. 81 EG oder Lizenzen solche Verbindungen darstellen könnten.
Im weiteren Verlauf musste geklärt werden, was genau unter „wirtschaftlichen Verbindungen" i.S. des *Italian Flag Glass* Urteils zu verstehen ist. Insbesondere stellte sich die Frage, ob es für die Bejahung „wirtschaftlicher Verbindungen" zwingend struktureller Verbindungen i.S.v. Absprachen oder Verträgen bedarf oder ob eine wettbewerbsbeschränkende Reaktionsverbundenheit im engen Oligopol ausreicht.

Im - auf die FKVO bezogenen - Urteil *Gencor*[572] hat der EuGI eine solche Reaktionsverbundenheit für die Bejahung einer gemeinsamen beherrschenden Stellung für ausreichend erachtet. Die Art von strukturellen Verbindungen, die im *Italian Flat Glass* Urteil genannt worden seien, müssten als Beispiel verstanden werden. Er führte aus: „Außerdem besteht rechtlich oder wirtschaftlich gesehen kein Grund, in den Begriff der wirtschaftlichen Verbindung nicht auch die Wechselbeziehung zwischen den Mitgliedern eines engen Oligopols mit einzubeziehen, in dessen Rahmen diese auf einem Markt mit den entsprechenden Merkmalen insbesondere im Hinblick auf Marktkonzentration, Transparenz und Homogenität des Erzeugnisses in der Lage sind, ihre jeweiligen Verhaltensweisen vorherzusehen, und daher unter einem starken Druck stehen, ihr Marktverhalten einander anzupassen, um insbesondere ihren gemeinsamen Gewinn durch eine auf Preiserhöhung abzielende Produktionsbeschränkung zu maximieren."[573]

Der EuGH übertrug in seinem Urteil *Compagnie Maritime Belge*[574] diesen Gedankengang auf einen Fall zu Art. 82 EG. Beide Urteile lassen sich dahingehend zusammenfassen, dass rechtliche Bindungen wie Lizenzverhältnisse oder Bindungen wie z.B. durchgeführte Vereinbarungen, Beschlüsse oder abgestimmte Verhaltensweisen i.S.v. Art. 81 EG die Feststellung einer kollektiven Einheit als ersten Schritt für die Bejahung einer gemeinsamen beherrschenden Stellung rechtfertigen können.[575] Jedoch sind solche wirtschaftlichen bzw. recht-

---

572 EuGI, Urteil v. 25.3.1999 - *Gencor/ Kommission,* Rs. T-102/96, Slg. 1999 II-753.
573 Das Gericht führte weiter aus: „In einem solchen Kontext weiß nämlich jeder Marktbeteiligte, dass jede auf Vergrößerung seines Marktanteils gerichtete, stark wettbewerbsorientierte Maßnahme (z. B. eine Preissenkung) seinerseits die gleiche Maßnahme seitens der anderen auslösen würde, so dass er keinerlei Vorteil aus seiner Initiative ziehen könnte. Folglich hätten alle Marktbeteiligten die Absenkung des Preisniveaus hinzunehmen", vgl. die gesamte Passage in EuGI, Urteil v. 25.3.1999 - *Gencor/ Kommission,* Rs. T-102/96, Slg. 1999 II-753, Rn. 276.
574 EuGH, Urteil v. 16.3.2000 - *Compagnie Maritime Belge u.a./ Kommission,* verbundene Rs. C-395/96 P und C-396/96 P, Slg. 2000 I-1365.
575 EuGH, Urteil v. 16.3.2000 - *Compagnie Maritime Belge u.a./ Kommission,* verbundene Rs. C-395/96 P und C-396/96 P, Slg. 2000 I-1365, Rn. 44.

lichen Verbindungen für die Feststellung einer kollektiven beherrschenden Stellung nicht unerlässlich; sie kann vielmehr auch auf andere verbindende Faktoren wie eben oligopolistischen Marktstrukturen gegründet werden.[576]

Inzwischen ist vom EuGI in seinem Urteil *Airtours*[577] verdeutlicht worden, wann oligopolistische Marktstrukturen die Bejahung einer kollektiven Einheit - als ersten Prüfungsschritt für die kollektive beherrschende Stellung - rechtfertigen können. Der relevante Markt muss danach strukturell so angelegt sein, „dass jedes Mitglied des beherrschenden Oligopols es in Wahrnehmung der gemeinsamen Interessen für möglich, wirtschaftlich vernünftig und daher ratsam hält, dauerhaft einheitlich auf dem Markt vorzugehen, um zu höheren als den Wettbewerbspreisen zu verkaufen, ohne zuvor eine Vereinbarung im Sinne von Art. 81 EG treffen oder auf eine abgestimmte Verhaltensweise in Sinne dieser Vorschrift zurückgreifen zu müssen und ohne dass die tatsächlichen oder potenziellen Wettbewerber oder die Kunden und Verbraucher wirksam reagieren können."[578]
Der EuGI hat dafür die drei von den Parteien im Rechtsstreit übereinstimmend angegebenen Voraussetzungen aufgelistet. Zum ersten müsse jedes Oligopolmitglied das Verhalten der anderen Mitglieder in Erfahrung bringen können, um festzustellen, ob sie einheitlich vorgehen oder nicht. Dafür müsse der Markt so transparent sein, dass jedes Oligopolmitglied sich mit hinreichender Genauigkeit und Schnelligkeit über das Verhalten aller anderen Mitglieder auf dem Markt informieren kann. Innerhalb des Urteils hat der EuGI diese Voraussetzung jedoch weiter gefasst. Er hat geprüft, ob die Marktstrukturmerkmale die Entwicklung einer stillschweigenden Koordination begünstigen, also einen Anreiz zu einem einheitlichen Verhalten setzen.[579]
Zum zweiten müsse die stillschweigende Koordinierung auf Dauer erfolgen können, das heißt, es müsse einen Anreiz geben, nicht vom gemeinsamen Vorgehen auf dem Markt abzuweichen. Dafür müsse die Möglichkeit bestehen, abschreckende Gegenmaßnahmen im Fall eines Abweichens vom gemeinsamen Vorgehen einzuleiten, um zu verhindern, dass ein Mitglied Vorteile aus seinem Abweichen ziehen kann.

---

[576] EuGH, Urteil v. 16.3.2000 - *Compagnie Maritime Belge u.a./ Kommission*, verbundene Rs. C-395/96 P und C-396/96 P, Slg. 2000 I-1365, Rn. 45; EuGI, Urteil v. 25.3.1999 - *Gencor/ Kommission*, Rs. T-102/96, Slg. 1999 II-753, Rn. 277. Vgl. dazu auch *Schmittmann*, AfP 2001, 197, 199 sowie die SMP-Leitlinien, Rn. 94.
[577] EuGI, Urteil v. 6.6.2002 - *Airtours/ Kommission*, Rs. T-342/99, Slg. 2002 II-2585.
[578] EuGI, Urteil v. 6.6.2002 - *Airtours/ Kommission*, Rs. T-342/99, Slg. 2002 II-2585, Rn. 61.
[579] Vgl. die Prüfungsschritte des EuGI, Urteil v. 6.6.2002 - *Airtours/ Kommission*, Rs. T-342/99, Slg. 2002 II-2585, Rn. 79 ff, insbesondere Rn. 121 ff.

Zuletzt müsse nachgewiesen werden, dass die voraussichtliche Reaktion der tatsächlichen und potenziellen Konkurrenten sowie der Verbraucher die erwarteten Ergebnisse des gemeinsamen Vorgehens nicht in Frage stellt.[580]

cc. Anhang II Rahmenrichtlinie

Die Rechtsprechung von EuGH und EuGI zur Möglichkeit, eine gemeinsame marktbeherrschende Stellung allein aufgrund bestimmter Strukturmerkmale in oligopolistischen Märkten zu bejahen, ist vom Gemeinschaftsgesetzgeber in Anhang II Rahmenrichtlinie positiv normiert worden: Danach kann von einer gemeinsamen beherrschenden Stellung - selbst bei Fehlen struktureller oder sonstiger Beziehungen untereinander - ausgegangen werden, wenn die Unternehmen „in einem Markt tätig sind, dessen Struktur als förderlich für koordinierte Effekte angesehen wird." Der Begriff der „koordinierten Effekten" ist gleichbedeutend mit wettbewerbswidrigem bewussten angeglichenem oder parallelem Verhalten.[581] „Förderlich" ist dahingehend zu verstehen, dass die Marktstrukturen einen Anreiz zu einem solchen Verhalten setzen müssen.[582]
Der Gemeinschaftsgesetzgeber hat eine Reihe von Kriterien aufgelistet, die von den NRB herangezogen werden sollen, um ihre Entscheidung für oder gegen gemeinsame beträchtliche Marktmacht zu begründen. Neben Marktkonzentration und Transparenz sind 14 weitere Kriterien aufgeführt, die u.a. auch die Prüfungsvoraussetzungen des EuGI aus dem *Airtours* Urteil umfassen.[583] Die Auflistung der Kriterien ist weder erschöpfend noch müssen die Kriterien kumulativ vorliegen, Anhang II UA 2. Vielmehr geht es um eine sinnvolle Auswahl der jeweils aussagekräftigen Kriterien. Im Zweifel muss denjenigen Kriterien, die die Bejahung gemeinsamer beträchtlicher Marktmacht entgegenstehen könnten, die meiste Aufmerksamkeit gewidmet werden.[584]

---

[580] EuGI, Urteil v. 6.6.2002 - *Airtours/ Kommission*, Rs. T-342/99, Slg. 2002 II-2585, Rn. 62.
[581] SMP-Leitlinien, Rn. 94 Fn. 106 und Erwägungsgrund 26 der Rahmenrichtlinie.
[582] Erwägungsgrund 26 der Rahmenrichtlinie. Vgl. dazu auch *Withers/ Jephcott*, ECLR 2001, 295, 300..
[583] Die 14 Kriterien sind: Gesättigter Markt, stagnierendes oder begrenztes Wachstum auf der Nachfrageseite, geringe Nachfrageelastizität, gleichartiges Erzeugnis, ähnliche Kostenstrukturen, ähnliche Marktanteile, Fehlen technischer Innovation, ausgereifte Technologie, keine Überkapazität, hohe Marktzutritthemmnisse, Fehlen eines Gegengewichts auf der Nachfrageseite, Fehlen eines potenziellen Wettbewerbs, verschiedene Arten informeller oder sonstiger Verbindungen zwischen den betreffenden Unternehmen, Mechanismen für Gegenmaßnahmen, fehlender Preiswettbewerb oder begrenzter Spielraum für Preiswettbewerb.
[584] SMP-Leitlinien, Rn. 101 in der englischen Fassung, die deutsche Übersetzung ist an dieser Stelle misslungen.

dd. Prüfungsschema in den SMP-Leitlinien

Die Kommission hat in ihren SMP-Leitlinien - quasi in Antizipation des *Airtours*-Urteils - den NRB ein Prüfungsschema für gemeinsame, strukturell begründete beträchtliche Marktmacht in oligopolistischen Märkten an die Hand gegeben. Danach sollen die NRB untersuchen, (1) ob die Merkmale des Marktes einen Anreiz für eine stillschweigende Koordination bieten, (2) ob eine solche Koordination nachhaltig ist, also ob Anreize und Möglichkeiten zu abweichendem Verhalten bestehen oder ob wegen der Möglichkeit, Gegenmaßnahmen zu ergreifen, stabile Koordinationsbedingungen bestehen und (3) ob die Käufer, Mitbewerber oder potentiellen Markteinsteiger Anreize und Möglichkeiten zur Verhinderung wettbewerbswidrigen Parallelverhaltens haben.[585] Ausgefüllt werden soll dieses Prüfungsschema durch die Kriterien aus Anhang II Rahmenrichtlinie.

d. Übertragene Marktmacht

aa. Definitionsvorgaben

Art. 14 Abs. 3 Rahmenrichtlinie ergänzt die zwei Varianten in Art. 14 Abs. 2 um eine Vermutungsregel für beträchtliche Marktmacht aufgrund von aus einem anderen Markt übertragener Marktmacht.[586] Er lautet: „Verfügt ein Unternehmen auf einem bestimmten Markt über beträchtliche Marktmacht, so kann es auch auf einem benachbarten Markt als Unternehmen mit beträchtlicher Marktmacht angesehen werden, wenn die Verbindungen zwischen beiden Märkten es gestatten, diese von dem einen auf den anderen Markt zu übertragen und damit die gesamte Marktmacht des Unternehmens zu verstärken."[587]

Wie die Kommission in ihren SMP-Leitlinien unterstreicht, wurde diese Bestimmung eingeführt, um solche Marktsituationen zu erfassen, wie sie dem *Tetra Pak II*-Urteil des EuGH zugrunde lag.[588] Der Gerichtshof hatte dort festgestellt, dass Art. 82 EG auch dann anwendbar ist, wenn ein Unternehmen, das auf einem Markt über eine beherrschende Stellung verfügt, und auf einem davon

---

[585] SMP-Leitlinien, Rn. 96.

[586] Vgl. zur Einstufung als gesetzliche Vermutungsregel *Lust*, Die Essential-Facilities-Doktrin im Telekommunikationsrecht, S. 142 und wohl auch *Beese/ Merkt*, MMR 2000, 532, 534.

[587] Für eine ausführliche - wenn auch in zwei sogleich zu behandelnden Punkten unvollständigen - Auseinandersetzung mit der neuen Vermutungsregel, vgl. *König/ Kühling/ Braun*, CR 2001, 745 ff und 825 ff.

[588] SMP-Leitlinien, Rn. 84.

verschiedenen, aber eng mit dem ersten verbundenen Markt führend ist, sich auf letzterem missbräuchlich verhält.[589]

Um beträchtliche Marktmacht i.S.v. Art. 14 Abs. 3 bejahen zu können, muss zunächst auf einem Ausgangsmarkt beträchtliche Marktmacht gemäß Art. 14 Abs. 2 festgestellt worden sein.

Sodann ist zu prüfen, ob es sich bei einem zweiten Markt, auf dem beträchtliche Marktmacht im Wege des Art. 14 Abs. 3 festgestellt werden soll, um einen benachbarten Markt handelt. Dieses Merkmal wurde in Anlehnung an das vom EuGH in seinem *Tetra Pak II*-Urteil verwendete Kriterium der „verschiedenen, aber eng verbundenen Märkte" ausgestaltet. Enge Verbindungen zwischen Märkten, die diese als „benachbart" qualifizieren, können sowohl zwischen horizontal als auch vertikal zueinander in der Wertschöpfungskette stehenden Märkten existieren.[590] Welche Umstände zu berücksichtigen sind, wenn bewertet werden soll, ob die bestehenden Verbindungen eng genug sind, ist eine Frage des Einzelfalls. Es bietet sich jedoch - entsprechend dem Vorschlag von *König/ Kühling/ Braun*[591] - an, grundsätzlich die Kriterien heranzuziehen, die der Generalanwalt *Colomer* in seinem Schlussantrag für das *Tetra Pak II* Verfahren aufgeführt hat.[592]
In Betracht kommende Märkte müssen allerdings noch zwei weitere Kriterien erfüllen, die den Anwendungsbereich der Vermutungsregel letztlich stark beschränken:[593] Zum einen muss es sich auch bei dem zweiten benachbarten um einen Markt für elektronische Kommunikationsprodukte und -dienste, also für elektronische Kommunikationsnetze, elektronische Kommunikationsdienste oder zugehöriger Einrichtungen i.S.v. Art. 2 a), c) und e) Rahmenrichtlinie han-

---

589 Vgl EuGH, Urteil v. 14.11.1996 - *Tetra Pak II*, Rs. C-333/94 P, Slg. 1996 I-5953, Rn. 24-32.

590 SMP-Leitlinien, Rn. 84, *König/ Kühling/ Braun*, CR 2001, 745, 749 f.

591 *König/ Kühling/ Braun*, CR 2001, 745, 749.

592 Es handelt sich dabei um folgende Kriterien: die Nachfrage- und Angebotsstruktur der Märkte, die Merkmale der Produkte, der Marktanteil des beherrschenden Unternehmens auf dem nicht beherrschten Markt und das Ausmaß, in dem das betroffene Unternehmen den beherrschten Markt kontrolliert vgl. Schlussantrag des GA *Colomer* v. 27.6.1996 zur Rs. C-333/94 P, *Tetra Pak II*, Slg. 1996 I-5953, 5977, Rn. 57.

593 Diese zwei - den Anwendungsbereich von Art. 14 Abs. 3 stark einschränkenden - Prüfungspunkte verkennen *König/ Kühling/ Braun*. Dies zeigt sich insbesondere bei den von ihnen behandelten illustrierenden Beispielen im zweiten Teil ihres Beitrags, vgl. *König/ Kühling/ Braun*, CR 2001, 825, 828 ff: Dort wird an keiner Stelle hinterfragt, ob es zu einer Analyse der genannten benachbarten Märkte (z.B. UMTS- und GSM-Übertragungswege sowie „sprechende" und gedruckte Gelbe Seiten) nach dem neuen Rechtsrahmen überhaupt kommen kann. Dies würde - wie sogleich ausgeführt - voraussetzen, dass die entsprechenden Märkte im Marktdefinitionsverfahren als potentiell regulierungsbedürftige Kommunikationsmärkte identifiziert werden.

deln. Denn das gesamte Marktanalyseverfahren zielt darauf, diejenigen *Kommunikations*märkte herauszufiltern, die der Vorabregulierung unterliegen.[594] Zum zweiten muss auch der benachbarte Markt entweder in der Märkte-Empfehlung der Kommission aufgelistet oder von den NRB unter Zugrundelegung der Kommissionskriterien aus der Märkte-Empfehlung im Einklang mit den Verfahren nach Art. 6 und 7 Rahmenrichtlinie abgegrenzt und ausgewählt worden sein. Dies folgt daraus, dass das Kriterium der beträchtlichen Marktmacht im Zuge des Marktanalyseverfahrens geprüft wird, und zwar eben nur auf Märkten, die zuvor im Rahmen des Marktdefinitionsverfahrens als potentiell regulierungsbedürftig herausgefiltert wurden.[595]

Die Anwendung des Art. 14 Abs. 3 Rahmenrichtlinie hat darüber hinaus zwei weitere Voraussetzungen: Zum einen müssen die Verbindungen zwischen den beiden Märkten die Übertragung der Marktmacht gestatten, wobei hier die objektive Möglichkeit ausreicht, eine derartige Marktmachtübertragung muss nicht bereits tatsächlich stattgefunden haben.[596] Denkbar ist dies z.B. dann, wenn eine Hebelwirkung von einem in den anderen Markt möglich ist, z.B. im Falle von Quersubventionen.[597] Zum anderen muss die Folge der Marktmachtübertragung die Verstärkung der gesamten Marktmacht des Unternehmens sein. Auch hier reicht wieder die objektive Möglichkeit der Verstärkung.[598]

Art. 14 Abs. 3 enthält keine zwingende Rechtsfolge. Es wird den NRB vielmehr anheim gestellt, ob sie von der Vermutungsregel Gebrauch machen, oder für den benachbarten Markt gemäß Art. 14 Abs. 2 beträchtliche Marktmacht ganz regulär prüfen.

bb. Ergänzung in den SMP-Leitlinien

Bei der Heranziehung des Art. 14 Abs. 3 Rahmenrichtlinie muss im Auge behalten werden, dass gemäß Art. 17 Abs. 1 b Universaldienstrichtlinie im Falle

---

594 Vgl. - wenn auch zu weich formuliert - die SMP-Leitlinien, Rn. 85.

595 Diese Einschränkung deutet die Kommission in ihren SMP-Leitlinien an. So steht in Rn. 85, dass beide Märkte „Merkmale aufweisen [sollten], die eine Auferlegung von Vorabverpflichtungen rechtfertigen." In Fn. 92 steht dann, dass „Art. 14 Abs. 3 nicht in Bezug auf Marktmacht angewandt werden [sollte], die von einem „regulierten" auf einen neu entstehenden „nicht regulierten" Markt übertragen wird." Die Kommission bleibt an dieser Stelle unklar und zieht nicht die volle Konsequenz aus dem soeben offengelegten Zusammenspiel der neuen Bestimmungen.

596 *Bartosch*, EuZW 2002, 389, 392; *Beese/ Merkt*, MMR 2000, 532, 534, Fn. 12.

597 *König/ Kühling/ Braun*, CR 2001, 745, 750 f.

598 *König/ Kühling/ Braun*, CR 2001, 745, 751. *Bartosch*, EuZW 2002, 389, 392 weist zurecht darauf hin, dass die getrennte Prüfung dieser Punkte zu formalistisch ist, in der Realität werden sie wohl im Rahmen der Prüfung des Tatbestandsmerkmals der „benachbarten Märkte" abgehandelt werden.

vertikal verbundener Vorleistungs- und Endkundenmärkten eine Regulierung der Endnutzermärkte nur dann in Betracht kommt, wenn die Vorabverpflichtungen auf den vorgelagerten Vorleistungsmärkten für die Schaffung und Aufrechterhaltung von hinreichendem Wettbewerb nicht ausreichen würden.[599] Auch wenn dieser Prüfungsschritt theoretisch erst nach der Ermittlung von Unternehmen mit beträchtlicher Markmacht erfolgt, so wird in der Praxis eine NRB diesen Umstand bereits berücksichtigen, bevor sie sich bemüht, den Nachweis für das Vorliegen „benachbarter Märkte" und die Möglichkeit von Marktmachtübertragung und Gesamtmarktmachtverstärkung zu erbringen.

4. Bestimmung der Unternehmen mit beträchtlicher Marktmacht

Hat die Analyse des Wettbewerbs für einen bestimmten relevanten Markt ergeben, dass dort kein wirksamer Wettbewerb herrscht, muss die NRB das bzw. die Unternehmen mit beträchtlicher Marktmacht auf dem relevanten Markt als SMP-Unternehmen ermitteln, Art. 16 Abs. 4 Rahmenrichtlinie.[600]

Diese „Ermittlung" entspricht wegen der gleichsetzenden Auslegung von fehlendem wirksamem Wettbewerb und Vorhandensein von SMP auf dem relevanten Markt einem rein formellen Bestimmungsakt. Dieser ist jedoch u.a. deshalb von Bedeutung, weil die Entscheidung der NRB darüber, ob ein Unternehmen allein oder zusammen mit anderen beträchtliche Marktmacht innehat, regelmäßig einen Anwendungsfall der Art. 6 und 7 Rahmenrichtlinie darstellt. Die NRB muss dazu das öffentliches Anhörungsverfahren i.S.v. Art. 6 und das Konsultationsverfahren i.S.v. Art. 7 durchführen, wobei der Kommission in Bezug auf die Feststellung beträchtlicher Marktmacht ein Vetorecht zusteht.[601]

IV. Zusammenfassung: Regulierungsvoraussetzungen der neuen SMP-Konzeption

Die asymmetrische ex ante Regulierung eines auf einem Markt für elektronische Kommunikationsprodukte und -dienste tätigen Unternehmens setzt voraus, dass der betreffende Markt im Rahmen von Marktdefinitions- und Marktanalyseverfahren als regulierungsbedürftig eingestuft worden ist und es sich um ein Unternehmen handelt, das als Unternehmen mit beträchtlicher Marktmacht auf diesem Markt bestimmt worden ist.

Das Marktdefinitionsverfahren dient dazu, diejenigen Märkte für elektronische Kommunikationsprodukte und -dienste abzugrenzen und auszuwählen, die potentiell regulierungsbedürftig sind und die anschließend - im Rahmen des

---

599 Vgl. SMP-Leitlinien, Rn. 84.

600 Vgl. dazu auch die SMP-Leitlinien, Rn. 9 und 114.

601 Da die Feststellung von beträchtlicher Marktmacht zugleich über die fehlende Wirksamkeit des Wettbewerbs auf diesem Markt entscheidet, bezieht sich das Vetorecht - vgl. dazu unten Teil 5, E.IV.1.b.bb. - letztlich auf das Ergebnis des Marktanalyseverfahrens.

Marktanalyseverfahrens - auf ihre tatsächliche Regulierungsbedürftigkeit hin untersucht werden. Die Abgrenzung der Märkte erfolgt nach den Grundsätzen des allgemeinen Kartell- und Wettbewerbsrechts und impliziert mithin jeweils eine sachliche und geographische Marktbestimmung. Grundsätzlich wird die sachliche Marktabgrenzung von der Kommission im Rahmen ihrer Märkte-Empfehlung und die geographische Marktabgrenzung von den NRB vorgenommen. Die sachliche Marktabgrenzung impliziert die Entscheidung, welche Märkte für potentiell regulierungsbedürftig erachtet werden. Die Kommission hat dafür in ihrer Märkte-Empfehlung drei Kriterien entwickelt, und zwar das Bestehen beträchtlicher, nicht lediglich vorübergehender Marktzugangshindernisse, das Fehlen von Strukturen, die eine spontane Überwindung dieser Hindernisse erwarten lassen und zuletzt das Nichtausreichen des allgemeinen Kartell- und Wettbewerbsrechts zur Behandlung des diagnostizierten Marktversagens.
Das Marktanalyseverfahren dient dazu, innerhalb der zuvor im Marktdefinitionsverfahren als potentiell regulierungsbedürftig eingestuften Märkte diejenigen zu bestimmen, die nach den nationalen wettbewerblichen Gegebenheiten tatsächlich der ex ante Regulierung bedürfen sowie auf diesen Märkten den bzw. die Regulierungsadressaten zu bestimmen. Als regulierungsbedürftig gilt ein Markt nach dem Gemeinschaftsrecht, wenn dort kein wirksamer Wettbewerb besteht, dass heißt, wenn ein oder mehrere Unternehmen über beträchtliche Marktmacht auf dem betreffenden Markt verfügen. Beträchtliche Marktmacht kann sich aus der marktbeherrschenden Stellung eines einzelnen Unternehmens, aus der kollektiven beherrschenden Stellung von mehreren Unternehmen oder aufgrund der aus einem anderen Markt übertragenen Marktmacht eines Unternehmens ergeben. Wird die Regulierungsbedürftigkeit eines Marktes festgesellt, so ist das bzw. sind die Unternehmen mit beträchtlicher Marktmacht formell als SMP-Unternehmen zu bestimmen.

D. Das Regulierungsinstrumentarium der neuen SMP-Konzeption: Verfahren und Instrumentarium zur Auferlegung von SMP-Pflichten

Anders als in der alten SMP-Konzeption führt die Bejahung der Regulierungsvoraussetzungen nach der neuen SMP-Konzeption nicht automatisch dazu, dass die SMP-Unternehmen bestimmten Vorabverpflichtungen unterworfen sind. Den NRB steht vielmehr ein vorgegebenes Regulierungsinstrumentarium zur Verfügung, über dessen Einsatz sie im Rahmen eines gemeinschaftsrechtlich vorgezeichneten Verfahrens (Regulierungsanordnungsverfahren) entscheiden. Obwohl Regulierungsanordnungsverfahren und materielles Regulierungsinstrumentarium oftmals ineinander greifen, wird beides nachfolgend getrennt dargestellt. In einem ersten Schritt (Abschnitt II) wird das Regulierungsanordnungsverfahren, also das Verfahren zur Auferlegung der SMP-Pflichten, erläutert. Es gilt - mit kleineren Abweichungen - für die Aktivierung des Regulierungsinstrumentariums beider einschlägiger Spezialrichtlinien. In einem zweiten Schritt (Abschnitt III) wird auf das den NRB zur Verfügung stehende materielle Regulierungsinstrumentarium für die Vorleistungsebene gemäß der Zugangsrichtlinie und in einem dritten Schritt (Abschnitt IV) auf das materielle Instrumentarium für die Endnutzerebene gemäß der Universaldienstrichtlinie eingegangen.

I. Normenmaterial für Regulierungsanordnungsverfahren und materielles Regulierungsinstrumentarium

1. Richtlinienvorgaben

a. Rahmenrichtlinie

Das Regulierungsanordnungsverfahren ist in für beide Spezialrichtlinien geltender Form in Art. 16 Abs. 2-5 Rahmenrichtlinie skizziert. Art. 16 Abs. 6 schreibt die Anwendung des Anhörungs- und des Konsultationsverfahrens nach Art. 6 bzw. Art. 7 für die im Rahmen des Regulierungsanordnungsverfahrens getroffenen Maßnahmen vor. Art. 8 erwähnt den von den NRB zu berücksichtigenden Verhältnismäßigkeitsgrundsatz und listet die mit den Regulierungsmaßnahmen zu verfolgenden Regulierungsziele auf. Art. 27 ordnet schließlich die Aufrechterhaltung der - in Art. 7 Zugangsrichtlinie und Art. 16 Universaldienstrichtlinie näher bestimmten - Pflichten aus der alten SMP-Konzeption für einen Übergangszeitraum an.

b. Spezielle Richtlinien

aa. Zugangsrichtlinie

In der Zugangsrichtlinie ist das gesamte Kapitel III dem Regulierungsanordnungsverfahren und dem SMP-Regulierungsinstrumentarium gewidmet. Art. 6 Abs. 3 regelt die Möglichkeit der Umwandlung der grundsätzlich allgemein geltenden Zugangsberechtigungssystem-Regulierung nach Art. 6 Abs. 1 i.V.m. Anhang I in eine asymmetrische SMP-Regulierung. Art. 7 Abs. 1 legt diejenigen Pflichten aus dem alten Rechtsrahmen fest, die vorübergehend aufrechterhalten werden müssen.[602] Art. 7 Abs. 3 normiert die Pflicht zur Durchführung des Regulierungsanordnungsverfahrens, und zwar auf den Märkten, die zuvor im Zuge des Marktdefinitions- und Marktanalyseverfahrens als regulierungsbedürf-

[602] Es handelt sich hierbei um die Pflichten aus Art. 4, 6, 7, 8, 11, 12 und 14 der ONP-Zusammenschaltungsrichtlinie, Art. 16 der ONP-Sprachtelefonrichtlinie II und Art. 7 und 8 der ONP-Mietleitungsrichtlinie.

tig eingestuft worden sind. Art. 8 Abs. 1-4 präzisiert die Vorgaben aus Art. 16 Abs. 2-5 Rahmenrichtlinie zum Regulierungsanordnungsverfahren. In Art. 9-13 und Anhang II ist schließlich das den NRB zur Verfügung stehende materielle Regulierungsinstrumentarium für die - vom Geltungsbereich der Zugangsrichtlinie umfassten - Vorleistungsmärkte aufgeführt.

bb. Universaldienstrichtlinie

Auch das gesamte Kapitel III der Universaldienstrichtlinie beschäftigt sich mit dem Regulierungsanordnungsverfahren und dem SMP-Regulierungsinstrumentarium. Art. 16 stellt dabei die Parallelvorschrift zu Art. 7 Zugangsrichtlinie dar. Art. 16 Abs. 1 spezifiziert wiederum diejenigen Pflichten aus dem alten Rechtsrahmen, die vorübergehend aufrechterhalten werden müssen[603] und Art. 16 Abs. 3 Satz 1 verpflichtet die NRB zur Durchführung des Regulierungsanordnungsverfahrens. Art. 17 regelt das materielle Regulierungsinstrumentarium für Endnutzermärkte. In Art. 17 Abs. 1 sind darüber hinaus Besonderheiten für das Regulierungsanordnungsverfahren bei der Regulierung von Endnutzermärkten niedergelegt. Art. 18 Abs. i.V.m. Anhang VII normiert das materielle Regulierungsinstrumentarium in Bezug auf Mietleitungen, Art. 19 die Instrumente der Betreiberauswahl (Call-by-Call) und Betreibervorauswahl (Preselection). In beiden Normen sind Besonderheiten für das jeweilige Regulierungsanordnungsverfahren geregelt.

2. Vorgaben in den SMP-Leitlinien

Teil 4 der SMP-Leitlinien konkretisiert die gemeinschaftsrechtlichen Vorgaben zum Regulierungsanordnungsverfahren, insbesondere zum Verhältnismäßigkeitsgrundsatz und zur Bedeutung von internationalen Verpflichtungen.

II. Das Regulierungsanordnungsverfahren

1. Überblick über die möglichen Verfahrensverläufe

Bis die NRB das erste Marktanalyseverfahren und das erste Regulierungsanordnungsverfahren durchgeführt haben, müssen die unter dem alten Rechtsrahmen bestehenden SMP-Pflichten aufrechterhalten werden, Art. 27 Rahmenrichtlinie i.V.m. Art. 7 Abs. 1 Zugangsrichtlinie und Art. 16 Abs. 1 Universaldienstrichtlinie. Dadurch wird eine Kontinuität zwischen dem altem und dem neuen Rechtsrahmen sichergestellt.

---

603 Aufrechterhalten werden müssen danach die Pflichten bzgl. der Betreiberauswahl und Betreibervorauswahl (Art. 12 Abs. 7 ONP-Zusammenschaltungsrichtlinie), Art. 17 ONP-Sprachtelefonrichtlinie II und Art. 3, 4, 6, 7, 8 und 10 der ONP-Mietleitungsrichtlinie.

Auf denjenigen Märkten, die im Zuge des Marktanalyseverfahrens als nicht regulierungsbedürftig eingestuft worden sind, müssen bestehende SMP-Pflichten aufgehoben und dürfen neue SMP-Pflichten nicht mehr auferlegt werden. Auf denjenigen Märkten, die von einer NRB als regulierungsbedürftig eingestuft worden sind, muss eine Marktproblemanalyse durchgeführt und daraufhin über die Aufrechterhaltung, Modifizierung oder Neueinführung von SMP-Pflichten entschieden werden.

So länderübergreifende Märkte im Rahmen einer gemeinsamen Marktanalyse durch die zuständigen NRB als nicht regulierungsbedürftig eingestuft worden sind, müssen die betreffenden NRB bestehende Pflichten für ihr jeweiliges Territorium aufheben. Sind solche Märkte als regulierungsbedürftig eingestuft worden, so müssen die zuständigen NRB nach Art. 16 Abs. 5 Rahmenrichtlinie gemeinsam eine Marktproblemanalyse durchführen und eine einvernehmliche Entscheidung über die Wahl der adäquaten SMP-Pflichten treffen.[604]

2. Verfahrensverläufe im Einzelnen

a. Aufhebung von Pflichten

Die NRB müssen auf denjenigen Märkten, die sie im Zuge des Marktanalyseverfahrens als nicht regulierungsbedürftig eingestuft haben, bestehende SMP-Pflichten aufheben und dürfen dort auch keine neuen SMP-Pflichten mehr auferlegen, Art. 16 Abs. 3 Rahmenrichtlinie.[605]

Vor der Aufhebung bestehender Maßnahmen sind die betroffenen Parteien rechtzeitig zu informieren, Art. 16 Abs. 3 Satz 3 Rahmenrichtlinie. Als „betroffene Parteien" sind diejenigen Parteien einzustufen, die durch die Veränderung der Regulierungssituation einen Rechtsverlust erleiden. Die Aufhebung bestehender Maßnahmen unterliegt nach Art. 16 Abs. 6 Rahmenrichtlinie dem Anhörungsverfahren nach Art. 6[606] und dem Konsultationsverfahren nach Art. 7 Rahmenrichtlinie, so deren weitere Verfahrensvoraussetzungen erfüllt sind und es sich nicht um einen Eilfall handelt, Art. 7 Abs. 6 Rahmenrichtlinie.

---

[604] Der Verfahrensablauf für länderübergreifende Märkte unterscheidet sich insoweit nicht von demjenigen für nationale Märkte und wird deshalb nicht separat behandelt. Wie bereits erwähnt, sollen Uneinigkeiten der NRB über die Auswahl adäquater SMP-Pflichten im Rahmen der ERG gelöst werden, vgl. oben Teil 5, C.III.1.c.

[605] Vgl. dazu SMP-Leitlinien, Rn. 113.

[606] Allerdings besteht in diesem Zusammenhang ein Widerspruch zwischen Art. 16 Abs. 6 Rahmenrichtlinie und Art. 16 Abs. 3 Universaldienstrichtlinie. Letzterer verweist nämlich für alle für Endnutzermärkte getroffenen Maßnahmen nur auf Art. 7, nicht aber auf Art. 6 Rahmenrichtlinie. Vgl. dazu Teil 5, E.II.2.a.bb. (1).

b. Marktproblemanalyse und Auferlegung von Pflichten

aa. Verfahren

Die NRB müssen auf denjenigen Märkten, die sie im Zuge des Marktanalyseverfahrens als regulierungsbedürftig eingestuft haben, eine Marktproblemanalyse durchführen und daraufhin über die Aufrechterhaltung, Modifizierung oder Neueinführung von SMP-Pflichten entscheiden, Art. 16 Abs. 4 Rahmenrichtlinie.[607] Da für jedes SMP-Unternehmen die Pflichten individuell festgelegt werden, handelt es sich bei den Regulierungsanordnungen der NRB um abstrakt-individuelle Maßnahmen.

Nach Erwägungsgrund 27 Rahmenrichtlinie sollen Vorabverpflichtungen nur auferlegt werden, „wenn kein wirksamer Wettbewerb besteht, d.h. auf Märkten, auf denen es ein oder mehrere Unternehmen mit beträchtlicher Marktmacht gibt, und die Instrumente des nationalen und gemeinschaftlichen Wettbewerbsrechts nicht ausreichen, um das Problem zu lösen." Angesichts dieser Passage wird zum Teil vertreten, dass die NRB im Rahmen der Marktproblemanalyse stets prüfen müssten, ob vorhandene wettbewerbsrechtliche Instrumente nicht ausreichen, um der Wettbewerbsprobleme auf einem bestimmten Markt Herr zu werden. Dies ist jedoch unter Berücksichtigung der gesamten Systematik der neuen SMP-Konzeption abzulehnen. Wie die Kommission in ihrer Märkte-Empfehlung erläutert hat, muss die Frage, ob wettbewerbsrechtliche Instrumente das effizientere Mittel zur Lösung von wettbewerblichen Problemen auf einem bestimmten Markt sind, bereits als dritter Prüfungspunkt im Rahmen der Entscheidung über die potentielle Regulierungsbedürftigkeit von Märkten, also im Marktdefinitionsverfahren, beantwortet werden.[608] Im Regelfall befindet die Kommission selbst bei der Erstellung der Märkte-Empfehlung darüber. So die NRB andere als die dort aufgeführten Märkte abgrenzen und als potentiell regulierungsbedürftig einstufen wollen, müssen sie - ebenfalls bereits im Kontext der potentiellen Regulierungsbedürftigkeit des Marktes - selbst darüber entscheiden. Eine erneute Erörterung dieser Frage im Rahmen des Regulierungsanordnungsverfahrens erübrigt sich dann jedoch.

bb. Interventions- und Auswahlermessen der NRB

Nach Art. 16 Abs. 4 Rahmenrichtlinie „erlegt" eine NRB, die auf einem relevanten Markt ein oder mehrere Unternehmen mit SMP ermittelt hat, diesem oder diesen „geeignete spezifische Verpflichtungen nach Abs. 2 auf bzw. ändert diese oder behält diese bei, wenn sie bereits bestehen." Abs. 2 verweist dabei auf Art. 7 und 8 Zugangsrichtlinie sowie Art. 16, 17, 18 und 19 Universaldienstrichtlinie.

---

[607] Vgl. dazu SMP-Leitlinien Rn. 114-121 und 125.

[608] Märkte-Empfehlung, Erwägungsgründe 9 und 15. Vgl. dazu oben Teil 5, C.II.4.b.bb.

(1) Interventionsermessen der NRB

Fraglich ist dabei zunächst, ob den NRB ein Entscheidungsspielraum in Bezug auf das „Ob" einer Regulierungsintervention zusteht, sie mithin über Eingriffsermessen verfügen. Bejahte man dies, so könnte eine NRB davon absehen, auf einem Markt Regulierungsmaßnahmen zu ergreifen, obwohl ein von ihr durchgeführtes Marktanalyseverfahren ergeben hat, dass dort kein wirksamer Wettbewerb besteht.[609] Würde das Interventionsermessen verneint, so müsste eine NRB nach der Feststellung fehlenden wirksamen Wettbewerbs auf einem Markt dort zwingend mindestens eine SMP-Pflicht anordnen.

Letzteres wird von der Kommission in ihren SMP-Leitlinien vertreten: Die Kommission führt dort aus, dass die Bestimmung eines oder mehrerer Unternehmen als SMP-Unternehmen für sich gesehen ohne Auferlegung mindestens einer Verpflichtung mit dem neuen Rechtsrahmen und insbesondere mit Art. 16 Abs. 4 Rahmenrichtlinie nicht vereinbar sei.[610]

Ein Interventionsermessen besteht unbestreibar nicht für Art. 18 und 19 Universaldienstrichtlinie sowie Art. 6 Abs. 1 i.V.m. Anhang II Zugangsrichtlinie.[611] Die dort genannten SMP-Pflichten müssen nach dem Wortlaut der Richtlinienbestimmungen auferlegt werden, wenn auf den entsprechenden Märkten Unternehmen mit SMP ermittelt wurden. Ein Interventionsermessen kommt somit allenfalls in Bezug auf Art. 17 Universaldienstrichtlinie und Art. 8 i.V.m. Art. 9-13 Zugangsrichtlinie in Betracht.

Die Frage, ob die NRB trotz der Formulierung in Art. 16 Abs. 4 Rahmenrichtlinie über ein Interventionsermessen verfügen, stellt sich mithin nur in Bezug auf Art. 17 Abs. 1 Universaldienstrichtlinie und Art. 8 i.V.m. Art. 9-13 Zugangsrichtlinie. Die Formulierung „erlegt .. geeignete Verpflichtungen auf" in Art. 16 Abs. 4 Rahmenrichtlinie deutet dabei tatsächlich darauf hin, dass eine Pflicht zur Intervention besteht. Jedoch ist zu berücksichtigen, dass nach Art. 8 Abs. 1 Rahmenrichtlinie Maßnahmen *im angemessenen Verhältnis* zu den Zielen aus Abs. 2-4 stehen müssen. Auch Art. Art. 8 Abs. 2 Zugangsrichtlinie schreibt vor, dass die NRB den Unternehmen mit SMP die in Art. 9-13

---

[609] Diese Frage dürfte allerdings eher theoretischer Natur sein, da es wenig wahrscheinlich ist, dass eine NRB zwar darlegt, warum auf einem Markt kein wirksamer Wettbewerb herrscht, also ein oder mehrere Unternehmen SMP haben, dann jedoch davon absehen will, dort regulierend einzugreifen. Da sie jedoch schon im Gesetzgebungsverfahren diskutiert wurde, soll sie hier nicht unerwähnt bleiben.

[610] SMP-Leitlinien, Rn. 21 und 114. So auch *Klotz*, WIK-Proceedings Nr. 9, S. 247, 252 und *Scherer*, K & R 2002, 273, 286; 329, 339 und 385, 389.

[611] Die in Art. 6 Abs. 1 Zugangsrichtlinie genannten Pflichten gelten grundsätzlich für alle Betreiber von Zugangsberechtigungssystemen, es handelt sich mithin grundsätzlich nicht um SMP-Pflichten. Die Pflichten können jedoch gemäß Art. 6 Abs. 3 Zugangsrichtlinie infolge einer Marktanalyse auf diejenigen Betreiber beschränkt werden, die über SMP verfügen. In bezug auf diese Betreiber besteht dann aber kein weiteres Ermessen hinsichtlich des „Ob" bzw. „Wie" der Regulierung. Vgl. zu Art. 6 Zugangsrichtlinie unten Teil 5, D.III.2.b.

Zugangsrichtlinie genannten Verpflichtungen im *erforderlichen* Umfang auferlegen. Die Intervention der NRB ist mithin an den Grundsatz der Verhältnismäßigkeit gebunden.[612] Kommt eine NRB zu dem Ergebnis, dass alle in Betracht kommenden Maßnahmen unverhältnismäßig sind, so muss es folgerichtig möglich sein, dass die NRB auf eine Regulierungsintervention auf diesem Markt verzichtet.[613]

(2) Auswahlermessen und Tool-Box-Prinzip

Die NRB haben ein weites Auswahlermessen in Bezug auf die im Rechtsrahmen vorgesehenen Regulierungsinstrumente: Die in den Spezialrichtlinien aufgelisteten Pflichten stehen größtenteils zur Disposition der NRB. Diese Konzeption kann als „Tool-Box-Prinzip" bezeichnet werden.
Die in Zugangs- und Universaldienstrichtlinie aufgelisteten Pflichten sind indes grundsätzlich abschließend.[614] Eine Ausnahme besteht insoweit, als Art. 8 Abs. 3 a.E. Zugangsrichtlinie den NRB gestattet, auch andere als die in Art. 9-13 Zugangsrichtlinie aufgelisteten Verpflichtungen aufzuerlegen, wenn zuvor die Zustimmung der Kommission eingeholt worden ist. Die Kommission trifft die Entscheidung unter Einbeziehung des Kommunikationsausschusses im Beratungsverfahren nach Art. 14 Abs. 2 Zugangsrichtlinie i.V.m. Art. 3 und 7 des Komitologie-Beschlusses.
Zudem ergibt sich eine Aufweichung des Tool-Box-Prinzips dadurch, dass in Art. 17 Abs. 2 Universaldienstrichtlinie die zulässigen Maßnahmen für die endnutzermarktbezogene Regulierung nicht abschließend aufgelistet sind. Dort ist lediglich vorgesehen, dass die NRB „geeignete Verpflichtungen" auferlegen

---

[612] Zum Verhältnismäßigkeitsgrundsatz sogleich unten Teil 5, D.II.2.b.cc.

[613] So auch *Hocepied*, The new EU regulatory Framework for Electronic communications, S. 12. Ähnlich auch *Cave/ Larouche*, European Communications at the Crossroads, S. 9, wobei die Autoren die Unverhältnismäßigkeit zu Unrecht daraus ableiten wollen, dass die Marktanalyse kein Zeichen von Marktmachtmissbrauch zutage gebracht hat. Missbrauch von Marktmacht ist - wie die Kommission zurecht in ihren SMP-Leitlinien, Rn. 27 und Fn. 73 unterstreicht - keine Voraussetzung für die ex ante Regulierung von SMP-Unternehmen. Die hier favorisierte Auslegung entspricht auch dem historischen Willen des Gesetzgebers: Während in Art. 8 Abs. 1 des ursprünglichen Kommissionstextes noch stand „erlegt die NRB diesen [*Verf.*: Betreiber mit SMP] im erforderlichen Umfang eine oder mehrere ... Verpflichtungen auf..." (vgl. Vorschlag für eine Richtlinie des Europäischen Parlaments und des Rates über den Zugang zu elektronischen Kommunikationsnetzen und zugehörigen Einrichtungen sowie deren Zusammenschaltung, ABl. Nr. C 365 E/ 215 v. 19.12.2000), so hat der Rat in seinem Gemeinsamen Standpunkt dies explizit in die nun geltende Fassung umgeändert.

[614] Vgl. Erwägungsgrund 14 Zugangsrichtlinie sowie *Bartosch*, EuZW 2002, 389, 394. Dies stellt eine Neuerung im Vergleich zur alten Rechtslage dar: Der EuGH hat in seinem Urteil v. 13.12.2001 - *Telefónica de Espana/Administración General del Estado*, Rs. C-79/00, Slg. 2001 I-10075, Rn. 29 und 32 f, festgestellt, dass nach der alten Rechtslage die Mitgliedstaaten nicht gehindert sind, den NRB weitergehende Regulierungsbefugnisse einzuräumen, als dies die ONP-Richtlinien vorsehen.

müssen. Darüber hinaus werden nur einzelne Maßnahme als Beispiele für solche geeigneten Verpflichtungen aufgeführt.

In den Fällen, in denen die Auferlegung bestimmter Regulierungsinstrumente in den Richtlinien zwingend vorgeschrieben ist, besteht auch kein Auswahlermessen. Dies gilt sowohl für die Art. 18 und Art. 19 Universaldienstrichtlinie als auch Art. 6 Abs. 1 i.V.m. Anhang II Zugangsrichtlinie. Des Weiteren kann sich eine Ermessensbeschränkung aus internationalen Verpflichtungen der Gemeinschaft und/ oder der Mitgliedstaaten ergeben. Dies gilt insbesondere für die Verpflichtungen, die beide im Rahmen der Welthandelsorganisation (WTO) eingegangen sind, und zwar durch das Zusatzprotokoll zum GATS-Abkommen über Basis-Telekommunikationsdienstleistungen.[615] Sie sind dort eine Reihe von Verpflichtungen eingegangen, die die Regulierung sog. „major suppliers" betreffen. Zeichnen diese internationalen Verpflichtungen eine bestimmte Handhabung des Ermessens durch die NRB vor, so entfällt der Ermessensspielraum der NRB insoweit.[616]

Aus der bloßen Tatsache, dass nicht ein einzelnes Unternehmen, sondern mehrere Unternehmen als Unternehmen mit SMP auf einem bestimmten Markt ermittelt worden sind, ergibt sich hingegen keine Beschränkung des Auswahlermessens. Die NRB können - und müssen im Lichte des sogleich näher zu behandelnden Verhältnismäßigkeitsgrundsatzes - für jedes Unternehmen gesondert ihr Ermessen bei der Auswahl der Regulierungsinstrumente vornehmen. Verschiedenen Unternehmen mit SMP auf dem gleichen Markt können mithin divergierende regulatorische Vorabverpflichtungen auferlegt werden.[617]

---

[615] World Trade Organization, Trade in Services, Schedule of Specific Commitments, Supplement 3 (supplement to the Telecommunications services section), Additional Commitment by the European Community and Their Member States, GATS/CS/3I/Suppl.3, 11.4.1997, S. 8 ff.

[616] Ohne an dieser Stelle auf Einzelheiten des „Additional Commitment" eingehen zu können, so sei zumindest darauf hingewiesen, dass die dort eingegangen Verpflichtungen - wenn die Tatbestandsvoraussetzung des „major supplier" mit fehlendem wirksamem Wettbewerb i.S. des Gemeinschaftsrechts, also dem Vorhandensein von Unternehmen mit SMP kongruiert - zu erheblichen Ermesseneinschränkungen in Bezug auf die Verhinderung von Quersubventionen, die Informationsbereitstellung sowie Zusammenschaltungspflichten zu nichtdiskriminierenden, kostenorientierten, entbündelten, transparenten, zeitlich adäquaten Bedingungen führen können. Vgl. die Normierung dieser Pflichten in Ziff. 1.2. und 2.1. - 2.4. des „Additional Commitment".

[617] Unbegründet sind daher die Bedenken von *Hocepied*, The new EU regulatory Framework for Electronic communications, S. 12, der den Rechtsrahmen hinsichtlich dieser Frage für nicht klar genug erachtet. Allerdings sind die Ausführungen der Kommission, SMP-Leitlinien, Rn. 114 an diesem Punkt tatsächlich unklar gehalten.

cc. Verhältnismäßigkeitsgrundsatz

Die NRB sind - wenn ihnen ein Ermessensspielraum bei der Anwendung der Regulierungsinstrumente zur Verfügung steht - an den Grundsatz der Verhältnismäßigkeit gebunden, Art. 8 und Art. 16 Abs. 4 Rahmenrichtlinie, Art. 8 Abs. 4 Zugangsrichtlinie und Art. 17 Abs. 2 Universaldienstrichtlinie.[618]
Der Verhältnismäßigkeitsgrundsatz gehört nach der Rechtsprechung des EuGH zu den allgemeinen Grundsätzen des Gemeinschaftsrechts. Er ist nicht nur von den Gemeinschaftsorganen zu beachten, sondern auch von den zuständigen innerstaatlichen Behörden, so und soweit sie Gemeinschaftsrecht anwenden und dabei einen Ermessensspielraum haben.[619] Im mittelbaren mitgliedstaatlichen Vollzug, also wenn Gemeinschaftsrecht zunächst in nationales Recht umgesetzt und dann von nationalen Behörden angewandt wird, muss die gesetzliche Umsetzung und die administrative Anwendung dem gemeinschaftsrechtlich vorgeschriebenen Verhältnismäßigkeitsstandard entsprechen. Der EuGH hat die gemeinschaftsrechtlichen Verhältnismäßigkeitsanforderungen in seinem Urteil *Schräder* folgendermaßen umschrieben: Maßnahmen sind „nur rechtmäßig, wenn sie zur Erreichung der zulässigerweise mit der fraglichen Regelung verfolgten Ziele geeignet und erforderlich sind. Dabei ist, wenn mehrere geeignete Maßnahmen zur Auswahl stehen, die am wenigsten belastende zu wählen; ferner müssen die auferlegten Belastungen in angemessenem Verhältnis zu den angestrebten Zielen stehen."[620] Mithin entspricht der gemeinschaftsrechtliche Verhältnismäßigkeitsgrundsatz weitestgehend demjenigen aus dem deutschen öffentlichen Recht.[621] Die Verhältnismäßigkeitsprüfung muss jedoch jeweils unter Berücksichtigung des spezifischen gemeinschaftsrechtlichen Kontextes erfolgen.[622]
In Hinblick auf die SMP-Konzeption bedeutet dies, dass die „zulässigerweise mit der fraglichen Regelung verfolgten Ziele" Ziele i.S.v. Art. 8 Abs. 2-4 Rahmenrichtlinie sein müssen.[623] Für die SMP-Konzeption ist dies in erster Linie das Ziel der Wettbewerbsförderung auf den Märkten für die Bereitstellung elektronische Kommunikationsnetze - und dienste. Ergänzend können jedoch zur Maßnahmebegründung auch das Ziel der Entwicklung des Binnenmarktes und - insbesondere für die Regulierung von Endnutzermärkten - das Ziel der Förderung der Nutzerinteressen der EU-Bürger herangezogen werden. Verhält-

---

618 Vgl. auch Erwägungsgrund 15 Zugangsrichtlinie und SMP-Leitlinien, Rn. 21 und 117-119.

619 EuGH, Urteil v. 19.6.1980 - *Testa*, verb. Rs. 41, 121 und 796/79, Slg. 1980, 1979, Rn. 21.

620 EuGH, Urteil v. 11.7.1989 - *Schräder/ Hauptzollamt Gronau*, Rs. 265/87, Slg. 1989, 2237, Rn. 21.

621 *Hartley*, The Foundations of European Community Law, S. 148.

622 *Craig/ de Búrca,*, EU Law, S. 350.

623 SMP-Leitlinien, Rn. 117. *Hocepied*, The new EU regulatory Framework for Electronic communications, S. 12, bemerkt jedoch zurecht, dass die in Art. 8 Abs. 2-4 genannten politischen Ziele die Ermessensausübung der NRB nicht substantiell einschränken werden.

nismäßig ist die Regulierungsanordnung einer NRB nur dann, wenn das von ihr ausgewählte Regulierungsinstrument aus der Tool-Box zur Zielerreichung auf einem bestimmten regulierungsbedürftigen Markt geeignet, erforderlich und angemessen ist.[624] Geeignet ist es, wenn dadurch eine Lösung oder Besserung des wettbewerblichen Problems zu erwarten ist. Erforderlich ist es, wenn keine weniger belastenden, gleich oder besser wirksamen Instrumente in Betracht kommen. Für die Frage der Angemessenheit muss sich die NRB fragen, ob die Belastungen bzw. Nachteile des von ihr ausgewählten Regulierungsinstruments für einzelne Wirtschaftsteilnehmer und für die Allgemeinheit in einem angemessenen Verhältnis zu dem von ihr verfolgten Ziel stehen.

In den Spezialrichtlinien sind zwei Besonderheiten hinsichtlich der Prüfung des Verhältnismäßigkeitsgrundsatzes normiert: Zum einen findet sich in Art. 12 Abs. 2 Zugangsrichtlinie, der die Pflicht zur Gewähr von Zugang und Zusammenschaltung betrifft, eine Liste von Faktoren, die bei der Prüfung der Verhältnismäßigkeit von Zugangspflichten zu berücksichtigen sind. Zum zweiten schreibt Art. 17 Abs. 1 UA 2 für die Regulierung auf Endnutzerebene vor, dass auf Endnutzermärkten Maßnahmen nur ergriffen werden dürfen, wenn die NRB der Ansicht ist, dass Regulierungsmaßnahmen auf der Vorleistungsebene nach Art. 9-13 Zugangsrichtlinie oder die Instrumente der Betreiberauswahl und Betreibervorauswahl nicht zur Erreichung der Regulierungsziele nach Art. 8 Rahmenrichtlinie ausreichen, also mit anderen Worten das Marktversagen nicht lösen bzw. ausgleichen (Ultima-Ratio-Grundsatz für die Regulierung auf Endnutzerebene).[625]

dd. Sonstiges

Die Entscheidung über die Aufrechterhaltung, Modifizierung oder Neuauflegung von SMP-Pflichten auf Vorleistungsmärkten unterliegt - außer in Eilfällen - nach Art. 16 Abs. 6 Rahmenrichtlinie den Verfahren nach Art. 6 und 7. Vor der Änderung von Verpflichtungen auf Vorleistungsmärkten sind die betroffenen Parteien rechtzeitig zu informieren, Art. 7 Abs. 3 Zugangsrichtlinie.

---

[624] Ähnlich - wenn auch etwas unsauber formuliert - SMP-Leitlinien, Rn. 117 und 118.

[625] Dieser „Ultima-Ratio-Grundsatz" wird in der Literatur z.T. als Grundsatz der Subsidiarität der Entgeltregulierung umschrieben, vgl. *Bartosch*, EuZW 2002, 389, 396.

III. Materielles SMP-Regulierungsinstrumentarium für die Vorleistungsebene

1. Persönlicher und sachlicher Anwendungsbereich der SMP-Regulierung auf der Vorleistungsebene

Die Zugangsrichtlinie betrifft lediglich das Verhältnis zwischen Unternehmen, die auf der Vorleistungsebene agieren, also die Anbieter von Kommunikationsnetzen und -diensten sind, Art. 1 Abs. 2 und Erwägungsgrund 1 Zugangsrichtlinie. Nicht umfasst sind Pflichten gegenüber bzw. Rechte von Endnutzern.
Die SMP-Pflichten aus Art. 9-13 können nach Art. 8 Zugangsrichtlinie sowohl Betreiber von Netzen als auch von zugehörigen Einrichtungen treffen, so sie auf dem relevanten Markt als SMP-Unternehmen eingestuft worden sind. Nach Art. 2 c) Zugangsrichtlinie muss ein Betreiber die entsprechende Infrastruktur nur bereitstellen bzw. dazu berechtigt sein, er muss also nicht selbst Eigentümer sein, sondern kann sie auch lediglich angemietet haben.[626] Die Richtlinien enthalten keine speziellen Einschränkungen hinsichtlich der Frage, welche Unternehmen Zugangs- und Zusammenschaltungsansprüche gegen die SMP-Unternehmen geltend machen können. Jedoch ist das Angebot von Inhalten über elektronische Kommunikationsnetze nicht vom Geltungsbereich des neuen Rechtsrahmens umfasst, Art. 2 c) Rahmenrichtlinie. Mithin sind nur diejenigen Netzbetreiber und Diensteanbieter aktivlegitimiert, die selbst elektronische Kommunikationsnetze bzw. Übertragungsdienste anbieten wollen.[627]
Entsprechend dem Regelungsgegenstand der Zugangsrichtlinie betreffen die SMP-Pflichten in sachlicher Hinsicht Zugangs- und Zusammenschaltungsvereinbarungen[628] bzw. begleitende Fragen im Zusammenhang mit diesen Vereinbarungen wie z.B. Bereitstellungsumfang und -bedingungen oder Tarife. Aus Art. 1 Abs. 2 Zugangsrichtlinie lässt sich schlussfolgern, dass der sachliche

---

626 *Schütz/ Attendorn*, MMR-Beilage 4/2002, 1, 16.

627 Ähnlich *Bartosch*, EuZW 2002, 389, 394; *Schütz/ Attendorn*, MMR-Beilage 4/2002, 1, 16.

628 Sowohl Zugang als auch Zusammenschaltung sind nun unmittelbar in den Richtlinien definiert worden, vgl. Art. 2 a) und b) Zugangsrichtlinie. „Zugang" bedeutet danach „die ausschließliche oder nicht ausschließliche Bereitstellung von Einrichtungen und/ oder Diensten für ein anderes Unternehmen unter bestimmten Bedingungen zur Erbringung elektronischer Kommunikationsdienste." „Zusammenschaltung" bedeutet „die physische oder logische Verbindung öffentlicher Kommunikationsnetze, die von demselben oder einem anderen Unternehmen genutzt werden, um Nutzern eines Unternehmens die Kommunikation mit Nutzern desselben oder eines anderen Unternehmens oder den Zugang zu den von einem anderen Unternehmen angebotenen Diensten zu ermöglichen. Dienste können von den beteiligten Parteien erbracht werden oder von anderen Parteien, die Zugang zum Netz haben. Zusammenschaltung ist ein Sonderfall des Zugangs und wird zwischen Betreibern öffentlicher Netze hergestellt." Zum ersten Mal klargestellt worden ist mithin, dass auch im gemeinschaftsrechtlichen Kontext Zusammenschaltung eine Unterkategorie des Zugangs darstellt.

Anwendungsbereich der SMP-Pflichten nicht auf öffentliche[629] Kommunikationsnetze und/ oder zugehörige Einrichtungen beschränkt ist, sondern die NRB Zugangspflichten auch in Bezug auf nichtöffentliche Netze und zugehörige Einrichtungen auferlegen können, Art. 1 Abs. 2 Zugangsrichtlinie.[630]

2. Grundsätzliches

a. Abgrenzung zu anderen Regulierungsinstrumentarien und Pflichtenregimen der Zugangsrichtlinie

Vom SMP-Regulierungsinstrumentarium unterschieden werden müssen andere Regulierungsinstrumente bzw. Pflichtenregime der Zugangsrichtlinie.[631] So normiert Art. 4 Abs. 1 Zugangsrichtlinie das Recht aber auch die Pflicht zur Zusammenschaltung zwecks Erbringung öffentlich zugänglicher Kommunikationsdienste für alle Betreiber öffentlicher Kommunikationsnetze. Art. 4 Abs. 2 Zugangsrichtlinie schreibt allen Marktteilnehmern, die Netze zur Verteilung bzw. Weiterleitung von Digitalfernsehen bereitstellen bzw. bereitstellen wollen, vor, diese so einzurichten, dass sie für die Verbreitung von Breitbild-Fernsehdiensten und -programmen geeignet sind.

Daneben sind zwei Möglichkeiten der „Bottleneck-Regulierung“[632] vorgesehen: Zusätzlich zum SMP- Regulierungsinstrumentarium verschafft Art. 5 Abs. 1 (a) Zugangsrichtlinie den NRB die Möglichkeit, allen Unternehmen, die den Zugang zu Endnutzern kontrollieren,[633] Pflichten aufzuerlegen, um den End-zu-End-Verbund von Kommunikationsdiensten zu gewährleisten. Dies kann eine Verpflichtung zur Zusammenschaltung umfassen. Eine weitere „Bottleneck-Regulierung“ ist in Art. 5 Abs. 1 (b) normiert: NRB können allen Unternehmen, die den Zugang zu Anwendungsprogramm-Schnittstellen und/ oder elektronischen Programmführern für die Ausstrahlung bzw. die Verwaltung von bestimmten digitalen Rundfunk- und Fernsehdiensten kontrollieren, verpflichten,

---

629 „Öffentlich“ sind nach Art. 2 d) und e) Rahmenrichtlinie solche elektronischen Kommunikationsnetze und zugehörigen Einrichtungen, die ganz oder überwiegend der Bereitstellung öffentlich zugänglicher Kommunikationsdienste dienen.

630 So auch *Bartosch*, EuZW 2002, 389, 394. Anderer Ansicht *Schütz/ Attendorn*, MMR-Beilage 4/2002, 1, 16.

631 Vgl. dazu ausführlicher *Schütz/ Attendorn*, MMR-Beilage 4/2002, 1, 19 und 23 f.

632 Unter „Bottlenecks“ sind Engpasseinrichtungen zu verstehen, dass heißt solche Infrastrukturen, die wesentlich für die Erbringung von anderen Diensten und aus technischer Sicht nicht zu umgehen bzw. zu ersetzen sind oder aus wirtschaftlicher Sicht nicht in ökonomisch sinnvoller Weise dupliziert werden können, vgl. *Blankart/ Knieps*, Regulierung von Netzen?, S. 3.

633 Vgl. für eine näherer Erläuterung dessen, was unter Zugangskontrolle zu verstehen ist, Erwägungsgrund 6 Zugangsrichtlinie.

einen fairen, ausgewogenen und diskriminierungsfreien Zugang zu diesen Einrichtungen zu gewähren.

b. Sonderfall: Digitales Fernsehen und Rundfunk

Art. 6 Abs. 1 Zugangsrichtlinie stellt einen Sonderfall im Rahmen des SMP-Regimes dar. Mit Art. 6 Abs. 1 i.V.m. Anhang I 1 Zugangsrichtlinie wurden mehrere Leistungs- und Buchhaltungspflichten für alle Anbieter digitaler Zugangsberechtigungssysteme und -dienste aus dem alte Rechtsrahmen für digitales Fernsehen in den neuen überführt[634] und auf den digitalen Rundfunk ausgedehnt. Da das Pflichtenregime generell für alle Betreiber von Zugangsberechtigungssystemen gilt, handelt es sich eigentlich ebenfalls um einen Fall der „Bottleneck-Regulierung". Der Unterschied zu den soeben abgegrenzten Regimen ergibt sich jedoch aus Art. 6 Abs. 3 Zugangsrichtlinie: Dieser ermöglicht es den Mitgliedstaaten, ihren NRB zu gestatten, das allgemeine Bottleneck-Regime in ein SMP-Pflichtenregime umzuwandeln, und zwar auf der Basis einer Marktanalyse des relevanten Marktes für alle Zugangsberechtigungssysteme zu digitalen Rundfunk- und Fernsehdiensten, unabhängig von der Übertragungstechnik. Die Marktanalyse dient hier dazu, herauszufinden, ob ein oder mehrere Betreiber *nicht* über beträchtliche Marktmacht auf diesem Markt verfügen. In Bezug auf diese Betreiber können die NRB dann - wenn und insoweit die weiteren Voraussetzungen des Art. 6 Abs. 3 a und b Zugangsrichtlinie erfüllt sind[635] - bestehende Pflichten i.S. des Anhangs I 1 Zugangsrichtlinie aufheben bzw. abändern. Dabei müssen die Verfahren nach Art. 6 und 7 Rahmenrichtlinie eingehalten werden sowie betroffene Parteien rechtzeitig informiert werden. Hebt eine NRB alle Pflichten für Betreiber ohne SMP auf, so wird das Regulierungsregime zu einem reinen SMP-Pflichtenregime.[636] Das Pflichtenregime in Art. 6 Abs. 1 Zugangsrichtlinie wird im Folgenden als Teil der SMP-Konzeption behandelt.

[634] Im alten Rechtsrahmen waren diese Pflichten in der Fernsehnormenrichtlinie I normiert, vgl. dazu oben Teil 2, F.I 3.

[635] Es handelt sich hierbei um Voraussetzungen, die sicherstellen sollen, dass weder der Zugang der Endnutzer zu den von den Mitgliedstaaten festgelegten digitalen Rundfunk- und Fernsehdiensten, noch der Wettbewerb auf den Märkten für diese Dienste, noch der Wettbewerb auf dem Markt für Zugangsberechtigungssysteme negativ beeinträchtigt wird.

[636] Wie in Teil 5, D.II.2.b.bb. (1) und (2) ausgeführt, haben die NRB in diesem Zusammenhang weder Interventions- noch Auswahlermessen. In Bezug auf die Betreiber von Zugangsberechtigungssystemen *mit* SMP müssen *alle* Pflichten bestehen bleiben, und zwar uneingeschränkt. Die einzelnen Pflichten werden im Rahmen des neuen SMP- Regulierungsinstrumentariums sogleich behandelt.

c. Anwendungserweiterung des SMP-Regimes

Die Anwendung des SMP-Regulierungsinstrumentariums in Art. 9-13 Zugangsrichtlinie ist auf Betreiber mit SMP beschränkt, Art. 8 Abs. 3 UA 1 a.E. Zugangsrichtlinie. Jedoch finden sich an mehreren Stellen des übrigen neuen Rechtsrahmens Instrumente, mit denen gleiche oder ähnliche Pflichten wie die aus dem SMP-Regime allen oder jedenfalls einem erweiterten Kreis von Adressaten auferlegt werden können. Gleiches gilt, wenn Pflichten aufgrund internationaler Verpflichtungen anderen als nur den SMP-Unternehmen auferlegt werden müssen. Diese „Ausnahmen" von der Beschränkung in Art. 8 Abs. 3 UA 1 a.E. Zugangsrichtlinie sind in den Spiegelstrichen 1 bis 3 in Art. 8 Abs. 3 UA 1 Zugangsrichtlinie aufgeführt. Um Ausnahmen von Art. 8 Abs. 3 UA 1 a.E. Zugangsrichtlinie handelt es sich dabei allerdings deshalb nicht, weil die Rechtsgrundlage für die Auferlegung solcher Pflichten auf Betreiber ohne SMP nicht Art. 8 i.V.m. Art. 9-13 Zugangsrichtlinie, sondern die jeweilige Spezialvorschrift bzw. die internationale Verpflichtung ist, so dass das SMP-Regulierungsinstrumentarium selbst gar nicht zum Einsatz kommt.[637]

3. Überleitungsregime

Nach Art. 7 Abs. 1 Zugangsrichtlinie i.V.m. Art. 27 UA 1 Rahmenrichtlinie müssen die Mitgliedstaaten alle Verpflichtungen in Bezug auf Zugang und Zusammenschaltung, die vor dem Inkrafttreten der Zugangsrichtlinie gemäß Art. 4, 6, 7, 8, 11, 12, 14 der ONP-Zusammenschaltungsrichtlinie, Art. 16 ONP-Sprachtelefonrichtlinie II und Art. 7, 8 ONP-Mietleitungsrichtlinie galten, aufrechterhalten, bis sie im Anschluss an das erste Marktanalyseverfahren und im Zuge des ersten Regulierungsanordnungsverfahrens über die Aufrechterhaltung, Aufhebung oder Modifizierung dieser Pflichten entschieden haben.[638]

Gleiches gilt - wie sich aus Art. 27 UA 2 Rahmenrichtlinie i.V.m. Erwägungsgrund 43 Rahmenrichtlinie ergibt - für die SMP-Pflichten, die aufgrund der TAL-Verordnung unmittelbar gelten.

4. Neues SMP-Regulierungsinstrumentarium

Wie bei der alten SMP-Konzeption können drei Pflichtenkategorien unterschieden werden, und zwar (a.) Informationspflichten, (b.) Leistungs- und Leistungsmodalitätspflichten sowie (c.) Pflichten zur Beachtung von Tariffierungs-, Kostenrechnungs- und Buchhaltungsgrundsätzen. Jeder Pflichtenkategorie wird

---

637 Konsequenterweise spricht die Kommission in ihren SMP-Leitlinien denn auch von „ähnlichen" Verpflichtungen, nicht hingegen von SMP-Pflichten, vgl. SMP-Leitlinien, Rn. 124.

638 Für einen Überblick, welche Pflichten mithin fortgelten, vgl. oben Teil 3, D.III., IV. und V. Art. 11, der dort nicht behandelt wurde, betrifft Kollokationspflichten, die allerdings im alten Rechtsrahmen nicht zum SMP-Regime gehörten.

im Folgenden ein kurzer Überblick über die mit der jeweiligen Pflichtengruppe verfolgten Zielsetzungen vorangestellt.

In materieller Hinsicht wurden die SMP-Pflichten für die Vorleistungsebene größtenteils aus der alten Rechtslage übernommen.[639] Das Pflichtenregime ist jedoch - durch die Zusammenfassung in einer Richtlinie - konsolidiert und zugleich klarer ausgestaltet worden. Eine wesentliche Neuerung besteht in der Einführung eines umfassenden Zugangsbegriffs: Umfasst ist nunmehr neben der Zusammenschaltung von Netzen und dem Zugang zu Netzen auch der Zugang zu bloßen Netzkomponenten und zugehörigen Einrichtungen, physischen Infrastrukturen wie Gebäuden und Leitungen, Software-Systemen und Zugangsberechtigungssystemen.[640] Der wichtigste Unterschied zum alten Pflichtenregime resultiert aber daraus, dass die Pflichten nicht mehr automatisch sämtlich für jedes Unternehmen gelten, das als SMP-Unternehmen eingestuft worden ist, sondern nur selektiv aufgrund einer expliziten Anordnung durch die NRB Geltung erlangen.

a. Informationspflichten

aa. Überblick und Zielsetzungen

Auch im neuen Rechtsrahmen sind Informations- bzw. Veröffentlichungspflichten vorgesehen. Die NRB können diese Pflichten auferlegen, um den aus ihrer Sicht zur Wettbewerbsförderung geeigneten und erforderlichen Grad an Transparenz auf dem jeweiligen Markt herzustellen. Wie in Erwägungsgrund 16 herausgestellt, kann Transparenz in Bezug auf Zugangs- und Zusammenschaltungsbedingungen den Verhandlungsprozess beschleunigen, Streitigkeiten verhindern und die Überprüfung der Einhaltung etwaiger Nichtdiskriminierungspflichten erleichtern. Berücksichtigt werden muss jedoch von den NRB im Rahmen ihrer Verhältnismäßigkeitsprüfung, dass die Schaffung von Transparenz auch wettbewerbsgefährdend wirken kann, insbesondere wenn es sich um die Veröffentlichung von Entgelten oder Entgeltberechungsparametern handelt, da diese in oligopolistischen Märkten als Grundlage für Preisabsprachen oder ein System der Preisführerschaft dienen können.[641]

---

[639] Erwägungsgrund 14 Zugangsrichtlinie.

[640] Vgl. Art. 2 a Zugangsrichtlinie. Zur Ausweitung des Zugangsbegriffs *Bartosch*, EuZW 2002, 389, 394; *Schütz/ Attendorn*, MMR-Beilage 4/2002, 1, 17 und *Scherer*, K & R 2002, 329, 337.

[641] Vgl. dazu ausführlicher *Cave/ Larouche*, European Communications at the Crossroads, S. 10. Allgemein zu - gegen Art. 81 Abs. 1 a) EG verstoßende - Preisabsprachen im europäischen Wettbewerbsrecht: *Emmerich* in Immenga/ Mestmäcker, EG-Wettbewerbsrecht, S. 199 ff.

bb. Pflichten

(1) Informationsveröffentlichung

NRB können Betreibern mit SMP im Zusammenhang mit Zusammenschaltung und/ oder Zugang Pflichten auferlegen, wonach diese Informationen z.B. zur Buchführung, zu technischen Spezifikationen, Netzmerkmalen, Bereitstellungs- und Nutzungsbedingungen sowie zu Tarifen veröffentlichen müssen, Art. 9 Abs. 1 und 3 Zugangsrichtlinie. Es obliegt den NRB zu entscheiden, welche Informationen mit welcher Detailgenauigkeit und in welcher Form veröffentlicht werden müssen. Zudem können sie auch festlegen, ob die Informationen entgeltlich oder unentgeltlich erhältlich sein sollen.[642]

(2) Standardzusammenschaltungsangebot

Die NRB können die Veröffentlichung eines - hinreichend entbündelten - Standardzusammenschaltungsangebots verlangen und gegebenenfalls dessen Änderung vorschreiben, Art. 9 Abs. 2, 4 und 5 Zugangsrichtlinie, um die Einhaltung anderer von ihnen gemäß der Zugangsrichtlinie auferlegter Verpflichtungen sicherzustellen. Das Standardangebot ist dann hinreichend entbündelt, wenn die betreffenden Dienstangebote dem Marktbedarf entsprechend aufgeschlüsselt und für die einzelnen Kategorien die jeweiligen Bedingungen und Tarife angegeben werden. Die Auferlegung einer Pflicht zur Veröffentlichung eines Standardzusammenschaltungsangebots ist vor allem dann sinnvoll, wenn dem Unternehmen im Rahmen der Leistungspflichten Gleichbehandlungspflichten auferlegt werden. Die Richtlinie verpflichtet die NRB, dass sie - wenn sie einem oder mehreren SMP-Unternehmen die Pflicht zur Gewähr entbündelten Zugangs zur Teilnehmeranschluss-Kupferdoppelader auferlegt haben - von diesem/ diesen Unternehmen die Veröffentlichung eines Standardzusammenschaltungsangebots verlangen müssen, welches zudem mindestens die in Anhang II der Zugangsrichtlinie genannten Komponenten aufweisen muss. Anhang II entspricht dabei dem Anhang der TAL-Verordnung aus dem alten Rechtsrahmen, kann jedoch von der Kommission unter Einhaltung des Regelungsverfahrens nach Art. 14 Abs. 3 Zugangsrichtlinie i.V.m. Art. 5 und 7 des Komitologie-Beschlusses modifiziert werden.

b. Leistungs- und Leistungsmodalitätspflichten

aa. Überblick und Zielsetzungen

Der Kernpunkt auch des neuen SMP-Pflichtenregimes sind die Leistungspflichten: Das Leistungsregime umfasst dabei zum einen Leistungspflichten i.e.S. und

[642] Erwägungsgrund 16 Zugangsrichtlinie.

zum anderen Pflichten bzgl. der Art und Weise der Leistungserbringung, also Leistungsmodalitätspflichten.[643] Die Leistungspflichten bilden den Kern der positiven Integration im Kommunikationssektor, denn sie sind Grundlage für die Schaffung angeglichener Anspruchsgrundlagen von Wettbewerbern in allen Mitgliedstaaten. Der Übersichtlichkeit halber werden im Folgenden zwei Leistungsregime unterschieden, und zwar das Leistungsregime für elektronische Kommunikationsnetze und zugehörige Einrichtungen und das Regime für Zugangsberechtigungssysteme.

bb. Leistungsregime für Kommunikationsnetze und zugehörige Einrichtungen

Auch im Ordnungsmodell 5 bleibt die Verpflichtung zur Gewähr verschiedener Formen des Infrastrukturzugangs und der Zusammenschaltung von großer Bedeutung, weil vor allem auf diesem Weg Wettbewerb geschaffen bzw. gesichert werden kann.[644] Jedoch können zu weitgehende bzw. zu lange auferlegte Zugangspflichten sich nachteilig auf Investitionen in die Netzinfrastruktur auswirken. Deshalb bergen Zugangspflichten zugleich das Risiko einer Bevorzugung des vor allem kurzfristig greifenden Dienstwettbewerbs zulasten des eher nachhaltig wirkenden Infrastrukturwettbewerbs. Der gemeinschaftliche Gesetzgeber verlangt daher von den NRB, dass sie die Rechte der Infrastruktureigentümer zur kommerziellen Nutzung ihres Eigentums für eigene Zwecke mit den Interessen anderer Diensteanbieter auf Zugang zu den von ihnen benötigten Einrichtungen gegeneinander abwägen, wenn sie über die Auferlegung von Zugangs- und Zusammenschaltungspflichten auf Betreiber mit SMP entscheiden.[645]

(1) Leistungspflicht der Zugangs- bzw. Zusammenschaltungsgewähr

Nach Art. 12 Abs. 1 UA 1 Zugangsrichtlinie können die NRB Betreiber mit SMP verpflichten, berechtigten Anträgen auf Zugang zu bestimmten Netzkomponenten und zugehörigen Einrichtungen und auf deren Nutzung stattzugeben.
Der Begriff des Zugangs ist in Art. 2 a) Zugangsrichtlinie definiert und umfasst „die ausschließliche oder nicht ausschließliche Bereitstellung von Einrichtungen und/ oder Diensten für ein anderes Unternehmen unter bestimmten Bedingun-

---

[643] Nach dem neuen Rechtsrahmen existieren für die Vorleistungsmärkte keine Pflichtleistungsvorschriften. Pflichtleistungen sind ausschließlich in der Universaldienstrichtlinie normiert, die die Endnutzerebene regelt, vgl. dazu unten Teil 5, D.IV.4.b.
[644] Dazu *Gourlay/ Hemmings*, CTLR 2001, 199, 202.
[645] Erwägungsgrund 19 Zugangsrichtlinie. Vgl. auch das Regulierungsunterziel in Art. 8 Abs. 2 c) Rahmenrichtlinie, wonach die NRB u.a. „effiziente Infrastrukturen fördern ... ." Wie *Koenig/ Braun*, K&R Beilage 2/2002, 1, 25 zu Recht anmerken, hat der Gemeinschaftsgesetzgeber jedoch keine einseitige Entscheidung für einen Dienste- oder Infrastrukturwettbewerb getroffen

gen, zur Erbringung elektronischer Kommunikationsdienste."[646] Dies stellt eine signifikante Ausdehnung des Zugangsbegriffs dar, da die Zugangspflicht sich auch auf einzelne Netzkomponenten oder zugehörige Einrichtungen beziehen kann.
Es wird den NRB empfohlen, Zugangspflichten dann anzuordnen, wenn sie der Ansicht sind, dass die Verweigerung bzw. Bereitstellung des Zugangs unter unangemessenen Bedingungen die Entwicklung eines nachhaltig wettbewerbsorientierten Marktes auf Endverbraucherebene behindern oder den Interessen der Endnutzer zuwiderlaufen würde, Art. 12 Abs. 1 Zugangsrichtlinie.[647]

Art. 12 Abs. 1 UA 2 Zugangsrichtlinie nennt einige mögliche Ausprägungen von Zugangspflichten, und zwar die Pflicht zur Verhandlung nach Treu und Glauben, das Verbot der nachträglichen Verweigerung bereits gewährten Zugangs, die Pflicht zur Unterbreitung von Wiederverkaufsangeboten (Resale-Angebote) und die Pflicht zur Zusammenschaltung von Netzen und Netzeinrichtungen. Daneben listet er - ebenfalls in nicht abschließender Form - Netzkomponenten bzw. zugehörige Einrichtungen auf, zu denen Zugang angeordnet werden kann, und zwar den entbündelten Teilnehmeranschluss, technische Schnittstellen, Protokolle oder andere Schlüsseltechnologien, die für die Interoperabilität von Diensten oder Diensten für virtuelle Netze unverzichtbar sind, Zugang in Form von Kollokation oder anderen Formen der gemeinsamen Nutzung von Einrichtungen wie Gebäuden, Leitungen und Masten und Zugang zu Systemen der Betriebsunterstützung oder ähnlichen, für die Dienstbereitstellung notwendigen Softwaresystemen. Zusätzlich zu der Leistungspflicht können die NRB auch Bedingungen in Bezug auf „Fairness, Billigkeit und Rechtzeitigkeit" auferlegen, Art. 12 Abs. 1 UA 3 Zugangsrichtlinie. Gemeint ist damit, dass die

---

646 Art. 2 a) listet als Beispiele auf „Zugang zu Netzkomponenten und zugehörigen Einrichtungen, wozu auch der feste oder nicht feste Anschluss von Einrichtungen gehören kann (dies beinhaltet insbesondere den Zugang zum Teilnehmeranschluss sowie zu Einrichtungen und Diensten, die erforderlich sind, um Dienste über den Teilnehmeranschluss zu erbringen); Zugang zu physischen Infrastrukturen wie Gebäuden, Leitungen und Masten; Zugang zu einschlägigen Softwaresystemen, einschließlich Systemen für die Betriebsunterstützung; Zugang zur Nummernumsetzung oder zu Systemen, die eine gleichwertige Funktion bieten; Zugang zu Fest- und Mobilfunknetzen, insbesondere um Roaming zu ermöglichen; Zugang zu Zugangsberechtigungssystemen
für Digitalfernsehdienste und Zugang zu Diensten für virtuelle Netze."

647 Anders als die Ausführungen von *Schütz/ Attendorn*, Beilage MMR 4/2002, 1, 16 und *Lust*, Die Essential-Facilities-Doktrin im Telekommunikationsrecht, S. 145, suggerieren, ist dies keine gemeinschaftsrechtliche zwingende Tatbestandsvoraussetzung, denn nach dem Wortlaut von Art. 12 Abs. 1 kommt die Anordnung von Zugangspflichten „unter anderem" in Frage, wenn die genannte Konstellation vorliegt. Es handelt sich mithin nicht um eine zwingende Voraussetzung, sondern um eine Anwendungsempfehlung wie sie sich z.B. auch in Art. 9 Abs. 2 oder Art. 10 Abs. 2 Zugangsrichtlinie findet.

NRB Vorgaben für die Art und Weise der Leistungsbereitstellung aufstellen, also Leistungsmodalitätspflichten auferlegen können.[648]

Bei der Entscheidung, ob eine bestimmte Zugangspflicht angeordnet wird, und insbesondere bei der Frage, ob diese Pflicht verhältnismäßig im oben genannten Sinne ist, müssen die NRB fünf Faktoren Rechnung tragen, Art. 12 Abs. 2 Zugangsrichtlinie, und zwar der technischen und wirtschaftlichen Tragfähigkeit der Nutzung oder Installation konkurrierender Einrichtungen, der Möglichkeit der Gewährung des vorgeschlagenen Zugangs angesichts der verfügbaren Kapazität, der Anfangsinvestition des Eigentümers, der Notwendigkeit zur langfristigen Sicherung des Wettbewerbs, gegebenenfalls gewerblichen Schutzrechten oder Rechten an geistigem Eigentum und der Bereitstellung europaweiter Dienste.

Ordnet eine NRB eine Zugangspflicht an, so muss das verpflichtete SMP-Unternehmen allen *berechtigten* entsprechenden Anträgen auf Zugang stattgeben, eine Verweigerung darf nur noch aufgrund objektiver Kriterien erfolgen.[649] Als objektive Kriterien kommen die technische Machbarkeit und die Aufrechterhaltung der Netzintegrität,[650] wohl aber zwangsläufig auch rechtliche Unmöglichkeit bzw. rechtliches Unvermögen des Betreibers mit SMP in Betracht.

(2) Leistungsmodalitätspflichten

Wie im alten Rechtsrahmen können drei Arten von Leistungsmodalitätspflichten unterschieden werden, und zwar der Nichtdiskriminierungsgrundsatz, die Pflicht zur kontinuierlichen Leitungsbereitstellung und das Entbündelungsgebot.

Betreibern mit SMP können Gleichbehandlungspflichten bzgl. der Gewähr von Zugang und/ oder Zusammenschaltung auferlegt werden, Art. 10 Abs. 1 und 2 Zugangsrichtlinie. Diese Gleichbehandlungspflichten können - entsprechend der alten Rechtslage - sowohl die externe als auch die „interne gleich externe" Gleichbehandlung umfassen, solange kein eine Ungleichbehandlung rechtfertigender objektiver Grund vorliegt. Der Grundsatz der externen Gleichbehandlung verlangt dabei die gleichmäßige Behandlung von verschiedenen Dritten, derjenige der „internen gleich externen" Gleichbehandlung die gleiche Behandlung

---

[648] Daneben können die NRB - nach Art. 5 Abs. 2 Zugangsrichtlinie - technische und wirtschaftliche Bedingungen festlegen, die sowohl von dem Betreiber mit SMP als auch den Nutznießern der Zugangsverpflichtungen eingehalten werden müssen.

[649] So auch *Schütz/ Attendorn*, MMR-Beilage 4/2002, 1, 16. *Koenig/ Braun*, K&R Beilage 2/22002, 1, 31, wollen hingegen in das Tatbestandsmerkmal „berechtigt" eine erneute Abwägung im Einzelfall unter Berücksichtigung der Kriterien in Art. 12 Abs. 2 Zugangsrichtlinie hineinlesen. Dies dürfte jedoch mit dem Merkmal nicht intendiert sein, da die grundsätzliche Abwägung über die Verhältnismäßigkeit der Zugangspflicht schon bei der abstrakt-individuellen Anordnung durch die NRB erfolgt.

[650] Erwägungsgrund 19 Zugangsrichtlinie.

zwischen Dritten und eigenen Unternehmensabteilungen, Tochter- oder Partnerunternehmen.[651] Wie Art. 10 Abs. 2 Zugangsrichtlinie verdeutlicht, ist insbesondere dieser zweite Grundsatz für die Regulierung von Bedeutung, weil auf diesem Weg verhindert werden kann, dass vertikal integrierte Unternehmen den Wettbewerb auf nachgelagerten Märkten, auf denen sie selbst oder Tochterunternehmen tätig sind, zu ihren Gunsten verzerren.[652] Die Pflicht zur Gleichbehandlung kann sich sowohl auf die Erbringung der Dienste an sich als auch die Informationsbereitstellung über diese Dienste beziehen.
Von zentraler Bedeutung ist daneben, dass nach Art. 3 Abs. 2 Zugangsrichtlinie und Erwägungsgrund 7 Zugangsrichtlinie in Zukunft Zugangs- und Zusammenschaltungsbedingungen nicht mehr in Abhängigkeit von der Tätigkeit der Zugang begehrenden Partei unterschiedlich ausgestaltet werden dürfen. Unterschiedliche Bedingungen können nur aufgrund unterschiedlicher, für die Leistung erforderlicher Zusammenschaltungs- und Zugangsdienste gerechtfertigt werden. Dies impliziert insbesondere, dass in Zukunft keine unterschiedlichen Zusammenschaltungs- und Zugangsentgelte für Netzbetreiber und Diensteanbieter nur wegen ihrer unterschiedlichen Tätigkeiten und/ oder Infrastrukturinvestitionen mehr zulässig sind. Mithin ist es den Mitgliedstaaten in Zukunft verwehrt, den Dienste- respektive den Infrastrukturwettbewerb mittels entsprechender Zugangsbedingungen auf Kosten der jeweils anderen Wettbewerbsform zu privilegieren.[653]

Die im alten Rechtsrahmen enthaltenen Pflichten zur kontinuierlichen Leitungsbereitstellung[654] wurden nicht explizit in den neuen Pflichtenkatalog aufgenommen. Die NRB können entsprechende Pflichten jedoch im Rahmen von Art. 12 Abs. 1 UA 3 Zugangsrichtlinie auferlegen, da es sich hierbei um Bedingungen in Bezug auf die Art und Weise der Leistungsbereitstellung, also Leistungsmodalitätspflichten handelt.

Die Möglichkeit zur Anordnung von Entbündelungspflichten ist ebenfalls nicht gesondert als Regulierungsinstrument aufgeführt. Sie folgt jedoch zwangsläufig aus Art. 9 Abs. 2 Zugangsrichtlinie, wonach die Veröffentlichung eines hinreichend entbündelten Standardangebots verlangt werden kann, in dem die betreffenden Dienstangebote dem Marktbedarf entsprechend aufgeschlüsselt aufgeführt und bepreist werden müssen. Darüber hinaus kann die Verpflichtung zur entbündelten Leistungsbereitstellung auch über Art. 12 Abs. 1 Zugangs-

---

[651] Vgl. dazu oben Teil 3, D.3.a.
[652] Vgl. dazu Erwägungsgrund 17 und ausführlich zu dem Thema *Cave/ Larouche*, European Communications at the Crossroads, S. 11.
[653] Zur Bedeutung dieser - durch den neuen Rechtsrahmen eingeführten - Gleichbehandlungspflicht, vgl. *Gourlay/ Hemmings*, CTLR 2001, 199, 204.
[654] Vgl. dazu oben Teil 3, D.4.

richtlinie herbeigeführt werden, indem eine gesonderte Zugangsgewährpflicht für eine bestimmte Netzkomponente bzw. zugehörige Einrichtung aufgestellt wird. Beispielhaft ist dafür der - in Abs. 12 Abs. 1 UA 2 a) Zugangsrichtlinie aufgeführte - entbündelte Zugang zur Teilnehmeranschlussleitung.

cc. Leistungsregime im Zusammenhang mit Zugangsberechtigungssystemen

(1) Leistungspflichten

In der Gemeinschaft betriebene Zugangsberechtigungssysteme müssen so ausgestaltet werden, dass sie die kostengünstige und vollständige Kontrollübergabe von zugangsberechtigungsabhängigen Programmen zugunsten von lokalen oder regionalen Netzbetreibern ermöglichen, Art. 6 Abs. 1 i.V.m. Anhang I 1 a) Zugangsrichtlinie.

Darüber hinaus müssen Anbieter von Zugangsberechtigungsdiensten, die Zugangsdienste für das digitale Fernsehen und den digitalen Rundfunk[655] bereitstellen und auf deren Zugangsdienste Sendeanstalten angewiesen sind, um jegliche Gruppe von Zuschauern oder Hörern zu erreichen, nach Art. 6 Abs. 1 i.V.m. Anhang I Teil I b - 1. Spiegelstrich Zugangsrichtlinie - unabhängig von der Art der Übertragung - Sendeanstalten zu fairen, angemessenen und nichtdiskriminierenden Bedingungen technische Dienste anbieten, die ihren - empfangsberechtigten - Kunden den Empfang ihrer digitalen Sendungen ermöglicht.

(2) Leistungsmodalitätspflichten

Erteilt der Inhaber von gewerblichen Schutzrechten an Zugangsberechtigungsprodukten und -systemen Lizenzen an Hersteller von Verbrauchergeräten, so muss die Lizenzvergabe zu fairen, angemessenen und nichtdiskriminierenden Bedingungen erfolgen, Art. 6 Abs. 1 i.V.m. Anhang I Teil I c Zugangsrichtlinie. Die Bedingungen dürfen nicht die Installation einer gemeinsamen Schnittstelle für verschiedene Zugangsberechtigungssysteme beeinträchtigen und grundsätzlich auch nicht die Installation anderer Zugangsberechtigungssysteme zu verhindern suchen.

c. Tariffierungs-, Kostenrechnungs- und Buchführungspflichten

aa. Überblick und Zielsetzungen

Die Entgeltregulierung ist ebenfalls Bestandteil der neuen Tool-Box für die NRB. Eine Entgeltregulierung birgt stets die Gefahr, dass die Entgelte zu niedrig

---

[655] Es geht um die Bereitstellung und den Betrieb von Decodern, auch bekannt als Set-Top-Boxes.

oder aber auch zu hoch angesetzt werden und sich die Entgeltregulierung dann innovations- bzw. investitionshindernd auswirkt und infolgedessen nachhaltigen Wettbewerb nicht fördert, sondern der Wettbewerbsentstehung eher abträglich ist.[656] Mithin sollte durch den neuen Rechtsrahmen eine sensible Handhabung der Entgeltregulierung durch die NRB sichergestellt werden.[657] Wie Erwägungsgrund 20 Zugangsrichtlinie zum Ausdruck bringt, sollen zwar weiterhin sowohl Verdrängungs- als auch überhöhte Entgelte der SMP-Betreiber verhindert werden. Zugleich fordert der gemeinschaftliche Gesetzgeber jedoch, dass Zugangs- und Zusammenschaltungsentgelte so festgesetzt werden müssen, dass nachhaltiger Wettbewerb durch adäquate Preisregulierungssignale gefördert und ein Rückgang von Investitionen in alternative Infrastruktur verhindert wird.[658]

bb. Pflichten für Kommunikationsnetze und zugehörige Einrichtungen

NRB können die Zusammenschaltungs- bzw. Zugangsentgelte von Betreibern mit SMP regulieren, wenn sich im Rahmen der Marktanalyse gezeigt hat, dass der Wettbewerb in dem relevanten Markt nicht ausreicht, um überhöhte Entgelte oder Verdrängungspreise der Betreiber mit SMP zu verhindern, Art. 13 Abs. 1 Zugangsrichtlinie. Die Entgeltregulierung kann dabei sowohl in ex post als auch ex ante Form erfolgen.[659]

(1) Tarifgrundsätze:

Art. 13 Abs. 1 nennt als Regulierungsinstrument „Verpflichtungen betreffend die Kostendeckung und die Entgeltkontrolle einschließlich kostenorientierter Preise und Auflagen ... in Bezug auf Kostenrechnungsmethoden". Diese Auflistung ist nicht besonders verständlich formuliert. Das Gemeinte wird jedoch unter Heranziehung des Erwägungsgrundes 20 Zugangsrichtlinie klarer. So soll der materielle Maßstab für die Entgeltkontrolle von den NRB maßgeschneidert

---

[656] Zu diesem Problem vgl. die Ausführungen der Kommission in ihrem Kommunikationsbericht 1999, S. 38 ff.

[657] Vgl. zu den Gründen, die für einen zurückhaltenden Einsatz der Entgeltregulierung und insbesondere des Kostenorientierungsgrundsatzes sprechen, *Cave/ Larouche*, European Communications at the Crossroads, S. 12f.

[658] Sowohl *Ladeur*, K&R 2002, 110, 116, als auch *Sinclair/ Hughes*, CTLR 2002, 97, 100, unterstreichen, dass der neue Rechtsrahmen die NRB in verstärkter Form dazu verpflichtet, bei der Entgeltregulierung der langfristigen Wettbewerbsförderung und der Anreizsetzung für Infrastrukturinvestitionen Rechnung zu tragen.

[659] Angesichts des notwendigerweise vorgeschalteten Marktanalyseverfahrens ist es den nationalen Gesetzgebern hingegen verwehrt, abstrakt für bestimmte Märkte bzw. Leistungen die Entgeltregulierung - in ex post oder ex ante Form - vorzuschreiben, vgl. *Schütz/ Attendorn*, MMR-Beilage 4/2002, 1, 17.

vorgeben werden und von einer Angemessenheitsprüfung bis hin zur Forderung nach kostenorientierten Tarifen reichen können.[660]
Verlangt die NRB die Einhaltung des Grundsatzes der Kostenorientierung, so muss bei der Berechnung der Kosten dem Betreiber die Möglichkeit eingeräumt werden, eine angemessene Investitionsrendite inklusive einer Investitionsrisikoberücksichtigung geltend zu machen.[661] Dies trägt dem oben genannten Grundsatz Rechnung, dass im Interesse eines nachhaltigen Wettbewerbs Infrastrukturinvestitionen rentabel bleiben sollen.
Wenn von einem Betreiber mit SMP verlangt wird, kostenorientierte Entgelte für bestimmte Leistungen zu veranschlagen, so trifft ihn nach Art. 13 Abs. 3 Zugangsrichtlinie die Beweislast dafür und die NRB können von ihm eine umfassende Rechtfertigung seiner Tarifvorschläge verlangen. Die NRB können darüber hinaus eine eigene, unabhängige Kostenberechnung vornehmen, um zu überprüfen, ob die angegebenen Kosten einer effizienten Leistungsbereitstellung entsprechen und gegebenenfalls daraufhin eine Anpassung der vorgelegten Entgeltgenehmigungsanträge verlangen.

(2) Kostenrechnungssysteme

Die NRB können Vorgaben für die Kostenrechnungsmethode aufstellen, Art. 13 Abs. 2 Zugangsrichtlinie.[662] Die Methode muss die wirtschaftliche Effizienz und einen nachhaltigen Wettbewerb fördern, zudem auch für die Verbraucher möglichst vorteilhaft sein. Wie sich aus Art. 13 Abs. 3 Zugangsrichtlinie ergibt, sollen die Kosten für eine effiziente Leistungsbereitstellung ausschlaggebend für die Kostenberechnung sein. Explizit für zulässig erklärt wird eine Kostenberechnung nach dem Vergleichsmarktkonzept, also die Berücksichtigung von Preisen auf vergleichbaren, wettbewerblich funktionierenden Märkten. Wird den Betreibern mit SMP eine Kostenrechnungsmethode vorgeschrieben, so muss deren Anwendung nach Art. 13 Abs. 4 von einer unabhängigen Stelle überprüft und die Ergebnisse jährlich veröffentlicht werden.

---

[660] Im Kommunikationsbericht 1999 wurde u.a. auch auf die Möglichkeit hingewiesen, der Entgeltregulierung das „Retail Minus Modell“ zugrundezulegen, also Tarife auf Vorleistungsebene durch Abschläge von den Endkundenpreisen festzulegen, vgl. Kommunikationsbericht 1999, S. 39.

[661] Erwägungsgrund 20 Zugangsrichtlinie weist darauf hin, dass erforderlichenfalls eine Anpassung des Kapitalwerts vorgenommen werden muss, um die aktuelle Bewertung der Vermögenswerte und die betriebliche Effizienz widerzuspiegeln. Darüber hinaus ergänzt er, dass auch ein angemessener Betrag für Arbeits- und Aufbaukosten eingestellt werden kann.

[662] Schreibt eine NRB eine Kostenrechnungsmethode vor, so muss sie nach Art. 13 Abs. 4 Zugangsrichtlinie sicherstellen, dass eine Beschreibung dieser Methode, inklusive der wichtigsten Kostenarten und der Regeln der Kostenzuweisung, öffentlich verfügbar gemacht wird.

(3) Getrennte Buchführung und Buchführungsmethode

Die NRB können von Betreibern mit SMP eine getrennte Buchführung für bestimmte Aktivitäten im Zusammenhang mit der Zusammenschaltung und/ oder dem Zugang verlangen, Art. 11 Abs. 1 Zugangsrichtlinie. Insbesondere eine Trennung nach Großkundenpreisen und internen Bereitstellungspreisen macht Sinn, wenn zugleich Gleichbehandlungspflichten auferlegt wurden, deren Einhaltung auf diesem Weg überprüft werden kann. Die NRB können auch für die getrennte Buchführung das zu verwendende Format und die zu verwendende Buchführungsmethode festlegen. In Erwägungsgrund 18 wird in diesem Zusammenhang auf die Zusammenschaltungsempfehlung - Teil 2 (getrennte Buchführung und Kostenrechnung) der Kommission aus dem alten Rechtsrahmen hingewiesen, in der geeignete Kostenrechnungsgrundsätze vorgeschlagen wurden und die auch im neuen Rechtsrahmen Geltung beanspruchen soll.

cc. Buchführungspflichten für Betreiber von Zugangsberechtigungssystemen

Eine weitere Pflicht zur getrennten Buchführung schreibt Art. 6 Abs. 1 i.V.m. Anhang I Teil I b - 2. Spiegelstrich Zugangsrichtlinie für Anbieter von Zugangsberechtigungsdiensten, die Zugangsdienste für das digitale Fernsehen und den digitalen Rundfunk bereitstellen und auf deren Zugangsdienste Sendeanstalten angewiesen sind, um jegliche Gruppe von Zuschauern oder Hörern zu erreichen, vor. Sie müssen über ihre Tätigkeit als Anbieter von Zugangsberechtigungsdiensten getrennt Buch führen.

IV. Materielles SMP-Regulierungsinstrumentarium für die Endnutzerebene

1. Persönlicher und sachlicher Anwendungsbereich der SMP-Regulierung auf der Endnutzerebene

Die Universaldienstrichtlinie gilt nach Art. 1 Abs. 1 für Endnutzermärkte, dass heißt für die Bereitstellung von elektronischen Kommunikationsnetzen und die Erbringung von Kommunikationsdiensten gegenüber Endnutzern. Ein „Endnutzer" ist nach Art. 2 n) i.V.m. Art. 2 h) Rahmenrichtlinie eine „natürliche oder juristische Person, die einen öffentlich zugänglichen elektronischen Kommunikationsdienst in Anspruch nimmt oder dies beantragt" und die selbst „keine öffentlichen Kommunikationsnetze oder öffentlich zugänglichen elektronischen Kommunikationsdienste bereitstellt."
SMP-Verpflichtungen aus der Universaldienstrichtlinie können Unternehmen treffen, die auf einem - nach den Ergebnissen des Marktdefinitions- und Marktanalyseverfahrens - regulierungsbedürftigen Markt als Unternehmen mit beträchtlicher Marktmacht eingestuft worden sind. Passivlegitimiert zur Geltendmachung von Ansprüchen sind nur Endnutzer.

Der Gegenstand einer möglichen Regulierungsintervention nach der Universaldienstrichtlinie sind zum einen die Bedingungen und Tarife auf den Endnutzermärkten, zum anderen bestimmte, von SMP-Unternehmen gegenüber Endnutzern zu erbringende Pflichtleistungen.

2. *Grundsätzliches*

a. *Abgrenzung zu anderen Regulierungsinstrumentarien in der Universaldienstrichtlinie*

Auch in der Universaldienstrichtlinie sind neben dem SMP-Regime weitere Regulierungsregime normiert: So ist das gesamte Kapitel II (Art. 3-15) Universaldienstrichtlinie dem Universaldienstregime gewidmet. Unter dem Begriff des Universaldiensts ist dabei weiterhin - wie aus Art. 1 Abs. 2 und Erwägungsgrund 4 Universaldienstrichtlinie hervorgeht - die Bereitstellung eines festgelegten Mindestangebots an Diensten für alle Endnutzer zu einem erschwinglichen Preis zu verstehen. In den Art. 3-15 Universaldienstrichtlinie sind Umfang, Auferlegungsmechanismen und Finanzierungsmechanismen für den Universaldienst geregelt.[663] Daneben ist im Kapitel IV (Art. 20-31) Universaldienstrichtlinie ein Regulierungsinstrumentarium aufgenommen worden, das auf alle Unternehmen, die öffentlich zugängliche Telefondienste erbringen, angewendet werden kann. Beispiele dafür sind die Pflichten zur Ermöglichung der Nummerportabilität und zur Bereitstellung zusätzlicher Dienstmerkmale.[664]

b. *Kategorien der Regulierungsgegenstände*

Im Kapitel III, also dem Kapitel mit den Vorschriften des SMP-Regimes, sind zwei unterschiedliche Kategorien von Regulierungsinstrumenten zusammengefasst worden: Zum einen finden sich dort Kontrollinstrumente in Bezug auf die Bedingungen und Tarife von SMP-Unternehmen gegenüber Endnutzern, zum anderen die von SMP-Unternehmen zu erbringenden Pflichtleistungen, inklusive der entsprechenden Leistungsmodalitätspflichten.

3. *Überleitungsregime*

Nach Art. 16 Abs. 1 Universaldienstrichtlinie erhalten die Mitgliedstaaten alle Verpflichtungen, die vor dem Inkrafttreten der Universaldienstrichtlinie gemäß Art. 17 ONP-Sprachtelefonrichtlinie II in Bezug auf Endnutzertarife, gemäß Art. 3, 4, 6, 7, 8 und 10 ONP-Mietleitungsrichtlinie in Bezug auf Mietleitungen und gemäß Art. 12 ONP-Zusammenschaltungsrichtlinie in Bezug auf die Betreiberauswahl und Betreibervorauswahl galten, aufrecht, bis sie im Anschluss an das

---

[663] Vgl. dazu ausführlicher *Schütz/ Attendorn*, MMR-Beilage 4/2002, 1, 20 ff.
[664] Vgl. dazu ebenfalls *Schütz/ Attendorn*, MMR-Beilage 4/2002, 1, 22 f.

erste Marktanalyseverfahren über die Aufrechterhaltung, Aufhebung oder Modifizierung dieser Pflichten entschieden haben.[665]

4. Neues SMP-Regulierungsinstrumentarium auf Endnutzerebene

Wegen der strukturellen Unterschiede sind die allgemeine Regulierung von Endnutzermärkten und das Pflichtleistungsregime getrennt zu betrachten. Innerhalb der zwei Kategorien können wiederum Informationspflichten, Leistungs- und Leistungsmodalitätspflichten sowie Tariffierungs- und Kostenrechnungsgrundsätze unterschieden werden. Da die Beibehaltung der asymmetrischen Regulierung auf Endnutzermärkten vor und während des Gesetzgebungsverfahrens stark umstritten war, wird zu Beginn der jeweiligen Darstellung in einem Überblick auf die Gründe für die Beibehaltung eingegangen. Die Zielsetzungen der einzelnen Pflichtenkategorien werden jeweils vorab in einem einleitenden Überblick erläutert.

a. Neues Pflichtenregime: Allgemeine Endnutzerregulierung

aa. Raison d'être und Struktur des Regulierungsregimes für Endnutzermärkte

Art. 17 Universaldienstrichtlinie regelt das Regulierungsinstrumentarium für die allgemeine Endnutzerregulierung. Auf vielen Endnutzermärkten ist nach verbreiteter Ansicht inzwischen ein zufriedenstellendes Maß an Wettbewerb erreicht worden. Zudem wurde von verschiedenen Seiten vor Verabschiedung des neuen Richtlinienpakets argumentiert, dass eine asymmetrische Regulierung auf Endnutzermärkten dann überflüssig sei, wenn auf den vorgelagerten Vorleistungsmärkten die erforderlichen effektiven Regulierungsmaßnahmen ergriffen würden.[666] Der neue Rechtsrahmen basiert denn auch grundsätzlich auf dem Gedanken, dass die asymmetrische Regulierung auf Endnutzermärkten angesichts der Regulierungsmöglichkeiten auf den Vorleistungsmärkten überflüssig sein wird. Da jedoch auch Zweifel bestanden, ob die Regulierung auf vorgelagerten Märkten wirklich in allen Fällen ausreichen wird, hat der Gesetzgeber - als eine Art Sicherheitsnetz - auch im neuen Rechtsrahmen jedenfalls die Möglichkeit der Regulierung auf Endnutzermärkten beibehalten. Um dem oben genannten Gedanken gerecht zu werden, wurde diese Möglichkeit jedoch dem Ultima-Ratio-Grundsatz unterworfen: Nach Art. 17 Abs. 1 UA 2 Universaldienstrichtlinie dürfen diese Maßnahmen nur ergriffen werden, wenn die zuständige NRB der Ansicht ist, dass Regulierungsmaßnahmen auf der Vorleistungsebene nach

---

665 Für einen Überblick, welche Pflichten mithin fortgelten, vgl. oben Teil 3, D.III., IV. und V.

666 Vgl. die in der Anhörung zum Kommunikationsbericht 1999 vorgebrachten Stellungnahmen, Mitteilung zur Kommunikationsberichtsanhörung, S. 19. In diesem Sinne auch *Koenig/ Kühling*, WuW 2000, 596, 604 ff.

Art. 9-13 Zugangsrichtlinie und Maßnahmen der Betreiberauswahl und Betreibervorauswahl nach Art. 19 Universaldienstrichtlinie nicht zur Erreichung der Regulierungsziele nach Art. 8 Rahmenrichtlinie ausreichen.[667]

bb. Pflichten

(1) Überblick und Zielsetzung des Regulierungsinstrumentariums

Im ihrem ursprünglichen Entwurf hatte die Kommission als Gegenstand der Regulierung lediglich die Kontrolle der Endkundentarife vorgesehen. Auf Betreiben des Europäischen Parlaments[668] wurde das Anwendungsspektrum später erweitert, so dass nun neben Tarifen auch weitere Endnutzerbedingungen reguliert werden können.

Wie oben bereits näher erläutert, stellt Art. 17 Universaldienstrichtlinie eine Aufweichung des Tool-Box-Prinzip dar, da in Art. 17 Abs. 1 und 2 Universaldienstrichtlinie keine abschließende, sondern lediglich eine beispielhafte Auflistung der Instrumente für die endnutzerbezogene Regulierung aufgenommen worden ist. Nach Art. 17 Abs. 1 und 2 Universaldienstrichtlinie sind alle Verpflichtungen auf der Endnutzerebene statthaft, die es den NRB ermöglichen, Endnutzertarife und/ oder Bedingungen im Leistungsverhältnis zwischen SMP-Unternehmen und Endnutzer zu kontrollieren, so die NRB diese für geeignet, erforderlich und angemessen zur Erreichung der in Art. 8 Rahmenrichtlinie niedergelegten Ziele hält und diese zudem wegen eines Versagens bzw. Nichtausreichens der Regulierung auf den Vorleistungsmärkten nach dem Ultima-Ratio-Grunsatz für nötig erachtet.

Die beispielhaft in Art. 27 Abs. 2 Universaldienstrichtlinie aufgelisteten Verpflichtungen können zwei Pflichtenkategorien zugeordnet werden, und zwar der Untergruppe der Leistungsmodalitäten und den Tariffierungs- und Kostenrechnungsgrundsätzen. Da die Auflistung aber eben nicht abschließend ist, sind auch z.B. Informationspflichten denkbar.[669]

---

667 Dieser Ultima-Ratio-Grundsatz stellt eine besondere Ausprägung des Verhältnismäßigkeitsgrundsatzes dar, vgl. oben Teil 5, D.II.2.b.cc. Siehe zu diesem Grundsatz auch Erwägungsgrund 26 Universaldienstrichtlinie.

668 Vgl. Änderungsvorschläge des Europäischen Parlaments im Rahmen seiner legislativen Entschließung zu dem Vorschlag für eine Richtlinie des Europäischen Parlaments und des Rates über den Universaldienst und Nutzerrechte bei elektronischen Kommunikationsnetzen und -diensten (Erste Lesung), ABl. Nr. C 53 E/ 195 v. 28.2.2002, Änderungsantrag 25.

669 Erwägungsgrund 26 erwähnt z.B. als Instrument die Veröffentlichung von Endnutzertarifvergleichen zur Schaffung von Tariftransparenz. Grundlage dafür könnte die Verpflichtung von SMP-Unternehmen sein, entsprechende Informationen selbst zu veröffentlichen oder der NRB zur Verfügung zu stellen.

(2) Leistungsmodalitätspflichten

In Art. 17 Abs. 2 Satz 2 Universaldienstrichtlinie werden als Beispiele für Leistungsmodalitätspflichten die Pflichten genannt, „den Markteintritt nicht zu behindern", „bestimmte Endnutzer nicht unangemessen zu bevorzugen" oder „Dienste nicht ungerechtfertigt zu bündeln". Die zwei letzten Umschreibungen können den klassischen Leistungsmodalitätspflichten der Nichtdiskriminierung[670] und dem Entbündelungsgebot[671] zugeordnet werden. Die Pflicht, den „Markteintritt nicht zu behindern" ist in ihrer Allgemeinheit schwerlich einer Pflichtenkategorie zuzuordnen. Wie sich aus der englischen Version ergibt („inhibit market entry or restrict competition by setting predatory prices") ist diese Passage jedoch nicht als separate Pflicht zu verstehen, sondern Bestandteil des sogleich anzusprechenden Verbots von Kampfpreisstrategien.

(3) Tariffierungspflichten und Kostenrechnungsgrundsätze

Art. 17 Abs. 2 Satz 2 Universaldienstrichtlinie listet als mögliche tarifbezogene Pflichten die Untersagung übermäßig hoher Preise und von Kampfpreisstrategien auf. Übersetzt in die klassischen Tariffierungspflichten bedeutet dies, dass die NRB - wie auch in Bezug auf Zugangs- und Zusammenschaltungsentgelte - letztlich den materiellen Maßstab für eine Entgeltregulierung in maßgeschneiderter Form selbst bestimmten können. Als mögliche Maßstäbe werden der Grundsatz der Kostenorientierung oder das Vergleichsmarktkonzept und zur Durchführung der Entgeltregulierung die Setzung von Obergrenzen für Endkundenpreise (Preis-Cap-Regulierung) oder die Einzeltarifregulierung vorgeschlagen, Art. 17 Abs. 2 Satz 3 Universaldienstrichtlinie. Wiederum macht das Gemeinschaftsrecht keine Vorgaben darüber, ob die Entgeltregulierung in Form einer ex post oder einer ex ante Kontrolle stattzufinden hat.
Nach Art. 17 Abs. 4 Universaldienstrichtlinie müssen die NRB, wenn sie Tarife von SMP-Unternehmen regulieren, sicherstellen, dass die Unternehmen geeignete Kostenrechnungssysteme verwenden, wofür die NRB das Format und die anzuwendende Berechnungsmethode vorgeben können. Die Einhaltung des vorgegebenen Systems muss von einer qualifizierten unabhängigen Stelle überprüft werden und es muss jährlich eine Erklärung über die Übereinstimmung der Kostenrechnung mit dem vorgegebenen System veröffentlicht werden, Art. 17 Abs. 4 Satz 3 Universaldienstrichtlinie.

---

[670] Der Nichtdiskriminierungsgrundsatz wird hier in der Form der externen Gleichbehandlung verwendet.
[671] Das Entbündelungsgebot wird hier in der wettbewerbsrechtlichen Kategorie des Verbots der ungerechtfertigten Leistungskoppelung angesprochen.

b. Neues Pflichtenregime: Pflichtleistungen

aa. Raison d'être und Struktur der Pflichtleistungsregime

In der Universaldienstrichtlinie sind zwei Pflichtleistungsregime normiert. Pflichtleistungen unterscheiden sich von Universaldienstleistungen u.a. dadurch, dass sie nicht in den Finanzierungsmechanismus für Universaldienstleistungen eingebunden werden dürfen.[672]
Die beiden Regime unterscheiden sich von der allgemeinen Regulierung von Endnutzermärkten und Vorleistungsmärkten nach Art. 17 Universaldienstrichtlinie und Art. 8 i.V.m. Art. 9-13 Zugangsrichtlinie dadurch, dass den NRB weder Interventions- noch Auswahlermessen verliehen worden ist, wenn sie Unternehmen mit SMP auf den relevanten Marktsegmenten ermittelt haben.[673]
Die beiden Pflichtleistungsregime stellen eine integrale Übernahme der entsprechenden Regelungen aus dem alten Rechtsrahmen dar.[674] Zwar war man in Bezug auf das Mietleitungsregime zunächst davon ausgegangen, dass es am Ende der Umsetzungsperiode für den neuen Rechtsrahmen wegen ausreichenden Wettbewerbs auf den entsprechenden Märkten nicht mehr erforderlich sein würde, dieses auch im neuen Ordnungsmodell 5 aufrechtzuerhalten.[675] Während des Gesetzgebungsprozesses wurde jedoch deutlich, dass jedenfalls Teile des Mietleitungsregimes auch im neuen Rechtsrahmen würden beibehalten werden müssen. Die Vorschaltung des Marktdefinitions- und Marktanalyseverfahrens wie vor jegliche SMP-Regulierung soll dabei eine übermäßige bzw. zu lange Regulierung von Mietleitungsmärkten verhindern.

Die Pflichten in Bezug auf die Betreibervorauswahl und Betreiberauswahl sind ebenfalls aus dem alten Rechtsrahmen übernommen worden. Hier bestand von Anfang an Einigkeit darüber, dass die vorhandenen Instrumente, die den Endnutzern unmittelbar Wahlmöglichkeiten im Bereich der Kommunikationsdienstleistungen verschafft hatten, beibehalten werden sollten.[676] Strittig war nur, ob die Instrumente auch auf Mobilfunknetzbetreiber mit SMP ausgedehnt werden sollten.[677]

---

672 Erwägungsgrund 28 Universaldienstrichtlinie in Bezug auf das Mietleitungsregime.
673 Siehe oben Teil 5, D.II.2.b.bb. (1) und (2).
674 Vgl. *Sinclair*, CTLR 2001, 156, 159.
675 Vgl. Kommunikationsbericht 1999, S. 52 und Mitteilung zur Kommunikationsberichtsanhörung, S. 20
676 Vgl. Kommunikationsbericht 1999, S. 38.
677 Vgl. Mitteilung zur Kommunikationsberichtsanhörung, S. 13.

bb. Mietleitungsregime

(1) Überblick und Zielsetzungen

Die in Art. 18 Universaldienstrichtlinie vorgesehene Regulierung von Mietleitungen bezieht sich lediglich auf das sog. Mindestangebot an Mietleitungen. Dieses Mindestangebot wird gemäß Art. 18 Abs. 3 Universaldienstrichtlinie im Amtsblatt der Europäischen Gemeinschaften als Bestandteil des in Art. 17 Rahmenrichtlinie genannten Verzeichnisses von Normen veröffentlicht. Die Kommission kann Ergänzungen, Modifikationen oder Streichungen an diesem Verzeichnis im Wege des Regelungsverfahrens nach Art. 37 Abs. 2 Universaldienstrichtlinie i.V.m. Art. 5 und 7 des Komitologie-Beschlusses vornehmen.
Die Mietleitungstypen des Mindestangebots bilden die für die Regulierung in Betracht kommenden sachlichen Marktsegmente. Die Kommission kann diese in ihrer Märkte-Empfehlung entweder zusammengefasst als einen Markt oder als mehrere Märkte auflisten. Die NRB müssen den bzw. die Märkte räumlich für ihr Hoheitsgebiet abgrenzen und sodann diesbezüglich das Marktanalyseverfahren durchführen. Stellen sie dabei fest, dass auf einem oder mehreren dieser Märkte kein wirksamer Wettbewerb herrscht, also ein oder mehrere Unternehmen über SMP verfügen, so müssen auf diesen Märkten die Pflichten i.S.v. Art. 18 Abs. 1 i.V.m. Anhang VII Universaldienstrichtlinie den ermittelten Unternehmen auferlegt werden. Die Pflichten entsprechen dabei weitestgehend denjenigen aus dem alten Rechtsrahmen, sie sind lediglich klarer und übersichtlicher formuliert worden. Das Ziel des Pflichtleistungsregimes war und ist es, Endnutzern den Aufbau eigener Kommunikationsnetze zur ermöglichen, ohne dass sie die gesamte Netzinfrastruktur selbst errichten müssen.

(2) Informationspflichten

Betreibern, die über SMP auf einen bestimmten Mietleitungsmarkt verfügen, muss nach Anhang VII Nr. 3.1-3.3. auferlegt werden, in Bezug auf diesen Mietleitungsmarkt bestimmte Informationen über technische Merkmale[678], Tarife[679] und Lieferbedingungen[680] in leicht zugänglicher Form zu veröffentlichen.

---

[678] Veröffentlicht werden müssen nach Nr. 3.1. insbesondere die physischen und elektrischen Kenndaten, sowie technische Spezifikationen und Leistungsspezifikationen für den Netzabschlusspunkt.

[679] Veröffentlicht werden müssen nach Nr. 3.2. insbesondere die Gebühren für die erstmalige Bereitstellung des Anschlusses, die regelmäßigen Mietgebühren und andere Gebühren sowie etwaige gestaffelte Tarife.

[680] Veröffentlicht werden müssen nach Nr. 3.3. mindestens Informationen über das Auftragsverfahren, die typische Lieferfrist, die Vertragslaufzeit, die typische Reparaturzeit sowie Rückerstattungsmodalitäten jeglicher Art.

(3) Leistungspflichten und Leistungsmodalitätspflichten

Die eigentliche Bereitstellungsverpflichtung ist in Art. 18 Abs. 1 Satz 2 Universaldienstrichtlinie normiert und gilt für den jeweiligen Mietleitungsmarkt, auf dem ein Unternehmen als SMP-Unternehmen eingestuft worden ist.
Nach Anhang VII Nr. 3.3. a.E. können darüber hinaus angemessene Zielvorgaben für die in Nr. 3.3. genannten Lieferbedingungen aufgestellt werden, wenn nach Auffassung eines Mitgliedstaats die bei der Bereitstellung der Mietleitungen erreichte Leistung nicht dem Bedarf der Nutzer gerecht wird. Es können also insbesondere Zielvorgaben für die Beseitigung von Lieferengpässen aufgestellt werden.[681]
Leistungsmodalitätspflichten im Zusammenhang mit der Bereitstellung der Mietleitungen finden sich in Anhang VII Nr. 1 und Nr. 3.2. Danach müssen die Unternehmen den Nichtdiskriminierungsgrundsatz bei der Mietleitungsbereitstellung beachten sowie im Falle des Abweichens von veröffentlichten Tarifen und Lieferbedingungen die vorherige Zustimmung der NRB einholen.

(4) Tariffierungspflichten und Pflichten im Zusammenhang mit der Kostenrechnung

Die NRB können nach Anhang VII Nr. 2 gegebenenfalls von den bereitstellungsverpflichteten Unternehmen die Einhaltung des Grundsatzes der Kostenorientierung sowie nach Anhang VII Nr. 2 die Ausarbeitung und Umsetzung eines Kostenrechungssystems verlangen.

cc. Betreiberauswahl und Betreibervorauswahl

(1) Überblick und Zielsetzungen

Die Regulierungsinstrumente der Betreiberauswahl (Call-by-Call) und der Betreibervorauswahl (Preselection) müssen von den NRB eingesetzt werden, wenn die Marktanalyse auf dem in der Universaldienstrichtlinie vorgegebenen Markt für die Bereitstellung des Anschlusses an das öffentliche Telefonnetz und dessen Nutzung an festen Standorten[682] ergibt, dass dort kein wirksamer Wettbewerb herrscht, also ein oder mehrere Unternehmen dort über SMP verfügen.
Die einzelnen Pflichten, die zu dem Pflichtleistungsregime gehören, ergeben sich aus Art. 19 Abs. 1 und 3 Universaldienstrichtlinie.
Die genannten Regulierungsinstrumente stellen eine Form des Netzzugangs dar, so dass man diese Form der Regulierung eigentlich auf der Vorleistungsebene

---

[681] *Schütz/ Attendorn*, MMR-Beilage 4/2002, 1, 18.

[682] In der ersten Märkte-Empfehlung hat die Kommission diesen vorgegebenen Markt in sechs Märkte aufgeteilt, und zwar in den Zugang zum öffentlichen Telefonnetz an einem festen Standort für Privatkunden und andere Kunden sowie jeweils Orts- und Inlands- bzw. Auslandsgespräche an festen Standorten, vgl. den Anhang der Märkte-Empfehlung.

erwarten würde. Sie sind jedoch als subjektive Rechte der Endnutzer ausgestaltet, um ihnen unmittelbar ein Instrument an die Hand zu geben, welches ihnen die Möglichkeit der Auswahl zwischen den Diensten verschiedener Anbieter öffentlicher elektronischer Kommunikationsdienste verschafft.

(2) Leistungspflichten

Art. 19 Abs. 1 a) und b) Universaldienstrichtlinie schreibt vor, dass Unternehmen mit SMP auf dem relevanten Markt für Telefonanschlüsse an festen Standorten ihren Teilnehmern den Zugang zu den Diensten aller zusammengeschalteter Anbieter öffentlich zugänglicher Telefondienste im Wege der Betreiberauswahl (Call-by-Call) sowie der Betreibervorauswahl (Preselection) mit der Möglichkeit der Betreiberauswahl (Call-by-Call) im Einzelfall ermöglichen müssen. Die Wendung „alle zusammengeschalteten Anbieter" macht dabei deutlich, dass keine Beschränkung z.B. nur auf Verbindungsnetzbetreiber möglich ist, sondern dass z.B. auch Betreiberauswahl und Betreibervorauswahl im Ortsnetz ermöglicht werden muss.[683] Wie auch nach der alten Rechtslage ist die Pflicht, die Betreiberauswahl und die Betreibervorauswahl zu ermöglichen, weder auf Anbieter von Mobilfunkanschlüssen noch auf andere Netzanschlüsse ausgedehnt worden. Die NRB können dies jedoch auf der Rechtsgrundlage des Art. 12 Zugangsrichtlinie anordnen, wenn die entsprechenden Märkte im Rahmen von Marktdefinitions- und Marktanalyseverfahren als regulierungsbedürftig eingestuft worden sind und nach Ansicht der NRB die Wettbewerbsverhältnisse auf den jeweiligen Märkten dies erfordern.[684]

(3) Tariffierungspflichten

Art. 19 Abs. 3 Universaldienstrichtlinie enthält darüber hinaus zwei Entgeltvorgaben. Danach müssen die Entgelte für die Vorleistungen, die für die Realisierung von Betreiberauswahl und Betreibervorauswahl nötig sind, kostenorientiert festgelegt werden und etwaige direkt von den Endnutzern erhobene Gebühren dürfen keine prohibitive Wirkung entfalten.

V. Zusammenfassung

Den NRB ist in den zwei neuen Spezialrichtlinien, also der Zugangs- und der Universaldienstrichtlinie, ein umfangreiches materielles Regulierungsinstrumentarium zur Verfügung gestellt worden, über dessen Anwendung sie im Rahmen des Regulierungsanordnungsverfahrens entscheiden. Dieses - sich an Marktdefinitions- und Marktanalyseverfahren anschließende - Regulierungsanordnungsverfahren kann für jeden relevanten Markt zwei verschiedene Verläufe nehmen: Wurde der jeweilige Markt im Marktanalyseverfahren als nicht regulie-

---

[683] So auch *Schütz/ Attendorn*, MMR-Beilage 4/2002, 1, 19.

[684] Vgl. Art. 19 Abs. 2 i.V.m. Erwägungsgrund 29 Universaldienstrichtlinie.

rungsbedürftig eingestuft, so müssen bestehende Pflichten aufgehoben und neue Pflichten dürfen nicht auferlegt werden. Wurde der Markt als regulierungsbedürftig evaluiert, so können SMP-Pflichten aufgehoben oder in abstrakt-individueller Form für ein bestimmtes SMP-Unternehmen aufrechterhalten, modifiziert oder neu angeordnet werden. Den NRB steht dabei ein weites Interventions- und Auswahlermessen zu, das grundsätzlich lediglich durch den - an den Regulierungszielen aus Art. 8 Rahmenrichtlinie ausgerichteten - Verhältnismäßigkeitsgrundsatz beschränkt wird.
Das materielle SMP-Regulierungsinstrumentarium, das den NRB in Form einer Tool-Box zur Verfügung gestellt worden ist, besteht aus Instrumenten für die Vorleistungs- und für die Endnutzerebene. Auf der Vorleistungsebene steht weiterhin die Anordnung von Zugangs- und Zusammenschaltungspflichten im Zentrum. Durch die Ausweitung des Zugangsbegriffs haben die NRB einen signifikant höheren Gestaltungsspielraum zur Förderung und Sicherung nachhaltig wettbewerbsorientierter Märkte. Die Entgeltregulierung ist den NRB ebenfalls weiterhin an die Hand gegeben, der neue Rechtsrahmen verlangt aber von ihnen eine vorsichtige Handhabung dieses Instruments, um zu verhindern, dass sich die Entgeltregulierung investitionshindernd auswirkt. Auf der Endnutzerebene sollen die NRB SMP-Unternehmen nur noch dann regulieren, wenn die Regulierung auf der Vorleistungsebene keine adäquaten Konditionen für Endnutzer sicherstellen kann. Ist dies der Fall, so können die NRB sowohl Entgelte als auch sonstige Leistungsmodalitäten regulieren. Daneben wurden zwei Pflichtleistungsregime aus dem alten Rechtsrahmen beibehalten, und zwar das Mindestangebot an Mietleitungen und die Betreiberauswahl und -vorauswahl. Auch deren Anwendung hängt aber von der Regulierungsbedürftigkeit der jeweiligen Märkte ab.

E. Institutionelle und verfahrensrechtliche Vorgaben für die Ausführung der neuen SMP-Regulierungsvorschriften

Die Vorgaben bzgl. der Kompetenzen, Befugnisse und des Zusammenwirkens zwischen den beteiligten Organen für die Ausführung der neuen SMP-Regulierungsvorschriften sind Gegenstand dieses Kapitels. Nach einer komprimierten und zugleich den neuen rechtlichen Gegebenheiten angepassten Wiederholung[685] der grundsätzlichen Kompetenzverteilung wird vertiefend auf die Neuheiten bei der Zuständigkeitsverteilung im neuen Kommunikationsrechtsrahmen eingegangen (Abschnitt I). Anschließend werden jeweils die - für die Ausführung der neuen SMP-Konzeption relevanten - Aufgaben und Befugnisse der NRB (Abschnitt II) und der Kommission (Abschnitt III) aufgezeigt. Der letzte Abschnitt

[685] Angepasst wurde der Inhalt der Wiederholung in Bezug auf die Rechtsgrundlagen aus dem neuen Rechtsrahmen sowie die neuen Organ- und Forenbezeichnungen.

ist dem Zusammenwirken der an der Ausführung beteiligten Organe gewidmet (Abschnitt IV).

Da im Rahmen von Teil 5, C. und D. bereits auf die Zuständigkeiten und Befugnisse der an Marktdefinitions-, Marktanalyse- und Regulierungsanordnungsverfahren beteiligten Organe eingegangen wurde, erübrigen sich diesbezüglich vertiefende Erörterungen.
Wie auch in Teil 3, E. ist es unumgänglich, gemeinschaftsrechtliche Vorgaben anzusprechen, die nicht spezifisch für die SMP-Konzeption, jedoch für deren Ausführung relevant sind.[686]

I. Grundsätzliche Kompetenzverteilung für die Umsetzung der gemeinschaftlichen Rechtsvorgaben: Wiederholung und Neuheiten im neuen Rechtsrahmen

1. Komprimierte aktualisierte Wiederholung der Kompetenzverteilung

a. Verbandskompetenzen von EU und Mitgliedstaaten

Die Verbandskompetenz für die Umsetzung der Richtlinienvorgaben, die den Kern des gemeinschaftlichen Rechtsrahmens für elektronische Kommunikationsnetze und -dienste bilden, liegt bei den Mitgliedstaaten. Sie müssen Umsetzungstätigkeiten auf drei Stufen entfalten, und zwar in Form der legislativen Umsetzung, der administrativen Ausführung des in nationales Recht umgesetzten Gemeinschaftsrechts im Wege des mittelbaren mitgliedstaatlichen Vollzugs nach nationalen Verwaltungsverfahrensvorschriften und zuletzt der Entscheidung konkreter Rechtsstreitigkeiten in Bezug auf das nationale, in Transposition des Gemeinschaftsrechts erlassenen Rechts durch nationale Gerichte.

Der EU kommen in Bezug auf die Verwirklichung der Richtlinienvorgaben grundsätzlich nur Hilfs- und Kontrollfunktionen zu. Die Hilfsfunktion besteht vor allem darin, ergänzende Implementierungsrechtsakte zu erlassen und die Umsetzung erleichternde Informationen für die nationalen Gesetzgeber, Behörden und Gerichte bereitzustellen. Die Kontrollfunktion impliziert die Überwachung des „Ob“ und „Wie“ der Ausführung sowie gegebenenfalls die Einleitung und Durchführung von Vertragsverletzungsverfahren nach Art. 226 ff EG.

[686] Ferner wird das für das folgende Kapitel relevante Normenmaterial wegen der Vielzahl und Verstreutheit der relevanten Rechtsgrundlagen nicht vorab aufgelistet. Da es nach Art. 1 Abs. 1 Ziel der Rahmenrichtlinie ist, die Aufgaben der NRB und die Verfahren zur harmonisierten Anwendung des Gemeinschaftsrechts festzulegen, findet sich jedoch der Hauptteil der relevanten Normen naturgemäß in der Rahmenrichtlinie.

b. Organkompetenzen

Innerhalb der Mitgliedstaaten kommen entsprechend der drei Umsetzungsstufen verschiedenen Organen Kompetenzen zu. Während die Aufgaben der ersten Stufe von den jeweils nach nationalem Verfassungsrecht zuständigen Legislativorganen wahrgenommen werden, handelt es sich bei der zweiten Stufe um administrative Ausführungstätigkeiten. Diese werden auch im neuen Recht der elektronische Kommunikationsnetze und -dienste entsprechend den gemeinschaftlichen Richtlinienvorgaben in erster Linie von den nationalen Regulierungsbehörden wahrgenommen, wobei es den Mitgliedstaaten weiterhin überlassen bleibt, welche Behörde bzw. welche Behörden sie im Einzelfall als zuständige NRB bestimmen.[687] Bei Entscheidungen, die wettbewerbsrechtliche Fragestellungen umfassen, sind die nationalen Wettbewerbs- bzw. Kartellbehörden in den Entscheidungsprozess mit einzubeziehen. Für länderübergreifende Fragen, die NRB aus mehr als einem Mitgliedstaat betreffen, existieren zwischenstaatliche Foren, die der bi- bzw. mulilateralen Kooperation und Koordination dienen.[688] Dabei handelt es sich jedoch nicht um Organe im formellen Sinn. Auf der dritten Stufe agieren nationale Verwaltungs- bzw. Zivilgerichte.

Die Hilfsfunktion auf EU-Ebene wird - als präventive Ausprägung von Art. 211 - 1. Spiegelstrich EG - von der Kommission wahrgenommen. Die Befugnis zum Erlass von Implementierungsrechtsakten folgt aus Art. 211 - 2. Spiegelstrich bzw. - 4. Spiegelstrich EG. Bei ihren Implementierungstätigkeiten wird die Kommission vom zuständigen Kommunikationsausschuss (COCOM)[689] unterstützt und nach den Regeln des Komitologie-Beschlusses kontrolliert. Diesem Ausschuss sitzt ein Mitglied der Kommission vor. Er setzt sich wie alle Ausschüsse aus Regierungsvertretern der Mitgliedstaaten zusammen. Der Ausschuss ist beim Erlass von Maßnahmen der Kommission entsprechend den Verfahrensregeln aus dem Komitologie-Beschluss zu beteiligen, wobei im neuen Rechtsrahmen zumeist das Beratungsverfahren[690] und nur ausnahmsweise das Regelungsverfahren vorgeschrieben ist.[691] Dem Ausschuss sind nach Art. 23 Abs. 1 Rahmenrichtlinie alle für die Implementierung des Rechtsrahmens rele-

---

687 Vgl. Art. 3 Abs. 1 und 4 Rahmenrichtlinie. Abs. 4 verpflichtet die Mitgliedstaaten, wenn sie die von den NRB wahrzunehmenden Aufgaben verschiedenen Stellen übertragen, dies in leicht zugänglicher Form zu veröffentlichen.

688 Das wichtigste Forum dieser Art soll in Zukunft die ERG sein, vgl. Erwägungsgrund 36 Rahmenrichtlinie.

689 Vgl. Art. 22 Abs. 1 Rahmenrichtlinie. COCOM ist im neuen Rechtsrahmen an die Stelle der zwei nach dem alten Rechtsrahmen existierenden Ausschüsse, also des ONP-Ausschusses und des Lizenzausschusses, getreten.

690 Siehe Art. 15 Abs. 4, Art. 7 Abs. 4 Art. 19 Abs. 1 Rahmenrichtlinie und Art. 8 Abs. 3 UA 2 Zugangsrichtlinie.

691 Siehe Art. 18 Abs. 3 Universaldienstrichtlinie.

vanten Informationen zu übermitteln. Er dient nach Art. 23 Abs. 2 Rahmenrichtlinie insbesondere als Forum für den Informationsaustausch zwischen Kommission und Mitgliedstaaten.
Die Kontrollfunktion nimmt in erster Linie - als repressive Ausprägung von Art. 211 - 1. Spiegelstrich EG - ebenfalls die Kommission wahr. Als Mittel zur Berichtigung kann die Kommission nach Art. 226 EG gegen säumige Mitgliedstaaten ein Vertragsverletzungsverfahren einleiten, das dann nach Art. 226, 228 EG vom EuGH durchgeführt und entschieden wird.

2. Neuheiten im Kompetenzgefüge

Zwar hat sich im neuen Rechtrahmen an der grundsätzlichen Verbands- und Organkompetenzverteilung nichts geändert. Jedoch wurden qualitative Veränderungen an den Zuständigkeiten einzelner Organe vorgenommen, die durch die Einführung neuer Vorschriften für die Zusammenarbeit zwischen den beteiligten Organe flankiert werden. Der Grund für diese Veränderungen liegt darin, dass der Gesetzgeber bei der Schaffung des neuen Rechtsrahmens einen Ausgleich zwischen dem Bedarf nach mehr Flexibilität und dem Erfordernis einer für den Binnenmarkt ausreichenden Harmonisierung herbeiführen wollte.

Die Flexibilisierung der Regulierung wurde in erster Linie auf der zweiten nationalen Umsetzungsstufe, also der administrativen Ausführungsebene durch die NRB angesiedelt. Die neuen Richtlinien schreiben einen größeren materiellrechtlichen Spielraum für die NRB vor, um genügend Regulierungsflexibilität und die Verhinderung von Überregulierung sicherzustellen. Diese Kompetenzerweiterung impliziert allerdings einen Verlust an Gestaltungsspielraum für den nationalen Gesetzgeber, somit letztlich eine Kompetenzverlagerung vom nationalen Gesetzgeber hin zu den NRB.[692]

Im Interesse einer gleichbleibenden bzw. verbesserten Harmonisierung der Anwendung des neuen Rechtsrahmens schreiben die Richtlinien im Gegenzug für die materiell-rechtliche Flexibilisierung ein verstärktes Zusammenwirken der an der Ausführung der SMP-Regulierungsvorschriften beteiligten Administrativorgane vor. Das Zusammenwirken betrifft dabei zum einen die Interaktion auf vertikaler Ebene: So wurden den NRB eine Reihe neuer Informations- und Konsultationspflichten gegenüber der Kommission auferlegt und der Kommission erweiterte Kontroll- und Interventionsrechte gegenüber den NRB eingeräumt. Zugleich wurden auch Mechanismen für die Interaktion auf horizontaler Ebene eingeführt: So bestehen nun eine Reihe von Informations- und Konsultationspflichten sowie einzelne Koordinations- und Kooperationspflichten zwischen den Behörden verschiedener Mitgliedstaaten. Als Forum für die Interaktion zwi-

---

[692] So auch *Schütz/ Attendorn*, MMR-Beilage 4/2002, 1, 32.

schen NRB und zwischen den NRB und der Kommission soll die Gruppe Europäischer Regulierungsstellen für elektronische Kommunikationsnetze und -dienste[693] (ERG) fungieren.[694]

Über die neuen Kooperations- und Kontrollmechanismen hinaus wurde zum Zweck der Harmonisierungssteigerung trotz erweiterter materieller Entscheidungsspielräume für die NRB die Art und Weise ihrer Tätigkeitsausübung in weitgehender Form in den Richtlinien ausgestaltet. Dies bedeutet einen zusätzlichen Verlust an Spielraum für den nationalen Gesetzgeber. So sind bedeutend mehr Details in Bezug auf Regulierungsverfahren, Geheimhaltung, Verfahren zur Durchsetzung von Regulierungsanordnungen, Zwangsmittel sowie Streitbeilegungs- und gerichtliche Kontrollmechanismen aufgenommen worden.

Im Ergebnis bietet der neue Rechtsrahmen mithin mehr materiell-rechtlichen Spielraum für die NRB bei der Ausführung der SMP-Vorschriften, jedoch weniger Spielraum für den nationalen Gesetzgeber, und zwar weil der Entscheidungsspielraum für die NRB und viele Aspekte der Ausgestaltung der Regulierungsverfahren bereits gemeinschaftsrechtlich vorgegeben sind.[695] Zudem ging mit der Schaffung von mehr materiell-rechtlichem Spielraum für die NRB eine stärkere Einbindung in interinstitutionelle Kooperations- und Kontrollmechanismen einher.[696]

II. Vorgaben für Aufgaben und Befugnisse der NRB i.R. der Ausführung der SMP-Regulierungsvorschriften

1. Aufgaben

Von den Aufgaben im Rahmen der Ausführung der neuen SMP-Konzeption müssen die drei Vorgaben der Wettbewerbsförderung, Binnenmarktskonsolidierung und Nutzerrechtssicherung in Art. 8 Rahmenrichtlinie unterschieden werden. Letztere stellen Zielvorgaben für die gesamte regulatorische Tätigkeit der NRB dar. Es handelt sich jedoch nicht um die Wahrnehmung konkreter Funktionen für die Ausführung der SMP-Konzeption.

---

[693] Eingesetzt durch den Beschluss der Kommission vom 29.7.2002 zur Einrichtung der Gruppe Europäischer Regulierungsstellen für elektronische Kommunikationsnetze und -dienste (2002/627/EG), ABl. Nr. L 200/38 v. 30.7.2002. Bei der ERG handelt es sich nicht um ein gemeinschaftsrechtliches Organ, sondern um ein von der Kommission durch Beschluss eingesetztes informelles Forum.

[694] Vgl. Erwägungsgrund 36 Rahmenrichtlinie.

[695] Zu diesem Ergebnis kommt auch das Bundesministerium für Wirtschaft und Technologie in seinen „Eckpunkten Telekommunikation" zum Tätigkeitsbericht der RegTP 2000/ 2001 und zum Sondergutachten der Monopolkommission 2001, S. 4.

[696] Vgl. zu diesen Mechanismen ausführlich unten Teil 5, E.IV.

Die Aufgaben unterscheiden sich von denjenigen nach der alten Rechtslage, weil auch die SMP-Regulierungsvorschriften sich verändert haben. So existiert beispielsweise kein in den Richtlinien verbindlich vorgeschriebenes, einheitliches Pflichtenregime für alle SMP-Unternehmen mehr, das lediglich angewendet und überwacht werden müsste, sondern die Gestaltung des Pflichtenregimes obliegt nun den NRB selbst. Zudem enthält der neue Rechtsrahmen erstmalig weitreichende Vorgaben in Bezug auf die Überwachung der Einhaltung und die Durchsetzung der Regulierungspflichten.

Für den neuen Rechtsrahmen können sechs Aufgaben herauskristallisiert werden:

- Entscheidungsvorbereitung
- (Mit)-Entscheidung über das „Ob" der Regulierung
- Entscheidung über das „Wie" der Regulierung
- Durchsetzung der getroffenen Regulierungsentscheidungen
- Streitentscheidung
- Information der Öffentlichkeit

2. Befugnisse zur Erfüllung der Aufgaben

Der neue Rechtsrahmen sieht Befugnisse zur Erfüllung aller sechs Aufgaben vor. Soweit sie in Zusammenwirkung mit anderen an der Ausführung beteiligten Organen ausgeübt werden, werden sie in Abschnitt IV ausführlich dargestellt.

a. Entscheidungsvorbereitung

Eine wesentliche Aufgabe der NRB besteht in der Vorbereitung von Regulierungsentscheidungen. Die hierfür verliehenen Befugnisse können in Daten- und Informationserhebungsbefugnisse sowie in Pflichten zur Konsultation der Öffentlichkeit unterteilt werden.

aa. Daten- und Informationserhebungsbefugnisse

Eine allgemeine Ermächtigungsgrundlage für die Erhebung von Daten bzw. die Einholung von Informationen fordert Art. 5 Abs. 1 Rahmenrichtlinie: Die Mitgliedstaaten müssen ihren NRB umfassende Informationsansprüche gegenüber allen Anbietern elektronischer Kommunikationsnetze und -dienste einräumen, und zwar auch in Bezug auf finanzielle Aspekte. Die NRB können Umfang, Detailgrad und Zeitplan für die zu liefernden Informationen festlegen. Sie sind jedoch bei jeder Daten- und Informationserhebung an den Grundsatz der Verhältnismäßigkeit gebunden und ihr Informationsgesuch ist zu begründen.[697]

---

[697] Siehe dazu SMP-Leitlinien, Rn. 132, Erwägungsgrund 13 Rahmenrichtlinie und *Queck*, Info 2 (2000), 251, 264.

Eine spezielle Befugnisnorm stellt Art. 11 Abs. 1 f Genehmigungsrichtlinie dar: Die NRB können im Rahmen der Allgemeingenehmigung[698] von den Unternehmen alle Informationen verlangen, die für die Durchführung einer Marktanalyse angemessen und objektiv gerechtfertigt sind.[699] Jedoch darf die Erfüllung dieses Informationsanspruchs nicht zur Bedingung für den Zugang zum Markt gemacht werden. Nach Art. 11 Abs. 2 Genehmigungsrichtlinie müssen die NRB den Unternehmen jeweils den mit der Informationseinholung verfolgten Zweck mitteilen.

bb. Öffentliche Anhörung nach Art. 6 Rahmenrichtlinie

Außer in Eilfällen[700] und in kontradiktorischen Streitentscheidungsverfahren[701] müssen die NRB ein öffentliches Anhörungsverfahren zu ihren Maßnahmeentwürfen durchführen, Art. 6 Rahmenrichtlinie.

(1) Verfahrensvoraussetzungen

Es muss sich um Maßnahmen der NRB handeln, die entsprechend der Rahmenrichtlinie oder der Spezialrichtlinien getroffen werden sollen und die beträchtliche Auswirkungen auf den betreffenden Markt haben werden.

(a) Erste Voraussetzung: Maßnahme i.S.v. Art. 6 Rahmenrichtlinie

Art. 6 Rahmenrichtlinie schränkt den Anwendungsbereich des Anhörungsverfahrens in Bezug auf die Maßnahmearten nicht weiter ein. Umfasst sind uneingeschränkt alle Entwürfe für Regulierungsmaßnahmen der NRB, die die zweite Voraussetzung erfüllen.
In anderen Artikeln der Rahmen- bzw. der Spezialrichtlinien finden sich jedoch Hinweise darauf, dass der sachliche Anwendungsbereich des Anhörungsverfahrens doch eingeschränkt sein könnte. So schreibt Art. 15 Abs. 3 Satz 2 Rahmenrichtlinie vor, dass „bevor Märkte definiert werden, die von denen in der Empfehlung abweichen, .. die NRB die in den Artikeln 6 und 7 genannten Verfahren

---

[698] Eine „Allgemeingenehmigung" ist nach Art. 2 Abs. 2 a Genehmigungsrichtlinie „der in einem Mitgliedstaat errichtete rechtliche Rahmen, mit dem gemäß dieser Richtlinie Rechte für die Bereitstellung elektronischer Kommunikationsnetze oder -dienste gewährleistet werden und in dem sektorspezifische Verpflichtungen festgelegt werden, die für alle oder für bestimmte Arten von elektronischen Kommunikationsnetzen und -diensten gelten können."

[699] Da in den Richtlinien der Begriff des Marktanalyseverfahrens sowohl für das eigentliche Marktanalyseverfahren als auch das Regulierungsanordnungsverfahren verwendet wird, greift die Ermächtigungsgrundlage für die Vorbereitung von Entscheidungen im Rahmen beider Verfahren.

[700] Gemeint sind Eilfälle i.S.v. Art. 7 Abs. 6 Rahmenrichtlinie, vgl. auch SMP-Leitlinien, Rn. 144.

[701] Gemeint sind - in Abgrenzung zu Amtsverfahren i.S.v. Art. 16 Rahmenrichtlinie i.V.m. 8 ff Zugangsrichtlinie bzw. Art. 16 ff Universaldienstrichtlinie - die Art. 20 und 21 Rahmenrichtlinie.

[anwenden].“ Dies könnte dahingehend zu verstehen sein, dass das Anhörungsverfahren nur in Fällen divergierender Marktabgrenzungen, nicht jedoch z.B. in Bezug auf Marktabgrenzungen durchzuführen ist, bei denen die NRB die geographische Abgrenzung vorgenommen hat.[702] Des Weiteren schreibt Art. 16 Abs. 3 Satz 2 Universaldienstrichtlinie vor: „Alle getroffenen Maßnahmen [*Verf.*: Beibehaltung, Änderung oder Aufhebung von Verpflichtungen bezüglich des Endnutzermarktes] unterliegen dem Verfahren nach Art. 7“ der Rahmenrichtlinie. Da ansonsten in den Verweisnormen - wie z.B. in Art. 8 Abs. 4 Zugangsrichtlinie oder Art. 16 Abs. 6 Rahmenrichtlinie - sowohl Art. 7 als auch Art. 6 explizit erwähnt werden, könnte man schlussfolgern, dass das Anhörungsverfahren nach Art. 6 Rahmenrichtlinie für die Anordnung von Regulierungsmaßnahmen auf Endnutzermärkten nicht durchgeführt zu werden braucht. Eine klare Entscheidung, ob der Wortlaut von Art. 6 Rahmenrichtlinie oder die speziellen Verweisnormen ausschlaggebend sein sollen, fällt deshalb schwer, weil für den sachlichen Anwendungsbereich der Verfahren nach Art. 6 und 7 Rahmenrichtlinie keine einheitliche klare Verweissystematik gewählt worden ist. So scheint der Gemeinschaftsgesetzgeber zwar grundsätzlich den Anwendungsbereich der Art. 6 und 7 Rahmenrichtlinie in diesen Artikeln selbst bestimmt zu haben. Jedoch zeigt Art. 6 Abs. 3 UA 2 Zugangsrichtlinie, dass diese Verweissystematik eben nicht ausnahmslos durchgehalten wurde: So wird in Art. 6 Abs. 3 UA 2 Zugangsrichtlinie auf die Art. 6 und 7 Rahmenrichtlinie verwiesen, ohne dass dort Art. 6 Abs. 3 UA 2 Zugangsrichtlinie erwähnt ist.[703]
Zur Entscheidungsfindung bieten sich zwei Erwägungen an. Zum einen erklären sich die Ungereimtheiten im Licht der Entstehungsgeschichte der Richtlinien: Die Ausgestaltung und der Anwendungsbereich der Verfahren in Art. 6 und 7 Rahmenrichtlinie waren bis zur letztendlichen Einigung zwischen Europäischem Parlament und Rat umstritten. Die Kompromissformel wurde in aller Eile in die Art. 6 und 7 Rahmenrichtlinie eingefügt, ohne dass die einzelnen Verweisnormen in den Spezialartikeln sauber darauf abgestimmt wurden bzw. aus Zeitnot wohl auch nicht mehr abgestimmt werden konnten. Somit sollte schon aus diesem Grund grundsätzlich die Formulierung der zuletzt eingefügten Art. 6 und 7 als ausschlaggebend erachtet werden. Zum zweiten gilt ganz speziell für Art. 6 Rahmenrichtlinie, dass nach Sinn und Zweck dieses Artikels sichergestellt werden sollte, dass *alle* marktbedeutsamen Entscheidungen nur nach Durchführung

[702] Vgl. zu dieser Interpretationsmöglichkeit *Schütz/ Attendorn*, MMR-Beilage 4/2002, 1, 14, Fn. 94.

[703] Auch Erwägungsgrund 15 Rahmenrichtlinie führt nicht zur Klärung der Frage nach der Verweissystematik. Er besagt nämlich lediglich: „In der vorliegenden Richtlinie und in den Einzelrichtlinien ist festgelegt, in welchen Fällen die in den Art. 6 und 7 genannten Verfahren zu Anwendung gelangen.“ Dieser Formulierung ist keine vom Gemeinschaftsgesetzgeber intendierte Verweissystematik zu entnehmen.

einer öffentlichen Anhörung ergehen.[704] Denn nur die Einbeziehung aller an den Maßnahmen interessierten Parteien stellt sicher, dass die Maßnahmen der NRB marktnah und adäquat sind.
Im Ergebnis ist mithin die Formulierung in Art. 6 Rahmenrichtlinie ausschlaggebend, wonach das Anhörungsverfahren in Bezug auf alle Maßnahmen, die die NRB gemäß der Rahmenrichtlinie bzw. der Spezialrichtlinien zu treffen gedenken, durchzuführen ist. Umfasst ist mithin auch Art. 6 Abs. 3 Zugangsrichtlinie. Stets muss jedoch die - sogleich zu erörternde - zweite Voraussetzung erfüllt sein. Ausgenommen vom sachlichen Anwendungsbereich sind nur Eilfälle i.S.v. Art. 7 Abs. 6 und Streitentscheidungen i.S.v. Art. 20 f Rahmenrichtlinie.

(b) Zweite Voraussetzung: Beträchtliche Auswirkungen auf den Markt

Diese zweite Voraussetzung der „beträchtlichen Auswirkungen auf den betreffenden Markt" ist weder in der Rahmenrichtlinie noch in den SMP-Leitlinien ergänzend definiert. Klar sein dürfte jedoch, dass der „betreffende" Markt nicht im Sinne des wettbewerbsrechtlichen Begriffs des „relevanten Marktes" zu verstehen ist, sondern untechnisch i.S. von Angebot und Nachfrage im Bereich von Kommunikationsnetzen und -diensten. Darüber hinaus ist es den nationalen Gesetzgebern überlassen, die Formel der „beträchtlichen Auswirkungen auf den Markt" näher auszugestalten.[705]

(2) Verfahrensdurchführung

Zur Durchführung des Verfahrens selbst gibt Art. 6 Rahmenrichtlinie vor, dass allen interessierten Parteien innerhalb einer angemessenen Frist Gelegenheit zur Stellungnahme zu geben ist. Die Kommission hat in ihren SMP-Leitlinien davor gewarnt, Entscheidungsprozesse durch zu lange Anhörungsfristen zu sehr zu verzögern. Die Angemessenheit einer Frist müsse jeweils in Abhängigkeit von der Komplexität bzw. Neuheit der jeweiligen Entscheidung angesetzt werden.[706]
Die NRB müssen ihre Verfahren zur Anhörung über geplante Maßnahmen veröffentlichen sowie einen einheitlichen Informationspunkt einrichten, an dem eine Liste mit allen aktuell laufenden Anhörungen ausliegt; die Öffentlichkeit ist

---

[704] So auch *Schütz/ Attendorn*, MMR-Beilage 4/2002, 1, 14, Fn. 94. In diese Richtung gehen auch die SMP-Leitlinien, Rn. 144.

[705] *Schütz/ Attendorn*, MMR-Beilage 4/2002, 1, 14, führen zu Recht an, dass wohl jedenfalls jede Entscheidung über die Marktabgrenzung - und nicht nur solch eine, die von der Märkte-Empfehlung der Kommission abweicht - dieses Kriterium erfüllen wird, weil die Marktabgrenzung die Grundlage für jegliche zukünftige ex ante Regulierung bildet.

[706] Die Kommission konkretisiert, dass sie beispielsweise zwei Monate für die Bewertung von beträchtlicher Marktmacht und der anschließenden Bestimmung der SMP-Unternehmen für angemessen hält, SMP-Leitlinien, Rn. 145. In begründeten Fällen könne jedoch eine abweichende Frist adäquat sein. So sich der Entwurf auf Ergebnisse aus früheren Konsultationen stütze, könne die Anhörungsphase auch kürzer als zwei Monate sein.

im Anschluss an eine Anhörung über das jeweilige Ergebnis zu unterrichten, Art. 6 Satz 2-4 Rahmenrichtlinie.

cc. Weitere öffentliche Anhörung zur Maßnahmevorbereitung

Die NRB müssen die Ansichten von Endnutzern, Verbrauchern, Herstellern und Unternehmen in allen mit Endnutzer- und Verbraucherrechten bei öffentlichen elektronischen Kommunikationsdiensten zusammenhängenden Fragen insoweit berücksichtigen, als dies angemessen ist, und zwar insbesondere dann, wenn Maßnahmen beträchtliche Auswirkungen auf den Markt haben, Art. 33 Abs. 1 Universaldienstrichtlinie. Obwohl die Formulierung unklar ist, ergibt sich aus dem Titel des Artikel, dass diese Berücksichtigung im Rahmen einer Anhörung der genannten Personenkreise vonstatten gehen soll.

b. (Mit-)Entscheidung über das „Ob" der Regulierung

Wie bereits ausführlich in Teil 5, C. dargestellt, haben die NRB wichtige Befugnisse in Bezug auf die Entscheidung darüber, auf welchen Märkten reguliert wird und welche Unternehmen Adressaten der Regulierung sind. So wirken die NRB nach Art. 15 Abs. 3 Rahmenrichtlinie an der Feststellung der potentiell regulierungsbedürftigen Märkte durch Vornahme der geographischen und gegebenenfalls auch der sachlichen Marktabgrenzung i.R. des Marktdefinitionsverfahrens mit. Nach Art. 16 Abs. 1 und 2 Rahmenrichtlinie führen die NRB Marktanalyseverfahren durch und entscheiden dabei über die tatsächliche Regulierungsbedürftigkeit der im Marktdefinitionsverfahren herausgefilterten potentiell regulierungsbedürftigen Märkte. Ferner bestimmen die NRB die Regulierungsadressaten, also die Unternehmen mit beträchtlicher Marktmacht auf einem regulierungsbedürftigen Markt.

c. Entscheidung über das „Wie" der Regulierung (Materielle Regulierungsgestaltung)

Ebenfalls bereits ausführlich dargestellt wurden in Teil 5, D. die Befugnisse der NRB bei der Ausgestaltung der Regulierung, also bei der Entscheidung darüber, welche Regulierungsinstrumente in Bezug auf einzelne SMP-Unternehmen angewendet werden sollen. Im Zuge des Regulierungsanordnungsverfahrens entscheiden die NRB nach Art. 16 Abs. 3 und 4 Rahmenrichtlinie i.V.m. der jeweiligen Ermächtigungsgrundlage aus den Spezialrichtlinien über das „Wie" der Regulierung.

d. Durchsetzung der getroffenen Regulierungsentscheidungen

Neu im Rechtsrahmen sind die Vorgaben für die Durchsetzung der von den NRB getroffenen SMP-Regulierungsentscheidungen. Die Vorgaben umfassen nicht nur Informationsansprüche zur Feststellung des Verstoßes gegen Regulierungsanordnungen, sondern auch einzelne Aspekte für das Verwaltungsverfahren zur Erzwingung der Erfüllung von SMP-Pflichten.[707]

aa. Daten- und Informationserhebungsbefugnisse

Als allgemeine Ermächtigungsgrundlage für die Einholung von Informationen greift wieder der - umgesetzte - Art. 5 Abs. 1 Rahmenrichtlinie, da dieser es dem Wortlaut zufolge den NRB gerade ermöglichen soll, alle Informationen einzuholen, um die Einhaltung der auf der Grundlage der Richtlinienbestimmungen getroffenen Entscheidungen zu gewährleisten.[708]
Darüber hinaus können die NRB die in Art. 11 Genehmigungsrichtlinie genannten Informationen von Unternehmen, die elektronische Kommunikationsnetze oder -dienste im Rahmen einer Allgemeingenehmigung bereitstellen, verlangen, und zwar um überprüfen zu können, ob Pflichten erfüllt werden, Art. 10 Abs. 1 Genehmigungsrichtlinie. Art. 11 Abs. 1 a Genehmigungsrichtlinie nennt dabei u.a. solche Informationen, die angemessen und objektiv gerechtfertigt für die systematische oder einzelfallbezogene Überprüfung der Erfüllung der SMP-Pflichten sind. Art. 10 Abs. 4 Genehmigungsrichtlinie gestattet es den Mitgliedstaaten, ihre NRB zu ermächtigen, Bußgelder für nicht oder nicht fristgerecht bereitgestellte Informationen zu verhängen.[709]
Ein weiterer spezieller Informationsanspruch ist in Art. 11 Abs. 2 Zugangsrichtlinie normiert: Danach können NRB von SMP-Unternehmen verlangen, Buchungsunterlagen einschließlich Daten über die von Dritten erhaltenen Beträge vorgelegt zu bekommen, um die Einhaltung von Transparenz- und Nichtdiskriminierungsbestimmungen überprüfen zu können.

bb. Befugnisse zur Durchsetzung von Regulierungsanordnungen

Art. 10 Genehmigungsrichtlinie stellt Vorgaben für das Verfahren zur Durchsetzung von Regulierungsanordnungen auf. Wenn eine NRB feststellt, dass ein Unternehmen eine oder mehrere SMP-Pflichten nicht erfüllt, so teilt sie dies dem Unternehmen mit und gibt ihm eine angemessene Gelegenheit, um zu dem Vorwurf Stellung zu nehmen oder etwaige Mängel innerhalb eines Monats, in-

---

[707] *Nikolinakos*, CTLR 2001, 36, 39, bezeichnet diese gemeinschaftsrechtlichen Vorgaben als „procedural safgeguards" für den Fall, dass Unternehmen ihren Pflichten nicht nachkommen. Will man die Vorgaben in die deutsche verwaltungsrechtliche Terminologie einordnen, so handelt es sich in großen Teilen um Vorgaben für das Verwaltungsvollstreckungsverfahren.

[708] Vgl. im Einzelnen zu Art. 5 Abs. 1 Rahmenrichtlinie oben Teil 5, E.II.2.a.aa.

[709] Diese Möglichkeit besteht auch in Bezug auf Art. 9 Zugangsrichtlinie, also für die SMP-Pflicht zur Bereitstellung von Informationen über Zugang- und Zusammenschaltungsbedingungen sowie -tarife. *Sinclair/ Hughes*, CTLR 2002, 97, 99, bemerken bildlich zu dieser Möglichkeit für die NRB, Geldbußen aufzuerlegen: „The „teeth" of the NRAs have been strengthened... ."

nerhalb einer längeren von der NRB festgelegten oder innerhalb einer kürzeren mit dem Unternehmen vereinbarten oder bei wiederholten Zuwiderhandlungen von der NRB festgesetzten Frist abzustellen, Art. 10 Abs. 2 Genehmigungsrichtlinie.

Stellt ein SMP-Unternehmen die Zuwiderhandlung nicht binnen der gesetzten Frist ab, so trifft die Behörde gemäß Art. 10 Abs. 3 Genehmigungsrichtlinie die gebotenen angemessenen Maßnahmen, damit die Anordnungen erfüllt werden. Zu diesen Maßnahmen können - wenn die NRB vom jeweiligen Mitgliedstaat dazu ermächtigt wurde - auch Zwangsgelder gehören. Dem Unternehmen sind binnen einer Woche die auferlegten Maßnahmen und die Begründung dafür mitzuteilen. Ihm ist dabei eine angemessene Frist einzuräumen, um der auferlegten Maßnahme Folge zu leisten.

Eine NRB kann im Falle einer schweren und wiederholten Nichterfüllung von SMP-Pflichten - wenn die Maßnahmen nach Art. 10 Abs. 3 Genehmigungsrichtlinie erfolglos geblieben sind - als ultima ratio ein Unternehmen daran hindern, weiter elektronische Kommunikationsnetze oder -dienste bereitzustellen, Art. 10 Abs. 5 Genehmigungsrichtlinie.[710]

In Art. 10 Abs. 6 Genehmigungsrichtlinie ist darüber hinaus ein einstweiliges Verfahren zur Durchsetzung von Regulierungsanordnungen vorgesehen. Hat eine NRB Beweise dafür, dass die Nichterfüllung einer Regulierungsanordnung durch ein SMP-Unternehmen eine unmittelbare und ernste Gefährdung der öffentlichen Ordnung, Sicherheit oder Gesundheit darstellt oder bei anderen Anbietern oder Nutzern elektronischer Kommunikationsnetze oder -dienste zu ernsten wirtschaftlichen oder betrieblichen Problemen führt, so kann sie ungeachtet der Abs. 2, 3 und 5 in Vorgriff auf eine endgültige Entscheidung einstweilige Sofortmaßnahmen treffen, um Abhilfe zu schaffen. Dem SMP-Unternehmen muss im Anschluss daran eine angemessene Gelegenheit zur Stellungnahme eingeräumt werden. Die NRB kann die einstweilige Vollstreckungsmaßnahme im Anschluss daran gegebenenfalls bestätigen. Generell muss für die SMP-Unternehmen die Möglichkeit bestehen, gegen Maßnahmen nach Art. 10 Genehmigungsrichtlinie Rechtsbehelf einzulegen, Art. 10 Abs. 7.

e. Streitentscheidung

Den NRB kommt neben der Durchsetzung der den SMP-Unternehmen abstrakt-individuell auferlegten Pflichten auch die Aufgabe zu, nach Art. 20 Abs. 1 Rahmenrichtlinie im Falle von Streitigkeiten zwischen Unternehmen, die elektronische Kommunikationsnetze oder -dienste bereitstellen, zu entscheiden, also u.a. im Falle von Streitigkeiten über SMP-Pflichten. Die NRB muss auf Antrag einer Partei eine verbindliche Entscheidung treffen, und zwar grundsätzlich

[710] Vgl. *Nikolinakos*, CTLR 2001, 36, 39, der den Ultima-Ratio-Charakter der Sanktion unterstreicht.

spätestens innerhalb von vier Monaten, es sei denn, dass - wie Art. 20 Abs. 2 Rahmenrichtlinie zulässt - nach dem nationalen Recht alternative Verfahren wie z.B. Schlichtungsverfahren vorgeschaltet sind. Bei der Entscheidung können die NRB nach Art. 20 Abs. 4 Rahmenrichtlinie einem Unternehmen Verpflichtungen nur insoweit auferlegen, als dies im Einklang mit dem neuen Rechtsrahmen steht. In Bezug auf SMP-Pflichten kann eine NRB also nur solche Pflichten auferlegen, die sie zuvor im Rahmen ihrer Anordnungsbefugnis von Amts wegen nach den neuen Spezialrichtlinien in abstrakt-individueller Form angeordnet hat. Die Entscheidung der NRB unterliegt - wie Art. 6 Rahmenrichtlinie klarstellt - nicht dem öffentlichen Anhörungsverfahren. Sie muss hingegen nach Art. 20 Abs. 5 Rahmenrichtlinie gerichtlich anfechtbar sein.

Darüber hinaus sind die NRB auch zur Entscheidung von grenzüberschreitenden Streitigkeiten berufen. Dies erfolgt nach Art. 21 Abs. 2-4 Rahmenrichtlinie im Rahmen eines Kooperationsverfahrens mit den anderen jeweils zuständigen NRB.[711]

f. Information der Öffentlichkeit

Im Interesse eines transparenten, wettbewerbsorientierten Marktes müssen die NRB die Öffentlichkeit über eine Reihe von zentralen Fragen im Zusammenhang mit der SMP-Regulierung informieren. Es handelt sich dabei um allgemeine Informationen über den Entwicklungen auf Märkten für elektronische Kommunikationsnetze und -dienste und über die Anwendung des sektorspezifischen Rechtsrahmens, um Informationen in Bezug auf die Regulierung von SMP-Unternehmen und um Betriebsinformationen über SMP-Unternehmen.

aa. Allgemeine Markt- und rechtliche Informationen

Die NRB müssen alle Informationen, die zu einem offenem, wettbewerbsorientierten Markt beitragen, unter Einhaltung der nationalen Vorschriften über den Zugang der Öffentlichkeit zu Informationen und der nationalen und gemeinschaftlichen Regeln über die Wahrung von Geschäftsgeheimnissen veröffentlichen, Art. 5 Abs. 4 Rahmenrichtlinie. Darüber hinaus müssen die Bedingungen und das Verfahren für die Zugangsgewährung nach Art. 5 Abs. 5 Rahmenrichtlinie veröffentlicht werden.
Allgemein müssen die Mitgliedstaaten aktuelle Informationen über die Anwendung der neuen Richtlinien in für interessierte Parteien leicht zugänglicher Art veröffentlichen, wobei im nationalen Amtsblatt Form und Zeitpunkt der Veröffentlichung bekannt gemacht und ggf. aktualisiert werden muss, Art. 24 Rahmenrichtlinie.

---

[711] Siehe dazu unten Teil 5, E.IV.2.c.cc.

bb. Informationen über die Regulierung von SMP-Unternehmen

Die Öffentlichkeit muss im Vorfeld des Konsultationsverfahrens nach Art. 6 Rahmenrichtlinie über geplante Regulierungsmaßnahmen, also insbesondere über geplante SMP-Regulierungsmaßnahmen, informiert werden, um der Öffentlichkeit eine Grundlage für potentielle Stellungnahmen im Rahmen des Anhörungsverfahrens zu verschaffen.[712] Wie bereits erwähnt, muss die NRB darüber hinaus die Öffentlichkeit über das Ergebnis einer Anhörung informieren.
Ferner muss die NRB auch bei Anhörungen nach Art. 33 Abs. 1 Universaldienstrichtlinie die Öffentlichkeit vorab über den Anhörungsgegenstand informieren.
Nach Art. 20 Abs. 5 Rahmenrichtlinie müssen NRB die Öffentlichkeit unter Ausklammerung von Geschäftsgeheimnissen über Entscheidungen in Streitbeilegungsverfahren informieren.
Die SMP-Unternehmen nach der Zugangsrichtlinie auferlegten Verpflichtungen sind unter Angabe der relevanten Märkte zu veröffentlichen, Art. 15 Abs. 1 Zugangsrichtlinie. Eine vergleichbare explizite Veröffentlichungspflicht fehlt in der Universaldienstrichtlinie. Jedoch dürfte eine Pflicht dazu wohl aus Art. 5 Abs. 4 Rahmenrichtlinie ableitbar sein, da gerade die genaue Kenntnis der Öffentlichkeit über den Inhalt und den Umfang von SMP-Pflichten auf den Endnutzermärkten für einen offenen und wettbewerbsorientierten Markt erforderlich ist.[713]

cc. Betriebsinformationen über einzelne SMP-Unternehmen

Die NRB können nach Art. 11 Abs. 2 Satz 1 Zugangsrichtlinie Informationen aus Buchungsunterlagen von SMP-Unternehmen einschließlich der Daten über die von Dritten erhaltenen Beträge anfordern. Diese Informationen können die NRB veröffentlichen, soweit dies zur Schaffung eines offenen, wettbewerbsorientierten Marktes beiträgt und mit nationalen und gemeinschaftlichen Regeln

[712] Nach Rn. 144 der SMP-Leitlinien soll - wenn die Maßnahme eine Entscheidung „in Bezug auf beträchtliche Marktmacht" betrifft - für die Anhörung Folgendes dargelegt werden: die Marktabgrenzung mit Gründen, Beweise für die Feststellung beträchtlicher Marktmacht und Bezeichnung der als SMP-Unternehmen vorgeschlagenen Unternehmen sowie Einzelheiten der geplanten Maßnahme inklusive einer Rechtfertigung der Verhältnismäßigkeit der Maßnahme. Jedoch dürften die beiden letzteren Aspekte nicht zur Feststellung von beträchtlicher Markmacht gehören, sondern vielmehr zur Entscheidung über die aufzuerlegenden SMP-Pflichten. Die Kommission differenziert in ihren SMP-Leitlinien jedoch wohl nicht zwischen diesen beiden Entscheidungen. Eine formale Trennung der Feststellung von beträchtlicher Marktmacht und Auferlegung von SMP-Pflichten empfiehlt sich indes wegen der unterschiedlichen Befugnisse der Kommission im Rahmen des Konsultationsverfahrens nach Art. 7 Abs. 3 und Abs. 4 Rahmenrichtlinie.

[713] Dies gilt insbesondere in Bezug auf Mietleitungsbereitstellungskonditionen und -tarife und Endkundentarife.

zur Wahrung von Geschäftsgeheimnissen vereinbar ist, Art. 11 Abs. 2 Satz 2 Zugangsrichtlinie

Des Weiteren müssen die NRB jährlich eine Erklärung über die Einhaltung der einem SMP-Unternehmen vorgegebenen Rechnungslegungsvorschriften veröffentlichen, Art. 17 Abs. 4 Satz 4 Universaldienstrichtlinie.

III. Vorgaben für Aufgaben und Befugnisse der Kommission i.R. der Ausführung der SMP-Regulierungsvorschriften

Da die Kompetenz für den Vollzug des transponierten Kommunikationsrechts bei den Mitgliedstaaten liegt, hat die Kommission wenig unmittelbare Ausführungsaufgaben in Bezug auf die Regulierung von Unternehmen mit SMP. Die Kommission nimmt primär Beratungs- und Aufsichtsaufgaben gegenüber den NRB wahr. Soweit die entsprechenden Befugnisse dem Zusammenwirken der beteiligten Organe zugerechnet werden können, werden sie erst im nächsten Abschnitt behandelt. Die nicht kommunikationsrechtsspezifischen Befugnisse der Kommission wurden hingegen bereits im ersten Abschnitt behandelt.[714]

1. Aufgaben

Nach dem neuen Rechtsrahmen können folgende drei Aufgaben der Kommission im Zusammenhang mit der SMP-Regulierung unterschieden werden:

- Erarbeitung von Implementierungsrechtsakten
- Daten- und Informationserhebung als Grundlage für die Überwachung des Vollzugs der gemeinschaftsrechtlichen Vorgaben durch die Mitgliedstaaten
- Sicherstellung der Anwendung der gemeinschaftsrechtlichen Vorgaben

2. Befugnisse zur Erfüllung der Aufgaben

a. Befugnisse zur Erarbeitung von Implementierungsrechtsakten

Der neue Rechtsrahmen verpflichtet die Kommission zum Erlass mehrer Implementierungsrechtsakte, die einen integralen Bestandteil der drei Verfahren zur Entscheidung über das „Ob“ und das „Wie“ der SMP-Regulierung bilden. So muss die Kommission nach Art. 15 Abs. 1 Rahmenrichtlinie Märkte-Empfehlungen zur Abgrenzung und Bestimmung der potentiell regulierungsbedürftigen sachlichen Märkte erlassen, nach Art. 15 Abs. 4 Rahmenrichtlinie kann sie Entscheidungen zur Festlegung länderübergreifender Märkte - so vorhanden - erlassen und nach Art. 15 Abs. 2 Rahmenrichtlinie muss sie SMP-Leitlinien zur Unterstützung der NRB bei den Marktdefinitions-, Marktanalyse- und Regulie-

---

[714] Vgl. oben Teil 5, E.I.1.b. und ausführlicher zuvor Teil 3, E.I.2.b.

rungsanordnungsverfahren erlassen. Das vorrangige Ziel dieser Leitlinien ist es dabei sicherzustellen, dass die NRB den neuen Rechtsrahmen in harmonisierter Weise anwenden.[715]

Neben diesen zentralen Implementierungsrechtsakten führt Art. 19 Abs. 1 Rahmenrichtlinie die Befugnis der Kommission an, Empfehlungen zur harmonisierten Durchführung der Sekundärrechtsvorschriften zu erlassen. Die Befugnis zum Erlass von Empfehlungen folgt zwar schon aus Art. 211 - 2. Spiegelstrich EG. Art. 19 Abs. 1 Rahmenrichtlinie enthält jedoch die verfahrensrechtliche Konkretisierung, dass die Kommission Empfehlungen in diesem Zusammenhang i.R. des Beratungsverfahrens gemäß dem Komitologie-Beschluss zu erlassen hat und verpflichtet ferner die Mitgliedstaaten, dafür Sorge zu tragen, dass die NRB diesen Empfehlungen weitestgehend Rechnung tragen. Die Befugnis zum Erlass von Harmonisierungsempfehlungen ist nicht spezifisch auf die Ausführung der SMP-Vorgaben gerichtet, kann aber natürlich auch bzw. gerade dafür eingesetzt werden.[716]

Darüber hinaus obliegt es der Kommission, das Mietleitungsmindestangebot, das als Bestandteil des in Art. 17 Rahmenrichtlinie genannten Verzeichnisses von Normen veröffentlich wird, zu ändern, wenn sie dies aufgrund technischer Entwicklungen bzw. Veränderungen der Marktnachfrage für erforderlich hält, Art. 18 Abs. 3 Satz 2 Universaldienstrichtlinie. Sie hat dabei das Regelungsverfahren i.S. des Komitologie-Beschlusses einzuhalten.

b. Informationsansprüche für Vollzugsüberwachung

Um die Anwendung der gemeinschaftsrechtlichen Vorgaben in den Mitgliedstaaten sicherzustellen, sieht der neue Rechtsrahmen für die Kommission eine Reihe von Informationsansprüchen vor.
So müssen die Mitgliedstaaten nach Art. 5 Abs. 2 Rahmenrichtlinie sicherstellen, dass die NRB der Kommission auf deren begründeten Antrag hin all diejenigen Informationen zur Verfügung stellen, die diese benötigt, um ihre Aufgaben aufgrund des Vertrags wahrzunehmen. Zu diesen Aufgaben gehört - wie oben ausgeführt - eben insbesondere die Aufsicht über den ordnungsgemäßen

---

[715] Dies soll insbesondere in Bezug auf die Feststellung von SMP gelten, vgl. SMP-Leitlinien, Rn. 11.

[716] Im Rahmen des Rechtsetzungsverfahrens war beispielsweise angeregt worden, dass die Kommission eine Empfehlung zur Anwendung der einzelnen Elemente der „Tool-Box" aus den Art. 9-13 Zugangsrichtlinie erlassen sollte, um zu verhindern, dass sich in den Mitgliedstaaten stark divergierende Regulierungspraxen entwickeln. Des weiteren hat die Kommission angedacht, eine Harmonisierungsmaßnahme für eine weitergehende Segmentierung von Märkten aus der Märkte-Empfehlung zu erarbeiten, vgl. Begründung zur Märkte-Empfehlung, S. 13.

Vollzug des Gemeinschaftsrechts, also z.B. darüber, ob Entscheidungen der NRB mit den Richtlinienvorgaben vereinbar sind.[717] Die Informationsgesuche der Kommission müssen verhältnismäßig sein, und die NRB müssen Unternehmen darüber unterrichten, wenn Informationen über sie an die Kommission weitergegeben werden. Art. 5 Abs. 3 Rahmenrichtlinie schreibt vor, dass die von einer NRB als vertraulich gekennzeichneten Dokumente von der empfangenden Behörde - also in diesem Fall der Kommission - ebenfalls als vertraulich behandelt werden müssen. Die Kommission kann die erhaltenen Informationen nach Art. 5 Abs. 2 Rahmenrichtlinie an andere NRB weiterleiten, wenn nicht die bereitstellende NRB dies ausdrücklich ausgeschlossen hat. Auch die empfangende NRB muss gegebenenfalls Vertraulichkeitseinstufungen berücksichtigen. Die Kommission hat in ihren SMP-Leitlinien angekündigt, dass sie eine solche Weiterleitung von Informationen dem jeweils betroffenen Unternehmen in der Regel mitteilen wird.[718]

Neben dieser allgemeinen Rechtsgrundlage für Informationsanforderungen sieht Art. 17 Abs. 3 Universaldienstrichtlinie vor, dass die Kommission von den NRB Informationen über auf Endnutzermärkten getroffene Regulierungsmaßnahmen und gegebenenfalls auch über das von SMP-Unternehmen zu verwendende Kostenrechnungssystem anfordern kann. Auch Anhang VII Nr. 2 UA 3 Universaldienstrichtlinie ermöglicht es der Kommission, Informationen über das einem SMP-Unternehmen vorgeschriebene Kostenrechnungssystem anzufordern.

c. *Interventionsrechte im Rahmen der Aufsicht*

Der Kommission kommt die Aufgabe zu, den Vollzug der gemeinschaftsrechtlichen Vorgaben für die SMP-Regulierung sicherzustellen. Dafür stehen ihr vor allem die allgemeinen Befugnisse nach dem EG zur Verfügung, also in erster Linie die Einleitung von Vertragsverletzungsverfahren nach Art. 226 EG. Jedoch sind ihr im neuen Rechtsrahmen spezielle darüber hinausgehende Befugnisse verliehen worden, mit denen sie durch eine unmittelbare eigene Intervention die ordnungsgemäße Anwendung des Gemeinschaftsrechts sicherstellen kann. Zum einen handelt es sich dabei um das Vetorecht nach Art. 7 Abs. 4 Rahmenrichtlinie, das es ihr erlaubt, eine von der Märkte-Empfehlung abweichende Abgrenzung von sachlichen Märkte sowie die Entscheidung für oder gegen beträchtliche Marktmacht zunächst zu blockieren und entsprechende Entscheidungen ggf. gänzlich zu verhindern. Zum anderen verleiht Art. 8 Abs. 3 Zugangsrichtlinie der Kommission ein Entscheidungsrecht darüber, ob eine NRB einem SMP-Unternehmen andere als die in Art. 9-13 Zugangsrichtlinie aufgelisteten Pflichten auferlegen darf. Beide Befugnisse, die im nächsten Ab-

---

[717] Vgl. SMP-Leitlinien, Rn. 139.
[718] Vgl. SMP-Leitlinien, Rn. 141.

schnitt ausführlicher dargestellt werden, sind gemäß dem Beratungsverfahren i.S. des Komitologie-Beschlusses auszuüben.

IV. Zusammenwirken der an der Ausführung beteiligten Organe

In Hinblick auf das Zusammenwirken der wichtigsten, an der Ausführung der SMP-Regulierungsvorschriften beteiligten Organe können drei Interaktionsverhältnisse unterschieden werden: Zum Ersten das vertikale Verhältnis zwischen der Kommission und den NRB, zum Zweiten das horizontale Verhältnis zwischen den NRB verschiedener Mitgliedstaaten und zuletzt das horizontale Verhältnis zwischen einer NRB und der nationalen Kartellbehörde des gleichen Mitgliedstaats.

1. Zusammenwirken zwischen Kommmission und NRB

Die verschiedenen Formen des Zusammenwirkens von Kommission und NRB können in drei Gruppen eingeteilt werden, und zwar in Notifizierungs- und Mitteilungspflichten der NRB gegenüber der Kommission, das spezifische Zusammenwirken im Rahmen des Konsultationsverfahrens nach Art. 7 Rahmenrichtlinie sowie sonstige Interaktionspflichten zwischen NRB und Kommission.

a. Notifizierungs- und Mitteilungspflichten

Wie auch im alten Rechtsrahmen sind den NRB im Rahmen der SMP-Konzeption formelle Notifizierungspflichten gegenüber der Kommission auferlegt. So müssen die NRB nach Art. 36 Abs. 2 Universaldienstrichtlinie der Kommission alle Unternehmen, die für die Zwecke der Universaldienstrichtlinie als Unternehmen mit SMP eingestuft worden sind, sowie die ihnen danach auferlegten Pflichten notifizieren, sobald die entsprechenden Entscheidungen endgültig geworden sind. Sie müssen auch unverzüglich alle diesbezüglicher Veränderungen melden. Desgleichen schreibt Art. 16 Abs. 2 Zugangsrichtlinie die Notifizierung der für die Zwecke der Zugangsrichtlinie bestimmten Unternehmen mit SMP, der ihnen nach der Zugangsrichtlinie auferlegten Pflichten sowie aller diesbezüglicher Veränderungen vor.

Um die Kommission auf dem Laufenden darüber zu halten, welche Informationen im Zusammenhang mit der SMP-Regulierung eine NRB nach Art. 15 Abs. 1 Zugangsrichtlinie veröffentlicht, müssen die NRB ihr nach Art. 15 Abs. 2 Zugangsrichtlinie eine Kopie aller veröffentlichten Informationen zukommen lassen..

Die NRB müssen darüber hinaus die Kommission davon in Kenntnis setzen, wenn sie einer Empfehlung der Kommission i.S.v. Art. 19 Abs. 1 Rahmenrichtlinie nicht Folge leisten wollen. Diese Pflicht würde dann für die SMP-Regulierung bedeutsam, wenn die Kommission eine Harmonisierungsempfehlung im Zusammenhang mit der Anwendung der Vorgaben für die SMP-Regulierung, beispielsweise zum Gebrauch der Tool-Box oder zur weitergehenden Segmentierung von Märkten aus der Märkte-Empfehlung erließe.

b. Das Konsultationsverfahren nach Art. 7 Rahmenrichtlinie

Ein wesentliches Mittel für das Zusammenwirken von Kommission und NRB im neuen Rechtsrahmen ist das Konsultationsverfahren nach Art. 7 Rahmenrichtlinie. Zum Konsultationsverfahren gehört neben der Konsultation der Kommission auch die Konsultation der NRB aus den anderen Mitgliedstaaten. Um eine übersichtliche, vollständige Darstellung des Verfahrens zu ermöglichen, werden die beiden Komponenten an dieser Stelle gemeinsam behandelt. Unterschieden werden können innerhalb von Art. 7 Rahmenrichtlinie das allgemeine Konsultationsverfahren, das Vetoverfahren sowie das Eilverfahren.

aa. Allgemeines Konsultationsverfahren

Das allgemeine Konsultationsverfahren ist in Art. 7 Abs. 3 und 5 Rahmenrichtlinie geregelt. Es findet Anwendung, wenn eine NRB eine der in Art. 7 Abs. 3 a) Rahmenrichtlinie genannten Maßnahmen ergreifen will und die Maßnahme entsprechend Art. 7 Abs. 3 b) Rahmenrichtlinie „Auswirkungen auf den Handel zwischen Mitgliedstaaten“ haben wird.

(1) Erste Verfahrensvoraussetzung: Maßnahme i.S.v. Art. 7 Abs. 3 a) Rahmenrichtlinie

Das allgemeine Konsultationsverfahren ist nach Art. 7 Abs. 3 a) Rahmenrichtlinie in Bezug auf diejenigen Maßnahmen durchzuführen, die eine NRB nach Art. 15 oder 16 Rahmenrichtlinie, Art. 5 oder 8 Zugangsrichtlinie oder nach Art. 16 Universaldienstrichtlinie zu erlassen beabsichtigt. Da Art. 8 Abs. 2 Zugangsrichtlinie die verfahrensrechtliche Grundlage für die Auferlegung der SMP-Pflichten nach Art. 9-13 Zugangsrichtlinie und Art. 16 Universaldienstrichtlinie diejenige für die Auferlegung der SMP-Pflichten nach Art. 17-19 Universaldienstrichtlinie ist, sind die einzelnen Pflichten aus der Tool-Box in der Auflistung in Art. 7 Abs. 3 a) Rahmenrichtlinie inzident enthalten.[719]

Wie für das Anhörungsverfahren nach Art. 6 Rahmenrichtlinie gibt es jedoch auch zwischen der Auflistung in Art. 7 Abs. 3 a) Rahmenrichtlinie und anderen Verweisnormen in der Rahmenrichtlinie bzw. in den Spezialrichtlinien Widersprüche hinsichtlich des sachlichen Anwendungsbereichs des allgemeinen Kon-

---

[719] Vgl. so - andeutungsweise - SMP-Leitlinien, Rn. 146, Fn. 124. Ebenso wie hier *Bondroit/ Cheffert/ de la Vallée/ Lecocq, Léonard/ Louveaux/ Potelle/ Queck*, Revue Ubiquité N° 9 (Juin 2001), 41, 53, Fn. 53.

sultationsverfahrens. Während Art. 7 Abs. 3 a) Rahmenrichtlinie pauschal Art. 15 Rahmenrichtlinie nennt, der sowohl die geographische als auch ggf. die divergierende sachliche Marktabgrenzung durch die NRB umfasst, wird in Art. 15 Abs. 3 Satz 2 Rahmenrichtlinie auf das Verfahren nach Art. 7 Rahmenrichtlinie nur im Zusammenhang mit der Festlegung von Märkten durch die NRB, die von der Märkte-Empfehlung abweichen, Bezug genommen.[720] Letzteres kann jedoch stets nur hinsichtlich der sachlichen Marktabgrenzung der Fall sein. Des Weiteren nennt Art. 7 Abs. 3 a) Rahmenrichtlinie pauschal den Art. 16 Rahmenrichtlinie. Hingegen wird in Art. 16 Abs. 6 Rahmenrichtlinie selbst nur für Art. 16 Abs. 3-5 Rahmenrichtlinie auf Art. 7 Bezug genommen. Nicht umfasst ist von den Abs. 3-5 jedoch die Feststellung nach Abs. 2, ob auf einem relevanten Markt wirksamer Wettbewerb herrscht. Letzteres ist jedoch von der Auflistung in Art. 7 Abs. 3 a) Rahmenrichtlinie selbst umfasst. Zuletzt nennt Art. 7 Abs. 3 a) Rahmenrichtlinie nicht den Art. 6 Abs. 3 Zugangsrichtlinie, hingegen wird in Art. 6 Abs. 3 UA 2 Zugangsrichtlinie auf das Verfahren nach Art. 7 Rahmenrichtlinie verwiesen.

In Parallele zu den Ausführungen zum sachlichen Anwendungsbereich von Art. 6 Rahmenrichtlinie können zur Auflösung der soeben genannten Widersprüche die zwei dort angestellten Erwägungen herangezogen werden. So sollte der Auflistung in Art. 7 Abs. 3 a) Rahmenrichtlinie grundsätzlich Priorität über anderslautende Verweise in speziellen Artikeln eingeräumt werden, weil diese Auflistung die schlussendliche Kompromissformel zwischen Europäischem Parlament und Rat darstellt und die Verweise im Anschluss daran nicht mehr adäquat angepasst wurden bzw. werden konnten. Eine Ausnahme bildet dazu Art. 6 Abs. 3 Zugangsrichtlinie, der lediglich in Art. 7 Abs. 3 a) Rahmenrichtlinie nicht erwähnt wird, dessen Einbeziehung in den Anwendungsbereich des allgemeinen Konsultationsverfahrens aber auch zu keinem Widerspruch zu der Auflistung in Art. 7 Abs. 3 a) Rahmenrichtlinie führt. Unterstützt wird diese Ausrichtung an Art. 7 Abs. 3 a) Rahmenrichtlinie unter teleologischen Gesichtspunkten. Das allgemeine Konsultationsverfahren soll verhindern, dass sich die auf nationaler Ebene gefassten Entscheidungen der NRB nachteilig auf den Binnenmarkt oder andere Vertragsziele auswirken.[721] Zwar wurde auf Verlangen der Mitgliedstaaten der Anwendungsbereich des Konsultationsverfahrens auf bestimmte Beschlussentwürfe beschränkt.[722] Jedoch sollten um des - bei der Auslegung des gesamten Gemeinschaftsrechts zu berücksichtigenden - Integrationszieles willen nicht noch weitere Einschränkungen der Auflistung in Art.7 Abs. 3 a) Rahmenrichtlinie vorgenommen werden. Die dort erfassten Maßnahmen

[720] Dies stellt eine Parallele zu dem ersten, bei Art. 6 Rahmenrichtlinie erörterten Widerspruch dar.
[721] Vgl. Erwägungsgrund 15 Rahmenrichtlinie.
[722] Vgl. die entsprechende Formulierung in Erwägungsgrund 15 Rahmenrichtlinie.

sollten vollständig in den sachlichen Anwendungsbereich des allgemeinen Konsultationsverfahrens einbezogen werden. Ein zu weitgehender Eingriff in rein nationale Sachverhalte wird durch die zweite, sogleich anzusprechende Verfahrensvoraussetzung verhindert.
Im Ergebnis fallen mithin in Bezug auf die neue SMP-Konzeption alle in Art. 7 Abs. 3 a) Rahmenrichtlinie genannten Maßnahmen sowie Art. 6 Abs. 3 Zugangsrichtlinie in den sachlichen Anwendungsbereich: Präziser gesagt bedeutet dies, dass sowohl die geographische als auch ggf. die sachliche Marktabgrenzung, die Feststellung wirksamen Wettbewerbs - die nach der gleichstellenden Auslegung der Feststellung beträchtlicher Markmacht auf dem relevanten Markt entspricht -, die Bestimmung der Unternehmen mit beträchtlicher Marktmacht und die Aufhebung[723], Modifizierung, Beibehaltung und Neuauferlegung von SMP-Pflichten dem allgemeinen Konsultationsverfahren zu unterwerfen sind. Jedoch muss jeweils die zweite Verfahrensvoraussetzung erfüllt sein.

(2) Zweite Verfahrensvoraussetzung: Art. 7 Abs. 3 b) Rahmenrichtlinie

Eine Maßnahme i.S.v. Art. 7 Abs. 3 b) Rahmenrichtlinie muss jedoch nur dann dem allgemeinen Konsultationsverfahren unterzogen werden, wenn sie „Auswirkungen auf den Handel zwischen Mitgliedstaaten“ haben wird
Das in Art. 7 Abs. 3 b) gewählte Tatbestandsmerkmal ist keine Neuerfindung des Richtliniengesetzgebers. Es entspricht vielmehr der sog. Zwischenstaatlichkeitsklausel, die sich in leicht variierter Fassung sowohl in Art. 81 und 82 als auch in Art. 87 EG findet.
Sowohl in Art. 81 und Art. 82 als auch Art. 87 EG hat die Zwischenstaatlichkeitsklausel dabei die Funktion, den Geltungsbereich des Gemeinschaftsrechts (Wettbewerbsrecht, Beihilferecht) von dem des innerstaatlichen Rechts abzugrenzen (Kollisionsnorm).[724] Darüber hinaus hat sie aber auch die Funktion, als Tatbestandsmerkmal der jeweiligen Norm den Anwendungsbereich der gesetzlichen Verbote auf solche staatlichen bzw. unternehmerischen Handlungsweisen zu beschränken, die wegen der mit ihnen verbundenen Beeinflussung der innergemeinschaftlichen bzw. grenzüberschreitenden Handelsströme die Verwirklichung eines einheitlichen Binnenmarktes behindern (Sachnorm).[725]
Für das Konsultationsverfahren nach Art. 7 Abs. 3 Rahmenrichtlinie nimmt die Zwischenstaatlichkeitsklausel lediglich letztere Funktion, also diejenige einer tatbestandsbeschränkenden Sachnorm wahr, da sich in Bezug auf das Verfahren keine zwei kollidierenden Rechtsordnungen gegenüber stehen, sondern es nur

[723] Umfasst ist auch die Aufhebung von Pflichten nach Art. 6 Abs. 3 Zugangsrichtlinie, wobei es sich dabei - wie in Teil 5, D.III.2.b. aufgezeigt - nicht um SMP-Pflichten handelt, sondern die verbleibenden Pflichten zu SMP-Pflichten werden können.
[724] *Schröter* in GTE, EUV und EGV Kommentar, Art. 85 Abs. 1 Rn. 163.
[725] Vgl. *Stockenhuber* in Grabitz/ Hilf, EGV-Kommentar, Art. 81 Rn. 205; *Mederer* in GTE, EUV und EGV Kommentar, Art. 92 Rn. 36.

um die Begrenzung des Anwendungsbereichs des Konsultationsverfahrens auf Regulierungsmaßnahmen mit Binnenmarktrelevanz geht.

Für die Auslegung der Tatbestandsvoraussetzung in Art. 81, 82 und 87 EG existiert eine umfangreiche Rechtsprechungspraxis von EuGH und EuGI. Da die Zwischenstaatlichkeitsklausel in Art. 7 Abs. 3 Rahmenrichtlinie wie aufgezeigt ebenfalls die Funktion einer Anwendungsbereichsbegrenzung auf binnenmarktrelevante Sachverhalte haben soll, kann die vorhandene Rechtsprechungspraxis zur Auslegung herangezogen werden.

Die Tatsache, dass in Art. 81 und 82 EG von einer *Eignung* zur Beeinträchtigung des Handels die Rede ist, hingegen in Art. 7 Abs. 3 Rahmenrichtlinie von Auswirkungen, die die Maßnahmen auf den Handel *haben werden* gesprochen wird, steht einer Heranziehung der vorhandenen Rechtsprechung nicht entgegen. Denn auch in Art. 87 EG ist von Beihilfen, die „den Handel zwischen Mitgliedstaaten *beeinträchtigen*" die Rede. Trotzdem lassen sowohl Rechtsprechung[726] als auch Literatur[727] auch für Art. 87 EG eine Eignung ausreichen, weil gerade für Maßnahmen, die in der Zukunft liegen, der positive Nachweis einer Beeinträchtigung gar nicht geführt werden kann, und legen die Zwischenstaatlichkeitsklausel in den Art. 81, 82 und 87 EG weitestgehend parallel aus.[728]

(a) Rechtsprechungspraxis von EuGH und EuGI zur Zwischenstaatlichkeitsklausel

In inzwischen ständiger Rechtsprechung prüft der EuGH die Zwischenstaatlichkeitsklausel in Art. 81 und 82 EG unter Zugrundelegung einer feststehenden Definition. Anhand einer „Gesamtheit objektiver rechtlicher und tatsächlicher Umstände" muss sich „mit hinreichender Wahrscheinlichkeit voraussehen" lassen, dass eine Maßnahme[729] „unmittelbar oder mittelbar, tatsächlich oder potentiell den Warenverkehr zwischen den Mitgliedstaaten in einer Weise beeinflusst, die befürchten lässt, dass sie dadurch die Verwirklichung eines einheitlichen Marktes zwischen den Mitgliedstaaten behindert."[730]

---

[726] EuGH, Urteil v. 17.9.1980 - *Philip Morris/ Kommission*, Rs. 730/79, Slg. 1980, 2671, Rn. 11.

[727] *Mederer* in GTE, EUV und EGV Kommentar, Art. 92 Rn. 38 mit weiteren Nachweisen.

[728] Für eine parallele Auslegung des Elements der Eignung *Schröter* in GTE, EUV und EGV Kommentar, Art. 85 Abs. 1 Rn. 165 und *Mederer* in GTE, EUV und EGV Kommentar, Art. 92 Rn.38.

[729] Eine Maßnahme ist in den Art. 81 und 82 EG ein Unternehmensverhalten, in Art. 87 EG eine Beihilfe.

[730] Vgl. aus der neueren Rechtsprechung EuGH, Urteil v. 17.7.1997 - *Ferriere Nord/ Kommission*, Rs. C-219/95 P, Slg. 1997 I-4411, Rn. 20. Zudem grundlegend EuGH, Urteil v. 30.6.1966 - *Société Minière/ Maschinenbau Ulm GmbH*, Rs. 56/65, Slg. 1966, 281, 303;

Der Begriff des zwischenstaatlichen *Handels* wird dabei von der Rechtsprechung nicht wörtlich verstanden, sondern umfasst ganz allgemein den gesamten Wirtschaftsverkehr zwischen Mitgliedstaaten, also neben Warenverkehr auch den Personen-, Dienstleistungs- und Kapitalverkehr.[731]

Eine *Beeinträchtigung* des Handels (bzw. Auswirkungen auf den Handel, englisch „to affect trade") wird von der Rechtsprechung nicht etwa gleichgesetzt mit einer negativen Beeinflussung. Vielmehr wird darunter sowohl eine Ablenkung der Handelsströme, die sich so anders entwickeln, als sie es ohne die Maßnahme getan hätten,[732] als auch eine Veränderung der Wettbewerbsstrukturen im Gemeinsamen Markt verstanden.[733]

Die Zwischenstaatlichkeit, also die Auswirkungen auf den Handel *zwischen Mitgliedstaaten* fehlt regelmäßig nur dann, wenn eine Maßnahem keinerlei grenzüberschreitende Auswirkung oder Tendenz hat.[734] Maßnahmen, die einen substantiellen Teil eines oder den ganzen Mitgliedstaat betreffen, können trotzdem zwischenstaatliche Auswirkungen haben, weil auch so grenzüberschreitende Handelsströme umgelenkt werden können und insbesondere die Wettbewerbsstruktur im Gemeinsamen Markt beeinflusst werden kann.

Wie bereits erwähnt und wie die oben genannte Definition zeigt, ist es nicht erforderlich, dass der zwischenstaatliche Handel bereits tatsächlich beeinträchtigt ist. Vielmehr genügt es nach der Rechtsprechung, dass die jeweilige Maßnahme *geeignet* ist, den Handel zwischen den Mitgliedstaaten zu beeinträchtigen. Dafür muss - eben unter Berücksichtigung aller „objektiven rechtlichen und tatsächlichen Umstände" - eine hinreichende Wahrscheinlichkeit dafür bestehen, dass die Maßnahme „unmittelbar oder mittelbar, tatsächlich oder potentiell" den Warenverkehr zwischen den Mitgliedstaaten beeinflusst.[735]

Urteil v. 11.12.1980 - *L'Oréal/ De Nieuwe Amck*, Rs. 31/80, Slg. 1980, 3775, Rn. 18; Urteil v. 31.5.1979 - *Hugin/ Kommission*, Rs. 22/78, Slg. 1979, 1869, Rn. 17.

[731] *Stockenhuber* in Grabitz/ Hilf, EGV-Kommentar, Art. 81 Rn. 209; *Mederer* in GTE, EUV und EGV Kommentar, Art. 92 Rn. 37. Aus der Rechtsprechung vgl. z.B. zum Kapitalverkehr EuGH, Urteil v. 14.7.1981 - *Züchner/ Bayerische Vereinsbank*, Rs. 172/80, Slg. 1981, 2021, Rn. 18.

[732] *Schröter* in GTE, EUV und EGV Kommentar, Art. 85 Abs. 1 Rn. 165. Aus der Rechtsprechung z.B. EuGH, Urteil v. 29.10.1980 - *Van Landewyck/ Kommission*, verb. Rs. 209-215 und 218/78, Slg. 1980, 3125, Rn. 172.

[733] *Schröter* in GTE, EUV und EGV Kommentar, Art. 85 Abs. 1 Rn. 168 unter Bezugnahme auf EuGH, Urteil v. 31.5.1979 - *Hugin/ Kommission*, Rs. 22/78, Slg. 1979, 1869, Rn. 17.

[734] *Weiß* in Calliess/ Ruffert, Kommentar zum EUV/ EGV, Art. 81, Rn. 130.

[735] *Schröter* in GTE, EUV und EGV Kommentar, Art. 85 Abs. 1 Rn. 169; *Stockenhuber* in Grabitz/ Hilf, EGV-Kommentar, Art. 81 Rn. 210. Aus der Rechtsprechung vgl. z.B. EuGH, Urteil v. 17.7.1997 - *Ferriere Nord/ Kommission*, Rs. C-219/95 P, Slg. 1997 I-4411, Rn. 20.

(b) Übertragung der Auslegungspraxis auf Art. 7 Abs. 3 b) Rahmenrichtlinie

In Übertragung der vorhandenen Auslegungspraxis zu Art. 81, 82 und 87 EG müssen Maßnahmen i.S.v. Art. 7 Abs. 3 a) Rahmenrichtlinie dann von NRB dem Konsultationsverfahren unterworfen werden, wenn sich mit hinreichender Wahrscheinlichkeit voraussehen lässt, dass sie geeignet sind, unmittelbar oder mittelbar, tatsächlich oder potentiell den Wirtschaftsverkehr zwischen den Mitgliedstaaten zu beeinflussen. Die Beeinflussung kann dabei in einer Ablenkung von Handelsströmen oder in der Veränderung von Wettbewerbsstrukturen bestehen und ist regelmäßig bereits dann anzunehmen, wenn die Maßnahme Pflichten für SMP-Unternehmen auf dem gesamten oder einem großen Teil des Territoriums eines Mitgliedstaats begründet.[736]

Dass die hier herausgearbeitete Auslegung des Tatbestandsmerkmals im Einklang mit der Vorstellung des gemeinschaftlichen Gesetzgebers steht, zeigt Erwägungsgrund 38 Rahmenrichtlinie.[737] Dort hat der Gesetzgeber Maßnahmen, die den Handel zwischen Mitgliedstaaten beeinträchtigen können, definiert. Es soll sich um solche Maßnahmen handeln, „die unmittelbar oder mittelbar, tatsächlich oder potentiell einen derartigen Einfluss auf das Handelsmuster zwischen Mitgliedstaaten haben können, dass ein Hemmnis für den Binnenmarkt geschaffen wird.“ Umfasst sein sollen solche Maßnahmen, „die erhebliche Auswirkungen auf Betreiber oder Nutzer in anderen Mitgliedstaaten haben.“ Im Erwägungsgrund werden dafür Beispiele angeführt, und zwar „Maßnahmen, die Preise für die Nutzer in anderen Mitgliedstaaten beeinflussen, Maßnahmen, die die Möglichkeiten eines in einem anderen Mitgliedstaat niedergelassenen Unternehmens beeinträchtigen, einen elektronischen Kommunikationsdienst anzubieten, insbesondere Maßnahmen, die die Möglichkeit beeinträchtigen, Dienste auf länderübergreifender Basis anzubieten, sowie Maßnahmen, die die Marktstruktur oder den Marktzugang berühren und für Unternehmen in anderen Mitgliedstaaten zu nachteiligen Auswirkungen führen.“

---

[736] Der Kommission zufolge werden zahlreiche Maßnahmen „Auswirkungen auf den Handel zwischen Mitgliedstaaten“ haben, vgl. SMP-Leitlinien Rn. 147.

[737] Zwar sind das Tatbestandsmerkmal in Art. 7 Abs. 3 b) und die Formulierung in Erwägungsgrund 38 Rahmenrichtlinie nicht identisch. Dies gilt jedoch nur für die deutsche Fassung. In der englischen Fassung wird beide Male fast deckungsgleich die Formel „measures that could affect trade between Member States“ verwendet. Es liegt mithin nahe, dass auch in der deutschen Fassung das gleiche Merkmal gemeint ist. Dies entspricht auch der Entstehungsgeschichte des Erwägungsgrundes 38. Er wurde vom Europäischen Parlament im Rahmen der zweiten Lesung als Änderungsvorschlag eingebracht, um die Umsetzung des Tatbestandsmerkmals aus Art. 7 Abs. 3 b) Rahmenrichtlinie für die Mitgliedstaaten zu erleichtern. Auch die Kommission führt in den SMP-Leitlinien, Rn. 147 den Wortlaut von Erwägungsgrund 38 zur Definition der „beträchtlichen Auswirkungen“ an. Hingegen beziehen *Schütz/ Attendorn*, MMR-Beilage 4/2002, 1, 7 in Fn. 38 den Erwägungsgrund fälschlicherweise auf das Merkmal „Hemmnis für den Binnenmarkt“ aus Art. 7 Abs. 4 Rahmenrichtlinie.

Da die vom Gesetzgeber in den Erwägungsgründen vorgeschlagene Definition mit der hier herausgearbeiteten Auslegung des Merkmals der „Auswirkungen auf den Handel zwischen Mitgliedstaaten“ übereinstimmt, können diese Beispiele als Illustration für die oben dargelegte Auslegung dienen.

(3) Verfahrensdurchführung und Folgen

Liegen die genannten Verfahrensvoraussetzungen vor, so muss die NRB den Entwurf der von ihr geplanten Maßnahme zusammen mit einer Begründung - soweit durchgeführt zeitgleich[738] mit dem öffentlichen Anhörungsverfahren nach Art. 6 - den anderen NRB und der Kommission zur Verfügung stellen. Daneben sieht Art. 7 Abs. 3 Satz 1 Rahmenrichtlinie vor, dass die NRB die anderen NRB und die Kommission davon „unterrichten“ muss. Diese zusätzliche Pflicht wird verständlich, wenn die englische Fassung herangezogen wird. Danach sind die NRB nur verpflichtet „to make the draft measure accessible to the Commission and the NRB in other Member States.“ Der Begriff „accessible“ legt nahe, dass die Maßnahme nicht etwa allen Genannten zugesandt werden muss, sondern beispielsweise in elektronisch abrufbarer Form zur Verfügung gestellt werden kann. In diesem Fall kann das Konsultationsverfahren nur dann sinnvoll ablaufen, wenn die Kommission und die anderen NRB über den ihnen dann zugänglichen Maßnahmeentwurf informiert werden.

Die anderen NRB und die Kommission können binnen eines Monats bzw. - wenn diese länger ist - binnen der im Rahmen des Art. 6 Rahmenrichtlinie gesetzten Frist für die öffentliche Anhörung zu dem Maßnahmeentwurf Stellung nehmen. Die jeweilige Frist kann nicht verlängert werden. Um den effet utile der Stellungnahmemöglichkeit sicherzustellen, muss für den genannten Zeitraum für die NRB eine Stillhaltepflicht gelten. Dies bestätigt auch der Wortlaut des Art. 7 Abs. 4 Satz 1 a.E., wonach im Falle eines Einspruchs der Kommission der Beschluss über den Maßnahmeentwurf um *weitere* zwei Monate *aufgeschoben* wird.

Welchen Inhalt die Stellungnahmen von Kommission und NRB haben können, lässt Art. 7 Abs. 3 Rahmenrichtlinie offen. Erwägungsgrund 15 der Rahmenrichtlinie weist jedoch darauf hin, dass das Konsultationsverfahren verhindern soll, dass sich Regulierungsentscheidungen einzelner NRB nachteilig auf den Binnenmarkt oder die Verwirklichung der Vertragsziele auswirken. Mithin können die anderen NRB und die Kommission kritische Stellungnahmen darauf stützen, dass die geplante Entscheidung der NRB ihrer Ansicht nach binnenmarkt- oder in sonstiger Weise vertragszielgefährdend ist. Vertragszielgefährdend können insbesondere Maßnahmen sein, die nicht im Einklang mit den Re-

[738] Vgl. SMP-Leitlinien, Rn. 146.

gulierungszielen nach Art. 8 Rahmenrichtlinie und dem Verhältnismäßigkeitsgrundsatz stehen.[739]

Die zuständige NRB muss den abgegebenen Stellungnahmen nach Art. 7 Abs. 5 Rahmenrichtlinie weitestgehend Rechnung tragen. Dies impliziert zwar, dass die Stellungnahmen im Regelfall auf die endgültige Ausgestaltung der Maßnahme Einfluss haben soll.[740] Jedoch schreibt Art. 7 Abs. 5 Rahmenrichtlinie die Art und den Umfang der Einbeziehung nicht näher vor. Über das „Ob" und den Grad der Einbeziehung entscheidet mithin letztlich die jeweilige NRB.

Die schlussendliche Maßnahmeversion muss der Kommission übermittelt werden. Die Kommission kann im allgemeinen Konsultationsverfahren eine Maßnahme jedoch weder verhindern noch eine Veränderung erzwingen. Hält sie die endgültige Fassung der Maßnahme für rechtswidrig bzw. binnenmarktunverträglich, bleibt ihr nur die Möglichkeit, ein Vertragsverletzungsverfahren nach Art. 226 ff EG einzuleiten.[741]

bb. Vetoverfahren

Das Vetoverfahren nach Art. 7 Abs. 4 Rahmenrichtlinie stellt eine Abwandlung des allgemeinen Konsultationsverfahrens nach Art. 7 Abs. 3 und 5 Rahmenrichtlinie dar. Das Verfahren wird grundsätzlich wie im vorausgehenden Abschnitt dargestellt durchgeführt. Die Abwandlung in Art. 7 Abs. 4 besteht darin, dass der Kommission über die bloße Gelegenheit zur Stellungnahme hinaus die Möglichkeit eingeräumt worden ist, den Erlass bestimmter Maßnahmen der NRB zu verzögern und sie gegebenenfalls endgültig durch ihr Veto zu verhindern.

(1) Verfahrensvoraussetzungen für die Abwandlung

Die Voraussetzung für das Vetoverfahren ist, dass es sich bei dem Konsultationsgegenstand um eine Maßnahme i.S.v. Art. 7 Abs. 4 a) oder b) Rahmenrichtlinie handelt. Diese zwei Maßnahmekategorien stellen einen Ausschnitt aus den in Art. 7 Abs. 3 a) Rahmenrichtlinie aufgelisteten, dem allgemeinen Konsultationsverfahren unterworfenen Maßnahmen dar. Des Weiteren schreibt Art.

---

[739] Die Kommission hat in ihren SMP-Leitlinien, Rn. 120 angekündigt, dass sie für ihre Stellungnahme nach Art. 7 Abs. 3 Rahmenrichtlinie prüfen wird, ob eine geplante Maßnahme mit dem neuen Rechtsrahmen vereinbar ist und welche Auswirkungen sie auf den Binnenmarkt haben wird. Mithin will sie sich für die Rechtmäßigkeitsprüfung vor allem auf die neuen Richtlinien selbst und folglich insbesondere auf Art. 8 Rahmenrichtlinie, der die Regulierungsziele enthält, stützen.

[740] Ähnlich *Ladeur*, K&R 2002, 110, 113.

[741] Vgl. *Klotz*, K&R 2002 (Heft 09/2002, im Erscheinen), Fn. 39.

7 Abs. 4 Rahmenrichtlinie vor, dass die jeweilige Maßnahme „Auswirkungen auf den Handel zwischen den Mitgliedstaaten" haben muss.

(a) Art. 7 Abs. 4 a) Rahmenrichtlinie

Nach Art. 7 Abs. 4 a) Rahmenrichtlinie kann es sich zum eine Maßnahme handeln, die auf die „Festlegung eines relevanten Marktes" gerichtet ist, „der sich von jenen unterscheidet, die in der Empfehlung [*Verf.*: Märkte-Empfehlung] im Einklang mit Art. 15 Abs. 1 Rahmenrichtlinie definiert werden."

Da in der Märkte-Empfehlung nur sachlich relevante, potentiell regulierungsbedürftige Märkte aufgelistet werden, kann es sich bei einer Maßnahme i.S.v. Art. 7 Abs. 4 a) Rahmenrichtlinie nur um eine auf die sachliche Marktabgrenzung gerichtete Entscheidung handeln, die einen von der Märkte-Empfehlung divergierenden Markt abgrenzt und auswählt.

Eine Marktabgrenzung kann sich von derjenigen der Kommission in ihrer Märkte-Empfehlung aus verschiedenen Gründen unterscheiden. Selbstredend ist dies der Fall, wenn eine NRB einen Markt definiert, der überhaupt nicht in der Märkte-Empfehlung aufgeführt ist. Wenn eine NRB keinen völlig neuen Markt definiert, sondern lediglich einen von der Kommission abgegrenzten sachlichen Markt weiter segmentieren will,[742] so gilt - wie bereits oben aufgezeigt[743] - folgendes: Nur wenn die NRB eine in der Märkte-Empfehlung nicht vorgenommene Segmentierung vornehmen will, handelt es sich um eine abweichende sachliche Marktabgrenzung i.S.v. Art. 7 Abs. 4 a) Rahmenrichtlinie.[744]

(b) Art. 7 Abs. 4 b) Rahmenrichtlinie

Nach Art. 7 Abs. 4 b) Rahmenrichtlinie kann es sich für das Vetoverfahren des Weiteren um eine Maßnahme handeln, die auf die Festlegung gerichtet ist, „inwieweit ein Unternehmen allein oder zusammen mit anderen eine beträchtliche Marktmacht gemäß Art. 16 Abs. 3, 4 oder 5 Rahmenrichtlinie hat."

Der deutsche Wortlaut von Art. 7 Abs. 4 b) Rahmenrichtlinie ist offensichtlicher Weise fehlerhaft, denn ein Unternehmen kann nur beträchtliche Marktmacht haben oder nicht, so dass die Formulierung „inwieweit" keinen Sinn ergibt.
Was gemeint ist, zeigt hingegen die englische Fassung, wonach das Vetoverfahren greifen kann, „where an intended measure ... aims at...deciding *whether or not* to designate an undertaking as having, either individually or jointly with

---

[742] Ein Beispiel dafür wäre z.B. wenn der Markt für öffentlich zugängliche Sprachtelefondienst an festen Standorten in ein Geschäfts- und ein Privatkundensegment unterteilt werden sollte.
[743] Vgl. Teil 5, C.II.4.b.cc.
[744] Siehe Begründung zur Märkte-Empfehlung, S. 12 f.

others, significant market power, under Art. 16 (3), (4) or (5)." Es geht mithin um die Entscheidung, ob auf einem relevanten Markt ein oder mehrere Unternehmen beträchtliche Marktmacht innehaben oder nicht.

Ein Blick in Art. 16 Abs. 3 und Abs. 5 Rahmenrichtlinie zeigt allerdings, dass dort weder von der Feststellung beträchtlicher Marktmacht noch von einer Bestimmung von Unternehmen mit beträchtlicher Marktmacht die Rede ist. Dieser Widerspruch klärt sich jedoch auf, wenn man die - im Laufe des Gesetzgebungsverfahrens vorgenommene - Gleichsetzung von beträchtlicher Marktmacht und fehlendem wirksamen Wettbewerb mit einbezieht:[745] Der Gemeinschaftsgesetzgeber hat quasi bei der Auflistung von Art. 16 Abs. 3, 4 und 5 Rahmenrichtlinie dort hineingelesen, dass die Feststellung über die Wirksamkeit oder fehlende Wirksamkeit des Wettbewerbs mittels der Prüfung, ob auf dem relevanten Markt ein oder mehrere Unternehmen über SMP verfügen, erfolgt.

Im Ergebnis unterliegen dem Vetoverfahren mithin alle Entscheidungen der NRB über die Wirksamkeit oder die fehlende Wirksamkeit des Wettbewerbs auf allen in der Märkte-Empfehlung bzw. von den NRB selbst im Marktdefinitionsverfahren als potentiell regulierungsbedürftig eingestuften Märkten. Da die Entscheidung über die Wettbewerbswirksamkeit nach der gleichsetzenden Auslegung am Merkmal der beträchtlichen Marktmacht in dem jeweiligen Markt festgemacht wird, kann die Entscheidung von den NRB in die Aussage gekleidet werden, dass in dem relevanten Markt ein oder mehrere Unternehmen mit beträchtlicher Marktmacht existierten oder eben nicht. Diese Entscheidung unterliegt dann dem Vetoverfahren nach Art. 7 Abs. 4 Rahmenrichtlinie.[746]

(c) Zwischenstaatlichkeitsklausel

Das letzte Merkmal, also die Auswirkungen der geplanten Maßnahme auf den Handel zwischen den Mitgliedstaaten, stellt keine zusätzliche Verfahrensvoraussetzung für das Vetoverfahren dar. Es handelt sich um eine bloße Wiederholung der schon für Art. 7 Abs. 3 Rahmenrichtlinie zu prüfenden Zwischenstaatlichkeitsklausel. Maßnahmen, die keine Auswirkungen auf den Handel zwischen Mitgliedstaaten hätten, wären - wie oben ausgeführt - schon dem allgemeinen

[745] Vgl. dazu oben Teil 5, C.III.2.

[746] Nur unter Zugrundelegung eines solchen Verständnisses von Art. 7 Abs. 4 b) Rahmenrichtlinie macht es Sinn, dass auch die Feststellung, dass kein Unternehmen auf dem relevanten Markt beträchtliche Marktmacht hat, dem Vetoverfahren unterliegt. Anders als hier und m.E. zu kurz greifend *Schütz/ Attendorn*, MMR-Beilage 4/2002, 1, 15, die meinen, dass Art. 7 Abs. 4 b) Rahmenrichtlinie nur die Fälle umfasst, in denen tatsächlich ein oder mehrere Unternehmen mit beträchtlicher Marktmacht ermittelt werden.

Konsultationsverfahren nach Art. 7 Abs. 3 Rahmenrichtlinie entzogen, so dass es gar nicht erst zur Möglichkeit eines Vetoverfahrens kommen könnte.[747]

(2) Verfahrensauslöser: Einspruch der Kommission

Das Verfahren nach Art. 7 Abs. 4 Rahmenrichtlinie kommt nur dann in Gang, wenn die Kommission im Rahmen des - auch für die Maßnahmen nach Art. 7 Abs. 4 a) oder b) Rahmenrichtlinie regulär durchzuführenden - allgemeinen Konsultationsverfahrens gegenüber der jeweiligen NRB „erklärt, dass sie der Auffassung ist, dass der Maßnahmeentwurf ein Hemmnis für den Binnenmarkt schaffen würde", oder wenn sie „ernsthafte Zweifel an der Vereinbarkeit mit dem Gemeinschaftsrecht und insbesondere den in Art. 8 Rahmenrichtlinie genannten Zielen" hat. Die Kommission muss mithin - innerhalb der Frist für das allgemeine Konsultationsverfahren nach Art. 7 Abs. 3 Rahmenrichtlinie - der NRB gegenüber Einspruch erheben, und zwar gestützt auf die Aussage, dass sie die geplante Maßnahme für binnenmarktgefährdend und/ oder rechtswidrig hält.

(3) Verfahrensdurchführung und Folgen

Liegen die Verfahrensvoraussetzungen und der Einspruch der Kommission vor, so wird der Beschluss über den Maßnahmeentwurf nach Art. 7 Abs. 4 Rahmenrichtlinie um weitere zwei Monate aufgeschoben. Eine Möglichkeit der Verlängerung dieser Frist ist ausgeschlossen.

Innerhalb dieser Frist kann die Kommission i.R. des Beratungsverfahrens gemäß dem Komitologie-Beschluss - also unter beratender Einbeziehung des Kommunikationsausschusses (COCOM) - beschließen, die NRB aufzufordern, den Entwurf zurückzuziehen. In diesem Vetobeschluss muss „detailliert und objektiv analysiert sein, weshalb die Kommission der Auffassung ist, dass der Maßnahmeentwurf nicht angenommen werden sollte, und es sind zugleich spezifische Vorschläge zur Änderung des Maßnahmeentwurfs vorzulegen", Art. 7 Abs. 4 Satz 4 Rahmenrichtlinie.
Gegenstand des Beschlusses muss mithin die genaue Darlegung sein, aus welchen Gründen die Maßnahme nach Ansicht der Kommission ein „Hemmnis für den Binnenmarkt" darstellt oder „mit dem Gemeinschaftsrecht und insbesondere den in Art. 8 Rahmenrichtlinie genannten Zielen" nicht vereinbar ist.

(a) Hemmnis für den Binnenmarkt

Das Merkmal „Hemmnis für den Binnenmarkt" ist in der Rahmenrichtlinie nicht definiert.

---

[747] Der Grund für die redundante Erwähnung des Erfordernisses der Zwischenstaatlichkeit war ein rein politischer im Gesetzgebungsverfahren: Insbesondere Deutschland wollte sichergestellt wissen, dass rein innerstaatliche Maßnahmen weder dem allgemeinen Konsultations- noch dem ergänzenden Vetoverfahren unterfallen.

Nach der Legaldefinition in Art. 14 Abs. 2 EG „umfasst [der Binnenmarkt] einen Raum ohne Binnengrenzen, in dem der freie Verkehr von Waren, Personen, Dienstleistungen und Kapital gemäß den Bestimmungen dieses Vertrages gewährleistet ist." Eine Maßnahme wird man jedenfalls dann als Hemmnis für den Binnenmarkt betrachtet können, wenn sie zu - die Unternehmenstätigkeit signifikant beeinträchtigenden - unterschiedlichen Regulierungsbedingungen im Vergleich zu anderen Mitgliedstaaten führt.
Konkret auf Art. 7 Abs. 4 a) Rahmenrichtlinie bezogen bedeutet dies, dass eine von der Märkte-Empfehlung divergierende Marktabgrenzung ein Hindernis für den Binnenmarkt darstellt, wenn dadurch die ex ante Regulierung unter signifikant anderen Voraussetzungen zur Anwendung kommt, als in den anderen Mitgliedstaaten, die sich an die Vorgaben der Märkte-Empfehlung halten. Denn dadurch entstehen speziell für grenzüberschreitend agierende Unternehmen empfindliche Regulierungsunterschiede, die sich in binnenmarktfeindlicher Weise auf ihre Wirtschaftsentscheidungen auswirken. In Bezug auf Art. 7 Abs. 4 b) Rahmenrichtlinie dürfte ein Hemmnis für den Binnenmarkt dann zu bejahen sein, wenn die Entscheidung einer NRB über das Vorliegen oder Nichtvorliegen von beträchtlicher Marktmacht in signifikanter Weise von den - durch die Kommission[748] und den EuGH bzw. EuGI gesetzten - Standards für die Bewertung einer marktbeherrschenden Stellung abweichen. Auch eine solche Entscheidung führt zu einer von den anderen Mitgliedstaaten abweichenden Anwendung der ex ante Regulierung, so dass wiederum grenzüberschreitend agierende Unternehmen unterschiedlichen Regulierungsbedingungen in verschiedenen Mitgliedstaaten ausgesetzt sind.

(b) Gemeinschaftsrechtswidrigkeit

Das alternative Prüfungsmerkmal einer „mit dem Gemeinschaftsrecht und insbesondere den in Art. 8 Rahmenrichtlinie genannten Zielen" nicht zu vereinbarenden Maßnahme erklärt sich hingegen weitestgehend von selbst. So ist selbstredend jeder Verstoß gegen Primär- oder Sekundärrecht ausreichend für die Rechtswidrigkeit. Als für Regulierungsmaßnahmen besonders relevanter Teil des Sekundärrechts werden explizit die Regulierungsziele nach Art. 8 Rahmenrichtlinie genannt. Die Maßnahmen der NRB dürfen mithin nicht die Förderung des Wettbewerbs bei der Bereitstellung elektronischer Kommunikationsnetze und -dienste sowie zugehöriger Einrichtungen beeinträchtigen, nicht - insoweit handelt es sich um eine Wiederholung des ersten Prüfungsmerkmals[749] - der Bin-

[748] Dies gilt insbesondere für die Standards, die die Kommission in ihren SMP-Leitlinien aufgestellt hat.
[749] Die Redundanz erklärt sich dadurch, dass im ursprünglichen Kommissionsentwurf nur das zweite Prüfungsmerkmal vorgesehen war, also die Unvereinbarkeit mit dem Gemeinschaftsrecht und insbesondere mit den Zielen des Art. 8 Rahmenrichtlinie. Das zweite Kriterium der Binnenmarktunverträglichkeit wurde im Laufe des Rechtsetzungsverfahrens zunächst als das

nenmarktsentwicklung abträglich sein und nicht den Interessen der Bürger der EU zuwiderlaufen.[750] Die Kommission hat in ihren SMP-Leitlinien angekündigt, dass sie bei der Überprüfung von Maßnahmen der Einhaltung des Verhältnismäßigkeitsprinzips starke Beachtung schenken will.[751] Allerdings dürfte diese Aussage für das Vetoverfahren nach Art. 7 Abs. 4 Rahmenrichtlinie irrelevant sein, weil der Verhältnismäßigkeitsgrundsatz weder bei der Abgrenzung der relevanten Märkte noch bei der Prüfung der beträchtlichen Marktmacht eine Rolle spielt.[752]

(c) Vetobeschlussinhalt

Wenn die Kommission - unter beratender Einbeziehung von COCOM - ihren Vetobeschluss fasst, so muss sie zugleich einen speziell auf den Fall zugeschnittenen alternativen Maßnahmeinhalt vorschlagen. Dieser Vorschlag tritt jedoch nicht an die Stelle der NRB-Entscheidung, die Kommission hat mithin keine Ersetzungsbefugnis.[753] Die NRB kann den Vorschlag akzeptieren und die Maßnahme entsprechend erlassen oder aber die Maßnahme gänzlich verwerfen bzw. neu entwerfen; in letzterem Fall muss sie die Maßnahme jedoch wiederum dem Konsultationsverfahren unterwerfen.
Fasst die Kommission - aus welchen Gründen auch immer - binnen der zweimonatigen Frist keinen Vetobeschluss, so kann die NRB die geplante Maßnahme erlassen.[754]

cc. Eilverfahren

Eine zweite abweichende Verfahrensvariante des allgemeinen Konsultationsverfahrens ist das Eilverfahren nach Art. 7 Abs. 6 Rahmenrichtlinie. Im Falle

---

„insbesondere" zu berücksichtigende Ziel gemäß Art. 8 Rahmenrichtlinie aufgeführt. Zuletzt verselbständigte sich dieses Ziel quasi als eigenständiges Prüfungsmerkmal neben der Unvereinbarkeit mit dem Gemeinschaftsrecht, obwohl es eigentlich schon in diesem Merkmal enthalten ist.

[750] Angesichts der Abstraktheit der genannten Ziele dürfte es der Kommission allerdings sehr schwer fallen darzulegen, wie und warum eine abweichende Marktabgrenzung oder die Bewertung beträchtlicher Marktmacht gegen eines der Ziele aus Art. 8 Rahmenrichtlinie verstoßen soll. Skeptisch insoweit auch *Hocepied*, The new EU regulatory Framework for Electronic communications, S. 12.

[751] SMP-Leitlinien, Rn. 118.

[752] Die Aussage in den SMP-Leitlinien, Rn. 118, dürfte deshalb höchstens für die Stellungnahmen der Kommission i.R.v. Art. 7 Abs. 3 Rahmenrichtlinie Bedeutung haben. Da die Kommission dort allerdings über kein Vetorecht verfügt, könnte sie die Unverhältnismäßigkeit von Regulierungsmaßnahmen nur im Rahmen eines Vertragsverletzungsverfahrens nach Art. 226 EG beanstanden.

[753] Vgl. *Schütz/ Attendorn*, MMR-Beilage 4/2002, 1, 7; *Bartosch*, EuZW 2002, 389, 393; *Klotz*, WIK-Proceedings Nr. 9, S. 247, 253.

[754] SMP-Leitlinien, Rn. 152.

außergewöhnlicher Umstände, wenn eine NRB meint, dass sie die in Art. 7 Abs. 3 a) Rahmenrichtlinie genannten Maßnahmen dringend ohne Einhaltung der Verfahren nach Art. 7 Abs. 3 und 4 Rahmenrichtlinie - also ohne vorherige Konsultation der anderen NRB und der Kommission - durchführen muss, um den Wettbewerb zu gewährleisten und/ oder die Nutzerinteressen zu schützen, kann sie umgehend „angemessene und einstweilige Maßnahmen" erlassen.
Sie kann mithin insbesondere Regulierungsentscheidungen i.S.v. Art. 8 Abs. 2 Zugangsrichtlinie und Art. 16 Abs. 3 Universaldienstrichtlinie erlassen, ohne zuvor die anderen NRB und die Kommission zu konsultieren.[755]
Die jeweilige NRB muss die einstweilige Maßnahme mit einer umfassenden Begründung unverzüglich der Kommission und den anderen NRB mitteilen.

Beschließt die NRB, dass sie eines solche einstweilige Maßnahme verlängern bzw. ihr dauerhafte Geltung verleihen will, so muss sie ganz regulär das Konsultationsverfahren nach Art. 7 Abs. 3 und 4 Rahmenrichtlinie durchführen.

c. Sonstige Interaktionspflichten

Neben dem Konsultationsverfahren nach Art. 7 Abs. 3 und 4 Rahmenrichtlinie fordert Art. 7 Abs. 2 Rahmenrichtlinie von den NRB und der Kommission in transparenter Weise zu kooperieren, um eine kohärente Anwendung der neuen Richtlinien in allen Mitgliedstaaten sicherzustellen. Die Kommission hat als Forum für die in Art. 7 Abs. 2 Rahmenrichtlinie geforderte transparente Kooperation die ERG vorgesehen.[756]

Eine weitere Interaktionspflicht ergibt sich aus Art. 8 Abs. 3 Zugangsrichtlinie: Danach müssen NRB, die einem SMP-Unternehmen eine andere als in Art. 9-13 Zugangsrichtlinie vorgesehene Pflicht auferlegen wollen, zuvor die Zustimmung der Kommission einholen. Über die Erteilung bzw. Versagung der Zustimmung entscheidet die Kommission unter beratender Einschaltung von COCOM nach dem Komitologie-Beschluss.

2. Zusammenwirken zwischen NRB verschiedener Mitgliedstaaten

Die Formen des Zusammenwirkens zwischen NRB verschiedener Mitgliedstaaten können in drei Gruppen eingeteilt werden, und zwar in Pflichten zur gegenseitigen Informationsübermittlung, die Pflicht zur Durchführung des Konsulta-

[755] Wie die Kommission in ihren SMP-Leitlinien ausführt, erwartet sie keine Eilverfahren im Zusammenhang mit Marktabgrenzungen oder der Feststellung von beträchtlicher Marktmacht, weil insoweit keine außergewöhnlichen Umstände ersichtlich seien, die ein Handeln in Form eines Eilverfahrens erforderlich machen könnten, vgl. SMP-Leitlinien, Rn. 154.
[756] SMP-Leitlinien Rn. 138.

tionsverfahrens nach Art. 7 Rahmenrichtlinie sowie sonstige Kooperationspflichten.

a. Gegenseitige Informationsübermittlung

Die Mitgliedstaaten müssen sicherstellen, dass die einer NRB übermittelten Informationen den NRB eines anderen Mitgliedstaats auf begründeten Antrag zur Verfügung gestellt werden, Art. 5 Abs. 2 UA 2 Rahmenrichtlinie, wenn dies erforderlich ist, damit die andere Behörde ihren gemeinschaftsrechtlichen Verpflichtungen gerecht werden kann. Wie die Kommission in ihren SMP-Leitlinien ausführt, kann ein solcher Transfer von Unternehmensinformationen insbesondere dann erforderlich werden, wenn eine gemeinsame Analyse länderübergreifender Märkte nach Art. 16 Abs. 5 Rahmenrichtlinie durchzuführen ist.[757] Dabei muss jedoch sichergestellt werden, dass die von der auskunftserteilenden NRB als vertraulich gekennzeichneten Dokumente mit Geschäftsgeheimnissen auch von der empfangenden Behörde als vertraulich behandelt werden, Art. 5 Abs. 3 Rahmenrichtlinie.[758]

b. Das Konsultationsverfahren nach Art. 7 Rahmenrichtlinie

Das soeben ausführlich dargestellte Konsultationsverfahren ist zwischen den NRB verschiedener Mitgliedstaaten gemäß Art. 7 Abs. 3 und 5 Rahmenrichtlinie durchzuführen.[759]

c. Sonstige Kooperationspflichten

aa. Allgemeine Kooperationspflicht nach Art. 7 Abs. 2 Rahmenrichtlinie

Die Pflicht zur allgemeine Kooperation zwischen den NRB aller Mitgliedstaaten ist in Art. 7 Abs. 2 Rahmenrichtlinie normiert. Die NRB sollen untereinander in transparenter Weise kooperieren, um die kohärente Anwendung des neuen Rechtsrahmens sicherzustellen.[760] Den NRB ist dabei speziell durch Art. 7 Abs. 2 Satz 2 Rahmenrichtlinie aufgegeben, zu versuchen, „Einvernehmen über die geeignetsten Mittel und Wege zur Bewältigung besonderer Situationen auf dem Markt zu erreichen."

---

[757] SMP-Leitlinien Rn. 144.

[758] Erwägungsgrund 14 Rahmenrichtlinie unterstreicht zudem, dass als vertraulich eingestufte Informationen nur im für die Durchführung des neuen Rechtsrahmens unbedingt erforderlichen Umfang ausgetauscht werden dürfen.

[759] Vgl. oben Teil 5, E.IV.1.b.aa.

[760] Nach Erwägungsgrund 37 Rahmenrichtlinie kann die geforderte Kooperation u.a. in dem nach Art. 22 Rahmenrichtlinie einzusetzenden Kommunikationsausschuss (COCOM) oder in der Gruppe Europäischer Regulierungsstellen für elektronische Kommunikationsnetze und -dienste (ERG) stattfinden.

Nach dem deutschen Richtlinientext ist unklar, was unter „besonderen Situationen auf dem Markt“ zu verstehen sein soll. Der englische Text besagt, dass es darum geht „particular types of situations in the marketplace“ zu bewältigen. Gemeint ist mithin, dass NRB gemeinsame Standpunkte darüber festlegen sollen, welche Regulierungsinstrumente für bestimmte, typisierbare Arten von Marktversagen sie einsetzen wollen, um somit eine binnenmarktkonforme gleichmäßige Anwendung der ihnen nach den Spezialrichtlinien zustehenden Regulierungsinstrumente sicherzustellen.[761]

bb. Spezielle Kooperationspflichten

Spezielle Kooperationspflichten zwischen den NRB einzelner Mitgliedstaaten sind im Kontext von Marktanalyse- und Regulierungsanordnungsverfahren normiert. Wie oben ausgeführt,[762] schreibt Art. 16 Abs. 5 Rahmenrichtlinie im Falle länderübergreifender, in einer Entscheidung i.S.v. Art. 15 Abs. 4 Rahmenrichtlinie von der Kommission festgelegter Märkte eine gemeinsame Marktanalyse und Regulierungsadressatenbestimmung der zuständigen NRB vor. Ferner ist - ebenfalls nach Art. 16 Abs. 5 Rahmenrichtlinie - das Regulierungsanordnungsverfahren auf solchen Märkten gemeinsam durchzuführen.[763]

cc. Länderübergreifende Streitentscheidung

Einen weiteren Fall der Kooperationspflicht zwischen NRB einzelner Mitgliedstaaten sieht Art. 21 Rahmenrichtlinie vor. Danach findet ein mehrere NRB involvierendes Streitverfahren statt, wenn es sich um eine grenzüberschreitende Streitigkeit handelt, die in den Anwendungsbereich des neuen Rechtsrahmens fällt. Grenzüberschreitend ist eine Streitigkeit dabei nach Art. 21 Abs. 1 Rahmenrichtlinie dann, wenn an ihr Parteien verschiedener Mitgliedstaaten beteiligt sind und die Streitigkeit in die Zuständigkeit von mehr als einer NRB dieser Staaten fällt. Dieses Streitbeilegungsverfahren ist wiederum nicht spezifisch für die SMP-Konzeption, kann aber insbesondere im Falle grenzüberschreitender Streitigkeiten in Bezug auf SMP-Pflichten zum Einsatz kommen.

Nach Art. 21 Abs. 2 Rahmenrichtlinie kann jede Partei die Streitigkeit den zuständigen NRB vorlegen. Die zuständigen NRB müssen dann ihre Maßnahmen zur Streitbeilegung koordinieren.

---

[761] So auch die Kommission, vgl. SMP-Leitlinien, Rn. 138. Auch diese Abstimmung soll nach Vorstellung der Kommission im Rahmen der ERG stattfinden, vgl. SMP-Leitlinien, Rn. 138 und 143.

[762] Vgl. Teil 5, C.III.1.c. und Teil 5, D.II.1.

[763] Auch hierfür soll die ERG nach Ansicht der Kommission das geeignete Forum bieten. Sie könne insbesondere Regelungen für gemeinsame Analyseverfahren und für die Entscheidungsfindung entwerfen, vgl. SMP-Leitlinien Rn. 122 f.

Wie auch in einzelstaatlichen Streitbeilegungsverfahren dürfen die NRB dabei den beteiligten Unternehmen Verpflichtungen nur im Einklang mit dem neuen Rechtsrahmen auferlegen. In Bezug auf SMP-Pflichten können die NRB also nur solche Pflichten auferlegen, die sie zuvor in abstrakt-individueller Form nach den Spezialrichtlinien erlassen haben.
Wie im einzelstaatlichen Streitbeilegungsverfahren können die Mitgliedstaaten nach Art. 21 Abs. 3 Rahmenrichtlinie vorschreiben, dass die zuständigen NRB gemeinsam die Streitbeilegung zunächst ablehnen müssen, wenn es alternative Verfahren wie z.B. Schlichtungsverfahren gibt. Über derartige vorgeschaltete Verfahren sind die Parteien unverzüglich zu informieren. Führt ein solches Verfahren jedoch binnen vier Monaten nicht zur Streitbeilegung und wurde die Sache auch derweil nicht vor Gericht gebracht, müssen die NRB auf Antrag von einer Partei[764] eine koordinierte Streitentscheidung herbeiführen.

3. Zusammenwirken zwischen NRB und nationaler Wettbewerbsbehörde des gleichen Mitgliedstaats

Der neue Rechtsrahmen beschränkt sich nicht auf Vorgaben für grenzüberschreitende Interaktionen zwischen Behörden, sondern trifft jedenfalls in einem gewissen Umfang Regelungen in Bezug auf die Interaktion zwischen der NRB und der nationalen Wettbewerbs- bzw. Kartellbehörde eines Mitgliedstaats. Dies betrifft zum einen den Austausch von Informationen und zum anderen die Einbeziehung in gewisse Entscheidungen.

a. Informationsaustausch

Die NRB und die nationale Kartellbehörde haben untereinander diejenigen Informationen auszutauschen, die für die Anwendung der Bestimmungen des neuen Rechtsrahmens notwendig sind, Art. 3 Abs. 5 Rahmenrichtlinie. Wiederum ist dabei die empfangende Behörde an eine etwaige Vertraulichkeitseinstufung durch die auskunftserteilende Behörde gebunden. Diese Vorgabe bedeutet, dass die nationale Wettbewerbsbehörde der NRB alle Informationen zur Verfügung stellen muss, die sie aufgrund ihrer eigenen, ihr für den Wettbewerbsrechtsbereich verliehenen Untersuchungs- und Zwangsrechte erlangt hat.[765]

b. Beteiligung

Eine Beteiligung der nationalen Wettbewerbsbehörden an den Entscheidungen der NRB schreibt schließlich Art. 16 Abs. 1 Rahmenrichtlinie vor: So ist die

---

[764] Die deutsche Version „aller Parteien" ist eine falsche Übersetzung der englischen Formulierung „either party", die „die eine oder andere Partei" meint.
[765] Vgl. SMP-Leitlinien Rn. 136.

Wettbewerbsbehörde gegebenenfalls am Marktanalyseverfahren zu beteiligen. Die Kommission unterstreicht die Bedeutung dieser Beteiligung in ihren SMP-Leitlinien: Da die Marktanalyse im Einklang mit wettbewerbsrechtlichen Grundsätzen stattfinde, komme der diesbezüglichen Erfahrung der Wettbewerbsbehörde große Bedeutung zu. Jedoch unterstreicht die Kommission, dass stets die NRB die volle rechtliche Verantwortung für die Analysen und mithin für die letztendliche Entscheidung im Rahmen des Marktanalyseverfahrens behalte.[766] Die Mitgliedstaaten müssen die erforderlichen Verfahren zur Regelung der Zusammenarbeit zwischen NRB und nationaler Wettbewerbsbehörde einführen, Art. 3 Abs. 4 Satz 2 Rahmenrichtlinie.[767]

V. Zusammenfassung

Die Ausführung der neuen Rechts für elektronische Kommunikationsnetze und -dienste erfolgt wie im alten Rechtsrahmen im Wege des mittelbaren mitgliedstaatlichen Vollzugs. Mithin hat sich hinsichtlich der grundsätzlichen Kompetenzverteilung bei der Ausführung der SMP-Regulierungsvorschriften nichts verändert: Die wesentlichen Aufgaben bei der Regulierung von SMP-Unternehmen werden weiterhin von den NRB wahrgenommen und die Kommission nimmt primär Konsultations- und Kontrollfunktionen gegenüber den NRB wahr. Durch den neuen Rechtsrahmen sind jedoch zum einen die Aufgaben der NRB in qualitativer Hinsicht stark verändert, zum anderen vielfältige neue Mechanismen für das Zusammenwirken der an der Ausführung der SMP-Regulierungsvorschriften beteiligten Organe eingeführt worden.

Die zentrale qualitative Veränderung der Aufgaben und damit einhergehend der Befugnisse der NRB besteht darin, dass sie das „Wie" der SMP-Regulierung in weitgehend autonomer Weise auszugestalten haben. Darüber hinaus sind die gemeinschaftsrechtlichen Vorgaben für die Befugnisse der NRB zur Durchsetzung getroffener Regulierungsanordnungen präzisiert worden. Zuletzt ist mit den Vorgaben zum öffentlichen Anhörungsverfahren, das die NRB nach Art. 6 Rahmenrichtlinie in Bezug auf alle marktbedeutsamen Maßnahmen durchführen müssen, eine wichtige Grundlage für eine transparentere und marktnahe Regulierungspraxis geschaffen worden.

Für das Zusammenwirken der beteiligten Organe ist insbesondere das neue Konsultationsverfahren nach Art. 7 Rahmenrichtlinie von Bedeutung: Zum einen haben in Zukunft sowohl die NRB anderer Mitgliedstaaten als auch die Kommission die Möglichkeit, zu allen zentralen SMP-Regulierungsentscheidungen einer NRB mit zwischenstaatlicher Relevanz Stellung zu nehmen. Zum anderen hat die Kommission in Zukunft ein Vetorecht in Bezug auf zwei grundlegende Entscheidungen der NRB zu den Voraussetzungen für die SMP-Regulierung,

---

[766] SMP-Leitlinien, Rn. 135.

[767] Vgl. auch SMP-Leitlinien, Rn. 135.

nämlich hinsichtlich der Abgrenzung von Märkten, die in Abweichung von der Märkte-Empfehlung als potentiell regulierungsbedürftig eingestuft werden, und hinsichtlich der Entscheidung über das Vorliegen beträchtlicher Marktmacht in einem potentiell regulierungsbedürftigen Markt. Ganz allgemein verpflichtet der neue Rechtsrahmen die NRB nun zu einer pro-aktiven Koordination ihrer Regulierungspraxis.

Teil 6: Ausgewählte europarechtliche Rechtsprobleme der neuen SMP-Konzeption

Die vollständige Neugestaltung des Rechtsrahmens für elektronische Kommunikationsnetze und -dienste hat innerhalb der SMP-Konzeption zu einer Vielzahl neuer Rechtsprobleme geführt. Da eine erschöpfende Behandlung aller neuen Probleme den Rahmen dieser Arbeit sprengen bzw. eine gründliche Bearbeitung vereiteln würde, wurden für den folgenden Teil 6 der Arbeit zwei - soweit ersichtlich bislang unbeantwortete - europarechtliche Fragen ausgewählt. Der Grund für die Auswahl gerade dieser Probleme ist, dass es sich um wesentliche Fragen für die legislative und administrative Umsetzung durch die Mitgliedstaaten, mithin für die effektive Wirksamkeit der neuen SMP-Konzeption handelt. Zunächst geht es um die Frage, ob der nationale Gesetzgeber bei der Umsetzung des Richtlinienpakets in nationales Recht das Auswahl- und Ausgestaltungsermessen der NRB für die Anordnung von SMP-Pflichten einschränken darf (Kapitel A). Sodann wird untersucht, welche europarechtlichen Konsequenzen der Verstoß einer NRB gegen die Konsultationsvorschriften aus Art. 7 Rahmenrichtlinie, die ein integraler Bestandteil der SMP-Regulierung sind, hat (Kapitel B).

A. Einschränkbarkeit des Tool-Box-Ermessens durch die mitgliedstaatlichen Gesetzgeber

Als Erstes wird untersucht, ob die nationalen Gesetzgeber bei der Umsetzung des Richtlinienpakets in nationales Recht das Auswahl- und Ausgestaltungsermessen der NRB für die Anordnung von SMP-Pflichten einschränken dürfen.

I. Einleitung

1. Zusammenfassung des Tool-Box-Prinzips

Die neue gemeinschaftsrechtliche SMP-Konzeption unterscheidet sich insbesondere dadurch von der alten, dass die ex ante Pflichten, die den SMP-Unternehmen auferlegt werden, nicht bereits in den EU-Richtlinien festgelegt sind, sondern dass die Festlegung den NRB überlassen worden ist. Zwar wurden die den NRB maximal zur Verfügung stehenden Regulierungsinstrumente in grundsätzlich abschließender Weise in den Richtlinien als Tool-Box aufgelistet. Die Auswahl und Ausgestaltung der Pflichten für jedes SMP-Unternehmen ist nach der SMP-Konzeption jedoch regelmäßig in das Ermessen der NRB gestellt.[768] Die Ausübung dieses Auswahl- und Ausgestaltungsermessens durch die NRB ist

[768] Vgl. zu den Ausnahmen hinsichtlich dieses Ermessens oben Teil 5, D.II.2.b.bb. (2).

dabei nur durch die gemeinschaftsrechtlich vorgegebenen Regulierungsziele gemäß Art. 8 Abs. 2-4 Rahmenrichtlinie und den Verhältnismäßigkeitsgrundsatz[769] eingeschränkt.

Darüber hinaus enthalten die Richtlinien keine zwingenden Vorgaben für die Art und Weise der Ausübung des Auswahl- und Ausgestaltungsermessens. Sie geben lediglich in den einzelnen Artikeln und in den Erwägungsgründen Empfehlungen, in welchen Fällen bestimmte Instrumente von den NRB zweckmäßiger Weise eingesetzt[770] und wie die einzelnen Instrumente in Form von konkreten Pflichten ausgestaltet werden können.[771] Diese Empfehlungen binden die NRB jedoch nicht, und sie existieren auch nicht für alle Normen, in denen den NRB ein Auswahl- und Ausgestaltungsermessen eingeräumt wurde. Es bleibt folglich nach den gemeinschaftsrechtlichen Vorgaben dabei, dass die NRB die - nur durch die Regulierungsziele und den Verhältnismäßigkeitsgrundsatz begrenzte - Auswahl zwischen einer Vielzahl von Regulierungsinstrumenten haben und diese ausgestalten können.

In einigen Mitgliedstaaten wurden bzw. werden nun Überlegungen angestellt, den Ermessensspielraum der NRB durch den nationalen Gesetzgeber einschränken zu lassen.[772]

Ob solche Einschränkungen aus gemeinschaftsrechtlicher Perspektive zulässig sind, ist jedoch höchst fraglich.

---

[769] Bei der Anwendung des Verhältnismäßigkeitsgrundsatzes müssen die NRB insbesondere zwei spezielle Vorgaben aus den Spezialrichtlinien beachten, und zwar zum einen den Ultima-Ratio-Grundsatz hinsichtlich der Endnutzermärkteregulierung (Art. 17 Abs. 1 Universaldienstrichtlinie) und zum anderen die Einbeziehung der Faktoren i.S.v. Art. 12 Abs. 2 Zugangsrichtlinie bei der Auferlegung von Zugangspflichten. Vgl. dazu oben Teil 5, D.II.2.b.cc.

[770] Dies wird in den Richtlinien meist durch das Wort „insbesondere" eingeleitet, z.B. in Art. 9 Abs. 2 Zugangsrichtlinie: „Die NRB können *insbesondere* von Betreibern mit Gleichbehandlungsverpflichtungen die Veröffentlichung eines Standardzusammenschaltungsangebots verlangen, ...".

[771] Dies wird zumeist eingeleitet durch „unter anderem" bzw. „auch": So sieht Art. 17 Abs. 2 Satz 2 Universaldienstrichtlinie vor: „Zu den auferlegten Verpflichtungen können *auch* die Anforderungen gehören, ..." und Art. 12 Abs. 1 UA 2 Zugangsrichtlinie: „Betreibern darf *unter anderem* Folgendes auferlegt werden...."

[772] So hat z.B. das deutsche Bundeswirtschaftsministerium erklärt: "Im Interesse der Rechts- und Planungssicherheit im Telekommunikationssektor wird es künftig allerdings darauf ankommen, die den Regulierungsbehörden per Richtlinien zugewiesenen weiten Ermessensspielräume durch den nationalen Gesetzgeber zu konditionieren bzw. zu konkretisieren." Vgl. Bundesministeriums für Wirtschaft und Technologie, Eckpunkte Telekommunikation für eine Stellungnahme der Bundesregierung zum Tätigkeitsbericht der RegTP 2000/ 2001 und zum Sondergutachten der Monopolkommission „Wettbewerbsentwicklung bei Telekommunikation und Post 2001: Unsicherheit und Stillstand", S. 7.

Die Frage ist deshalb von großer Relevanz, weil von ihrer Beantwortung die Machtverteilung zwischen den nationalen Gesetzgebern und den NRB in Bezug auf die zukünftige Ausgestaltung der asymmetrischen ex ante Regulierung abhängt.

2. Denkbare Formen der Ermesseneinschränkung

Im Folgenden soll deshalb geklärt werden, ob - und wenn ja wie - das gemeinschaftsrechtlich den NRB eingeräumte Auswahl- und Ausgestaltungsermessen bei der Anordnung von SMP-Pflichten vom nationalen Gesetzgeber eingeschränkt werden darf.
Einschränkungen sind in verschiedenen Intensitätsstufen denkbar:

- Eliminierung des Ermessens: Die Anordnung und/ oder Art der Ausgestaltung eines bestimmten Regulierungsinstruments wird durch eine nationale Rechtsvorschrift unter zusätzlichen Tatbestandsvoraussetzungen oder prinzipiell bereits bei Bejahung der Regulierungsbedürftigkeit eines Marktes zwingend vorgeschrieben (z.B. zwingende ex ante Zugangsentgeltregulierung im Falle fehlenden wirksamen Wettbewerbs auf einem bestimmten Markt). Die NRB behält lediglich die Aufgabe, die Regulierungsbedürftigkeit und ggf. die zusätzlichen Tatbestandsvoraussetzungen zu prüfen. Ihr bleibt kein Entscheidungsspielraum
- Ausschluss des Ermessens im Regelfall: Die Anordnung und/ oder Art der Ausgestaltung eines bestimmten Regulierungsinstruments wird durch eine nationale Rechtsvorschrift unter zusätzlichen Tatbestandsvoraussetzungen oder prinzipiell bereits bei Bejahung der Regulierungsbedürftigkeit eines Marktes für den Regelfall vorgeschrieben (z.B. mittels einer „Sollvorschrift“ oder mittels eines Instruments, das mit dem „intendierten Ermessens“ i.S. des deutschen Verwaltungsrechts vergleichbar ist). Ein Abweichen ist der NRB nur in atypischen, durch Vorliegen besonderer Umstände geprägten Fällen gestattet.
- Gesetzliche Berücksichtigungspflichten: Die Entscheidung der NRB über die Auswahl und/ oder Art der Ausgestaltung von Regulierungsinstrumenten wird nicht hinsichtlich des Ergebnisses gebunden. Ihr wird lediglich zwingend vorgegeben, bei ihrer Entscheidung für oder gegen ein bestimmtes Instrument bzw. bei ihrer Entscheidung über die Art und Weise der Ausgestaltung eines Instruments bestimmte Gesichtspunkte zu berücksichtigen.

Für die Beantwortung der Frage, ob diese drei Arten von Einschränkungen zulässig sind, soll zunächst abstrakt geklärt werden, wie Richtlinienvorgaben umzusetzen sind und ob bzw. inwieweit dabei durch den nationalen Gesetzgeber Ergänzungen bzw. Einschränkungen eingeführt werden dürfen. (Abschnitt II). Anschließend werden die erarbeiteten Grundsätze auf die konkrete Fragestellung übertragen (Abschnitt III).

II. Abstrakter Überblick über gemeinschaftsrechtliche Grundsätze für die Umsetzung von Richtlinien

1. Grundsätze

Gemäß Art. 249 Abs. 3 EG ist die Richtlinie für jeden Mitgliedstaat, an den sie gerichtet wird, hinsichtlich des zu erreichenden Ziels verbindlich, überlässt jedoch den innerstaatlichen Stellen die Wahl der Form und der Mittel.

Um innerstaatliche Rechtswirkungen entfalten zu können, muss die Richtlinie im Regelfall von den Mitgliedstaaten in nationales Recht umgesetzt worden sein. In welcher Form und mit welchen Mitteln die Umsetzung erfolgt, ist grundsätzlich von den Mitgliedstaaten zu entscheiden. Es muss jedoch sichergestellt sein, dass das „Ziel" der Richtlinie erreicht wird. Der Begriff des Zieles ist dabei - in Anbetracht der anderen sprachlichen Fassungen des EG-Vertrages[773] - i.S.v. Ergebnis zu verstehen.[774] Das zu verwirklichende Ergebnis ergibt sich aus dem jeweiligen Richtlinieninhalt und kann deshalb nicht abstrakt bestimmt werden.[775]
Der EuGH hat - um eine effektive Zielverwirklichung sicherzustellen - bestimmte Anforderungen für eine korrekte Umsetzung von Richtlinien aufgestellt, die zwangsläufig in ein gewisses Spannungsverhältnis zur Freiheit der Mitgliedstaaten bei der Wahl von Form und Mittel treten. Die Anforderungen betreffen drei ineinandergreifende, aber trotzdem unterscheidbare Aspekte, und zwar die Form der Umsetzung, den Inhalt der Umsetzung und die effektive Anwendung und Durchsetzung des die Richtlinie umsetzenden nationalen Rechts.[776] Die der EuGH-Rechtsprechung zugrundeliegende Leitlinie ist der Grundsatz der praktischen Wirksamkeit (effet utile): Danach sind die Mitgliedstaaten verpflichtet, „innerhalb der ihnen nach Art. 189 [jetzt Art. 249 EG] belassenen Entscheidungsfreiheit die Formen und Mittel zu wählen, die sich zur Gewährleistung der praktischen Wirksamkeit (effet utile) der Richtlinien unter Berücksichtigung des mit ihnen verfolgten Zwecks am besten eigenen."[777]

---

[773] Auf Französisch „résultat", auf Englisch „result".
[774] *Ipsen*, Europäisches Gemeinschaftsrecht, S. 458.
[775] *Prechal*, Directives in European Community Law, S.44.
[776] *Prechal*, Directives in European Community Law, S. 36.
[777] EuGH, Urteil v. 8.4.1976 - *Royer*, Rs. 48/75, Slg. 1976, 497, Rn. 69/73.

Da die Einschränkung des Auswahl- und Ausgestaltungsermessens der NRB durch den nationalen Gesetzgeber allein die inhaltliche Ausgestaltung der Umsetzung betrifft, wird nachfolgend nur darauf eingegangen.

2. Inhaltliche Anforderungen bei der Umsetzung von Richtlinien

Die korrekte inhaltliche Umsetzung von Richtlinien erfordert, dass der durch sie vorgegebene rechtliche und tatsächliche Zustand in vollem Umfang hergestellt wird.[778] Das bedeutet zwar nach der Rechtsprechung des EuGH nicht, dass die Richtlinienbestimmungen vollständig wörtlich in nationales Recht übernommen werden müssten.[779] Jedoch muss das Ziel der Richtlinie effektiv verwirklicht werden, wobei das zu erreichende Ergebnis letztlich ein rechtlicher, wirtschaftlicher und sozialer Gesamtzustand ist.[780]

Umzusetzen ist - wie *Simon* in einem Schlagwort zusammengefasst hat - „die Richtlinie, nichts als die Richtlinie und die gesamte Richtlinie."[781] Was das konkret bedeutet, hängt zum einen von der Regelungsintensität der einzelnen umzusetzenden Bestimmung ab: Der Gestaltungsspielraum der nationalen, zur Umsetzung berufenen Stellen ist letztlich umkehrt proportional zur Detailgenauigkeit der Richtlinienvorgaben.[782] Zum anderen muss die einzelne Richtlinienbestimmung immer auch im Kontext der gesamten Richtlinie und der mit ihr verfolgten Ziele gesehen werden. Einzelne Umsetzungsnormen dürfen nicht das mit der Richtlinie zu erreichende Gesamtergebnis in Frage stellen.[783]

Die Frage, ob Mitgliedstaaten nicht in der Richtlinie vorgesehene Einschränkungen oder aber andere oder detailliertere Voraussetzungen als die in der Richtlinie vorgesehenen in ihre nationalen Rechtsvorschriften aufnehmen dürfen, muss im Wege der Auslegung der jeweiligen Richtlinie beantwortet werden. Jedenfalls dann, wenn sich aus dem System der Richtlinie ergibt, dass gerade eine abschließende Regelung zum Zwecke der gemeinschaftsweiten Vereinheitlichung gewollt war, sind Mitgliedstaaten zur Aufnahme zusätzlicher Vorausset-

---

[778] Vgl. EuGH, Urteil v. 28.2.1991 - *Kommission/ Deutschland*, Rs. C-131/88, Slg. 1991 I-825, Rn. 8. Aus der Literatur vgl. z.B. *Jarass*, Grundfragen der innerstaatlichen Bedeutung des EG-Rechts, S. 54; *Prechal*, Directives in European Community Law, S. 91; *Scherzberg*, Jura 1992, 572, 576; *Himmelmann*, DÖV 1996, 145, 147.

[779] EuGH, Urteil v. 28.2.1991 - *Kommission/ Italien*, Rs. C-360/87, Slg. 1991, I-791, Rn. 7. Aus der Literatur vgl. *Prechal*, Directives in European Community Law, S. 91; *Grabitz* in Grabitz/Hilf, Art. 189 Rn. 57; *Schmidt* in GTE, EUV und EGV Kommentar, Art. 189 Rn. 39.

[780] *Schmidt* in GTE, EGV Kommentar, Art. 189 Rn. 37; *Grabitz* in Grabitz/Hilf, EGV-Kommentar, Art. 189 Rn. 57.

[781] *Simon*, La directive européenne, S. 51.

[782] *Simon*, La directive européenne, S. 49.

[783] *Prechal*, Directives in European Community Law, S. 44 f; *Simon*, La directive européenne, S. 50.

zungen nicht befugt. Sie dürfen dann weder Ergänzungen, Einschränkungen oder auch nur Konkretisierungen vorsehen.[784] Umgekehrt kann sich jedoch auch ergeben, dass eine Richtlinie bzw. eine einzelne Bestimmung Abweichungen zulässt oder sogar die Anforderung erhebt, von den Mitgliedstaaten ausgefüllt zu werden.[785]

3. Fazit

Im Ergebnis kann festgehalten werden: Die Anforderungen an eine inhaltlich korrekte Umsetzung müssen anhand des Zieles einer Richtlinie herausgearbeitet werden. Das Ziel ist dabei als mit der Umsetzung sicherzustellendes rechtliches und tatsächliches Ergebnis zu verstehen. Es hängt ganz individuell vom jeweiligen Richtlinieninhalt ab und muss im Wege einer präzisen Auslegung der einzelnen Regeln der einschlägigen Richtlinie im systematischen Kontext der Richtlinie als Ganzer herausgearbeitet werden.

Die Auslegung einzelner Richtlinienbestimmungen kann dabei zum einen ergeben, dass eine abschließende Regelung getroffen werden sollte, die weder einer Einschränkung noch einer Ergänzung oder Konkretisierung zugänglich ist. Es kann sich hingegen auch herausstellen, dass die Ausfüllung einzelner Bestimmungen durch Mitgliedstaaten zulässig bzw. sogar geboten ist und/ oder Abweichungen zulässig sind.

III. Anwendung der Grundsätze

Im Folgenden werden die soeben abstrakt herausgearbeiteten Grundsätze für die Umsetzung von Richtlinienbestimmungen auf die im ersten Unterabschnitt aufgeworfene Frage, ob die nationalen Gesetzgeber das den NRB in den Spezialrichtlinien übertragene Auswahl- und Ausgestaltungsermessen in einer der drei oben aufgeführten Formen einschränken dürfen, übertragen.

Dementsprechend müssen diejenigen Bestimmungen aus der Zugangsrichtlinie und der Universaldienstrichtlinie, in denen den NRB ein solches Ermessen in Bezug auf die den SMP-Unternehmen aufzuerlegenden Pflichten eingeräumt wird, für sich genommen und im Kontext der Richtlinien ausgelegt werden, um herauszufinden, ob die - in den Richtlinien nicht vorgesehenen - drei Arten von zwingenden Vorgaben für die Ermessensausübung vom nationalen Gesetzgeber bei der Umsetzung vorgesehen werden dürfen.

---

[784] Vgl. z.B. EuGH, Urteil v. 5.4.1979 - *Ratti*, Rs. 148/ 78, Slg. 1979, 1629, Rn. 26 f; Urteil v. 23.11.1989 - *Parfümeriefabrik 4711/Provide*, Rs. C-150/88, Slg. 1989 I-3891, Rn. 23 ff. Aus der Literatur vgl. *Simon*, La directive européenne, S. 52.

[785] *Prechal*, Directives in European Community Law, S. 49.

1. Wortlautauslegung

a. Einschlägige Richtlinienbestimmungen

Die Spezialrichtlinien schreiben vor, dass den NRB die *Befugnis* zur Auferlegung der verschiedenen SMP-Pflichten verliehen werden *muss* und dass sie die einzelnen Pflichten auferlegen *können*.
So besagt Art. 8 Abs. 1 Zugangsrichtlinie, dass die Mitgliedstaaten sicherstellen müssen, „dass die NRB *befugt sind*, die in den Art. 9 bis 13 genannten Verpflichtungen aufzuerlegen". In den Art. 9 bis 13 Zugangsrichtlinie ist dann jeweils davon die Rede, dass die NRB die jeweiligen Verpflichtungen auflegen *können*.
Im Erwägungsgrund 26 der Universaldienstrichtlinie wird angesprochen, dass das Ausmaß des wirksamen Wettbewerbs sich innerhalb der Gemeinschaft und innerhalb der Mitgliedstaaten von Gebiet zu Gebiet je nach Zugangs- und Dienstleistungsmarkt unterscheiden könne. Sodann folgt: „Daher sollen NRB die *Befugnis* haben, einem Unternehmen mit beträchtlicher Marktmacht nach gebührender Prüfung als letztes Mittel Regulierungsmaßnahmen in Bezug auf Endnutzer aufzuerlegen."

Die zitierten Passagen könnten dahingehend interpretiert werden, dass die NRB die uneingeschränkte Möglichkeit zur Auferlegung der in den Richtlinien vorgesehenen Pflichten haben sollen, ohne dass der Gesetzgeber weitere Vorgaben für das „Ob" und/ oder das „Wie" der Auferlegung soll dazwischen schalten können. Andererseits könnten sie auch so verstanden werden, dass die Richtlinien sich eben darauf beschränken, die verfügbaren Instrumente aufzulisten, ohne dass der nationale Gesetzgeber gehindert sein soll, unter Berücksichtigung nationaler Umstände eine Ausgestaltung hinsichtlich der Ermessensausübung in zwingender Form vorzunehmen.

b. Fazit

Der Wortlaut der einschlägigen Richtlinienbestimmungen und Erwägungsgründe liefert keine hinreichende Grundlage, um über die Zulässigkeit bzw. Unzulässigkeit einer Einschränkung des Auswahl- und Ausgestaltungsermessens durch den nationalen Gesetzgeber zu entscheiden.

2. Auslegungsindizien aus der Entstehungsgeschichte der Richtlinien

a. Kommunikationsbericht 1999

Der Kommunikationsbericht 1999 war die Grundlage für die Richtlinienvorschläge, die die Kommission im Jahr 2000 erarbeitet hat und die später in Form eines Richtlinienpakets - also der Rahmenrichtlinie, Zugangsrichtlinie, Universaldienstrichtlinie und Genehmigungsrichtlinie - verabschiedet wurden. Die Kommission hat darin bereits die zentralen Strukturmerkmale, die später bei der Erarbeitung der Richtlinienvorschläge zugrundegelegt wurden, dargelegt.[786] So hat sie dort u.a. ausgeführt, welche Rolle den NRB in Zukunft bei der Auferlegung der SMP-Pflichten zukommen und wie sie ausgestaltet sein sollte. Im Zusammenhang mit den politischen Zielen für den Kommunikationssektor wurde dargelegt, dass ein vorrangiges Ziel die Flexibilisierung der Regulierung sein sollte, damit diese leichter auf Veränderungen reagieren könne. Die Regulierungsbehörden sollten aufgrund eindeutiger politischer Zielvorgaben als Erstes entscheiden, ob die politischen Ziele eine Regulierung erforderlich machten und zweitens *entscheiden*, welche Art der Regulierung sich zur Erreichung der Ziele am besten eigne.[787] Bezogen auf die zukünftige Regulierung des Zugangs zur Infrastruktur hat die Kommission ausgeführt, dass das Gemeinschaftsrecht einen Rahmen von Grundsätzen für die NRB anbieten werde, um Zugangsfragen lösen zu können, dass jedoch die eigentliche Entscheidung den jeweils im Lichte ihrer konkreten Marktbedingungen handelnden NRB überlassen bleibe.[788] Bei der Befassung mit den institutionellen Fragen des zukünftigen Rechtsrahmens hat die Kommission darauf verwiesen, dass die zunehmende *Delegierung* der Entscheidungsfindung an die NRB ein Gegengewicht in Form einer stärkeren Koordination zwischen NRB-Entscheidungen und Positionen auf EU-Ebene erfordere, wobei diese Koordination in erster Linie auf dem konsensbildenden Prozess unter europäischen Regulierungsinstitutionen beruhen solle.[789]

Keine der einschlägigen Passagen enthält explizite Aussagen zur geplanten Gestaltung des Tool-Box-Prinzips. Es geht lediglich daraus hervor, dass die Kommission im neuen Rechtsrahmen eine Flexibilisierung der Regulierung anstrebte, und zwar mittels einer marktnahen Bestimmung der jeweils geeigneten Regulierungsinstrumente durch die NRB.

b. SMP-Leitlinien

Die SMP-Leitlinien wurden nach dem Inkrafttreten des neuen Richtlinienpakets erlassen. Die erste Fassung der SMP-Leitlinien[790] entstand jedoch schon kurz

---

[786] Einige zentrale Veränderungen resultierten allerdings aus der sich an den Erlass des Kommunikationsberichts 1999 anschließenden öffentlichen Konsultation. Diese Veränderungen betrafen aber nicht die Struktur des Tool-Box-Prinzips, vgl. Mitteilung zur Kommunikationsberichtsanhörung.

[787] Kommunikationsbericht 1999, S. 12.

[788] Kommunikationsbericht 1999, S. 32.

[789] Kommunikationsbericht 1999, S. 59.

[790] Vgl. Arbeitsdokument der Kommission zu dem künftigen Rechtsrahmen für elektronische Kommunikationsnetze und -dienste - Entwurf von Leitlinien zur Marktanalyse und Ermittlung

nach der Erarbeitung der ursprünglichen Richtlinienvorschläge durch die Kommission, also noch während des Rechtsetzungsprozesses, und zeugt damit von den Prämissen, von denen die Kommission bei der Erarbeitung ihrer ersten Richtlinienvorschläge ausging. Zwar kann aus den Prämissen der Kommission nicht stets darauf geschlossen werden, wie die letztlich zustande gekommenen Richtlinien auszulegen sind, weil sich gerade im Rechtssetzungsprozess noch häufig gravierende Änderungen ergeben können. Jedoch wurden in Bezug auf die Ausgestaltungs- und Auswahlermessensspielräume der NRB im Laufe des Rechtsetzungsprozesses gerade keine strukturellen Veränderungen an der ursprünglichen Richtlinienfassung der Kommission vorgenommen, so dass den Prämissen der Kommission in diesem Fall eine gewisse „historische" Aussagekraft zukommt.

Die Kommission hat in der ursprünglichen Fassung der SMP-Leitlinien die Formulierung gewählt, dass „die NRB .. diese Verpflichtungen [*Verf.*: SMP-Verpflichtungen] nach eigenem Ermessen beibehalten, ändern oder aufheben [können]."[791] In der endgültigen Fassung hat sie ausgeführt „...müssen die NRB eine der Verpflichtung wählen, die in den Richtlinien für die Lösung des betreffenden Problems genannt sind."[792]

Diesen Passagen der SMP-Leitlinien ist zu entnehmen, dass die Kommission von einem den NRB zustehenden Ermessensspielraum bei der Auswahl der SMP-Pflichten ausging.

c. Fazit

Die Dokumente aus der Phase vor dem Erlass der Richtlinien zeigen, dass nach der Konzeption der Kommission den NRB für die Auferlegung der ex ante Verpflichtungen ein Gestaltungsspielraum zur Verfügung stehen sollte. Jedoch lässt sich allein daraus nicht ableiten, dass eine Einschränkung dieses Gestaltungsspielraums in einer der drei oben aufgeführten Formen durch den nationalen Gesetzgeber ausgeschlossen sein sollte.

3. Teleologische Auslegung

Da weder wörtliche noch historische Auslegung zu einem eindeutigen Ergebnis führen, soll im Wege einer teleologischen Auslegung festgestellt werden, ob nach Sinn und Zweck der relevanten Ermessensvorschriften und der Tool-Box-

---

beträchtlicher Marktmacht nach Art. 14 des Vorschlags für eine Richtlinie über einen gemeinsamen Rechtsrahmen für elektronische Kommunikationsnetze und -dienste, KOM(2001)175 v. 28.3.2001 (Erste Fassung der SMP-Leitlinien).

[791] Erste Fassung der SMP-Leitlinien, Rn. 100.

[792] SMP-Leitlinien, Rn. 116.

Konzeption als Ganzer einer oder mehrere der aufgezeigten Wege zur Einschränkung des Tool-Box-Ermessens zulässig sind.

a. Telos des Tool-Box-Prinzips

Mit dem Tool-Box-Prinzip wurde das Ziel verfolgt, eine marktnahe und flexible Handhabung und vor allem - im Zuge erwarteter Wettbewerbsverstärkungen - eine Lockerung der Regulierungsauflagen für SMP-Unternehmen zu ermöglichen.[793]

Zum Zwecke dieser Flexibilisierung und größtmöglichen Marktnähe der Regulierung hat der Gemeinschaftsgesetzgeber in den neuen Richtlinien eine strukturelle Änderung im Vergleich zum alten Rechtsrahmen vorgenommen: Anders als im Ordnungsmodell 4 sind die Regulierungsverpflichtungen nicht mehr starr bereits in den EU-Legislativakten vorgeschrieben, sondern es wurde das Regulierungsanordnungsverfahren eingeführt, im Rahmen dessen die NRB jeweils zeitnah und bedarfsgerecht die SMP-Pflichten festlegen müssen. Damit sollte sowohl eine flexiblere Handhabung der Regulierungsinstrumente in verschiedenen Mitgliedstaaten als auch innerhalb desselben Mitgliedstaats für verschiedene sachlich und räumlich relevante Märkte ermöglicht werden.

Der gemeinschaftliche Gesetzgeber hat diese Flexibilisierung materiell-rechtlich dadurch ergänzt, dass er sowohl Auswahl als auch Ausgestaltung der SMP-Pflichten in das Ermessen der NRB gestellt und darauf verzichtet hat, die Ausübung dieses Ermessens weitergehend als durch die in Art. 8 Abs. 2-4 Rahmenrichtlinie niedergelegten politischen Regulierungsziele und den Verhältnismäßigkeitsgrundsatz einzuschränken. Dies zeigt sich insbesondere daran, dass die Richtlinienvorgaben hinsichtlich des „Ob" und des „Wie" der Handhabung einzelner Regulierungsinstrumente als Empfehlungen und nicht als zwingende ermessenslenkende Vorschriften formuliert sind.

Den Zielsetzungen der Flexibilisierung und größtmöglichen Marktnähe liefe eine Auslegung der Ermessensbestimmungen, die es gestatten würde, dass das Auswahl- und/ oder Ausgestaltungsermessen der NRB - hinsichtlich einzelner oder aller Regulierungsinstrumente - durch den nationalen Gesetzgeber ausgeschaltet werden könnte, diametral entgegen. Zum einen ist der nationale Gesetzgeber eben nicht marktnah, da er Gesetze jeweils in allgemeingültiger Form für das gesamte Territorium erlässt. Zudem würde die zwingende Vorgabe bestimmter Regulierungsinstrumente durch nationale Legislativakte wieder einer unflexiblen - diesmal nur nationalen - normativen Festlegung der SMP-Pflichten gleichkommen, die durch die neue Struktur ja gerade ausgetauscht werden sollte.

---

[793] Vgl. dazu z.B. den Erwägungsgrund 13 Zugangsrichtlinie sowie den Kommunikationsbericht 1999, S. 15 f.

b. Schlussfolgerung

Die Zielsetzung des Gemeinschaftsgesetzgebers, die Auswahl und Ausgestaltung der SMP-Regulierungsinstrumente auf die Ebene der NRB zu verlagern, um Marktnähe und Regulierungsflexibilität herbeizuführen, verbietet eine nationale gesetzgeberische Ausgestaltung, mit der bestimmte Regulierungsinstrumente generell bei fehlendem wirksamen Wettbewerb oder auch unter zusätzlichen Tatbestandsvoraussetzungen zwingend vorgeschrieben werden. Mithin ist jedenfalls die oben aufgeführte Variante der Ermesseneliminierung mit den Richtlinienvorgaben nicht zu vereinbaren. Hingegen ist eine Einschränkung im letzteren Sinne, also die für die NRB normierte Pflicht, bei der Entscheidung über die Auswahl und/ oder Ausgestaltung einzelner Regulierungsinstrumente bestimmte gesetzlich vorgeschriebene Gesichtspunkte zu berücksichtigen, mit dem Telos der Richtlinien zu vereinbaren, weil die letztliche Einschätzung der Marktsituation und die Festlegung der erforderlichen Instrumente in der Zuständigkeit der NRB verbleibt. Problematisch ist hingegen die Beurteilung der zweiten Variante, also des Ermessensausschlusses im Regelfall. Man könnte aus dem Umstand, dass die NRB in atypischen Fällen ihr Ermessen anders als gesetzlich für den Regelfall vorgesehen ausüben kann, schlussfolgern, dass der Zielsetzung des Gemeinschaftsgesetzgebers, marktnahe und flexible Regulierungsentscheidungen herbeizuführen, Genüge getan sei. Indes führt ein solcher Ermessensauschluss im Regelfall eben dazu, dass die NRB - wenn sie nicht speziell begründen kann oder will, warum ein atypischer Fall vorliegen soll - die vom nationalen Gesetzgeber vorgegebene Rechtsfolge anordnet, mithin eben nicht von sich aus das oder die jeweils geeignetesten Regulierungsinstrumente auswählt bzw. ausgestaltet.
Anhand des Telos der Richtlinie kann mithin keine überzeugende Schlussfolgerung hinsichtlich der Zulässigkeit der zweiten Einschränkungsvariante gezogen werden.

4. Systematische Auslegung

Um eine endgültige Entscheidung über die Zulässigkeit der zweiten Einschränkungsvariante treffen zu können, bietet sich jedoch die Einbeziehung eines weiteren - systematischen - Gesichtspunktes an.

a. Systematische Einbeziehung von Art. 7 Abs. 2 Rahmenrichtlinie

In Art. 7 Abs. 2 Rahmenrichtlinie, der die Kooperation zwischen NRB verschiedener Mitgliedstaaten und zwischen den NRB und der Kommission betrifft, ist normiert: „Die NRB tragen zur Entwicklung des Binnenmarktes bei, indem sie miteinander und mit der Kommission auf transparente Weise kooperieren, um in allen Mitgliedstaaten eine kohärente Anwendung der Bestimmungen dieser Richtlinie und der Einzelrichtlinien zu gewährleisten. Zu diesem Zweck versu-

chen sie [*Verf.*: die NRB] insbesondere, *Einvernehmen über die geeignetsten Mittel und Wege zur Bewältigung besonderer Situationen auf dem Markt zu erreichen.*"
Die Kommission hat in den SMP-Leitlinien dazu ausgeführt „Die Kommission wird die NRB in ihren Bemühungen unterstützen, einen möglichst einheitlichen Ansatz in Bezug auf die Wahl der Rechtsinstrumente für vergleichbare Situationen in den verschiedenen Mitgliedstaaten sicherzustellen."[794]

Diese Passagen zeigen, dass nach der Struktur des neuen Rechtsrahmens die NRB der verschiedenen Mitgliedstaaten zusammenarbeiten sollen, um „gemeinsame Standpunkte" (englisch: „agreed positions") in Bezug auf die Handhabung der Regulierungsinstrumente für bestimmte typische Marktkonstellationen - also typische Situationen von Marktversagen - zu erarbeiten. Die Erarbeitung solcher gemeinsamer Standpunkte ist ein wichtiges Instrument des neuen Rechtsrahmens, um eine binnenmarktfördernde, abgestimmte Regulierungstätigkeit in den verschiedenen Mitgliedstaaten zu erreichen.
Eine zwingende Voraussetzung für die Erarbeitung solcher gemeinsamer Standpunkte ist jedoch, dass alle NRB die vollständige Entscheidungsbefugnis über den Einsatz und die Ausgestaltung der verschiedenen Regulierungsinstrumente aus der Tool-Box haben.
Wird einer NRB durch ihren nationalen Gesetzgeber die Auferlegung bzw. Ausgestaltung einzelner SMP-Regulierungsinstrumente unter bestimmten Voraussetzungen vorgeschrieben, so hat sie eben nicht die vollständige Entscheidungsbefugnis in Bezug auf das bzw. die Regulierungsinstrumente. Dabei macht es keinen Unterschied, ob es sich um eine strikte gesetzliche Vorgabe oder um einen zwingende Vorgabe für den Regelfall handelt. Es handelt sich jeweils nicht mehr um eine freie - i.S.v. pflichtgemäße - Ermessensentscheidung der NRB, sondern um eine gesetzgeberisch determinierte Entscheidung. Die NRB hat in beiden Fällen keine vollständige Entscheidungsbefugnis mehr, sondern müsste bei der Erarbeitung von gemeinsamen Standpunkten stets dafür sorgen, dass der gemeinsame Standpunkt der ihr von ihrem nationalen Gesetzgeber vorgeschriebenen Handhabung eines bestimmten SMP-Regulierungsinstruments entspricht.
Die Erarbeitung gemeinsamer Standpunkte würde dadurch jedoch extrem erschwert - wenn nicht gar unmöglich gemacht -, da gemeinsame Standpunkte unter Berücksichtigung von 15 bzw. in Zukunft 25 und mehr nationalen divergierenden gesetzlichen Regulierungshandhabungsvorgaben wohl kaum zu erzielen sein dürften. Mithin würde das Funktionieren dieses wichtigen Koordinierungsinstruments letztlich vereitelt.

[794] SMP-Leitlinien, Rn. 121.

b. Schlussfolgerung

Unter ergänzender Heranziehung des Art. 7 Abs. 2 Rahmenrichtlinie kann die unter teleologischen Gesichtspunkten nicht mit letzter Sicherheit zu beantwortende Frage nach der Zulässigkeit der zweiten Einschränkungsvarianten beantwortet werden: Um sicherzustellen, dass der Art. 7 Abs. 2 Rahmenrichtlinie seinen effet utile, also seine praktische Wirksamkeit entfalten kann, ist nicht nur der strikte Ermessenausschluss, sondern auch ein gesetzgeberischer Ermessensausschluss für den Regelfall mit den Richtlinienvorgaben unvereinbar.
Hingegen beeinträchtigt eine für die NRB vorgesehene Pflicht, bestimmte gesetzlich vorgegebene Gesichtspunkte in ihrer Entscheidung zu berücksichtigen, die Entscheidungsbefugnis der NRB nicht. Die Erarbeitung gemeinsamer Standpunkte wird dadurch nicht beeinträchtigt. Mithin sind auch unter diesem systematischen Gesichtspunkt gesetzliche Berücksichtigungspflichten, also die dritte Einschränkungsvariante, zulässig.

IV. Endergebnis

Überprüft wurde mittels Auslegung der einschlägigen gemeinschaftsrechtlichen Bestimmungen die Zulässigkeit von drei Arten gesetzgeberischer Einschränkungen des durch die Richtlinien den NRB zugewiesenen Tool-Box-Ermessens: die Eliminierung des Ermessens, der Ausschluss des Ermessens im Regelfall und die Vorgabe von zwingend bei der Entscheidung zu berücksichtigenden Gesichtspunkten.
Im Ergebnis haben weder die wörtliche noch die historische Auslegung Aufschluss über die Zulässigkeit der drei Einschränkungsvarianten gegeben.
Die teleologische Auslegung ließ hingegen bereits den Schluss zu, dass jedenfalls die erste Einschränkungsvariante, also die Eliminierung des Auswahl- und Ausgestaltungsermessens der NRB durch die nationalen Gesetzgeber, mit der Zielsetzung, flexible und marktnahe Regulierungsentscheidungen sicherzustellen, nicht vereinbar ist, wohingegen gesetzlich vorgegebene Berücksichtigungspflichten keinen teleologischen Bedenken begegnen.
Die zweite Einschränkungsvariante erwies sich unter systematischen Gesichtspunkten als unzulässig: Nicht nur der strikte, sondern auch der Ermessensausschluss im Regelfall vereitelt die praktische Wirksamkeit des Art. 7 Abs. 2 Rahmenrichtlinie. Hingegen bestehen auch unter diesem systematischen Gesichtspunkt keine Bedenken gegen die dritte Variante, also die Einschränkung des Tool-Box-Ermessens durch gesetzlich vorgegebene Berücksichtigungspflichten.

B. Nichteinhaltung der Verfahrensvorgaben in Art. 7 Abs. 3-5 Rahmenrichtlinie

Als Zweites werden nachfolgend die europarechtlichen Konsequenzen eines Verstoßes einer NRB gegen Verfahrensvorschriften des Konsultationsverfahrens nach Art. 7 Rahmenrichtlinie untersucht.

I. Einleitung

Im Rahmen der neuen SMP-Konzeption verfügen die NRB über einen erheblichen Entscheidungs- und Gestaltungsspielraum. Dies gilt sowohl für die Prüfung der Regulierungsvoraussetzungen als auch die Ausgestaltung der Regulierungsanordnungen. Um zu verhindern, dass dieser Spielraum der NRB zu einer neuen binnenmarktabträglichen Fragmentierung der Regulierungspraxis in den Mitgliedstaaten führt, wurde dem Konsultationsverfahren im Gesetzgebungsverfahren von Anfang an große Bedeutung beigemessen.[795] Die Koordination mit anderen NRB bzw. die Kontrolle durch die Kommission sollten binnenmarktabträgliche bzw. generell mit den Regulierungszielen aus Art. 8 Rahmenrichtlinie nicht zu vereinbarende Regulierungsentscheidungen präventiv verhindern. Die Frage, ob und wenn ja welche europarechtlichen Konsequenzen ein Verstoß einer NRB gegen Vorschriften des Konsultationsverfahrens haben wird, ist deshalb von großer Bedeutung, weil davon abhängt, ob das Konsultationsverfahren ein wirklich ernst zu nehmendes Instrument zur Binnenmarktsverwirklichung bzw. -sicherung ist, oder ob es sich lediglich um einen „zahnlosen Papiertiger" handelt. Um ein ernst zu nehmendes Instrument handelt es sich nur, wenn Verfahrensverstöße wirksam sanktioniert werden können. Deshalb wird nachfolgend untersucht, ob NRB mit europarechtlichen Sanktionen rechnen müssen, wenn sie beim Erlass einer Maßnahme gegen Vorschriften aus Art. 7 Abs. 3-5 Rahmenrichtlinie[796] verstoßen. Denkbar sind dabei zwei Sanktionen: Zum einen die Feststellung einer Vertragsverletzung durch den EuGH nach Art. 228 EG (Abschnitt III), zum anderen die - europarechtlich indizierte - Aufhebung der NRB-Maßnahme durch ein nationales Gericht (Abschnitt IV).

II. Überblick über die einzelnen Konsultationsverfahrensvorschriften

Art. 7 Abs. 3-5 Rahmenrichtlinie enthält folgende Verfahrenspflichten für die NRB:

---

[795] Vgl. z.B. die frühen Ausführungen der Kommission, Kommunikationsbericht 1999, S. 59 f.

[796] Nicht behandelt werden Verfahrensverstöße im Rahmen von Eilverfahren nach Art. 7 Abs. 6 Rahmenrichtlinie.

1. Pflicht, alle Entwürfe für Maßnahmen i.S.v. Art. 7 Abs. 3 a) Rahmenrichtlinie, die zugleich die Voraussetzung aus Abs. 3 b) erfüllen, der Kommission und den anderen NRB zur Verfügung zu stellen und sie darüber zu unterrichten (Notifizierungspflicht).
2. Pflicht, gleichzeitig die jeweilige Begründung für den Maßnahmeentwurf zur Verfügung zu stellen (Begründungsmitteilungspflicht).
3. Pflicht, die notifizierten Maßnahmen für einen Monat bzw. die Frist gemäß Art. 6 Rahmenrichtlinie auszusetzen (Stillhaltepflicht).[797]
4. Stillhaltepflicht für weitere zwei Monate, wenn die zusätzlichen Voraussetzungen für das Vetoverfahren vorliegen[798] und die Kommission gemäß Art. 7 Abs. 4 Rahmenrichtlinie Einspruch erhoben hat (ergänzende Stillhaltepflicht).
5. Pflicht, den Stellungnahmen i.S.v. Art. 7 Abs. 3 Rahmenrichtlinie bei der Ausgestaltung der endgültigen Maßnahme „weitestgehend Rechnung zu tragen" (Berücksichtigungspflicht).
6. Pflicht, endgültig erlassene Maßnahmen nach Art. 7 Abs. 5 der Kommission zu notifizieren (Ergebnismitteilungspflicht).
7. Pflicht, eine Maßnahme i.S.v. Art. 7 Abs. 4 a) oder b) Rahmenrichtlinie, gegen die die Kommission nach Art. 7 Abs. 4 Rahmenrichtlinie ihr Veto erhoben hat, nur unter vollständiger Beachtung der Änderungsvorgaben zu erlassen (Adaptationspflicht).[799]

Verfahrensverstöße sind in Bezug auf jede dieser sieben Pflichten denkbar: So kann die Notifizierung unterlassen, keine Begründung bereitgestellt, die Maßnahme schon während der einfachen oder ergänzenden Stillhaltezeit erlassen, den Stellungnahmen der Kommission und der anderen Mitgliedstaaten nicht „weitestgehend" Rechnung getragen oder eine Maßnahme i.S.v. Art. 7 Abs. 4 a) oder b) Rahmenrichtlinie nicht adäquat adaptiert worden sein.

Die genannten Verfahrensverstöße sollten auch keinesfalls als hypothetisches Gedankenspiel abgetan werden. Art. 7 Abs. 3 und 4 Rahmenrichtlinie enthalten - wie die obigen Ausführungen gezeigt haben[800] - eine Reihe sehr abstrakter Rechtsbegriffe, über deren Auslegung in der Zukunft mit großer Wahrschein-

[797] Für die Herleitung dieser - nicht explizit in Art. 7 Rahmenrichtlinie erwähnten - Pflicht, vgl. Teil 5, E.IV.1.b.aa. (3).

[798] Vgl. dazu oben Teil 5, E.IV.1.b.bb. (1).

[799] Wie in Teil 5, E.IV.1.b.bb. (3) herausgearbeitet, bedeutet die Adaptationspflicht nur, dass die NRB - wenn sie sich zum Maßnahmeerlass entschließen - die Änderungsvorschläge der Kommission einfügen müssen. Hingegen folgt aus Art. 7 Abs. 4 Rahmenrichtlinie keine Pflicht zum Maßnahmeerlass i.S. des Kommissionsvorschlags, der Kommission kommt keine Ersetzungsanordnungsbefugnis zu; deshalb wird in der Richtlinie der Begriff „Änderungsvorschläge" gebraucht.

[800] Vgl. Teil 5, E.IV.1.b.aa. und bb.

lichkeit Uneinigkeit herrschen wird, so dass eine NRB - ohne entsprechende Absicht - Notifizierungs- und Stillhaltepflichten missachten könnte, weil nach ihrer - europarechtswidrigen - Auslegung die Maßnahmen nicht unter die in Art. 7 Abs. 3 oder 4 Rahmenrichtlinie genannten Kategorien fallen.[801] Denkbar - und angesichts des vehementen Widerstandes der Mitgliedstaaten gegen das neue Konsultationsverfahren im Rechtsetzungsverfahren auch nicht völlig fernliegend - ist zudem, dass NRB bewusst gegen die Konsultationspflichten verstoßen, um zu versuchen, Maßnahmen zu erlassen, hinsichtlich derer mit Widerstand von der Kommission und/ oder den anderen NRB gerechnet wird.

III. Einleitung eines Vertragsverletzungsverfahrens durch die Kommission nach Art. 226 EG

Die erste denkbare Sanktion für Verfahrensverstöße der aufgezeigten Art könnte die Feststellung einer Vertragsverletzung durch den EuGH nach Art. 228 EG sein.
Ist die Kommission der Ansicht, dass ein solcher Verfahrensverstoß stattgefunden hat, so kann sie gemäß Art. 226 EG (bzw. ein anderer Mitgliedstaaten nach Art. 227 EG)[802] beim EuGH Klage auf Feststellung erheben, dass der betreffende Mitgliedstaat dadurch gegen seine Pflichten aus Art. 7 Abs. 3-5 Rahmenrichtlinie verstoßen hat, dass seine NRB die in Art. 7 Abs. 3-5 Rahmenrichtlinie niedergelegten Verfahrensvorgaben nicht beachtet hat.
Nach Art. 228 EG trifft der EuGH im Falle einer zulässigen und begründeten Vertragsverletzungsklage ein Urteil, in dem er feststellt, dass der beklagte Mitgliedstaat gegen die entsprechende Verpflichtung aus dem Gemeinschaftsrecht verstoßen hat. Der Mitgliedstaat ist in diesem Fall verpflichtet, den für rechtswidrig erklärten Zustand durch einen rechtmäßigen Zustand zu ersetzten.[803]

1. Zulässigkeit eines Vertragsverletzungsverfahrens bei Verstößen gegen Art. 7 Abs. 3-5 Rahmenrichtlinie

Zulässige Klagegegenstände im Vertragsverletzungsverfahren sind alle staatlichen Vertragsverstöße.
Im Falle von Richtlinien kommen dabei als zulässige Klagegegenstände nicht nur die Nichtumsetzung bzw. nicht ordnungsgemäße Umsetzung einer Richtlinie in Betracht. Die Kommission kann vielmehr auch die Feststellung beantragen,

---

801 Vgl. die Stellungnahme des Präsidenten der deutschen Regulierungsbehörde (RegTP) *Kurth*, der die Ansicht vertreten hat, dass niemand heute schon sagen könne, wie die neuen Bestimmungen zum Konsultationsverfahren ausgelegt würden, FAZ v. 21.1.2002, „Das Vetorecht der EU bringt Rechtsunsicherheit für die Telekom-Aufsicht“, S. 15.

802 Die Verfahrensvariante nach Art. 227 EG birgt in Bezug auf die hier interessierenden Fragen keine Besonderheiten, so dass darauf im weiteren Verlauf nicht mehr eingegangen wird.

803 Vgl. *Cremer* in Calliess/ Ruffert, Kommentar zum EUV/ EGV, Art. 228 Rn. 1 ff; *Krück* in GTE, EUV und EGV Kommentar, Art. 171 Rn. 1 ff.

dass mitgliedstaatliches Vollzugshandeln im Einzelfall - also z.B. ein Verstoß beim mittelbaren Verwaltungsvollzug des neuen Kommunikationsrechtsrahmens - gegen die Richtlinienvorgaben verstoßen hat.[804]
Um einen „staatlichen" Vertragsverstoß handelt es sich immer dann, wenn er von einer dem Mitgliedstaat zurechenbaren Einrichtung begangen wurde, was bei nationalen Behörden stets der Fall ist. Die von Art. 3 Abs. 2 Rahmenrichtlinie geforderte „Unabhängigkeit" der NRB schadet dabei nicht, denn trotz der Unabhängigkeit handelt es sich um eine dem Staat zurechenbare Einrichtung.
Für die Zulässigkeit ist es darüber hinaus erforderlich, dass die Kommission zuvor das in Art. 226 EG angesprochene Vorverfahren ordnungsgemäß durchgeführt hat.
Die Zulässigkeit eines Vertragsverletzungsverfahrens hängt nicht von einem irgendwie gearteten „Betroffensein" ab, da das Vertragsverletzungsverfahren allein der objektiv-rechtlichen Durchsetzung des Gemeinschaftsrechts dient. Die Kommission muss also weder ein eigenes Interesse noch ein subjektives Interesse eines privaten Rechtssubjektes nachweisen, um zu einer Vertragsverletzungsfeststellungsklage berechtigt zu sein. Sie kann deshalb in Bezug auf Richtlinienbestimmungen - wie dies hier der Fall wäre - einem Mitgliedstaat vorwerfen, in einem konkreten Fall gegen sich unmittelbar aus einer Richtlinie ergebende Pflichten verstoßen zu haben, ohne dass dies voraussetzen würde, dass die entsprechenden Richtlinienbestimmungen dem Einzelnen individuelle Rechte einräumen. Es geht nämlich in dem Verfahren dann allein darum, ob die Richtlinie so ausgelegt werden kann, dass ihr die von der Kommission angeführten Pflichten zu entnehmen sind.[805]
Der Umstand, dass die Verfahrenspflichten nach Art. 7 Abs. 3-5 Rahmenrichtlinie nicht wirklich nachgeholt werden können, beeinträchtigt darüber hinaus das - objektiv zu verstehende - Rechtsschutzinteresse nicht, da es in einem Verfahren nach Art. 226 EG zunächst um die Feststellung eines Verstoßes und sodann um die Behebung des rechtswidrigen Zustandes in einer geeigneten, so nicht anders möglich auch nur ex nunc wirkenden Form geht.

Eine Feststellungsklage nach Art. 226 EG wäre somit im Falle eines Verfahrensverstoßes durch eine NRB zulässig.

---

[804] Vgl. EuGH, Urteil v. 11.8.1995 - *Kommission/Deutschland (Großkrotzenburg)*, Rs. C-431/92, Slg. 1995 I-2189, Rn. 22. Explizit unterschieden werden diese zwei Arten der Kontrolle bei *Hilf*, EuR 1993, 1, 17.

[805] Vgl. EuGH, Urteil v. 11.8.1995 - *Kommission/Deutschland (Großkrotzenburg)*, Rs. C-431/92, Slg. 1995 I-2189, Rn. 24 ff.

2. Begründetheit eines Vertragsverletzungsverfahrens bei Verstößen gegen Art. 7 Abs. 3-5 Rahmenrichtlinie

Eine Feststellungsklage der Kommission ist begründet, wenn die von ihr behaupteten Tatsachen zutreffen und das gerügte mitgliedstaatliche Verhalten bzw. die gerügte nationale Rechtslage gegen eine Verpflichtung aus dem Vertrag verstoßen.

Der Begriff der Verpflichtung aus dem Vertrag ist dabei weit auszulegen und umfasst das gesamte bindende Gemeinschaftsrecht, also auch - wie im vorliegenden Fall - sekundärrechtliche Richtlinienbestimmungen.[806]

Bei der gemeinschaftsrechtlichen Norm, gegen die verstoßen worden sein soll, muss es sich im Übrigen nicht um eine materiell-rechtliche Bestimmung handeln. Es genügt vielmehr, den Verstoß gegen Verfahrensvorschriften wie diejenigen aus Art. 7 Abs. 3-5 Rahmenrichtlinie zu rügen, da auch eine formale Gemeinschaftsrechtsverletzung für die Feststellung einer Vertragsverletzung durch den EuGH ausreicht.[807]

a. Abstrakte Voraussetzungen für Vertragsverletzungsverstöße aufgrund von Verfahrensbestimmungen in Richtlinienbestimmungen

aa. „Unmissverständliche Verpflichtungen"

Im Falle von Richtlinienbestimmungen, die Verfahrensvorschriften für nationale Behörden aufstellen, hat der EuGH entschieden, dass eine Vertragsverletzung sich nur aus solchen Richtlinienbestimmungen ergeben kann, die „unmissverständliche Verpflichtungen" für die in den Mitgliedstaaten jeweils zuständigen Behörden aufstellen.[808] Die Anforderungen, die der EuGH an das Vorliegen unmissverständlicher Verpflichtungen stellt, entsprechen den von ihm aufgestellten Voraussetzungen für die unmittelbare Wirkung von Richtlinienbestimmungen.[809]

---

[806] Vgl. *Cremer* in Calliess/ Ruffert, Kommentar zum EUV/ EGV, Art. 226 Rn. 33; *Krück* in GTE, EUV und EGV Kommentar, Art. 169 Rn. 54.

[807] Vgl. nur einige der vielen Urteile, in denen der EuGH bereits im Falle des Verstoßes lediglich gegen Mitteilungspflichten einen Vertragsverletzungsverstoß i.S.v. Art. 228 EG bejaht hat: EuGH, Urteil v. 2.2.1993 - *Kommission/Italien*, C-139/92, Slg. 1993 I-4707, Rn. 8 f; EuGH, Urteil v. 1.6.1994 - *Kommission/Deutschland*, C-317/92, Slg. 1994 I-2039, Rn. 25 ff; EuGH, Urteil v. 11.1.1996 - *Kommission/ Niederlande*, C-273/94, Slg. 1996 I-31, Rn. 12 ff. Zu diesen Fällen näher *Fronia*, EuZW 1996, 101, 107.

[808] EuGH, Urteil v. 11.8.1995 - *Kommission/Deutschland (Großkrotzenburg)*, Rs. C-431/92, Slg. 1995 I-2189, Rn. 39 f.

[809] In der deutschen Literatur werden solche gemeinschaftsrechtlich begründeten Pflichten für die Mitgliedstaaten bzw. mitgliedstaatliche Behörden zumeist unter dem Stichwort der „rein objektiven unmittelbaren Richtlinienwirkung" behandelt, vgl. z.B. *Gellermann*, DÖV 1996, 433, 436; *Pechstein*, EWS 1996, 261 ff; *Langenfeld*, DÖV 1992, 955, 957, Fn. 15; *Calliess*, NVwZ 1996, 339, 340. Der Grund für diese Unterscheidung ist, dass eine ganze Reihe von

Eine die Feststellung eines Vertragsverstoßes rechtfertigende Richtlinienverpflichtung muss mithin hinreichend genau und unbedingt sein.[810]

Unbedingt ist eine Richtlinienbestimmung, wenn ihre Anwendbarkeit von keiner weiteren konstitutiven Entscheidung eines gemeinschaftlichen oder mitgliedstaatlichen Organs abhängt und ihre Anwendung nicht unter einem Vorbehalt bzw. einer Bedingung steht.[811] Nicht unbedingt ist eine Bestimmung dann, wenn die Einhaltung der Vorgaben in das Ermessen[812] eines gemeinschaftlichen oder eines mitgliedstaatlichen Organs gestellt ist.[813]
Hinreichend genau ist eine Bestimmung, wenn sie unzweideutig eine Verpflichtung begründet,[814] also rechtlich „perfekt"[815] in dem Sinne ist, dass sie als solche vom Rechtsanwender angewandt werden kann.[816] Es müssen dafür jeden-

---

Autoren in Deutschland der EuGH-Rechtsprechung entnehmen zu können meint, dass es im Falle einer „nicht rein objektiven" Richtlinienbestimmung, auf die sich ein Einzelner vor Gericht berufen will, erforderlich sei, dass sie dem Einzelnen „subjektive Rechte" einräume, also ihn begünstige. Vgl. die Literaturnachweise bei *Ruffert* in Calliess/ Ruffert, Kommentar zum EUV/ EGV, Art. 249, Rn. 88 Fn. 270.

[810] Vgl. z.B. EuGH, Urteil v. 30.4.1996 - *CIA Security International*, Rs. C-194/94, Slg. 1996 I-2201, Rn. 42. Zu den folgenden Ausführungen vgl. ausführlich *Ruffert* in Calliess/ Ruffert, Kommentar zum EUV/ EGV, Art. 249, Rn. 76 und *Prechal*, Directives in European Community Law, S. 281 ff. Dass jedenfalls für die „rein objektive" unmittelbare Richtlinienwirkung die Verleihung subjektiver Rechte keine Voraussetzung ist, wird auch in der deutschen Literatur spätestens seit dem Urteil *Großkrotzenburg* des EuGH (Urteil v. 11.8.1995 - *Kommission/Deutschland (Großkrotzenburg)*, Rs. C-431/92, Slg. 1995 I-2189, Rn. 26) anerkannt. Aus diesem Grund wird auf das von vielen Autoren - vgl. z.B. *Leonard*, Die Rechtsfolgen der Nichtumsetzung von EG-Richtlinien, S. 100; *Pernice*, NVwZ 1990, 414, 424; *Winter*, DVBl. 1991, 657, 659 - für die individuelle Geltendmachung von Richtlinienvorschriften aufgestellte Erfordernis hier nicht eingegangen.

[811] EuGH, Urteil v. 4.12.1974 - *Van Duyn/Home Office*, Rs. 41/74, Slg. 1974, 1337, Rn. 13/14; Urteil v. 23.2.1994 - *Comitato di coordinamento per la difesa della Cava u.a.*, Rs. C-236/92, Slg. 1994 I-483 Rn. 9.

[812] Anders als im deutschen Verwaltungsrecht wird der Begriff des Ermessens im Gemeinschaftsrecht sowohl für Beurteilungsspielräume auf Tatbestandsseite als auch für Entscheidungsspielräume auf Rechtsfolgenseite verwendet, vgl. *Cremer* in Calliess/ Ruffert, Kommentar zum EUV/ EGV, Art. 87 EG Rn. 26. In dieser Arbeit wird der gemeinschaftliche Ermessensbegriff zugrunde gelegt.

[813] EuGH, Urteil v. 22.9.1983 - *Ministère Public/Auer*, Rs. 271/82, Slg. 1983, 2727, Rn. 16. Vgl. z.B. *Jarass*, NJW 1990, 2420, 2423 und *Ruffert* in Calliess/ Ruffert, Kommentar zum EUV/ EGV, Art. 249, Rn. 76.

[814] EuGH, Urteil v. 22.9.1983 - *Ministère Public/Auer*, Rs. 271/82, Slg. 1983, 2727, Rn. 16; Urteil v. 4.12.1986 - *Niederlande/ Federatie Nederlandse Vakbeweging*, Rs. 71/85, Slg. 1986, 3855, Rn. 18; Urteil v. 23.2.1994 - *Comitato di coordinamento per la difesa della Cava u.a.*, Rs. C-236/92, Slg. 1994 I-483 Rn. 10.

[815] Vgl. *Oppermann*, Europarecht, Rn. 556.

[816] EuGH, Urteil v. 26.2.1986 - *Marshall/ Southampton and South-West Hampshire Area Health Authority*., Rs. 152/84, Slg. 1986, 723, Rn. 52; Urteil v. 4.12.1986 - *Niederlande/*

falls die sachliche Regelungsvorgabe als solche und der Adressat der Regelung festgelegt sein.[817] Unbestimmte Rechtsbegriffe stehen der hinreichenden Genauigkeit nicht entgegen, solange ihre Bedeutung sich allein mittels Auslegung erschließen lässt und sich dahinter nicht Ermessensspielräume für die Anwendung der Vorschrift durch Legislativ- oder Exekutivorgane verbergen. Solche Spielräume schließen es nämlich entweder schon aus, dass der Rechtsanwender den Inhalt der Vorschrift allein mittels Auslegung ergründen kann, oder sie führen wiederum zur Bedingtheit der einzelnen Richtlinienbestimmung im oben genannten Sinne.

bb. Zeitpunkt

Eine Vertragsverletzung hat der EuGH bislang nur dann bejaht, wenn das behördliche Verfahren, innerhalb dessen gegen die Verfahrensvorschriften verstoßen wurde, nach Ablauf der Umsetzungsfrist einer Richtlinie eingeleitet wurde.[818] Das hing allerdings damit zusammen, dass die Mitgliedstaaten zur Durchführung der Verfahren regelmäßig erst nach Ablauf der Umsetzungsfrist verpflichtet sind. Wenn in einer Richtlinienbestimmung die Mitgliedstaaten schon vor Ablauf der Umsetzungsfrist zur Durchführung bestimmter Verfahren oder Verfahrensteile verpflichtet werden, so ist ein Vertragsverstoß auch vor Ende der Umsetzungsfrist denkbar.

cc. Zwischenergebnis

Der Erfolg einer Feststellungsklage der Kommission hängt mithin davon ab, ob die Verfahrensvorschriften aus Art. 7 Abs. 3-5 Rahmenrichtlinie unbedingte und hinreichend genaue Verpflichtungen aufstellen, die Umsetzungsfrist abgelaufen bzw. ein anderer Zeitpunkt in der Richtlinie für die Verfahrensdurchführung vorgegeben ist und im Einzelfall tatsächlich ein Verstoß einer NRB gegen eine der Verfahrensvorschriften vorliegt.

Federatie Nederlandse Vakbeweging, Rs. 71/85, Slg. 1986, 3855, Rn. 18; *Ruffert* in Calliess/ Ruffert, Kommentar zum EUV/ EGV, Art. 249, Rn. 76; *Jarass*, NJW 1990, 2420, 2424; *Leonard*, Die Rechtsfolgen der Nichtumsetzung von EG-Richtlinien, S. 95 ff.

817 Die Bestimmung des „begünstigten Personenkreises" - wie z.B. von *Jarass*, NJW 1990, 2420, 2424 und *Leonard*, Die Rechtsfolgen der Nichtumsetzung von EG-Richtlinien, S. 95 ff gefordert - ist hingegen nicht in jedem Fall eine zwingende Voraussetzung für „perfekte" Regelungen, weil z.B. Verfahrensvorgaben regelmäßig keine Begünstigten kennen.

818 Vgl. z.B. EuGH, Urteil v. 11.8.1995 - *Kommission/Deutschland (Großkrotzenburg)*, Rs. C-431/92, Slg. 1995 I-2189, Rn. 28 f; EuGH, Urteil v. 9.8.1994 - *Bund Naturschutz in Bayern*, Rs. C-396/92, Slg. 1994 I-3717, Rn. 19 f.

b. Anwendung auf Art. 7 Abs. 3-5 Rahmenrichtlinie

Im Folgenden sollen alle sieben oben genannten Verfahrensbestimmungen daraufhin überprüft werden, ob sie jeweils als unmissverständliche Verpflichtungen i.S. der EuGH- Rechtsprechung qualifiziert werden können. Bejahendenfalls führt ein Verstoß gegen eine oder mehrere dieser Verpflichtungen dazu, dass der EuGH im Falle einer Klage der Kommission nach Art. 226 EG einen Vertragsverletzungsverstoß feststellen würde.

Ein solcher Vertragsverletzungsverstoß ist schon vor Ablauf der Umsetzungsfrist möglich: Das Konsultationsverfahren steht nach der Konzeption der Rahmenrichtlinie zum ersten Mal im Zuge des ersten Marktdefinitions- und Marktanalyseverfahrens an. Dieses wiederum soll nach Art. 16 Abs. 1 Rahmenrichtlinie „sobald wie möglich" nach Erlass der ersten Märkte-Empfehlung durchgeführt werden. Auch wenn in Art. 15 Abs. 1 Rahmenrichtlinie kein genauer Zeitpunkt für den Erlass der Märkte-Empfehlung vorgeschrieben wurde, so geht aus Art. 16 Abs. 1 Rahmenrichtlinie, Art. 7 Abs. 3 AID und 16 Abs. 3 USD hervor, dass dies möglichst vor Ablauf der Umsetzungsfrist stattfinden soll. Geschieht dies, so sind die NRB bereits vor dem Ablaufzeitpunkt für die Umsetzungsfrist zur Durchführung des Konsultationsverfahrens und damit zur Einhaltung der Verfahrensbestimmungen verpflichtet. Folglich ist bereits vor diesem Zeitpunkt ein Vertragsverletzungsverstoß möglich.

aa. Grundsätzliche Fragen, die die unmittelbare Anwendbarkeit aller sieben Pflichten betreffen

(1) Unbedingtheit trotz Art. 7 Abs. 6 Rahmenrichtlinie?

Fraglich ist zunächst, ob nicht Art. 7 Abs. 6 Rahmenrichtlinie, der Ausnahmen in Bezug auf die Verfahrenspflichten nach Art. 7 Abs. 3 und 4 Rahmenrichtlinie für Eilfälle zulässt, das gesamte Konsultationsverfahren und damit jede einzelne Verfahrenspflicht unter eine Bedingung stellt, nämlich derjenigen des Nichtvorliegens eines Eilfalls.
Das Merkmal der Bedingung muss jedoch wie oben dargelegt so verstanden werden, dass es Konstellationen ausschließen soll, in denen die Einhaltung der Richtlinienvorgaben in das Ermessen eines gemeinschaftlichen oder einer mitgliedstaatlichen Organs gestellt ist. Das Vorliegen von Ausnahmebestimmungen in einer Richtlinienvorschrift führt jedoch zu keinem Ermessensspielraum, solange die Ausnahmen rechtfertigenden Gründe in unbedingter Weise festgelegt sind.[819] Art. 7 Abs. 6 Rahmenrichtlinie lässt Ausnahmen nur in

---

[819] Vgl. Urteil v. 4.12.1986 - *Niederlande/ Federatie Nederlandse Vakbeweging*, Rs. 71/85, Slg. 1986, 3855, Rn. 19. Siehe auch die Urteile des EuGH zum Verfahren nach Art. 8 ff der „Transparenzrichtlinie" 83/189/EWG: Auch dort war in Art. 10 die Möglichkeit für Eilmaß-

außergewöhnlichen Umständen zu, in denen Eilmaßnahmen für die Gewährleistung des Wettbewerbs bzw. den Schutz der Nutzerinteressen dringend erforderlich sind. Mithin sind die Gründe, die Eilmaßnahmen rechtfertigen können, nicht in das Ermessen der NRB gestellt. Die Ausnahmeregel in Art. 7 Abs. 6 Rahmenrichtlinie hindert mithin nicht die Unbedingtheit des Konsultationsverfahrens an sich und damit einzelner Verfahrensbestimmungen.

(2) Unbedingtheit trotz Ausgestaltungsbedarfs einzelner Pflichten?

Ferner könnte man an der Unbedingtheit mehrerer Verfahrensbestimmungen zweifeln, weil einzelne Aspekte der Verfahrensdurchführung konkretisiert werden müssen. So ist in Art. 7 Abs. 3 Rahmenrichtlinie in Hinblick auf die Notifizierungspflicht von „zur Verfügung stellen" und „unterrichten" die Rede. Wie dies im Einzelnen organisatorisch auszugestalten ist, legt Art. 7 Abs. 3 Rahmenrichtlinie jedoch nicht fest.
Der Umstand, dass den Mitgliedstaaten bzw. den Behörden ein Ausgestaltungsspielraum über die Art und Weise der Verfahrendurchführung belassen wurde, hindert jedoch die Unbedingtheit nicht.[820] Erforderlich ist nur, dass das „Ob" der einzelnen Verfahrensschritte und damit der einzelnen Verfahrenspflichten in unbedingter Weise geregelt ist. Alle oben genannten Verfahrenspflichten sind hinsichtlich des „Ob" ihrer Durchführung nicht in das Ermessen der Mitgliedstaaten oder der NRB gestellt, sondern müssen bei Vorliegen der jeweiligen Tatbestandsvoraussetzungen durchgeführt werden. Mithin hindert der Konkretisierungsbedarf in Hinblick auf die Art und Weise der Durchführung die Qualifizierung als unbedingte Vorschriften nicht.

(3) Unbedingtheit trotz Art. 3 Abs. 1 Rahmenrichtlinie?

Zuletzt könnte man die Unbedingtheit des gesamten Konsultationsverfahrens deshalb in Frage stellen, weil - wie sich aus Art. 3 Abs. 1 und 4 Rahmenrichtlinie ergibt - die Mitgliedstaaten für die verschiedenen, in den Richtlinien vorgesehenen Aufgaben festlegen müssen, welche Behörde innerstaatlich jeweils NRB i.S. der Richtlinienvorschriften ist. Es muss sich dabei nicht stets um die - inzwischen in allen Mitgliedstaaten eingerichtete - „unabhängige Regulierungsbehörde" i.e.S. handeln, sondern die Aufgaben können auch anderen innerstaatlichen Stellen übertragen werden, solange deren Unabhängigkeit i.S.v. Art. 3 Abs. 2 Rahmenrichtlinie sichergestellt ist.

---

nahmen aus bestimmten Gründen vorgesehene. Der EuGH hat jedoch weder in seinem Urteil v. 30.4.1996 - *CIA Security International*, Rs. C-194/94, Slg. 1996 I-2201, Rn. 44 noch in seinem Urteil v. 26.9.2000 - *Unilever*, Rs. C-443/96, Slg. 2000 I-7535 die Unbedingtheit der geprüften Verfahrensbestimmungen deshalb in Frage gestellt.

[820] Vgl. EuGH, Urteil v. 11.8.1995 - *Kommission/Deutschland (Großkrotzenburg)*, Rs. C-431/92, Slg. 1995 I-2189, Rn. 39.

Dieses Erfordernis der Aufgabenzuweisung durch die Mitgliedstaaten, bevor feststeht, welche Stelle innerstaatlich jeweils NRB i.S. einer Richtlinienbestimmung ist, könnte einen die Unbedingtheit des Konsultationsverfahrens hindernden Ermessensspielraum für die Mitgliedstaaten darstellen.
Der EuGH hatte in seinem Urteil *Traen* auch tatsächlich die unmittelbare Wirkung zweier Richtlinienbestimmungen u.a. deshalb ausgeschlossen, weil die Durchführung der fraglichen Bestimmungen die Einsetzung bzw. Bestimmung der in einem anderen Artikel erwähnten „zuständigen Behörde" durch die Mitgliedstaaten erforderte.[821] Jedoch unterscheidet sich die hier behandelte Konstellation substantiell von derjenigen im Urteil *Traen*.

Im Urteil *Traen* sollten den Richtlinienbestimmungen unmittelbar Pflichten für private Wirtschaftsteilnehmer entnommen werden. Es ging darum, eine Genehmigung von der „zuständigen Behörde" einzuholen bzw. der „zuständigen Behörde" bestimmte Informationen zu erteilen. Unabhängig davon, dass der EuGH die Begründung solcher Pflichten für Private direkt aus Richtlinienbestimmungen generell ablehnt, qualifizierte er sie nicht als unmittelbar anwendbar. Die Bestimmungen konnten nämlich ohne eine nationale Durchführungsmaßnahme zur Bestimmung der „zuständigen Behörde" gar nicht angewandt werden, denn es stand ja überhaupt nicht fest, von wem die Genehmigung eingeholt bzw. wem Informationen zur Verfügung gestellt werden sollten.

In der hier behandelten Konstellation geht es darum, Bestimmungen anzuwenden, die ein Verfahren näher ausgestalten. Zu dem Zeitpunkt, zu dem ein nationaler Richter die Vorschrift anwenden will, steht denklogisch bereits fest, welche nationale Stelle „NRB" i.S.d. Richtlinienbestimmung ist, denn das einschlägige Verfahren wurde ja bereits durchgeführt. Der Gestaltungsspielraum für die nationale Umsetzung steht in dieser Konstellation also der unmittelbaren Anwendbarkeit nicht entgegen.

bb. Unmittelbare Anwendbarkeit der Notifizierungspflicht

Die Notifizierungspflicht, also die Pflicht, Maßnahmeentwürfe i.S.v. Art. 7 Abs. 3 Rahmenrichtlinie der Kommission und den anderen NRB zur Verfügung zu stellen und sie ggf. davon zu unterrichte, steht unter keinem Vorbehalt, sie ist mithin unbedingt. Fraglich ist, ob die die NRB treffenden Verpflichtungen in sachlicher Hinsicht hinreichend genau normiert sind. Betrachtet man die Vorschrift einfach nur unter dem Gesichtspunkt ihres Wortlauts, so hat ein Rechtsanwender Schwierigkeiten, herauszulesen, unter welchen Voraussetzungen eine NRB ihrer Notifizierungspflicht nachgekommen ist, da ein „Zur-Verfügung-Stellen" in vielerlei Formen denkbar ist. Jedoch muss die Verpflichtung von

[821] EuGH, Urteil v. 12.5.1987 - *Traen*, verb. Rs. 372 bis 374/85, Slg. 1987, 2141, Rn. 25.

dem zu erreichenden Ergebnis her interpretiert werden: Die NRB muss diejenigen Schritte unternehmen, die erforderlich sind, um die Kommission und die anderen NRB tatsächlich in die Lage zu versetzen, von dem Inhalt des Maßnahmeentwurfs Kenntnis zu nehmen und sie muss - wenn dies nicht durch eine physische Bereitstellung automatisch geschieht - durch eine entsprechende Unterrichtung dafür sorgen, dass die Kommission und die anderen NRB sich der Möglichkeit der Kenntnisnahme bewusst werden. Insoweit bietet die Verfahrensvorschrift zwar einen großen Spielraum in Bezug auf Art und Weise der Zur-Verfügung-Stellung, nicht jedoch in Bezug auf das zu erreichende Ergebnis, auf das es mit Blick auf das Konsultationsverfahren entscheidend ankommt. Mithin ist die Verpflichtung präzise genug, um von einem Rechtsanwender auf ihre Einhaltung hin überprüft werden zu können.

cc. Unmittelbare Anwendbarkeit der Begründungsmitteilungspflicht

Die Begründungsmitteilungspflicht ist ebenfalls in unbedingter Weise normiert. In Hinblick auf die Genauigkeit des Pflichteninhalts ist zwar problematisch, dass für die zu liefernde Begründung kein exaktes Anforderungsprofil vorgegeben ist. Jedoch muss auch diese Bestimmung von ihrer Zielsetzung her interpretiert werden: Die Begründung muss es der Kommission und den anderen Mitgliedstaaten ermöglichen, nachzuvollziehen, auf welcher Rechtsgrundlage die Maßnahme erlassen wurde und warum sie unter Zugrundelegung der Regulierungsziele in Art. 8 Abs. 2-4 Rahmenrichtlinie verhältnismäßig, also zur Erreichung der Ziele geeignet, erforderlich und angemessen sein soll. Unter Einbeziehung dieser Ergänzungen, die sich aus Art. 8 Abs. 1 Rahmenrichtlinie zwingend ergeben, kann auch die Begründungsmitteilungspflicht als hinreichend genau qualifiziert werden.

dd. Unmittelbare Anwendbarkeit der Stillhaltepflicht

Die Stillhaltepflicht, die zu einer einmonatigen bzw. nach Art. 7 Abs. 3 i.V.m. Art. 6 Rahmenrichtlinie gegebenenfalls längeren Aussetzung der geplanten Maßnahme zwingt, steht unter keinem Vorbehalt und ist mithin unbedingt. Hinsichtlich der Ausgestaltungsklarheit gilt, dass zwar wieder eine innerstaatliche Konkretisierung für die Ausgestaltung der Aussetzung erforderlich ist. Trotzdem ist die Pflicht für die NRB vom zu erreichenden Ergebnis her klar.

ee. Unmittelbare Anwendbarkeit der ergänzenden Stillhaltepflicht

Gleiches gilt für die ergänzende Stillhaltepflicht: Sind die materiellen Voraussetzungen aus Art. 7 Abs. 4 a) oder b) Rahmenrichtlinie erfüllt und hat die Kommission Einspruch i.S. der in Art. 7 Abs. 4 Rahmenrichtlinie festgelegten Form erhoben, so geht aus Art. 7 Abs. 4 Rahmenrichtlinie klar und unbedingt hervor, dass die NRB zur Aussetzung der Maßnahme verpflichtet sind und dass der Aussetzungszeitraum zwei Monate betragen muss.

ff. Unmittelbare Anwendbarkeit der Berücksichtigungspflicht

Die Berücksichtigungspflicht nach Art. 7 Abs. 5 Rahmenrichtlinie fordert von den NRB, den Stellungnahmen der Kommission und der anderen NRB „weitestgehend" Rechnung zu tragen. Auch diese Bestimmung steht unter keinerlei Vorbehalt und ist mithin unbedingt. Fraglich ist jedoch, ob der sachliche Pflichteninhalt hinreichend genau bestimmt ist, um der Vorschrift eine unmissverständliche Verpflichtung entnehmen zu können. Problematisch ist, dass der Rechtsanwender im Wege der Auslegung nicht bestimmen kann, wann der Pflicht, einer Stellungnahme „weitestgehend" Rechnung zu tragen, genügt worden ist. Anders als bei den soeben behandelten Vorschriften existiert kein justiziables Ergebnis und auch der Vorgang der Berücksichtigung an sich ist nicht nachprüfbar. Dies gälte auch dann, wenn eine NRB formell festhielte, dass einer Stellungnahme „weitestgehend Rechnung getragen" worden sei, denn auch das besagt nichts über eine tatsächliche Berücksichtigung. Der Pflichteninhalt ist mithin nicht hinreichend genau, um eine unmissverständliche Verpflichtung zu begründen.

gg. Unmittelbare Anwendbarkeit der Ergebnismitteilungspflicht

Der Ergebnismitteilungspflicht nach Art. 7 Abs. 5 Rahmenrichtlinie zufolge müssen die NRB endgültige Maßnahmeversionen der Kommission übermitteln. Diese Pflicht ist unbedingt und angesichts des klaren, von den NRB sicherzustellenden Zieles hinreichend genau.

hh. Unmittelbare Anwendbarkeit der Adaptationspflicht

Entsprechend der Adaptionspflicht nach Art. 7 Abs. 4 Rahmenrichtlinie dürfen die NRB eine Maßnahme, gegen die die Kommission ihr Veto eingelegt hat, nur unter vollständiger Einbeziehung der Änderungsvorgaben der Kommission erlassen. Fraglich ist, ob diese Adaptionspflicht unbedingt ist, denn es bleibt den NRB ja überlassen, ob sie die Maßnahme erlassen oder ob sie sie verwerfen bzw. einen vollständig neuen Entwurf erarbeiten und ihn erneut dem Konsultationsverfahren unterwerfen wollen.[822] Insoweit kommt den NRB also ein Entscheidungsspielraum zu, der der Unbedingtheit der fraglichen Pflicht entgegenstehen könnte. Jedoch geht es bei der Adaptationspflicht allein darum, dass der ursprüngliche Maßnahmeentwurf nicht ohne die vollständige Einarbeitung der Kommissionsvorgaben ergehen darf. Diese Pflicht wird durch die Handlungsalternativen der NRB nicht in Frage gestellt. Wenn sie sich zur Annahme

---

[822] Vgl. dazu oben Teil 5, E.IV.1.b.bb. (3).

der Maßnahme entscheidet, dann steht in unbedingter Weise fest, dass den Vorgaben vollständig Folge zu leisten ist. Diese Pflicht ist - anders als die Berücksichtigungspflicht - auch justiziabel, denn die vollständige Einarbeitung der Kommissionsvorgaben kann anhand der letztlich erlassenen Maßnahme unproblematisch überprüft werden. Somit ist die Pflicht hinreichend genau normiert.

3. Ergebnis

Festzuhalten bleibt, dass von den sieben Verfahrenspflichten alle bis auf die Berücksichtigungspflicht unbedingt und hinreichend genau sind, mithin unmissverständliche Pflichten i.S. der EuGH-Rechtsprechung darstellen.
Ab dem oben herausgearbeiteten Zeitpunkt wird der EuGH - wenn er zu dem Schluss gekommen ist, dass die Tatbestandsvoraussetzungen der jeweiligen Bestimmung erfüllt sind und der behauptete Verfahrensverstoß tatsächlich stattgefunden hat - einer Klage der Kommission stattgeben und entsprechend Art. 228 EG feststellen, dass der betreffende Mitgliedstaat durch den oder die Verfahrensverstöße seiner NRB gegen seine Verpflichtungen aus dem EG-Vertrag verstoßen hat. Er kann dabei dem Mitgliedstaat Hinweise geben, wie er der Verpflichtung, einen rechtmäßigen Zustand herzustellen, nachkommen kann. Im Zweifel wird dafür ein - verfahrenskonform durchgeführter - Neuerlass der Maßnahme erforderlich sein.

IV. Aufhebung der NRB-Maßnahme durch ein nationales Gericht

Die zweite denkbare Sanktion für die unter II. aufgelisteten Verfahrensverstöße könnte die Aufhebung der jeweiligen NRB-Maßnahme durch ein nationales Gericht sein.

1. Einleitung und Untersuchungsgegenstand

Das Vertragsverletzungsverfahren nach Art. 226 ff EG ist nicht die einzige Form der Kontrolle der Einhaltung von Gemeinschaftsrecht durch die Mitgliedstaaten. Sie erfolgt auch dezentral im Rahmen nationaler Gerichtsverfahren. Diese Form der dezentralen Umsetzungs- und Vollzugskontrolle resultiert daraus, dass die Gerichte der Mitgliedstaaten verpflichtet sind - gegebenenfalls auf der Grundlage einer vom EuGH nach Art. 234 EG vorgenommenen Auslegung des Gemeinschaftsrechts - inzident über einen Verstoß nationalen Rechts gegen Gemeinschaftsrecht zu entscheiden.[823] Nationale Rechtsnormen, die - auch nach dem Versuch einer gemeinschaftsrechtskonformen Auslegung - gegen unmittel-

[823] Vgl. *Krück* in GTE, EUV und EGV Kommentar, Art. 169 Rn. 5 und 61; *Hilf*, EuR 1993, 1, 17 f. Die Bedeutung dieser dezentralen Vollzugskontrolle für den Schutz des Gemeinschaftsrechts betont der EuGH regelmäßig seit seinem Urteil v. 5.2.1963 - *Van Gend & Loos*, Rs. 26/62, Slg. 1963, 1, 26.

bar anwendbares Gemeinschaftsrecht verstoßen, dürfen wegen des Anwendungsvorrangs des EG-Rechts nicht angewandt werden.[824] Staatliche Einzelmaßnahmen, die gegen unmittelbar anwendbares materielles Gemeinschaftsrecht verstoßen, sind rechtswidrig und durch die intern zuständigen nationalen Gerichte aufzuheben.[825]

Im Folgenden soll geprüft werden, ob und wann ein Verstoß einer NRB gegen die Verfahrensvorgaben aus Art. 7 Abs. 3-5 Rahmenrichtlinie beim Erlass einer Maßnahme i.S.v. Art. 7 Abs. 3 a) Rahmenrichtlinie dazu führt, dass nationale Gerichte europarechtlich verpflichtet sind, die Maßnahme der NRB aufzuheben. Die Aufhebung von Verwaltungsmaßnahmen durch nationale Gerichte findet nach nationalem Gerichtsverfahrensrecht und nationalem materiellem Verwaltungsrecht statt. In der einfachsten denkbaren Konstellation wird es um die Aufhebung der NRB-Maßnahme im Rahmen eines Anfechtungsverfahrens zwischen einem SMP-Unternehmen und der jeweiligen NRB gehen. Für solche verfahrensrechtlichen Konstellationen sind in den Mitgliedstaaten unterschiedliche Klagearten einschlägig. So wird in Deutschland regelmäßig die verwaltungsrechtliche Anfechtungsklage statthaft sein.[826] In Frankreich wird im Regelfall der „recours pour excès de pouvoir“ [827] und in England die außerordentlichen Rechtsbehelfe „Certiorari“ bzw. „Declaration“ die richtige Klageart sein.[828] Da es sich hierbei jedoch um rein innerstaatliche Rechtsfragen geht, wird hierauf nicht eingegangen. Untersuchungsgegenstand ist allein, ob das jeweilige nationale Gericht europarechtlich verpflichtet ist, eine nach den nationalen Gerichtsverfahrensvorschriften angefochtene Maßnahme der NRB allein wegen eines Verstoßes gegen eine Verfahrensvorschrift aus Art. 7 Abs. 3-5 Rahmenrichtlinie aufzuheben.

Die dahinter stehende Frage der europarechtlich indizierten Beachtlichkeit der Rechtswidrigkeit einer NRB-Maßnahme kann selbstverständlich auch in ande-

---

[824] *Weber*, Rechtsfragen der Durchführung des Gemeinschaftsrechts in der Bundesrepublik Deutschland, S. 113; *Jarass*, Grundfragen der innerstaatlichen Bedeutung des EG-Rechts, S. 100 f.

[825] *Weber*, Rechtsfragen der Durchführung des Gemeinschaftsrechts in der Bundesrepublik Deutschland, S. 113.

[826] Nach den europarechtlichen Vorgaben wird es sich bei den Maßnahmen der NRB i.S.v. Art. 7 Abs. 3 a) Rahmenrichtlinie um Verwaltungsmaßnahmen abstrakt-individuellen Charakters handeln, die in Deutschland ganz überwiegend als Verwaltungsakte i.S.v. § 35 VwVfG eingeordnet werden, vgl. *Kopp/Schenke*, Verwaltungsgerichtsordnung, Anh. § 42 Rn. 51. Somit wird regelmäßig - wenn nicht ausnahmsweise im Falle der Nichtigkeit auch die Feststellungsklage nach § 43 Abs. 3 Satz 2 VwGO möglich ist - die Anfechtungsklage nach §§ 42 Abs. 1, 113 Abs. 1 VwGO die statthafte Klageart sein.

[827] Vgl. dazu *Koch*, Verwaltungsrechtsschutz in Frankreich, S. 104 ff.

[828] Vgl. dazu *von Loeper*, Verwaltungsrechtspflege in England, S. 103 ff und 118 ff.

ren gerichtlichen Verfahrenskonstellationen relevant werden. So ist denkbar, dass ein Gericht erst im Rahmen eines gerichtlichen Verfahrens über von der NRB auferlegte Durchführungsmaßnahmen i.S.v. Art. 10 Abs. 2 ff Genehmigungsrichtlinie über die Beachtlichkeit des Verfahrensfehlers beim Grundakt entscheiden muss. Die Frage kann sich auch stellen, wenn die NRB auf der Grundlage einer ihrer abstrakt-individuellen SMP-Regulierungsanordnungen eine Streitentscheidung in einem kontradiktorischen Streitverfahren nach Art. 20 Rahmenrichtlinie fällt und gegen diese Entscheidung vor einem nationalen Gericht geklagt wird.[829] Zuletzt ist sogar denkbar, dass die Frage nach der Beachtlichkeit der Rechtswidrigkeit sich in einem zivilrechtlichen Verfahren stellt, wenn z.B. über Schadensersatzansprüche entschieden werden muss, die wegen eines Verstoßes eines SMP-Unternehmens gegen eine Regulierungsanordnung der NRB geltend gemacht werden.[830] Auf die Vielzahl denkbarer weiterer Verfahrenskonstellationen kann nicht eingegangen werden, weil dies den Rahmen der Arbeit sprengen würde. Die Ausführungen beschränken sich deshalb auf die Behandlung der Grundkonstellation eines nationalen verwaltungsgerichtlichen Verfahrens.

2. Prüfungsaufbau

Es existiert keine europarechtliche Norm im EG-Vertrag, die explizit besagen würde, dass nationale Verwaltungsmaßnahmen, die unter Verstoß gegen Verfahrensvorgaben in Richtlinienbestimmungen zustande gekommen sind, stets durch

---

[829] Für diese Konstellation müsste auf die Zulässigkeit einer drittbelastenden Anwendung von unmittelbar wirkenden Richtlinienbestimmungen eingegangen werden, vgl. dazu in der Literatur *Jarass*, Grundfragen der innerstaatlichen Bedeutung des EG-Rechts, S. 83 f; *Jarass*, NJW 1991, 2665, 2667; *Haneklaus*, DVBl. 1993, 129, 133 f. Eine solche Konstellation liegt dem Urteil des EuGH v. 30.4.1996 - *CIA Security International*, Rs. C-194/94, Slg. 1996 I-2201, Rn. 32 ff. zugrunde, wo es um die Unanwendbarkeit nationaler Rechtsvorschriften wegen des Verstoßes gegen unmittelbar wirkende Richtlinienverfahrensbestimmungen ging. Der EuGH thematisierte dort das Problem der belastenden Drittwirkung jedoch nicht. Vgl. zu dieser Problemseite des Urteils *Slot*, CMLRev. 1996, 1035, 1048 ff; *Stuyck*, CMLRev. 1996, 1261, 1269 ff.

[830] Für die letzte Konstellation müsste vertiefend auf die „horizontale unmittelbare Wirkung von Richtlinien" eingegangen werden. Verwiesen sei insoweit auf das Urteil des EuGH v. 26.9.2000 - *Unilever*, Rs. C-443/96, Slg. 2000 I-7535, Rn. 45 ff, in dem es speziell um die Unanwendbarkeit von unter Verstoß gegen Richtlinienverfahrensbestimmungen zustande gekommenen nationalen Rechtsvorschriften in einem Zivilrechtsstreit ging, sowie die Anmerkungen zum Urteil von *Micklitz*, EWiR 2001, 497 f; *Streinz*, JuS 2001, 809 f; *Gundel*, EuZW 2001, 143 ff; *Heselhaus*, JA 2001, 647 ff und *Abele*, EWS 2000, 546 f. Ganz allgemein zur horizontalen unmittelbaren Richtlinienwirkung das zentrale Urteil des EuGH v. 14.7.1994 - *Faccini Dori*, Rs. C-91/92, Slg. 1994 I-3325, Rn 19 ff und das Urteil v. 26.2.1986 - *Marshall/ Southampton and South-West Hampshire Area Health Authority,*, Rs. 152/84, Slg. 1986, 723, Rn. 48 sowie in der Literatur *Jarass*, NJW 1991, 2664, 2666 und *Haag* in BBPS, Die Europäische Union, Rn. 429.

das befasste nationale Gericht aufgehoben werden müssten. Auch die Richtlinienbestimmungen zum Konsultationsverfahren ordnen eine solche Rechtsfolge nicht explizit an.
Es muss mithin aus der Rechtssprechung des EuGH herausgearbeitet werden, ob und wann Verstöße nationaler Behörden beim Erlass von Verwaltungsmaßnahmen gegen dafür einschlägige „Kooperationsverfahrensvorgaben“[831] in Richtlinien eine gemeinschaftsrechtlich indizierte beachtliche Rechtswidrigkeit zur Folge haben.

Hierfür müssen zwei Fragen beantwortet werden:

1. Welchen Voraussetzungen müssen gemeinschaftsrechtliche Verfahrensbestimmungen in Richtlinien erfüllen, um als Prüfungsmaßstab durch nationale Gerichte herangezogen werden zu können?
2. Wann fordert das Gemeinschaftsrecht, dass eine unter Verstoß gegen eine solche Verfahrensbestimmung erlassene nationale Verwaltungsmaßnahme aufgehoben wird?

Im nächsten Unterabschnitt werden diese zwei Fragen anhand der EuGH-Rechtsprechung beantwortet. Soweit einzelne Aspekte in der Rechtsprechung des EuGH nicht oder nicht zweifelsfrei geklärt sind, werden unter Berücksichtigung der vorhandenen Literatur eigene Lösungen erarbeitet. Im letzten Unterabschnitt werden die einzelnen oben aufgelisteten Verfahrensbestimmungen aus Art. 7 Abs. 3-5 Rahmenrichtlinie auf ihre Beachtlichkeit für eine Rechtmäßigkeitsprüfung hin untersucht.

3. Grundsatzbildung anhand der EuGH-Rechtsprechung

a. Voraussetzungen für die Eignung als Prüfungsmaßstab

Zunächst muss herausgearbeitet werden, welche Voraussetzungen eine Richtlinienverfahrensbestimmung erfüllen muss, damit sie als Prüfungsmaßstab in einem nationalen Gerichtsverfahren herangezogen werden kann.

aa. Unmittelbar anwendbare Bestimmungen

Seit dem Urteil *Van Gend & Loos*[832] ist es ein feststehender gemeinschaftsrechtlicher Grundsatz, dass nationale Gerichte gemeinschaftsrechtliche Bestimmungen anwenden können, wenn sie geeignet sind, unmittelbare Wirkungen in den Rechtsbeziehungen zwischen den Mitgliedstaaten und den ihrem Recht unter-

---

[831] Im weiteren Verlauf wird wegen der Vielzahl verschiedener Informations-, Konsultations- und Koordinationsverfahren im Gemeinschaftsrecht der Oberbegriff des „Kooperationsverfahrens“ verwendet.
[832] EuGH, Urteil v. 5.2.1963 - *Van Gend & Loos*, Rs. 26/62, Slg. 1963, 1, 24 ff.

worfenen Einzelnen zu erzeugen. Trotz des durch Art. 249 UA 3 EG vermittelten Eindrucks der alleinigen Staatsgerichtetheit von Richtlinien, hat der EuGH schon frühzeitig auch Richtlinienbestimmungen unter bestimmten Voraussetzungen eine solche unmittelbare Wirkung zuerkannt.[833] Voraussetzung für die unmittelbare Anwendbarkeit einer Richtlinienbestimmung durch nationale Gerichte ist es nach der ständigen Rechtsprechung des EuGH, dass die jeweilige Bestimmung „unbedingt und hinreichend genau" ist.[834] Die Voraussetzungen, die Richtlinienbestimmungen erfüllen müssen, um als unbedingt und hinreichend genau klassifiziert werden zu können, mithin unmittelbar anwendbar zu sein, wurden bereits in Abschnitt III. bei den Voraussetzungen für ein Vertragsverletzungsverfahren herausgearbeitet; auf diese Ausführungen kann hier verwiesen werden.[835]

bb. Umsetzungsdefizit und Umsetzungsfristablauf

Die Richtlinie ist nach Art. 249 UA 3 EG als „zweistufiger Rechtsakt" konzipiert: Den Einzelnen sollen grundsätzlich die Wirkungen der Richtlinie erst über die nationalen Umsetzungsmaßnahmen treffen.

Nach der Rechtsprechung des EuGH können sich deshalb Einzelne auch nur dann auf Richtlinienbestimmungen berufen, wenn der Staat die Richtlinie nicht fristgemäß in nationales Recht umgesetzt oder eine unzutreffende Umsetzung der Richtlinie vorgenommen hat.[836] Diese Rechtsprechung bezieht sich jedoch auf Konstellationen, in denen materiell-rechtliche Bestimmungen des Gemeinschaftsrechts herangezogen werden sollten. In der hier fraglichen Konstellation geht es darum, Verfahrensbestimmungen aus Richtlinien, die allein die Interaktion zwischen den Mitgliedstaaten und der Gemeinschaft regeln, zum Zwecke einer Rechtmäßigkeitskontrolle heranzuziehen. Im Falle solcher Bestimmungen besteht die die Mitgliedstaaten aus der Richtlinie treffende Verpflichtung regel-

---

[833] Vgl. das Urteil v. 4.12.1974 - *Van Duyn/Home Office*, Rs. 41/74, Slg. 1974, 1337, Rn. 12. Zur Ableitung dieser unmittelbaren Wirkung, vgl. auch EuGH, Urteil v. 23.11.1977 - *Enka*, Rs. 38/77, Slg. 1977, 2203, Rn. 9/10 und Urteil v. 5.4.1979 - *Ratti*, Rs. 148/78, Slg. 1979, 1629, Rn. 18-23.

[834] EuGH, Urteil v. 19.1.1982 - *Becker/Finanzamt Münster-Innenstadt*, Rs. 8/81, Slg. 1982, Rn. 25. Der EuGH kleidet dies oft auch in die Formel, dass den Mitgliedstaaten durch die Richtlinie ein „bestimmtes Verhalten" auferlegt sein muss, vgl. *Enka*, Rs. 38/77, Slg. 1977, 2203, Rn. 9/10 und Urteil v. 4.12.1974 - *Van Duyn/Home Office*, Rs. 41/74, Slg. 1974, 1337, Rn. 12; Urteil v. 5.4.1979 - *Ratti*, Rs. 148/78, Slg. 1979, 1629, Rn. 18-23.

[835] Vgl. Teil 6, B.III.2.a.aa. sowie ausführlich *Ruffert* in Calliess/ Ruffert, Kommentar zum EUV/ EGV, Art. 249, Rn. 76; *Prechal*, Directives in European Community Law, S. 281 ff und *Jarass*, NJW 1990, 2420, 2422 ff.

[836] EuGH, Urteil v. 19.1.1982 - *Becker/Finanzamt Münster-Innenstadt*, Rs. 8/81, Slg. 1982, Rn. 19 f und 25; Urteil v. 26.2.1986 - *Marshall/ Southampton and South-West Hampshire Area Health Authority,*, Rs. 152/84, Slg. 1986, 723, Rn. 46.

mäßig nicht im Erlass von Rechtsakten,[837] sondern in der korrekten Durchführung der Verfahrensbestimmungen.[838] Die hinter dem Erfordernis einer nicht fristgemäßen oder unzutreffenden Umsetzung der Richtlinie in nationales Recht stehende Ratio ist mithin auf Verfahrensbestimmungen nicht übertragbar. Der EuGH hat denn auch in Bezug auf die Frage, ob nationale Gerichte Verfahrensbestimmungen in Richtlinien, die das Verhältnis zwischen EU und Mitgliedstaaten betreffen, unmittelbar anwenden können, die nicht fristgemäße oder unzutreffende Umsetzung in nationales Recht gar nicht erst thematisiert.[839] Relevant ist bei Verfahrensbestimmungen nur, ob die Mitgliedstaaten gegen sie verstoßen haben. Dies ist jedoch keine Voraussetzung für die unmittelbare Anwendbarkeit einer Richtlinienverfahrensbestimmung, sondern wird vom nationalen Gericht - evtl. unter Vorlage von gemeinschaftsrechtlichen Auslegungsfragen an den EuGH nach Art. 234 EG - festgestellt, wenn es prüft, ob die nationale Maßnahme wegen eines Verstoßes gegen die Richtlinienverfahrensbestimmung aufgehoben werden muss.

Die nicht fristgemäße oder unzutreffende Umsetzung der Richtlinienbestimmung ist mithin keine Voraussetzung für die unmittelbare Anwendbarkeit einer Richtlinienverfahrensbestimmung.

---

[837] Verfahrensbestimmungen in Richtlinien werden selten förmlich umgesetzt Dies ist im Regelfall auch nicht erforderlich, vgl. *Pernice*, EuR 1994, 325, 338. Ein Fall, in dem der EuGH (Urteil v. 10.3.1993 - *Kommission/Belgien*, Rs. C-186/91, Slg. 1993 I-851, Rn. 11 ff) eine förmliche Umsetzung von Konsultationsbestimmungen gefordert hat, betraf eine spezielle Situation. Der EuGH hat seine Entscheidung nicht in die Form einer abstrakten Regel gekleidet, sondern auf die Erfordernisse der speziellen Richtlinie abgestellt. Dieses Urteil ist m.E. nicht verallgemeinerungsfähig, denn das Problem bestand - wie auch der GA *Lenz* in Rn. 7 ff seiner Schlussanträge zu diesem Urteil herausgearbeitet hat - darin, dass die Konsultationspflicht in der Richtlinie an die Mitgliedstaaten adressiert war, in Belgien jedoch Regionalbehörden für die betreffende Aufgabe zuständig waren. Aus diesem Grund war in diesem speziellen Fall eine ausdrückliche Übernahme der Konsultationspflicht in die nationalen Rechtsvorschriften erforderlich. In seinem Urteil v. 24.11.1992 - *Kommission/ Deutschland*, Rs. C-237/90, Slg. 1992 I-5973, Rn. 29, hat der EuGH - wie er selbst unterstrichen hat - zur Erforderlichkeit der formellen Umsetzung von Notifizierungspflichten nicht Stellung genommen.

[838] Vgl. dazu GA *Jacobs* in seinen Schlussanträgen zum Urteil des EuGH *Unilever*, Rs. C-443/96, Slg. 2000 I-7535, Rn. 79, der anmerkte, dass in Hinblick auf das in den Art. 8 und 9 der Richtlinie 83/189/EWG geregelte Informationsverfahren Begriffe wie „Umsetzung in nationales Recht“ und „Verpflichtung zur fristgemäßen Umsetzung“ wenig hilfreich seien. Die Mitgliedstaaten seien nicht zur Rechtsetzung, sondern zur Mitteilung von Regelungsentwürfen und zum Abwarten und Berücksichtigen der Stellungnahmen der Kommission und der anderen Mitgliedstaaten verpflichtet.

[839] Vgl. z.B. EuGH, Urteil v. 30.4.1996 - *CIA Security International*, Rs. C-194/94, Slg. 1996 I-2201, Rn. 42 ff.

Nach der Rechtsprechung des EuGH können sich Einzelne zudem erst nach Ablauf der für die Umsetzung der Richtlinie bestimmten Frist auf diese Bestimmungen berufen.[840]
Auch diese Voraussetzung ist jedoch auf die oben beschriebene materiell-rechtliche Konstellation zugeschnitten. Wie oben im Kontext der Vertragsverletzungsverfahrensprüfung schon herausgearbeitet wurde,[841] gilt sie in leicht modifizierter Form auch für Verfahrensbestimmungen in Richtlinien, da vor diesem Zeitpunkt die Mitgliedstaaten jedenfalls regelmäßig noch nicht zur Durchführung der Verfahren und damit zur Einhaltung der Verfahrensvorschriften verpflichtet sind Auch ein nationaler Richter darf eine Richtlinienverfahrensbestimmung folglich im Regelfall erst dann unmittelbar anwenden, wenn die Frist für die Umsetzung der Richtlinie abgelaufen ist. Etwas anderes gilt jedoch - wie oben ebenfalls herausgearbeitet wurde -, wenn die Verfahrensvorschriften nach dem expliziten Richtlinientext schon vor Ablauf der Umsetzungsfrist Anwendung finden sollen.

cc. Verleihung subjektiver Rechte ?

Einige Autoren gehen davon aus, dass eine Richtlinienbestimmung nur dann „unmittelbare Wirkung“ entfalten könne, wenn der Gemeinschaftsgesetzgeber durch sie ein subjektives Recht desjenigen, zugunsten dessen sie herangezogen werden soll, im nationalen Recht begründen wollte.[842]
Zwar wird inzwischen im Rahmen der „rein objektiven unmittelbaren Wirkung“ von Richtlinien, also wenn im Rahmen eines Vertragsverletzungsverfahrens geprüft wird, ob ein Mitgliedstaat gegen seine Pflichten aus der Richtlinie verstoßen hat, allgemein davon ausgegangen, dass subjektive Rechte keine Voraus-

---

[840] EuGH, Urteil v. 5.4.1979 - *Ratti*, Rs. 148/78, Slg. 1979, 1629, Rn. 43; Urteil v. 3.3.1994 - *Vaneetveld*, Rs. C-316/93, Slg. 1994 I-763, Rn. 16. Eine Einschränkung besteht insoweit nur für bestimmte Vorwirkungen der Richtlinien, wie sie der EuGH in seinem Urteil v. 18.12.1997 - *Inter-Environnement Wallonie*, Rs. C-129/96, Slg. 1997 I-7411, Rn. 40 ff entwickelt hat. Dabei geht es jedoch nicht um die unmittelbare Anwendung einer Richtlinienbestimmung, sondern um eine besondere Ausprägung des Grundsatzes der Gemeinschaftstreue aus Art. 10 EG.

[841] Vgl. oben Teil 6, B.III.2.a.bb.

[842] Vgl. z.B. *Hetmeier* in Lenz, EGV-Kommentar, Art. 249, Rn. 12; *Winter*, NuR 1989, 197, 204 f; *ders.* DVB. 1991, 657, 659; *Gellermann*, DÖV 1996, 433, 436; *Calliess*, NVwZ 1996, 339, 340; *Leonard*, Die Rechtsfolgen der Nichtumsetzung von EG-Richtlinien, S. 100; *Pernice*, NVwZ 1990, 414, 424; *Haneklaus*, DVBl. 1993, 129, 132; *Langenfeld*, DÖV 1992, 955, 962; *Fischer*, NVwZ 1992, 635, 637 f. Vgl. auch den entsprechenden Hinweis von *Epiney*, DVBl. 1996, 409, 412. Allerdings wollen einige Autoren die Voraussetzungen an die Zuerkennung individueller Rechte großzügiger handhaben als nach der deutschen Schutznormtheorie, vgl. *Calliess*, NVwZ 1996, 339, 340; *Langenfeld*, DÖV 1992, 955, 962. Weitere Nachweise bei *Ruffert* in Calliess/ Ruffert, Kommentar zum EUV/ EGV, Art. 249 Rn. 88, Fn. 270, *Ruffert*, CML Rev. 1997, 307, 312, Rn. 23 und *Ruffert*, ZUR 1996, 235, Fn. 9.

setzungen für die Prüfung sind.[843] Dies wäre angesichts der expliziten Äußerungen des EuGH im Urteil *Großkrotzenburg*[844] wohl auch nicht mehr haltbar. Anders ist die Meinungslage bei einigen Autoren allerdings dann, wenn es um die Anwendung von Richtlinienbestimmungen im Rahmen von gerichtlichen Verfahren über Rechte und Pflichten einzelner privater Rechtssubjekte geht. Zu diesen Verfahren gehören auch Anfechtungsklageverfahren wie das hier erörterte. In Bezug auf solche Verfahren meinen einige Autoren sogar, dem Urteil *Großkrotzenburg* des EuGH entnehmen zu können, dass dieser das Erfordernis subjektiver Rechte für die unmittelbare Anwendung von Richtlinienbestimmungen in Verfahren einzelner Marktbürger implizit bestätigt und klargestellt habe.[845]

In der Literatur ist jedoch inzwischen überzeugend herausgearbeitet worden, dass das Erfordernis subjektiver Rechte nur von deutschen Autoren bzw. Gerichten eingefordert wird, weil sie die im deutschen Recht zur Darlegung der Klagebefugnis und zur Klagebegründung erforderlichen subjektiven Rechte auf das europäische Recht mehr oder minder unbesehen übertragen.[846]

Trotz einiger unglücklicher Formulierungen des EuGH[847] kann seiner Rechtsprechung nicht entnommen werden, dass eine Richtlinienbestimmung in nationalen Gerichtsverfahren nur unmittelbar anwendbar ist, wenn sie subjektive Rechte vermitteln soll.[848] Im Urteil *Becker*, das von den genannten Autoren häufig angeführt wird, hat der EuGH nur ausgeführt, dass sich Einzelne auf unbedingte und hinreichend genaue Richtlinienbestimmungen „*auch* [Hervorhebung durch *Verf.*] berufen [können], soweit diese Rechte festlegen, die gegenüber dem Staat

---

843 Vgl. dazu oben Teil 6, B.III.2.aa., Fußnote 810.

844 EuGH, Urteil v. 11.8.1995 - *Kommission/Deutschland (Großkrotzenburg)*, Rs. C-431/92, Slg. 1995 I-2189. Vgl. dazu oben Teil 6, B.III.2.aa., Fußnote 810.

845 Vgl. so insbesondere *Gellermann*, DÖV 1996, 433, 436.

846 Vgl. zu dieser Thematik ausführlich *Ruffert*, CML Rev. 1997, 307, 312 ff; *ders.*, ZUR 1996, 235 ff und *ders.*, DVBl. 1998, 69, 70 ff; *Classen*, NJW 1995, 2457, 2458 f. Als Kontrast vgl. Beiträge von Autoren anderer Mitgliedstaaten, die diese Frage zumeist überhaupt nicht thematisieren, so. z.B. *Castillo*, Revue du Marché commun et de l'Union européenne 1997, 51, 56, die die unmittelbare Wirkung einer Richtlinienbestimmung allein abhängig macht von einer „obligation inconditionnelle et suffisamment précise“ und diese dann als Voraussetzung für die „légitimation active“ der „particuliers“ in einem Prozess versteht. Diese müsse festgestellt werden, um den Rahmen dafür zu schaffen, damit der nationale Richter „peut apprécier la portée substantielle des droits qu'ils tirent du droit communautaire.“

847 Vgl. insbesondere EuGH, Urteil v. 19.1.1982 - *Becker/Finanzamt Münster-Innenstadt*, Rs. 8/81, Slg. 1982, 53, Rn. 25.

848 Vgl. die besonders überzeugende Darlegung hierzu bei *Prechal*, Directives in European Community Law, S. 124 ff und 266 ff.

geltend gemacht werden können."[849] Dieser Formulierung kann man mitnichten entnehmen, dass stets auch subjektive Rechte in der fraglichen Richtlinienbestimmung festgelegt sein müssten.[850] Vielmehr spricht schon allein die Formulierung dafür, dass subjektive Rechte in unmittelbar wirkenden Richtlinienbestimmungen angelegt sein können, aber eben nicht müssen. Zudem zitiert der EuGH, wenn er die unmittelbare Anwendbarkeit einer Richtlinienbestimmung prüft, regelmäßig nur den ersten Teil aus der Formel des Urteils *Becker*.[851] Er hat in seiner sonstigen Rechtsprechungspraxis auch nie subjektive Rechte als Voraussetzung für die unmittelbare Anwendbarkeit einer Richtlinienbestimmung geprüft.[852]

Eine unmittelbar anwendbare gemeinschaftsrechtliche Bestimmung kann natürlich subjektive Rechte zum Gegenstand haben. Dies betrifft aber allein den Inhalt der jeweiligen Bestimmung. Logisch vorgelagert ist die Frage, ob eine Norm geeignet ist, von nationalen Rechtsanwendern auf bestimmte Sachverhalte angewendet bzw. als Maßstabsnorm für eine Rechtmäßigkeitskontrolle herangezogen zu werden. Dies hängt allein von der Struktur der Norm ab, nicht jedoch von ihrem materiellen Inhalt. Im Ergebnis ist somit ein zusätzliches Erfordernis einer „intendierten Verleihung subjektiver Rechte" für die Frage der unmittelbaren Anwendbarkeit von Richtlinienbestimmungen zu verneinen.

dd. Nur bestimmte formelle Rechtsakte anhand von Gemeinschaftsrecht überprüfbar?

Die Rechtmäßigkeitsprüfung, die ein nationaler Richter anhand des unmittelbar anwendbaren Gemeinschaftsrechts durchzuführen hat, beschränkt sich nicht auf abstrakt-generelles nationales Gesetzesrecht. In *Smith & Nephew und Primecrown* hat der EuGH klargestellt, dass - wenn eine Richtlinienvorschrift unmittelbare Wirkung entfaltet - sich die betroffenen Personen vor einem nationalen Gericht gegenüber *jeder* nicht mit der Richtlinie in Einklang stehenden

849 Vgl. insbesondere EuGH, Urteil v. 19.1.1982 - *Becker/Finanzamt Münster-Innenstadt*, Rs. 8/81, Slg. 1982, 53, Rn. 25; Urteil v. 19.11.1991 - *Francovich*, Rs. C- 6/90 und 9/90, Slg. 1991 I-1989, Rn. 11 sowie Urteil v. 13.7.1989 - *Enichem Base*, Rs. 380/87, Slg. 1989, 2491, Rn. 23.

850 Vgl. so auch *Jarass*, NJW 1990, 2420, 2422.

851 Vgl. *Ruffert*, ZUR 1996, 235, 236.

852 Vgl. als Beispiele für viele andere Urteile des EuGH, Urteil v. 26.2.1986 - *Marshall/ Southampton and South-West Hampshire Area Health Authority*,, Rs. 152/84, Slg. 1986, 723, Rn. 46 ff; Urteil v. 8.10.1987- *Kolpinghuis Nijmegen*, Rs. 80/86, Slg. 1987, 3969, Rn. 7; Urteil v. 19.11.1991 - *Francovich*, Rs. C- 6/90 und 9/90, Slg. 1991 I-1989, Rn.12 ff. Dies entspricht auch dem allgemeinen Prüfungsraster des EuGH in Bezug auf die unmittelbare Wirkung von Gemeinschaftsrecht, vgl. dazu grundlegend EuGH, Urteil v. 15.7.1964 - *Costa/ENEL*, Rs. 6/64, Slg. 1964, 1251, 1271.

nationalen Rechts- oder Verwaltungsvorschrift auf sie berufen können, und zwar z.B. auch gegenüber einer von einer Behörde erteilten Genehmigung.[853]

ee. Zwischenergebnis

Es kann festhalten werden, dass eine Verfahrensbestimmung aus einer gemeinschaftsrechtlichen Richtlinie in einem nationalen Gerichtsverfahren herangezogen werden kann, wenn sie unmittelbar anwendbar, also ihrer Normstruktur nach unbedingt und hinreichend genau ist, und - wenn nicht der Richtlinientext einen abweichenden Zeitpunkt für die Verfahrensdurchführung festlegt - die Umsetzungsfrist abgelaufen ist. Die Bestimmung entfaltet in diesem Fall unmittelbare Wirkung, was bedeutet, dass sie von nationalen Gerichten von Amts wegen angewendet werden muss.[854]

b. Kriterien für die Rechtsfolgen eines Verstoßes gegen Kooperationsverfahrensbestimmungen

Nachfolgend werden Kriterien erarbeitet, mittels derer beurteilt werden kann, wann ein Verstoß gegen eine Kooperationsverfahrensbestimmung[855] aus einer Richtlinie zur Aufhebung der unter Verstoß gegen die Vorschrift zustande gekommenen Verwaltungsmaßnahme führen muss.

aa. Einleitung

(1) Erforderlichkeit der Erarbeitung von Kriterien für Rechtsfolgen von Verfahrensverstößen

Die Herausbildung solcher Kriterien ist deshalb nötig, weil bei Verstößen gegen Form- und Verfahrensvorschriften nicht stets automatisch von einem solchen Verstoß auf die Beachtlichkeit des Verstoßes i.S. der Aufhebbarkeit der Ver-

---

[853] EuGH, Urteil v. 12.11.1996 - *Smith & Nephew und Primecrown*, Rs. C-201/94, Slg. 1996 I-5819, Rn. 36 f.

[854] *Streinz* in Isensee/ Kirchhof, Handbuch des Staatsrechts, Band VII, § 182 Rn. 14. *Streinz* weist darauf hin, dass der Prüfungspflicht von Amts wegen das Recht Einzelner - nach Ansicht *Streinz* begünstigter - Individuen entspreche, sich auf die Richtlinie berufen zu können. *Streinz* bemerkt an dieser Stelle, dass dieses Recht zur Berufung nicht mit einer Anwendungsvoraussetzung verwechselt werden dürfe. Dem ist zuzustimmen: Es geht an dieser Stelle um die in allen Verfahrensarten - außer in Bezug auf Einreden - uneingeschränkte Befugnis des Gerichts, den Sachverhalt in rechtlicher Hinsicht frei zu würdigen (Würdigungsfreiheit des Gerichts). Ähnlich *Winter*, NuR 1989, 197, 204.

[855] Wie oben schon erwähnt, wird wegen der Vielzahl der im Gemeinschaftsrecht existierenden Informations-, Konsultations- und Koordinationsverfahren für alle Verfahren, die Mitteilungs- oder Unterrichtungspflichten, Stillhalte- oder Stellungnahmeberücksichtigungspflichten im Verhältnis zwischen EU und Mitgliedstaaten bzw. nur zwischen Mitgliedstaaten umfassen, der Oberbegriff „Kooperationsverfahren" verwendet.

waltungsmaßnahme geschlossen werden kann. Anders als bei der Inkompatibilität zwischen materiell-rechtlichen nationalen und gemeinschaftsrechtlichen Vorschriften liegt nämlich bei Verfahrensverstößen kein Fall direkter Kollision vor, der einfach im Wege des Anwendungsvorrangs gemeinschaftlichen Rechts gelöst werden könnte.[856] Wie in den nationalen Verwaltungsrechtsordnungen[857] führt auch nach gemeinschaftsrechtlichen Grundsätzen nicht zwangsläufig jeder Form- oder Verfahrensverstoß zur Aufhebung bzw. Unanwendbarkeit der unter den Verstößen zustande gekommenen Maßnahmen. Vielmehr ist bei Form- und Verfahrensfehlern ein zusätzlicher Wertungsschritt zur Entscheidung über die Beachtlichkeit des Verstoßes erforderlich.[858]

(2) Vorgehensweise

Die Beachtlichkeit eines Verfahrensverstoßes ist in der Terminologie des EuGH damit gleichzusetzen, dass es sich um einen „wesentlichen" Verfahrensfehler handelt.[859] Für die Wesentlichkeit solcher Fehler sollen nachfolgend aus der EuGH-Rechtsprechung Kriterien herausgearbeitet werden. Die Kriterienerarbeitung beschränkt sich dabei auf Verfahrensbestimmungen im Rahmen von Kooperationsverfahren zwischen Organen der Mitgliedstaaten und der EU bzw. anderen Mitgliedstaaten, da allgemeine Grundsätze zu den Rechtsfolgen von Form- und Verfahrensfehler auf einem zu hohen Abstraktionsniveau gebildet werden müssten.[860]

---

856 Zu kurz greift deshalb *Fronia*, EuZW 1996, 101, 108, der die Auswirkung von Formverstößen unmittelbar aus dem Anwendungsvorgang von Gemeinschaftsrecht folgern will. Ähnlich wie hier *Bernhard/ Madner*, Journal für Rechtspolitik 1998, 87, 97, 99 und *Castillo*, Revue du Marché commun et de l'Union européenne 1997, 51, 56.

857 Vgl. z.B. § 46 VwVfG sowie die Unterscheidung zwischen „formalités substantielles" und „formalités accessoires" im französischen Verwaltungsrecht. Zu letzterem *Koch*, Verwaltungsrechtsschutz in Frankreich, S. 170.

858 Vorab soll darauf aufmerksam gemacht werden, dass gerade in Bezug auf die Behandlung von Verfahrensfehlern ein wesentlicher Unterschied zwischen deutschem und europäischem Recht besteht. Während nach deutschem Verwaltungsrecht Fehler im Verwaltungsverfahren häufig nachträglich geheilt werden können und regelmäßig nicht für sich genommen ausreichen, um die Aufhebbarkeit eines Verwaltungsaktes zu begründen, sondern nur dann, wenn konkrete Anhaltspunkte für eine Entscheidungserheblichkeit vorliegen, sind Verstöße gegen Verfahrensvorschriften, die auf Gemeinschaftsrecht beruhen, nach der Rechtsprechung des EuGH grundsätzlich beachtlich. Unbeachtlich sind sie nur dann, wenn jegliche Entscheidungserheblichkeit ausgeschlossen werden kann. Vgl. zu diesem strukturellen Unterschied *Classen*, NJW 1995, 2457, 2459.

859 Vgl. z.B. EuGH, Urteil v. 30.4.1996 - *CIA Security International*, Rs. C-194/94, Slg. 1996 I-2201, Rn. 48.

860 So haben Verstöße gegen die Pflicht zur Anhörung von betroffenen Privaten schon wegen der grundrechtlichen Bezüge eine ganz andere Qualität als die hier behandelten Verstöße gegen Kooperationspflichten zwischen Behörden. Eine pauschalierende Behandlung würde nicht zur Erarbeitung sinnvoll anwendbarer Grundsätze führen.

bb. EuGH zur Wesentlichkeit von Kooperationsverfahrensverstößen

(1) Argumentationsaufbau des EuGH in den einschlägigen Urteilen

Der EuGH stützt seine Entscheidung über die Wesentlichkeit eines Kooperationsverfahrensverstoßes darauf, ob nach Wortlaut und Zweck der betreffenden Verfahrensbestimmung allein die Nichteinhaltung der den Mitgliedstaaten darin auferlegten Verpflichtung zur Rechtswidrigkeit bzw. Unanwendbarkeit der in dieser Weise erlassenen nationalen Maßnahme führen soll.[861]

Das im Wege einer solchen Auslegung gefundene Ergebnis kleidet der EuGH sodann regelmäßig in die Formel, dass der Verfahrensverstoß dem Einzelnen Rechte verleiht, auf die er sich vor nationalen Gerichten berufen kann, bzw. dass solche Rechte eben nicht begründet werden.[862]

Diese Formulierung darf jedoch - insbesondere aus deutscher Perspektive - nicht missverstanden werden: Der EuGH prüft an dieser Stelle nicht etwa, ob die jeweilige Verfahrensbestimmung subjektive Rechte i.S. der deutschen Schutznormtheorie begründet.[863]

Er schlussfolgert vielmehr die „Einräumung von Rechten Einzelner" aus seiner - letztlich wertenden - Auslegung der jeweiligen Verfahrenbestimmung. Die dem Einzelnen verliehenen „Rechte" auf die der Einzelne sich „berufen kann" sind für den EuGH Mittel zu dem Zweck, die von ihm gewünschte Sanktion der Aufhebung bzw. der Unanwendbarkeit der nationalen Maßnahme durch nationale Gerichte aussprechen zu lassen.[864] Diese von Seiten der nationalen Richter drohende Sanktion soll die Mitgliedstaaten dazu anhalten, die Verfahren ordnungsgemäß durchzuführen.[865]

---

[861] Vgl. z.B. EuGH, Urteil v. 13.7.1989 - *Enichem Base,* Rs. 380/87, Slg. 1989, 2491, Rn. 22; EuGH, Urteil v. 30.4.1996 - *CIA Security International,* Rs. C-194/94, Slg. 1996 I-2201, Rn. 45; EuGH, Urteil v. 21.11.1991 - *Féderation Nationale du Commerce Extérieur,* Rs. C-354/90, Slg. 1991 I-5505, Rn. 16.

[862] Vgl. z.B. - im affirmativen Sinn - EuGH, Urteil v. 30.4.1996 - *CIA Security International,* Rs. C-194/94, Slg. 1996 I-2201, Rn. 54 f; EuGH, Urteil v. 21.11.1991 - *Féderation Nationale du Commerce Extérieur,* Rs. C-354/90, Slg. 1991 I-5505, Rn. 12 ff. Im negativen Sinn EuGH, Urteil v. 13.7.1989 - *Enichem Base,* Rs. 380/87, Slg. 1989, 2491, Rn.23; EuGH, Urteil v. 18.2.1986 - *Bulk Oil/ Sun International,* Rs. 174/84, Slg. 1986, 559, Rn. 62. Unterschieden werden müssen diese „Rechte", auf die sich der Einzelne berufen kann, von der Frage, ob einzelne Richtlinienvorschriften vor Gericht „herangezogen" werden können. Letzteres beantwortet sich allein aufgrund der Normstruktur, also danach, ob die Bestimmung unmittelbar anwendbar ist oder nicht.

[863] Zur unterschiedlichen Definition von „subjektiven Rechten" im deutschen öffentlichen Recht und im Gemeinschaftsrecht, vgl. *Classen,* NJW 1995, 2457, 2458.

[864] Ähnlich *Bernhard/ Madner,* Journal für Rechtspolitik 1998, 87, 97, 98.

[865] Ähnlich GA *Jacobs* in seinen Schlussanträgen zum Urteil *Unilever,* Rs. C-443/96, Slg. 2000 I-7535, Rn. 90 und *Castillo,* Revue du Marché commun et de l'Union européenne 1997, 51, 57 f.

(2) Inhaltliche Stellungnahmen des EuGH zur Wesentlichkeit von Kooperationsverfahrensverstößen

Der EuGH hat eine Reihe von Urteilen erlassen, in denen es um das Schicksal nationaler Maßnahmen, die unter Verstoß gegen unmittelbar anwendbare gemeinschaftsrechtliche Kooperationsverfahrensbestimmungen zustande gekommen waren, ging.
Die jeweils in Frage stehenden unmittelbar anwendbaren Verfahrensbestimmungen entstammten zum Teil dem Primärrecht (Art. 88 Abs. 3 EG[866]), zum Teil dem Sekundärrecht (Art. 8 f der „Transparenzrichtlinie" 83/189/EWG[867], Art. 3 Abs. 2 der „Abfallrichtlinie" 75/442/EWG[868], Art. 4 einer Entscheidung des Ministerrates vom 9.10.1961[869]).
Da der EuGH selbst nicht die Kompetenz hat, innerstaatliche Normen bzw. Rechtsmaßnahmen aufzuheben, musste er sich im Falle der Bejahung der Wesentlichkeit des Verfahrensfehlers stets darauf beschränken, den nationalen Richtern das sicherzustellende Ergebnis vorzugeben, nämlich zu verhindern, dass die Maßnahme Rechtswirkungen gegenüber den Marktbürgern entfaltet. Der nationale Richter war mithin entweder zur Aufhebung oder zur Erklärung der Unanwendbarkeit der Maßnahme verpflichtet.

(a) Verneinung der Wesentlichkeit

In zwei Urteilen verneinte der EuGH die Wesentlichkeit der Verfahrensverstöße.

---

866 Nicht näher eingegangen wird auf Art. 95 Abs. 4-6 EG. Es existiert zwar Rechtsprechung zu Art. 100 a Abs. 4 EGV, die auch zum Teil auf Art. 95 Abs. 4-6 EG übertragen werden kann (Vgl. EuGH, Urteil v. 17.5.1994 - *Frankreich/Kommission*, Rs. C-41/93, Slg. I-1994, 1841, Rn. 28 ff; EuGH, Urteil v. 1.6.1999 - *Kortas*, Rs. C-319/97, Slg. 1999 I-3143, Rn. 28) Jedoch betrifft das dort geregelte Verfahren die konstitutive Wirkung der Kommissionsentscheidung für nationale Schutzmaßnahmen, die materiell von Gemeinschaftsrecht abweichen, so dass aus den Ausführungen des EuGH zur Unanwendbarkeit verfahrenswidrig zustande gekommener nationaler Maßnahmen keine Rückschlüsse auf - rein formale - Verfahrensverstöße möglich sind. Zwar mag - wie *Heselhaus*, JA 2001, 647, 650 feststellt - die Rechtsprechung des EuGH zu rein formellen Verfahrensverstößen mit der „Ratio" des Art. 95 Abs. 4-6 EG übereinstimmen, jedoch können daraus keine konstruktiven Schlüsse für die Behandlung von rein formellen Verfahrensverstößen durch den EuGH gezogen werden.

867 Richtlinie 83/189/EWG des Rates v. 28.3.1983 über ein Informationsverfahren auf dem Gebiet der Normen und technischen Vorschriften, ABl. Nr. L 109/8 v. 26.4.1983 in der Fassung der Richtlinie 88/182/EWG des Rates vom 22.3.1988, ABl. Nr. L 81/75.

868 Richtlinie des Rates v. 15.7.1975 über Abfälle (75/442/EWG), ABl. Nr. L 194/47 v. 25.7.1975.

869 Entscheidung des Ministerrates v. 9.10.1961 über ein Konsultationsverfahren bei der Aushandlung von Abkommen über Handelsbeziehungen zwischen den Mitgliedstaaten und dritten Ländern und bei Änderung des Liberalisierungsstandards gegenüber dritten Ländern, ABl. 1961, S. 1273/61 v. 4.11.1961.

In der Entscheidung *Bulk Oil* handelte es sich um eine Bestimmung in Art. 4 einer Entscheidung des Ministerrates vom 9.10.1961[870], wonach Mitgliedstaaten, die Änderungen ihres Liberalisierungsstandards gegenüber dritten Ländern beabsichtigten, vorher die übrigen Mitgliedstaaten und die Kommission zu unterrichten hatten, wobei auf Antrag der Mitgliedstaaten und/oder der Kommission anschließend vor der endgültigen Änderung Konsultationen durchzuführen waren. Für diese Konsultationen waren weder Verfahrensregeln noch Fristen festgesetzt. Der EuGH erklärte, die Bestimmung betreffe „nur die institutionellen Beziehungen eines Mitgliedstaats zur Gemeinschaft und zu anderen Mitgliedstaaten."[871] Einzelne könnten sich gegen eine von einem Mitgliedstaat beschlossene Politik oder Maßnahme nicht auf Rechte berufen, die aus einem Verstoß des Mitgliedstaats gegen die Unterrichtungspflicht folgen sollten. [872] Der EuGH verneinte damit im Ergebnis die Wesentlichkeit des Verfahrensverstoßes.

Im Urteil *Enichem Base* ging es um die Wesentlichkeit eines Verstoßes gegen die Verfahrensbestimmung in Art. 3 Abs. 2 der „Abfallrichtlinie" 75/442/EWG[873]: Danach mussten die Mitgliedstaaten die Kommission rechtzeitig über die Entwürfe von Regelungen unterrichten, die die Abfallverhinderung bzw. -verwertung zum Gegenstand hatten. Der EuGH stellte fest, dass Art. 3 Abs. 2 lediglich die Mitgliedstaaten zur rechtzeitigen Unterrichtung der Kommission über Regelungsentwürfe verpflichte. Er lege jedoch kein Verfahren für eine gemeinschaftsrechtliche Kontrolle dieser Entwürfe fest und mache die Inkraftsetzung der beabsichtigten Regelung nicht vom Einverständnis oder dem fehlenden Widerspruch der Kommission abhängig.[874] Aus der Sicht des EuGH war es die Zielsetzung des Verfahrens nach Art. 3 Abs. 2, der Kommission die Möglichkeit zu geben, von den beabsichtigen inländischen Maßnahme auf dem Gebiet der Abfallbeseitigung Kenntnis zu erhalten, um prüfen zu können, ob ggf. gemeinschaftsrechtliche Harmonisierungsmaßnahmen erforderlich wären oder ob die Entwürfe gegen Gemeinschaftsrecht verstießen und daraus ggf. Folgerungen zu ziehen.[875] Im Ergebnis verneinte der EuGH auch in Bezug auf diese Unterrichtungspflicht die Wesentlichkeit des Verfahrensverstoßes.

---

[870] Entscheidung des Ministerrates v. 9.10.1961 über ein Konsultationsverfahren bei der Aushandlung von Abkommen über Handelsbeziehungen zwischen den Mitgliedstaaten und dritten Ländern und bei Änderung des Liberalisierungsstandards gegenüber dritten Ländern, ABl. 1961, S. 1273/61 v. 4.11.1961.
[871] EuGH, Urteil v. 18.2.1986 - *Bulk Oil/ Sun International*, Rs. 174/84, Slg. 1986, 559, Rn. 62.
[872] EuGH, Urteil v. 18.2.1986 - *Bulk Oil/ Sun International*, Rs. 174/84, Slg. 1986, 559, Rn. 62.
[873] Richtlinie des Rates v. 15.7.1975 über Abfälle (75/442/EWG), ABl. Nr. L 194/47 v. 25.7.1975.
[874] EuGH, Urteil v. 13.7.1989 - *Enichem Base*, Rs. 380/87, Slg. 1989, 2491, Rn. 20.
[875] EuGH, Urteil v. 13.7.1989 - *Enichem Base*, Rs. 380/87, Slg. 1989, 2491, Rn. 21.

(b) Bejahung der Wesentlichkeit

In einer Reihe von Urteilen hat der EuGH die Wesentlichkeit der Verstöße gegen Kooperationsverfahrensbestimmungen hingegen bejaht.

Zum einen handelte es sich dabei um Urteile zu Art. 93 Abs. 3 Satz 3 EGV, der heute unverändert in Art. 88 Abs. 3 Satz 3 EG normiert ist. Art. 88 Abs. 3 Satz 3 EG verpflichtet die Mitgliedstaaten, die Kommission vor jeder beabsichtigten Einführung oder Umgestaltung von Beihilfen so rechtzeitig zu informieren, dass sie sich dazu äußern kann (Notifizierungspflicht). Vor einer abschließenden Entscheidung der Kommission über die materielle Rechtmäßigkeit der Beihilfe darf der Mitgliedstaat nach Art. 88 Abs. 3 Satz 3 EG die beabsichtigten Beihilfemaßnahmen nicht durchführen (Stillhaltepflicht)[876].
Der EuGH hat entschieden, dass Art. 88 Abs. 3 Satz 3 EG sowohl unmittelbar anwendbar ist als auch „Rechte des Einzelnen begründet".[877] Im Ergebnis hat er damit sowohl Verstöße gegen die Notifizierungspflicht als auch gegen die Stillhaltepflicht als wesentliche Verfahrensverstöße klassifiziert und infolgedessen die nationalen Gerichten zur Aufhebung der Durchführungsmaßnahmen verpflichtet.[878]
Der EuGH kommt zu diesem Ergebnis im Wege einer systematisch-teleologischen Auslegung des Art. 88 EG. Art. 88 Abs. 3 Satz 3 EG sichere den in Art. 88 EG normierten Kontrollmechanismus ab, und dieser Kontrollmechanismus sei seinerseits für die Gewährleistung des Funktionierens des Gemeinsamen Marktes wesentlich.[879] Der EuGH lehnt jede Auslegung ab, die dazu führen würde, den Bestimmungen des Art. 88 Abs. 3 EG ihre Verbindlichkeit zu nehmen oder sogar deren Nichtbeachtung durch die Mitgliedstaaten zu fördern.[880] Deshalb musste nach seiner Argumentation jeder Verstoß gegen die Notifizierungspflicht und/ oder gegen die Stillhaltepflicht als wesentlicher Verfahrensfehler qualifiziert werden.

---

[876] Von der Stillhalteverpflichtung sind dabei nach der Rechtsprechung des EuGH alle Beihilfemaßnahmen betroffen, die ohne Anzeige oder während der Vorprüf- bzw. förmlichen Prüfphase durchgeführt worden sind, vgl. EuGH, Urteil v. 11.12.1973 - *Lorenz/Deutschland*, Rs. 120/73, Slg. 1973, 1471, Rn. 8.

[877] Vgl. EuGH, Urteil v. 15.7.1964 - *Costa/ENEL*, Rs. 6/64, Slg. 1964, 1251, 1273; EuGH, Urteil v. 11.12.1973 - *Lorenz/Deutschland*, Rs. 120/73, Slg. 1973, 1471, Rn. 8.

[878] Vgl. z.B. EuGH, Urteil v. 21.11.1991 - *Féderation Nationale du Commerce Extérieur*, Rs. C-354/90, Slg. 1991 I-5505, Rn. 12 ff.

[879] EuGH, Urteil v. 9.10.1984 - *Heineken Brouwerijen/ Inspecteurs der Vennootschapsbelasting Amsterdam und Utrecht*, verb. Rs. 91 und 127/83, Slg. 1984, 3435, Rn. 20.

[880] EuGH, Urteil v. 2.7.1974 - *Italien/Kommission*, Rs. 173/73, Slg. 1974, 709, Rn. 14/17; EuGH, Urteil v. 21.11.1991 - *Féderation Nationale du Commerce Extérieur*, Rs. C-354/90, Slg. 1991 I-5505, Rn. 16.

Die anderen Urteile des EuGH betrafen den Kooperationsmechanismus in Art. 8 und 9 der Richtlinie 83/189/EWG[881]. Nach Art. 8 Abs. 1 der Richtlinie mussten die Mitgliedstaaten Entwürfe für „technische Vorschriften" der Kommission und - mittelbar über die Kommission - den anderen Mitgliedstaaten übermitteln. Art. 9 Abs. 1 und 2 enthielt Bestimmungen und Fristen für die Aussetzung des Inkrafttretens der notifizierten Vorschriften (Notifizierungspflicht). Im Ergebnis stand der Kommission und den anderen Mitgliedstaaten ein Prüfungszeitraum von drei Monaten zur Verfügung, um eine begründete Stellungnahme abzugeben, in der sie jeweils die Änderung des notifizierten Entwurfs vorschlagen konnten, um etwaige Handelshemmnisse zu verhindern bzw. zu begrenzen. Wurde eine solche Stellungnahme abgegeben, so war der endgültige Erlass um insgesamt sechs Monate vom Zeitpunkt der Notifizierung an auszusetzen. Teilte die Kommission in den ersten drei Monaten ihre Absicht mit, eine Harmonisierungsrichtlinie vorzuschlagen, so betrug die Aussetzungsfrist zwölf Monate (Stillhaltepflichten).

Der EuGH hat in seiner Rechtsprechung in Bezug auf alle technischen Vorschriften[882], die unter Verstoß gegen die Notifizierungspflicht[883] und/oder eine der Stillhaltepflichten[884] zustande gekommen waren, die nationalen Gerichte verpflichtet, die nationalen Maßnahmen für unanwendbar zu erklären. Verstöße gegen die Notifizierungs- oder die Stillhaltepflichten in Art. 8 und 9 der Richtlinie 83/189/EWG hat er mithin als wesentliche Verfahrensfehler qualifiziert.

Dabei hat er hervorgehoben, dass es in diesem Zusammenhang irrelevant sei, dass die Richtlinie nur das Verhältnis zwischen der Kommission und den Mitgliedstaaten betreffe, nur Verfahrenspflichten aufstelle und dass die Richtlinie keine ausdrücklichen Bestimmungen über die Folge der Nichtbeachtung der Notifizierungs- und Stillhalteverpflichtungen enthalte.[885]

---

[881] Richtlinie 83/189/EWG des Rates v. 28.3.1983 über ein Informationsverfahren auf dem Gebiet der Normen und technischen Vorschriften, ABl. Nr. L 109/8 v. 26.4.1983 in der Fassung der Richtlinie 88/182/EWG des Rates vom 22.3.1988, ABl. Nr. L 81/75. Diese Richtlinie wurde inzwischen durch die Richtlinie 98/34/EG des Europäischen Parlaments und des Rates v. 22.6.1998 über ein Informationsverfahren auf dem Gebiet der Normen und technischen Vorschriften, ABl. Nr. L 204/37 v. 21.7.1998 ersetzt.

[882] Der EuGH hat später klargestellt, dass die Pflicht, Rechtswirkungen einer unter Verfahrensverstößen zustande gekommenen Maßnahme zu verhindern, sich nur auf die unter wesentlichen Verfahrensverstößen zustande gekommenen technischen Vorschriften bezieht, nicht hingegen zum Beispiel auf Beweismittel, die mit Mitteln gewonnen wurden, die auf der Grundlage nicht notifizierter technischer Vorschriften zugelassen worden waren, vgl. EuGH, Urteil v. 16.6.1998, *Lemmens*, Rs. C-226/97, Slg. 1998 I-3711, Rn. 34.

[883] EuGH, Urteil v. 30.4.1996 - *CIA Security International*, Rs. C-194/94, Slg. 1996 I-2201, Rn. 32 ff.

[884] EuGH, Urteil v. 26.9.2000 - *Unilever*, Rs. C-443/96, Slg. 2000 I-7535, Rn. 37 ff.

[885] EuGH, Urteil v. 30.4.1996 - *CIA Security International*, Rs. C-194/94, Slg. 1996 I-2201, Rn. 46 f.

Der EuGH hat betont, dass das Ziel der Bestimmungen der Schutz des Warenverkehrs durch eine vorbeugende Kontrolle sei und dass die Mitteilungs- und Stillhaltepflichten wichtige und zugleich wirksame Mittel zur Verwirklichung dieses Kontrollmechanismus seien.[886]
Das vorbeugende Kontrollverfahren unterschied sich nach Ansicht des EuGH dadurch von dem Verfahren nach Art. 3 Abs. 2 Richtlinie 75/442/EWG, über das er in seinem Urteil *Enichem Base* zu entscheiden hatte, dass es der Kommission und den anderen Mitgliedstaaten ermögliche, im Vorfeld des Maßnahmeerlasses zu reagieren und Änderungsvorschläge zu unterbreiten, so dass Einschränkungen des Warenverkehrs vermindert bzw. verhindert werden könnten.[887] Zudem erlaube das Verfahren der Kommission, vor dem Maßnahmeerlass eine Harmonisierungsrichtlinie vorzuschlagen.[888] Auch sei der Wortlaut in Art. 8 f klar, denn er schreibe Verfahren für eine gemeinschaftsrechtliche Kontrolle vor und mache den Zeitpunkt des Inkrafttretens vom Einverständnis oder fehlenden Widerspruch der Kommission abhängig.[889] Die Wirksamkeit der Kontrolle sei umso größer, wenn die Richtlinie dahingehend ausgelegt werde, dass der Verstoß einen wesentlichen Verfahrensfehler darstelle, der zur Unanwendbarkeit der fraglichen Vorschrift auf Einzelne führen müsse.[890]
Es seien auch keine Gründe ersichtlich, die gegen diese Unanwendbarkeit sprächen. Der EuGH weist insoweit auf das in Art. 9 Abs. 3 normierte Dringlichkeitsverfahren hin, das die Entstehung nationaler Regelungslücken verhindere.[891]

(3) Fazit aus den dargestellten Urteilen

Den beiden ersten Urteilen kann entnommen werden, dass der EuGH die Wesentlichkeit des Verfahrensverstoßes verneint hat, weil die Verfahrensbestimmungen lediglich eine Verpflichtung zur Unterrichtung der Kommission bzw. der Kommission und der anderen Mitgliedstaaten enthielt, ohne darüber hinaus ein formalisiertes Verfahren zur Aussetzung der Maßnahme und/ oder zur Über-

---

[886] EuGH, Urteil v. 30.4.1996 - *CIA Security International*, Rs. C-194/94, Slg. 1996 I-2201, Rn. 40 und 48.
[887] EuGH, Urteil v. 30.4.1996 - *CIA Security International*, Rs. C-194/94, Slg. 1996 I-2201, Rn. 41 und 50.
[888] EuGH, Urteil v. 30.4.1996 - *CIA Security International*, Rs. C-194/94, Slg. 1996 I-2201, Rn. 41 und 50.
[889] EuGH, Urteil v. 30.4.1996 - *CIA Security International*, Rs. C-194/94, Slg. 1996 I-2201, Rn. 49 f; EuGH, Urteil v. 26.9.2000 - *Unilever*, Rs. C-443/96, Slg. 2000 I-7535, Rn. 42 ff.
[890] EuGH, Urteil v. 30.4.1996 - *CIA Security International*, Rs. C-194/94, Slg. 1996 I-2201, Rn. 48; EuGH, Urteil v. 26.9.2000 - *Unilever*, Rs. C-443/96, Slg. 2000 I-7535, Rn. 44.
[891] EuGH, Urteil v. 30.4.1996 - *CIA Security International*, Rs. C-194/94, Slg. 1996 I-2201, Rn. 51ff.

prüfung der Maßnahme durch die Kommission und/oder die anderen Mitgliedstaaten vorzusehen.[892]
Die Argumentation des EuGH in *Enichem Base* deutet darüber hinaus darauf hin, dass ein Grund für die negative Entscheidung war, dass der Gemeinschaftsgesetzgeber mit der Unterrichtungspflicht keinen eigenständigen gemeinschaftlichen Kontrollmechanismus hat schaffen, sondern lediglich der Kommission ihre ihr vom EG-Vertrag übertragenen Vollzugskontrollbefugnisse hat erleichtern wollen.

Festzuhalten bleibt aus den zwei Urteilen zu Art. 8 und 9 der Richtlinie 83/189/EWG zunächst, dass der EuGH die Wesentlichkeit der Verfahrensverstöße insbesondere deshalb bejaht hat, weil die jeweiligen Verfahrensbestimmungen Teil eines formalisierten Verfahrens zur gemeinschaftsrechtliche Kontrolle nationaler Maßnahmen waren und weil für das Inkrafttreten der geplanten nationalen Maßnahmen Aufschiebungsfristen vorgeschrieben waren.[893]
Daneben sollte festgehalten werden, dass der EuGH sowohl in seiner Rechtsprechung zu Art. 88 Abs. 3 Satz 3 EG als auch zu Art. 8 und 9 der Richtlinie 83/189/EWG unterstrichen hat, dass es sich jeweils um ein vorbeugendes, gemeinschaftsrechtliches Kontrollverfahren zum Schutz wesentlicher Grundprinzipien der Gemeinschaft,[894] nämlich der Warenverkehrsfreiheit bzw. des nicht durch nationale Beihilfen verzerrten Wettbewerbs handelte. Darüber hinaus hat der EuGH aufgezeigt, dass die einzelnen von ihm geprüften Verfahrensbestimmungen für die wirksame Durchführung des Kontrollmechanismus jeweils von zentraler Bedeutung waren.

cc. Grundsatzbildung zur Wesentlichkeit von Kooperationsverfahrensverstößen

Aus den festgehaltenen Kernpunkten der EuGH-Urteile lassen sich folgende Grundsätze ableiten:

Über die Wesentlichkeit eines Kooperationsverfahrensverstoßes kann nicht anhand formaler gemeinschaftsrechtlicher Grundsätze entschieden werden. Verfahrensverstöße führen auch nicht etwa nur dann zu wesentlichen Verfahrensfehlern, wenn die jeweilige Verfahrensbestimmung subjektive Rechte zu schützen bestimmt ist. Vielmehr bedarf es einer wertenden Entscheidung darüber, ob

---

[892] Eine entsprechende Bewertung hat auch der zuständige GA vorgenommen, vgl. die Schlussanträge des GA *Jacobs* zu *Enichem Base*, Rs. 380/87, Slg. 1989, 2491, Rn. 14 sowie die spätere Erläuterung im Rahmen eines anderen Falls in den Schlussanträgen des GA *Elmer* zu *CIA Security International*, Rs. C-194/94, Slg. 1996 I-2201, Rn. 57.
[893] Vgl. so auch Schlussanträge des GA *Elmer* zu *CIA Security International*, Rs. C-194/94, Slg. 1996 I-2201, Rn. 57.
[894] Vgl. insbesondere EuGH, Urteil v. 30.4.1996 - *CIA Security International*, Rs. C-194/94, Slg. 1996 I-2201, Rn. 40.

das gesamte Kooperationsverfahren und die einzelne Verfahrensbestimmung in signifikanter Weise zu einer wirksameren Durchsetzung des Gemeinschaftsrechts beitragen. Nach der Rechtsprechung des EuGH ist dies der Fall wenn:

1. Das Verfahren als Ganzes auf die wirksamere Durchsetzung grundsätzlicher im EG-Vertrag geregelter Prinzipien bzw. Verbote ausgerichtet ist.
2. Ein eigenständiger gemeinschaftsrechtlicher Mechanismus etabliert wird, der in formalisierter Form eine Präventivkontrolle nationaler Maßnahmeentwürfe ermöglicht.
3. Die einzelne Verfahrensbestimmung eine unabdingbare oder zumindest wesentliche Voraussetzung für die Durchführung des Verfahrens ist.

Wenn diese drei Voraussetzungen erfüllt sind, ist die Bejahung der Wesentlichkeit eines Verstoßes nur noch ein formeller Schritt, um die nationalen Gerichte zur Aufhebung bzw. Unanwendbarkeitserklärung aller unter Verstoß gegen die entsprechenden Verfahrensbestimmungen zustande gekommenen nationalen Maßnahmen verpflichten zu können und somit einen wirksamen Anreiz für die Mitgliedstaaten zu setzen, die Bestimmungen auch wirklich einzuhalten.

Diese drei Kriterien sollen im Einzelnen aus der oben dargestellten Rechtsprechung des EuGH noch einmal präzise abgeleitet und dabei veranschaulicht werden.

(1) Kriterium 1

Das erste Kriterium folgt daraus, dass der EuGH stets besonders betont hat, dass die von ihm geprüften und für wesentlich erachteten Verfahrensverstöße Kontrollmechanismen betrafen, die den Schutz von Bestimmungen zum Gegenstand hatten, die zu den „Grundlagen der Gemeinschaft" gehören.[895]
Die oben dargestellte Rechtsprechung des EuGH betraf dabei den Schutz des Binnenmarktes vor wettbewerbsverfälschenden staatlichen Beihilfen nach Art. 87 ff EG[896] und das Verbot nichttarifärer Handelshemmnisse im Warenverkehr

---

[895] Vgl. explizit in seinem Urteil v. 30.4.1996 - *CIA Security International*, Rs. C-194/94, Slg. 1996 I-2201, Rn. 40 und in seinem Urteil v. 26.9.2000 - *Unilever*, Rs. C-443/96, Slg. 2000 I-7535, Rn. 40. Ähnlich EuGH, Urteil v. 9.10.1984 - *Heineken Brouwerijen/ Inspecteurs der Vennootschapsbelasting Amsterdam und Utrecht*, verb. Rs. 91 und 127/83, Slg. 1984, 3435, Rn. 20.

[896] Vgl. z.B. die Urteile des EuGH v. 15.7.1964 - *Costa/ENEL*, Rs. 6/64, Slg. 1964, 1251; Urteil v. 11.12.1973 - *Lorenz/Deutschland*, Rs. 120/73, Slg. 1973, 1471; EuGH, Urteil v. 21.11.1991 - *Féderation Nationale du Commerce Extérieur*, Rs. C-354/90, Slg. 1991 I-5505; Urteil v. 9.10.1984 - *Heineken Brouwerijen/ Inspecteurs der Vennootschapsbelasting Amsterdam und Utrecht*, verb. Rs. 91 und 127/83, Slg. 1984, 3435.

zwischen den Mitgliedstaaten nach Art. 28 ff EG,[897] also jeweils Grundprinzipien bzw. diese realisierende Verbote zur Errichtung des Binnenmarktes.
Ziel des jeweiligen Verfahrens muss es deshalb sein, grundsätzliche Prinzipien - also in erster Linie diejenigen zur Verwirklichung des Binnenmarktes[898] - bzw. die entsprechenden Verbote aus dem EG-Vertrag durchzusetzen.

(2) Kriterium 2

Schwieriger ist es, der Rechtsprechung des EuGH zu entnehmen, welche Eigenschaften das Kontrollverfahren als Ganzes haben muss.
Dass der EuGH nicht jede Art von Verfahren ausreichen lässt, zeigen die Urteile *Bulk Oil* und *Enichem Base*. Dort hat er Verstöße gegen Unterrichtungspflichten nicht als wesentlich qualifiziert, obwohl er die gleiche Art von Verfahrensverstoß im Kontext eines komplexeren Verfahrens in den Urteilen *CIA Security* und *Unilever* für wesentlich erklärt hat.

Wichtig ist - wie oben schon aufgezeigt wurde - dass es sich um ein formalisiertes, eigenständiges Verfahren handeln muss, das über eine bloße Unterrichtung der Kommission bzw. der anderen Mitgliedstaaten hinausgeht.[899] Während nämlich eine Unterrichtung lediglich ein Vorgehen der Kommission oder der anderen Mitgliedstaaten nach Art. 226 f EG durch die automatische Informationsverschaffung erleichtert bzw. der Kommission als Grundlage für die Erarbeitung von Harmonisierungsmaßnahmevorschlägen z.B. nach Art. 95 EG dient, müssen die vom EuGH akzeptierten Verfahren eigenständige, neue Instrumente zur wirksameren Durchsetzung des Gemeinschaftsrechts sein.[900]

---

[897] Vgl. z.B. das Urteil des EuGH v. 30.4.1996 - *CIA Security International*, Rs. C-194/94, Slg. 1996 I-2201 und das Urteil v. 26.9.2000 - *Unilever*, Rs. C-443/96, Slg. 2000 I-7535.

[898] Binnenmarktsprinzipien waren jedenfalls in der bisher vorhandenen Rechtsprechung Schutzobjekte der Kontrollverfahren. Ob die hier herausgearbeiteten Grundsätze in Zukunft vom EuGH auf flankierende Politiken wie z.B. die Wirtschafts- und Währungsunion ausgedehnt werden, ist für die Ziele der Arbeit irrelevant und wird deshalb nicht thematisiert.

[899] So auch GA *Elmer* in seinen Schlussanträgen zum Urteil *CIA Security International*, Rs. C-194/94, Slg. 1996 I-2201, Rn. 57. Ebenso *Castillo*, Revue du Marché commun et de l'Union européenne 1997, 51, 57.

[900] Vgl. die in eine ähnliche Richtung laufenden Erwägungen des GA *Elmer* in den Schlussanträgen zu *CIA Security International*, Rs. C-194/94, Slg. 1996 I-2201, Rn. 58 a.E. , wo der GA *Elmer* hervorhebt, dass der Gemeinschaftsgesetzgeber die Aussetzungsbestimmungen für erforderlich gehalten habe, obwohl die Kommission ein Verfahren nach Art. 226 auf der Grundlage des Art. 28 EG einleiten oder eine Richtlinienvorschlag unterbreiten könne, wenn sie die Maßnahme für mit dem Warenverkehr unvereinbar halte. Auch der EuGH hatte bei seiner ablehnenden Entscheidung *Enichem Base* (Urteil v. 13.7.1989, Rs. 380/87, Slg. 1989, 2491, Rn. 21) die Erforderlichkeit eines eigenständigen, neuen Kontrollmechanismus angedeutet.

Der Rechtsprechung des EuGH kann darüber hinaus entnommen werden, dass das Verfahren eine präventive gemeinschaftliche Kontrolle nationaler Maßnahmen ermöglichen muss.[901]
Der Kontrollmechanismus muss dabei so ausgestaltet sein, dass eine an den maßnahmeerlasswilligen Mitgliedstaat gerichtete Unterrichtungspflicht die Kommission und/ oder die anderen Mitgliedstaaten in die Lage versetzt, eine präventive Prüfung geplanter nationaler Maßnahmen durchzuführen und innerhalb eines bestimmten Zeitraums Stellungnahmen und/ oder Änderungsvorschläge abzugeben. Dieser Zeitraum muss durch eine Stillhalteverpflichtung für den maßnahmeerlasswilligen Mitgliedstaat wirksam abgesichert sein.[902]

Fraglich ist, ob nach der Rechtsprechung des EuGH in dem Kontrollverfahren zwingend die Befugnis für die Kommission vorgesehen sein muss, die nationale Maßnahme präventiv vor dem Inkrafttreten zu verhindern. Anhaltspunkte für ein solches Erfordernis könnten in das Urteil *CIA Security* hineingelesen werden. Danach ist „der Wortlaut der Art. 8 und 9 der Richtlinie 83/189/EWG im Übrigen klar, denn er sieht ein Verfahren für die gemeinschaftliche Kontrolle der Entwürfe nationaler Vorschriften vor und macht den Zeitpunkt ihres Inkrafttretens vom Einverständnis oder vom fehlenden Widerspruch der Kommission abhängig."[903]
Aus dieser Formulierung wurde z.T. geschlossen, dass der EuGH als Voraussetzung für die Wesentlichkeit eines Verfahrensverstoßes aufgestellt habe, dass der Kommission durch den Gemeinschaftsgesetzgeber ein unmittelbares Verhinderungsinstrument in Bezug auf die geplante nationale Maßnahme an die Hand gegeben wird.[904]
Diese Deutung der EuGH-Rechtsprechung geht jedoch fehl: Der EuGH hat nirgends eine Verhinderungsbefugnis der Kommission als zwingendes Kriterium für die Wesentlichkeit eines Verfahrensverstoßes aufgestellt. Dem EuGH geht es vielmehr um die Frage, ob ein Verfahren einen im EG-Vertrag nicht vorgesehenen zusätzlichen vorbeugenden Kontrollmechanismus zur Verhinderung von Vertragsverletzungen bzw. zur Vermeidung bzw. Abmilderung von nationalen Maßnahmen, die dem Binnenmarkt abträglich wären, schafft. Er hat in seinem

---

[901] Vgl. Urteil des EuGH v. 30.4.1996 - *CIA Security International*, Rs. C-194/94, Slg. 1996 I-2201, Rn. 41 und 50; EuGH, Urteil v. 9.10.1984 - *Heineken Brouwerijen/ Inspecteurs der Vennootschapsbelasting Amsterdam und Utrecht*, verb. Rs. 91 und 127/83, Slg. 1984, 3435, Rn. 20.
[902] Vgl. insbesondere Urteil des EuGH v. 30.4.1996 - *CIA Security International*, Rs. C-194/94, Slg. 1996 I-2201, Rn. 40 f und GA *Elmer* in seinen Schlussanträgen zum Urteil *CIA Security International*, Rs. C-194/94, Slg. 1996 I-2201, Rn. 58.
[903] Urteil des EuGH v. 30.4.1996 - *CIA Security International*, Rs. C-194/94, Slg. 1996 I-2201, Rn. 50.
[904] Vgl. z.B. *Castillo*, Revue du Marché commun et de l'Union européenne 1997, 51, 57; *Slot*, CMLRev. 1996, 1035, 1044.

Urteil *CIA Security* das Verfahren nach Art. 8 und 9 Richtlinie 83/189/EWG - in Abgrenzung zu demjenigen nach Art. 3 Abs. 2 Richtlinie 75/442/EWG - durch die Umschreibung charakterisiert, dass die Bestimmungen nicht allein den Zweck verfolgten, die Kommission zu informieren, sondern dass vielmehr ein weitergehendes Ziel verfolgt werde, nämlich Handelsschranken zu beseitigen oder zu verringern.[905] Ergänzt hat er dies durch einen Verweis auf die Reaktionsmöglichkeiten der anderen Staaten und der Kommission, nicht hingegen durch eine Hervorhebung der - zudem nur sehr bedingt wirksamen[906] - Maßnahmeverhinderungsmöglichkeiten der Kommission. Somit ist nach der Rechtsprechung des EuGH eine Befugnis der Kommission zur präventiven Maßnahmeverhinderung nicht zwingend erforderlich, um die Wesentlichkeit eines Verfahrensverstoßes zu bejahen.

Im Ergebnis muss das Verfahren mithin einen eigenständigen, formalisierten, präventiven, gemeinschaftsrechtlichen Kontrollmechanismus etablieren.

(3) Kriterium 3

Aus der Rechtsprechung des EuGH geht darüber hinaus hervor, dass neben den Eigenschaften des Kontrollmechanismus als Ganzem die Bedeutung der einzelnen Verfahrensbestimmung im Rahmen des Gesamtmechanismus bewertet werden muss. So hat der EuGH in Bezug auf Art. 88 Abs. 3 Satz 3 EG davon gesprochen, dass gerade die Stillhalteverpflichtung den Kontrollmechanismus „absichere“.[907] In Bezug auf die Mitteilungs- und Stillhalteverpflichtungen in Art. 8 und 9 der Richtlinie 83/189/EWG hat er unterstrichen, dass es sich um „wichtige Mittel zur Verwirklichung dieser gemeinschaftlichen Kontrolle“ handele.[908] Diese Ausführungen lassen den Schluss zu, dass der EuGH verfahrensrechtliche Vorschriften nicht um ihrer selbst willen durchsetzen will, sondern nur, wenn die Durchführung des Kontrollmechanismus durch die Nichtbeachtung der einzelnen Vorschrift erheblich beeinträchtigt oder sogar vereitelt würde.[909]

---

[905] Urteil des EuGH v. 30.4.1996 - *CIA Security International*, Rs. C-194/94, Slg. 1996 I-2201, Rn. 50.

[906] Eine „Verhinderungsmöglichkeit“ existierte nach Art. 8 f Richtlinie 83/189/EWG deshalb in nur sehr beschränktem Umfang, weil der Kommission lediglich durch die zwölfmonatige Stillhaltepflicht die Möglichkeit eingeräumt wurde, vor dem Erlass der nationalen Maßnahme eine dieser materiell-rechtlich entgegenstehende gemeinschaftliche Harmonisierungsmaßnahme vorzuschlagen bzw. zu erlassen, was innerhalb von zwölf Monaten oft nur unter Schwierigkeiten zu realisieren gewesen sein dürfte.

[907] EuGH, Urteil v. 9.10.1984 - *Heineken Brouwerijen/ Inspecteurs der Vennootschapsbelasting Amsterdam und Utrecht*, verb. Rs. 91 und 127/83, Slg. 1984, 3435, Rn. 20.

[908] Urteil des EuGH v. 30.4.1996 - *CIA Security International*, Rs. C-194/94, Slg. 1996 I-2201, Rn. 48 und Urteil v. 26.9.2000 - *Unilever*, Rs. C-443/96, Slg. 2000 I-7535, Rn. 44.

[909] Ähnlich *Bernhard/ Madner*, Journal für Rechtspolitik 1998, 87, 101.

Mithin muss stets geprüft werden, ob die einzelne Verfahrensbestimmung, gegen die verstoßen wurde, eine unabdingbare oder zumindest wesentliche Voraussetzung für die wirksame Durchführung des Kontrollmechanismus darstellt.[910]

c. Zusammenfassung

Wenn in einem nationalen gerichtlichen Verfahren die Aufhebung einer nationalen Verwaltungsmaßnahme davon abhängt, ob der Verstoß gegen eine in einer Richtlinie normierten Kooperationsverfahrensbestimmung bei Erlass der Verwaltungsmaßnahme beachtlich ist, sind zwei Prüfungsschritte erforderlich:
Zunächst muss festgestellt werden, ob die Richtlinienverfahrensbestimmung als Prüfungsmaßstab herangezogen werden kann. Dies setzt voraus, dass die Bestimmung unmittelbar anwendbar, also unbedingt und hinreichend genau ist. Zudem muss die Richtlinienumsetzungsfrist abgelaufen oder ein abweichender Termin für die Verfahrensdurchführung in der Richtlinie vorgeschrieben sein.
Sodann muss festgestellt werden, ob der Verfahrensverstoß beachtlich ist, es sich mithin um einen wesentlichen Verfahrensfehler handelt. Dafür müssen drei Voraussetzungen erfüllt sein:
(1) Das Verfahren als Ganzes muss der Durchsetzung eines grundsätzlichen Prinzips bzw. der entsprechenden Verbote aus dem EG-Vertrag dienen. (2) Das Verfahren muss eine wirksame präventive gemeinschaftliche Kontrolle nationaler Maßnahmen ermöglichen. Dabei bedeutet (a) „gemeinschaftlich“, dass am Verfahren die Kommission und/ oder andere Mitgliedstaaten beteiligt sein müssen; (b) „präventiv“, dass das Verfahren vor dem Erlass der nationalen Maßnahme durchgeführt wird; (c) „Kontrollmechanismus“, dass mindestens die Möglichkeit zur Stellungnahme für die Kommission und/ oder andere Mitgliedstaaten vorgesehen ist und (d) „wirksam“, dass Unterrichtungs- und Aussetzungspflichten vorgesehen sein müssen, die durch feste, hinreichende Fristen eine tatsächliche Möglichkeit zur Stellungnahme und zur anschließenden Berücksichtigung bieten. Zuletzt (3) muss die einzelne Verfahrensvorschrift für die wirksame Durchführung des Kontrollmechanismus unabdingbar oder zumindest wesentlich sein.
Werden die zwei genannten Prüfungspunkte bejaht, so muss die unter Verstoß gegen eine oder mehrere der Bestimmungen erlassene nationale Verwaltungsmaßnahme durch den nationalen Richter aufgehoben werden.

---

[910] Vgl. z.B. die Ausführungen bei GA *Jacobs* in seinen Schlussanträgen zum Urteil *Unilever*, Rs. C-443/96, Slg. 2000 I-7535, Rn. 89 ff. Ähnlich wie hier auch *Bernhard/ Madner*, Journal für Rechtspolitik 1998, 87, 100 ff.

4. Anwendung auf Art. 7 Abs. 3-5 Rahmenrichtlinie

Im Folgenden wird in Bezug auf alle sieben zu Anfang herausgearbeiteten Verfahrenpflichten geprüft, ob ein Verstoß einer NRB gegen die jeweilige Pflicht bei Erlass einer Maßnahme i.S.v. Art. 7 Abs. 3 a) und b) Rahmenrichtlinie zur Aufhebung der Maßnahme durch das nationale Gericht führen muss, wenn dagegen Anfechtungsklage erhoben wird.

a. Prüfungspunkte, die alle Verfahrensbestimmungen betreffen

aa. Unmittelbare Anwendbarkeit

Der erste Prüfungspunkt betrifft dabei die unmittelbare Anwendbarkeit der jeweiligen Verfahrensbestimmung. Dies wurde bereits im Rahmen der Ausführungen zum Vertragsverletzungsverfahren geprüft[911] und wird nachfolgend bei der Prüfung der einzelnen Verfahrenspflichten nur noch als Ergebnis wiederholt.

Auch die Frage, ab wann die Verfahrensbestimmungen unmittelbar anwendbar sind, wurde bei der Beantwortung der Frage, ab wann der EuGH eine Vertragsverletzung bejahen kann, behandelt:[912] Die Bestimmungen sind bereits vor Ablauf der Umsetzungsfrist unmittelbar anwendbar, weil das erste Marktdefinitions- und Marktanalyseverfahrens nach Art. 16 Abs. 1 Rahmenrichtlinie bereits während dieser Umsetzungsfrist durchgeführt werden soll und dieses Verfahren regelmäßig die Durchführung des Konsultationsverfahrens impliziert. Die Mitgliedstaaten sind in diesem Fall zur Einhaltung der Verfahrensvorgaben nach Art. 7 Abs. 3-5 Rahmenrichtlinie bereits vor Ablauf der Umsetzungsfrist verpflichtet, so dass auch der nationale Richter die Bestimmungen ab diesem Zeitpunkt unmittelbar anwenden kann.

bb. Verfahrensziel und Verfahrenseigenschaften

Für alle unmittelbar anwendbaren Verfahrensbestimmungen können die ersten zwei Prüfungspunkte im Rahmen der Beachtlichkeit von Verfahrensverstößen gemeinsam behandelt werden, denn es geht dabei ja um das Ziel und die Eigenschaften des Konsultationsverfahrens als Ganzem.

(1) Ziel des Konsultationsverfahrens

Gemäß dem oben aufgestellten ersten Kriterium müsste es sich bei dem Konsultationsverfahren um ein Verfahren zur Durchsetzung eines grundsätzlichen Prinzips bzw. entsprechenden Verbots aus dem EG-Vertrag handeln. Das Kon-

---

[911] Vgl. Teil 6, B.III.2.b.
[912] Vgl. Teil 6, B.III.2.a.bb.

sultationsverfahren soll gemäß Erwägungsgrund 15 Rahmenrichtlinie sicherstellen, dass sich „Beschlüsse, die auf nationaler Ebene gefasst werden, nicht nachteilig auf den Binnenmarkt oder andere Ziele des Vertrages auswirken... ." Das Angebot elektronischer Kommunikationsnetze und -dienste stellt im Regelfall eine Dienstleistung dar und fällt somit unter die Bestimmungen in Art. 49 ff EG über den Dienstleistungsverkehr. Das Konsultationsverfahren soll mithin eines der konstitutiven Binnenmarktprinzipien, nämlich den freien Dienstleistungsverkehr und die entsprechenden Diskriminierungs- bzw. Beschränkungsverbote durch einen neuartigen Kontrollmechanismus zu größerer Wirksamkeit verhelfen. Das erste Kriterium ist somit erfüllt.

(2) Eigenschaften des Konsultationsverfahrens

Nach dem zweiten Kriterium müsste das Konsultationsverfahren eine wirksame präventive gemeinschaftliche Kontrolle nationaler Maßnahmen ermöglichen, mithin als eigenständiges formalisiertes Instrument zur wirksameren Durchsetzung des Gemeinschaftsrechts qualifiziert werden können.

Zunächst muss es sich um ein gemeinschaftliches Verfahren handeln, bei dem die Kommission und/ oder andere Mitgliedstaaten Kontrollfunktionen in Bezug auf nationale Maßnahmen ausüben. Da nach Art. 7 Abs. 3 Rahmenrichtlinie sowohl für die Kommission als auch für die anderen Mitgliedstaaten Unterrichtungspflichten und Stellungnahmerechte vorgesehen sind, ist das Konsultationsverfahren ein gemeinschaftliches Verfahren.

Das Verfahren müsste sodann eine Präventivkontrolle nationaler Maßnahmen vor ihrem Inkrafttreten ermöglichen. Beim Konsultationsverfahren wird die Kontrolle über die nationalen Maßnahmen mittels der Unterrichtungspflicht und der zwei verschiedenen sich daran anschließenden Stillhaltepflichten nach Art. 7 Abs. 3 und 4 Rahmenrichtlinie vor dem endgültigen Erlass der NRB-Maßnahme, mithin also präventiv, durchgeführt.

Des Weiteren müsste ein Mechanismus etabliert worden sein, der mindestens die Möglichkeit, Stellungnahmen abzugeben, vorsieht. In Art. 7 Abs. 3 Satz 2 Rahmenrichtlinie ist explizit vorgesehen, dass sowohl die Kommission als auch die anderen NRB innerhalb eines Monats bzw. der ggf. längeren, im Einklang mit Art. 6 Rahmenrichtlinie bestimmten Frist Stellungnahmen abgeben können, die nach Art. 7 Abs. 5 Rahmenrichtlinie von der jeweiligen NRB weitestgehend berücksichtigt werden müssen. Wie oben im Einzelnen herausgearbeitet, muss der Kommission im Rahmen des Verfahrens keine präventive Maßnahmeverhinderungsbefugnis eingeräumt sein, die formalisierte Möglichkeit zur Stellungnahme der Kommission und/oder der Mitgliedstaaten genügt. Insoweit erfüllen sowohl das Vetoverfahren nach Art. 7 Abs. 4 Rahmenrichtlinie als auch das allgemeine Konsultationsverfahren nach Art. 7 Abs. 3 Rahmenrichtlinie diese Voraussetzung.

Das Verfahren müsste zudem so aufgebaut sein, dass es eine wirksame Kontrolle sicherstellt. Es dürfte sich also nicht lediglich um eine aufgrund einer Unterrichtung theoretisch denkbare Überprüfung handeln, sondern es müssten Unterrichtungs- und Aussetzungspflichten formell festgelegt sein, so dass durch abgesicherte Prüfungszeiträume eine wirksame Kontrollmöglichkeit eröffnet wird und eine tatsächliche Möglichkeit zur anschließenden Berücksichtigung besteht. Für das Konsultationsverfahren ist in Art. 7 Abs. 3 Satz 2 Rahmenrichtlinie explizit vorgesehen, dass sowohl die Kommission als auch die anderen NRB innerhalb eines Monats bzw. der ggf. längeren, im Einklang mit Art. 6 Rahmenrichtlinie bestimmten Frist Stellungnahmen abgeben können. Der Kommission ist darüber hinaus unter den Voraussetzungen des Art. 7 Abs. 4 a) oder b) Rahmenrichtlinie und eines ordnungsgemäßen Einspruchs eine weitere zweimonatige Frist zum Erlass von Änderungsvorschlägen eingeräumt. Diese fest vorgeschriebenen Kontrollzeiträume, die durch entsprechende Stillhaltepflichten der NRB abgesichert sind, beginnen erst ab dem Moment der ordnungsgemäßen Notifizierung der geplanten Maßnahme durch die NRB, so dass die Stellungnahme- bzw. die Änderungsvorschlagsbefugnisse - auf fundierter Basis - wirksam ausgeübt werden können. Die Stillhaltepflichten für die NRB stellen sicher, dass Stellungnahmen bzw. Änderungsvorgaben auch tatsächlich von der NRB berücksichtigt werden können. Mithin stellt das Konsultationsverfahren einen wirksamen Kontrollmechanismus dar.

b. Zwischenergebnis und letzter Prüfungspunkt

Da wie gezeigt das Konsultationsverfahren als Ganzes die oben aufgestellten ersten zwei Kriterien erfüllt, kommt es für die Frage der Wesentlichkeit des Verfahrensfehlers und damit der Aufhebungspflicht für das nationale Gericht allein auf die Erfüllung des letzten Kriteriums durch die einzelnen Verfahrenspflichten an.

Es muss mithin für jede unmittelbar anwendbare Verfahrensvorschrift geprüft werden, ob sie für die wirksame Durchführung des Konsultationsverfahrens unabdingbar oder zumindest wesentlich ist. Es sollte deshalb kurz in Erinnerung gerufen werden, aus welchen Verfahrensschritten sich das Konsultationsverfahren zusammensetzt.
Zum allgemeinen Konsultationsverfahren gehört die Möglichkeit für die Kommission und die anderen NRB, die geplante Maßnahme auf ihre Rechtmäßigkeit und/ oder nachteiligen Binnenmarktsauswirkungen hin zu überprüfen und innerhalb eines Monats ab Unterrichtung zu Maßnahmeentwürfen einer NRB Stel-

lungnahmen abzugeben. Die NRB muss diese Stellungnahmen weitestgehend berücksichtigen.
Zum Vetoverfahren gehört die Möglichkeit für die Kommission, eine Maßnahme zunächst zu verzögern und sie - im Falle der Rechtswidrigkeit oder wenn sie ein Hindernis für den Binnenmarkt darstellen würde - binnen zweier weiterer Monate unter Vorgabe eines zwingenden Änderungsvorschlags zu verhindern. Die NRB darf die geplante Maßnahme dann nur unter vollständiger Übernahme der Änderungsvorgaben erlassen.

c. Unabdingbarkeit bzw. Wesentlichkeit der einzelnen Verfahrensvorschriften

aa. Notifizierungspflicht

Die Notifizierungspflicht - also die Pflicht, alle Maßnahmeentwürfe der Kommission und den anderen NRB zur Verfügung zu stellen und sie darüber zu unterrichten - ist, wie oben herausgearbeitet, unbedingt und hinreichend genau, somit unmittelbar anwendbar. Zu klären ist mithin die Unabdingbarkeit bzw. Wesentlichkeit der Notifizierungspflicht für die wirksame Durchführung des Konsultationsverfahrens. Ohne die Zurverfügungstellung des Maßnahmeentwurfs und ggf. die Unterrichtung darüber würden im Regelfall weder die Kommission noch die anderen Mitgliedstaaten von der Existenz des Maßnahmeentwurfs und seinem Inhalt Kenntnis erlangen und hätten somit überhaupt keine Möglichkeit, die Maßnahme zu überprüfen. Die Notifizierungspflicht stellt mithin eine Grundvoraussetzung für das Konsultationsverfahren dar und ist unabdingbar für das Konsultationsverfahren. Ein Verstoß gegen sie stellt einen wesentlichen Verfahrensfehler dar, der zur Aufhebung der NRB-Maßnahme durch den nationalen Richter führen muss.

bb. Begründungsmitteilungspflicht

Auch die Begründungsmitteilungspflicht - also die Pflicht, jeweils die Begründung für den Maßnahmeentwurf ebenfalls zur Verfügung zu stellen - wurde als unmittelbar anwendbar qualifiziert. Zu klären ist wieder die Unabdingbarkeit bzw. Wesentlichkeit der Pflicht. Es ist nicht bestreitbar, dass die Zurverfügungstellung der den Maßnahmeentwurf tragenden Gründe die Ausübung der Prüfungsbefugnisse sowohl für Kommission als auch für die anderen NRB erleichtert. Dies allein reicht allerdings nicht aus, um einen Verstoß gegen die Begründungsmitteilungspflicht als wesentlichen Verfahrensfehler zu qualifizieren. Die Prüfung einer geplanten Maßnahme auf ihre potentiellen Binnenmarktsauswirkungen oder auf eine Verletzung der Dienstleistungsfreiheit ist aufgrund des Inhalts der Maßnahme selbst möglich, die tragenden Gründe stellen insoweit lediglich eine Hilfestellung dar. Das mit dem Konsultationsverfahren verfolgte

Ziel der präventiven Verhinderung von binnenmarktabträglichen oder vertragswidrigen NRB-Maßnahmen kann auch ohne das Wissen um die Erwägungen der NRB im Vorfeld der Maßnahmegestaltung erreicht werden. Somit ist die Begründungsmitteilung nicht unabdingbar und auch nicht von so wesentlicher Bedeutung, dass ohne sie die wirksame Durchführung des Konsultationsverfahrens in Frage gestellt würde. Ein Verstoß gegen die Begründungsmitteilungspflicht stellt mithin keinen wesentlichen Verfahrensfehler dar.

cc. Stillhaltepflicht

Die Stillhaltepflicht - also die Pflicht, während der einmonatigen bzw. gegebenenfalls längeren Stellungnahmefrist für die Kommission und die anderen Mitgliedstaaten die geplante Maßnahme auszusetzen - ist unmittelbar anwendbar. Fraglich ist wiederum ihre Unabdingbarkeit bzw. Wesentlichkeit für das Konsultationsverfahren. Sinn und Zweck der Stillhaltepflicht ist es, zu verhindern, dass eine NRB eine geplante Maßnahme in Kraft setzt, bevor die Stellungnahmefrist für die Kommission und die anderen NRB abgelaufen ist. Dies ist die Voraussetzung dafür, dass die NRB ihre Pflicht nach Art. 7 Abs. 5 Rahmenrichtlinie, den Stellungnahmen der Kommission und der anderen NRB weitestgehend Rechnung zu tragen, überhaupt nachkommen kann. Da nach dem Inkraftsetzen einer Maßnahme es der NRB gänzlich unmöglich ist, die Stellungnahmen der Kommission und/ oder der anderen NRB zu berücksichtigen, wird der vorgeschriebene Ablauf des Kontrollverfahrens vereitelt, wenn eine NRB die Stillhaltepflicht nicht einhält. Mithin ist die Stillhaltepflicht nach Art. 7 Abs. 3 und 5 Rahmenrichtlinie eine unabdingbare Voraussetzung für die wirksame Durchführung des Konsultationsverfahrens. Ein Verstoß gegen sie stellt einen wesentlichen Verfahrensfehler dar und verpflichtet den nationalen Richter zur Aufhebung der Maßnahme.

dd. Ergänzende Stillhaltepflicht

Die ergänzende Stillhaltepflicht, derzufolge die NRB zur Aussetzung der geplanten Maßnahme für weitere zwei Monate verpflichtet sind, ist ebenfalls unmittelbar anwendbar.

Zu klären ist wiederum die Unabdingbarkeit bzw. Wesentlichkeit der Pflicht für die Durchführung des Konsultationsverfahrens. Die Aussetzung für weitere zwei Monate soll sicherstellen, dass die NRB die geplante Maßnahme nicht in Kraft setzt, bevor die Frist, innerhalb derer die Kommission die Maßnahme untersagen und Änderungsvorschläge unterbreiten kann, abgelaufen ist. Erlässt die NRB die Maßnahme vor Ablauf der zwei Monate, so beraubt sie sich selbst der Fähigkeit, ihrer Verpflichtung zur Nichtannahme bzw. Adaptierung der geplanten Maßnahme nachzukommen. Der ordnungsgemäße Ablauf des Vetoverfahrens würde damit definitiv vereitelt. Die Einhaltung der ergänzenden Stillhaltepflicht ist mithin unabdingbare Voraussetzung für die Durchführung des erweiterten Konsultationsverfahrens, ein Verstoß stellt einen wesentlichen Verfahrensfehler dar. Er muss - unabhängig davon, ob es aufgrund eines etwaigen Vetobeschlusses der Kommission innerhalb der zwei Monate auch zu einer materiellen Rechtswidrigkeit der Maßnahme gekommen ist - für sich genommen zur Aufhebung der NRB-Maßnahme durch den nationalen Richter führen.

ee. Berücksichtigungspflicht

Die Pflicht, den Stellungnahmen nach Art. 7 Abs. 3 Rahmenrichtlinie bei der Ausgestaltung der endgültigen Maßnahme „weitestgehend Rechnung zu tragen", ist - wie oben ausgeführt wurde - nicht hinreichend genau und damit nicht unmittelbar anwendbar. Die Berücksichtigungspflicht stellt keine Verfahrensbestimmung dar, die geeignet ist, einen wesentlichen Verfahrensfehler zu begründen.

ff. Ergebnismitteilungspflicht

Die Ergebnismitteilungspflicht, derzufolge die NRB die endgültigen Maßnahmeversionen der Kommission übermitteln müssen, ist unmittelbar anwendbar. Fraglich ist wiederum, ob sie eine unabdingbare oder wesentliche Voraussetzung für die Durchführung des Konsultationsverfahrens darstellt. Es sollte in Erinnerung gerufen werden, dass es allein um die Frage geht, ob durch die Nichtbeachtung der einzelnen Vorschrift die *Durchführung* des Kontrollverfahrens erheblich beeinträchtigt oder sogar vereitelt wird. Die Ergebnismitteilungspflicht soll es der Kommission ermöglichen, zu überprüfen, ob und inwieweit die NRB Stellungnahmen der Kommission und/ oder der anderen NRB berücksichtigt hat. Dies erleichtert es ihr, andere Befugnisse aus dem EG-Vertrag oder dem Sekundärrecht wahrzunehmen. Denkbar ist ggf. die Einleitung eines Vertragsverletzungsverfahren nach Art. 226 EG oder die Erarbeitung einer Harmonisierungsmaßnahme, z.B. nach Art. 19 Abs. 1 Rahmenrichtlinie. Jedoch haben diese Schritte nichts mehr mit dem Konsultationsverfahren an sich zu tun. Die Ergebnismitteilungspflicht trägt somit zur Durchführung des Konsultationsverfahrens selbst nicht mehr bei. Sie ist mithin weder unabdingbar noch wesentlich für das Konsultationsverfahren, ein Verstoß gegen sie stellt keinen wesentlichen Verfahrensfehler dar.

gg. Adaptationspflicht

Die Adaptationspflicht - also die Pflicht, eine Maßnahme, gegen die die Kommission Einspruch erhoben hat, nur unter vollständiger Einbeziehung der Änderungsvorgaben der Kommission zu erlassen - ist unmittelbar anwendbar. Zu klären ist wiederum, ob sie unabdingbar oder wesentlich für die Durchführung des Konsultationsverfahrens ist.

Die Adaptationspflicht stellt den letzten wesentlichen Verfahrensschritt des erweiterten Konsultationsverfahrens dar. Verstößt die NRB gegen die Adaptationspflicht, so läuft die das Vetoverfahren charakterisierende Interventionsmöglichkeit der Kommission ins Leere. Der Verstoß gegen die Adaptationspflicht vereitelt die Durchführung des Verfahrens. Die Adaptationspflicht ist somit eine unabdingbare Voraussetzung für die wirksame Durchführung des Konsultationsverfahrens, ein Verstoß gegen sie stellt einen wesentlichen Verfahrensfehler dar und verpflichtet den nationalen Richter zur Aufhebung der Maßnahme.

5. Endergebnis

Soweit die einzelnen Verfahrenspflichten unmittelbar anwendbar sind und ein Verstoß gegen sie zu einem wesentlichen Verfahrensfehler führt, muss ein nationales Gericht bei entsprechenden Anhaltpunkten prüfen, ob eine NRB bei Erlass der in Art. 7 Abs. 3 a) bzw. 4 a) oder b) Rahmenrichtlinie genannten Maßnahmen gegen eine dieser Pflichten verstoßen hat. Ist dies der Fall, so muss er die angefochtene NRB-Maßnahme aufheben.

Wie die Prüfung ergeben hat, sind zwar alle Verfahrensbestimmungen bis auf diejenige, die die Berücksichtigungspflicht normiert, unmittelbar anwendbar. Jedoch führen nur Verstöße gegen die Notifizierungspflicht, die Stillhaltepflicht, die ergänzende Stillhaltepflicht und die Adaptationspflicht zu wesentlichen Verfahrensfehlern.

Stellt ein nationales Gericht einen Verstoß gegen eine dieser vier Pflichten fest, so muss es allein aufgrund dieses Verstoßes die Maßnahme aufheben.

Teil 7: Analyse und Bewertung der neuen SMP-Konzeption

Die neue SMP-Konzeption wird nachfolgend analysiert und bewertet: Dafür werden zunächst die zentralen Ausgestaltungsprobleme herausgearbeitet (Kapitel A) und sodann die neue SMP-Konzeption an den ihr zugrunde liegenden politischen Zielsetzungen gemessen (Kapitel B). Anschließend wird evaluiert, ob die Ausgestaltung der neuen SMP-Konzeption den - in Teil 4, D.II. herausgearbeiteten - Reformbedarf innerhalb der alten SMP-Konzeption behoben hat (Kapitel C). Am Ende werden die Ergebnisse der drei Analyseschritte zusammengefasst (Kapitel D).

A. Zentrale Ausgestaltungsprobleme der neuen SMP-Konzeption

Die zentralen, zum jetzigen Zeitpunkt bereits erkennbaren Ausgestaltungsprobleme der neuen SMP-Konzeption werden in fünf Abschnitten behandelt. Das jeweilige Problem wird zunächst umrissen, sodann im Einzelnen erläutert und zuletzt aufgezeigt, inwiefern es die Funktionstauglichkeit der neuen SMP-Konzeption beeinträchtigt bzw. beeinträchtigen könnte.

I. Ausgestaltung des neuen SMP-Kriteriums

1. Problem

Im Zuge des Gesetzgebungsverfahrens wurde von den beteiligten gemeinschaftlichen Institutionen die Entscheidung getroffen, das Kriterium der beträchtlichen Marktmacht mit demjenigen der beherrschenden Stellung aus dem allgemeinen europäischen Kartell- und Wettbewerbsrecht gleichzusetzen. Die Ausgestaltung, die das neue SMP-Kriterium erfahren hat, birgt jedoch die Gefahr, dass die intendierte Gleichsetzung der Kriterien misslingt.

2. Erläuterung der Hindernisse für das Gelingen der Gleichsetzung

a. Formale Beibehaltung des SMP-Kriteriums

Die erste Gefahr für die tatsächliche Gleichschaltung von beträchtlicher Marktmacht und marktbeherrschender Stellung resultiert daraus, dass das SMP-Kriterium überhaupt aufrechterhalten wurde.[913] Der Grund für die Beibehaltung liegt - wie in Teil 5, A.II. aufgezeigt - darin, dass die Entscheidung für die Gleichsetzung der beiden Kriterien erst während des Gesetzgebungsverfahrens getroffen wurde und dass der Gemeinschaftsgesetzgeber eine Veränderung der Termino-

---

[913] Ähnlich *Schmittmann*, AfP 2001, 197.

logie zu diesem Zeitpunkt nicht mehr für möglich oder nicht mehr für nötig erachtet hat. Auch wenn die Gleichsetzung in Erwägungsgrund 25 und in Art. 14 Abs. 1 Rahmenrichtlinie expliziert normiert worden ist, wohnt der Beibehaltung des SMP-Kriteriums die Gefahr inne, dass die Marktabgrenzung und die Feststellung von beträchtlicher Marktmacht von den NRB nicht entsprechend der kartell- und wettbewerbsrechtlichen Methoden vorgenommen werden, sondern dass für die Feststellung beträchtlicher Marktmacht divergierende Methoden entwickelt werden.
Nicht gemeint ist in diesem Zusammenhang die - selbstverständlich zulässige und zwingend erforderliche - Anpassung der kartell- und wettbewerbsrechtlichen Methoden an die Besonderheiten des ex ante Regulierungsumfelds:[914] Sowohl die Marktabgrenzung als auch die Prüfung der marktbeherrschenden Stellung - bzw. der beträchtlichen Marktmacht in diesem Fall - muss mit Blick auf den jeweiligen Normzweck erfolgen.[915] Da der Normzweck eine kurz- bzw. mittelfristige Förderung und Sicherung des Wettbewerbs durch die Auferlegung von asymmetrischen Vorabverpflichtungen ist, muss grds. - anders als z.B. im Rahmen der Missbrauchsaufsicht - eine prospektive und strukturelle Betrachtungsweise bei der Marktabgrenzung und Feststellung von Marktmacht zugrundegelegt werden.
Mit divergierenden Methoden ist vielmehr gemeint, dass in grundsätzlicher Hinsicht von den - durch die Rechtsprechung des EuGH abgesicherten - gemeinschaftsrechtlichen Methoden für die Marktabgrenzung und die Beurteilung von Marktbeherrschung abgewichen wird. Denkbar wäre z.B., dass Märkte ohne ökonomisch plausible Argumentation abgegrenzt oder dass absolute Marktanteile von deutlich weniger als 50% als Vermutungsgrundlage für beträchtlicher Marktmacht herangezogen werden. Die Motivation einer NRB zu einem solchen methodischen Abweichen wäre es, die Voraussetzungen für die ex ante Regulierung bejahen und die jeweiligen Märkte weiter regulieren zu können.[916]

Die aufgezeigte Gefahr wird indes dadurch relativiert, dass in den Richtlinien eine ganze Reihe von Sicherheitsmechanismen vorgesehen worden sind, mittels derer der Gefahr entgegengewirkt werden kann. Zum einen wird die sachliche Marktabgrenzung grundsätzlich bereits durch die Kommission in ihrer Märkte-Empfehlung vorgenommen. Zudem hat sie ihre SMP-Leitlinien erlassen, die sicherstellen sollen, dass das SMP-Kriterium durch die NRB im Einklang mit

---

914 Vgl. dazu oben Teil 5, C.III.3.a. sowie SMP-Leitlinien, Rn. 25, 35 und 70.

915 Dieses Erfordernis wird oft als „Relativität des Marktbeherrschungsbegriffs" zum Ausdruck gebracht, vgl. *Möschel* in Immenga/Mestmäcker, GWB-Kommentar, § 19 Rn. 21.

916 *Kirchner* vertritt die Ansicht, dass das SMP-Konzept bewusst beibehalten wurde, um der Kommission die Möglichkeit zu geben, die Normadressaten für die Regulierung mittels ihrer SMP-Leitlinien nach ihren Vorstellungen zu bestimmen, vgl. *Kirchner* in *Immenga/ Kirchner/ Knieps/ Kruse*, Telekommunikation im Wettbewerb, S. 142 f.

dem Gemeinschaftsrecht, also insbesondere im Einklang mit der Rechtsprechung des EuGH zum Kriterium der marktbeherrschenden Stellung gehandhabt wird. Des Weiteren ist der Kommission hinsichtlich divergierender sachlicher Marktabgrenzungen und der Feststellung von beträchtlicher Marktmacht das Vetorecht i.S.v. Art. 7 Abs. 4 Rahmenrichtlinie eingeräumt worden, mit dem sie nicht wettbewerbsrechtskonforme Marktabgrenzungen und Marktmachtfeststellungen verhindern kann. Zuletzt hat auch der EuGH im Falle eines Vertragsverletzungsverfahrens nach Art. 226 ff EG bzw. Nichtigkeitsverfahrens nach Art. 230 EG die Möglichkeit, über eine einheitliche Auslegung der zwei Kriterien zu wachen.

Nichtsdestotrotz kann die Gefahr einer in methodischer Hinsicht vom allgemeinen Kartell- und Wettbewerbsrecht divergierenden Handhabung des SMP-Kriteriums nicht vollständig negiert werden. Die Instrumente, die den gemeinschaftlichen Institutionen zur Verfügung stehen, minimieren sie lediglich. Um die Gleichschaltung wirklich sicherzustellen, hätte der Gemeinschaftsgesetzgeber den Begriff der beträchtlichen Marktmacht durch denjenigen der beherrschenden Stellung ersetzen müssen.

b. Tatbestandliche Ausgestaltung

Wesentlich problematischer ist indes, dass trotz der Entscheidung für die Gleichsetzung nicht lediglich die Tatbestandsvoraussetzungen von Art. 82 EG übernommen worden sind, sondern dass ein Kriterium mit divergierenden Tatbestandsvoraussetzungen geschaffen worden ist. Im Folgenden wird untersucht, ob daraus Gefahren für das Gelingen der Gleichsetzung resultieren.

aa. Beträchtliche Marktmacht

Zunächst hat man sich in Art. 14 Abs. 2 UA 1 Rahmenrichtlinie nicht darauf beschränkt, wie in Art. 82 EG lediglich das Kriterium selbst zu erwähnen, sondern man hat die vom EuGH dazu entwickelte Definition in leicht verkürzter Form in die Norm integriert. Wie bereits herausgearbeitet, wurde die Verkürzung jedoch allein aus Gründen der Logik vorgenommen, weil die EuGH-Definition auf die ex ante Regulierungskonstellation nicht passte.[917] Die Verkürzung dürfte jedoch keine nachteiligen Auswirkungen auf eine effektive Gleichschaltung der Kriterien haben.

bb. Gemeinsame beträchtliche Marktmacht

Auch bei der Variante der gemeinsamen beträchtlichen Marktmacht - formuliert als gemeinsame, der Beherrschung gleichkommende Stellung - hat sich der Ge-

---

[917] Vgl. Teil 5, C.III.3.a.

setzgeber nicht auf eine bloße Erwähnung wie in Art. 82 EG beschränkt, sondern die NRB verpflichtet, diese im Einklang mit dem Gemeinschaftsrecht und unter weitestgehender Berücksichtigung der SMP-Leitlinien zu bewerten. Ferner hat er in Anhang II Rahmenrichtlinie die vorhandene Rechtsprechung zur gemeinsamen marktbeherrschenden Stellung aufgrund oligopolistischer Marktstrukturen zusammengefasst und Kriterien zur Beurteilung von gemeinsamer Marktbeherrschung aufgestellt. Somit geht die neue gesetzliche Definition über das hinaus, was in Art. 82 EG, aber auch in der FKVO normiert ist. Die Kriterien in Anhang II sind jedoch entwicklungsoffen an die zukünftige EuGH-Rechtsprechung zur gemeinsamen Marktbeherrschung angebunden worden.[918] Zudem kann die Kommission die SMP-Leitlinien flexibel im Einklang mit der zukünftigen EuGH-Rechtsprechung ändern. Somit ist trotz der wesentlich ausführlicheren Tatbestandsvoraussetzungen ein Weg eröffnet, um zu verhindern, dass die detaillierteren Vorgaben eines Tages im Widerspruch zur Rechtsprechung des EuGH zur gemeinsamen beherrschenden Stellung i.S.v. Art. 82 EG oder Art. 2 FKVO stehen. Von der Ausgestaltung des Art. 14 Abs. 2 und des Anhangs II der Rahmenrichtlinie dürften mithin ebenfalls keine Gefahren für die effektive Gleichsetzung der beiden Kriterien drohen.

cc. Übertragene Marktmacht

Von den Tatbestandsvoraussetzungen her problematisch ist hingegen die Vermutungsregel für beträchtliche Marktmacht aufgrund übertragener Marktmacht i.S.v. Art. 14 Abs. 3 Rahmenrichtlinie: Eine solche existiert weder in Art. 82 EG noch in Art. 2 FKVO.[919]

Zwar wurde der Tatbestand des Art. 14 Abs. 3 Rahmenrichtlinie eingeführt, um eine solche Marktsituation zu erfassen, wie sie dem *Tetra Pak II*-Urteil des EuGH zugrunde lag.[920] Mithin läge es nahe anzunehmen, dass diese Tatbestandsvariante - ebenso wie die der gemeinsamen beherrschenden Stellung - lediglich eine Normierung der existierenden Rechtsprechung des EuGH zur beherrschenden Stellung darstellt. Indes ist die Situation hier eine andere, denn die neue gesetzliche Vermutungsregel unterscheidet sich von den Rechtsprechungskriterien. Zudem wurde keine entwicklungsoffene Anbindung an die zukünftige Rechtsprechung des EuGH vorgesehen.

Im *Tetra Pak II* Urteil ging es um die Anwendbarkeit von Art. 86 EG auf Fälle von Missbräuchen auf nicht beherrschten Märkten. Der Gerichtshof stellte dort

---

918 Nach Anhang II Rahmenrichtlinie werden entsprechende Beurteilungskriterien „unbeschadet der Rechtsprechung des Gerichtshofs" aufgelistet.

919 In der Literatur wird vertreten, dass diese Vermutungsregel ganz grundsätzlich weder kartellrechtlich noch wettbewerbstheoretisch zu begründen sei, vgl. *Kirchner* in *Immenga/ Kirchner/ Knieps/ Kruse*, Telekommunikation im Wettbewerb, S. 150. Auf diese grundlegende Frage kann in dieser Stelle jedoch nicht eingegangen werden.

920 SMP-Leitlinien, Rn. 84.

fest, dass Art. 82 EG auch dann anwendbar ist, wenn ein Unternehmen, das auf einem Markt über eine beherrschende Stellung verfügt, und auf einem davon verschiedenen, aber eng mit dem ersten verbundenen Markt führend ist, sich auf letzterem missbräuchlich verhält.[921]

Die Voraussetzungen, die der Gesetzgeber in Art. 14 Abs. 3 Rahmenrichtlinie normiert hat, sind jedoch wesentlich weniger streng als diejenigen, die der EuGH in seinem *Tetra Pak II* Urteil aufgestellt hat:
Der EuGH hat dort auf zwei eng verbundene Märkte abgestellt, während in Art. 14 Abs. 3 Rahmenrichtlinie lediglich benachbarte Märkte mit Verbindungen gefordert werden. Der EuGH hat eine führende Stellung auf dem zweiten Markt verlangt, während Art. 14 Abs. 3 Rahmenrichtlinie keine Anforderungen an die Stellung des Unternehmens auf dem zweiten Markt stellt. Zuletzt hat der EuGH eine einer beherrschenden Stellung auf der Gesamtheit der Märkte gleichkommende Stellung festgestellt, während in Art. 14 Abs. 3 lediglich die Möglichkeit der Verstärkung der gesamten Marktmacht gefordert wird. Zudem hat der EuGH in seinem Urteil unterstrichen, dass nur die besonderen Umstände des Einzelfalls im *Tetra Pak II* Fall die Erweiterung des Anwendungsbereichs von Art. 82 EG rechtfertigten.

Im Ergebnis unterscheidet sich Art. 14 Abs. 3 Rahmenrichtlinie von der Rechtsprechung des EuGH zu Art. 82 EG also wegen der weitaus weniger strengen Tatbestandsvoraussetzungen und der Nichtaufnahme des absoluten Ausnahmecharakters des *Tetra Pak II* Urteils in den Tatbestand. Freilich wurde oben herausgearbeitet, dass die Vermutungsregel wegen zweier nicht ganz offensichtlicher Tatbestandsvoraussetzungen[922] wohl nur von begrenzter Bedeutung sein wird. So die Voraussetzungen jedoch einmal erfüllt sind, besteht die Gefahr, dass die NRB vorschnell und aus Bequemlichkeit die Marktbeherrschungsvermutungsregel anwenden, um diese Märkte zu regulieren, obwohl in - in Bezug auf die Marktbeherrschungskonstellation parallelen Fällen - im allgemeinen Wettbewerbs- und Kartellrecht ein Missbrauch nicht bejaht werden dürfte, weil die strengen Voraussetzungen aus dem *Tetra Pak II* Urteil nicht erfüllt sind. Weder Kommission noch EuGH können hiergegen intervenieren, weil die Marktbeherrschungsvermutungsregel den NRB vom Gemeinschaftsgesetzgeber eingeräumt worden ist.

---

921 Vgl EuGH, Urteil v. 14.11.1996 - *Tetra Pak II*, Rs. C-333/94 P, Slg. 1996 I-5953, Rn. 24-32.

922 Vgl. dazu oben Teil 5, C.III.3.d.aa. Zur Erinnerung: Es muss sich um Märkte für elektronische Kommunikationsnetze oder -dienste handeln, die zudem die Kriterien für die potentielle Regulierungsbedürftigkeit erfüllen müssen. Letzteres bedeutet, dass sie entweder in der Märkte-Empfehlung der Kommission figurieren müssen oder von den NRB unter Berücksichtigung der von der Kommission in ihrer Empfehlung aufgestellten Kriterien abgegrenzt und ausgewählt sein müssen.

dd. Fazit

Während von der Ausgestaltung der zwei Tatbestandsvarianten in Art. 14 Abs. 2 Rahmenrichtlinie keine Gefahr für eine effektive Gleichsetzung der zwei Kriterien ausgehen dürfte, wohnt der Vermutungsregel in Art. 14 Abs. 3 Rahmenrichtlinie die Gefahr einer aus rechtlichen Gründen divergierenden Handhabung inne.

3. Negative Auswirkungen

Mit der Gleichsetzung sollte ein späterer Übergang vom sektorspezifischen Recht zur alleinigen Anwendung des allgemeinen Wettbewerbs- und Kartellrechts erleichtert werden. Zwar ist die ex ante Regulierung selbst vorerst beibehalten worden. Durch die Gleichsetzung des Regulierungskriteriums der beträchtlichen Marktmacht mit dem wettbewerbsrechtlichen Kriterium der beherrschenden Stellung sollte die ex ante Regulierung jedoch bereits an die gleichen Eingriffsvoraussetzungen wie die wettbewerbsrechtliche Aufsicht nach Art. 82 EG bzw. gemäß der FKVO geknüpft werden. Wegen der formalen Beibehaltung des SMP-Kriteriums und der in Art. 14 Abs. 3 Rahmenrichtlinie normierten tatbestandlichen Divergenz zum Kriterium der beherrschenden Stellung ist jedoch nicht auszuschließen, dass die Gleichschaltung der Eingriffs- bzw. Regulierungsvoraussetzungen misslingt und weiterhin eine Dualität der Anwendungsvoraussetzungen bestehen bleibt. Die intendierte Erleichterung des Übergangs zur alleinigen Anwendung des allgemeinen Wettbewerbs- und Kartellrechts entfiele mithin.

II. Gleichsetzung wirksamen Wettbewerbs und fehlender beträchtlicher Marktmacht

1. Problem

Wie oben dargelegt, ist im neuen Rechtsrahmen das Fehlen wirksamen Wettbewerbs mit dem Vorhandensein von einem oder mehreren Unternehmen mit beträchtlicher Marktmacht auf dem relevanten Markt gleichgesetzt worden.[923] Wegen der suboptimalen Ausgestaltung dieser Gleichsetzung im neuen Rechtsrahmen und den - auf den ersten Blick durchaus nicht abwegigen - Argumenten, die gegen eine Gleichsetzung angeführt werden, ist zu befürchten, dass die Gleichsetzung von beträchtlicher Marktmacht und fehlendem wirksamen Wettbewerb bei der Umsetzung und/ oder Anwendung der neuen SMP-Konzeption im nationalen Recht übersehen bzw. bewusst ignoriert wird und es zu nationalen Allein-

[923] Vgl. oben Teil 5, C.III 2.

gängen bei der Beurteilung der Wirksamkeit von Wettbewerb i.S.v. Art. 16 Abs. 2 Rahmenrichtlinie kommt.

2. Darlegung der suboptimalen Ausgestaltung und der gegenläufigen Argumente

a. Suboptimale Ausgestaltung

Die Gleichsetzung zwischen beträchtlicher Marktmacht und fehlendem wirksamen Wettbewerb auf einem relevanten, potentiell regulierungsbedürftigen Markt ist nicht explizit in den Richtlinienartikeln normiert, sondern ergibt sich erst aus einer Zusammenschau des Art. 16 Rahmenrichtlinie mit dem Erwägungsgrund 27 Rahmenrichtlinie sowie ergänzend aus den Rn. 19 und 112 der SMP-Leitlinien.[924] Problematisch ist darüber hinaus, dass der einschlägige Richtlinientext - also Art. 16 Abs. 3-5 Rahmenrichtlinie - nicht nur keinen Hinweis auf die Gleichsetzung enthält, sondern Art. 16 Abs. 4 Rahmenrichtlinie sogar das Gegenteil nahe legt, nämlich dass die Feststellung des Fehlens wirksamen Wettbewerbs und die Bestimmung von Unternehmen mit SMP zwei separate, sukzessive durchzuführende Prüfungsschritte seien. Auch wenn die genannte Unklarheit bzw. der Widerspruch - wie oben aufgezeigt[925] - unter Einbeziehung der Entstehungsgeschichte der Rahmenrichtlinie aufgelöst und die gleichsetzende Auslegung gerechtfertigt werden kann, muss die gesetzgeberische Ausgestaltung als suboptimal qualifiziert werden.

b. Argumente gegen Gleichsetzung

Würden nun unabhängig von der Ausgestaltung alle sachlichen Argumente für eine Gleichsetzung sprechen, so könnte davon ausgegangen werden, dass die Mitgliedstaaten mit gutem Willen und insbesondere mit Blick auf das Gebot zur Gemeinschaftstreue nach Art. 10 EG trotz der suboptimalen Ausgestaltung der Gleichsetzung zu praktischer Wirksamkeit verhelfen werden. Indes werden gegen eine Gleichsetzung eine Reihe von Argumenten vorgebracht.[926] Obwohl diese Argumente wie aufgezeigt sämtlich widerlegt werden können, [927] sind sie dennoch weder abwegig noch einfach zu entkräften. Es bedarf dafür vielmehr einer präzisen systematischen Einbettung der Wettbewerbsprüfung in den neuen Rechtsrahmen.

[924] Vgl. dazu ausführlich Teil 5, C.III.2.a.
[925] Vgl. Teil 5, C.III.2.d.
[926] Vgl. Teil 5, C.III.2.b. und c.
[927] Vgl. Teil 5, C.III.2.b. und c.

3. Negative Auswirkungen

Angesichts der normativen Unklarheit und der keineswegs abwegigen Gegenargumente muss damit gerechnet werden, dass einzelne Mitgliedstaaten die Gleichsetzungsentscheidung auf gemeinschaftlicher Ebene nicht akzeptieren bzw. einfach übersehen[928] und statt dessen im Rahmen der Marktanalyse ein zweistufiges Prüfungsverfahren einführen.

Als Folge davon könnte es dazu kommen, dass für das Tatbestandsmerkmal des wirksamen Wettbewerbs neue nationale Kriterien aufgestellt werden, die nicht harmonisiert sind und die im Endeffekt dazu führen würden, dass Märkte mit vergleichbaren Wettbewerbsverhältnissen in verschiedenen Mitgliedstaaten regulatorisch unterschiedlich behandelt werden. In manchen Mitgliedstaaten könnten potentiell regulierungsbedürftige Märkte aufgrund der nationalen Kriterien für wirksamen Wettbewerb von der Regulierung ausgenommen werden, obwohl dort beträchtliche Marktmacht vorhanden ist.

Der Kommission könnte hiergegen mittels ihres Vetorechts nicht viel ausrichten, da sich die Mitgliedstaaten höchstwahrscheinlich auf die Position stellen würden, Art. 7 Abs. 4 b Rahmenrichtlinie betreffe nur die Einstufung von Unternehmen als SMP-Unternehmen auf den - zuvor auf der ersten nationalen Stufe ermittelten - Märkten ohne wirksamen Wettbewerb. Der Kommission bliebe im Falle einer solchen im nationalen Alleingang eingeführten zweistufigen Prüfung lediglich die Möglichkeit, ein Vertragsverletzungsverfahren einzuleiten, das jedoch langwierig ist und nicht zu einer zügigen Klarstellung der Gemeinschaftsrechtswidrigkeit eines zweistufigen Prüfungsverfahrens führen würde.

Mithin besteht jedenfalls für die erste, für den dynamischen Kommunikationssektor zentrale Zeit der Anwendung des neuen Rechtsrahmens die Gefahr einer binnenmarktabträglichen, divergierende Handhabung des Kriteriums des wirksamen Wettbewerbs.

III. Kohärente Handhabung des Regulierungsinstrumentariums

1. Problem

Wie oben gezeigt, verfügen die NRB über ein weitgehendes - durch die nationalen Gesetzgeber auch nicht einschränkbares[929] - Auswahl- und Ausgestal-

---

[928] Gerade in der deutschen Literatur scheint - wie früher in Bezug auf den Unterschied zwischen dem alten SMP-Kriterium und dem kartellrechtlichen Kriterium der marktbeherrschenden Stellung - die Tendenz zu bestehen, die gemeinschaftsrechtlich vorgegebene Gleichsetzung zu ignorieren. Vgl. beispielsweise *Schütz/ Attendorn*, Beilage MMR 4/2002, 1, 14, *Müther*, tc - telecommunication, März 2002, 6 ff; *Ladeur*, K&R 2002, 110 ff. Anders die Autoren in anderen Mitgliedstaaten, vgl. z.B. *Sinclair*, CTLR 2001, 156, 158 und *Polster/ Brandl*, CTLR 2001, 216, 219.

[929] Vgl. dazu Teil 6, A.

tungsermessen in Bezug auf das SMP-Regulierungsinstrumentarium:[930] Soweit es sich nicht um einen der wenigen Fälle handelt, in denen bestimmte Instrumente zwingend vorgeschrieben sind oder um einen Fall, in dem das Ermessen durch WTO-Verpflichtungen eingeschränkt ist, können die NRB weitgehend frei über den Einsatz des ihnen zur Verfügung gestellten Eingriffsinstrumentariums entscheiden. Sie sind dabei nur an den Verhältnismäßigkeitsgrundsatz und die Regulierungsziele in Art. 8 Abs. 2-4 Rahmenrichtlinie gebunden. Dies birgt die Gefahr, dass die NRB der verschiedenen Mitgliedstaaten ihr Auswahl- und Ausgestaltungsermessen in sehr unterschiedlicher Weise wahrnehmen.

Die grundsätzliche Möglichkeit zu einer flexiblen, auf die Gegebenheiten der nationalen Märkte zugeschnittene Vorgehensweise war zwar eines der Ziele des neuen Rechtsrahmens.[931] Jedoch sollte die unterschiedliche Behandlung *unterschiedlicher* Wettbewerbssituationen bzw. Marktentwicklungen ermöglicht werden, nicht jedoch die unterschiedliche Behandlung *vergleichbarer Situationen.*[932] Denn Letzteres widerspricht dem zentralen Ziel des neuen Rechtsrahmens, den Binnenmarkt für elektronische Kommunikationsnetze und -dienste zu konsolidieren. Für die Verwirklichung des Binnenmarktes ist es erforderlich, dass Anbieter elektronischer Kommunikationsnetze und -dienste in vergleichbaren Situationen innerhalb desselben und in unterschiedlichen Mitgliedstaaten regulatorisch gleich behandelt werden.

Es ist zu befürchten, dass es zu einer divergierenden Handhabung des Regulierungsinstrumentariums kommt, weil der neue Rechtsrahmen keine hinreichenden Mechanismen bereithält, um eine kohärente Anwendung in vergleichbaren tatsächlichen Situationen sicherzustellen.

2. Erläuterung der Unzulänglichkeit der materiell-rechtlichen Vorgaben und Koordinationsmechanismen

a. Nichtausreichen der materiell-rechtlichen Vorgaben

Während im Gesetzgebungsverfahren viele Gedanken auf die Regulierungsvoraussetzungen verwandt worden sind, wurde der Frage, wie adäquat reguliert werden soll, wenig Beachtung geschenkt.[933] Trotz einiger Empfehlungen in den Richtlinien, wann welche Regulierungsmaßnahme Anwendung finden sollte,

---

[930] Vgl. oben Teil 5, D. II.2.b.bb. (2).

[931] Kommunikationsbericht 1999, S. 12. Siehe dazu auch *Huber/ v. Mayerhofen*, MMR 1999, 593, 595.

[932] Vgl. *Lewin/ Rogerson*, A review of the Interconnection Directive, S. 30.

[933] *Cave/ Larouche*, European Communications at the Crossroads, S. 9.

existiert kein hinreichendes materiell-rechtliches Raster, um eine kohärente Anwendung der einzelnen Instrumente sicherzustellen. Insbesondere sind die Passagen in den Richtlinien eben nicht in zwingender, sondern in Form von Handhabungsempfehlungen ausgestaltet.

Um sicherzustellen, dass trotz des weiten Ermessens der NRB das Regulierungsinstrumentarium kohärent angewendet wird, hätten im Rechtsrahmen zumindest präzise Vorgaben für die mit den einzelnen Maßnahmen zu erreichenden Regulierungsziele aufgestellt werden müssen.[934] Dadurch wäre jedenfalls sichergestellt worden, dass das Ermessen in vergleichbarer Form ausgeübt wird. Es sind zwar im neuen Rechtrahmen in Art. 8 Abs. 2-4 Rahmenrichtlinie Regulierungsziele - inklusive diverser Unterziele - normiert worden, anhand derer die Verhältnismäßigkeit der Regulierungsmaßnahmen dargelegt werden muss.[935] Jedoch sind diese Vorgaben alles andere als präzise. Vorgegeben wurde vielmehr ein ganze Palette an Wettbewerbsförderungs-, Binnenmarkts- und Nutzerschutzzielen, die zudem untereinander nicht gewichtet sind.[936] Angesichts der Tatsache, dass die Ziele untereinander in Konkurrenz treten können,[937] ist dies besonders problematisch. Es mag zwar so sein, dass die Regulierungsziele aus Art. 8 Abs. 2-4 Rahmenrichtlinie für die Tätigkeit der einzelnen NRB eine Unterstützungsfunktion wahrnehmen und insbesondere eine Grundlage für die Begründung einzelner Regulierungsmaßnahmen darstellen können. In jedem Fall stellen sie aber kein ausreichendes materiell-rechtliches Raster für eine kohärente Auswahl der Regulierungsinstrumente durch die NRB in verschiedenen Mitgliedstaaten dar.

---

[934] *Bondroit/ Cheffert/ de la Vallée/ Lecocq, Léonard/ Louveaux/ Potelle/ Queck*, Revue Ubiquité No. 9 (Juin 2001), 41, 51.

[935] Vgl. dazu oben Teil 5, D.II.2.b.cc.

[936] Wenn *Schütz/ Attendorn*, Beilage MMR 4/2002, 1, 6 von „unterschiedlichen Verpflichtungsgraden" sprechen, so darf dies nicht als Gewichtung missverstanden werden: Die unterschiedliche Wortwahl wie „gewährleisten", „fördern" bzw. „dazu beitragen" wurde nicht zum Zeichen einer Gewichtung gewählt, sondern spiegelt wider, dass es sich einmal um unmittelbar von der NRB zu verfolgende Regulierungsziele handelt, im anderen Fall um Ziele, die die NRB nicht selbst verfolgen, sondern nur unterstützen können, z.B. solche, die nur von Unternehmen verfolgt werden können (z.B. Aufbau transeuropäischer Netze) oder von anderen Behörden verfolgt werden müssen (z.B. Datenschutz).

[937] Problematisch ist insbesondere das Verhältnis der Ziele von Nutzervorteilsmaximierung (Art. 8 Abs. 2 a) Rahmenrichtlinie) und der Förderung effizienter Infrastrukturinvestitionen (Art. 8 Abs. 3 c) Rahmenrichtlinie), weil ersterem in der Regel durch die kurzfristige Förderung von Dienstwettbewerb durch freizügige Gewähr von Infrastrukturzugang gedient wird, zweitem durch eine restriktive Zugangspolitik.

b. Nichtausreichen der Koordinationsvorkehrungen

Die fehlenden materiell-rechtlichen Vorgaben und die damit einhergehende Flexibilität für die NRB hätten - mit Blick auf das Binnenmarktsziel - durch einen wirksamen Koordinations- und/ oder Kontrollmechanismus ausgeglichen werden müssen.[938]
Diese Funktion sollte nach der ursprünglichen Richtlinienkonzeption der Kommission das Konsultationsverfahren nach Art. 7 Rahmenrichtlinie ausfüllen.[939]
Dieses Konsultationsverfahren ist in seiner in Art. 7 Abs. 3 Rahmenrichtlinie normierten allgemeinen Verfahrensvariante mit der wechselseitigen Stellungnahmemöglichkeit von NRB und der Kommission auch durchaus ein wichtiges Instrument zur präventiven gemeinschaftlichen Überprüfung nationaler SMP-Maßnahmen.[940]
Es sieht jedoch keinen Mechanismus vor, mit dem die NRB sich verbindlich auf eine bestimmte Handhabung eines Regulierungsinstruments einigen können. Zudem eröffnet es auch der Kommission keine Möglichkeit, die Wahl und die Ausgestaltung der Regulierungsinstrumente in verbindlicher Weise zu beeinflussen. Letzteres sollte eigentlich im Rahmen des Konsultationsverfahrens in der Fassung des ersten Kommissionsentwurfs für die Rahmenrichtlinie möglich sein.[941] Jedoch verweigerte der Rat im Gesetzgebungsverfahren seine Zustimmung zu einer solchen Kontrollbefugnis der Kommission. Das Vetorecht gemäß Art. 7 Abs. 4 Rahmenrichtlinie nach dem zwischen Rat und Europäischen Parlament gefundenen Kompromiss ist auf die Abgrenzung divergierender Märkte und die Feststellung von beträchtlicher Marktmacht begrenzt worden.[942]

Somit bleibt sowohl der Kommission als auch den anderen NRB in Bezug auf die Auswahl und Ausgestaltung der Regulierungsinstrumente nur das Recht zur Stellungnahme, wobei diese Stellungnahmen von der maßnahmeerlasswilligen NRB lediglich weitestgehend zu berücksichtigen sind. Eine solche „weiche" Methode kann eine kohärente Handhabung der Regulierungsinstrumente zwar gewiss fördern, sie jedoch nicht sicherstellen.

---

938 *Cave/ Larouche*, European Communications at the Crossroads, S. 16.
939 Vgl. Art. 6 Abs. 4 des Vorschlags der Kommission für eine Richtlinie des Europäischen Parlaments und des Rates über einen gemeinsamen Rechtsrahmen für elektronische Kommunikationsnetze und -dienste, ABl. Nr. C 365 E/ 198 v. 19.12.2000.
940 Vgl. dazu oben Teil 6, B.IV.4.a.bb.
941 Vgl. Art. 6 Abs. 4 des Vorschlags der Kommission für eine Richtlinie des Europäischen Parlaments und des Rates über einen gemeinsamen Rechtsrahmen für elektronische Kommunikationsnetze und -dienste, ABl. Nr. C 365 E/ 198 v. 19.12.2000, (KOM(2000)393 endg.).
942 Entgegen *Schütz/ Attendorn*, Beilage MMR 4/2002, 1, 7, hat sich die Kommission gerade nicht mit ihren Vorstellungen für ein Vetorecht durchsetzen können, denn sie wollte insbesondere das Vetorecht in Bezug auf die Auswahl und Ausgestaltung der Regulierungsinstrumente eingeräumt bekommen.

Darüber hinaus sind im neuen Rechtsrahmen neben Art. 7 Rahmenrichtlinie noch zwei andere Mechanismen vorgesehen, die zur Koordinierung der Tätigkeit der NRB führen sollen: Zu nennen ist dabei zum einen Art. 7 Abs. 2 Rahmenrichtlinie, demzufolge die NRB gemeinsame Standpunkte erarbeiten sollen, die insbesondere die Handhabung des Regulierungsinstrumentariums betreffen können. Allerdings kommt diesen Standpunkten wiederum keine verbindliche Wirkung zu. Des Weiteren sieht Art. 19 Abs. 1 Rahmenrichtlinie für die Kommission die Möglichkeit zum Erlass von zusätzlichen Harmonisierungsempfehlungen, also z.B. Leitlinien für die Handhabung des SMP-Regulierungsinstrumentariums, vor. Jedoch handelt es sich auch hierbei eben nicht um verbindliche Vorgaben. Die NRB sind nach Art. 19 Abs. 1 Rahmenrichtlinie lediglich zur „weitestgehenden Beachtung" und dazu verpflichtet, die Kommission davon zu unterrichten, wenn sie von den Empfehlungsvorgaben abweichen.
Die genannten Instrumente können mithin ebenfalls eine kohärente Handhabung des Regulierungsinstrumentariums nicht sicherstellen, weil weder verbindliche Einigungen zwischen NRB noch verbindliche Vorgaben durch die Kommission möglich sind. Somit kann keines der genannten Instrumente die Defizite, die durch die Einschränkung des ursprünglich vorgesehenen Vetorechts der Kommission entstanden sind, ausgleichen.

c. Fazit

Im Ergebnis kann festgehalten werden, dass das weitgehende Auswahl- und Ausgestaltungsermessen der NRB hinsichtlich des SMP-Regulierungsinstrumentariums weder materiell-rechtlich noch durch die im Rechtsrahmen vorgesehenen Koordinations- und Kontrollinstrumente hinreichend kompensiert ist.

3. Negative Auswirkungen

Es ist zu befürchten, dass die NRB das Regulierungsinstrumentarium nicht in kohärenter Weise handhaben. Zumindest existiert kein Instrument, mit dem in dem Falle, dass die NRB sich nicht einvernehmlich auf eine bestimmte Handhabung einigen können, eine solche zwingend durch die Kommission vorgegeben werden könnte. Eine divergierende, nicht koordinierte Anwendung der Regulierungsinstrumente gefährdet jedoch den Binnenmarkt und führt zu Rechtsunsicherheit für Anbieter und Nutzer.[943] Insbesondere in Bezug auf das zukünftige Zugangsregime besteht - so keine freiwillige Einigung der NRB erzielt bzw. diese nicht eingehalten wird - die Gefahr der Entwicklung unterschiedlicher Zugangsregime in den Mitgliedstaaten mit der Folge erheblicher zwischenstaatlicher Markteintrittsbarrieren.[944]

---

[943] *Bondroit/ Cheffert/ de la Vallée/ Lecocq, Léonard/ Louveaux/ Potelle/ Queck*, Revue Ubiquité No. 9 (Juin 2001), 41, 50.
[944] *Gourlay/ Hemmings*, CTLR 2001, 199, 204.

IV. Unklarheit über Anhörungs- und Konsultationsverfahrensanwendung

1. Problem

Eine zentrale Neuerung des neuen Rechtsrahmens stellen das Anhörungsverfahren nach Art. 6 und das Konsultationsverfahren nach Art. 7 Rahmenrichtlinie dar. Die beiden Verfahren sind aus verschiedenen Gründen für die neue SMP-Konzeption von großer Bedeutung: Art. 6 Rahmenrichtlinie soll dazu führen, dass die Regulierung für die Öffentlichkeit transparenter wird und zudem sicherstellen, dass die NRB ihre Entscheidungen unter Berücksichtigung der Stellungnahmen der Marktakteure und nicht marktfern treffen. Art. 7 Rahmenrichtlinie kompensiert - wenn auch wie eben ausgeführt in Bezug auf das Regulierungsinstrumentarium in unzureichender Weise - den stark erweiterten Entscheidungsspielraum der NRB und trägt damit zur Konsolidierung des Binnenmarktes bei.
Die Verfahren implizieren jedoch einen hohen Organisationsaufwand, verzögern die entsprechenden Regulierungsmaßnahmen und bringen für die NRB zeitliche und sachliche Beschränkungen ihres Handlungsspielraums mit sich.
Da die neuen Verfahren mithin einerseits für den neuen Rechtsrahmen wichtig sind, sie andererseits aber einschneidende Auswirkungen auf den Ablauf des Regulierungsverfahrens haben, ist es von allergrößter Bedeutung, dass genau feststeht, in welchen Fällen die Verfahren durchzuführen sind. Ob die Vorgaben im neuen Rechtsrahmen diesem Erfordernis gerecht werden, ist zweifelhaft.

2. Erläuterung der Unklarheiten über den sachlichen Anwendungsbereich der neuen Verfahren

a. Zusammenfassung der Unklarheiten

Wie oben herausgearbeitet,[945] bestehen hinsichtlich des sachlichen Anwendungsbereichs sowohl des Anhörungsverfahrens nach Art. 6 als auch des Konsultationsverfahrens nach Art. 7 Rahmenrichtlinie eine Reihe von Unklarheiten.

Dies rührt daher, dass der sachliche Anwendungsbereich in Art. 6 und Art. 7 Rahmenrichtlinie selbst grundsätzlich sehr weit gefasst: Art. 6 umfasst danach alle Regulierungsmaßnahmen gemäß den neuen Richtlinien, so sie beträchtliche Auswirkungen auf den betreffenden Markt haben werden. Art. 7 umfasst alle Maßnahmen i.S.v. Abs. 3 a), so sie i.S.v. Abs. 3 b) Auswirkungen auf den Handel zwischen den Mitgliedstaaten haben werden.

---

945 Vgl. Teil 5, E.II.2.a.bb. (1) (a) und Teil 5, E.IV.1.b.aa. (1).

Hingegen finden sich in speziellen Artikeln sowohl der Rahmenrichtlinie als auch der Universal- bzw. Zugangsrichtlinie Einschränkungen bzw. Erweiterungen zum sachlichen Anwendungsbereich der beiden Verfahren, die zu den soeben genannten Anwendungsbereichsumschreibungen in Art. 6 und 7 Rahmenrichtlinie im Widerspruch stehen: Einschränkungen zum sachlichen Anwendungsbereich von Art. 6 Rahmenrichtlinie finden sich in Art. 15 Abs. 3 Satz 2 Rahmenrichtlinie und Art. 16 Abs. 3 Satz 2 Universaldienstrichtlinie.[946] Einschränkungen zum sachlichen Anwendungsbereich von Art. 7 Abs. 3 Rahmenrichtlinie finden sich ebenfalls in Art. 15 Abs. 3 Satz 2 Rahmenrichtlinie und in Art. 16 Abs. 6 Rahmenrichtlinie.[947] Durch Art. 6 Abs. 3 Zugangsrichtlinie wird der sachliche Anwendungsbereich beider Verfahren hingegen erweitert.[948]

b. Zusammenfassung des Lösungsweges in dieser Arbeit und Angreifbarkeit des Lösungsweges

In Teil 5, E. sind - zur Auflösung der genannten Widersprüche - die Anwendungsbereichsvorgaben in den Verfahrensvorschriften selbst für ausschlaggebend erklärt worden. Der sachliche Anwendungsbereich wurde in der Arbeit grundsätzlich aus Art. 6 und Art. 7 Abs. 3 a) Rahmenrichtlinie selbst abgeleitet.[949]

Begründet wurde diese Entscheidung damit, dass allein die Angaben in Art. 6 und Art. 7 Abs. 3 a) Rahmenrichtlinie die letztendliche Einigung zwischen Europäischem Parlament und Rat widerspiegeln, während die Verweise in speziellen Artikeln der Rahmenrichtlinie bzw. der Spezialrichtlinien bereits zuvor im Laufe des Gesetzgebungsverfahrens normiert und zumeist bei der endgültigen Kodifizierung nicht mehr angepasst wurden.
Das Ergebnis konnte zudem für beide Verfahren unter Heranziehung teleologischer Argumente untermauert werden. So kann die - durch Art. 6 Rahmenrichtlinie indizierte - Anwendung des allgemeinen Anhörungsverfahrens auf *alle* marktbedeutsamen Entscheidungen damit gerechtfertigt werden, dass nur so sichergestellt werden kann, dass Regulierung in Zukunft in für den Markt möglichst adäquater Weise erfolgt.
Die Entscheidung für den - durch Art. 7 Rahmenrichtlinie indizierten, sich auf alle in Art. 7 Abs. 3 a) Rahmenrichtlinie genannten Maßnahmen erstreckenden - Anwendungsbereich des allgemeinen Konsultationsverfahrens wurde mit dem Argument begründet, dass das allgemeine Konsultationsverfahren eine präventive Überprüfung nationaler Regulierungsentscheidungen durch die anderen NRB und die Kommission ermöglicht. Da die Reichweite des präventiven Kon-

---

946 Vgl. Teil 5, E.II.2.a.bb. (1) (a).
947 Vgl. Teil 5, E.IV.1.b.aa. (1).
948 Vgl. Teil 5, E.IV.1.b.aa. (1).
949 Vgl. Teil 5, E.II.2.a.bb. (1) (a) und Teil 5, E.IV.1.b.aa. (1).

trollmechanismus vom sachlichen Anwendungsbereich abhängt, ist eine möglichst breite Fassung dieses Bereichs im Interesse der Binnenmarktskonsolidierung erstrebenswert.

Die so gerechtfertigte weite Fassung des sachlichen Anwendungsbereichs vom Anhörungs- bzw. allgemeinen Konsultationsverfahren ist aber natürlich durchaus angreifbar. Man könnte die genannten Normwidersprüche beispielsweise auch nach den allgemeinen Grundsätzen für Normkonflikte lösen. So könnte man vertreten, dass die Vorgaben in Art. 6 und Art. 7 Abs. 3 Rahmenrichtlinie durch die genannten speziellen Anwendungsvorschriften im Wege der Spezialität verdrängt werden.

c. Fazit

In der Arbeit wurde ein Weg aufgezeigt, um die Widersprüche in Bezug auf den sachlichen Anwendungsbereich von Anhörungsverfahren und allgemeinem Konsultationsverfahren aufzulösen. Dieser Lösungsweg ist aber durchaus angreifbar und jedenfalls nicht offensichtlich, sondern mit Begründungsaufwand verbunden. Zu kritisieren ist mithin, dass der Gemeinschaftsgesetzgeber in dem für die Funktionstauglichkeit der neuen SMP-Konzeption extrem sensiblen Punkt des sachlichen Anwendungsbereichs der neuen Verfahren nach Art. 6 und 7 Rahmenrichtlinie eine ambivalente Rechtslage geschaffen hat.

3. Negative Auswirkungen

Die unklare Rechtssituation bietet Anlass zu der Befürchtung, dass in Zukunft eine große Zahl an Rechtsstreitigkeiten über den sachlichen Anwendungsbereich der Verfahren geführt werden wird. Dies brächte erhebliche Rechtsunsicherheit für den Markt mit sich.

Besonders bedenklich ist die Rechtsunsicherheit mit Blick auf die in Teil 6, B. herausgearbeitete Aufhebungspflicht von Maßnahmen der NRB durch den nationalen Richter im Falle nicht durchgeführter Konsultationsverfahren. Kommt der nationale Richter - ggf. nach Vorlage an den EuGH nach Art. 234 EG - zu dem Schluss, dass eine bestimmte Maßnahme in den Anwendungsbereich des Konsultationsverfahrens fällt, wurde das Verfahren aber nicht durchgeführt, so muss er die Maßnahme aufheben. Angesichts der soeben aufgezeigten Unklarheiten über den Anwendungsbereich des Verfahrens droht selbst denjenigen NRB, die die Vorschriften nach bestem Wissen ausgelegt haben, die Aufhebung ihrer Regulierungsmaßnahmen.

V. Verfahrensbedingte Verzögerung von Regulierungsentscheidungen

1. Problem

Wie mehrfach in dieser Arbeit hervorgehoben, zeichnet sich der neue Rechtsrahmen durch eine starke Akzentuierung von Verfahrensfragen aus. Es wurden eine ganze Reihe neuer Verfahren eingeführt, die insbesondere für die SMP-Konzeption von Bedeutung sind. Neben den soeben thematisierten Verfahren nach Art. 6 und 7 Rahmenrichtlinie sind speziell das Marktdefinitions-, das Marktanalyse- sowie das Regulierungsanordnungsverfahren zu nennen. Im Rahmen dieser Verfahren müssen die Regulierungsvoraussetzungen geprüft und die Regulierungsmaßnahmen angeordnet werden. Die Ausgestaltung dieser Verfahren birgt jedoch die Gefahr, dass die Regulierungsentscheidungen der NRB empfindlich verzögert werden und mithin ihrer wettbewerbsfördernden bzw. wettbewerbssichernden Funktion nicht adäquat gerecht werden.

2. Darlegung des Verzögerungspotentials

a. Normmaterial bzgl. einzuhaltender Fristen

Für das Marktdefinitions-, das Marktanalyse- und das Regulierungsanordnungsverfahren sind in den Richtlinien keine verbindlichen Fristen vorgegeben: Es existieren lediglich einzelne Vorgaben in Bezug darauf, wann bzw. wie oft die Verfahren durchzuführen sind.[950] Dies betrifft aber eben lediglich den Zeitpunkt, nicht hingegen die maximale Dauer der Verfahren.

Für das Anhörungsverfahren nach Art. 6 Rahmenrichtlinie ist eine „angemessene Frist“ anzusetzen. Die Kommission hat hierzu in ihren SMP-Leitlinien eine Frist von regelmäßig zwei Monaten für die Marktabgrenzung und die Feststellung beträchtlicher Marktmacht vorgeschlagen. Sie hat jedoch zugleich unterstrichen, dass in besonderen Fällen durchaus längere Fristen erforderlich bzw. bei Wiederholungsentscheidungen auch kürzere Fristen geboten sein können.[951]

Für das Konsultationsverfahren ist nach Art. 7 Abs. 3 und 5 Rahmenrichtlinie eine einmonatige Frist vorgeschrieben, die an die „angemessene Frist“ gemäß Art. 6 Rahmenrichtlinie anzugleichen ist, wenn diese im Einzelfall länger sein sollte. Übt die Kommission ihr Vetorecht nach Art. 7 Abs. 4 Rahmenrichtlinie aus, so verzögert sich der Maßnahmeerlass regelmäßig um maximal weitere zwei Monate. So die NRB den Kommissionsänderungsvorgaben nicht Folge leisten will, verzögert sich die Maßnahme faktisch dadurch, dass sie neu entworfen und wiederum dem Konsultationsverfahren unterworfen werden muss.

---

[950] Vgl. dazu Teil 5, C.III.1.a.

[951] SMP-Leitlinien, Rn. 145.

b. Darlegung des Verzögerungspotentials

Aus dem Dargelegten folgt ein erhebliches Verzögerungspotential für Regulierungsentscheidungen der NRB. In Deutschland betont man in diesem Zusammenhang insbesondere das Konsultationsverfahren nach Art. 7 Abs. 3-5 Rahmenrichtlinie.[952] Aufgrund des Verfahrens werde es zu erheblichen Verzögerungen der Regulierungsentscheidungen kommen, so dass dem Erfordernis schneller und verlässlicher Entscheidungen nicht mehr Rechnung getragen werden könne.[953] Es wird befürchtet, dass die gemeinschaftsweite Harmonisierung der Rechtsanwendung mit verzögerten Regulierungsverfahren „erkauft" worden sei.[954]

Jedoch sollte gerade in Bezug auf das Konsultationsverfahren eine realistische Sicht beibehalten werden: Zum einen greift in den meisten Fällen von Regulierungsentscheidungen der NRB nur das normale Konsultationsverfahren nach Art. 7 Abs. 3 Rahmenrichtlinie mit seiner regelmäßig einmonatigen Frist.

Nur für divergierende Marktabgrenzungen und die Feststellung von beträchtlicher Marktmacht kann es nach Art. 7 Abs. 4 Rahmenrichtlinie zu einer weiteren zweimonatigen Verzögerung kommen. Zwar sind sowohl die Marktabgrenzung als auch die Feststellung von beträchtlicher Marktmacht von zentraler Bedeutung, weil sie die Grundlage für die SMP-Regulierungsentscheidungen bilden. Jedoch kann es auch dabei nur dann zu einer weiteren Verzögerung kommen, wenn eine NRB von den sachlichen Marktvorgaben der Kommission in der Märkte-Empfehlung abweicht oder wenn die Kommission mit der Bewertung beträchtlicher Marktmacht durch eine NRB nicht einverstanden ist. Die Abweichung von den Marktvorgaben soll aber aus Gründen der Binnenmarktskonsolidierung ohnehin die Ausnahme bleiben. Bei der Feststellung von beträchtlicher Marktmacht stehen den NRB die detaillierten SMP-Leitlinien der Kommission zur Verfügung. Wenn sie sich an diese halten, wozu schon die Pflicht zur weitestgehenden Berücksichtigung nach Art. 16 Abs. 1 Rahmenrichtlinie führen sollte, laufen die NRB grundsätzlich nicht Gefahr, dass ihre Marktabgrenzungen und Feststellungen zur beträchtlichen Marktmacht von der Kommission beanstandet werden.

Somit ist weder mit einer flächendeckenden Verzögerung der NRB Entscheidungen aufgrund von Art. 7 Abs. 4 Rahmenrichtlinie zu rechnen, noch sind die aufgrund von Art. 7 Abs. 3 Rahmenrichtlinie zu erwartenden - im Regelfall einmonatigen - Verzögerungen als dramatisch zu bewerten.

---

952 Vgl. z.B. Tätigkeitsbericht des Bundeskartellamts 1999/2000, BT-Drs. 14/6300, S. 30; *Schütz/ Attendorn*, Beilage MMR 4/2002, 1, 12; FAZ v. 21.1.2002, „Das Vetorecht der EU bringt Rechtsunsicherheit für die Telekom-Aufsicht", S. 15.

953 Tätigkeitsbericht des Bundeskartellamts 1999/2000, BT-Drs. 14/6300, S. 30.

954 *Müther*, tc - telecommunication, März 2002, 6 ff.

Wirkliches Verzögerungspotential birgt hingegen die Regulierungsbedarfsprüfung, also das Marktdefinitions- und das Marktanalyseverfahren, sowie das Regulierungsanordnungsverfahren.[955] Denn hierfür sind in den Richtlinien keinerlei Fristvorgaben vorgesehen. Dieser Umstand wurde schon während des Rechtsetzungsverfahrens massiv von den Marktteilnehmern gerügt, weil die Unternehmen insofern in jedem Mitgliedstaat im besten Fall auf ergänzende Vorgaben der nationalen Gesetzgeber, im schlechtesten Fall allein auf die Leistungsfähigkeit bzw. -bereitschaft der NRB angewiesen sind. Um gemeinschaftsweit zu verhindern, dass es zu gravierenden verfahrensbedingten Verzögerungen der Regulierungsentscheidungen kommt, hätten im neuen Rechtsrahmen klare Zeitlimits für die einzelnen Verfahrensschritte vorgegeben werden müssen.[956]

3. Negative Auswirkungen

Aufgrund der Verzögerungen, die angesichts der fehlenden Zeitlimits zu befürchten sind, kann es zu erheblichen Rechtsunsicherheiten während der Verfahrensdurchführungen kommen. Zudem konterkarieren derartige Verzögerungen das erklärte Ziel des neuen Rechtsrahmens, mit der Regulierung flexibel und hinreichend schnell auf Marktentwicklungen reagieren zu können. Im Ergebnis besteht die Gefahr, dass die Verfahren zur Regulierungsbedarfsprüfung und zur Auferlegung von SMP-Pflichten wegen ihrer Komplexität nicht schnell genug durchlaufen werden können, um strukturellen Marktproblemen und wettbewerbswidrigen Verhaltensweisen von SMP-Unternehmen rechtzeitig beizukommen,[957] wobei zu berücksichtigen ist, dass im Regelfall[958] Verzögerungen eher den SMP-Unternehmen als den Wettbewerbern zugute kommen werden.[959]

VI. Zusammenfassung

Die zentralen, bereits erkennbaren Ausgestaltungsprobleme bestehen mithin in:

- einer Ausgestaltung des SMP-Kriteriums, die die intendierte Gleichsetzung von beträchtlicher Marktmacht und marktbeherrschender Stellung nicht vollends sicherstellt,
- der misslungenen Ausgestaltung der Gleichsetzung von beträchtlicher Marktmacht und fehlendem wirksamen Wettbewerb,

---

[955] So auch *Scherer*, MMR 2002, 201, 203; *Gourlay/ Hemmings*, CTLR 2001, 199, 204; *de Vlaam*, Communications & Strategies No. 43 (3rd quarter 2001), 115, 139.

[956] *de Vlaam*, Communications & Strategies No. 43 (3rd quarter 2001), 115, 139.

[957] *Scherer*, MMR 2002, 201, 203.

[958] Eine Ausnahme zu dieser Regel dürften in Zukunft vor allem Entscheidungen der NRB zur Aufhebung bestehender Regulierungsmaßnahmen i.S.v. Art. 16 Abs. 3 Rahmenrichtlinie sein.

[959] *Schütz/ Attendorn*, Beilage MMR 4/2002, 1, 24.

- unzureichenden materiell-rechtlichen und verfahrensrechtlichen Vorkehrungen für eine harmonisierte Handhabung des SMP-Regulierungsinstrumentariums,
- der unklaren Ausgestaltung des sachlichen Anwendungsbereichs des Anhörungs- bzw. allgemeinen Konsultationsverfahrens,
- der in den neuen Verfahren angelegten Verzögerungsgefahr für Regulierungsentscheidungen.

B. Vergleich: politische Zielsetzungen und rechtliche Ausgestaltung

Für die Bewertung, ob die neue SMP-Konzeption im Einklang mit den europapolitischen Zielsetzungen ausgestaltet worden ist, werden zunächst die für die asymmetrische Regulierungskonzeption relevanten Zielsetzungen herausgearbeitet (Abschnitt I). Unter Berücksichtigung der soeben aufgezeigten Ausgestaltungsprobleme wird sodann untersucht, ob diese Ziele mit der neuen SMP-Konzeption rechtlich umgesetzt worden sind (Abschnitt II).

Die Zielsetzungen für die neue SMP-Konzeption müssen - da anders als für das Ordnungsmodell 4 kein separates gemeinschaftliches Dokument für die Reform der asymmetrischen Regulierungskonzeption erarbeitet worden ist - aus den allgemeinen Dokumenten zur Reform des Rechtsrahmens für den elektronischen Kommunikationssektor herauskristallisiert werden.[960] Dafür können das Arbeitspapier des ONP-Ausschusses zur Vorbereitung des Kommunikationsberichts 1999[961], der Kommunikationsbericht 1999 und die Mitteilung zur Kommunikationsberichtsanhörung herangezogen werden.[962]

---

[960] Nicht verwechselt werden dürfen die Zielsetzungen für die Ausgestaltung der SMP-Konzeption mit den Zielen i.S.v. Art. 8 Abs. 2-4 Rahmenrichtlinie. Dies sind keine Zielsetzungen für die rechtliche Ausgestaltung der asymmetrischen Regulierungskonzeption, sondern regulatorische Zielsetzungen für den Ordnungsrahmen als ganzen sowie für die Regulierungstätigkeit der NRB.

[961] The 1999 Review of the Telecommunications Regulatory framework, ONPCOM98-42.

[962] Der Grund für die Erarbeitung dieser Dokumente waren die Überprüfungspflichten, die in den alten ONP-Richtlinien normiert waren. Die Kommission musste - bis spätestens Ende 1999 - vor allem überprüfen, ob der Anwendungsbereich der Richtlinien bzw. einzelner Vorschriften erweitert und ob einzelne der Förderung von Wettbewerb dienende Vorschriften aufgehoben werden sollten, vgl. Art. 22 Abs. 2 UA 2 ONP-Zusammenschaltungsrichtlinie, Art. 8 ONP-Rahmenrichtlinie in der Fassung der ONP-Änderungsrichtlinie und Art. 31 Spiegelstriche 1 und 3 ONP-Sprachtelefonrichtlinie II.

I. Politische Zielsetzungen

1. Optimales Maß an Regulierung

Die neue SMP-Konzeption sollte zunächst sicherstellen, dass überall dort im Sektor für elektronische Kommunikation, wo noch keine hinreichende Wettbewerbsintensität erreicht wurde, sektorspezifisch reguliert werden kann, um das Wettbewerbsniveau zu stärken und zu vertiefen.[963] Auf bisher unregulierten Märkten sollte Regulierung allerdings nur dann, wenn sie sich als unbedingt notwendig erweist, ermöglicht werden.[964]
Im Übrigen sollte es das vorrangige Ziel sein, sicherzustellen, dass wettbewerbsfördernde Regulierung überall dort abgebaut wird, wo sie unnötig geworden ist oder in Zukunft unnötig wird.[965] Als mittel- bis langfristiges Ziel sollte angestrebt werden, die sektorspezifische wettbewerbsfördernde Regulierung vollständig abzubauen und die wettbewerblichen Prozesse in dem gesamten Sektor - wie in jedem anderen - allein mit den Mitteln des allgemeinen Wettbewerbs- und Kartellrechts zu kontrollieren.[966] Die neue SMP-Konzeption sollte deshalb die graduelle Rückführung sektorspezifischer wettbewerbsfördernder Regulierung in Abhängigkeit von der Entstehung wirksamen Wettbewerbs ermöglichen.[967]

2. Effektive Ausgestaltung der Regulierung

Des Weiteren wurde angestrebt, sicherzustellen, dass dort, wo wettbewerbsfördernde Regulierung weiterhin erforderlich ist, diese in möglichst effektiver Weise gehandhabt wird. In erster Linie sollten dafür die Regulierungsinterventionsmöglichkeiten flexibilisiert werden, um es den NRB zu ermöglichen, leichter und schneller auf technologische und wirtschaftliche Veränderungen reagieren zu können.[968] Die Effektivität der Regulierung sollte darüber hinaus durch marktnahe und zügige Entscheidungen sichergestellt werden. Trotz der angestrebten Flexibilisierung der Regulierungsinterventionsmöglichkeiten sollte den Marktteilnehmern ein hohes Maß an Rechtssicherheit geboten werde, weil

---

[963] Mitteilung zur Kommunikationsberichtsanhörung S. 7. Siehe auch *Scott*, Info 2 (2000), 229, 23.

[964] Kommunikationsbericht 1999, S. 14.

[965] Mitteilung zur Kommunikationsberichtsanhörung, S. 7. Siehe auch *Scherer*, CR 2000, 35, 40; *ders.* Info 2 (2000), 313, 320.

[966] Kommunikationsbericht 1999, S. 57. Siehe auch *Scott*, Info 2 (2000), 229, 231.

[967] The 1999 Review of the Telecommunications Regulatory framework, ONPCOM98-42, S. 3.

[968] Kommunikationsbericht 1999, S. 12 und 15.

eine effektive Regulierung jedenfalls auch Planungssicherheit und Vertrauensbildung für Investitionsentscheidungen voraussetzt.[969]

3. Technologieneutraler Rechtsrahmen

Um dem Konvergenzphänomen im Bereich der Übertragungstechniken[970] Rechnung zu tragen, sollte der gesamte Rechtsrahmen technologieneutral ausgestaltet sein. Um nicht den Wettbewerb zu verfälschen und eine ineffiziente Ressourcenallokation zu verursachen, sollten bestimmte Übertragungstechnologien weder bevorzugt noch benachteiligt werden.[971] Nicht verwechselt werden darf ein technologieneutraler Rechtsrahmen mit einer pauschalen regulatorischen Gleichbehandlung aller Infrastrukturen und Dienste. Letztere konnte und sollte angesichts der Marktverhältnisse nicht angestrebt werden. Der Rechtsrahmen sollte lediglich sicherstellen, dass Entscheidungen über das „Ob“ und das „Wie“ wettbewerbsfördernder Regulierung allein aufgrund des Marktversagens in einzelnen Märkten für elektronische Kommunikationsinfrastrukturen oder -dienste und nicht aufgrund politischer Entscheidungen für oder gegen eine Technologie getroffen werden.

4. Beitrag zur Binnenmarktskonsolidierung

Ein zentrales Defizit des alten Rechtsrahmens bestand in seiner unzureichenden Integrationswirkung: Der Schwerpunkt lag auf der Liberalisierung und Wettbewerbsförderung in den einzelnen mitgliedstaatlichen Märkten und weniger in der Schaffung eines Binnenmarktes für Infrastrukturen und Dienste.[972] Die Folge war eine oftmals inkohärente Durchführung der europäischen Telekommunikationsrechtsvorgaben in den Mitgliedstaaten.[973] Der neue Rechtsrahmen sollte deshalb an zwei Punkten ansetzen: Zutage getretene rechtliche Harmonisierungsdefizite sollten behoben werden.[974] Zudem sollte verhindert werden, dass die - mit dem neuen Rechtsrahmen angestrebte - Flexibilisierung der wett-

---

969 Kommunikationsbericht 1999, S. 15.

970 Nicht berücksichtigt werden sollte im neuen Rechtsrahmen - jedenfalls grundsätzlich - die inhaltliche Konvergenz, also z.B. die Verschmelzung von Internetinhalts- und Mediendiensten). Bereits die Anhörung zum Konvergenz-Grünbuch (vgl. Mitteilung zur Anhörung zum Konvergenz-Grünbuch, S. 15) hatte zu dem Entschluss der Kommission geführt, dass auch im neuen Rechtsrahmen Übertragungstechniken und Übertragungsdienste getrennt von den übertragen inhaltlichen Diensten geregelt werden sollten.

971 The 1999 Review of the Telecommunications Regulatory framework, ONPCOM98-42, S. 1f; Kommunikationsbericht 1999, S. 15. Siehe auch *Wessely*, MR 2000, 55, 56.

972 *Cave/ Larouche*, European Communications at the Crossroads, S. 28.

973 *Scott*, Info 2 (2000), 229, 230.

974 Mitteilung zur Kommunikationsberichtsanhörung S. 7. Siehe auch *Scott*, Info 2 (2000), 229, 230.

bewerbsfördernden Regulierung zu einer weiteren Fragmentierung des Binnenmarktes führt.[975]

II. Messung der rechtlichen Ausgestaltung an den Zielsetzungen

1. Optimales Maß an Regulierung

Die neue SMP-Konzeption sollte so ausgestaltet sein, dass wettbewerbsfördernde Regulierung dort ermöglicht wird, wo sie für den Sektor erforderlich ist und dort abgebaut bzw. für die Zukunft verhindert werden, wo sie überflüssig ist.

a. Ermöglichung der erforderlichen Regulierung

Der erste Teil dieser Zielsetzung ist vor allem dadurch erreicht worden, dass sich der Gemeinschaftsgesetzgeber überhaupt für die Beibehaltung der SMP-Konzeption und damit für die Weiterführung der asymmetrischen wettbewerbsfördernden Regulierung entschieden hat. Ferner hat die Erweiterung des sachlichen Anwendungsbereichs der Richtlinien insgesamt und damit auch der asymmetrischen Regulierungskonzeption dazu beigetragen, Regulierung überall dort zu ermöglichen, wo sie für den Sektor erforderlich ist. Vom sachlichen Anwendungsbereich her kann in Zukunft jede elektronische Kommunikationsinfrastruktur und jeder elektronische Kommunikationsübertragungsdienst in die SMP-Regulierung einbezogen werden.[976]

b. Abbau und Verhinderung überflüssiger Regulierung

Dem zweiten Teil der Zielsetzung ist dadurch Rechnung getragen worden, dass anhand mehrerer Verfahrensschritte die tatsächlich regulierungsbedürftigen Märkte im Anwendungsbereich der Richtlinien selektiert werden. Dazu gehört zunächst die Abgrenzung und Auswahl der potentiell regulierungsbedürftigen sachlichen Märkte durch die Kommission im Zuge der Erarbeitung der Märkte-Empfehlung sowie die ergänzende sachliche Marktabgrenzung und -auswahl durch die NRB. Sodann gehört die Analyse der Wettbewerbsverhältnisse auf den zuvor herauskristallisierten Märkten durch die NRB im Rahmen des Marktanalyseverfahrens dazu. Dadurch, dass nur Märkte reguliert werden dürfen, auf denen kein wirksamer Wettbewerb herrscht, also ein oder mehrere Unternehmen über beträchtliche Marktmacht verfügen, wird im Einzelfall sichergestellt, dass nur *die* potentiell regulierungsbedürftigen Märkte reguliert werden, die im einzelnen Mitgliedstaat auch tatsächlich regulierungsbedürftig sind. Die Eignung

---

975 Kommunikationsbericht 1999, S. 16.

976 Reguliert werden jedoch letztlich nur die Märkte, für die - mittels Marktdefinitions- und Marktanalyseverfahren - ein tatsächlicher Regulierungsbedarf nachgewiesen worden ist.

des Kriteriums der beträchtlichen Marktmacht zur Auswahl der tatsächlich regulierungsbedürftigen Märkte ist dadurch verbessert worden, dass es demjenigen der beherrschenden Stellung gleichgesetzt worden ist, mithin nicht mehr an die - wettbewerbtheoretisch überhaupt nicht begründbare - 25%-Marktanteilsschwelle anknüpft, sondern an die durch die ständige Praxis von Kommission und EuGH herausgearbeiteten Marktmachtkriterien, und damit u.a. an Marktanteile von mindestens 40%, wobei eine Vermutung für Marktmacht aufgrund von absoluten Marktanteilen sogar erst ab 50% besteht.
Art. 17 Abs. 1 Universaldienstrichtlinie fügt als weiteren Selektionsmechanismus hinzu, dass Regulierung auf Endnutzermärkten nur subsidiär zur Vorleistungsregulierung zulässig ist.

In zeitlicher Hinsicht wird der Abbau nicht mehr erforderlicher Regulierung dadurch sichergestellt, dass die aufgezeigten Verfahren zur Regulierungsbedarfsprüfung regelmäßig wiederholt werden müssen. Insbesondere die Märkte-Empfehlung der Kommission ist im Fall veränderten Wettbewerbsbedingungen auf bestimmten sachlichen Märkten zu modifizieren.

Die aufgezeigten Verfahren sollten - jedenfalls von einem theoretischen Standpunkt aus gesehen - die Gewähr dafür bieten, dass in Zukunft nur noch die Märkte reguliert werden, auf denen die Wettbewerbskräfte (noch) nicht ausreichen, um vorhandene Marktmacht zu disziplinieren. Sie sind geeignet, dort Regulierung zu ermöglichen, wo sie erforderlich ist und sie dort abzubauen, wo sie überflüssig geworden ist bzw. in Zukunft überflüssig wird. Der Übergang zum allgemeinen Wettbewerbs- und Kartellrecht findet ganz automatisch dadurch statt, dass dann, wenn ein Markt nicht mehr die Regulierungsvoraussetzungen im oben genannten Sinn erfüllt, dieser aus der SMP-Regulierung herausfällt und nur noch mittels des allgemeinen Wettbewerbs- und Kartellrecht kontrolliert werden kann.

Ob dieser Mechanismus zur Selektion regulierungsbedürftiger Märkte sich in der Praxis bewährt, hängt von einer ganzen Reihe zukünftiger Umstände ab, von denen hier nur einige kurz angedeutet werden können: Bedeutsam wird sein, ob die von der Kommission in ihrer Märkte-Empfehlung aufgestellten Kriterien für die Auswahl potentiell regulierungsbedürftiger Märkte in der Praxis handhabbar sind, ob die Kommission die Einhaltung der von ihr aufgestellten Auswahlkriterien durch die NRB - mittels der Ausübung ihres Vetorechts - tatsächlich durchsetzen kann, ob das SMP-Kriterium tatsächlich in Einklang mit dem Kriterium der marktbeherrschenden Stellung gehandhabt wird, wie die NRB die Marktmachtvermutungsregel in Art. 14 Abs. 3 Rahmenrichtlinie handhaben und insbesondere ob das Marktanalyseverfahren in adäquaten Abständen durchgeführt wird.

c. Fazit

Die rechtliche Ausgestaltung der neuen SMP-Konzeption ist grundsätzlich geeignet, ein optimales Maß an Regulierung sicherzustellen. Ob das Ziel letztlich tatsächlich erreicht wird, kann jedoch erst anhand der praktischen Erfahrung mit dem neuen Rechtsrahmen in den nächsten Jahren beurteilt werden.

2. Effektive Ausgestaltung der Regulierung

Die effektive Ausgestaltung der weiterhin erforderlichen Regulierung sollte durch eine Flexibilisierung der Regulierungsinterventionsmöglichkeiten, marktnahe und zügige Regulierungsentscheidungen und zugleich ein hinreichendes Maß an Rechtssicherheit für die Marktteilnehmer sichergestellt werden.

a. Flexibilisierung

Die Regulierungsinterventionsmöglichkeiten sind im neuen Rechtsrahmen auf mehrere Weise flexibilisiert worden.
Zunächst ermöglicht die Anknüpfung an nach wettbewerbsrechtlichen Grundsätzen abgegrenzte Märkte eine gezielte Regulierung einzelner Infrastrukturen oder Dienste. Es müssen nicht mehr Pflichten für pauschale Marktsektoren auferlegt, sondern es können gezielt spezielle Wettbewerbsprobleme angegangen werden.
Einen weiteren wesentlichen Flexibilisierungsschritt bringt die neue Ausgestaltung des SMP- Pflichtenregimes mit sich. Da die Pflichten nicht mehr in statischer Weise in den gemeinschaftlichen Richtlinien bzw. in den nationalen Gesetzen vorgeschrieben sind, sondern die NRB eigenständig die für angemessen erachteten SMP-Verpflichtungen festlegen, können sie die Pflichten in flexibler Weise optimal auf ihre jeweiligen nationalen Märkte zuschneiden.[977]
Ein weiteres Flexibilisierungselement besteht darin, dass die in den neuen Richtlinien normierten Vorgaben für SMP-Pflichten nicht ins Detail gehen, sondern nur allgemein den Rahmen für die Auswahl und Ausgestaltung der Regulierungsinstrumente durch die NRB vorgeben. Da die NRB dabei grundsätzlich nur an die Regulierungsziele aus Art. 8 Rahmenrichtlinie und an den Verhältnismäßigkeitsgrundsatz gebunden sind, verfügen sie über einen großer Freiraum für eine maßgeschneiderte flexible Regulierung ihrer jeweiligen nationalen Märkte.[978]

---

977 Vgl. *Schütz/ Attendorn*, Beilage MMR 4/2002, 1, 5 und 12.
978 Vgl. *Bondroit/ Cheffert/ de la Vallée/ Lecocq, Léonard/ Louveaux/ Potelle/ Queck*, Revue Ubiquité No. 9 (Juin 2001), 41, 59.

Ein weiteres Flexibilitätselement stellt der - deutlich erweiterte - neue Zugangsbegriff dar.[979] Er gibt den NRB die Möglichkeit, Zugang zu einer großen neuen Spannbreite an Netzen, Netzelementen, zugehörigen Einrichtungen und Diensten anzuordnen.[980] Durch die Aufnahme des erweiterten Zugangsbegriffs wurde den NRB die Möglichkeit für eine schnelle und flexible Reaktion auf Marktentwicklungen gegeben, weil nicht mehr für jede neue Zugangsproblematik das Gesetzgebungsverfahren durchlaufen werden muss, wie das z.B. noch für die TAL-Verordnung im alten Rechtsrahmen der Fall gewesen war.[981]
Ergänzt wird dieser ohnehin schon sehr flexible Interventionsrahmen durch die Möglichkeit für die NRB nach Art. 8 Abs. 4 Zugangsrichtlinie, sich von der Kommission weitere, nicht im Rechtsrahmen vorgesehenen SMP-Regulierungsinstrumente genehmigen zu lassen.

Der Flexibilisierung gegenläufig ist in gewisser Hinsicht die Vorgabe der potentiell regulierungsbedürftigen Märkte durch die Kommission in ihrer Märkte-Empfehlung.[982] Die NRB können grundsätzlich nicht einfach Märkte auswählen oder nach ihren Vorstellungen segmentieren. Jedoch ergibt sich eine hinreichende Flexibilität hier wiederum daraus, dass die NRB trotz der Pflicht zur weitestgehenden Berücksichtigung der Märkte-Empfehlung berechtigt sind, eine abweichende sachliche Marktabgrenzung bzw. -segmentierung vorzunehmen. Solche Abweichungen unterliegen dann allerdings dem Vetorecht der Kommission nach Art. 7 Abs. 4 Rahmenrichtlinie. Im Interesse des Binnenmarktes wurde hier mithin ein geringerer Grad an Flexibilität in Kauf genommen. Indes ist die Märkte-Empfehlung selbst wiederum ein flexibles Instrument, da sie ohne formelles Rechtsetzungsverfahren von der Kommission eigenständig jederzeit abgeändert werden kann.

b. Marktnahe und zügige Regulierungsentscheidungen

Um marktnahe und zügige Regulierungsentscheidungen der NRB zu ermöglichen, sind eine ganze Reihe von Vorkehrungen im neuen Rechtrahmen getroffen worden. So hat die Art und Weise, wie die Regulierung flexibilisiert worden ist, zu einer weitgehenden Delegierung von Befugnissen an die NRB geführt. Dies allein impliziert bereits, dass die entsprechenden Entscheidungen grundsätzlich marktnah, nämlich durch die NRB und nicht durch den nationalen Gesetzgeber oder gar durch gemeinschaftliche Institutionen getroffen werden. Des Weiteren

---

[979] *Bondroit/ Cheffert/ de la Vallée/ Lecocq, Léonard/ Louveaux/ Potelle/ Queck*, Revue Ubiquité No. 9 (Juin 2001), 41, 57.
[980] *Gourlay/ Hemmings*, CTLR 2001, 199, 203.
[981] *Scott*, Info 2 (2000), 229, 233.
[982] So auch *Koenig/ Kühling*, MMR 2001, 80, 86.

wird eine marktnahe Entscheidungsfindung durch das öffentliche Anhörungsverfahren nach Art. 6 Rahmenrichtlinie gefördert.[983]
Grundsätzlich ermöglicht der neue Rechtsrahmen auch eine zügige Entscheidungsfindung. Sobald der gemeinschaftliche Rechtsrahmen in nationales Recht umgesetzt worden ist, obliegt es grundsätzlich allein den NRB, für zeitnahe Regulierungsentscheidungen Sorge zu tragen.

Sowohl die Marktnähe als auch die Zügigkeit von Regulierungsentscheidungen sind jedoch durch zwei der oben herausgearbeiteten Ausgestaltungsmängel gefährdet. So könnten sich die verfahrensbedingten Verzögerungspotentiale realisieren.[984] Es könnte zu einer Verfahrensdauer kommen, die den Bedürfnissen des dynamischen Kommunikationssektors nach schnellen Regulierungsentscheidungen nicht mehr gerecht würde. Ferner drohen die Unklarheiten in Bezug auf den sachlichen Anwendungsbereich der Art. 6 und 7 Rahmenrichtlinie[985] dazu zu führen, dass es zu einer Vielzahl von Rechtsstreitigkeiten über die Anwendung dieser Verfahren kommt, so dass Regulierungsentscheidungen zusätzlich verzögert würden.

Sowohl das Marktdefinitionsverfahren als auch das Konsultationsverfahren mit dem Vetorecht für die Kommission bringen es mit sich, dass die Bestimmung der potentiell regulierungsbedürftigen Märkte und die Entscheidung über die Wirksamkeit des Wettbewerbs nicht mehr stets marktnah, sondern dass regulatorische Entscheidungen in diesen Fällen marktfern durch die Kommission getroffen bzw. determiniert werden. Solche marktfernen Entscheidungen sind letztlich der Preis für die auf gemeinschaftlicher Ebene für wichtig befundene Binnenmarktskonsolidierung im Sektor für elektronische Kommunikationsnetze und -dienste. Damit einher geht natürlich stets die Gefahr von Entscheidungen, die den tatsächlichen Gegebenheiten auf den Märkten nicht gerecht werden. Ob sich diese Gefahr realisiert, liegt an der Kommission. Sie hat die Möglichkeit, dem durch eine intensive Kooperation mit den NRB und den mitgliedstaatlichen Marktakteuren entgegenzuwirken.

c. Rechtssicherheit

Trotz der Flexibilisierung der Regulierung sollte für die Marktteilnehmer ein adäquates Maß an Rechtssicherheit sichergestellt werden.
Für Rechtssicherheit sorgt im neuen Rechtsrahmen zunächst die Überleitungsphase für die SMP-Pflichten: Vor dem ersten Marktdefinitions- und Marktanalyseverfahren werden die bestehenden SMP-Pflichten aus dem alten Rechtsrah-

[983] Zur Bedeutung solcher Anhörungsverfahren für Marktnähe und Transparenz, vgl. *Melody*, Telecommunications Policy 23 (1999), 7, 20.
[984] Vgl. oben Teil 7, A.V.
[985] Vgl. oben Teil 7, A.IV.

men aufrechterhalten. Danach bleiben diese Pflichten grundsätzlich das maximale Regulierungsinstrumentarium, das den NRB im Rahmen ihrer Tool-Box zur Verfügung steht, so dass in Bezug auf das Maximum an Regulierungsintensität eine gewisse Kontinuität gewährleistet ist.
Des Weiteren sorgt die Vorgabe der potentiell regulierungsbedürftigen Märkte in der Märkte-Empfehlung der Kommission dafür, dass jedenfalls grundsätzlich vorhersehbar ist, auf welchen Märkten mit Regulierung gerechnet werden muss.[986]
Daneben ermöglicht die Gleichsetzung von fehlendem wirksamem Wettbewerb und beträchtlicher Marktmacht sowie von beträchtlicher Marktmacht und beherrschender Stellung für die Marktteilnehmer eine gewisse Vorhersehbarkeit des „Ob" der Regulierung.

Andererseits geht von der Flexibilisierung der Regulierungsinterventionsmöglichkeiten für die NRB ein großes Maß an Rechtsunsicherheit für den Sektor aus. So ist für die Marktteilnehmer - jedenfalls zu Beginn des neuen Ordnungsrahmens 5 - kaum absehbar, wie die NRB ihr Auswahl- und Ausgestaltungsermessen in Bezug auf die ihnen zur Verfügung gestellten Regulierungsinstrumente handhaben werden.[987] Insbesondere hinsichtlich der Zugangspflichten und der materiellen Entgeltkontrollgrundsätze dürfte damit für die Marktteilnehmer eine nicht unerhebliche Planungsunsicherheit einhergehen.
Ferner könnten auch einige der herausgearbeiteten Ausgestaltungsprobleme zu Rechtsunsicherheit führen: Dies betrifft zunächst die tatsächliche Handhabung des SMP-Kriteriums sowie den Einsatz der Marktmachtvermutungsregel gemäß Art. 14 Abs. 3 Rahmenrichtlinie durch die NRB.[988] Darüber hinaus ist jedenfalls zu Beginn des Ordnungsmodells 5 unsicher, ob in den einzelnen Mitgliedstaaten die Gleichsetzung von beträchtlicher Marktmacht und fehlendem wirksamen Wettbewerb respektiert werden wird.[989] Zuletzt drohen die Unklarheiten über den sachlichen Anwendungsbereich der neuen Verfahren sowie die Verzögerungen von Regulierungsentscheidungen durch die Verfahren[990] zu einer - zeitlich begrenzten - Rechtsunsicherheit für die Marktteilnehmer zu führen.

d. Fazit

Die rechtliche Ausgestaltung der neuen SMP-Konzeption ermöglicht den NRB insbesondere durch das Tool-Box-Prinzip eine sehr flexible Handhabung der Regulierung. Die NRB müssten in die Lage versetzt sein, hinreichend elastisch auf die Marktgegebenheiten eingehen und technologischen oder wirtschaftlichen

[986] *Polster/ Brandl*, CTLR 2001, 216, 217; *Nikolinakos*, ECLR 2001, 93, 98.
[987] Ähnlich wie hier *Cave/ Larouche*, European Communications at the Crossroads, S. 15.
[988] Vgl. oben Teil 7, A.I.2.a. und Teil 7, A.I.2.b.cc.
[989] Vgl. dazu Teil 7, A.II.
[990] Vgl. Teil 7, A.IV. und Teil 7, A.V.

Veränderungen adäquat begegnen zu können. Grundsätzlich hat der Rechtsrahmen zudem gute Voraussetzungen für marktnahe und zügige Regulierungsentscheidungen durch die NRB geschaffen. Allerdings wurden im Interesse der Binnenmarktskonsolidierung hinsichtlich der Marktnähe Kompromisse eingegangen. Regulierungsentscheidungen könnten darüber hinaus wegen der Unsicherheiten über den Anwendungsbereich neuer Verfahren sowie durch die Durchführung der Verfahren selbst verzögert werden. Auch hier wird erst die praktische Erfahrung mit dem neuen Rechtsrahmen zeigen, ob es sich dabei um wirkliche dauerhafte Hindernisse für marktnahe und zügige Regulierungsentscheidungen handelt oder ob diese - evtl. nach einer gewissen Anlaufphase - in der Praxis überwunden werden können. Das Ziel, einen hohen Rechtssicherheitsstandard für den Kommunikationssektor sicherzustellen, ist indes im neuen Rechtsrahmen nur begrenzt verwirklicht worden. Abstriche in Bezug auf das Rechtssicherheitsziel wurden insbesondere im Interesse einer möglichst flexiblen Handhabbarkeit der Regulierung durch die NRB in Kauf genommen.

3. Technologieneutraler Rechtsrahmen

Die rechtstechnische Grundlage für eine technologieneutrale Ausgestaltung des neuen Rechtsrahmens als Ganzem und damit auch der SMP-Konzeption ist durch die Definition in Art. 2 a) Rahmenrichtlinie für Kommunikationsnetze und in 2 c) Rahmenrichtlinie für Kommunikationsdienste gelegt worden.[991] Da für den Anwendungsbereich der neuen Richtlinien an diese zwei Begriffe angeknüpft wird - wie z.B. Art. 1 Abs. 1 Rahmenrichtlinie zeigt - hat deren weitgefasste Definition zu einer Ausdehnung des Anwendungsbereichs auf alle Übertragungstechniken, die elektronische Kommunikationsdienste ermöglichen, sowie auf alle Arten solcher elektronischer Übertragungsdienste geführt. Der Rechtsrahmen differenziert nicht mehr nach technischen Plattformen, über die bestimmte Dienste erbracht werden, sondern den NRB werden einheitliche, technologieneutrale Regulierungsinstrumente an die Hand gegeben.[992] Insbesondere ist nun auch das Zugangsregime technologieneutral; es umfasst - vom sachlichen Anwendungsbereich her - alle Netzinfrastrukturen.[993]
Speziell in Bezug auf die SMP-Konzeption hat die Herausnahme der regulierungsbedürftigen Märkte aus den Richtlinien deren technologieneutrale Ausgestaltung abgerundet.[994]

---

[991] *Schütz/ Attendorn*, Beilage MMR 4/2002, 1, 5.
[992] *Schütz/ Attendorn*, Beilage MMR 4/2002, 1, 5.
[993] *Scherer*, CR 2000, 35, 42. Dies darf nicht mit einer automatischen Zugangspflicht zu allen Infrastrukturelementen verwechselt werden. Vorgeschaltet sind stets noch Marktdefinitions-, Marktanalyse- und Regulierungsanordnungsverfahren.
[994] *Nikolinakos*, ECLR 2001, 93, 97.

Wie im Rahmen der politischen Zielsetzungen aufgezeigt, darf Technologieneutralität nicht mit einer regulatorischen Gleichbehandlung verwechselt werden. Zu kurz greifen deshalb Kritiker, die an der Technologieneutralität des neuen Rechtsrahmens zweifeln, weil nach der SMP-Konzeption unterschiedliche sachliche Märkte unterschiedlich reguliert werden können.[995] Entscheidend für die Technologieneutralität ist, dass einzelne Infrastruktur- oder Dienstemärkte nach der neuen SMP-Konzeption nicht deshalb reguliert werden, weil dies aus politischen Gründen im Rechtsrahmen so vorgeschrieben ist, sondern allein deshalb, weil die Regulierungsbedarfsprüfung, die sich aus Marktdefinitions- und Marktanalyseverfahren zusammensetzt, zum Ergebnis geführt hat, dass der jeweilige Markt regulierungsbedürftig ist.

Die neue SMP-Konzeption ist mithin technologieneutral ausgestaltet worden.

4. Beitrag zur Binnenmarktskonsolidierung

Im Interesse einer Konsolidierung des Binnenmarktes für elektronische Kommunikationsnetze und -dienste sollten zuletzt die im Rahmen der alten SMP-Konzeption zutage getretenen Harmonisierungsdefizite behoben werden. Darüber hinaus sollte verhindert werden, dass die Flexibilisierung der wettbewerbsfördernden Regulierung zu neuen Fragmentierungen des Binnenmarktes führt.

Die Harmonisierungsdefizite im Rahmen der alten SMP-Konzeption rührten daher, dass die Regelungsdichte in den alten Richtlinien gering war und zugleich keine hinreichenden Koordinations- bzw. Kooperationsmechanismen vorgesehen waren, die die materiell unzureichende Regelungsdichte hätten kompensieren können.[996]

a. Materiell-rechtliche Harmonisierungsansätze

Im neuen Rechtsrahmen hat man die materielle Regelungsdichte in den Richtlinien kaum erhöht. In den Art. 9-13 Zugangsrichtlinie sind einige Präzisierungen in Bezug auf das SMP-Regulierungsinstrumentarium eingeführt worden. Im Übrigen ist jedoch eher weniger geregelt worden als zuvor, wie insbesondere die Normierung der Regulierungsinstrumente auf der Endnutzerebene nach Art. 17 Universaldienstrichtlinie zeigt. Dies war jedoch nicht anders zu erwarten, denn eine größere Regelungsdichte in den Richtlinien selbst hätte das Ziel der Flexibilisierung der Regulierungsinterventionsmöglichkeiten für die NRB konterkariert.[997]

---

995 Vgl. so *Schütz/ Attendorn*, Beilage MMR 4/2002, 1, 5.

996 Vgl. dazu oben Teil 4, A.II. und V.

997 Wenn *Beese/ Merkt*, MMR 2000, 532, 535 dem gemeinschaftlichen Gesetzgeber vorwerfen, er habe es versäumt, zentrale Fragen wie die Preiskontrolle (Kostenermittlungsverfahren

Hingegen hat der Gesetzgeber auf andere Weise versucht, eine gewisse materiell-rechtliche Harmonisierung herbeiführen.
So soll die Einführung erprobter, wettbewerbsrechtlicher Konzepte als Regulierungsvoraussetzungen für die SMP-Konzeption sicherstellen, dass in allen Mitgliedstaaten die Regulierungsvoraussetzungen gleich, nämlich entsprechend dem gemeinschaftlichen Kartell- und Wettbewerbsrecht, gehandhabt werden.[998]
So sich die oben aufgezeigte Gefahr einer methodischen Divergenz zwischen der Feststellung von beträchtlicher Marktmacht und einer beherrschender Stellung nicht realisiert und die Marktmachtvermutungsregel nach Art. 14 Abs. 3 Rahmenrichtlinie von den NRB - im Einklang mit der EuGH-Rechtsprechung zu Art. 82 EG - mit Zurückhaltung gehandhabt wird[999] und so die Mitgliedstaaten die Entscheidung des Gemeinschaftsgesetzgebers für eine Gleichsetzung von beträchtlicher Marktmacht und fehlendem wirksamem Wettbewerb akzeptieren,[1000] ist dieser Harmonisierungsansatz durchaus erfolgsversprechend.
Ein weiteren Beitrag zur einer materiell-rechtlichen Harmonisierung sollen die ergänzenden Implementierungsmaßnahmen („soft law“ Maßnahmen) der Kommission leisten. Die wichtigste dieser Maßnahmen ist die Märkte-Empfehlung, in der die Kriterien für die Auswahl potentiell regulierungsbedürftiger Märkte vorgegeben werden. Trotz der grundsätzlichen rechtlichen Unverbindlichkeit der Empfehlung müsste von dieser tatsächlich eine Harmonisierungswirkung ausgehen, da die NRB mit einem Veto der Kommission nach Art. 7 Abs. 4 a) Rahmenrichtlinie rechnen müssen, wenn sie Märkte abgrenzen und auswählen, die den Kommissionskriterien nicht entsprechen. Eine weitere wichtige materiell-rechtlich harmonisierende Maßnahme stellen die SMP-Leitlinien der Kommission dar. Auch diese müssten - wegen der Gefahr des Vetos nach Art. 7 Abs. 4 b) Rahmenrichtlinie - in Bezug auf die Beurteilung beträchtlicher Marktmacht durch die NRB eine effektive harmonisierende Wirkung entfalten.[1001]

b. Harmonisierung durch Kontroll- und Kooperationsmechanismen

Abgesehen von den genannten materiell-rechtlichen Harmonisierungsansätzen sollte die harmonisierte Anwendung der neuen SMP-Konzeption in erster Linie durch die neuen, im Rechtsrahmen vorgesehenen Koordinations- und Kontrollinstrumente sichergestellt werden.

---

und Entgeltregulierung) wirklich zu harmonisieren, so übersehen sie, dass eine solche verstärkte materiell-rechtliche Harmonisierung mit dem Flexibilisierungsziel in Konflikt geraten wäre.

998 *Schütz/ Attendorn*, Beilage MMR 4/2002, 1, 5; *Rothmüller/ Ruhle*, MR 2001, 333, 341.

999 Vgl. oben Teil 7, A.I.2.a. und Teil 7, A.I.2.b.cc.

1000 Vgl. zur Gefahr der Nichtakzeptanz oben Teil 7, A.II.

1001 Ähnlich *Rothmüller/ Ruhle*, MR 2001, 333, 341.

Als zentrales Instrument war dabei das Konsultationsverfahren nach Art. 7 Abs. 3 Rahmenrichtlinie vorgesehen. So wie das Konsultationsverfahren zunächst von der Kommission ihrem Richtlinienvorschlag konzipiert worden war, hätte es wohl auch tatsächlich eine harmonisierte Anwendung der gesamten SMP-Konzeption sicherstellen können. Wie im Rahmen der Analyse der Ausgestaltungsprobleme aufgezeigt,[1002] gilt dies für die nun in der Rahmenrichtlinie normierte Verfahrensversion dagegen nicht. Das in Art. 7 Abs. 4 Rahmenrichtlinie vorgesehene Vetorecht ermöglicht es der Kommission lediglich, eine harmonisierte Handhabung der sachlichen Marktabgrenzung und -auswahl sowie der Feststellung von beträchtlicher Marktmacht sicherzustellen. Hingegen ist kein Mechanismus vorgesehen, der eine harmonisierte Handhabung des SMP-Regulierungsinstrumentariums sicherstellen kann.[1003] Weder hat die Kommission ein Vetorecht in Bezug auf Auswahl und Ausgestaltung der SMP-Regulierungsanordnungen, noch existiert ein Mechanismus mittels dessen sich die NRB verbindlich auf eine bestimmte Art und Weise der Handhabung von Regulierungsinstrumenten einigen könnten. Mithin fehlt es in Bezug auf das Auswahl- und Ausgestaltungsermessen der NRB an adäquaten Harmonisierungsinstrumenten, obwohl dies angesichts des erheblichen neueingeführten Entscheidungsspielraums für die NRB besonders nötig gewesen wäre.[1004]

Auch die zwei neben Art. 7 Abs. 3-5 Rahmenrichtlinie vorgesehenen Koordinationsmechanismen können das aufgezeigte verfahrensrechtliche Harmonisierungsdefizit nicht ausgleichen. Sowohl in Art. 7 Abs. 2 Rahmenrichtlinie als auch in Art. 19 Abs. 1 Rahmenrichtlinie fehlt es - wie oben dargelegt[1005] - an der Möglichkeit, eine harmonisierte Handhabung des SMP-Regulierungsinstrumentariums erforderlichenfalls verbindlich vorzugeben bzw. festzulegen.

c. Fazit

Im Ergebnis kann festgehalten werden, dass der Gemeinschaftsgesetzgeber bewusst darauf verzichtet hat, im Rechtsrahmen selbst eine - über die Einführung wettbewerbsrechtlicher Eingriffsvoraussetzungen hinausgehende - materiellrechtliche Harmonisierung vorzunehmen. Angesichts des Ziels der Flexibilisierung der Regulierungsinterventionsmöglichkeiten für die NRB war dies auch durchaus gerechtfertigt. Dieser Verzicht hätte jedoch - um tatsächlich die Konsolidierung des Binnenmarktes für Kommunikationsnetze und -dienste voranzutreiben - durch funktionstaugliche Koordinations- bzw. Kontrollmechanismen kompensiert werden müssen. In Bezug auf die Regulierungsvoraussetzungen - also die Marktabgrenzung und -auswahl sowie die Feststellung beträchtlicher

---

[1002] Vgl. oben in Teil 7, A.III.2.b.
[1003] Vgl. oben Teil 7, A.III.2.b.
[1004] *Nikolinakos*, ECLR 2001, 93, 99.
[1005] Vgl. dazu oben Teil 7, A.III.2.b.

Marktmacht - dürfte eine kohärente Handhabung durch die Kommission auch sicherzustellen sein. Sie erlässt Implementierungsmaßnahmen und verfügt über ein Vetorecht, mit dem sie eine harmonisierte Handhabung erzwingen kann. Hingegen hat die Beschränkung des Anwendungsbereichs des Vetorechts der Kommission dazu geführt, dass in Bezug auf das Auswahl- und Ausgestaltungsermessen der NRB bei der Anordnung von SMP-Pflichten kein verbindliches Harmonisierungsinstrument existiert. Da den NRB gerade hier ein weiter Entscheidungsspielraum eingeräumt worden ist, hätte es unter dem Gesichtspunkt der Binnenmarktskonsolidierung eines solchen Mechanismus dort indes zwingend bedurft.

Im Ergebnis stellt der neue Rechtsrahmen an dieser zentralen Stelle der SMP-Konzeption eine harmonisierte Handhabung der gemeinschaftsrechtlichen Vorgaben somit nicht sicher.

5. Ergebnis der Bewertung

Bei der Ausgestaltung der neuen SMP-Konzeption sind insbesondere die erste und die dritte politische Zielvorgabe erreicht worden. Es sind geeignete Mechanismen geschaffen worden, um ein optimales Maß an Regulierung sicherzustellen, also die weiterhin erforderliche wettbewerbsfördernde Regulierung zu ermöglichen und überflüssige Regulierung abzubauen. Des Weiteren ist es dem gemeinschaftlichen Gesetzgeber auch gelungen, die SMP-Konzeption technologieneutral auszugestalten.

Nicht vollständig verwirklicht wurde die Zielsetzung sicherzustellen, dass beibehaltene Regulierung effektiv gehandhabt wird. Zwar dürfte der neue Rechtsrahmen den NRB ein hinreichendes Maß an Flexibilität für die Regulierungsintervention zu Verfügung stellen. Auch der Teilaspekt marktnaher Regulierungsentscheidungen ist - trotz der aufgezeigten Kompromisse zugunsten einer effektiveren Binnenmarktsförderung - weitestgehend erreicht worden. Hingegen ist zu befürchten, dass der Rechtrahmen zügige Regulierungsentscheidungen nicht immer sicherstellen kann. Dies dürfte insbesondere für den Beginn der Implementierungszeit des neuen Rechtsrahmens gelten.

Nur unzureichend verwirklicht worden ist hingegen zum einen die Zielsetzung, für die Marktteilnehmer hinreichende Rechtssicherheit zu garantieren. Dies dürfte ein bewusstes Tribut des Gemeinschaftsgesetzgebers gewesen sein, um den NRB ein hohes Maß an Regulierungsflexibilität einzuräumen. Unbefriedigend ist die Ausgestaltung mit Blick auf die Zielsetzung, innerhalb der SMP-Konzeption einen Beitrag zur Konsolidierung des Binnenmarktes zu leisten. Zwar wurden in Bezug auf die Harmonisierung der Regulierungsvoraussetzungen einige Verbesserungen im Vergleich zum alten Rechtsrahmen erreicht. Hingegen dürfte sich die Situation in Bezug auf das SMP-Pflichten-Regime eher verschlechtert haben. Dies resultiert daraus, dass den NRB ein umfassender Entscheidungsspielraum für die Auswahl und Ausgestaltung des SMP-Regulierungsinstrumentariums eingeräumt worden ist, ohne zugleich hinreichende Mechanismen zur harmonisierten Handhabung dieses Entscheidungsspielraums zu schaffen.

Zusammenfassend kann gesagt werden, dass der Gemeinschaftsgesetzgeber zwar nicht alle, jedoch - anders als im Ordnungsmodell 4 - zumindest die Mehrzahl der politischen Zielsetzungen mit der Ausgestaltung der SMP-Konzeption verwirklicht hat.

C. Gegenüberstellung: Reformbedarf i.R. der alten SMP-Konzeption und neue SMP-Konzeption

Abschließend wird evaluiert, ob mit der Ausgestaltung der neuen SMP-Konzeption der - in Teil 4, D.II. herausgearbeitete - Reformbedarf der alten SMP-Konzeption behoben worden ist.

Als Erstes wurde festgestellt, dass angesichts des Phänomens der Konvergenz sowie des verstärkten Angebots technologieübergreifender Dienste eine technologieneutrale rechtliche Ausgestaltung der asymmetrischen Regulierungskonzeption erforderlich geworden war.
Die Technologieneutralität der SMP-Konzeption wurde im vorigen Kapitel bereits überprüft und bejaht.[1006] Zum Teil wird unter den Begriff der Konvergenz allerdings auch das Zusammenwachsen der übertragenen Inhalte gefasst.[1007] Dieser Form der Konvergenz konnte mit dem neuen Rechtsrahmen nicht Rechnung getragen werden, weil der sachliche Regelungsbereich auf Übertragungsinfrastrukturen und -dienste begrenzt worden ist. Dem Phänomen der Konvergenz von Inhalten muss mithin mittels separater Rechtsinstrumente Rechnung getragen werden.

Als Zweites wurde erheblicher Reformbedarf in Bezug auf das alte SMP-Kriterium aufgezeigt. Das zukünftige Regulierungsanknüpfungskriterium sollte wettbewerbstheoretisch fundiert sein, um zu verhindern, dass sich asymmetrische Regulierung in Zukunft selbst wettbewerbsverzerrend auswirkt. Es sollte flexibel genug sein, um dort - aber auch wirklich nur dort - Regulierung zu ermöglichen, wo die Marktkräfte (noch) nicht ausreichen, um funktionsfähigen Wettbewerb sicherzustellen.

[1006] Vgl. Teil 7, B.II.3.
[1007] Vgl. z.B. *Schütz/ Attendorn*, Beilage MMR 4/2002, 1, 5.

Im neuen Rechtsrahmen ist das Kriterium der beträchtlichen Marktmacht zwar begrifflich beibehalten, jedoch inhaltlich komplett reformiert worden. Durch die Gleichstellung mit dem Kriterium der marktbeherrschenden Stellung aus dem allgemeinen Kartell- und Wettbewerbsrecht wird die asymmetrische Regulierung in Zukunft auf einem praxiserprobten Kriterium aufbauen. Es besteht jedoch die Gefahr, dass das Kriterium der beträchtlichen Marktmacht in methodischer Hinsicht bzw. durch die Einführung der Marktmachtvermutungsregel i.S.v. Art. 14 Abs. 3 Rahmenrichtlinie anders als das Kriterium der beherrschenden Stellung gehandhabt werden wird.[1008]
Die eingeforderte Flexibilität ist durch die Kombination von neuem SMP-Kriterium und Marktdefinitions- und Marktanalyseverfahren herbeigeführt worden. Daraus resultiert eine Regulierungsbedarfsprüfung, die asymmetrische Regulierung nur noch in Abhängigkeit von nachgewiesenem tatsächlichen Regulierungsbedarf auf dem relevanten Markt zulässt.[1009]

Als Drittes wurden Reformforderungen hinsichtlich des SMP-Pflichtenregimes erhoben: Es sollte ein adäquates neues Zugangs- und Zusammenschaltungsregime geschaffen, das Alles-oder-Nichts-Prinzip bei der Auferlegung von SMP-Pflichten abgeschafft und die harmonisierte Handhabung des SMP-Pflichtenregimes in den Mitgliedstaaten sichergestellt werden.
Durch die Einführung des Art. 12 Zugangsrichtlinie und die neue erweiterte Definition des Zugangsbegriffs in Art. 2 a) Zugangsrichtlinie wurde ein umfassendes neues Zugangsregime geschaffen, das es den NRB ermöglicht, flexibel und in maßgeschneiderter Form auf bestimmte Zugangs- und Zusammenschaltungsprobleme einzugehen.[1010] Das Alles-oder-Nichts-Prinzip wurde vollständig aufgegeben. Statt dessen wurde das Tool-Box-Prinzip eingeführt, das die NRB im Rahmen des Regulierungsanordnungsverfahrens zur Anwendung bringen.[1011] Eine harmonisierte Handhabung des SMP-Pflichtenregimes durch alle Mitgliedstaaten wird hingegen auch durch den neuen Rechtsrahmen nicht sichergestellt. Wie oben aufgezeigt, ist dies auf die fehlende materiell-rechtliche Regelungsdichte und die unzureichenden Koordinations- und Kontrollmechanismen zurückzuführen.[1012] Zur Sicherstellung einer harmonisierte Handhabung der Regulierungsinstrumente wäre insbesondere die Einführung eines diesbezüglichen Vetorechts der Kommission erforderlich gewesen.[1013]

[1008] Vgl. dazu Teil 7, A.I.2.a. und Teil 7, A.I.2.b.cc.
[1009] Vgl. dazu Teil 7, B.II.1.
[1010] Zum neuen erweiterten Zugangsregime vgl. Teil 5, D.III.4.b.bb. (1).
[1011] Vgl. oben Teil 5, D.II.2.b.
[1012] Vgl. oben Teil 7, A.III.2.a. und b.
[1013] Vgl. dazu oben Teil 7, B.II.4.b.

Die vierte und letzte Forderung betraf die Schaffung funktionstüchtiger Kooperations- und Koordinationsmechanismen, um die Harmonisierungsdefizite der Vergangenheit in Zukunft zu vermeiden bzw. zu beheben und um die Auswirkungen der neueingeführten Flexibilisierung der asymmetrischen Regulierung zu kompensieren.
Im neuen Rechtsrahmen wurden eine Reihe von Kooperations- und Koordinationsverfahren und -instrumente geschaffen. Insbesondere in Bezug auf die Regulierungsvoraussetzungen ist eine weitestgehend harmonisierte Handhabung in Zukunft wohl zu erwarten. Ausgerechnet in Bezug auf die Anordnung von SMP-Pflichten fehlt es jedoch an adäquaten Koordinations- und Kontrollinstrumenten. Dies liegt an dem fehlenden Vetorecht der Kommission sowie an der fehlenden Verbindlichkeit der anderer Harmonisierungsverfahren bzw. -instrumente.[1014]

Im Ergebnis kann - in Parallele zu dem Ergebnis der Gegenüberstellung von politischen Zielsetzungen und rechtlicher Ausgestaltung - festgestellt werden, dass die neue SMP-Konzeption dem in Teil 4, D.II. herausgearbeiteten Reformbedarf zu weiten Teilen gerecht geworden ist. Das größte Defizit besteht wiederum in der Unzulänglichkeit der Instrumente zur harmonisierten Handhabung des SMP-Regulierungsinstrumentariums.

D. Zusammenfassung von Analyse und Bewertung

Es zeichnen sich eine Reihe von Ausgestaltungsproblemen innerhalb der neuen SMP-Konzeption ab. Es handelt sich dabei um die - eine Gleichschaltung von beträchtlicher Marktmacht und marktbeherrschender Stellung nicht vollends sicherstellende - Ausgestaltung des SMP-Kriteriums, um die rechtstechnisch misslungene Gleichsetzung von beträchtlicher Marktmacht und fehlendem wirksamen Wettbewerb, um die unzureichenden materiell-rechtlichen und verfahrensrechtlichen Vorkehrungen für eine harmonisierte Handhabung des SMP-Regulierungsinstrumentariums, um die unklare Ausgestaltung des sachlichen Anwendungsbereichs des Anhörungs- bzw. allgemeinen Konsultationsverfahrens sowie um die verfahrensbedingte Verzögerungsgefahr für Regulierungsentscheidungen.

Die Gegenüberstellung von politischen Zielsetzungen und tatsächlicher Ausgestaltung der SMP-Konzeption hat gezeigt, dass der Gemeinschaftsgesetzgeber den Zielsetzungen größtenteils gerecht geworden ist. Es ist gelungen, die rechtstechnischen Voraussetzungen für ein optimales Maß an Regulierung zu schaffen. Die zukünftige asymmetrische Regulierung wird darüber hinaus in weitestgehend effektiver Weise gehandhabt werden können: Neben der Flexibi-

[1014] Vgl. dazu Teil 7, A.III.2.a. und b. sowie Teil 7, B.II.4.

lisierung der Regulierungsinterventionsmöglichkeiten für die NRB ist - zumindest grundsätzlich - die Marktnähe der Regulierungsentscheidungen sichergestellt. Darüber hinaus ist es gelungen, die neue SMP-Konzeption technologieneutral auszugestalten. Nicht vollständig erreicht wurden die Ziele, stets zügige Regulierungsentscheidungen sicherzustellen und trotz der Flexibilisierung der Regulierung ein hohes Maß an Rechtssicherheit für den Sektor zu garantieren. Unzureichend sind die binnenmarktfördernden bzw. -sichernden Mechanismen der neuen SMP-Konzeption. Durch eine sogar erweiterte Gefahr divergierender Regulierungsanordnungen droht eine weitere Fragmentierung des Binnenmarktes.

Die Gegenüberstellung der neuen SMP-Konzeption mit den Reformforderungen aus Teil 4, D.II. hat zu ähnlichen Ergebnissen wie die Gegenüberstellung von Zielen und Ausgestaltung geführt: Die meisten aufgezeigten Defizite der alten SMP-Konzeption konnten behoben werden. Eine Ausnahme gilt für Sicherstellung einer kohärenten Handhabung des SMP-Regulierungsinstrumentariums.

Teil 8: Schluss

Die wichtigsten Untersuchungspunkte und Ergebnisse der sechs Hauptteile werden nachfolgend zusammengefasst (Kapitel A). Sodann folgt ein Ausblick auf die zur Umsetzung der neuen SMP-Konzeption erforderlichen Schritte in den Mitgliedstaaten der EU (Kapitel B).

A. Zusammenfassung

Das europäische Telekommunikationsrecht, das mittlerweile zu einem Recht der elektronischen Kommunikationsnetze und -dienste erweitert wurde, ist schrittweise im Kontext der fünf europäischen Ordnungsmodelle 1 bis 5 entstanden. Für das Verständnis der Entstehung der alten SMP-Konzeption wichtig ist zunächst das Ordnungsmodell 2 (Umsetzungsfristende 31.12.1990). Es umfasste eine Teilliberalisierung des Telekommunikationssektors, und zwar des Endgerätemarktes und der Telekommunikationsdienste mit Ausnahme des Sprachtelefondienstes. Flankiert wurde die Teilliberalisierung durch Mindestangebotsvorgaben und harmonisierte Regeln über den diskriminierungsfreien offenen Zugang zu weiterhin im Monopolregime geführten Infrastrukturen und Diensten. Entstanden ist die alte SMP-Konzeption im Rahmen der Anpassung der Regeln über den offenen Netzzugang für das Ordnungsmodell 4 (Umsetzungsfristende 31.12.1997 bzw. 30.6.1998). Das Ordnungsmodell 4 implizierte die vollständige Liberalisierung des Telekommunikationssektors. Flankiert wurde Letztere durch die Schaffung eines auf den Regeln für den offenen Netzzugang aufbauenden, die alte SMP-Konzeption umfassenden gemeinschaftlichen Rechtsrahmens zur harmonisierten Re-Regulierung des Telekommunikationssektors. Die neue SMP-Konzeption ist für das Ordnungsmodell 5 (Umsetzungsfristende 24.7.2003) konzipiert worden. Es ist das zweite Ordnungsmodell für einen vollständig liberalisierten Sektor und berücksichtigt die verstärkt wettbewerblich funktionierenden Marktstrukturen. Es ist das erste Modell, das nicht nur für den Telekommunikationssektor, sondern für alle elektronischen Kommunikationsnetze und Übertragungsdienste entworfen worden ist.

Die - bei Übergang vom Ordnungsmodell 2 zum Ordnungsmodell 4 entstandene - alte SMP-Konzeption ist Teil der gemeinschaftlichen ONP-Harmonisierungsmaßnahmen, die zur rechtlichen Ausgestaltung des vollständig liberalisierten Telekommunikationssektors ergangen sind. Es handelt sich bei der alten SMP-Konzeption um die europarechtlichen Vorgaben für die asymmetrische, in erster Linie wettbewerbsfördernde bzw. -sichernde Regulierung. Die Konzeption enthält darüber hinaus aber auch nutzerschützende und binnenmarktfördernde Komponenten. Die SMP-Konzeption ist hauptsächlich in Richtlinien normiert und musste von den Mitgliedstaaten in nationales Recht umgesetzt werden, bevor sie von den mitgliedstaatlichen Behörden angewendet werden konnte. Der Umsetzungszeitraum endete am 31.12.1997, mithin mussten die - umgesetzten - Regulierungsvorgaben der alten SMP-Konzeption spätestens ab dem 1.1.1998 in den Mitgliedstaaten angewendet werden. Die neue, im Rechtsrahmen des Ordnungsmodells 5 normierte SMP-Konzeption wird die alte SMP-Konzeption ersetzen. Die Mitgliedstaaten müssen die umgesetzten Vorgaben der alten SMP-Konzeption noch solange weiter anwenden, wie die Vorgaben für die neue Konzeption noch nicht umgesetzt bzw. noch nicht mittels der einschlägigen Verfahren tatsächlich vollzogen worden sind.

Regulierungsadressaten i.S. der alten SMP-Konzeption sind Unternehmen mit beträchtlicher Marktmacht. Nach den gemeinschaftsrechtlichen Vorgaben hat beträchtliche Marktmacht auf der Grundlage von den in den drei speziellen ONP-Richtlinien[1015] vorabbestimmten relevanten Märkten ermittelt zu werden, wobei es sich dabei nicht um nach wettbewerbsrechtlichen Methoden abgegrenzte Märkte, sondern vielmehr um am damaligen Angebot ausgerichtete Marktsektoren handelt.[1016] Auf diesen vorabbestimmten Märkten muss beträchtliche Marktmacht von den nationalen Regulierungsbehörden (NRB) grundsätzlich auf der Basis einer 25%-Marktanteils-Vermutungsregel festgestellt werden. Die 25%-Regel ist als widerlegbare Vermutung ausgestaltet, so dass die NRB davon - in gemeinschaftsrechtlich nicht abschließend vorgegebener Form - abweichen können. Unternehmen mit beträchtlicher Marktmacht müssen konstitutiv durch die NRB bestimmt werden, bevor das asymmetrische Pflichtenregime auf sie anwendbar ist.
Diese SMP-Unternehmen trifft - i.S. eines Alles-oder-Nichts-Prinzips - im Regelfall das gesamte, im Gemeinschaftsrecht vorgesehene SMP-Pflichtenregime. Dieses Regime besteht aus einer Vielzahl von Pflichten, die in den drei - z.T. nachträglich modifizierten - speziellen ONP-Richtlinien und der TAL-Verordnung normiert sind. Es handelt sich um Informationspflichten, Leistungs- und Leistungsnebenpflichten sowie Tariffierungs- und Kostenrechnungspflichten. Das SMP-Pflichtenregime ist dabei äußerst komplex und in vielerlei Hinsicht nicht kohärent.
Die Vollzugskompetenz für die - in nationales Recht umgesetzte - alte SMP-Konzeption liegt bei den Mitgliedstaaten. Dort nehmen in erster Linie die NRB

[1015] Zur Erinnerung: Es handelt sich um die ONP-Zusammenschaltungsrichtlinie, die ONP-Sprachtelefonrichtlinie II und die ONP-Mietleitungsrichtlinie in der Fassung der ONP-Änderungsrichtlinie.
[1016] Zur Erinnerung: Es handelt sich um die Märkte für (1) öffentliche Sprachtelefondienste mittels selbst betriebener fester Telekommunikationsnetze, (2) das öffentliche Angebot von Mietleitungen, (3) öffentliche mobile Sprachtelefondienste mittels selbst betriebener Mobilkommunikationsnetze und (4) Zusammenschaltungsdienstleistungen.

die mit der Ausführung der SMP-Konzeption verbundenen Aufgaben wahr. Nach den gemeinschaftsrechtlichen Vorgaben mussten ihnen dafür einige spezielle Befugnisse verliehen werden. Die Befugnisse können den fünf Aufgabenbereichen der Prüfung der Regulierungsvoraussetzungen, der regulatorischen Ausgestaltung, der Informations- und Datenerhebung, der Streitbeilegung und der Informationsveröffentlichung zugeordnet werden. Den europäischen Organen - dabei insbesondere der Europäischen Kommission - kommen bei der Ausführung der SMP-Konzeption lediglich Hilfs- und Kontrollfunktionen zu. Generell lässt sich sagen, dass die gemeinschaftsrechtlichen institutionellen und verfahrensrechtlichen Vorgaben für Ausführung der alten SMP-Konzeption nicht sehr umfangreich sind.

Die alte SMP-Konzeption weist sechs zentrale Ausgestaltungsprobleme auf, und zwar die Wahl des wettbewerbstheoretisch nicht fundierten SMP-Kriteriums als Anknüpfungspunkt für die asymmetrische wettbewerbsfördernde und -sichernde Regulierung, die Inflexibilität des Regulierungsrahmens sowie das Fehlen adäquater Abbaumechanismen für die wettbewerbsfördernde und -sichernde Regulierung, die unzureichende Harmonisierungswirkung der Vorgaben für das SMP-Kriterium und das SMP-Pflichtenregime sowie das inadäquate Zugangs- und Zusammenschaltungsregime.
Als die alte SMP-Konzeption vom Gemeinschaftsgesetzgeber ausgestaltet wurde, sollten insbesondere drei politische Zielsetzungen verwirklicht werden: Der Rechtsrahmen sollte zu größtmöglicher Rechtssicherheit führen, er sollte wettbewerbsfördernde und -sichernde Regulierung im erforderlichen Umfang ermöglichen und die Regelungsintensität auf Gemeinschaftsebene sollte auf das für die Binnenmarktsverwirklichung erforderliche Maß beschränkt bleiben. Die Ausgestaltung der alten SMP-Konzeption ist keiner der Zielsetzungen vollständig gerecht geworden. Rechtssicherheit wurde zwar in Form einer Kontinuität der rechtlichen Rahmenbedingungen sowie der Stabilität der Regulierung verwirklicht. Das zentrale Ziel, klare und vorhersehbare Regulierungsentscheidungen sicherzustellen, wurde jedoch verfehlt. Die erste Komponente des zweiten Ziels, aktive Wettbewerbsförderung durch Regulierung zu ermöglichen, wurde erreicht. Hingegen gelang es nicht, sicherzustellen, dass wettbewerbsfördernde und -sichernde Regulierung ggf. auf das geeignete und erforderliche Maß reduziert wird. Das dritte Ziel, eine für die Binnenmarktsverwirklichung hinreichende Harmonisierung der rechtlichen und regulatorischen Rahmenbedingungen herbeizuführen, ist ebenfalls in großen Teilen verfehlt worden. Zudem ist die alte SMP-Konzeption so ausgestaltet worden, dass sie weder den mit der technischen Konvergenz noch mit der verstärkten Entstehung von Wettbewerb einhergehenden Herausforderungen gewachsen war.

Die neue SMP-Konzeption ist Bestandteil des neuen gemeinschaftlichen Harmonisierungsrechtsrahmens für das Ordnungsmodell 5. Sie stellt eine reformierte Version der alten SMP-Konzeption dar. Die zentralen Neuerungen bestehen in der Annäherung der SMP-Regulierungsvoraussetzungen an die Eingriffsvoraussetzungen aus dem allgemeinen Kartell- und Wettbewerbsrecht, der flexibilisierten Ausgestaltungsmöglichkeiten für die Regulierung selbst sowie der gesteigerten Interaktionspflichten zwischen NRB verschiedener Mitgliedstaaten und zwischen NRB und Kommission zum Zwecke der Förderung bzw. Sicherung des Binnenmarktes für elektronische Kommunikationsnetze und -dienste. Legislatorisch umgesetzt werden müssen die Vorgaben für die neue SMP-Konzeption bis spätestens 24.7.2003, tatsächliche Wirksamkeit wird die neue Konzeption jedoch erst mit Abschluss der ersten Regulierungsbedarfsprüfung entfalten.

Auch nach der neuen SMP-Konzeption sind Unternehmen mit beträchtlicher Marktmacht die Adressaten der gemeinschaftsrechtlich vorgeschriebenen, in erster Linie wettbewerbsfördernden und -sichernden asymmetrischen Regulierung. Der Bestimmung der SMP-Unternehmen geht nach dem neuen Rechtsrahmen jedoch eine komplexe Regulierungsbedarfsprüfung voraus: Ein auf einem Markt für elektronische Kommunikationsprodukte und -dienste tätiges Unternehmen kann in Zukunft nur dann asymmetrisch reguliert werden, wenn der betreffende Markt aufgrund des Marktdefinitions- und des Marktanalyseverfahren als regulierungsbedürftig eingestuft worden ist und wenn dem betreffenden Unternehmen von der NRB beträchtliche Marktmacht auf diesem Markt attestiert worden ist. Das Marktdefinitionsverfahren dient dazu, diejenigen Märkte für elektronische Kommunikationsprodukte und -dienste abzugrenzen und auszuwählen, die potentiell regulierungsbedürftig sind. Die Abgrenzung der Märkte erfolgt nach den Grundsätzen des allgemeinen Kartell- und Wettbewerbsrechts und impliziert mithin jeweils eine sachliche und geographische Marktbestimmung. Grundsätzlich wird die sachliche Marktabgrenzung von der Kommission im Rahmen ihrer Märkte-Empfehlung und die geographische Marktabgrenzung von den NRB vorgenommen. Die sachliche Marktabgrenzung impliziert die Entscheidung, welche Märkte für potentiell regulierungsbedürftig erachtet werden. Die Kommission hat dafür in ihrer Märkte-Empfehlung drei Kriterien entwickelt, und zwar das Bestehen beträchtlicher, nicht lediglich vorübergehender Marktzugangshindernisse, das Fehlen von Strukturen, die eine spontane Überwindung dieser Hindernisse erwarten lassen und zuletzt das Nichtausreichen des allgemeinen Kartell- und Wettbewerbsrechts zur Behandlung des diagnostizierten Marktversagens. Das Marktanalyseverfahren dient dazu, diejenigen zuvor selektierten Märkte zu bestimmen, die nach den nationalen wettbewerblichen Gegebenheiten tatsächlich der ex ante Regulierung bedürfen sowie auf diesen Märkten den bzw. die Regulierungsadressaten zu bestimmen. Als regulierungsbedürftig gilt ein Markt nach dem Gemeinschaftsrecht, wenn dort kein wirksamer Wettbewerb besteht, dass heißt wenn ein oder mehrere Unternehmen über beträchtliche Marktmacht auf dem betreffenden Markt verfügen. Beträchtliche Marktmacht kann sich aus der marktbeherrschenden Stellung eines einzelnen Unternehmens, aus der kollektiven beherrschenden Stellung von mehreren Unternehmen oder aufgrund der aus einem anderen Markt übertragenen Marktmacht eines Unternehmens ergeben. Wird die Regulierungsbedürftigkeit eines Marktes festgesellt, so ist das bzw. sind die Unternehmen mit beträchtlicher Marktmacht auf diesem Markt formell als SMP-Unternehmen zu bestimmen.

Den NRB ist in der Zugangs- und der Universaldienstrichtlinie ein umfangreiches materielles Regulierungsinstrumentarium zur Verfügung gestellt worden, über dessen Anwendung sie im Rahmen des Regulierungsanordnungsverfahrens in sehr flexibler Weise entscheiden können. Das Regulierungsanordnungsverfahren kann zwei verschiedene Verläufe nehmen: Wurde der jeweilige Markt im Marktanalyseverfahren als regulierungsbedürftig eingestuft, so müssen bestehende Pflichten aufgehoben und neue dürfen nicht auferlegt werden. Wurde der Markt als regulierungsbedürftig evaluiert, so können SMP-Pflichten aufgehoben, aufrechterhalten, modifiziert und neu angeordnet werden. Den NRB steht dabei ein weites Interventions- und Auswahlermessen zu, das grundsätzlich lediglich durch den - an den Regulierungszielen aus Art. 8 Rahmenrichtlinie auszurichtenden - Verhältnismäßigkeitsgrundsatz beschränkt wird. Das materielle SMP-Regulierungsinstrumentarium, das den NRB in Form einer Tool-Box zur Verfügung gestellt worden ist, besteht aus Instrumenten für die Vorleistungs- und für die Endnutzerebene. Das Instrumentarium für die Vorleistungsebene besteht zuförderst aus Zugangs- und Zusammenschaltungspflichten und der Zugangsentgeltregulierung. Die Instrumente auf der Endnutzerebene - die zukünftig nur noch subsidiär im Falle unzureichender Regulierungsresultate auf der Vorleistungsebene eingesetzt werden dürfen - bestehen aus Entgeltregulierung und der Regulierung sonstiger Leistungsmodalitäten. Daneben wurde das Mietleitungs- und das Betreibervorwahlregime aus dem alten Rechtsrahmen übernommen.

Die Kompetenz für die Ausführung der in nationales Recht umgesetzten neuen SMP-Konzeption liegt wiederum bei den Mitgliedstaaten. Die - im Wesentlichen gleich gebliebenen - Aufgaben bei der Regulierung von SMP-Unternehmen werden weiterhin von den NRB wahrgenommen. Die Europäische Kommission nimmt auch künftig primär Hilfs- und Kontrollfunktionen gegenüber den NRB wahr. Durch den neuen Rechtsrahmen sind jedoch die Befugnisse der NRB in qualitativer Hinsicht stark verändert worden. Insbesondere obliegt es ihnen, die Pflichten für SMP-Unternehmen in weitgehend autonomer Weise auszugestalten. Außerdem sind die gemeinschaftsrechtlichen Vorgaben für die Befugnisse der NRB zur Durchsetzung getroffener Regulierungsanordnungen präzisiert worden. Zuletzt ist mit den Vorgaben zum öffentlichen Anhörungsverfahren, das die NRB nach Art. 6 Rahmenrichtlinie in Bezug auf alle marktbedeutsamen Maßnahmen durchführen müssen, eine wichtige Grundlage für eine transparentere und marktnahe Regulierungspraxis geschaffen worden. Darüber hinaus sind die gemeinschaftsrechtlichen Vorgaben für das Zusammenwirken der an der Ausführung der SMP-Regulierungsvorschriften beteiligten Organe ausgedehnt worden. Dabei ist insbesondere das neue Konsultationsverfahren nach Art. 7 Rahmenrichtlinie von Bedeutung: Die NRB anderer Mitgliedstaaten und die Kommission können zukünftig zu allen zentralen SMP-Regulierungsentscheidungen einer NRB mit zwischenstaatlicher Relevanz Stellungnahmen abgeben, um präventiv zu verhindern, dass aus nationalstaatlichen Regulierungsmaßnahmen Hemmnisse für den Binnenmarkt entstehen. Der Kommission steht des Weiteren ein Vetorecht in Bezug auf von der Märkte-Empfehlung abweichend abgegrenzte Märkte sowie auf die Bewertung beträchtlicher Marktmacht durch die NRB zu. Der neue Rechtsrahmen verpflichtet die NRB darüber hinaus zur pro-aktiven Koordination ihrer Regulierungspraxis.

Für die Arbeit wurden zwei für die legislatorische und administrative Umsetzung der neuen SMP-Konzeption zentrale europarechtliche Fragestellungen ausgewählt und untersucht. Dabei wurden folgende Resultate erzielt:
Das Ermessen, das den NRB durch die Richtlinien hinsichtlich der Auswahl und Ausgestaltung des SMP-Regulierungsinstrumentariums eingeräumt wurde, darf durch die nationalen Gesetzgeber - in Bezug auf einzelne oder alle Regulierungsinstrumente - weder eliminiert noch für den Regelfall ausgeschlossen werden. Die legislative Vorgabe von zwingend bei der Ermessensentscheidung zu berücksichtigenden Gesichtspunkten ist hingegen zulässig.
Als Zweites wurden die europarechtlichen Konsequenzen im Falle eines Verstoßes einer NRB gegen Verfahrensvorschriften aus dem Konsultationsverfahren nach Art. 7 Rahmenrichtlinie untersucht. Als erste mögliche Konsequenz wurde die Zulässigkeit und Begründetheit eines Vertragsverletzungsverfahrens vor dem EuGH nach Art. 226 ff EG geprüft und im Ergebnis in Bezug auf alle unmittelbar anwendbaren Verfahrensvorschriften bejaht. Als zweite mögliche Konsequenz wurde geprüft, ob es eine europarechtliche Pflicht für nationale Gerichte gibt, die unter Verstoß gegen Verfahrensvorschriften zustande gekommenen NRB-Regulierungsmaßnahmen aufzuheben. Unter Auswertung der Rechtsprechung des EuGH zur Konsequenz von Kooperationsverfahrensverstößen durch nationale Organe wurde eine solche Aufhebungspflicht für diejenigen unmittelbar anwendbaren Verfahrensvorschriften aus Art. 7 Rahmenrichtlinie bejaht, die für die Durchführung des Konsultationsverfahrens entweder unabdingbar oder zumindest wesentlich sind.

Im Rahmen der neuen SMP-Konzeption zeichnen sich bereits eine Reihe von Ausgestaltungsproblemen ab, und zwar die - eine Gleichschaltung von beträchtlicher Marktmacht und marktbeherrschender Stellung nicht vollends sicherstellende - Ausgestaltung des SMP-Kriteriums, die rechtstechnisch misslungene Gleichsetzung von beträchtlicher Marktmacht und fehlendem wirksamen Wettbewerb, die unzureichenden materiell-rechtlichen und verfahrensrechtlichen Vorkehrungen für eine harmonisierte Handhabung des SMP-Regulierungsinstrumentariums, die unklare, Rechtsunsicherheit vorprogrammierende Ausgestaltung des sachlichen Anwendungsbereichs des Anhörungs- bzw. allgemeinen Konsultationsverfahrens sowie die verfahrensbedingte Verzögerungsgefahr für Regulierungsentscheidungen.
Bei der Ausgestaltung der neuen SMP-Konzeption sollten vier politische Zielsetzungen verwirklicht werden. Es sollte sichergestellt sein, dass Regulierung im optimalen Maß, also genau in dem für die Wettbewerbsförderung und -sicherung erforderlichen Umfang, ermöglicht wird. Hinsichtlich der ermöglichten Regulierung sollte eine möglichst effektive - sprich flexible, marktnahe, zügige und zugleich Rechtssicherheit bietende - Ausgestaltung sichergestellt werden. Die SMP-Konzeption sollte - wie der gesamte neue Rechtsrahmen - technologieneutral ausgestaltet sein und konzeptionsbedingte Binnenmarkthindernisse sollten abgebaut bzw. für die Zukunft vermieden werden. Der Gemeinschaftsgesetzgeber hat mit der Ausgestaltung der neuen SMP-Konzeption wiederum nicht alle, aber doch wesentlich mehr der gesetzten politischen Ziele verwirklicht als mit der alten SMP-Konzeption. Es ist gelungen, die rechtstechnischen Voraussetzungen für ein optimales Maß an Regulierung zu schaffen. Die zukünftige asymmetrische Regulierung wird darüber hinaus in weitestgehend effektiver Weise gehandhabt werden können: Neben der Flexibilisierung der Regulierungsinterventionsmöglichkeiten für die NRB ist - zumindest grundsätzlich - die Marktnähe der Regulierungsentscheidungen sichergestellt. Darüber hinaus ist es gelungen, die neue SMP-Konzeption technologieneutral auszugestalten. Nicht vollständig erreicht wurden die Ziele, die Zügigkeit von Regulierungsentscheidungen prinzipiell sicherzustellen und trotz der Flexibilisierung der Regulierung ein hohes Maß an Rechtssicherheit für den Sektor zu garantieren. Unzureichend sind - in Bezug auf die Auswahl und Ausgestaltung von Verpflichtungen für SMP-Unternehmen durch die NRB - die im Rechtsrahmen vorgesehenen binnenmarktfördernden bzw. -sichernden Mechanismen.

B. Ausblick auf die Umsetzungserfordernisse

Das neue Richtlinienpaket und damit auch die Vorgaben für die neue SMP-Konzeption müssen von den Mitgliedstaaten der EU bis zum 24.7.2003 adäquat[1017] in ihr jeweiliges nationales Recht umgesetzt werden. Als Abschluss der Arbeit soll deshalb nachfolgend ein Ausblick auf die zur Umsetzung der neuen SMP-Konzeption erforderlichen Schritte gegeben werden. Es würde selbstverständlich den Rahmen dieser Arbeit sprengen, die Umsetzungserfordernisse für jeden - aktuellen und zukünftigen - Mitgliedstaat der EU jeweils im Einzelnen herauszuarbeiten.[1018] Es soll vielmehr ein Überblick über diejenigen Teile der neuen SMP-Konzeption gegeben werden, die sich so signifikant von der alten SMP-Konzeption unterscheiden, dass in all denjenigen Mitgliedstaaten, in denen die alte SMP-Konzeption insoweit ordnungsgemäß umgesetzt worden ist, diesbezüglicher Reform- bzw. Umsetzungsbedarf bestehen dürfte.

I. Umsetzungserfordernisse allgemeiner Art mit Bezug zur SMP-Konzeption

Zu den zentralen Umgestaltungserfordernissen wird es gehören, den sachlichen Anwendungsbereich der in Umsetzung des neuen Richtlinienpakets ergehenden nationalen Rechtsvorschriften auf alle elektronischen Kommunikationsinfrastrukturen und -dienste i.S.v. Art. 2 a), c) und e) Rahmenrichtlinie auszudehnen. Bezogen auf die neue SMP-Konzeption bedeutet dies, dass den NRB die Möglichkeit verliehen werden muss, Marktanalysen und Regulierungsanordnungsverfahren ggf. auch in Bezug auf Fernseh- und Rundfunkinfrastrukturen - inklusive Kabelfernsehnetze -, Satellitennetze und zur Signalübertragung genutzte Stromleitungssysteme und die entsprechenden Übertragungsdienste durchzuführen. Zwar können die Mitgliedstaaten die Aufgaben, die in den Richtlinien den NRB zugewiesen sind, auch in Zukunft verschiedenen nationalen Behörden zuweisen, Art. 3 Abs. 1 und 4 Rahmenrichtlinie. Die Regulierungsaufgaben müssen also nicht zwangsläufig vollständig den unabhängigen Regulierungsbehörden i.e.S. übertragen werden. Wenn jedoch die Prüfung der asymmetrischen Regulierungsvoraussetzungen und die Auferlegung von asymmetrischen Pflichten in Bezug auf nicht zur Telekommunikation gehörende Infrastrukturen und Dienste einer anderen Behörde als den NRB i.e.S. zugewiesen werden sollen, so müssen diese Behörden jeweils auch den strukturellen Anforderungen - insbesondere in Bezug auf die Unabhängigkeit - i.S.v. Art. 3 Abs. 2 ff Rahmenrichtlinie entsprechen.

In den meisten Mitgliedstaaten werden umfassende Erweiterungen bzw. Ergänzungen der nationalen Vorschriften über die Informationseinholung bzw. -weitergabe vorgenommen werden müssen. Im neuen Rechtsrahmen sind überdurch-

[1017] Zu den Anforderungen an eine adäquate Umsetzung von Richtlinien, vgl. Teil 6, A.II.

[1018] Vgl. für einen ersten Überblick über die Umsetzungserfordernisse in Deutschland *Bartosch*, EuZW 2002, 389, 397, *Schütz/ Attendorn*, Beilage MMR 4/2002, 1, 24 ff und *Scherer*, K & R 2002, 273 ff, 329 ff und 385 ff.

schnittlich viele neue Vorgaben in diesem Bereich aufgestellt worden. Von zentraler Bedeutung ist dabei zum einen die den NRB zu übertragene Befugnis, alle zur Durchführung der SMP-Konzeption erforderlichen Informationen - und zwar sowohl für einzelfallbezogene als auch systematische Überprüfungen - von Unternehmen einzuholen.[1019] Ferner wird die umfassende Befugnis zum Informationsaustausch zwischen NRB und nationalen Wettbewerbsbehörden i.S.v. Art. 3 Abs. 5 Rahmenrichtlinie für die meisten Mitgliedstaaten ein Novum darstellen und dementsprechend umgesetzt werden müssen. Daneben werden in den meisten Mitgliedstaaten eine Vielzahl von Informationsübermittlungsbefugnissen der NRB gegenüber der Kommission sowie gegenüber den NRB anderer Mitgliedstaaten normiert werden müssen.[1020]

Auch die Vorgaben für Transparenzvorschriften gegenüber der Öffentlichkeit sind im neuen Rechtsrahmen überproportional erweitert worden. Insbesondere die Pflicht, für einen großen Teil der für die SMP-Konzeption relevanten Maßnahmen eine öffentliche Anhörung gemäß Art. 6 Rahmenrichtlinie durchzuführen, existiert im alten Rechtsrahmen nicht und dürfte für die Mehrzahl der Mitgliedstaaten ein umsetzungsbedürftiges Novum darstellen. Desgleichen werden auch die umfassenden Veröffentlichungspflichten für die NRB z.B. nach Art. 5 Abs. 4 Rahmenrichtlinie, Art. 24 Rahmenrichtlinie, Art. 13 Abs. 4 Zugangsrichtlinie und Art. 15 Abs. 1 Zugangsrichtlinie in vielen Mitgliedstaaten neu eingeführt werden müssen.

Völlig ohne Äquivalent im alten Rechtsrahmen ist das Konsultationsverfahren i.S.v. Art. 7 Rahmenrichtlinie. In allen Mitgliedstaaten werden umfassende Regelungen erforderlich sein, damit die NRB ihren gemeinschaftsrechtlichen Pflichten zur Übermittlung an die anderen NRB und die Kommission, ihren Aussetzungs- und Stillhaltepflichten sowie ihren Berücksichtigungs- bzw. Maßnahmeänderungspflichten im Falle eines Kommissionsvetos im Kontext der nationalen Regulierungsverfahren nachkommen können.

Mit Äquivalent im alten Rechtsrahmen aber im Anwendungsbereich stark erweitert worden ist die Funktion der NRB zur Beilegung von Streitigkeiten zwischen Unternehmen, die elektronische Kommunikationsnetze und -dienste bereitstellen, Art. 20 f Rahmenrichtlinie. Umzusetzen sein wird in den meisten Mitgliedstaaten die Befugnis der NRB zur Schlichtung aller Arten von Streitigkeiten, die viermonatige Regelfrist für die Streitbeilegung durch die NRB sowie

---

[1019] Vgl. speziell für die SMP-Konzeption Art. 10 Abs. 1 i.V.m. Art. 11 a) und f) Genehmigungsrichtlinie sowie allgemein Art. 5 Abs. 1 Rahmenrichtlinie.

[1020] Vgl. z.B. Art. 5 Abs. 2 Rahmenrichtlinie, Art. 7 Abs. 3 Rahmenrichtlinie, Art. 19 Abs. 1 Rahmenrichtlinie, Art. 15 Abs. 2 Zugangsrichtlinie oder Art. 17 Abs. 3 Universaldienstrichtlinie.

die Einrichtung von Kooperationsverfahrensmechanismen mit anderen NRB im Falle länderübergreifender Streitigkeiten.

II. Umsetzungserfordernisse in Bezug auf die Voraussetzungen der asymmetrischen Regulierung

Angesichts der fundamentalen Umgestaltung der SMP-Konzeption im neuen Rechtsrahmen wird es zwangsläufig in allen Mitgliedstaaten erforderlich sein, die asymmetrische Regulierungskonzeption grundlegend neu zu ordnen.

In erster Linie betrifft dies natürlich das materielle Anknüpfungskriterium für die Regulierungsbedarfsprüfung und die Bestimmung der Regulierungsadressaten: Das SMP-Kriterium muss jedenfalls in all den Mitgliedstaaten, die das alte SMP-Kriterium richtlinienkonform umgesetzt haben,[1021] materiell neu ausgestaltet werden, und zwar entsprechend dem Kriterium der marktbeherrschenden Stellung i.S. des gemeinschaftlichen Kartell- und Wettbewerbsrechts. Nach der alten Rechtslage ist beträchtliche Marktmacht grundsätzlich anhand der 25%-Marktanteilsvermutungsregel festzustellen. Die zukünftige Feststellung wird unter Einbeziehung einer ganzen Reihe von Marktmachtkriterien stattzufinden haben, wobei absolute Marktanteile nur eines von mehreren relevanten Kriterien sind und es sich zudem um Marktanteile von mindestens 40% - bzw. als Grundlage für eine Marktmachtvermutung sogar mindestens 50% - handeln muss, um eine beherrschende Stellung zu begründen. Entsprechend dem Kriterium der beherrschenden Stellung muss in Zukunft das SMP-Kriterium auch in Form der gemeinsamen beträchtlichen Marktmacht normiert werden. Hinzu tritt die - originär im neuen Rechtsrahmen eingeführte - Marktmachtvermutungsregel i.S.v. Art. 14 Abs. 3 Rahmenrichtlinie.

Darüber hinaus muss die Regulierungsbedarfsprüfung auch in verfahrenrechtlicher Hinsicht neu geordnet werden. Umzusetzen sein werden sowohl die Vorgaben für das Marktdefinitions- als auch das Marktanalyseverfahren, da beide über kein Äquivalent im alten Rechtsrahmen verfügen. In Bezug auf das Marktdefinitionsverfahren wird in den meisten Mitgliedstaaten als Novum einzuführen sein, dass die relevanten Märkte nicht entsprechend den Richtlinienvorgaben ge-

---

[1021] Nicht richtlinienkonform umgesetzt worden ist das alte SMP-Kriterium in Deutschland. Die Kommission hatte diesbezüglich sogar zwischenzeitlich ein Vertragsverletzungsverfahren (Verfahren Nr. 98/2378) eingeleitet. Die Regulierungsbehörde ist ihr durch den Erlass einer Verwaltungsvorschrift zur Auslegung von § 19 GWB im Sinne der Richtlinie 97/33/EG (vgl. Amtsblatt der RegTP 20/2001, S. 3086, Mitteilung Nr. 574/2001) entgegengekommen. Vgl. zu dieser mangelhaften Umsetzung *Ladeur*, K&R 2002, 110, 112; *Klotz*, WIK-Proceedings Nr. 9, S. 247, 249 f; *Holznagel/ Enaux/ Nienhaus*, Grundzüge des Telekommunikationsrechts: Rahmenbedingungen - Regulierungsfragen - internationaler Vergleich, S. 237, Fn. 722.

setzlich vorgegeben werden dürfen, sondern von den NRB unter Berücksichtigung der Vorgaben aus der Märkte-Empfehlung der Kommission und unter Einhaltung der Verfahren nach Art. 6 und 7 Rahmenrichtlinie nach wettbewerbsrechtlichen Methoden abgegrenzt und ausgewählt werden müssen.

Auch nach der alten Rechtlage mussten in den relevanten Märkten Unternehmen mit beträchtlicher Marktmacht ermittelt werden. Da die Analyse der Wirksamkeit des Wettbewerbs mit der Feststellung von beträchtlicher Marktmacht gleichgestellt wurde, ist in Bezug auf das Marktanalyseverfahren bei der Umsetzung nur sicherzustellen, dass die Wettbewerbsanalyse anhand des materiell neu ausgestalteten SMP-Kriteriums erfolgt. Zudem werden Vorschriften für den Fall vorgesehen werden müssen, dass die Kommission eine Entscheidung über länderübergreifende potentiell regulierungsbedürftige Märkte erlässt, weil dann - gemäß Art. 16 Abs. 5 Rahmenrichtlinie - von den betroffenen NRB eine gemeinsame Marktanalyse durchgeführt werden muss.

III. Umsetzungserfordernisse in Bezug auf die Ausgestaltung der asymmetrischen Regulierung

In allen Mitgliedstaaten wird eine Übertragung umfassender neuer Befugnisse an die NRB zur Durchführung des Regulierungsanordnungsverfahrens erforderlich werden. Bislang sind die SMP-Pflichten in abstrakt-genereller Form durch die ONP-Richtlinien vorgegeben und von den Mitgliedstaaten regelmäßig ebenfalls in abstrakt-genereller Form gesetzlich umgesetzt worden. In Zukunft müssen alle nach dem neuen Rechtsrahmen zulässigen SMP-Pflichten als grds. fakultative Regulierungsanordnungsmöglichkeiten den NRB zur Verfügung gestellt werden, vgl. Art. 8 Zugangsrichtlinie und Art. 17 Universaldienstrichtlinie. Es kommt dann allein den NRB zu, die SMP-Pflichten in abstrakt-individueller Form für jedes SMP-Unternehmen festzulegen. Das gemeinschaftsrechtlich vorgegebene SMP-Regulierungsinstrumentarium muss dabei den NRB uneingeschränkt und vollständig zur Verfügung gestellt werden. Die nationalen Gesetzgeber dürfen weder eine Beschränkung vornehmen noch dürfen sie das Ergebnis der Ermessensausübung der NRB bei der Auswahl und Ausgestaltung des SMP-Pflichtenregimes in zwingender Weise vordeterminieren.

In Hinblick auf den materiellen Gehalt der denkbaren SMP-Pflichten wird der Umsetzungsbedarf zumeist geringer sein, da das alte SMP-Pflichtenregime insoweit als maximales Regulierungsinstrumentarium in den neuen Rechtsrahmen überführt worden ist.

Abweichendes gilt indes hinsichtlich der Regulierungsbefugnisse der NRB für die Anordnung von Zugangs- und Zusammenschaltungspflichten gegenüber

SMP-Unternehmen. In den meisten Mitgliedstaaten wird die Einführung eines neuen, erweiterten Zugangsbegriffs i.S.v. Art. 2 a) Zugangsrichtlinie erforderlich sein. Dies impliziert, dass die NRB ermächtigt werden müssen, Zugang zu jeglicher Art von elektronischer Kommunikationsinfrastruktur und -diensten sowie zugehörigen Einrichtungen anzuordnen. Sie müssen befugt sein, nicht nur den traditionellen Netzzugang, sondern z.B. den Zugang zu - für die elektronischen Kommunikationsinfrastrukturen und -dienste relevanten - Softwaresystemen, zu Roaming-Diensten und zu Diensten für virtuelle Netze anzuordnen. Darüber hinaus muss auch die Art und Weise der Zugangspflicht - z.B. in Form von Resale- oder Kollokationspflichten - festgelegt werden können.
Hinsichtlich der Zugangsentgeltregulierung werden die - in den meisten Mitgliedstaaten vorhandenen - zwingenden gesetzlichen Vorgaben für die Entgeltkontrolle abzuschaffen und durch ein in das Ermessen der NRB gestelltes Entgelt- und Kostenrechnungskontrollinstrumentarium umzuwandeln sein.
Neu in die nationalen Rechtsordnungen aufzunehmen sein wird im Regelfall der umfassende Gestaltungsspielraum, den die Zugangsrichtlinie in Art. 9 den NRB hinsichtlich der von SMP-Unternehmen einzuhaltenden Veröffentlichungspflichten einräumt.

Im Bereich der Endnutzermärkteregulierung wird in allen Mitgliedstaaten eine Umstellung von der zwingenden zu einer subsidiären Entgeltregulierung erforderlich sein. In die nationalen Rechtsordnungen muss die Regelung aus Art. 17 Abs. 1 Universaldienstrichtlinie integriert werden, derzufolge Endnutzermärkte nur noch dann reguliert werden dürfen, wenn die Regulierung auf den Vorleistungsmärkten und das Instrument der Betreiber(vor)auswahl versagen. Für die Regulierung von Endnutzermärkten muss wiederum den NRB das gemeinschaftsrechtlich vorgegebene SMP-Regulierungsinstrumentarium i.S.v. Art. 17-19 Universaldienstrichtlinie uneingeschränkt zur Verfügung gestellt werden. Neu einzuführen sein wird dabei insbesondere, dass der materielle Entgeltkontrollmaßstab nicht mehr zwingend der Grundsatz der Kostenorientierung zu sein braucht. Sichergestellt werden muss schließlich, dass in allen Mitgliedstaaten die zwei Pflichtenregime - also die Bereitstellung des Mietleitungsmindestangebots und die Ermöglichung der Betreiber(vor)auswahl - in Zukunft ebenfalls zwingend an die Durchführung des Marktanalyseverfahrens geknüpft werden, mithin nur im Falle nachgewiesenen Regulierungsbedarfs Anwendung finden dürfen.

Literaturverzeichnis

Abele, Roland, EWS-Kommentar zum Urteil des EuGH v. 26.9.2000 - *Unilever,* Rs. C-443/98, EWS 2000, 546

Adam, Heike, Die Mitteilungen der Kommission: Verwaltungsvorschriften des Europäischen Gemeinschaftsrechts?: Eine Untersuchung zur rechtsdogmatischen Einordnung eines Instruments der Kommission zur Steuerung der Durchführung des Gemeinschaftsrechts, Baden-Baden 1999

Austin, Marc, Europe's ONP bargain: What's in it for the user?, Telecommunications Policy 18 (1994) 97

Bartosch, Andreas, Europäisches Telekommunikationsrecht im Jahre 1999, EuZW 2000, 389

Bartosch, Andreas, Europäisches Telekommunikationsrecht in den Jahren 2000 und 2001, EuZW 2002, 389

Beese, Dietrich/ Merkt, Jutta, Europäische Union zwischen Konvergenz und Re-Regulierung - Die neuen Richtlinienentwürfe der Kommission, MMR 2001, 532

Bernhard, Agnes/ Madner, Verena, Das Notifikationsverfahren nach der Informationsrichtlinie - Eine Auseinandersetzung im Lichte des „CIA-Urteils" des EuGH, Journal für Rechtspolitik 1998, 87 ff

Beutler, Bengt/ Bieber, Roland/ Pipkorn, Jörn/ Streil, Jochen, Die Europäische Union - Rechtsordnung und Politik, 5. Auflage, Baden-Baden 2001 (zit.: *Bearbeiter* in BBPS, Die Europäische Union)

Blandin-Obernesser, Annie, Le champ d'application personnel de la réglementation des télécommunications, Droit de l'Informatique & des Télécoms 1999/3, 78

Blankart, Charles/ Knieps, Günter, Regulierung von Netzen?, Berlin 1996

Bleckmann, Albert, Probleme der Auslegung europäischer Richtlinien, ZGR 1992, 364

Bleckmann, Albert, Zu den Auslegungsmethoden des Europäischen Gerichtshofs, NJW 1982, 1177

Bondroit, Marie-Eve/ Cheffert, Jean-Marie/ de la Vallée, Florence/ Lecocq, Laurence Léonard, Thierry/ Louveaux, Caroline/ Potelle, Pierre-Yves/ Queck, Robert, Vers un nouveau cadre réglementaire européen des réseaux et services: réflexions à mi-chemin, Revue Ubiquité N° 9 (Juin 2001), 41

Bondroit, Marie-Eve/ Laurent, Caroline, Les obligations imposées par le droit européen des télécommunications aux opérateurs qui ont une puissance significative sur le marché, Revue Ubiquité N° 3 (Novembre 1999), 29

Bruhn, Dirk, Die Sicherstellung öffentlicher Aufgaben im Bereich der deutschen Telekommunikation unter dem Einfluss der europäischen Marktöffnung:

Vom Monopol zum Universaldienst, Hamburg 1999 (zugl. Diss. Hamburg 1997)

Büchner, Wolfgang/ Ehmer, Jörg/ Geppert, Martin/ Kerkhoff, Bärbel/ Piepenbrock, Hermann-Josef/ Schütz, Raimund/ Schuster, Fabian (Hrsg.), Beck'scher TKG-Kommentar, 2. Auflage, München 2000 (zit.: *Bearbeiter* in BeckTKG-Kommentar)

Bundeskartellamt, Tätigkeitsbericht des Bundeskartellamts 1999/2000, BT-Drs. 14/6300

Bundesministerium für Wirtschaft und Technologie, Eckpunkte Telekommunikation für eine Stellungnahme der Bundesregierung zum Tätigkeitsbericht der RegTP 2000/ 2001 und zum Sondergutachten der Monopolkommission „Wettbewerbsentwicklung bei Telekommunikation und Post 2001: Unsicherheit und Stillstand", Internetdokument, http://www.bmwi.de/textonly/Homepage/download/telekommunikation_post/EckpunkteTK.pdf,überprüft: 8.8. 02

Bundesrat, Beschluss des Bundesrates: Vorschlag für eine Richtlinie des Europäischen Parlaments und des Rates zur Einführung des offenen Netzzugangs (ONP) beim Sprachtelefondienst, BR-Drs. 228/95 (Beschluss), vom 2.6.1995

Calliess, Christian, Zur unmittelbaren Wirkung der EG-Richtlinie über die Umweltverträglichkeitsprüfung und ihre Umsetzung im deutschen Immissionsschutzrecht, NVwZ 1996, 339

Calliess, Christian/ Ruffert, Matthias (Hrsg.), Kommentar des Vertrages über die Europäische Union und des Vertrages zur Gründung der Europäischen Gemeinschaft: EUV/ EGV, Neuwied; Kriftel 1999 (zit.: *Bearbeiter* in Calliess/ Ruffert, Kommentar zum EUV/ EGV)

Castillo, Fuensanta Candela, La confirmation par la Cour du principe de non-opposabilité aux tiers des règles techniques non notifiées dans le cadre de la directive 83/189/CEE, Revue du Marché commun et de l'Union européenne 1997, 51

Cave, Martin/ Larouche, Pierre, European Communications at the Crossroads, Report of the CEPS Working Party on Electronic Communications, October 2001

Cave, Martin/ Prosperetti, Luigi, Wrong Fox, Old Hounds? A Critical Assessment of the European Commission's 1999 Communications Review, Communications & Strategies 38 (2nd quarter 2000), 73

Classen, Claus Dieter, Strukturunterschiede zwischen deutschem und europäischem Verwaltungsrecht, NJW 1995, 2457

de Cockborne, J.E., La libéralisation du marché des télécommunications en Europe, JTDE 1997, 217

Craig, Paul/ de Búrca, Gráinne, EU Law - Text, Cases, and Materials, Second Edition, Oxford 1998 (zit.: *Craig/ de Búrca*, EU Law)

Defraigne, Philippe, Why must european regulation be reviewed?, Info - Journal of policy, regulation and strategy for telecommunications, information and media, 2 (2000), 223

Doherty, Barry, Competition Law and Sector-Specific Regulation, CTLR 2001, 225
Durie, Robyn/ Romer, Jason, The Impact of Regulation on the Mobile Marketplace - Past, Present and Future, CTLR 2002, 91
Eisenblätter, Tanja, Regulierung in der Telekommunikation - Zum Begriff der Regulierung im TKG unter besonderer Berücksichtigung der Regulierung durch Independent Agencies in den USA, Frankfurt a.M., Berlin, Bern, Bruxelles, New York, Oxford, Wien, 2000 (zugl. Diss. Hamburg 2000)
Epiney, Astrid, Unmittelbare Anwendbarkeit und objektive Wirkung von Richtlinien - Zur Entscheidung des EuGH v. 11.8.1996 - Rs. C- 431/92 - *Großkrotzenburg*, DVBl. 1996, 409
ETNO, Reflection Document on the ETO Work Order on Regulating Operators with Significant Market Power, RD 61 (10/97), Internetdokument, http://www.etno.be/RD/RD61.html, überprüft am 8.8.2002
ETNO, Reflection Document on The Future of ONP and Interconnection, RD 16 (09/94), http://www.etno.be/RD/RD16.html, überprüft am 8.8.2002
ETNO, Reflection Document on The Future of ONP, RD 01 (09/93), Internetdokument, http://www.etno.be/RD/RD01.html, überprüft am 8.8.2002
FAZ, „Das Vetorecht der EU bringt Rechtsunsicherheit für die Telekom-Aufsicht", FAZ v. 21.1.2002, S. 15
Feiel, Wolfgang, Zur Diskussion über das EU-Reformpaket im Bereich der elektronischen Kommunikation, MR 2001, 199
Fischer, Hans Georg, Zur unmittelbaren Anwendung von EG-Richtlinien in der öffentlichen Verwaltung, NVwZ 1992, 635
Freund, Natascha, The proposed SMP-concept of the European Commission and its implications on regulation in the Member States, Paper for the regional IST conference 2001 in Dublin, September 1st - 3rd
Fronia, Joachim, Transparenz und Vermeidung von Handelshemmnissen bei Produktspezifikationen im Binnenmarkt, EuZW 1996, 101
Garzaniti, Laurent, Telecommunications, Broadcasting and the Internet: E.U. Competition Law and Regulation, London, 2000
Geiger, Rudolf, Vertrag über die Europäische Union und Vertrag zur Gründung der Europäischen Gemeinschaft - Kommentar, 3. Auflage, München 2000 (zit.: *Geiger*, EGV- Kommentar)
Gellermann, Martin, Auflösung von Normwidersprüchen zwischen europäischem und nationalem Recht, DÖV 1996, 433
Gourlay, Theresa/ Hemmings, Julia, Proposed Directives on Access and Authorisation of Electronic Communications Networks and Services, CTLR 2001, 199
Grabitz, Eberhard/ Hilf/ Meinhard (Hrsg.), Das Recht der Europäischen Union, München, Loseblattsammlung, Altbände I und II, aktuelle Bände I-III (zit.: *Bearbeiter* in Grabitz/ Hilf, EGV-Kommentar)

von der Groeben, Hans/ Thiesing, Jochen/ Ehlermann, Claus-Dieter, Kommentar zum EU-/ EG-Vertrag, 5. Auflage, Baden-Baden 1997 (zit.: *Bearbeiter* in GTE, EUV und EGV Kommentar)

Gundel, Jörg, Neue Grenzlinien für die Direktwirkung nicht umgesetzter EG-Richtlinien unter Privaten - Zur Unanwendbarkeit richtlinienwidriger nationaler Verbotsgesetze im Konflikt unter Privaten, EuZW 2001, 143

Haneklaus, Winfried, Direktwirkung von EG-Richtlinien zu Lasten einzelner?, DVBl. 1993, 129

Harbord, David/ von Graevenitz, Georg, Market Definition in Oligopolistic and Vertically Related Markets: Some Anomalies, ECLR 2000, 151

Hart, Thomas, Europäische Telekommunikationspolitik: Entwürfe für ein zukunftsorientiertes Regulierungskonzept, Aachen, 1999 (zugl. Diss. Erlangen-Nürnberg 1999)

Hartley, T.C., The Foundations of European Community Law, Fourth edition, Oxford 1998

Hatzopoulos, Vassilis, L'"Open Network Provision" (ONP), moyen de la dérégulation, Revue trimesterielle de droit européen 1994, 63

Heselhaus, Sebastian, Unmittelbare Wirkung von Richtlinien zwischen Privaten, Anmerkung zu EuGH, Urteil v. 26.9.2000, Rs. C-443/98, JA 2001, 647

Higham, Nicholas, Open Network Provision in the EC: A step-by-step approach to competition, Telecommunications Policy 17 (1993) 242

Hilf, Meinhard, Die Richtlinie der EG - ohne Richtung, ohne Linie? EuR 1993,1

Himmelmann, Steffen, Gemeinschaftsrechtliche Vorgaben für die Umsetzung von EG-Recht - Zu den Auswirkungen der neuesten Rechtsprechung von EuGH und BVerwG auf die nationale Umsetzungspraxis, DÖV 1996, 145

Hocepied, Christian, The new EU regulatory Framework for Electronic communications: From sector specific regulation to Competition Law, Vortrag vom 20.5.2002, Washington DC, IBA/ABA Communications and Competition: Developments at the Crossroad, Participant Book, contribution n° 7, S. 1 (zit.: *Hocepied*, The new EU regulatory Framework for Electronic communications)

Holznagel, Bernd/ Enaux, Christoph/ Nienhaus, Christian, Grundzüge des Telekommunikationsrechts: Rahmenbedingungen - Regulierungsfragen - internationaler Vergleich, 2. Auflage, München 2001

Huber, Andrea/ Mayerhofen, Martina v., „Review 1999" der EU-Kommission - Beibehaltung des status quo oder echte Reform des europäischen Regelwerks für den TK-Sektor?, MMR 1999, 593

Huber, Peter M., Recht der Europäischen Integration, München 1996

Huppertz, Christiane, Der institutionelle Rahmen des Telekommunikationsrechts in der EU, K&R 2001, 402

Immenga, Ulrich, Europäisierung des Telekommunikationsrechts: Eine neue Dimension, EuZW 2002, 673

Immenga, Ulrich/ Kirchner, Christian, Zur Neugestaltung des deutschen Telekommunikationsrechts, TKMR 2002, 340
Immenga, Ulrich/ Mestmächer, Ernst-Joachim, EG-Wettbewerbsrecht, Kommentar, Band I, München 1997 (zit.: *Bearbeiter* in Immenga/Mestmäcker, EG-Wettbewerbsrecht)
Immenga, Ulrich/ Mestmächer, Ernst-Joachim, GWB, Kommentar zum Kartellrecht, 3. Auflage, München 2001 (zit.: *Bearbeiter* in Immenga/Mestmäcker, GWB-Kommentar)
Ipsen, Hans-Peter, Europäisches Gemeinschaftsrecht, Tübingen 1972
IRG, Common Position on Commission Working Documents dated 27 April 2000, Internetdokument, http://europa.eu.int/ISPO/infosoc/telecompolicy/review99/nrfwd/comments.html, überprüft: 8.8.2002
IRG, Input Document to the European Commission's Working Document on the Draft SMP-Guidelines, Internetdokument v. 21.6.2001, http://www.agcom.it/eng/reports_docs/irg.htm, überprüft: 8.8.2002
IRG, Principles of implementation and best practice on effective competition in electronic communications markets, Internetdokument v. 19.2.2001, http://www.regtp.de/imperia/md/content/internatio/pibs_on_effective_competition.pdf, überprüft am 8.8.2002
Isensee, Josef/ Kirchhof, Paul (Hrsg.), Handbuch des Staatsrechts der Bundesrepublik Deutschland, Band VII, Normativität und Schutz der Verfassung - Internationale Beziehungen, Heidelberg 1992 (zit.: *Bearbeiter* in Isensee/ Kirchhof, Handbuch des Staatsrechts, Band VII)
Jarass, Hans D., Folgen der innerstaatlichen Wirkung von EG-Richtlinien, NJW 1991, 2665
Jarass, Hans D., Grundfragen der innerstaatlichen Bedeutung des EG-Rechts: die Vorgaben des Rechts der Europäischen Gemeinschaft für die nationale Rechtsanwendung und die nationale Rechtssetzung nach Maastricht, Köln, Berlin, Bonn, München 1994 (zit.: Grundfragen der innerstaatlichen Bedeutung des EG-Rechts)
Jarass, Hans D., Voraussetzungen der innerstaatlichen Wirkung des EG-Rechts, NJW 1990, 2420
Kiessling, T./ Blondeel, Y., The EU regulatory framework in telecommunications - a critical analysis, Telecommunications Policy 22 (1998), 571
Kirchner, Christian, Europäische Regulierung der Telekommunikationsmärkte - Gemeinschaftsrechtliche Regulierung von elektronischen Kommunikationsnetzen und -diensten, in: *Immenga, Ulrich/ Kirchner, Christian/ Knieps, Günter/ Kruse, Jörn,* Telekommunikation im Wettbewerb - Eine ordnungspolitische Konzeption nach erfolgreicher Marktöffnung, München 2001 (zit.: *Kirchner* in *Immenga/ Kirchner/ Knieps/ Kruse*, Telekommunikation im Wettbewerb)
Klaue, Siegfried/ Schwintowski, Hans-Peter, Marktabgrenzung und Marktbeherrschung im Telekommunikationssektor, Baden-Baden 2001

Klösters, Anton, Kompetenzen der EG-Kommission im innerstaatlichen Vollzug von Gemeinschaftsrecht, Köln, Berlin, Bonn, München 1994

Klotz, Robert, Der neue EU-Regulierungsrahmen für elektronische Kommunikationsdienste; Vorgaben und Spielräume für die Umsetzung, in: Neumann, Karl-Heinz/ Stamm, Peter (Hrsg.), WIK-Proceedings Nr. 9, Wettbewerb in der Telekommunikation - Wie geht es weiter? Beiträge der gleichnamigen WIK-Konferenz am 26. und 27. Februar 2002 in Berlin, S. 247 (zit: *Klotz,* WIK-Proceedings Nr. 9, S. 247)

Klotz, Robert, Die neuen EU-Richtlinien über elektronische Kommunikation: Annäherung der sektorspezifischen Regulierung an das allgemeine Kartellrecht, Internetdokument, http://europa.eu.int/comm/competition/speeches /text/sp2002_032_de.pdf, überprüft am 21.4.2003 (zit.: *Klotz,* Die neuen EU-Richtlinien über elektronische Kommunikation)

Knieps, Günter, Interconnection and Network Access, 23 Fordham International Law Journal, 90 (2000)

Köbler, Gerhard, Juristisches Wörterbuch, 9. Auflage, München 1999

Koch, Johannes, Verwaltungsrechtsschutz in Frankreich: eine rechtsvergleichende Untersuchung zu den verwaltungsinternen und verwaltungsgerichtlichen Rechtsbehelfen des Bürgers gegen die Verwaltung, Berlin 1998 (zugleich Diss. Köln 1997)

Koenig, Christian/ Braun, Jens-Daniel, Defizite des deutschen Telekommunikationsrechts mit Blick auf die Internet-Märkte und Abhilfemöglichkeiten, K&R Beilage 2/2002, 1

Koenig, Christian/ Kühling, Jürgen, Funktionsfähiger Wettbewerb und Regulierungsperspektiven auf den Telekommunikationsmärkten - Eine Kritik am Sondergutachten der Monopolkommission, WuW 2000, 596

Koenig, Christian/ Kühling, Jürgen, Reformansätze des deutschen Telekommunikationsrechts in rechtsvergleichender Perspektive, MMR 2001, 80

Koenig, Christian/ Kühling, Jürgen/ Braun, Jens-Daniel, Die Interdependenz von Märkten in der Telekommunikation (Teil I und II), CR 2001, 745 und 825

Kopp, Ferdinand/ Schenke, Wolf-Rüdiger, Kopp/Schenke, Verwaltungsgerichtsordnung, 11. Auflage, München 1998

Koppensteiner, Hans-Georg, Deregulierung und Regulierung im Privatwirtschaftsrecht, in: Regulierung und Deregulierung zur Herstellung eines offenen und funktionsfähigen Marktes, 12. ÖJT Band III/2, Wien 1995, S. 1

Ladeur, Karl-Heinz, Europäisches Telekommunikationsrecht im Jahre 2001, K&R 2002, 110

Langenfeld, Christine, Zur Direktwirkung von EG-Richtlinien, DÖV 1992, 955

Larouche, Pierre, Competition Law and Regulation in European Telecommunications, Oxford 2000

Lenz, Carl Otto (Hrsg.), EG-Vertrag: Kommentar zu dem Vertrag zur Gründung der Europäischen Gemeinschaften, 2. Auflage, Köln 1999 (zit.: *Bearbeiter* in Lenz, EGV-Kommentar)

Leonard, Axel, Die Rechtsfolgen der Nichtumsetzung von EG-Richtlinien, Frankfurt a.M. 1997 (zugleich Diss. Osnabrück 1997)

Lewin, David/ Rogerson, David (OVUM LTd.), A review of the Interconnection Directive, Final report to the Information Society Directorate, London, October 1999

von Loeper, Christian, Verwaltungsrechtspflege in England, Frankfurt a.M. 1983

Lust, Philipp, Die Essential-Facilities-Doktrin im Telekommunikationsrecht, Wien 2001 (zugleich Diss. Wien 2001)

Melody, William H., Telecom reform: progress and prospects, Telecommunications Policy 23 (1999), 7

Micklitz, Hans-W., Kurzkommentar zu EuGH, Urteil v. 26.9.2000 - *Unilever*, Rs. C-443/98, EWiR 2001, 497

Monopolkommission, Wettbewerbsentwicklung bei Telekommunikation und Post 2001: Unsicherheit und Stillstand, Sondergutachten der Monopolkommission gemäß § 81 Abs. 3 TKG und § 44 PostG vom 6.12.2001, http://www.monopolkommission.de/aktuell.htm#sonder, überprüft am 8.8.2002 (zit.: Monopolkommission, Sondergutachten 2001)

Möschel, Wernhard, Privatisierung, Deregulierung und Wettbewerbsordnung, JZ 1988, 885

Müther, Daniel, Der neue europäische Rechtsrahmen für den Kommunikationsmarkt: Harmonisierung oder Hemmschuh?, tc - telecommunication, März 2002, S. 6

Nihoul, Paul, Droit européen des télécommunications - l'organisation des marchés, Bruxelles 1999

Nikolinakos, Nikos Th., Promoting Competition in the Local Access Network: Local Loop Unbundling, ECLR 2001, 266

Nikolinakos, Nikos Th., Proposal for a Directive on the Authorisation of Electronic Communications Networks and Services: The New European Licensing Framework, CTLR 2001, 36

Nikolinakos, Nikos Th., The New European Regulatory Regime for Electronic Communications Networks and Associated Services: The Proposed Framework and Access/Interconnection Directives, ECLR 2001, 93

OFTEL, Identification of operators with Significant Market power for the Application of Detailed Rules under Purposes of the EC Voice Telephony and Universal Service Directive, consultative document, http://www.oftel.gov.uk/publications/1995_98/competition/smprv498.htm, April 1998, geprüft: 8.8.02

OFTEL, Identification of Significant Market Power for the purposes of the EU Leased Lines Directive (as amended), a Statement issued by the Director

General of Telecommunications, http://www.oftel.gov.uk/publications /1995_98/competition/smpl398.htm,März1998, geprüft: 8.8.2002
Oppermann, Thomas, Europarecht: ein Studienbuch, 2. Auflage, München 1999
Pechstein, Matthias, Die Anerkennung der rein objektiven unmittelbaren Richtlinienwirkung, EWS 1996, 261
Pernice, Ingolf, Gestaltung und Vollzug des Umweltrechts im europäischen Binnenmarkt - Europäische Impulse und Zwänge für das deutsche Umweltrecht, NVwZ 1990, 414
Pernice, Ingolf, Kriterien der normativen Umsetzung von Umweltrichtlinien der EG im Lichte der Rechtsprechung des EuGH, EuR 1994, 325
Pitt, Edward, Telecommunications Regulation: Is it Realistic to Rely on Competition Law?, ECLR 1999, 245
Polster, Stephan, Das Telekommunikationsrecht der Europäischen Gemeinschaft, Wien, Manz 1999 (zugl. Diss. Wien 1998)
Polster, Stephan/ Brandl, Matthias, The New Concept of Market Dominance in the Proposed E.U. Telecommunications Framework, CTLR 2001, 216
Pontiggia, Laura (European Telecommunications Office), Final Report on Regulating Operators with Significant Market Power, European Commission, Work Order Nr. 48370, 15.4.1998
Potelle, Pierre-Yves, Quelques précisions sur le dégroupage de l'accès à la boucle locale, Revue Ubiquité N° 9 (Juin 2001), 87
Prechal, Sacha, Directives in European Community Law - A Study of Directives and Their Enforcement in National Courts, Oxford 1995
Prosperetti, Luigi/ Cave, Martin, Access provisions in european communications and the 1999 review, Info - Journal of policy, regulation and strategy for telecommunications, information and media, 2 (2000), 235
Queck, Robert, The future of national telecommunications regulatory authorities, Info - Journal of policy, regulation and strategy for telecommunications, information and media, 2 (2000), 251
Queck, Robert/ Defraigne, Philippe, Réflexions sur la notion de „puissance sur le marché" en droit des télécommunications: concept autonome ou chimère?, dans: E. Monterro, „Droit des technologies de l'information: regards prospectifs", Bruylant, Bruxelles, 1999, Cahiers du CRID N°16, 335 (zit.: *Queck/ Defraigne,* Cahiers du CRID N° 16, S. 335)
Regulierungsbehörde für Post und Telekommunikation, Verwaltungsvorschrift zur Auslegung von § 19 GWB im Sinne der Richtlinie 97/33/EG, Amtsblatt der RegTP 20/2001, S. 3086, Mitteilung Nr. 574/2001
Rothmüller, Petra/ Ruhle, Ernst-Olav, Die Regulierung der marktbeherrschenden Stellung in der Telekommunikation im internationalen Vergleich, MR 2001, 333
Ruffert, Matthias, Dogmatik und Praxis des subjektiv-öffentlichen Rechts unter dem Einfluss des Gemeinschaftsrechts, DVBl. 1998, 69

Ruffert, Matthias, Rights and Remedies in European Community Law: A Comparative View, CMLRev. 1997, 307
Ruffert, Matthias, Subjektive Rechte und unmittelbare Wirkung von EG-Umweltschutzrichtlinien, ZUR 1996, 235
Sauter, Wolf, Competition Law and Industrial Policy in the EU, Oxford 1997
Sauter, Wolf, The System of Open Network Provision Legislation and the Future of European Telecommunications Regulation, in: Scott, Colin/ Audéoud, Olivier: The future of EC telecommunications law, Köln 1996, S. 105
Scherer, Joachim (Hrsg.), Telecommunication Laws in Europe, Fourth edition, London, Edinburgh, Dublin 1998
Scherer, Joachim, 1999 review - towards a new regulatory framework, Info - Journal of policy, regulation and strategy for telecommunications, information and media, 2 (2000), 313
Scherer, Joachim, Entwicklungslinien des Telekommunikationsrechts, CR 2000, 35
Scherer, Joachim, Re-Regulierung des TK-Sektors: Mehr Wettbewerb in der EU, MMR 2002, 201
Scherer, Joachim, Die Umgestaltung des europäischen und deutschen Telekommunikationsrechts durch das EU-Richtlinienpaket - Teile I, II und III, K & R 2002, 273; 2002, 329; 2002, 385
Scherzberg, Arno, Mittelbare Rechtsetzung durch Gemeinschaftsrecht - Richtlinien als Instrument der europäischen Integration, Jura 1992, 572
Schmidt, Ingo, Wettbewerbspolitik und Kartellrecht, München 1999, 6. Auflage
Schmittmann, Michael, Blick nach Brüssel - Kommission legt Entwurf von Leitlinien zur Marktanalyse und Ermittlung beträchtlicher Marktmacht vor, AfP 2001, 197
Schütz, Raimund/ Attendorn, Thorsten, Das neue Kommunikationsrecht der Europäischen Union - Was muss Deutschland ändern?, MMR-Beilage 4/2002, S. 1 ff
Schweitzer, Michael/ Hummer, Waldemar, Europarecht: das Recht de Europäischen Union, das Recht der Europäischen Gemeinschaften (EGKS, EG, EAG) mit Schwerpunkt EG (zitiert: *Schweitzer/ Hummer*, Europarecht), 5. Auflage, Neuwied, Kriftel, Berlin 1996
Scott, Peter, Access and interconnection, Info - Journal of policy, regulation and strategy for telecommunications, information and media, 2 (2000), 229
Simon, Denys, La directive européenne, Paris, 1997
Simon, Denys, Le système juridique communautaire, 2ème édition, Paris 1998
Sinclair, Michael, A New European Communications Services Regulatory Package: An Overview, CTLR 2001, 156
Sinclair, Michael/ Hughes, Des, The European Communications Services Package: an Update, CTLR 2002, 97
Slot, Piet Jan, Anmerkung zu EuGH, Urteil v. 30.4.1996 - *CIA Security International*, Rs. C-194/94, Slg. 1996, I-2201, CMLRev. 1996, 1035

Squire, Sanders & Dempsey L.L.P./ Analysys, Consumer Demand for Telecommunications Services and the Implications of the Convergence of Fixed and Mobile Networks for the Regulatory Framework for a Liberalised EU Market, Study for EC DG Information Society, Brussels - Luxembourg 2000 (zit.: *Squire, Sanders & Dempsey/ Analysys,* Fixed/ Mobile Convergence and the 1999 Review)

Streinz, Rudolf, Notifizierungspflicht gem. EG-Informationsrichtlinie - Auswirkung nicht umgesetzter Richtlinien auf Privatrechtsverhältnisse, JuS 2001, 809

Stuyck, Jules, Anmerkung zu den Urteilen des EuGH C-192/94, C-129/94 und C-441/93, CMLRev. 1996, 1261

Tarrant, Andrew, Significant market power and dominance in the regulation of telecommunications markets, ECLR 2000, 320

Taylor, Simon, European Commission's Draft Guidelines on Market Analysis and the Calculation of Significant Market Power: The Extention of Tetra Pak II to Regulation, CTLR 2001, 129

Tegge, Andreas, Die Internationale Telekommunikations-Union, Organisation und Funktion einer Weltorganisation im Wandel, Baden-Baden 1994 (zugleich Diss. Göttingen 1993)

Thatcher, Mark, The Commission and national governments as partners: EC regulatory expansion in telecommunications 1979-2000, Journal of European Public Policy 8 (2001), 558

Ungerer, Herbert, Access Issues under EU Regulation and Anti-Trust Law - The Case of Telecommunications and Internet Markets, International Journal of Communications Law and Policy, Issue, Issue 5, Summer 2000, 1

Ungerer, Herbert, Convergence in Regulatory and Competition Law paradigms, http://europa.eu.int/comm/competition/speeches/index_2001.html, Brüssel 17.9.2001, überprüft: 5.8.2002

Ungerer, Herbert, Use of EC Competition Rules in the Liberalisation of the European Union's Telecommunications Sector - Assessement of Past Experience and Conclusions for Use in other Utility Sectors, http://europa.eu.int/comm/competition/speeches/index_2001.html, Brüssel, 6.5.2001, überprüft: 5.8.2002

de Vlaam, Heleen, Technology-Independent Regulation of Interconnection, Communications & Strategies No. 43 (3rd quarter 2001), 115

Weber, Albrecht, Rechtsfragen der Durchführung des Gemeinschaftsrechts in der Bundesrepublik Deutschland, Köln, Berlin, Bonn, München 1988

Weinkopf, Marcus, Ökonomie des ONP-Konzeptes, WIK Diskussionsbeitrag Nr. 118, Bad Honnef 1993

Wessely, Karin, Neugestaltung des Rechtsrahmens im EU-Telekom-Bereich, MR 2000, 55

Winter, Gerd, Die Vereinbarkeit des Gesetzentwurfes der Bundesregierung über die Umweltverträglichkeitsprüfung vom 29.6.1988 mit der EG-Richtlinie 85/337 und die Direktwirkung dieser Richtlinie, NuR 1989, 197

Winter, Gerd, Direktwirkung von EG-Richtlinien, DVBl. 1991, 657

Withers, Chris/ Jephcott, Mark, Where to now for E.C. oligopoly control?, ECLR 2001, 295

World Trade Organization, Trade in Services, European Community and Their Member States, Schedule of Specific Commitments, Supplement 3 (supplement to the Telecommunications services section), GATS/CS/3I/Suppl.3, 11.4.1997

Ypsilanti, D./ Xavier, P., Towards next generation regulation, Telecommunications Policy (22) 1998, 643

Verzeichnis der EU-Rechtstexte

(Die Texte sind für jedes Organ bzw. jede Institution chronologisch nach dem Veröffentlichungsdatum geordnet.)

Europäisches Parlament, Legislative Entschließung mit der Stellungnahme des Europäischen Parlaments zu dem Vorschlag für eine Richtlinie des Europäischen Parlaments und des Rates über die Zusammenschaltung in der Telekommunikation zur Gewährleistung des Universaldienstes und der Interoperabilität durch Anwendung der Grundsätze für einen offenen Netzzugang (1. Lesung), ABl. Nr. C 65/87 v. 4.3.1996

Europäisches Parlament, Änderungsvorschläge des Europäischen Parlaments im Rahmen seiner legislativen Entschließung zu dem Vorschlag für eine Richtlinie des Europäischen Parlaments und des Rates über einen gemeinsamen Rechtsrahmen für elektronische Kommunikationsnetze und -dienste (Erste Lesung), ABl. Nr. C 277/91 v. 1.10.2001

Europäisches Parlament, Änderungsvorschläge des Europäischen Parlaments im Rahmen seiner legislativen Entschließung zu dem Vorschlag für eine Richtlinie des Europäischen Parlaments und des Rates über den Universaldienst und Nutzerrechte bei elektronischen Kommunikationsnetzen und -diensten (Erste Lesung), ABl. Nr. C 53 E/ 195 v. 28.2.2002

Europäisches Parlament und Rat, Richtlinie 95/46/EG des Europäischen Parlaments und des Rates v. 24.10.1995 über den Schutz natürlicher Personen bei der Verarbeitung personenbezogener Daten und zum freien Datenverkehr, ABl. Nr. L 281/31 v. 23.11.1995

Europäisches Parlament und Rat, Richtlinie 95/47/EG des Europäischen Parlaments und des Rates vom 24.10.1995 über die Anwendung von Normen für die Übertragung von Fernsehsignalen, ABl. Nr. L 281/51 v. 23.11.1995 (zit.: Fernsehnormenrichtlinie I)

Europäisches Parlament und Rat, Richtlinie 95/62/EG des Europäischen Parlaments und des Rates vom 13.12.1995 zur Einführung des offenen Netzzugangs (ONP) beim Sprachtelefondienst, ABl. Nr. L 321/6 v. 30.12.1995 (zit.: ONP-Sprachtelefonrichtlinie I)

Europäisches Parlament und Rat, Entscheidung Nr. 710/97/EG des Europäischen Parlaments und des Rates vom 24.3.1997 über ein koordiniertes Genehmigungskonzept für satellitengestützte persönliche Kommunikationsdienste in der Gemeinschaft, ABl. Nr. L 105/4 v. 23.4.1997

Europäisches Parlament und Rat, Richtlinie 97/13/EG des Europäischen Parlaments und des Rates vom 10.4.1997 über einen gemeinsamen Rahmen für

Allgemein- und Einzelgenehmigungen für Telekommunikationsdienste, ABl. Nr. L 117/15 v. 7.5.1997 (zit.: alte Genehmigungsrichtlinie)
Europäisches Parlament und Rat, Richtlinie 97/33/EG des Europäischen Parlamentes und des Rates vom 30.6.1997 über die Zusammenschaltung in der Telekommunikation im Hinblick auf die Sicherstellung eines Universaldienstes und der Interoperabilität durch Anwendung der Grundsätze für einen offenen Netzzugang (ONP), ABl. Nr. L 199/32 v. 26.7.1997 (zit.: ONP-Zusammenschaltungsrichtlinie)
Europäisches Parlament und Rat, Richtlinie 97/51/EG des Europäischen Parlaments und des Rates vom 6.10.1997 zur Änderung der Richtlinien 90/387/EWG und 92/44/EWG des Rates zwecks Anpassung an ein wettbewerbsorientiertes Telekommunikationsumfeld, ABl. Nr. L 295/23 v. 29.10.1997 (zit.: ONP-Änderungsrichtlinie)
Europäisches Parlament und Rat, Richtlinie 97/66/EG des Europäischen Parlaments und des Rates v. 15.12.1997 über die Verarbeitung personenbezogener Daten und den Schutz der Privatsphäre im Bereich der Telekommunikation, ABl. Nr. L 24/1 v. 30.1.1998 (zit.: alte Telekom-Datenschutzrichtlinie)
Europäisches Parlament und Rat, Richtlinie 98/13/EG des EP und des Rates vom 12.02.1998 über Telekommunikationsendeinrichtungen und Satellitenfunkanlagen einschließlich der gegenseitigen Anerkennung ihrer Konformität, ABl. Nr. L 74/41 v. 12.3.1998
Europäisches Parlament und Rat, Richtlinie 98/10/EG des EP und des Rates vom 26.02.1998 über die Anwendung des offenen Netzzugangs (ONP) beim Sprachtelefondienst und den Universaldienst im Telekommunikationsbereich in einem wettbewerbsorientierten Umfeld, ABl. Nr. L 101/24 v. 1.4.1998 (zit.: ONP-Sprachtelefonrichtlinie II)
Europäisches Parlament und Rat, Richtlinie 98/34/EG des Europäischen Parlaments und des Rates v. 22.6.1998 über ein Informationsverfahren auf dem Gebiet der Normen und technischen Vorschriften, ABl. Nr. L 204/37 v. 21.7.1998
Europäisches Parlament und Rat, Richtlinie 98/61/EG des Europäischen Parlaments und des Rates vom 24.9.1998 zur Änderung der Richtlinie 97/33/EG hinsichtlich der Übertragbarkeit von Nummern und der Betreibervorauswahl, ABl. Nr. L 268/37 v. 3.10.1998 (zit.: ONP-Betreibervorwahlrichtlinie)
Europäisches Parlament und Rat, Richtlinie 98/84/EG des Europäischen Parlaments und des Rates vom 20.11.1998 über den rechtlichen Schutz von zugangskontrollierten Diensten und von Zugangskontrolldiensten, ABl. Nr. L 320/54 v. 28.11.1998 (zit.: Fernsehnormenrichtlinie II)
Europäisches Parlament und Rat, Verordnung (EG) Nr. 2887/2000 des Europäischen Parlaments und des Rates vom 18.12.2000 über den entbündelten Zugang zum Teilnehmeranschluss, ABl. Nr. L 336/4 v. 30.12.2000 (zit.: TAL-Verordnung)

Europäisches Parlament und Rat, Entscheidung Nr. 676/2002/EG des Europäischen Parlaments und des Rates vom 7.3.2002 über einen Rechtsrahmen für die Funkfrequenzpolitik in der Europäischen Gemeinschaft (Frequenzentscheidung), ABl. Nr. L 108/1 v. 24.4.2002

Europäisches Parlament und Rat, Richtlinie 2002/19/EG des Europäischen Parlaments und des Rates vom 7.3.2002 über den Zugang zu elektronischen Kommunikationsnetzen und zugehörigen Einrichtungen sowie deren Zusammenschaltung (Zugangsrichtlinie), ABl. Nr. L 108/7 v. 24.4.2002 (zit.: Zugangsrichtlinie)

Europäisches Parlament und Rat, Richtlinie 2002/20/EG des Europäischen Parlaments und des Rates vom 7.3.2002 über die Genehmigung elektronischer Kommunikationsnetze und -dienste (Genehmigungsrichtlinie), ABl. Nr. L 108/21 v. 24.4.2002 (zit.: Genehmigungsrichtlinie)

Europäisches Parlament und Rat, Richtlinie 2002/21/EG des Europäischen Parlaments und des Rates vom 7.3.2002 über einen gemeinsamen Rechtsrahmen für elektronische Kommunikationsnetze und -dienste (Rahmenrichtlinie), ABl. Nr. L 108/33 v. 24.4.2002 (zit.: Rahmenrichtlinie)

Europäisches Parlament und Rat, Richtlinie 2002/22/EG des Europäischen Parlaments und des Rates vom 7.3.2002 über den Universaldienst und Nutzerrechte bei elektronischen Kommunikationsnetzen und -diensten (Universaldienstrichtlinie), ABl. Nr. L 108/51 v. 24.4.2002 (zit.: Universaldienstrichtlinie)

Europäisches Parlament und Rat, Richtlinie 2002/58/EG des Europäischen Parlaments und des Rates vom 12.7.2002 über die Verarbeitung personenbezogener Daten und den Schutz der Privatsphäre in der elektronischen Kommunikation (Datenschutzrichtlinie für elektronische Kommunikation, ABl. Nr. L 201/37 v. 31.7.2002 (zit.: Datenschutzrichtlinie)

Kommission, Mitteilung der Kommission an den Rat über die Telekommunikation - Stand der Überlegungen und der Arbeiten auf diesem Gebiet sowie erste Vorschläge für ein Aktionsprogramm, KOM (84) 277 endg. v. 18.5.1984

Kommission, Mitteilung der Kommission: Auf dem Wege zu einer dynamischen Europäischen Volkswirtschaft. Grünbuch über die Entwicklung des Gemeinsamen Marktes für Telekommunikationsdienstleistungen und Telekommunikationsgeräte, KOM(87) 290 endg. v. 30.6.1987 (zit.: Grünbuch 1987)

Kommission, Mitteilung der Kommission: Auf dem Weg zu einem wettbewerbsfähigen EG-weiten Telekommunikationsmarkt im Jahre 1992 - Zur Verwirklichung des Grünbuchs über die Entwicklung des Gemeinsamen Marktes für Telekommunikationsdienstleistungen und Telekommunikationsgeräte - Stand der Diskussion und Vorschläge der Kommission, KOM(88) 48 endg. v. 9.2.1988

Kommission, Richtlinie der Kommission vom 16.5.1988 über den Wettbewerb auf dem Markt für Telekommunikations-Endgeräte 88/301/EWG , ABl. Nr. L 131/73 v. 27.5.1988 (zit.: Endgeräte-Wettwerbsrichtlinie)
Kommission, Richtlinie der Kommission vom 28.6.1990 über den Wettbewerb auf dem Markt für Telekommunikationsdienste (90/388/EWG), ABl. Nr. L 192/10 v. 24.7.1990 (zit.: Diensterichtlinie)
Kommission, Grünbuch über ein gemeinsames Vorgehen im Bereich der Satellitenkommunikation in der Europäischen Gemeinschaft, KOM(90) 470 endg. v. 18.11.1990
Kommission, Leitlinien für die Anwendung der EG-Wettbewerbsregeln im Telekommunikationsbereich (91/C 233/02), ABl. Nr. C 233/2 v. 6.9.1991
Kommission, Prüfung der Lage im Bereich der Telekommunikationsdienste, Mitteilung der Kommission, SEK(92)1048 endg. v. 21.10.1992
Kommission, Mitteilung an den Rat und das Europäische Parlament über die Konsultation zur Lage im Bereich der Telekommunikationsdienste, KOM(93) 159 endg. v. 28.4.1993
Kommission, Auf dem Weg zu Personal Communications: Grünbuch über ein gemeinsames Konzept für Mobilkommunikation und Personal Communications in der Europäischen Union, KOM(94)145 endg. v. 27.4.1994
Kommission, Richtlinie 94/46/EG der Kommission vom 13.10.1994 zur Änderung der Richtlinie 88/301/EWG und 90/388/EWG, insbesondere betreffend die Satellitenkommunikation, ABl. Nr. L 268/15 v. 19.10.1994 (zit.: Satellitenrichtlinie)
Kommission, Mitteilung der Kommission: Grünbuch über die Liberalisierung der Telekommunikationsinfrastruktur und der Kabelfernsehnetze: Teil 1, Grundsätze und Zeitrahmen, KOM(94) 440 endg. v. 25.10.1994
Kommission, Mitteilung der Kommission über die Konsultation zum Grünbuch über Mobilkommunikation und Personal Communications , KOM(94) 492 endg. v. 23.11.1994
Kommission, Mitteilung an den Rat und das Europäische Parlament: Derzeitiger Stand und künftiges Konzept des offenen Netzzugangs bei Telekommunikationsnetzen und -diensten, KOM(94) 513 endg. v. 29.11.1994
Kommission, Mitteilung der Kommission: Grünbuch über die Liberalisierung der Telekommunikationsinfrastruktur und der Kabelfernsehnetze: Teil 2, Ein gemeinsames Konzept zur Bereitstellung einer Infrastruktur für Telekommunikation in der Europäischen Union , KOM(94) 682 endg. v. 25.1.1995
Kommission, Mitteilung der Kommission an den Rat und das Europäische Parlament: Konsultation zum Grünbuch über die Liberalisierung der Telekommunikationsinfrastruktur und der Kabelnetze, KOM(95) 158 endg., Brüssel den 3.5.1995
Kommission, Richtlinie 95/51/EG der Kommission vom 18.10.1995 zur Änderung der Richtlinie 90/388/EWG hinsichtlich der Aufhebung der Einschränkungen bei der Nutzung von Kabelfernsehnetzen für die Erbringung bereits

liberalisierter Telekommunikationsdienste, ABl. Nr. L 256/49 v. 26.10.1995 (zit.: Kabelfernsehrichtlinie I)

Kommission, Vorschlag für eine Richtlinie des Europäischen Parlaments und des Rates zur Anpassung der Richtlinien 90/387/EWG und 92/44/EWG des Rates an ein wettbewerbsorientiertes Telekommunikationsumfeld, KOM(95) 543 endg. v. 14.11.1995

Kommission, Richtlinie 96/2/EG der Kommission vom 16.1.1996 zur Änderung der Richtlinie 90/388/EWG betreffend die mobile Kommunikation und Personal Communications, ABl. Nr. L 20/59 v. 26.1.1996 (zit.: Mobilfunkrichtlinie)

Kommission, Mitteilung der Kommission an den Rat, das Europäische Parlament, den Wirtschafts- und Sozialausschuss und den Ausschuss der Regionen: Der Universaldienst in der Telekommunikation im Hinblick auf ein vollständig liberalisiertes Umfeld , KOM(96) 73 endg. v. 13.3.1996

Kommission, Richtlinie 96/19/EG der Kommission vom 13.5.1996 zur Änderung der Richtlinie 90/388/EWG hinsichtlich der Einführung des vollständigen Wettbewerbs auf den Telekommunikationsmärkten , ABl. Nr. L 74/13 v. 22.3.1996 (zit.: Wettbewerbsrichtlinie)

Kommission, Grünbuch zur Konvergenz der Branchen Telekommunikation, Medien und Informationstechnologie und ihren ordnungspolitischen Folgen - ein Schritt in Richtung Informationsgesellschaft, KOM(97) 623 v. 3.12.1997 (zit.: Konvergenz-Grünbuch)

Kommission, Bekanntmachung der Kommission über die Definition des relevanten Marktes im Sinne des Wettbewerbsrechts der Gemeinschaft, ABl. Nr. C 372/3 v. 9.12.1997

Kommission, Mitteilung der Kommission - Der Status der Sprachübermittlung im Internet nach Maßgabe des Gemeinschaftsrechts und insbesondere der Richtlinie 90/388/EWG, ABl. Nr. C 6/4 v. 10.1.1998

Kommission, Empfehlung der Kommission vom 8.1.1998 zur Zusammenschaltung in einem liberalisierten Telekommunikationsmarkt (Teil 1 - Zusammenschaltungsentgelte), (98/195/EG), ABl. Nr. L 73/42 v. 12.3.1998 (zit.: Zusammenschaltungsempfehlung - Teil 1)

Kommission, Mitteilung der Kommission über Zusammenschaltungsentgelte in einem liberalisierten Telekommunikationsmarkt, ABl. Nr. C 84/3 v. 19.3.1998

Kommission, Empfehlung der Kommission vom 8.4.1998 zur Zusammenschaltung in einem liberalisierten Telekommunikationsmarkt (Teil 2 - getrennte Buchführung und Kostenrechnung), (98/322/EG), ABl. Nr. L 141/6 v. 13.5.1998 (zit.: Zusammenschaltungsempfehlung - Teil 2)

Kommission, GD IV und GD XIII, Indicative Reference Interconnection Offer, 3. Version, Internetdokument v. 22.6.1998, http://europa.eu.int/ISPO/infosoc/telecompolicy/en/comm-en.htm#misc, überprüft: 8.8.02 (zit.: RIO-Vermerk)

Kommission, Empfehlung der Kommission vom 29.7.1998 zur Änderung der Empfehlung 98/195/EG zur Zusammenschaltung in einem liberalisierten Telekommunikationsmarkt (Teil 1 - Zusammenschaltungsentgelte), (98/511/EG), ABl. Nr. L 228/30 v. 15.8.1998

Kommission, Mitteilung über die Anwendung der Wettbewerbsregeln auf Zugangsvereinbarungen im Telekommunikationsbereich - Rahmen, relevante Märkte und Grundsätze, ABl. Nr. C 265/2 v. 22.8.1998

Kommission, Grünbuch zur Frequenzpolitik in Verbindung mit Maßnahmen der Europäischen Gemeinschaft für Bereiche wie Telekommunikation, Rundfunk, Verkehr und FuE , KOM(1998) 596 endg. v. 9.12.1998

Kommission, GD XIII, Interconnection Directive 97/33/EC, Availability of contents of interconnection agreements, Internetdokument vom 1.3.1999, http://europa.eu.int/ISPO/infosoc/telecompolicy/en/comm-en.htm#misc, überprüft am 8.8.2002 (zit.: Zusammenschaltungsvereinbarungsvermerk)

Kommission, GD XIII, Determination of Organisations with Significant Market Power (SMP) for implementation of ONP Directives, Internetdokument der DG XIII vom 1.3.1999, http://europa.eu.int/ISPO/infosoc/telecompolicy/en/comm-en.htm#misc, überprüft: 8.8.02 (zit.: SMP-Vermerk)

Kommission, Mitteilung der Kommission an das Europäische Parlament, den Rat, den Wirtschafts- und Sozialausschuss und den Ausschuss der Regionen: Die Konvergenz der Branchen Telekommunikation, Medien und Informationstechnologie und ihre ordnungspolitischen Auswirkungen, Ergebnisse der öffentlichen Konsultation zum Grünbuch [KOM(97) 623], KOM(1999)108 endg. v. 10.3.1999 (zit.: Mitteilung zur Anhörung zum Konvergenz-Grünbuch)

Kommission, Richtlinie 1999/64/EG der Kommission vom 23.6.1999 zur Änderung der Richtlinie 90/388/EWG im Hinblick auf die Organisation ein- und demselben Betreiber gehörender Telekommunikations- und Kabelfernsehnetze in rechtlich getrennten Einheiten, ABl. Nr. L 175/39 v. 10.7.1999 (zit.: Kabelfernsehrichtlinie II)

Kommission, GD Informationsgesellschaft, Explanatory Note: Tariff principles for fixed to mobile calls originating from the fixed network of an operator notified as having significant market power, Internetdokument, vom 10.9.1999, http://europa.eu.int/ISPO/infosoc/telecompolicy/en/commen.htm#misc, überprüft am 8.8.2002 (zit.: Tariffierungsvermerk)

Kommission, GD Informationsgesellschaft, Explanatory Note: Access to fixed and mobile network infrastructures owned by operators designated as having significant market power, Internetdokument vom 17.9.1999, http://europa.eu.int/ISPO/infosoc/telecompolicy/en/comm-en.htm#misc, überprüft am 8.8.2002 (zit.: Zugangsvermerk)

Kommission, Die Entwicklung des Marktes für digitales Fernsehen in der EU - Bericht im Zusammenhang mit der Richtlinie 95/47/EG des Europäischen Parlaments und des Rates v. 24.10.1995 über die Anwendung von Normen für die Übertragung von Fernsehsignalen - Mitteilung der Kommission an das Europäische Parlament, den Ministerrat, den Wirtschafts- und Sozialausschuss und den Ausschuss der Regionen, KOM(1999)540 v. 9.11.1999

Kommission, Mitteilung der Kommission an das Europäische Parlament, den Ministerrat, den Wirtschafts- und Sozialausschuss und den Ausschuss der Regionen: Entwicklung neuer Rahmenbedingungen für elektronische Kommunikationsinfrastrukturen und zugehörige Dienste, Kommunikationsbericht 1999, KOM(1999) 539 v. 9.11.1999 (zit.: Kommunikationsbericht 1999)

Kommission, Frequenzpolitik: die nächsten Schritte - Ergebnisse der öffentlichen Anhörung zum Grünbuch - Mitteilung der Kommission an das Europäische Parlament, den Rat, den Wirtschafts- und Sozialausschuss und den Ausschuss der Regionen, KOM(1999)538 v. 10.11.1999

Kommission, Mitteilung der Kommission an das Europäische Parlament, den Rat, den Wirtschafts- und Sozialausschuss und den Ausschuss der Regionen - Fünfter Bericht über die Umsetzung des Reformpakets für den Telekommunikationssektor , KOM(1999) 537 v. 11.11.1999

Kommission, Empfehlung der Kommission, Zusammenschaltungsentgelte für Mietleitungen auf dem liberalisierten Telekommunikationsmarkt, C(1999)3863, Internetdokument vom 24.11.1999, http://europa.eu.int/ISPO/infosoc/telecompolicy/en/Main-en.htm, überprüft am 8.8.2002 (zit.: Mietleitungsempfehlung)

Kommission, GD Informationsgesellschaft,Interconnection Directive 97/33/EC, Notification of organisations with significant market power (summary of the information received from the Member States), Internetdokument, vom 1.1.2000, http://europa.eu.int/ISPO/infosoc/telecompolicy/en/misc, überprüft am 8.8.2002

Kommission, Mitteilung der Kommission: Die Ergebnisse der öffentlichen Anhörung zum Kommunikationsbericht 1999 und Leitlinien für den neuen Rechtsrahmen, KOM(2000)239 end. v. 26.4.2000 (zit.: Mitteilung zur Kommunikationsberichtsanhörung)

Kommission, GD Informationsgesellschaft, DG Information Society - Working Document: A common regulatory framework for electronic communications networks and services, Internetdokument vom 27.4.2000, http://europa.eu.int/ISPO/infosoc/telecompolicy/en/misc, überprüft am 8.8.2002

Kommission, Empfehlung der Kommission v. 25.5.2000 betreffend den entbündelten Zugang zum Teilnehmeranschluss: Wettbewerbsorientierte Bereitstellung einer vollständigen Palette elektronischer Kommunikationsdienste einschließlich multimedialer Breitband- und schneller Internetdienste (2000/417/EG), ABl. Nr. L 156/44 v. 29.6.2000

Kommission, Mitteilung der Kommission: Entbündelter Zugang zum Teilnehmeranschluss: Wettbewerbsorientierte Bereitstellung einer vollständigen Palette von elektronischen Kommunikationsdiensten einschließlich multi-

medialer Breitband- und schneller Internetdienste (2000/C 272/10), ABl. Nr. C 272/55 v. 23.9.2000 (zit.: TAL-Mitteilung)
Kommission, Arbeitsdokument der Kommissionsdienststellen, Europas liberalisierter Telekommunikationsmarkt - Ein Leitfaden zu den Spielregeln, Internetdokument vom 18.10.2000, http://europa.eu.int/ISPO/infosoc/telecompolicy/en/comm-en.htm#misc, überprüft am 8.8.2002
Kommission, Mitteilung der Kommission an den Rat, das Europäische Parlament, den Wirtschafts- und Sozialausschuss und den Ausschuss der Regionen - Sechster Bericht über die Umsetzung des Reformpakets für den Telekommunikationssektor, KOM(2000) 814 v. 7.12.2000
Kommission, Vorschlag für eine Richtlinie des Europäischen Parlaments und des Rates über einen gemeinsamen Rechtsrahmen für elektronische Kommunikationsnetze und -dienste, ABl. Nr. C 365 E/ 198 v. 19.12.2000 (KOM(2000)393 endg.)
Kommission, Vorschlag für eine Richtlinie des Europäischen Parlaments und des Rates über den Zugang zu elektronischen Kommunikationsnetzen und zugehörigen Einrichtungen sowie deren Zusammenschaltung, ABl. Nr. C 365 E/ 215 v. 19.12.2000 (KOM(2000)384 endg.)
Kommission, Mitteilung der Kommission - Status der Sprachübermittlung im Internet nach Maßgabe des Gemeinschaftsrechts und insbesondere der Richtlinie 90/388/EWG - Ergänzung zur Mitteilung der Kommission an das Europäische Parlament und den Rat über den Stand der Umsetzung der Richtlinie 90/388/EWG über den Wettbewerb auf dem Markt für Telekommunikationsdienste, ABl. Nr. C 369/3 v. 22.12.2000
Kommission, Richtlinie 2002/77/EG der Kommission vom 16.9.2002 über den Wettbewerb auf den Märkten für elektronische Kommunikationsnetze und -dienste, ABl. Nr. L 249/21 v. 17.9.2002
Kommission, Arbeitsdokument der Kommission zu dem künftigen Rechtsrahmen für elektronische Kommunikationsnetze und -dienste - Entwurf von Leitlinien zur Marktanalyse und Ermittlung beträchtlicher Marktmacht nach Art. 14 des Vorschlags für eine Richtlinie über einen gemeinsamen Rechtsrahmen für elektronische Kommunikationsnetze und -dienste, KOM(2001)175 v. 28.3.2001 (zit.: erste Fassung der SMP-Leitlinien)
Kommission, Mitteilung der Kommission an den Rat, das Europäische Parlament, den Wirtschafts- und Sozialausschuss und den Ausschuss der Regionen - Siebenter Bericht über die Umsetzung des Reformpakets für den Telekommunikationssektor, KOM(2001) 706 v. 26.11.2001
Kommission, Leitlinien der Kommission zur Marktanalyse und Ermittlung beträchtlicher Marktmacht nach dem gemeinsamen Rechtsrahmen für elektronische Kommunikationsnetze und -dienste, ABl. Nr. C 165/6 v. 11.7.2002 (zit.: SMP-Leitlinien)
Kommission, Beschluss der Kommission vom 29.7.2002 zur Einrichtung der Gruppe Europäischer Regulierungsstellen für elektronische

Kommunikationsnetze und -dienste (2002/627/EG), ABl. Nr. L 200/38 v. 30.7.2002

Kommission, Empfehlung der Kommission vom 11.2.2003 über relevante Produkt- und Dienstmärkte des elektronischen Kommunikationssektors, die aufgrund der Richtlinie 2002/21/EG des Europäischen Parlaments und des Rates über einen gemeinsamen Rechtsrahmen für elektronische Kommunikationsnetze und -dienste für eine Vorabregulierung in Betracht kommen (C(2003)497), Internetdokument vom 11.2.2003, http://europa.eu.int /information_society/topics/telecoms/regulatory/maindocs/index_en.htm# directives, überprüft am 21.4.2003 (zit.: Märkte-Empfehlung)

Kommission, Begründung zur Empfehlung der Kommission vom 11.2.2003 über relevante Produkt- und Dienstmärkte des elektronischen Kommunikationssektors, die aufgrund der Richtlinie 2002/21/EG des Europäischen Parlaments und des Rates über einen gemeinsamen Rechtsrahmen für elektronische Kommunikationsnetze und -dienste für eine Vorabregulierung in Betracht kommen, Internetdokument vom 11.2.2003, http://europa.eu.int /information_society/topics/telecoms/regulatory/maindocs/index_en.htm#directives, überprüft am 21.4.2003 (zit.: Begründung zur Märkte-Empfehlung)

Kommission, Opening World Markets for Services - A Guide to GATS, Services Sectors, http://gats-info.eu.int/gats-info/guide.pl, überprüft am 8.8.2002

Mitgliedstaaten, Einheitliche Europäische Akte (EEA), ABl. Nr. L 169/1 v. 29.6.1987

Mitgliedstaaten, Vertrag von Amsterdam zur Änderung des Vertrags über die Europäische Union, die Verträge zur Gründung der Europäischen Gemeinschaften sowie einiger damit zusammenhängender Rechtsakte, unterzeichnet in Amsterdam am 2. Oktober 1997, ABl. Nr. C 340/1 v. 10.11.1997

ONP Committee, Memorandum on future approach to Open Network Provision, ONPCOM 94-29 bis, Brüssel 4.7.1994

ONP Committee, The adaptation, in the light of further liberalisation, of Open Network Provision in respect of the entities covered, ONPCOM 94-44, Brüssel 3.10.1994

ONP Committee, The 1999 Review of the Telecommunications Regulatory framework,ONPCOM 98-42, Brüssel 11.9.1998

Rat, Entscheidung des Ministerrates v. 9.10.1961 über ein Konsultationsverfahren bei der Aushandlung von Abkommen über Handelsbeziehungen zwischen den Mitgliedstaaten und dritten Ländern und bei Änderung des Liberalisierungsstandards gegenüber dritten Ländern, ABl. 1961, S. 1273/61 v. 4.11.1961

Rat, Richtlinie des Rates v. 15.7.1975 über Abfälle (75/442/EWG), ABl. Nr. L 194/47 v. 25.7.1975

Rat, Richtlinie 83/189/EWG des Rates v. 28.3.1983 über ein Informationsverfahren auf dem Gebiet der Normen und technischen Vorschriften, ABl. Nr. L 109/8 v. 26.4.1983

Rat, Empfehlung des Rates vom 12.11.1984 betreffend die Durchführung der Harmonisierung auf dem Gebiet des Fernmeldewesens (84/549/EWG), ABl. Nr. L 298/49 v. 16.11.1984

Rat, Empfehlung des Rates vom 12.11.1984 betreffend die erste Phase der Öffnung der öffentlichen Fernmeldmärkte (84/550/EWG), ABl. Nr. L 298/51 v. 16.11.1984

Rat, Richtlinie des Rates vom 24.7.1986 über die erste Phase der gegenseitigen Anerkennung der Allgemeinzulassungen von Telekommunikations-Endgeräten (86/361/EWG), ABl. Nr. L 217/21 v. 5.8.1986

Rat, Empfehlung des Rates vom 22. Dezember 1986 über die koordinierte Einführung des diensteintegrierenden digitalen Fernmeldenetzes (ISDN) in der Europäischen Gemeinschaft (86/659/EWG), ABl. Nr. L 382/36 v. 31.12.1986

Rat, Beschluss des Rates vom 22.12.1986 über die Normung auf dem Gebiet der Informationstechnik und der Telekommunikation (87/95/EWG), ABl. Nr. L 36/31 v. 7.2.1987

Rat, Empfehlung des Rates vom 25.06.1987 für die koordinierte Einführung eines europaweiten öffentlichen zellularen digitalen terrestrischen Mobilfunkdienstes (GSM) in der Gemeinschaft (87/371/EWG), ABl. Nr. L 196/81 v. 17.7.1987

Rat, Richtlinie 87/372/EWG des Rates v. 25.6.1987 über die Frequenzbänder, die für die koordinierte Einführung eines europaweiten öffentlichen zellularen digitalen terrestrischen Mobilfunkdienstes in der Gemeinschaft bereitzustellen ist, ABl. Nr. L 196/85 v. 17.7.1987

Rat, Beschluss des Rates v. 13.7.1987 zur Festlegung der Modalitäten für die Ausübung der der Kommission übertragenen Durchführungsbefugnisse, ABl. Nr. L 197/33 v. 18.7.1987

Rat, Entschließung des Rates vom 30.6.1988 über die Entwicklung des gemeinsamen Marktes für Telekommunikationsdienste und -geräte bis 1992, ABl. Nr. C 257/1 v. 4.10.1988

Rat, Beschluss 89/337/EWG des Rates vom 27.4.1989 über das hochauflösende Fernsehen, ABl. Nr. L 142/1 v. 25.5.1989

Rat, Beschluss 89/630/EWG des Rates vom 7.12.1989 über ein gemeinsames Vorgehen der Mitgliedstaaten bei der Annahme einer einzigen weltweiten Produktionsnorm für das hochauflösende Fernsehen durch die Vollversammlung des CCIR im Jahre 1990, ABl. Nr. L 363/30 v. 13.12.1989

Rat, Richtlinie des Rates vom 28.6.1990 zur Verwirklichung des Binnenmarktes für Telekommunikationsdienste durch Einführung eines offenen Netzzugangs (Open Network Provision - ONP) (90/387/EWG), ABl. Nr. L 192/1 v. 24.7.1990 (zit.: ONP-Rahmenrichtlinie)

Rat, Empfehlung des Rates vom 9.10.1990 zur koordinierten Einführung eines europaweiten terrestrischen Funkrufsystems (ERMES) in der Gemeinschaft (90/543/EWG), ABl. Nr. L 310/23 v. 9.11.1990

Rat, Richtlinie 90/544/EWG des Rates v. 9.10.1990 über die Frequenzbänder für die koordinierte Einführung eines europaweiten terrestrischen öffentlichen Funkrufsystems in der Gemeinschaft (ERMES), ABl. Nr. L 310/28 v. 9.11.1990

Rat, Richtlinie des Rates v. 29.4.1991 zur Angleichung der Rechtsvorschriften der Mitgliedstaaten über Telekommunikationsendeinrichtungen einschließlich der gegenseitigen Anerkennung ihrer Konformität (91/263/EWG), ABl. Nr. L 128/1 v. 23.5.1991 (zit.: Endgeräte-Ratsrichtlinie)

Rat, Empfehlung des Rates vom 3.06.1991 zur koordinierten Einführung europäischer schnurloser Digitalkommunikation (DECT) in der Gemeinschaft (91/288/EWG), ABl. Nr. L 144/47 v. 8.6.1991

Rat, Richtlinie 91/287/EWG des Rates v. 3.6.1991 über das Frequenzband, das für die koordinierte Einführung europäischer schnurloser Digital-Kommunikation (DECT) in der Gemeinschaft vorzusehen ist, ABl. Nr. L 144/45 v. 8.6.1991

Rat, Entscheidung des Rates v. 29.7.1991 zur Einführung einer einheitlichen europäischen Notrufnummer (91/396/EWG), ABl. Nr. L 217/31 v. 6.8.1991

Rat, Entschließung des Rates vom 19.12.1991 über die Entwicklung eines Gemeinsamen Marktes für Satellitenkommunikationsdienste und -geräte, ABl. Nr. C 8/1 v. 14.1.1992

Rat, Entscheidung des Rates v. 11.5.1992 zur Einführung einer gemeinsamen Vorwahlnummer für den internationalen Fernsprechverkehr in der Gemeinschaft (92/264/EWG), ABl. Nr. L 137/21 v. 20.5.1992

Rat, Richtlinie 92/38/EWG des Rates vom 11.5.1992 über die Annahme von Normen für die Satellitenausstrahlung von Fernsehsignalen, ABl. Nr. L 137/17 v. 20.5.1992

Rat, Richtlinie 92/44/EWG des Rates vom 5.6.1992 zur Einführung des offenen Netzzugangs bei Mietleitungen, ABl. Nr. L 165/27 v. 19.6.1992 (zit.: ONP-Mietleitungsrichtlinie)

Rat, Empfehlung des Rates 92/382/EWG vom 5.6.1992 zur harmonisierten Bereitstellung eines Mindestangebotes an paketvermittelten Datendiensten nach ONP-Grundsätzen , ABl. Nr. L 200/1 v. 18.7.1992

Rat, Empfehlung des Rates 92/383/EWG vom 5.6.1992 zur Einführung harmonisierter ISDN-Zugangsregelungen und eines ISDN-Mindestangebots nach ONP-Grundsätze , ABl. Nr. L 200/10 v. 18.7.1992

Rat, Entschließung des Rates vom 5. Juni 1992 zur Entwicklung des ISDN in der Gemeinschaft als europaweite Telekommunikationsinfrastruktur für 1993 und darüber hinaus, ABl. Nr. C 158/1 v. 25.6.1992

Rat, Beschluss des Rates 93/424/EWG vom 22.7.1993 über einen Aktionsplan zur Einführung fortgeschrittener Fernsehdienste in Europa, ABl. Nr. L 196/48 v. 5.8.1993

Rat, Entschließung des Rates vom 22.7.1993 zur Prüfung der Lage im Bereich Telekommunikation und zu den notwendigen künftigen Entwicklungen in diesem Bereich (93/C 213/1), ABl. Nr. C 213/1 v. 6.8.1993

Rat, Richtlinie 93/38/EWG des Rates vom 14.6.1993 zur Koordinierung der Auftragsvergabe durch Auftraggeber im Telekommunikationssektor, ABl. Nr. L 199/84 v. 9.8.1993

Rat, Entschließung des Rates vom 7.2.1994 über die Grundsätze für den Universaldienst im Bereich der Telekommunikation (94/C 48/1) , ABl. Nr. C 48/1 v. 16.2.1994

Rat, Entschließung des Rates vom 22.12.1994 über die Grundsätze und den Zeitplan für die Liberalisierung der Telekommunikationsinfrastrukturen (94/C 379/3), ABl. Nr. C 379/4 v. 31.12.1994

Rat, Entschließung des Rates vom 29.6.1995 über die weitere Entwicklung von Mobilkommunikation und Personal Communications in der Europäischen Union, ABl. Nr. C 188/3 v. 22.7.1995

Rat, Entschließung des Rates vom 18.9.1995zur Entwicklung des künftigen ordnungspolitischen Rahmens für die Telekommunikation (95/C 258/1) , ABl. Nr. C 258/1 v. 3.10.1995

Rat, Entscheidung Nr. 128/1999/EG des EP und des Rates v. 14.12.1998 über die koordinierte Einführung eines Drahtlos- und Mobilkommunikationssystems (UMTS) der dritten Generation in der Gemeinschaft, ABl. Nr. L 17/1 v. 22.1.1999

Rat, Beschluss des Rates v. 28.6.1999 zur Festlegung der Modalitäten für die Ausübung der der Kommission übertragenen Durchführungsbefugnisse (1999/468/EG), ABl. Nr. L 184/23 v. 17.7.1999 (zit.: Komitologie-Beschluss)

Rat, Gemeinsamer Standpunkt (EG) Nr. 38/2001 vom Rat festgelegt am 17.9.2001 im Hinblick auf den Erlass der Richtlinie 2001/.../EG des Europäischen Parlaments und des Rates vom ... über einen gemeinsamen Rechtsrahmen für elektronische Kommunikationsnetze und -dienste (Rahmenrichtlinie), ABl. Nr. C 337/34 v. 30.11.2001

FSC
www.fsc.org
MIX
Papier | Fördert gute Waldnutzung
FSC® C083411

Kolibri 360 GmbH
Ferdinand-Jühlke-Straße 7
99095 Erfurt, Deutschland
produktsicherheit@kolibri360.de

Druck:
CPI Druckdienstleistungen GmbH
im Auftrag der
Kolibri 360 GmbH
Ferdinand-Jühlke-Str. 7
99095 Erfurt